現代ジャーナリズム事典

監修 武田徹＋藤田真文＋山田健太

三省堂

装丁／松田行正＋杉本聖士

はじめに

いま、ジャーナリズムと社会を巡る状況は、大きく変化しつつあります。

製造業を中心とする長期正規雇用体制を前提に維持されていた戦後日本型の社会システムは、グローバル経済の進展や、少子高齢化による国内人口構成の変化など多くの要因の重なりにより、いまや著しく安定性を失いつつあります。

こうして社会システムが明らかな機能不全状態を呈しているのに、それに見合う抜本的な改革を打ち出せない政治に対する反発は強まっています。例えば未曾有の災害をもたらした3・11後初の国政選挙だったにもかかわらず、2012年末の衆院選が極めて低い投票率しか得られなかったことは歴史的事実として銘記すべきでしょう。その後の参院選や地方選挙でも同様の傾向はうかがえ、それは選挙制度ではもはや社会を変えられないという諦念が蔓延しつつある事情を如実に物語っているのではないでしょうか。

このような社会情勢の中で、「選挙」とは別の回路を通じて社会に対するガバナンス機能を発揮すべきジャーナリズムの役割は、今まで以上に重大となっています。にもかかわらず、ソーシャルメディアを中心に厳しい批判がマスメディア・ジャーナリズムに対してなされ、ここでもまた強い不信感が表明されています。

そうした「異議申立て」については個々に内容を精査すべきでしょう。報道の信頼性を根本から揺るがすような誤報や、マスメディア組織の中で不祥事が繰り返されているのは紛れもない事実であり、改善は喫緊の課題です。報道によって人権侵害などの被害が発生していないか、報道機関自らが、そして市民社会が、注意深くチェックする必要性は増えることすらあれ、減ることはありません。

加えて、ジャーナリズムが置かれた環境それ自体も大きく変わりつつあります。一方で「公益」の名の下に、言論表現の自由の制約を求める右派勢力の動きがあります。他方、デジタル技術は報道の現場をすっかり様変わりさせました。インターネットの普及は「放送と通信の融合」だけに留まらない、大きな地殻変動をジャーナリズムの世界にもたらしつつあります。先に挙げたソーシャルメディアの登場も、ジャーナリズム界の地図を大きく書き換える可能性をはらんでいます。

このような時期にこそ、ジャーナリズムの来し方を省み、ジャーナリズムの行く末を検討する上で役立つ事典が求められている、私たちはそう考えました。

私たちは「現在」がジャーナリズムにとって「危機の時期」であり、「変革を求められている時期」であるという認識をもっています。いま、ジャーナリズムは社会システムの変化を確かに見定め、伝えるべきことを正しく伝えているのか。それを改めて検証することでジャーナリズムは信頼を回復し、市民社会の中で孤立することなく自らの社会的使命を果たして、言論活動を守る闘いに臨む必要が生じています。

マスメディア組織の内発的改革の担い手や、新世代のジャーナリストたることを志望する人たちが、こうした危機的状況に臨む際に必要となるであろう語彙や概念についての知識を提供したい。そしてソーシャルメディアを通じて「相互に発信しあい、検証しあう市民社会」を実現してゆく時に求められるジャーナリズムリテラシーを、職業ジャーナリストに限らず多くの人が手に入れられるよう手助けしたい、そんな考えで私たちはこの事典を編みました。

ジャーナリスト、メディア関係者、研究者、学生、そして日常的にメディアに接し、情報を受けとめ、発信している多くの市民の皆さんにとって、『現代ジャーナリズム事典』が、いまを生き、いまを知るために役立つことを願ってやみません。

監修者一同
2014年4月1日

凡例

1. 本事典の構成

【本文】
主として今日のジャーナリズムに関わる項目（約700）を、五十音順に収録した。内容は主義・思想・倫理・原則・理論・運動・表現・権利・裁判・制度・協定・事件・報道・規制・団体・機関・協会等、多岐にわたる。
【付録】
判例一覧
＊収録項目に関連し、参照すべき判例を一覧にした。
【索引】
事項項目／人名項目

2. 見出しについて

見出しは太字であらわし、（　　　）に読みをひらがなで示した。

3. 配列について

見出しの配列は、現代仮名遣いによる五十音順（同一のかなの中では清音、濁音、半濁音の順。同音の場合は、かたかな、ひらがな、漢字の順）に配列した。なお、長音「ー」は直前の母音に置き換えて配列した。

4. 本文表記について

- 解説は常用漢字・現代仮名遣いとし、「である調」を用いた。引用文の仮名遣いは、原則として原文に従った。なお、難解な人名・用語・書名、難読語などには適宜、振り仮名を付けた。
- 外国語・外来語の原音における「V」音は原則としてバビブベボであらわした。
- 数字は洋数字を使い、原則として十百千の単位語は省略した。ただし、解説中の二十代、数千人といった場合はこの限りではない。
- 年代表記は原則として西暦とし、同世紀の記述が繰り返される場合、下2桁で示した。
　［例］　…1956年、○○○が成立し、85年には…。2012年に…となり、また1988年の…
- 外国人人名については、できるだけ原語に近い読みに従い、原則として名は略号を使用した。
　［例］　W・リップマン

＊冤罪・実名報道に関連する人権に配慮したが、事典としての統一上、人名については敬称を省略した。

5. 解説について

- 「用語」関連項目等は、原則、語義・実例 or 影響・参考文献　からなる。
- 「事件」関連項目等は、原則、背景・影響 or 特色・参考文献　からなる。
- 「その他」の項目等は、原則、歴史・経緯 or 特色・参考文献　からなる。

＊特に注目すべき項目は、小見出しにしばられず詳しい解説を加えた。
＊参考文献は、原則、刊行順に並べた。

6. 使用記号等について

・原則、書名は『　　　』、作品名、雑誌名は「　　　」、解説中の引用は「　　　」で示した。なお、参考文献では、雑誌論文名を「　　　」で紹介し、雑誌名は『　　　』で示した。

7. 署名について

各項目の解説末尾に執筆者名を［　　　　］で示した。

この事典の使い方〜とりわけ学生の皆さんへ〜

■索引を活用してください。
例えば1つの事件名にしてもいろいろな通称があります。そこで、項目としては1つでも、索引では一般に使用されている名称を可能な限り拾い、的確な解説にたどり着けるようにしています。したがって、本文の項目になくても諦めず、想像される項目名を索引で探してみてください。

■人名は索引で探してください。
この事典には、「人名項目」がありません。そのかわり特に人名索引を設け、関連する事項項目で、その人の活躍、背景などがわかるようにしました。

■項目の中には特大解説があります。
項目はその長さによって、小・中・大項目に分かれており、その目安は、1段の半分くらい、1段分、1ページ分となっています。ただしそれ以外に、およそ2ページを割いた「特大解説」をいくつか設けています。直接、当該事項項目を引くことは少ないかもしれませんが、他の項目を理解する上で、そして何より「現代」の「ジャーナリズム」状況を知る上で欠かせない解説となっています。
　　　［例］
　　　海外のメディア／国際的なニュースの流れ／個人情報／災害報道／ジェンダーとメディア／ジャーナリズム関連の表彰制度／ジャーナリズム教育／弱者と報道／戦時下の情報統制／戦争報道／占領期の表現活動／日米同盟下の報道／ニュースの言説／報道被害／保守とリベラル／明治期の新聞／メディアコングロマリット／メディアと権力／メディアリテラシー

■メディア判例はまとめて巻末にあります。
本文解説中には、数多くの判例が出てきます。ただし、詳しく知りたいと思う場合に、それだけでは少し不便かと思います。そこで巻末に判例一覧を作り、その判決文が掲載されている判例集を付けました。判決文本文を探す場合の手がかりにしてください。

監修・編集委員

［監　　修］武田徹（恵泉女学園大学）／藤田真文（法政大学）／山田健太（専修大学）
［編集委員］小黒純（同志社大学）／川岸令和（早稲田大学）／土屋礼子（早稲田大学）／林香里（東京大学）／水島久光（東海大学）

執筆者一覧

秋山幹男、浅利光昭、阿部圭介、井川充雄、伊藤高史、伊藤昌亮、稲葉一将、茨木正治、岩崎貞明、大井眞二、大石裕、大林啓吾、岡本峰子、小熊英二、小倉一志、小黒純、小田光康、片山等、加藤徹郎、金山勉、紙谷雅子、烏谷昌幸、川上隆志、川岸令和、川崎賢子、河崎吉紀、川本俊三、北出真紀恵、喜田村洋一、木村幹夫、黒田勇、後藤登、小林宗之、駒村圭吾、坂本衛、佐藤卓己、四方由美、柴野京子、清水真、章蓉、菅沼堅吾、鈴木秀美、砂川浩慶、曽我部真裕、高田昌幸、髙橋弘司、武田徹、竹田昌弘、佃克彦、津田正太郎、土屋礼子、鄭佳月、徳山喜雄、中村美子、難波功士、西田善行、西土彰一郎、丹羽美之、野口武悟、長谷川一、畑仲哲雄、服部桂、濱野智史、林香里、林恭一、原真、弘中惇一郎、福井健策、藤代裕之、藤田真文、星野渉、堀木卓也、前泊博盛、丸山敦裕、三木由希子、水越伸、水島久光、毛利透、本橋春紀、諸橋泰樹、柳澤伸司、山口寿一、山口仁、山田健太、山中茂樹、山本龍彦、山本博史、横大道聡、林怡蘐［五十音順］

あ

▶ アーカイブ（あーかいぶ）

語義　「記録資料」あるいはそれを収蔵する施設としての「記録資料館」を意味する。もともとは行政文書とそれを収蔵する公文書館などを指したが、メディアが多様化した現代では、文書だけでなく、写真や映画、ビデオテープや音声資料など、様々な形式や媒体に対象が広がりつつある。またこれらの記録資料をデジタル化して保存・公開したものを「デジタルアーカイブ」と呼ぶ。

実例　日本でも映画やテレビ番組、マンガなど、様々な記録資料のアーカイブが整備されつつある。例えば、日本の代表的な放送アーカイブ施設として、NHKアーカイブスと放送ライブラリーがある。NHKアーカイブスはNHKのテレビ開局50周年を記念して2003年に埼玉県川口市にオープンした。ここにはNHKがこれまでに制作・放送した約77万本の番組と545万項目のニュースが保存されている（12年3月現在）。また1991年に神奈川県横浜市にオープンした放送ライブラリーは、NHKと民放で放送されたテレビ番組やラジオ番組、CMを一定の基準で収集している。開設以来、テレビ番組約1万8000本、ラジオ番組約4000本、CM約1万本を保存し、そのほとんどを一般公開している（2012年8月現在）。これらの番組は放送史の貴重な記録であると同時に、時代を生き生きと映し出す歴史的ドキュメントでもある。近年、メディア研究やジャーナリズム研究の領域でも、こうしたアーカイブを活用した研究や教育が活発化しつつある。

参考文献　「特集：始動するアーカイブ研究」『放送メディア研究』第8号（2011・3　丸善出版）、早稲田大学ジャーナリズム教育研究所・放送番組センター編『放送番組で読み解く社会的記憶』（2012・6　日外アソシエーツ）、NPO知的資源イニシアティブ編『アーカイブのつくりかた』（2012・11　勉誠出版）　　［丹羽美之］

▶ アーキテクチャ（あーきてくちゃ）

語義　アーキテクチャ（Architecture）とは通常「建築・構造」を指す一般名詞だが（コンピュータ用語として「基本構造」「設計思想」の意で用いられることもある）、アメリカの憲法学者L・レッシグはこの言葉を、「人工環境の設計を通じて人間の行動を物理的にコントロールする手段」という意味合いで用い、情報社会における新たな権力の台頭を指摘した。

実例　アーキテクチャによる規制の一例として、コピーコントロールCDという技術が挙げられる。これはPCで内容を読み取る（リッピングする）ことが技術的に不可能なCDを実現したもので、（著作権法の強化や利用者のマナー向上などの手段に訴えることなく）物理的に不正コピーという行為を規制・遮断することができる。

レッシグが注意したのは、情報化の進展によって、パソコンや携帯電話といったハードウェアからネットサービスのようなソフトウェアに至るまで、あらゆる領域が私企業によって恣に設計可能になったという点である。それゆえアーキテクチャによる規制範囲は飛躍的に拡大した。それは法による規制とは異なり、民主主義によるチェックが働かないから危険であるとレッシグは警鐘を鳴らした。これは権力の監視を基本とするジャーナリズムにとっても、重要な問題提起である。

日本ではこのアーキテクチャ論が独自の形で継承され、例えば東浩紀（2007）はM・フーコーの「規律訓練」と対比させる形でアーキテクチャを「環境管理型権力」と概念化し、ポストモダン社会／情報社会における権力論を展開した。また、日米双方のネットサービスのアーキテクチャを分析対象とし、ネット社会の国際的比較を行った『アーキテクチャの生態系』などの関連文献がある。

参考文献　L・レッシグ『CODE―インターネットの合法・違法・プライバシー』（山形浩生・柏木亮二訳、2001・3　翔泳社）、東浩紀『情報環境論集』（2007・8　講談社）、濱野智史『アーキテクチャの生態系』（2008・10　NTT出版）　　［濱野智史］

▶ 愛国心（あいこくしん）

語義 ナショナリズムを断定的に「善」ないし「悪」と見なす一部の論調を別とすれば、愛国心を論ずる場合には、「よい愛国心」と「悪い愛国心」の二分法がよく使われる。日本その他で歴史的によく見られた二分法としては、以下のようなものがある。

まず国家に対する愛国心（nationalism）と、郷土に対する愛着（patriotism）を区別する二分法がある。この論法の参照点としては、地域共同体の慣習や歴史を重視するイギリス系保守思想が言及されることがある。

また愛着の対象となる国家が、自由参加の有志集団であるのか、血族や文化の同一性に基づく閉鎖集団であるのかを基準とする二分法もよく見られる。こうした論法では、望ましい国家は「自由・平等・友愛」などの理念の実現のために参集した有志集団であり、理念を共有すれば出自や人種を問わず国民共同体の構成員と見なすべきだとされる。その模範例はフランスとアメリカであり、血族や文化に基づく閉鎖的ナショナリズムの代表例はドイツであるとする論法が、19世紀から20世紀の西欧知識人の間では多かった。エルネスト・ルナンなどのフランス愛国主義系知識人、ハンナ・アレントなどの亡命アメリカ知識人などが、その代表例である。

さらに、為政者への垂直的な忠誠心と、市民（国民）の水平的な連帯を区別するという二分法がある。この論法をとったのが、丸山真男や上原専禄など、戦後日本の進歩系知識人たちである。こうした論法では、封建的身分制度の残滓にすぎない天皇制が残っているのは、近代的市民の集合体としての「国民」ないし「民族」が未成熟だからである。また日本で愛国心を頭から否定する議論が多いのも、権威への忠誠とは別次元の近代的連帯の原理を体得していないからであるとされた。この文脈では、原水爆禁止運動や60年安保闘争は、党派・地域・階級を超えた横断的連帯による「国民運動」の代表例とされた。

上記の分類法は、「愛国心」の善悪は無前提には決まらず、それが上位価値に貢献するか否かによって評価は異なると考えている。上記の3つの分類はそれぞれ、小規模な共同体の維持、理念実現のための協力、権威主義と政治的無関心から脱した自律的市民の育成を、上位価値においた分類である。

影響 当然ながら、上位価値が地域や論者によって異なることを反映して、それに基づく分類のあり方も異なる。それに対応して、「よい愛国心」「悪い愛国心」にあてはめられる言葉も異なる。例えばアメリカ語では、自由と平等の理念を掲げる合衆国への参加意識をpatriotismと呼び、悪しきnationalismと区別する傾向がある。しかしイギリス語でpatriotismといえば、「郷土愛」しか意味しないことが多い。当然ながら、その違いを踏まえないと互いに話は通じない。

またフランスでは、nationは共和国の理念に結集する有志集団を指す言葉として使われ、悪しき「国粋主義（chauvinism）」とは区別することが多かった。戦後日本では、丸山真男はよき「国民主義」と悪しき「国家主義」を区別し、上原専禄は同様に「民族主義」と「国家主義」を区別した。

しかし近年では、各地で従来の語法が通用しなくなったり、アメリカの語法が混入したりしている。その前提には、グローバル化と移民の増加、極右運動の台頭などによって、近代国民国家が人権保障や政治的民主化のツールとしての有効性を減退させていることがあると考えられる。

日本に限らないが、愛国心をめぐる議論は、上記したような経緯を踏まえないために、不毛に終わることが多い。各自が「よい愛国心」や「悪い愛国心」の定義を述べ、歴史的に見れば似たような議論を繰り返しているにすぎない「論争」が後を絶たない。最低限の知識を踏まえた、冷静な対話が望まれる。

参考文献 H・コーン『ナショナリズムの世紀』（佐々木俊郎・浦野起央訳、1968・8　外交時報社）、小熊英二『〈民主〉と〈愛国〉』（2002・10　新曜社）［小熊英二］

▶ ICタグ（あいしーたぐ）

電波を受けて働く小型の電子装置。ICタグ読取り機から発射される電波を受信して微量

の電力を生み出し、内部に保持している個別番号などの情報を読取り機に送り返す。例えば商品にこうしたICタグをつけ、ゲートに読取り機を設置しておけば清算前の持ち出しをチェックしたり、流通経路を記録したりすることも可能になる。日本のアリムラ技術が1991年に開発した最初のICタグは内蔵したリチウム電池によって作動し、読取り機と密着させて情報を送受信した。これに対して後に主流となる電池をもたず、近距離で情報通信を行うタイプが97年にPhilips社が開発。その後、徐々に通信距離を長くする開発が進んでいる。ICタグ技術は通信される情報内容を変えることで様々な可能性に富む（電子マネーカードやIDカードなどもその応用例）が、一方で利用者が自分では気付かないうちに個人情報を読み取られる懸念もあり、総務省は2004年に「タグが装着されていることの表示」や「消費者に対する説明及び情報提供」を事業者に求めている。 参考文献 伊賀武ほか『よくわかるICタグの使い方』（2005・5　日刊工業新聞社）

[武田徹]

▶ **iモード**（あいもーど）

1999年2月にNTTドコモが始めた携帯電話によるインターネット接続サービス。外出中でも利用できる利便性とドコモが課金徴収代行する安心感がコンテンツプロバイダ、ユーザーの両方に支持されて規模を拡大させた。ドコモは2006年1月時点で世界最大の登録者数（4568万7117人）を擁する無線インターネットプロバイダーとなり、国内他キャリアも同種サービスを始めている。ただし技術上の制約からウェブサイトでは簡易版HTMLの利用が、電子メールでは文字量制限が課せられ、パソコンから接続する一般的なインターネットとは別種の利用法を余儀なくされる。カメラ付き携帯電話で撮影した画像を共有する文化を育み、誰もが情報発信者となるソーシャルメディア時代にも先駆けたが、インターネットを制約なしに使えるスマートフォンの登場で急速に訴求力を失った。

参考文献 松永真理『iモード事件』（2000・7　角川書店）

[武田徹]

▶ **アウシュビッツの嘘**（あうしゅびっつのうそ）

語義 ナチス支配下で行われたホロコーストの存在を否定する表現のことである。ドイツ、フランスなどのヨーロッパ大陸諸国やイスラエル等では違法とされている。

とくに戦後のドイツにとって、反ユダヤ主義の克服は重大な政治的・社会的問題である。そこで、反ユダヤ主義的表現を規制するため、1960年刑法改正により、民衆煽動罪（130条）が設けられた。ただし、処罰対象は、公共の平穏を乱すおそれのある方法で、住民の一部に対する憎悪をかきたて、悪意をもった軽蔑や誹謗によって、他の人間の尊厳に攻撃を加える行為であった。このため、ナチスによるホロコーストを否定するだけでは、民衆扇動罪にはあたらず、ホロコーストの否定は、ドイツに暮らすユダヤ人すべてに対する侮辱（185条）として処罰されていた。

東西ドイツ統一後、極右による外国人排斥運動が激しくなったことを背景に、94年、アウシュビッツの嘘を直接に処罰する規定が新設された（130条3項）。これにより、ドイツでは、ナチスによるホロコーストを公共の平穏を乱すおそれのある方法で、公然とあるいは集会において、支持、否定、または無害化することが処罰の対象となった。

実例 アウシュビッツの嘘を侮辱罪によって処罰することに対しては、ドイツでも無理な解釈だという批判があった。しかし、連邦憲法裁判所は、1994年の判決（BVerfGE 90, 241）で、アウシュビッツの嘘を侮辱罪として処罰することを合憲とした。なぜなら、アウシュビッツの嘘は、目撃者の証言や証拠書類、裁判による事実認定、歴史学の認識によって真実ではないことが証明されている虚偽の事実を主張するものであり、表現の自由の保護を受けないし、たとえ保護を受けるとしても、保護の程度は低いからである。

参考文献 ドイツ憲法判例研究会編『ドイツの憲法判例II〔第2版〕』（2006・5　信山社出版）　[鈴木秀美]

▶ **アカウンタビリティ**（あかうんたびりてぃ）

語義 山本清（2013）によると、アカウンタ

ビリティは、もともとは「会計責任」を意味し、古代アテネの市民社会に遡る。会計書類を対象に、執政と兵役の義務を負う市民がその結果について民会で報告・承認を得る責任などを指し、承認を得られない場合は厳しい懲罰を伴うものであった。近代に入り、国家の役割の変化や行政サービスの多様化などにより、懲罰を伴う財務・会計的な責任から、政治的・社会的なより広い概念を含む用語として用いられるようになった。

アカウンタビリティに対応する訳語は、日本のみならずアングロサクソン諸国以外では長年存在せず、日本においては1990年代以降に「説明責任」という訳語が普及した。以来、アカウンタビリティと表記されることは少なくなり、「説明責任」に置き換わる過程で幅広い文脈で用いられるようになった。一般的には、公的機関や社会的責任を有する民間事業者などの責任者・決定権者が、対外的に結果に対して説明をする責任、事前に説得・理解を求めて説明をする責任という意味で用いられることが多い。説明は、口頭による説明だけでなく、根拠となる文書・情報の公開を伴うことが要求される。

(実例) 制度としては、情報公開法・公文書管理法の目的規定に、公文書の公開、適切な作成・管理を通じて政府の諸活動を説明する責務を全うする、とある。適切な記録の作成・管理による行政組織内部でのアカウンタビリティを向上させることが、外部に対するアカウンタビリティ、つまり透明性（情報公開）を向上させるという考え方である。説明を求める側にとって期待する回答・情報を得られなければ、アカウンタビリティを果たしたとは見なされないため、内部的な責任構造の明確化が伴わなければならない。

(参考文献) 碓氷悟史『アカウンタビリティ入門―説明責任と説明能力』(2001・7 中央経済社)、山本清『アカウンタビリティを考える―どうして「説明責任」になったのか』(2013・3 NTT出版)　　　[三木由希子]

▶ **アカデミックジャーナリズム**
(あかでみっくじゃーなりずむ)

(語義) 人類学や社会学などで蓄積されてきた科学的な調査方法を駆使し、学術研究（アカデミズム）の世界でも十分に通用するクオリティを持ったジャーナリズム。大学などの研究者が意図的にジャーナリスティックな媒体を発表の場に選ぶこともあるし、その研究が時代性ゆえに一般的な関心を引き付け、結果としてジャーナリズムで話題となる場合や、逆にジャーナリストがアカデミズムで通用する内容、精度の仕事を実践する場合もある。

(特色) 都市周縁部のコミュニティ崩壊を描いたイライジャ・アンダーソンの『ストリートワイズ』は都市社会学の正統的な調査報告だが、新聞の書評欄でも取り上げられ、アメリカ社会変容の現状を知りたがる人々の広い関心を集めてジャーナリスティックな話題を呼んだ。日本でも占領期日本の詳細な研究である袖井林二郎『マッカーサーの二千日』や精神科医・野田正彰がハッカー少年、プログラマー、パソコン企業最前線の人々と面接を重ねて綴った『コンピュータ新人類の研究』などは学術研究としての価値をもちつつ、ジャーナリズムの世界でも評価を得て大宅壮一ノンフィクション賞を獲得している。

逆に朝日新聞記者時代の本多勝一のいわゆる初期3部作『カナダ＝エスキモー』、『ニューギニア高地人』、『アラビア遊牧民』は、新聞連載記事でありながら、文化人類学の参与観察法を適用、学術研究として通用するクオリティをもっていた。

(参考文献) 本多勝一『極限の民族―カナダ・エスキモー、ニューギニア高地人、アラビア遊牧民』(1967・6 朝日新聞社)、袖井林次郎『マッカーサーの二千日』(1974・8 中央公論社)、野田正彰『コンピュータ新人類の研究』(1987・3 文藝春秋)、E・アンダーソン『ストリートワイズ』(奥田道大・奥田啓子訳、2003・5 ハーベスト社)　　　[武田徹]

▶ **アクセス（権）** (あくせす（けん）)

(語義) 接近する（権利）という意味で、様々な文脈で用いられる。政府情報へのアクセス権といえば、知る権利という政府情報開示請求権を意味することになるし、正義へのアクセス権といえば、裁判を受ける権利を指すことになる。しかし一般にアクセス権という語

はマスメディアとの関係で用いられることが多い。マスメディア状況では、市民は通常情報を専ら受けるだけで、効果的な発信をすることはほぼ不可能である。情報の集中や偏在が生じ、思想の自由市場のゆがみが認識されるに至った。そこで、マスメディアへのアクセス権を謳う議論が登場することになった。

アクセス権という用語も多義的で、一般的なアクセス権と限定的なアクセス権に区別できる。前者として、まずマスメディアを利用して自己の見解を伝達する権利が最広義のアクセス権、また、マスメディアが1つの見解を伝えた時、それと異なる意見を有する個人・団体が自己の見解を伝えるよう要求する権利が広義のアクセス権であるとされる。後者のうち、記事や放送により批判・攻撃を受けた者が、名誉毀損にならない場合であっても、同一のメディア、同一のスペースを使って反論する権利は広義の反論権といわれ、さらに進んで、名誉毀損がなされた時にその救済手段の1つとして反論を要求する権利は狭義の反論権とされている。

こうした何らかのアクセス権は、表現の自由・報道の自由の主体であるマスメディアの編集判断に負荷をかけることになる。アクセスがマスメディアに対して法的に強制されると、それ自体表現の自由を侵害することになりかねない。メディアが反論権の負担を回避するため、論争的な問題の報道を控えるようになってしまえば、表現の自由の精神に悖る結果になってしまう。反論機会の保障と表現の自由の擁護とを両立させるような調整が立法によって施されることが求められる所以である。なお、ヨーロッパでは、人格的利益の保護という別の観点からではあるが、法律によって反論権を定めている国も多い。最も反論権保護的とされるフランスでは、記事で言及された者は、合法または違法あるいは肯定的または批判的に関係なく、反論権が発生するとされている。なお、インターネット時代になってその双方向性の故に、反論の機会が一定程度実現されるようになっている。

(実例) 日本では、反論権を定めた法律はない。名誉毀損が成立した場合に、反論の掲載が民法723条に規定する原状回復のための適当な処分に該当するかどうかについて争いがある。最高裁判所は、政党の日刊紙上の意見広告が別の政党を揶揄・批判したケースで、名誉毀損の成立を否定した上で、日刊紙の編集権への負担を理由に否定的見解を明らかにした(サンケイ新聞意見広告事件:最判昭和62年4月24日)。なお、放送法は、真実でない事項の放送につき放送事業者に訂正放送等を義務付けている(放送法9条)。最高裁によると、この制度は、個人にアクセス権を認めたものではなく、放送の真実性を確保するために放送事業者の義務を定めたものとされている(生活ほっとモーニング事件:最判平成16年11月25日)。

(参考文献) J・A・バロン『アクセス権』(清水英夫ほか訳、1978・6 日本評論社)、韓永學『報道被害と反論権』(2005・12 明石書店)、曽我部真裕『反論権と表現の自由』(2013・3 有斐閣) [川岸令和]

▶『悪魔の詩』(あくまのうた)(L)

インド生まれの英国人作家サルマン・ラシュディが1988年に発表した小説。原題は「The Satanic Verses」。ムハンマドの生涯を描いた文学作品として高い評価を得るが、内容がイスラムを冒涜するものだとしてイスラム社会の反発を招いて各地で焚書騒動が起き、当時のイランの最高指導者ホメイニ師によって作者に死刑宣告がなされた。この事件は宗教上のタブーと表現の自由の問題を全世界に提起した。さらに91年、本書の日本語訳者である五十嵐一筑波大学助教授(当時)が大学内で暗殺され、イスラム教徒の犯行が疑われたもののいまだに犯人は捕まっていない。日本以外でも翻訳者が襲われる事件が相次いだ。

(参考文献) 『悪魔の詩(上・下)』(1990・2、9 プロモーションズ・ジャンニ)、五十嵐一『イスラーム・ラディカリズム』(1990・7 法蔵館) [川上隆志]

▶朝日新聞阪神支局襲撃事件
(あさひしんぶんはんしんしきょくしゅうげきじけん)

(語義) 1987年の憲法記念日5月3日夜、兵庫県西宮市の朝日新聞阪神支局で記者2人が散弾銃で撃たれ、小尻知博記者(当時29歳)が死亡、もう1人も重傷を負った事件。目出し帽を

かぶった犯人は無言で立ち去り、3日後の同月6日、共同、時事両通信社に「赤報隊」から犯行声明が届いた。

赤報隊は、①87年1月24日夜、朝日新聞東京本社2階窓などへの発砲、②同年9月24日夕、名古屋本社社員寮1階のテレビへの銃撃、③88年3月11日昼、静岡支局の駐車場に時限爆弾（接触不良で爆発せず）、④同年8月10日夜、東京都内の江副浩正リクルート元会長宅玄関へ発砲等の事件についても犯行声明を出した。②の声明には「反日朝日は五十年前にかえれ」とあり、50年前とは、日中戦争が始まり、南京虐殺があった37年を指すと見られる。警察庁は広域重要116号事件に指定し、地元の県警や警視庁が捜査を続けたものの、2003年3月までに全事件が公訴時効となった（以上は2012年5月3日付朝日新聞朝刊の特集記事による）。

（影響）言論に対するテロであり、朝日新聞は1987年以降、言論をテーマにした『「みる・きく・はなす」はいま』と題する連載記事を毎年憲法記念日前などに掲載してきた。長く事件の取材にあたった朝日の樋田毅記者は「赤報隊が高笑いする声を、私は決して聞きたくない。記者の一人ひとり、市民の一人ひとりが、日本のこれからの進路を真剣に考えなければならない」と書いている。一方、「週刊新潮」は2009年2月5日号から4週にわたって「私は朝日新聞『阪神支局』を襲撃した！」と題する実名告白手記を掲載したが、虚偽と判明した。なお各新聞社は阪神支局襲撃事件以降、入口などに警備員を置くようになった。

（参考文献）樋田毅「見えない『赤報隊』を追って」『世界』（2002・5月号）、早川清「『週刊新潮』はこうした『ニセ実行犯』に騙された」『週刊新潮』（2009年4月23日号）　　　　　　　　　　　　　[竹田昌弘]

▶ 新しい歴史教科書をつくる会
（あたらしいれきしきょうかしょをつくるかい）

（語義）「新しい歴史教科書をつくる会」は、1996年に結成された、歴史認識の修正を求める保守系「市民団体」である。2000年代に入ると活動実態を次第に喪失したが、一時は大きな注目を集めた。この運動の意味を理解するには、当時の国際的背景を知る必要がある。

（影響）1951年のサンフランシスコ講和条約で、日本は連合諸国と国交を回復したが、それに参加しなかった諸国とはその後に個別交渉が行われた。日本政府は56年にソ連、65年に韓国、78年に中華人民共和国と平和条約を結び国交を回復した。これらは、①戦争賠償請求権を相互的に放棄する、②日本周辺の小島群の領有問題は事実上先送りにする、③韓国と中国には日本政府が経済協力を行うという特徴をもっていた。③の特徴は、50〜60年代に結ばれた、フィリピン、ベトナム、インドネシアなどとの戦争賠償ないし経済協力協定の延長と考え得る。なお現在、北朝鮮及び台湾とは、国交回復がされていない。

こうした条約は、国交回復を急ぐ日本政府と、経済協力を欲したアジア諸国政権の、利害の一致から生まれたものだった。民衆には賠償請求権放棄に不満があったが、当時のアジア諸国の政権は民主化されておらず、現地政権の弾圧によって表面化しなかった。

「冷戦終結」として知られる一連の民主化は、アジアでは西側陣営の独裁政権倒壊から始まった。86年にフィリピン、87年に韓国の独裁政権が倒れ、台湾の戒厳令が解除された。89年の中国とビルマの民主化は頓挫したが、同年に東欧諸国が民主化した。こうした一連の民主化により、冷戦下で抑えられていた不満が表面化し、中国、韓国、台湾、フィリピンの原地住民、サハリン在住韓国人等の戦争被害者の声が出てくることになった。

ちなみに欧州でも、東欧諸国の民主化は、東中欧での戦争の記憶と、旧東独などのナチス協力者への責任追及を浮上させた。またEU統合は、独仏から中東欧にまたがる歴史認識の共有を必要とした。あわせて国際的な女性運動の台頭は、「従軍慰安婦」問題を、女性の人権問題としてクローズアップした。

こうした中、日本政府は、賠償問題は条約締結時に解決済みという見解を繰り返す一方、外交対応として93年に「河野談話」、95年に「村山談話」を公表した。しかし日本の政府及び世論が、上記の国際的潮流を十分に認識していたとは言い難く、バックラッシュともいうべき動きが誘発された。

折しも90年代以降のポスト工業化とグローバル化によって、安定雇用と経済成長を前提とした地域社会や家庭、教育などのあり方が揺らいでいた。携帯電話やインターネットの普及なども、こうした現象を加速した。このような旧秩序の動揺を、教育によるモラル引締めによって解決しようという機運が高まり、教育課程でのボランティア義務化論や「ゆとり教育」批判などが90年代後半に起こった。それがバックラッシュ的な歴史認識の動向と結び付いて発生したのが「新しい歴史教科書をつくる会」だったといえる。ポスト工業化とグローバル化に伴い、人種主義や宗教原理主義を基盤とする右派運動が台頭することは、欧州やアメリカ、中東やインドでも共通の現象である。ただしその表れ方は地域によって異なり、日本では人種や宗教ではなく、歴史認識の問題として台頭した。

また時期的な変化として、2000年前後の「新しい歴史教科書をつくる会」は勉強会やシンポジウムを活動の中心としていたが、2000年代中盤には活動形態が「2ちゃんねる」などのネット上の書込みに移行し、さらに10年代には「在特会(在日特権を許さない市民の会)」などの街頭デモへと移行した。その意味では、「新しい歴史教科書をつくる会」は、日本のバックラッシュ運動の変遷過程を示すものであったともいえよう。

(参考文献) 朝日新聞戦後補償問題取材班『戦後補償とは何か』(1999・9 朝日新聞社)、小熊英二・上野陽子『〈癒し〉のナショナリズム』(2003・5 慶應義塾大学出版会）　　　　　　　　　　　　［小熊英二］

▶ **アップル**（あっぷる）

アップル（Apple）は、パーソナルコンピュータの「Mac(Macintosh)」やスマートフォンの「iPhone」、携帯音楽プレイヤー「iPod」などを手がけることで知られるアメリカ企業。1976年設立。元CEOの故スティーブ・ジョブズは非常に強いカリスマ性をもって革新的な製品やサービスを世に打ち出す人物として著名であり、「Apple II」の開発でパーソナルコンピュータの市場を切り開き、「iPod」と「iTunes Store」で音楽市場、そして「iPhone」で携帯電話のあり方を大きく変えた。特に同社は誰にでも使いやすい革新的なUI（ユーザインタフェース）を打ち出してきたことから、アップルの熱狂的なファンは多く、またデジタル製品の趨勢を追うジャーナリズムの注目の的であり続けてきた。一方、その独自のこだわりからアップルは自社製品に対するクローズド（囲み）志向が強く、またアプリに対する検閲・審査も競合するサービスに比べ厳格なことから、インターネットのオープン性を重視する論者・陣営からはしばしば批判される。(参考文献) J・ジットレイン『インターネットが死ぬ日』（井口耕二訳、2009・6　早川書房）、W・アイザックソン『スティーブ・ジョブズ（1・2）』（井口耕二訳、2011・10、11　講談社）　　［濱野智史］

▶ **アドバトリアル**（あどばとりある）

(語義)「アドバタイジング（広告）」と「エディトリアル（編集）」の合成語。広告と雑誌記事が融合した誌面を指し、編集タイアップ（PR記事、ペイドパブリシティー）や記事体広告などとも呼ばれている。他の媒体でも同様の広告手法は存在し、映画のシーン中に特定の商品を露出する「プロダクトプレイスメント」や、情報番組と広告との融合を指す「インフォマーシャル」といった造語も存在する。いずれもコンテンツと広告との曖昧化（blurring）の例である。

(実例) 典型としては、週刊誌などにおいて「PR」「広告」などの但し書きの下、本文記事と類似した体裁をとっているページなどが挙げられる。多くのファッション雑誌において、モデル着用の衣装や小物のブランド名、価格、連絡先等が明記されているのも、広い意味でのアドバトリアルといえよう。映画におけるプロダクトプレイスメントの最大の成功として、一種の都市伝説と化しているのが、「E.T.」（スティーブン・スピルバーグ監督、1982年）でのキャンディー（ピーシーズ・リーシーズ）の事例である。主人公の少年が、地球外生命体（E.T.）を自室におびき入れるという印象的なシーンに、このキャンディーが用いられたため、その売上が飛躍的に伸びたとされている。製作費の高騰に悩むハリウッドにとっ

て、プロダクトプレイスメントは福音であった。また、ネット上ではさらに「広告／コンテンツ」の線引きは不鮮明となる。2013年にはアメリカのグーグルが、アドバトリアルの混在するメディアをニュース検索から排除すると表明しているが、これなどは広告主を隠したステルスマーケティングと呼ばれる手法が、ネット上に蔓延していることの証左であろう。

(参考文献) 須藤春夫編『21世紀のマスコミ03―広告』(1997・9 大月書店)、難波功士『創刊の社会史』(2009・1 筑摩書房) ［難波功士］

▶ **アファーマティブアクション**
（あふぁーまてぃぶあくしょん）

(語 義) 差別是正のための積極的改善措置。主にアメリカやオーストラリアで用いられる。ヨーロッパ諸国ではポジティブアクションと呼ばれる。過去の差別の結果を是正するには、積極的な介入が必要であるという考えに基づき、差別を受けてきた、あるいは受けている集団に対して教育や就業の機会を積極的に与えようとする措置である。クォータ制（割当て制度）や同一資格の場合は女性や少数民族を優先させるものなどがあるが、これらの方法に反対する見方もあり、議論が続いている。特定の民族や少数派グループなどに対して排他的な表現と受け止められかねない言葉を、偏見や差別を含まない中立的な言い回しに替えるポリティカルコレクトネス（PC）とは異なる。

(実 例) メディア企業で働く人（送り手側）の性別の偏りが指摘される。国際女性メディア財団による世界調査（2009年実施）では、専門職（記者、編集者など）に占める女性の割合は36.1％で、男性が専門職の約3分の2を占める。上位管理職（報道局長、編集長など）の72.7％を男性が占め、女性は27.3％であった。同じ調査において日本は、上位管理職の女性は1.4％で世界でも突出して少ない結果であった。日本の場合、メディア企業で働く女性の数自体が少ない（例えば日本の新聞・通信社の従業員における女性構成比率は15.3％(2013年日本新聞協会調査)）。

内閣府は、「（日本の）メディア企業はダイバーシティ施策にはあまり積極的ではない傾向がみられ、均等雇用、特に女性の管理職雇用に関して積極的に策を講じている企業はあまりみられない」としている。

一方、アメリカカリフォルニア州などでは、保守化回帰の流れから見直しの動きが見られ、一部、アファーマティブアクションの禁止が法制化されるに至っている。

(参考文献) 国際女性メディア財団「報道メディアにおける女性の地位に関する世界レポート」(2011・3) http://iwmf.org/pdfs/IWMF-Global-Report.pdf、内閣府男女共同参画局「メディアにおける女性の参画に関する調査報告書」(2011・11) ［四方由美］

▶ **アマゾン**（あまぞん）

アマゾン（Amazon）は、アメリカに本社を置く通販サイト（Eコマース＝電子商取引サイト）で、設立は1994年。当初は「インターネット書店」だったが、現在はあらゆるジャンルの商材を扱っており、日本を始め世界各国でサービスを展開。通販サイトの代名詞的な存在でもある。アマゾン最大の特徴はレコメンデーション（推薦）機能にある。ユーザーの莫大な購買履歴にデータマイニングと呼ばれる処理をかけ、「この本を買った人はこの本を買う傾向にある」とお薦めの商品を自動的に提示する同機能は、従来の小売業にはない革新的なものと評価される一方、「人々の趣味嗜好を似たもの同士に収束させてしまう」とも批判される。またビジネスモデル的にはロングテールの代表例とも知られる。従来の書店では売場面積の限界があり置けないような「売れない本」でも、アマゾンであれば大量に在庫として抱えても検索や推薦機能を通じて売れていく。このように、売れない商材でもかき集めれば大きな売上を出せる「ロングテール」の法則は、ネットビジネス特有のビジネスモデルとして注目を集めた。またアマゾンは電子書籍端末＆販売事業の「キンドル（Kindle）」も展開しており、日本の出版界への影響は無視できない。(参考文献) C・アンダーソン『ロングテール』（篠森ゆりこ訳、2006・9　早川書房） ［濱野智史］

▶ アルジャジーラ（あるじゃじーら）

（語義）ペルシャ湾岸のカタールに本拠を置く衛星テレビ局。アラビア語で国際ニュースを提供するニュース専門チャンネルとして1996年に開局した。カタール政府から財政的支援を受けている。中東地域の国内メディアの多くが政府の統制下で言論の自由を制限されているなか、検閲を受けていない放送局として注目された。また、24時間放送や英語放送を行うことで広範な地域の視聴者を獲得した。多様な意見を伝えることに重きを置き、「1つの意見ともう1つの意見」をモットーとする。

開局直前、アラビア語ニュース放送で先行していたイギリスの公共放送局BBCとサウジアラビア系の衛星放送会社Orbitの合弁事業が破綻し、アルジャジーラにはBBCで経験を積んだ多くの人材が集った。欧米の報道機関が網羅しにくい中東・イスラム諸国を重点的に取材することに特徴があり、98年アメリカ軍とイギリス軍によるイラク空爆、2001年アフガニスタン戦争、03年イラク戦争に際し現地から報道を行い、世界的に知名度が高まった。13年にアメリカ版放送「アルジャジーラ・アメリカ」の放送を開始した。

（影響）2010年末から始まった「アラブの春」では、小型ビデオカメラやカメラ付き携帯電話を用いて市民が撮影した各国の映像を放送するなど、抗議行動の広がりにおいて大きな役割を果たした。アラブ社会の視点から多様な言論を流通させようと試みるアルジャジーラの報道は、アラブ地域での影響力を高める一方、政治対立の当事者になっているとの指摘もされる。報道における客観性とローカルなコンテクストにいかに向き合うかという問題は、アルジャジーラのみならずグローバルメディアの課題としても考える必要がある。

（参考文献）O・ラムルム『アルジャジーラとはどういうテレビ局か』（藤野邦夫訳、2005・10　平凡社）

［鄭佳月］

▶『アレオパジティカ』（あれおぱじてぃか）

後に叙事詩『失楽園』で著名となるジョン・ミルトン（John Milton）が、1644年11月に出版した表現の自由擁護の古典。イギリス議会に対して、許可なくして出版する自由を訴えている。15世紀半ば頃の活版印刷技術の発明は、知識の流通に多大な影響を与えたが、従前、知の独占により権力を維持していた政治的・宗教的権威は自らの権力基盤の脆弱化を恐れ、印刷機の登録、印刷業者組合による出版許可制度の導入により、知識拡散を統制しようとした。ピューリタン革命後、旧来の検閲体制は廃止されたが、権力を握った長老派議会が他派の言論を抑制するため同様の許可制度を導入した。ミルトンは本書で、検閲はカトリック教会の異端審問に端を発していることを指摘し、検閲は人間の知識の進展を阻害し、宗教及び世俗の領域での発見や学問の前進を阻害するとして批判した。真理と虚偽が自由に公然と対峙されれば、自ずと真理が勝利するという基本的な認識は、表現の自由の正当化論として後世に大いに影響を与えている。（参考文献）J・ミルトン『言論・出版の自由』（原田純訳、2008・2　岩波書店）

［川岸令和］

▶ 安全・安心社会（あんぜん・あんしんしゃかい）

（語義）1995年に制定された科学技術基本法により、（今後10年程度を見通した）5年間の科学技術基本計画を内閣が策定することとなったが、「第2期科学技術基本計画」（2001年3月30日閣議決定）は、日本が目指すべき国の姿の1つとして「安心・安全で質の高い生活のできる国」を挙げていた。また、「安全・安心な社会の構築に資する科学技術政策に関する懇談会（文部科学省）」が設置され（03年4月）、報告書が公表された（04年4月）。そこでは、安全・安心を脅かす要因として、犯罪・テロ、事故、災害、サイバー空間の問題、健康問題、食品問題等が指摘されるとともに、安全・安心社会の構築に向けた道筋が示されている。

（影響）安全・安心を脅かす要因が多岐にわたることもあり、安全・安心社会という表現も様々な領域で用いられているが、「安全」

「安心」という言葉のもつ意味については注意が必要である。「安全」とは「危険」の反対語であり、人や社会、あるいは建築物などに損傷・傷害がない状態を指す言葉である一方、「安心」とは「不安」の反対語であり、心配することがなく心が安らぐ状態を指す言葉である。「安全」は客観的な判断になじむものであるが、「安心」は個人の主観的な判断に大きく依存する点で両者は質的に異なるものといえる。

　社会の「安全」「安心」の確保とプライバシー、経済的自由、行動の自由等はトレードオフの（つまり両立が難しい）関係にある。社会の「安全」を高めること自体は目的として重要なものであろうが、市民的自由の制約は必要最小限度にとどめる必要がある。また、社会の「安心」を高めることについては、「安心」が個人の感覚に依存する主観的なものであるがゆえに、市民的自由に対する制約がより広汎となるおそれがあることに注意しなければならない。

(参考文献)　「安全・安心な社会の構築に資する科学技術政策に関する懇談会」報告書（2004・4　文部科学省）、村上陽一郎『安全と安心の科学』（2005・1　集英社）、飯島滋明編著『憲法から考える 実名犯罪報道』（2013・5　現代人文社）　　　　　　　　　　　［小倉一志］

い

▶ ENG（いーえぬじー）

(語義)　Electronic News Gatheringの略。電子機器を用いたニュース取材用システムの総称。テレビ発足以来、1960年代までは、テレビ局のニュース取材では小型のフィルムカメラが使われていた。フィルムで撮影した映像は、局に持ち帰って現像するまで確認できない上にフィルムの切貼りのため編集にかなりの手間と時間を要し、映像をその場から伝送することもできないなど、現在に比べると極めて制約が大きかった。

　60年代末にアメリカでVTRカメラが使用され始めたが、当時の機材はカメラ、VTR、記録媒体（オープンリール）とも巨大で重いため、機動性が要求されるニュース取材向きではなく、屋外での使用は一部の災害・事故現場やスポーツ・イベント中継などに限定されていた。しかし、70年代に入るとソニーが4分の3インチ幅カセットテープを使うU-matic VTRを実用化し、さらに電池で駆動するポータブルレコーダーが現れるに至って、小型のVTRカメラとポータブル型のレコーダー及び伝送用の通信機を組み合わせた取材システムであるENGが構築された。

(実例)　ENGを最初に導入したのはアメリカのCBSとされるが、アメリカに比べると導入にやや慎重だった日本でも、1975年の昭和天皇訪米報道を契機に民放、NHKとも本格的に使用するようになった。カセットテープが2分の1インチになるとレコーダーとの一体型カメラも登場し、ENGの使い勝手はさらに向上した。その後は、撮像デバイスが真空管式撮像管からCCDへ、記録方式がアナログからデジタルへ、規格がSDからHDへと高精細化した。伝送・中継方式もマイクロ波回線を用いるFPU（Field Pickup Unit）に加えて、衛星を用いるため場所をほぼ選ばないSNG（Satellite News Gathering）が80年代後半に登場し、近年では光ケーブルでの伝送や公衆回線を用いたIP伝送も行われている。ENGがテレビにもたらした変化は、ニュース報道での同時性・即時性の実現にとどまらず、スポーツ中継などの中継ものの充実やバラエティ番組の内容など広範囲に及んでいる。　　　　　　［木村幹夫］

▶ イエロージャーナリズム
（いえろーじゃーなりずむ）

(語義)　時としてセンセーショナリズムと同義とされるイエロージャーナリズムは、1890年代のニューヨーク市を舞台に展開された、以前の時代とは明らかに異なるジャーナリズムの出現に端を発する。この新しいジャーナリズムを開拓したのが、J・ピュリツァーであり、その手法を徹底的に模倣するだけでなく、拡大したのがW・R・ハーストであった。ピュリツァーのワールド紙、ハーストのジャーナル紙を舞台として、両紙の激しい競争が過熱

して過度にセンセーショナルなジャーナリズムが生み出された。

ピュリツァーは、これまで新聞読者とされてこなかった移民を主たる読者として開拓し、巨大な発行部数を築きあげた。その秘訣は、新聞になじみのない移民層を読者にする様々な工夫であった。イエローの語源は、ピュリツァーがこうした未成熟な読者を当て込んで掲載させた漫画にあり、人気漫画の主人公「イエローキッド」になぞらえて、当時のセンセーショナルなジャーナリズムは「イエロージャーナリズム」と称されることになった。

(実例) イエロージャーナリズムは概して、派手な自己宣伝、改革キャンペーン、犯罪やスキャンダルの重視、偽善的な道徳、好奇心をそそる記事の強調等で知られる。立役者の2人の過熱したジャーナリズム競争は、アメリカ史では「不必要な戦争」と称される米西戦争（1898）を舞台にその頂点に達する。当時スペインの圧政下にあったキューバでは、民族解放闘争が続き、独立の解放闘争に勝利した歴史をもつアメリカは、キューバの窮状に同情的であり、新聞はこぞってこの話題をセンセーショナルに取り上げた。ピュリツァーもハーストもキューバに記者や挿絵画家を急派した。ハーストに急派された挿絵画家は、センセーショナルな報道とは違うキューバの状況に、ハーストに「帰りたし」と打電した。返信には「現地にとどまれ、私は戦争の準備をする」とあったことから、「戦争をつくった男」として語り継がれることになった。

このことで、ハーストとピュリツァーは多くの批判を受けたが、特にピュリツァーはこのイエロージャーナリズム批判を真摯に受けとめ、またA・オックスの下で改革を進めたニューヨークタイムズの影響を受けて、ジャーナリズムの改革を進めることになった。ピュリツァーはこの改革の一環として、コロンビア大学にジャーナリズムスクールを創設することになった。イエロージャーナリズムの手法は、ニューヨーク市以外の他の多くの日刊紙で模倣されることになったが、カラー、グラフィックス、写真の利用を重視し、紙面の外観の改良にも資することになった。

漫画セクションだけでなく、日曜版付録などは今日に至るまで読者に娯楽を提供し続けている。

(参考文献) J・ミルトン『イエロー・キッズ―アメリカ大衆新聞の夜明け』（仙名紀訳、1992・11　文藝春秋）、大井眞二「センセーショナリズムを考える」『マス・コミュニケーション研究』43号（1993）　[大井眞二]

▶ 意見広告（いけんこうこく）

(語義) 個人や団体が各々の立場から、政治・経済・社会・教育・文化・国際的な問題など公的な事柄について、自らの主義、主張、見解、論評等を訴え、理解や賛同を得る目的で行う広告のこと。意見広告の広告主は政府や自治体の場合もある。ただ、公権力が自己の政策の正当性や優位性を、メディアを通じて喧伝することには、これを懸念する声もある。また、意見広告は資金力で勝る多数勢力を利することになるとの考えから、意見広告の批判対象となった者には反論権が認められるべきとの見解が主張されることもある。

(実例) 当初、日本の新聞社は意見広告の掲載には慎重で、1960年代後半になってそれはようやく解禁された。73年、産経新聞が、「前略　日本共産党殿　はっきりさせてください」との見出しで始まる自民党の意見広告を掲載したところ、共産党が、意見広告は共産党を誹謗中傷するものだと批判し、同紙に反論意見広告を無料で掲載するよう求める訴えを提起した。しかし最高裁は、報道機関への反論文の掲載強制は、本来なら他に利用できたはずの紙面を割かねばならなくなるなどの負担を報道機関に強いるもので、その負担が公的事項に関する批判記事の掲載を躊躇させ、表現の自由を間接的に侵す危険があるとして、共産党による反論権の主張を退けている（最判昭和62年4月24日）。

また91年には、政治結社正気塾が「昭和天皇に戦争責任はない」旨の意見広告の掲載を申し込んだところ、長崎新聞がこれを拒否したという事件があった。裁判所は、広告契約においても契約自由の原則が妥当し、掲載請求の諾否は新聞社の自由であるとして、正気塾の広告掲載請求を否定している（長崎地判平

成3年2月25日)。

参考文献 放送批評懇談会編『現代意見広告論』(1975・9 時事通信社)、清水英夫『言論法研究―憲法21条と現代』(1979・9 学陽書房) ［丸山敦裕］

▶ 違憲立法審査権・違憲審査権
(いけんりっぽうしんさけん・いけんしんさけん)

語義 違憲(立法)審査権とは、国(地方公共団体も含む。以下、同)の行為が憲法に適合しており、有効であるかどうかについて、裁判所が最終的な判断を行う制度である。日本国憲法81条は、「最高裁判所は、一切の法律、命令、規則又は処分が法律に適合するかしないかを決定する権限を有する終審裁判所である。」と規定し、さらに98条1項は、憲法に反する国の行為は無効である旨を定めている。条文上明記されているのは最高裁判所の権限のみであるが、下級裁判所も同じ権限を有するとされている。ただし、81条により、憲法適合性をめぐる争いについては常に最高裁への上訴が許される。

日本では違憲立法審査権ということも多いが、憲法との適合性が問題となるのは法律に限られるわけではなく、憲法学上は「違憲審査権」という用語の方が一般的である。

実例 違憲審査権は、具体的事件の解決のために、それに付随して行使される付随的審査制と、そのような事件を前提とせず、法令の合憲性自体が審査の対象となる抽象的審査制とに大別される。前者はアメリカの裁判所が古くから行使してきたものであるが、後者は第二次世界大戦後ドイツなどの諸国が憲法裁判所を設置して導入し、広まったものである。日本の違憲審査制の性格については憲法制定当初は論争があったが、実務上は一貫してアメリカ型の付随的審査制を採用したものとして運用されている。

日本の違憲審査制に対しては、アメリカと比べて訴訟の対象となる「事件」の理解が狭すぎるとか、「公共の福祉」による人権制約を安易に認めすぎているなどという批判がなされてきた。しかし、近年の最高裁は違憲判断にかなり積極的な姿勢を見せており、注目が高まっている。

参考文献 芦部信喜(高橋和之補訂)『憲法[第5版]』(2011・3 岩波書店)、佐藤幸治『日本国憲法論』(2011・4 成文堂) ［毛利透］

▶ 意思決定過程文書
(いしけっていかていぶんしょ)

行政機関は原則として文書主義をとっているため、意思決定にあたり文書が作成される。意思決定とは具体的には決裁を指し、一般に決裁段階での文書が意思決定にかかる文書といわれる。意思決定過程文書は、決裁段階だけなく、それ以前の決裁段階に至るまでの内部検討の過程なども含む。公文書管理法は、「意思決定に至る過程(中略)を合理的に跡付け、又は検証することができる」と意思決定過程の文書の作成を義務付けている。何が意思決定過程に該当し、文書の作成義務があるのかは、個別の事案ごとに判断される。そのため、意思決定過程文書の典型ともいえる会議の議事録なども、作成するかどうかは事案によって裁量的に判断され、作成されないこともあり問題化することがある。また、起案段階に用いた資料、未成熟な内容の文書類などは意思決定過程の文書であるが、文書の管理形態によっては個人文書とされ、公文書として管理されていない場合もある。**参考文献** 右崎正博・三宅弘編『情報公開を進めるための公文書管理法解説』(2011・3 日本評論社) ［三木由希子］

▶ 萎縮効果 (いしゅくこうか)

語義 報道との関係では、法的規制や報道対象からの攻撃などをおそれて、報道すべき事柄を報じないようになること。表現の自由に関する憲法論との関連でもしばしば使われる用語である。

表現の自由は民主主義の基礎となるべきものであるため、経済活動の自由よりも手厚く保護され、また、表現の自由の規制は厳格に制限された条件の下で行われる必要がある。表現活動は萎縮効果を受けやすいため、表現の自由を規制する法律は、拡大解釈を許すようなものであってはならないと主張される。

実例 駒村圭吾(2001)は、表現・精神活動は、政府による萎縮的効果(chilling effect)

にさらされやすいと述べ、これを「表現・精神活動の機能的脆弱性」と表現している。表現・精神活動はこのような一般的特性をもつからこそ、法的に手厚く保護されなければならないのだという。「もっともらしい理由」で表現の自由が規制されると、国民は規制の範囲を自己検閲（self-censorship）によって拡大してしまいがちである。このため、表現の自由などの精神的自由は、経済的自由などよりも手厚く保護される必要があり、それを規制する法律の合憲性は、「強度な厳格審査」にさらされねばならないのだという。

取材と報道に対する萎縮効果を狙って、スキャンダルを報道された当人が、名誉毀損で記者や内部告発をした情報源を訴えるケースもある。また個人情報保護法の成立後、公的機関を含む情報源の側が萎縮して、過剰に情報を出さなくなる傾向も見られる。

（参考文献）駒村圭吾『ジャーナリズムの法理—表現の自由の公共的使用』（2001・7　嵯峨野書院）

［伊藤高史］

▶ 委託制度（いたくせいど）

（語義）出版物取引の1つ。出版社や卸が取引先に対して一定数の商品を委託し、売れ残りの返品を引き取る方法で、日本国内では書籍・雑誌ともに広く行われている。返品を認めない取引は「買切」である。元は市場の拡大を目的とする販売戦略だが、書籍は売れ行きの予測を立てにくいこと、雑誌は次号の発売で前号と入れ替わることから合理性があると見なされ、現在ではほとんどの新刊に適用されている。

小売店への委託期間は、新刊書籍の場合は105日、月刊誌は60日などとなっており、この期間内であれば小売は無条件で返品できる（新刊委託）。委託期間を過ぎた銘柄は既刊本となり、返品は原則不可である。そのため、フェアや売場の拡大など、小売が一度に多くの既刊本を揃えなければならない場合には、負担軽減のため、4か月、6か月など、期間を決めて委託方式がとられることがある（長期委託）。

ほかに、契約で1年以上特定銘柄を在庫する常備寄託がある。会計上、新刊・長期委託期間内の在庫は小売ないしは取次の資産と見なされるが、常備は出版社の資産に勘定される。

（影響）書籍の委託取引は、1908年の大学館、雑誌は実業之日本社「婦人世界」の09年新年号を嚆矢とするのが通説であるが、委託と銘打たずとも「返品きき」というかたちで返品を認める取引は複数存在しており、起源を定めるのは難しい。

戦前においては書籍の委託は雑誌よりも規模が小さく、また戦時中は物資不足の折から全ての出版取引が買切に移行したが、戦後は委託が復活して制度化した。このため、出版取引の中で委託品は一部であるにもかかわらず、返品を前提とする安直な経営やリスクをとらない姿勢が業界内に蔓延し、過剰な返品とともに問題化してきた経緯がある。

（参考文献）『よくわかる出版流通のしくみ '13〜'14年版』（2014・1　メディアパル）

［柴野京子］

▶ 一億総白痴化（いちおくそうはくちか）

（語義）大宅壮一が1956年にテレビの低俗番組を批判して使った概念。享楽的なテレビ番組を見続けると、想像力や思考力が低下し、国民全体の文化レベルが下がるというテレビ有害論で、翌57年の流行語になった。

日本の初期テレビ放送は、ハード面、ソフト面ともにアメリカに大きく依存していた。テレビはアメリカ文化の象徴だったため、「一億総白痴化」を口にする知識人の脳裏では「戦後民主主義」や「文化帝国主義」の批判に置き換えられた。テレビ有害論はイデオロギーの左右を超えて論じられ、同年のテレビ教育専門局及び準教育局の新設決定となり、現在のテレビ放送秩序に至る業界再編を引き起した。

（実例）きっかけは1956年11月3日に日本テレビ放送網で放送されていたバラエティ番組「何でもやりまショー」である。同番組はGHQ民間情報教育局（CIE）ラジオ課にいた高橋太一郎（後、TBSチーフディレクター）がアメリカ留学時に見た視聴者参加クイズ番組「ビート・ザ・クロック」をモデルに制作された。同番組で早慶戦の早大応援席で慶大の三

色旗を振って応援した人に5000円の進呈が呼びかけられ、その実行シーンを放送した。

これを報じた11月7日付の東京新聞に、大宅は談話「マス・コミの白痴化」を寄せた。また「週刊東京」57年2月2日号で「"一億白痴化"運動が展開されている」と批判した。これに戦時中の「一億総進軍」や終戦時の「一億総懺悔」にならって「総」が加えられ人口に膾炙(かいしゃ)した。だが、57年当時、当該番組の視聴可能地域は東京圏内にとどまり、民間テレビ局も東京・大阪・名古屋だけで、テレビ普及率はわずか5・1％にすぎなかった。

(参考文献) 北村充史『テレビは日本人を「バカ」にしたか？―大宅壮一と「一億総白痴化」の時代』(2007・2 平凡社)、佐藤卓己『テレビ的教養――一億総博知化への系譜』(2008・5 NTT出版) 〔佐藤卓己〕

▶ 一括指定・一般指定
(いっかつしてい・いっぱんしてい)

青少年保護条例が採用する、有害図書などの知事による指定の方式である。岐阜県青少年条例事件(最判平成元年9月19日)によれば、知事は図書などが「著しく性的感情を刺激し、または著しく残忍性を助長する」場合に審議会に諮り有害図書などとして指定し(個別指定)、「特に卑わいな姿態若しくは性行為を被写体とした写真又はこれらの写真を掲載する紙面の過半を占めると認められる刊行物」をあらかじめ規則によって指定する(条例により包括指定、一般指定、一括指定)ことができるとされていた。後者の方式は「検閲」にあたらないかとして問題視された。最高裁は、「有害図書が、(中略)性的な逸脱行為や残虐な行為を容認する風潮の助長につながる」ものとし、対面販売と比べて自販機による販売が容易であることを理由に合憲とした。(参考文献) 橋本基弘「岐阜県青少年保護育成条例事件」堀部政男・長谷部恭男編『メディア判例百選』(2005・12 有斐閣)、松井茂記「『有害図書』指定と表現の自由」長谷部恭男ほか編『憲法判例百選Ⅰ〔第6版〕』(2013・11 有斐閣) 〔片山等〕

▶ 一県一紙体制 (いっけんいっしたいせい)

(背景) 戦時体制の下で、政府は新聞社の統合を進め、新聞に対する統制を次第に強めていった。1937年頃から市町村単位で弱小新聞社の統合が行われるとともに、全国紙は朝日新聞、大阪毎日新聞と東京日日新聞、読売新聞の三大紙体制となった。この時点では、新聞統合に法的根拠はなかったにもかかわらず、各地の特高などの強権的な指導の下に進められた。第二次世界大戦勃発後の41年12月13日、政府は国家総動員法第16条及び第18条に基づいて新聞事業令を公布した。これは、第4条で「主務大臣新聞事業ノ整備ノ為必要アリト認ムルトキハ命令ノ定ムル所ニ依リ新聞事業主ニ対シ事業ノ譲渡若ハ譲受又ハ会社ノ合併ヲ命ズルコトヲ得」とし、政府の意のままに新聞社の統廃合ができることになった。

42年7月24日に閣議決定された新聞整備方針による都道府県単位での統合の結果、東京・大阪以外の各道府県では一紙に統合され、一県一紙となった。政府は、さらに全国一紙への統合を狙っていたが、成し遂げられぬままに敗戦を迎えた。

(特色) 戦前日本の地方紙は、地域に複数の新聞社が存在する場合が多く、必ずしも経営規模は大きくはなかった。また、政党と結び付いて政治的主張を明確にする場合が多かった。一県一紙体制は、そうした多様性を上からの統合により押しつぶした。その結果、明治以来の伝統や特色をもつ多くの地方紙が姿を消した。戦後、各地で地方紙が復刊したり、新興紙が創刊されたりしたものの、経営が立ちゆかず、短命で姿を消すものがほとんどであったため、一県一紙体制は、結果として戦後も継続した。県内に大きなライバルが存在しない中で、県紙は県の政財界と結び付きを深め、地方権力の一翼を担うようになった。

(参考文献) 鎌田慧『地方紙の研究』(2002・3 潮出版社)、里見脩『新聞統合――戦時期におけるメディアと国家』(2011・12 勁草書房) 〔井川充雄〕

▶ 違法性阻却事由 (いほうせいそきゃくじゆう)

刑法上、構成要件に該当し違法性が推定される行為であっても、特別の事由がある場合には、その推定は成立しない。この特別の事由を指して違法性阻却事由という。刑法は、

違法性阻却事由として、正当業務行為・法令行為（35条）、正当防衛（36条）、緊急避難（37条）を規定する。このほかに、法秩序全体の精神から見て実質的に違法性が失われる場合に、明文の規定がなくとも違法性阻却事由が認められるとの見解も有力である（超法規的違法性阻却事由）。また、民法上、一応の違法性があり損害賠償責任が生じる行為につき、特別の事由がある場合には、違法性がないとされる。この特別の事由を指して違法性阻却事由といわれる。民法上規定されている違法性阻却事由として、正当防衛（720条1項本文）、緊急避難（同条2項）があり、また、解釈上認められているものとして、被害者の承諾、正当（業務）行為、自力救済がある。 参考文献 山口厚『刑法総論〔第2版〕』（2007・4　有斐閣）、我妻栄・有泉亨・川井健『民法②債権法〔第3版〕』（2009・2　勁草書房）
［駒村圭吾］

▶イラク戦争（いらくせんそう）

背景　2003年3月20から、イラクを舞台に繰り広げられた戦争。1991年の湾岸戦争停戦決議により、イラクは大量破壊兵器の放棄、不所持が義務付けられていたが、その確認の査察に次第に非協力的になり、疑惑が高まった。そのためアメリカが主体となり、イギリスなどが「イラクの自由作戦」の名の下にバクダッドに侵攻。正規軍同士の戦闘は2003年中に終了したが、その後も治安維持を理由にイラク国内での戦闘は続行。10年8月31日にバラク・オバマ米大統領によって改めて「戦闘終結宣言」と「イラクの自由作戦」の終了が宣言され、11年12月14日、米軍の完全撤収に至る。

特色　大規模な従軍同行取材体制（エンベッド（embedding）方式と呼ばれた）が敷かれたのがイラク戦争報道の特徴となった。米国防総省は開戦前の3月中旬の時点で前代未聞の662人ものジャーナリストに米軍との同行を認め、2003年5月1日の戦争終結宣言まで延べ800人が取材に参加した。

ベトナム戦争での同行取材は敗走する米兵や戦死者の姿を国内に伝えることで反戦世論を高めた。その反省より米軍は湾岸戦争では主に軍の撮影した映像・情報を提供するにとどめ、戦場取材は厳選した少数の記者のみに限るプール（代表）取材方式を採用した。しかし自前の取材を望む報道機関の要請を受けて、一転してイラク戦争では取材希望者の受け入れを再開。それはイラク戦争が国連の承認を経ていない「大義なき戦争」であり、市民的監視の下で戦う透明性を米政府としても必要とした事情があった。しかし同行取材とはいえ、そこには米軍に好意的な報道を促す工夫もあり、例えば記者は軍服の着用こそ求められなかったが、核兵器・生物化学兵器から身を守るとされるNBCギアと呼ばれる装備を貸与された。それは取材者に敵の脅威を感じさせ、戦う正当性を印象付ける心理的演出でもあった。

参考文献　門奈茂樹『現代の戦争報道』（2004・3　岩波書店）
［武田徹］

▶インカメラ方式（審理）
（いんかめらほうしき（しんり））

語義　インカメラ審理とは、公開を原則とする裁判において、裁判所のみが文書（証拠）を直接見聞する非公開の審理手続のことをいう。憲法82条が裁判は公開で行うとしていること、また、民事訴訟の基本原則が、証拠は当事者の吟味、弾劾の機会を経たものに限るとされていることから、証拠調べとしてインカメラ審理を行うことに対しては議論があった。インカメラ審理手続は特許法、著作権法、不正競争防止法等で見られるが、いずれも文書提出命令に対する拒否の正当性を判断するために、裁判官のみが当該文書を見聞するもので、証拠調べとしてのインカメラ審理手続とは異なる。

非公開等決定を争う情報公開訴訟においては、証拠調べの一環として非公開等文書を裁判官が直接見聞し、非公開情報であるか否かを判断すべきという有力な意見があるが、制度化はされていない。

実例　裁判における証拠調べとしてのインカメラ審理については、情報公開訴訟の原告が証拠調べの立会権放棄と検証調書の作成を求めないと陳述した上で、検証物提示命令を

行った事案で、福岡高裁が憲法解釈によるインカメラ審理を認容して注目された。国が最高裁に即時抗告し、検証物提示命令申立ては却下されたが、決定において証拠調べとしてのインカメラ審理は、「民事訴訟の基本原則に反するから、明文の規定がない限り許されない」として、個別の法制による実施については否定をしなかった（最決平成21年1月15日）。2011年4月に国会に提出された改正情報公開法案では、裁判における証拠調べとしてのインカメラ審理に関する規定を設けたが、12年11月に廃案となった。

[参考文献] 松井茂記『情報公開法』(2001・3 有斐閣)、北沢義博・三宅弘『情報公開法解説〔第2版〕』(2003・7 三省堂)、畠基晃「情報公開訴訟とインカメラ審理―情報公開法の現状と課題(3)」『立法と調査』(2010・7 参議院) 〔三木由希子〕

▶ **インターネット**（いんたーねっと）

[語義] もともとは一般的にコンピュータネットワーク同士（インター）を繋いだネットワークを指す言葉だったが、現在は主にインターネットプロトコル（TCP/IP）という通信手順で相互に繋がれ、統一的な体系で運用されている世界規模のネットワークを指す固有名詞として使われる。普及に伴い、単に「ネット」と略称される場合も多い。

[実例] 初期のコンピュータ通信は、大型コンピュータを中心に端末が直接的に接続される中央集中型だったが、冷戦時代に核攻撃で中央が破壊されても通信を継続できる分散型ネットワークがアメリカで研究された。中央のコンピュータが端末とのやりとりを集中して行うのではなく、ネットワーク内の各所に機能分散した小型コンピュータ（ルーター）を配置し、データを細切れ（パケット）にしてバケツリレーのように伝え、どこかに不具合が生じても複数の代替経路で送れるようにした。

この開発を主導した国防総省高等研究計画局（ARPA）による「ARPAネット」は、1969年にUCLAをはじめとした全米の4か所の大学などを結んで始動した。74年にはTCP/IPの提案が行われ、徐々に大学や研究機関を結ぶネットワークとして成長していった。80年代にはARPAネットから軍用と全米科学財団（NSF）が運用する研究用部分が分離され、日本や世界各地にある多種多様のネットが相互に接続されるようになったため、インターネットという名称が一般的に用いられるようになった。

当初は研究用に限定されていたが、90年代に入ると商用化が進み、WWWなどの開発で一般人が簡単に利用できる環境が整い、Windows95を搭載したパソコンの普及がネット利用を加速した。アメリカではアル・ゴア副大統領がインターネットを基盤にした情報社会の構築を「情報スーパーハイウェイ」という標語で推進し、公的機関の利用や企業のビジネス利用も進んだ。21世紀に入ってから、グーグルなどの検索サイトが世界中で利用され、個人が気軽に情報発信ができるブログなどが注目され、ネット利用の新しい段階を示す「Web2.0」という言葉も生まれた。その後はツイッターやフェイスブックなどに代表される、利用者同士が情報交換し論議するソーシャルメディアが話題になり、パソコンに代わってモバイル端末からの利用が伸びている。利用者数はすでに2012年には全世界で23億人にせまり、5年で倍増しており、特にアジアやアフリカで急増している。

世界的な情報インフラになることで、放送や新聞、出版などのメディア、広告・販売などのビジネスや公共サービスもネット上に移行している。マスメディアは視聴者や読者がネットに移行し、個人や小さな組織が世界規模で現場の情報を発信できるようになったため、ニュースメディアとしての独占的地位を失い、ネットでのサービスの高度化や有料化を模索している。またネットは従来の国や組織の境界を簡単に超えてしまい、「ウィキリークス」がアメリカの外交機密情報を世界に暴露し、中東や中国でネットを使った民衆が政府と対立し民主化を推し進め、ネットのサイバー攻撃が国家の安全保障を脅かすこともあり、インターネットこそまさに世界の現状を直接的に反映するメディアとなっている。

分散型の思想はすべての社会システムにも影響を与え、巨大企業や国家がもつ集中的な

機能をオープン化して、利用者の集合知で解決する方法論が浸透し始めている。これからは21世紀の世界メディアとして、次世代の情報インフラとしての論議をすべきだろう。

参考文献 喜多千草『インターネットの思想史』（2003・3　青土社）、村井純『インターネット新世代』（2010・1　岩波書店）、D・ギルモア『あなたがメディア！ ソーシャル新時代の情報術』（平和博訳、2011・7　朝日新聞出版）、『インターネット白書2013・2014』（2014・1　インプレスR&D）　　　　　　　　　　［服部桂］

▶ **インターネット協会**（いんたーねっときょうかい）

ISOC（Internet Society、インターネット協会と訳される）は、2013年現在個人会員数65000、法人会員数145を越える、インターネット関連では最大の非営利組織である（1992年1月設立）。本部・事務局は、バージニア州レストン・ジュネーブに置かれており、インターネット技術の標準化作業を行うIETF（Internet Engineering Task Force）に対する法的保護・援助、INETと呼ばれる国際会議の開催などを行っている。また、日本にもインターネット協会（Internet Association Japan、IAjapanと略される）という名称の組織がある（「日本インターネット協会」と「電子ネットワーク協議会」の統合により、2001年7月設立）。こちらは『インターネット白書』などの書籍の刊行、インターネット・ホットラインセンターの運営、インターネットルール＆マナー検定の実施のほか、ISOCをはじめとする国際組織との連携も業務として行っている。参考文献 会津泉『インターネットガバナンス―理念と現実』（2004・12　NTT出版）、インターネット協会監修『インターネット白書2012』（2012・6　インプレスジャパン）　　［小倉一志］

▶ **インタビュー**（いんたびゅー）

語義　情報の収集や確認などの取材目的をもって、取材者と一定の約束事・制約の下で行われる質疑を指す。記者会見などと違って基本は1対1の取材であり、個別の申込みによって成り立つ。したがって対象者は、必ずしも申込みを無条件に受け入れる必要はなく、応諾の条件として一定の制約が付されるケースが少なくない。制約は主に、①時間の制限、②質問内容の限定、③録音・録画・メモの拒否（＝完全オフレコ）、④発言内容の引用に関する制限（＝部分的なオフレコ）、⑤発言を引用した場合の内容の事前確認といった内容である。制約が多い場合は、そのインタビューは取材相手にとって都合のよい内容になる可能性が高い。また、「完全オフレコ」の約束が事前に成立していれば、インタビュー内容は報道できなくなる。

日本の新聞社は通常、慣習的にインタビューに対して金銭的対価を支払わない。謝礼欲しさに迎合して答えるおそれがあるなど、報道の公正さを損ないかねないからだ。ただしバラエティー的な要素をもつテレビのニュースショー、雑誌などのインタビューは必ずしもその限りではない。

実例　インタビューの態様は多様だ。ある取材の一部を構成する場合だけでなく、インタビューそのものが大きなニュース価値をもつ場合も少なくない。各国のリーダーや歴史的な出来事に関わった人物、斯界で名を馳せた人物などに対するインタビューがそれである。その対極のものとしては、アメリカの放送作家スタッズ・ターケル（1912-2008年）が手がけたように、市井(しせい)の人々の声をひたすら収録することでその社会背景や時代の特性を浮かび上がらせようとした試みもある。

参考文献 S・ターケル『よい戦争』（中山容ほか訳、1985・7　晶文社）、C・シルベスター『インタヴューズ I　マルクスからヒトラーまで』（新庄哲夫訳、1998・10　文藝春秋）、野村進『調べる技術・書く技術』（2008・4　講談社）　　　　　　　　　　　［高田昌幸］

▶ **インフラ**（いんふら）

インフラストラクチャーの略。国民生活・福祉と国民経済の基盤を成す社会資本の総称。建築物や組織、ネットワークなど対象と見なされるものは様々であるが、主に物理的な装置をいうことが多い。かつては政府や公共機関が維持管理をするものに限られていたが、民営化の流れを受け、その範囲も広く認識されるようになった。メディアを支える基盤も、その意味ではインフラの一部と考えられる。放送通信、印刷を問わず、技術的には①

制作インフラ、②伝送・配送インフラ、③受容インフラの3段階に分かれ、各々のメディアの普及や公共的な位置付け、品質向上を支えてきた。しかしデジタル技術の進化は、メディアごとに独立していたこれらのインフラの共用、統合を可能にし、その効率的運用を図るためのビジネスチャンスが広がっている。その結果、メディア環境の形成において市場原理が大きな要因として働くようになり、公共性の観点から問題が指摘されるケースも見られるようになってきた。　　　　［水島久光］

▶ 引用（いんよう）

(語義) 出典を明示した上で、第三者の著作物を自らの著作物の中で示すこと。日本の著作権法32条は「公表された著作物」は公正な慣行に合致し、正当な範囲内であれば引用できると規定している。適法な引用とは、①質的にも量的にも引用側の文章が「主」であり、引用部分が「従」、②カギカッコなどによる引用箇所の明示、③出典の明示を満たしている必要がある。この枠を超えた引用は、「盗用」「剽窃」と見なされることがある。

(実例) 近年はインターネットの発達で、他媒体の既載記事を簡単に参照できるようになった。これに伴い、構成や文章表現が酷似した「盗用」が散見され、記者の処分に至る例も増えているとされる。他媒体でなく、自社の過去記事をパソコン上で「コピー（複製）」「ペースト（貼り付け）」する行為について、「コピペ記事」「コピペ記者」の言葉も生まれている。

報道現場では、取材相手の発言を記事の中で使用することを指す。政府高官らが記者クラブ相手に日常的に行っている「オフレコ懇談」（欧米のバックグラウンド・ブリーフィングに近い）では、情報源の固有名詞を明示しない限り、発言の引用可という了解がある。通常、内閣官房長官は「政府首脳」、官房副長官は「政府高官」、各省庁の次官級は「○○省高官」、局長級は「幹部」などとして発言の引用元を示す。この場合、発言主は対外的には「匿名」であり、世論から発言の責任を問われる可能性はほとんどない。したがってこのかたちを多用すれば、当局者が意図する世論の形成や情報操作に報道側が乗せられてしまうおそれが十二分にある。

(参考文献) 高田昌幸ほか『メディアの罠—権力に加担する新聞・テレビの深層』（2012・2　産学社）、溝口敦ほか編著『ノンフィクションの「巨人」佐野眞一が殺したジャーナリズム—大手出版社が沈黙しつづける盗用・剽窃問題の真相』（2013・4　宝島社）［高田昌幸］

う

▶ ウィキリークス（うぃきりーくす）

(語義) 匿名で投稿された内部告発情報をインターネット上に公開するウェブサイト。オーストラリア人の元ハッカー、ジュリアン・アサンジによって2007年に創設され、非営利組織によって運営されている。各国政府や大企業の関係者などに内部告発を呼びかけ、提供された情報を公開する。投稿者の匿名性を維持するために高度な暗号化技術を用い、投稿者が特定されないようにしている。10年、アメリカ軍のアフガニスタン紛争に関する機密文書約7万5000点、イラク戦争に関する機密文書約40万点を相次いで公開し、話題を呼んだ。また同年より、アメリカの外交機密文書約25万点を公開している。アメリカ政府はそれを「政府に対するサイバー攻撃」として非難し、再発防止に向けて国家安全保障会議に担当官を設けるとともに、機密文書を提供したとされる陸軍上等兵を禁固刑に課した。さらにアサンジは性的暴行容疑でスウェーデン政府から逮捕状を発布され、国際手配されるに至っている。

(影響) 2010年、アフガニスタン紛争に関する機密文書を公開した際には、アメリカのニューヨーク・タイムズ、イギリスのガーディアン、ドイツのシュピーゲルに前もって情報を提供し、各メディアがその信憑性を検証するのを待って一般に公表するという手続がとられた。ウィキリークスのもつ匿名性、そしてそれゆえの情報の迫真性と、マスメディアのもつ信頼性、そしてそれゆえの情報の信

憑性とが結び付き、生々しい情報が慎重な裏付けとともに提供されるという回路が切り拓かれた。公表された文書の影響、機密の暴露という手法の妥当性など、様々な問題も指摘されているが、これまで一部のマスメディアだけが独占してきた政治報道の場、それも軍事や外交に関わるクリティカルな報道の場に風穴を開け、新たな回路を切り拓くに至ったウィキリークスの存在意義は大きい。

(参考文献) M・ローゼンバッハほか『全貌ウィキリークス』(赤坂桃子ほか訳、2011・2　早川書房)

［伊藤昌亮］

▶ **ウィニー→ファイル共有ソフト（ウィニー）**

▶ **ウォーターゲート事件**（うぉーたーげーとじけん）

(語義) 1972年6月17日、アメリカの首都ワシントンDCのウォーターゲートビルに入居していた民主党全国委員会本部オフィスで不法侵入者が逮捕された事件。捜査では、事務所内に盗聴器を仕掛けようとしたことが判明し、この一連の事件には再選を目指す共和党ニクソン大統領陣営が関わっていることが明らかになった。この事件に際して、ワシントン・ポストなどが行った独自の調査報道が国家権力からの圧力に屈することなく、毅然とした報道姿勢を貫いたことで、ジャーナリズムの独立性を世の中に示した、歴史的・伝説的な事例だったともいえる。

(実例) アメリカ連邦議会では、ホワイトハウスが関係する本事件の事態を重く見て、特別調査委員会を立ち上げ真相究明を行った。この際、本件に関わる会話を記録したテープがホワイトハウスにあることが明らかにされ、リチャード・ニクソン大統領自身の関わりもクローズアップされた。アメリカ連邦最高裁判所は、このテープの提出を求め、最終的にはニクソン大統領は議会の弾劾という瀬戸際まで追い込まれたが、自ら大統領職を辞することを決断。1974年8月9日にホワイトハウスを去った。

ウォーターゲート事件を時の政権をも巻き込むショッキングな出来事としてアメリカ社会に知らしめたのは、ワシントン・ポストのボブ・ウッドワード（Bob Woodward）とカール・バーンスタイン（Carl Bernstain）両記者と大統領に近い政権内部の情報提供者「ディープスロート」との間のやりとりに基づく調査報道による。発行人キャサリン・グラハム（Katharine Graham, 1911-2001）の支持も大きく影響した。当時は取材源の秘匿から名前が伏せられていたが、2005年5月31日、ウィリアム・マーク・フェルト・シニア（William Mark Felt, Sr., 1913-2008）が情報を提供したことを自ら明らかにした。

(参考文献) C・ベーンスタイン＆B・ウッドワード『大統領の陰謀』(常盤新平訳、1974・10　立風書房、2005・9［新装版］文藝春秋)

［金山勉］

▶ **ウォッチドッグ**（うぉっちどっぐ）

(語義) 市民の代理としてのジャーナリズム、歴史的に新聞に対して期待されてきた、権力を監視する番犬（ウォッチドッグ）機能のこと。

新聞は公共の関心事を社会に提示し、さらに批評や批判を通じて世論喚起することで、民主主義に不可欠な存在として認知されてきた。また、強力な取材網を有して独立の立場から報道活動をすることで、社会の信頼を得て経営基盤を確立してきた。

(実例) 権力の監視機能として代表的な例として、1971年のニューヨーク・タイムズによる国防省機密文書事件（ペンタゴン・ペーパーズ事件）、72年のワシントン・ポストによるニクソン大統領が辞任に追い込まれたウォーターゲート事件などがある。

日本では、駐在所爆破が現職公安警察による自演だったことを明らかにした菅生事件報道（共同通信1952年）、時の内閣総理大臣を退任に追い込んだ「田中角栄研究—その金脈と人脈」（立花隆「文藝春秋」74年）、則定衛・東京高等検察庁検事長の女性問題報道（「噂の真相」99年）、リクルート事件報道（朝日新聞88年）、桶川ストーカー事件報道（新潮社「フォーカス」99年）、北海道警裏金事件（北海道新聞、2003年）、足利事件の冤罪キャンペーン報道（日本テレビ「ACTION 日本を動かすプロジェクト」2008年）、大阪

地検特捜部主任検事証拠改竄(かいざん)事件報道（朝日新聞10年）等を挙げることができる。

　近年インターネットを活用した市民による権力監視が活発化し、ウィキリークスの活動も注目されている。

　他方、公的機関・企業の広報力が強まる時代の権力監視には定点的かつ継続的な取材活動が必要不可欠であり、熟練したプロフェッショナルな記者の役割が再確認される。

参考文献　D・ハルバースタム『ベスト＆ブライテスト』（浅野輔訳、1983・1　サイマル出版会）、D・ハルバースタム『メディアの権力』全4巻（筑紫哲也・東郷茂彦訳、1999・9～11　朝日新聞社）、北海道新聞取材班『追及・北海道警「裏金」疑惑』（2004・8　講談社）
〔清水真〕

▶裏付け取材（うらづけしゅざい）

語義　事件・事故の取材中に得た情報が事実かどうか確認するために重ねて行う取材のこと。警察や検察の取材では、可能な限り、事件の情報を知る複数の捜査員・幹部にあたる。捜査機関以外で、例えば「Aさんは殺人事件の被害者Bさんから借金し、返済を迫られていた」という話をBさんの知人から聞いた場合、Bさんの別の関係者やAさんの関係者に確認したり、捜査機関が同様の情報を入手していないか取材したりする。端緒情報をダブルチェック、トリプルチェックして確度を高めていく。新聞や放送の場合、一般にはウラが十分取れなければ、報道しない。

実例　報道による名誉毀損(きそん)訴訟では、報じた内容が全て真実でなくても「重要な部分」が真実と証明されれば足りる（最判昭和58年10月20日）。真実と証明されない場合でも、取材者が真実と誤信したことに「確実な資料、根拠に照らし相当の理由があるとき」は免責される（最大判昭和44年6月25日）。免責されるかどうかは、①取材源の信頼性、②裏付け取材の程度などで判断されている。

　①の信頼性が高いのは捜査機関、次いで捜査機関以外の行政機関。判例では、捜査機関などが発表した内容について、報道機関に常に調査・確認を義務付けるのは相当ではないとされてきた（東京地判平成2年3月23日など）。こうした司法判断はマスメディアの取材が「官」に依存する大きな要因の1つとなっている。一方、捜査機関が発表した容疑内容を、客観的事実のように誇張して報道した場合は免責されない（最判昭和49年3月29日）。

　「官」の発表がない場合、①に加えて②の裏付け取材の程度が問われる。富士見産婦人科病院に関する朝日新聞の報道をめぐる訴訟では、可能な限り取材して報道機関が真実と考えるだけの合理的資料・根拠があり、取材結果に基づく推論の過程にも合理性が必要という免責の基準を示した。その上で、朝日は半年以上にわたり、病院を調べた地元保健所長や医師会長、大学病院教授、元患者らから取材し、元患者のカルテも入手したほか、推論の過程にも合理性があるとして免責した（東京地判平成8年2月28日）。この判決が示した基準は実務上、非常に参考にされている。

　また、書かれる側に言い分を聞くことも裏付け取材の1つだ。とりわけ、取材源が書かれる側と敵対していることが明らかなような場合は、言い分を聞かなければならない。書かれる側の言い分を聞かなかったとして、免責されなかった判例もある（東京高判平成10年11月16日など）。

参考文献　のぞみ総合法律事務所編『新・名誉毀損』（2006・8　商事法務）、宮原守男監修『名誉毀損・プライバシー　報道被害の救済―実務と提言』（2006・10　ぎょうせい）、山田健太『法とジャーナリズム〔第2版〕』（2010・4　学陽書房）
〔竹田昌弘〕

▶売切制→買切制

▶「噂の真相」（うわさのしんそう）

　1979年3月に岡留安則によって創刊された「ヒューマン・インタレスト」「スキャンダリズム」を編集方針とする月刊誌。創刊当時1口10万円の公募株主方式で創刊準備資金の一部を賄った。2004年4月の「25周年記念号」をもって黒字財政の状態で休刊。広告に依存しない販売収入モデルを維持し、大手マスコミが報道できない情報を掲載した。荒木経惟、筒井康隆、ナンシー関、斎藤美奈子、中森明(のぶし)

夫ほか多くの著名作家が寄稿した。1985年1月号では、グリコ森永事件に絡むハウス食品恐喝事件の犯人逮捕失敗を報道し、報道協定解除のきっかけを作った。93年10月には、筒井康隆『無人警察』に対し日本てんかん協会が教科書への掲載停止と同書出版禁止を求める中で、言論界の自主規制体質を問う「断筆宣言」の舞台となった。94年の和久峻三に関する報道で刑事告訴され、岡留編集長とデスクが有罪判決を受けた。 参考文献 岡留安則『武器としてのスキャンダル』(1982・3 パシフィカ、2004・5 筑摩書房)、岡留安則『『噂の真相』25年戦記』(2005・1 集英社) ［清水真］

▶ 雲仙普賢岳火砕流取材（うんぜんふげんだけかさいりゅうしゅざい）

1990年11月、198年ぶりに噴火を開始した雲仙普賢岳は、翌91年6月3日に大規模な火砕流を発生させ43名の命を奪った。その際、地元住民、消防署員、警察官、火山学者らとともに報道関係者20名（報道機関がチャーターした地元タクシー運転手4名を含む）が死亡した。その多くは危険を顧みず「避難勧告地域」内の現場に残って撮影を続けたカメラマンたちであった。これを機に危険地取材のあり方全般についてのマニュアルを作成した報道機関も少なくない。他方、メディア側の事故への過剰反応も見られた。一例を挙げれば、「山体膨張」との警戒情報が流れるや報道陣の多くは住民に知らせることなく島原市を撤退し、残った住民に大きな不安と混乱を与えた。 参考文献 神戸金史『雲仙記者日記』(1995・11 ジャストシステム)、江川紹子『大火砕流に消ゆ』(2004・12 新風舎) ［烏谷昌幸］

▶ 運動部（うんどうぶ）

スポーツのニュースや話題などをカバーする部署。スポーツ部ともいう。スポーツの結果にとどまらず、その分析や人間ドラマを描くのが主な任務だ。日本では、その歴史は野球の普及と軌を一にする。大阪朝日新聞が1915年に全国中等学校優勝野球大会を主催、23年に運動部が発足した。34年には読売新聞がプロ野球チーム「東京巨人軍」（現、「巨人」）を創設、60年代に入ると、巨人戦のテレビ中継が人気を博すなどして、スポーツ記事が大きく紙面に割かれるようになった。運動部記者はおおむね野球、サッカー、相撲という人気スポーツの担当と、アマチュアスポーツの担当に分かれる。近年、オリンピックやサッカーワールドカップが高額のテレビ放映権料やスポンサーシップの問題で巨大ビジネス化する一方、勝利至上主義が高まるなど行き過ぎが指摘される。大手新聞社がスポンサーシップ契約を結ぶなどスポーツジャーナリズムのあり方が問われる中、その中核を担う運動部は岐路に立っている。 参考文献 妹尾彰・福田徹『新聞を知る 新聞で学ぶ——家庭・学校・社会で役立つNIE』(2006・3 晩成書房)、浜田純一・田島泰彦・桂敬一編『新訂 新聞学』(2009・5 日本評論社) ［高橋弘司］

え

▶ 映画（えいが）・映画会社（えいががいしゃ）

語義 映画は、フィルムなどに連続的に撮影した画像（映像）を、映写機でスクリーンに投影し、目の残像効果を利用して連続した動きを再現したものである。日本では「活動写真」、海外では「Cinema」「Movie」「Motion Picture」などと呼ばれている。なお映画の呼称としてよく用いられる劇映画の「劇」は、「劇場（シアター）」という意味と、「劇（ドラマ）」という2つの意味がある。総じて映画の上映を専門とする劇場（映画館）で、有料で上映されるものが劇映画とされている。

映画のジャンルは、様々なドラマ作品＝フィクションとしての物語を描いた劇映画のほか、ニュース映画やドキュメンタリー映画、文化映画、教育映画、産業映画等、作品で取り上げたテーマに応じて分類される。欧米では劇映画の短編映画などを「Non-Theatrical」として区別している。

映画産業は、①映画作品を作る＝製作（スタジオ）、②映画作品の供給＝配給、③映画作品の上映＝興行（劇場）という、大きく3つの産業システムで構成されている。

衛星放送──エスニックメディア

え

(実例) 映画の起源は1895年のリュミエール兄弟「シネマトグラフ」とされている。その理由は、投射（上映）による光と影の大画面効果を活用したためである。

劇映画産業が成立した背景には、①作品製作の分業化＝スタジオの誕生、②映画作品の配給システム確立、③映画専用の常設的劇場＝映画館の成立、④大衆演劇から劇映画への観客の移行の4点がある。また1920年代後半に生まれたトーキーは、①セリフが必要なため演劇人が映画界に多数進出した、②演劇的要素が付加されたため、1本あたりの作品が長編化した、③スタッフ費や録音費、長編化などで製作費が高騰したなど、その後の映画産業に大きな影響を与えた。

戦後日本の映画産業は、メジャースタジオが6社（松竹、東宝、大映、東映、新東宝、日活）、興行網は4社（松竹、東宝、大映、東映）体制で50年代にピークを迎えた。公式統計では、58年に11億2745万人を動員した。なお同年の日本の総人口は9177万人であることから、単純に計算すると1人当たり約12.3回見たことになる。

その後テレビの急速な普及やレジャーの多様化などの影響を受け、日本の映画産業は低迷期に入る。その間、従来の垂直統合モデル（自社製作－自社配給－自社系映画館による興行：ブロックブッキング制度）をやめ、配給や興行に注力する映画会社が増加した。近年では、作品に関する諸権利の確保を目的に複数の企業が映画製作のための出資を行う製作委員会方式や、コンテンツファンドなどを活用した映画製作が中心となっている。興行は、1つの建物の中に複数のスクリーンを有する「シネマコンプレックス（シネコン）」が中心となっている。

(参考文献) 田中純一郎『日本映画発達史』全5巻（1975・12～1976・7　中央公論新社）、佐藤忠男『増補版　日本映画史』全4巻（2006・10～2007・1　岩波書店）

［浅利光昭］

▶ **衛星放送**（えいせいほうそう）

(語義) 静止軌道上に位置する衛星を中継器として使用する放送の総称。日本では使用する周波数の違いにより2種類の衛星放送（BS放送とCS放送）が存在し、放送法による区分の違いにより「衛星基幹放送」と「衛星一般放送」が存在する。

(実例) BS（Broadcasting Satellite）は、国際的に放送に優先的に割り当てられている周波数を利用する衛星で、国際電気通信連合（ITU）によって衛星の軌道位置と周波数の割当てが定められている。日本の場合、東経110度の軌道位置で11.7～12.2GHz帯を使用する。放送法の規定では、BS放送は全て地上波と同じ「基幹放送」であり、「衛星基幹放送」と呼ばれる。

BS（放送衛星）を用いた放送サービスは、1984年にNHKによって試験放送として開始された。87年には衛星第1、衛星第2の2チャンネルとなり、89年から本放送に移行。90年には民放の有料衛星放送WOWOWが開局した。2000年から始まったBSデジタル放送では、NHK、WOWOWがアナログとのサイマル放送に加え、デジタル方式での新規チャンネルを開始。また新規参入として、無料放送の地上波民放テレビ系5社と有料のスターチャンネルなどが参入した。07年からは無料の非地上系2社が加わり、さらに11年秋から12年春にかけては既存のBS事業者による新規チャンネルに、放送大学及びBSへの新規参入事業者を加えて計18チャンネルのテレビ放送が新たに開始され、BSのテレビ放送は計29チャンネルとなった。なおBSアナログ放送は、地上波の44都道府県でのアナログ停波と同時に終了した。

CS（Communication Satellite）は、国際的に放送に優先的に割り当てられている周波数以外の周波数を用いる衛星であり、基本的に先着順で衛星の軌道位置と周波数の割当てが受けられる。本来的に一般視聴者向けの放送を行うことを意図していたBSに対し、CSは通信事業やケーブルテレビへの番組・データ配信などでの利用を想定していたが、日本では1992年より一般視聴者向けの放送での利用が行われている。

同年にアナログ方式で開始されたCS放送は、98年3月末までには全ての事業者がデジタル方式での放送に移行した。2013年時点で

東経110度CS（スカパー！）、東経124度・128度CS（スカパー！プレミアムサービス）併せて約100社350チャンネル程度（ラジオ100chを含む。SDとHDは別チャンネルとしてカウント）の放送を行っている。他には、東経154度CSを利用する有料の多チャンネル音声放送ミュージックバードなどもある。CSでは、BSと同じ東経110度に位置する衛星を利用する放送が地上波・BSと同じく放送法における「基幹放送」（衛星基幹放送）になり、それ以外の軌道位置の衛星を利用する放送が「一般放送」（衛星一般放送）に区分される。

（参考文献）日本民間放送連盟編『民間放送50年史』（2001・11　日本民間放送連盟）、日本民間放送連盟編『放送ハンドブック〔改訂版〕』（2007・4　日経BP社）
[木村幹夫]

▶ 映倫（えいりん）

（語義）映倫（映画倫理委員会／EIRIN：Film, Classification and Rating Committee）は、映画などにおける表現の自由を守りつつ、青少年の健全な育成を目的として映画界が自主的に設立した第三者機関である。

1949年に映画界は「映画倫理規程」を制定し、同規程の実施・管理のための組織として「映画倫理規程管理委員会（旧映倫）」が発足した。しかし旧映倫は映画界内部で構成されていたことや、「太陽族映画」に関する審査のあり方について新聞各紙や社会からの批判を浴び、さらに文部省が法規制を準備したことを受けて、映倫委員を外部有識者に委嘱し、映画界から独立した組織に変更し、「映倫管理委員会」が設立された。なお2006年より「映画倫理委員会（略称は「映倫」のまま）」に改称した。

（実例）現在の映倫は、委員長を含む5名の映倫委員のもとに、7名の映画界出身者の審査員によって邦画、洋画などの劇場用映画のほか、予告編やポスターなどの基本的な宣伝材料の審査を行っている。審査の対象は、入場料の有料、無料にかかわらず、映画館や試写会場、ホールなどの公共的な上映施設で、観客に向けて上映しようと企画される作品などを対象としている。ライブイベントの同時実況中継などの作品は対象から除外されている。

青少年に対する映画の与える影響を考慮し、審査対象となる作品を主題・題材とその表現の仕方に応じて、年齢別に、①G（年齢制限なし）、②PG12（小学生には保護者の助言・指導が必要）、③R15+（15歳以上が入場可能）、④R18+（18歳以上が入場可能）の4段階に区分し、作品によって劇場への入場を制限したり、保護者の助言・指導などの措置を講じたりしている。

（参考文献）遠藤竜雄『映倫―歴史と事件』（1973・12　ぺりかん社）、「映倫50年の歩み」編纂委員会編『映倫50年の歩み』（2006・12　映倫管理委員会）
[浅利光昭]

▶ ABC協会（えーびーしーきょうかい）

Audit Bureau of Circulationの略称。第三者として部数を公監査し、発表・認定する機構。1941年アメリカで誕生し、日本では52年に設立された。34か国にABCがある。公正な広告取引を目的とし、広告の売り手である各種媒体発行社と、買い手である広告主、仲介する広告会社の3者で構成され、メディアの部数を調査、ABC部数として公表する。新聞は2年に1度、雑誌、専門紙誌、フリーペーパーは1年に1度、協会考査員が各発行社を訪問し、売上（販売店・取次会社）及び費用（製作・配布）から報告された部数を確認する帳簿調査の考査を行って部数を確認している。ABC協会によれば、2013年4月現在で、新聞75紙、雑誌166誌、専門紙誌11紙誌、フリーペーパー202紙誌が、ABC部数を公表している。（参考文献）日本ABC協会編『日本ABC協会50年史』（2003・6　日本ABC協会）
[清水真]

▶ エスニックメディア（えすにっくめでぃあ）

（語義）形容詞の「エスニック」とは主に人種、地縁、血縁、宗教、言語、慣習、共通の歴史属性等を指す。こうした属性に自らを同定し、他者からも同定される人々の集合体はエスニック集団と呼ばれる。エスニックメディアは、エスニック集団による、エスニック集団のための、エスニック言語を用いるメディアであることが理想型である。その周縁的または草の根的性格から、ラディカルメディア、

オルタナティブメディア、市民メディアとして捉えられることもある。エスニックメディアはグローバル時代における人間の越境的移動の帰結の1つとされるが、同時にその社会的位置付けを国民国家というナショナルな枠組みから考察する視点が重要でかつ有効である。エスニックメディアは、一方でエスニック集団の文化、言語、伝統の保存・伝承のメディアとしてのみならず、集団内部における結束の感情を維持するツールとして、また集団内外とのコミュニケーションを図り、社会的自主性や独立性を強調するツールとしてもその機能と役割が期待されている。

他方、主流社会の側は、エスニックメディアを社会的分裂の潜在的脅威と見る場合もあるが、ほとんどの場合は多文化主義に基づく社会的統合状態を創出・維持するための道具として、その存在を許容し、場合によっては政策的にその存続をサポートしている。つまり、エスニック集団はエスニックメディアを、内部的統合を強化するエージェントとして見ている一方、他方で主流社会は社会全体の統合や同化に役立つ機能を備えるものとして期待を寄せている。こうした二重の役割の間でズレやギャップ、または衝突や対立が生じる場合が少なからず見られるため、エスニックメディアは両義的な性格をもつ概念だといえる。

(実例) シカゴ学派のロバート・E・パークは『The Immigrant Press and its Control』(1922)で当時アメリカ国内における1043タイトルの移民新聞（ドイツ語、スペイン語、スウェーデン語、フランス語が大多数）を取り上げ、アメリカ化 (Americanization) の観点から移民新聞の存続の必要性と強制的同化の問題性を指摘し、エスニックメディア研究の嚆矢とされている。日本国内には主に在日朝鮮人・韓国人、華僑、日系ブラジル人、ベトナム人向けのエスニック放送や新聞があり、使用言語は世代の推移に伴い母国語のみの使用から主流社会の言語との併用へと移行する傾向がある。

また、上述の移民集団とは異なり、国民国家内部の少数民族のエスニックメディアもある。カナダのAPTN (Aboriginal Peoples Television Network)、ニュージーランドのマオリテレビ (Maori TV)、オーストラリアのNITV (National Indigenous TV)、台湾の原住民族テレビ (Taiwan Indigenous TV) 等がある。彼らはメディアを通して、主流社会との相互理解と交流を図るほか、世代間における自民族の言語や伝統の伝承、そして文化の創造に力を注ぎ、民族的アイデンティティを誇りとしている。

(参考文献) 白水繁彦『エスニック・メディア研究―越境・多文化・アイデンティティ』(2004・3 明石書店)、M・ウォルツ『オルタナティブ・メディア―変革のための市民メディア入門』(神保哲生訳、2008・12 大月書店)、林怡蕿『台湾のエスニシティとメディア―統合の受容と拒絶のポリティクス』(2014・3 立教大学出版会)、Matsaganis, Matthew D., Vikki S. Katz, Sandra J. Ball-Rokeach eds., *Understanding Ethnic Media* (2011, Sage)　　　　　　　　［林怡蕿］

▶ **NIE**（えぬあいいー）

Newspaper in Education（「教育に新聞を」）の略称。学校・家庭などで新聞を教育に活用すること。1930年代にアメリカで始まり、世界74か国（2011年1月現在）で行われている。日本では85年の新聞大会で提唱され、社会性豊かな青少年の育成や活字文化と民主主義社会の発展などを目的に掲げて全国に広がった。新聞社、教育行政、学校現場の各代表で構成するNIE推進協議会が全都道府県に整備され、推進している。日本新聞協会は毎年、小・中・高・特別支援学校を対象に全国で500校を超えるNIE実践指定校を認定し、一定期間、新聞を提供している。新学習指導要領は言語活動の充実を重点目標とし、それを達成するために、各校種で「新聞」が指導すべき内容として明確に位置付けられている。(参考文献) 新聞協会NIEウェブサイト「教育に新聞を」：http://www.nie.jp/　　　　　　　　　　　　　　　［林恭一］

▶ **NHK→日本放送協会（NHK）**

▶ **NHK経営委員会**
（えぬえいちけーけいえいいいんかい）

(語義) NHK経営委員会とは、NHKの経営に関する基本方針、内部統制に関する体制の

整備をはじめ、毎年度の予算・事業計画、番組編集の基本計画などを決定し、役員の職務の執行を監督するNHKの最高機関として、放送法28条に基づき、設置されているものである。経営委員会の委員は12人からなり、委員の少なくとも1人以上は常勤でなければならない。委員は、衆参両議院の同意を得て、内閣総理大臣が任命する。委員の選任にあたっては、全国各地方が公平に代表されるとともに、教育、文化、科学、産業その他の各分野が公平に代表されるよう考慮しなければならない。委員長は委員の互選による。互選とすることで、経営委員会の、ひいてはNHK自体の自律性・独立性を担保している。

(実例) 経営委員会はNHKの最高意思決定機関として、放送法29条1項1号に掲げる経営の重要事項を議決するほか、監査委員の任命、会長・副会長及び理事の任命同意、委員以外の役員の義務的罷免、会長等の任意的罷免、会計監査人の任命、放送番組審議会委員の委嘱同意等を行う。

また、2004年の経理不祥事を機に、NHKに業務運営を健全化すべくガバナンス強化が求められたため、07年の放送法改正により、「役員の職務の執行の監督」(同法2号)が経営委員会の職務権限として明記された。とはいえ、経営委員は、個別の放送番組の編集などの業務執行や、放送番組の編集の自由に抵触する行為をしてはならない。これは、08年に当時の経営委員長の行った、国際放送では「日本の国益を主張すべき」との発言が問題視されたためであり、現在、これらの行為は放送法32条で禁止されるに至っている。

(参考文献) 鈴木秀美ほか編著『放送法を読みとく』(2009・7 商事法務)、金澤薫『放送法逐条解説〔改訂版〕』(2012・1 情報通信振興会) 　　　[丸山敦裕]

▶ NHK国際放送→国際放送(NHK国際放送)

▶ **NHK政見放送差別語事件**
(えぬえいちけーせいけんほうそうさべつごじけん)

1983年6月26日実施の参議院(比例代表選出)議員選挙において、ある政治団体の政見の録画で差別用語が使用されたため、NHKがその部分の音声を削除してテレビ放送を行ったことが、不法行為を構成するか、検閲に該当するかが争われた事件。東京地裁は原告政治団体代表ほかのNHKに対する請求を認容したが、東京高裁は請求を全面的に棄却した。90年4月17日、最高裁判所は原告の上告を棄却し、その敗訴で確定した(最判平成2年4月17日)。公職選挙法によれば、衆議院議員、参議院議員、都道府県知事の選挙において無料で政見を放送することができると定め、その場合、NHKなどはその政見を「そのまま放送しなければならない」としているが(150条)、候補者などには「政見放送としての品位を損なう言動をしてはならない」という行為規範が設定されている(150条の2)。同法150条の義務の性質及びその違反が候補者などとの関係で違法となるのかについて、最高裁は判断を示さなかった。(参考文献) 奥平康弘『ジャーナリズムと法』(1997・6 新世社)

[川岸令和]

▶ **NHK番組改編(変)訴訟**
(えぬえいちけーばんぐみかいへんそしょう)

(語義) NHKは、市民団体「バウネット」が中心となって開催した女性戦犯国際法廷を取り上げる番組(「ETV2001問われる戦時性暴力」)を2001年1月に放映した。しかし、番組の取材・制作の過程で受けた説明とは異なる内容に改編され、期待権を侵害されたとして、バウネットがNHKや制作会社などに対して損害賠償を請求して提訴した。

(実例) この事件の控訴審(東京高判平成19年1月29日)は、制作会社のみならずNHKもバウネットの期待権を侵害したと認めている。それによると、NHKは「国会議員等の意図を忖度してできるだけ当たり障りのないように番組を改編」し、それは憲法で保障された編集の権限の濫用または逸脱である。したがって取材協力者であるバウネットに対してこの改編は「放送事業者に保障された放送番組編集の自由の範囲内のものであると主張」できない。これに対して最高裁は、NHKの番組編集の自由を強調し、期待権の成立範囲を極めて

限定的に捉えることにより、NHKなどの不法行為責任を否定した（最判平成20年6月12日）。

学説は、保護される期待が特定され難いという性格上、期待権の成立の範囲は裁判官の評価によって事後的に明らかにされざるをえず、表現の自由にとって萎縮効果を及ぼすことなどを理由に、高裁判決に批判的なものが多い。しかし、バウネットとNHKの下請け制作者の関係は、最高裁が定式化した「取材対象者」と「番組制作者」という結び付き以上の「共同制作者」であるとの視点から、バウネットによる表現機会へのアクセスとして、期待権を再構成する可能性を探る学説もある。

（参考文献）奥平康弘「憲法からみたNHK裁判」第19回「放送を語るつどい」での講演（2008・10・4開催）、川岸令和「表現の機会を求めて」長谷部恭男・中島徹編『憲法の理論を求めて』（2009・5 日本評論社）

［西土彰一郎］

▶ FCC（えふしーしー）

（語義）Federal Communications Commission（米国連邦通信委員会）の略。アメリカの通信・放送行政を監理する独立行政委員会（放送規制機関の一種）。連邦議会に対して直接責任を負う。1934年通信法により、それまでのFRC（Federal Radio Commission：連邦無線委員会）に代わって設置された。本部はワシントンDCにあり、16の地区事務所など全米各地区に支所をもつ。組織としては、議決部門の委員会とスタッフ部門から構成される。職員数は約1900人で、予算規模は2012年度（2011年10月～2012年9月）で3億5400万ドルである。

FCCの委員は、委員長と4名の委員からなり、合議制で議決する。委員は連邦議会上下院の議員や閣僚などによって推薦された候補者の中から大統領が任命（委員長は委員の中から大統領が指名）する。任期は5年で再選も可能だが、委員長を含め同一政党から選ぶことのできるのは3人までとなっている。また、委員はFCCの業務内容に関わるビジネスに関与してはならない。

（影響）放送に関しては、電波監理とFCC規則の制定・実施の2つ。電波監理の主な業務には、放送用免許の付与・没収、免許更新の審査、放送用周波数の分配・割当、放送局の立ち入り検査等がある。FCC規則は多岐にわたるものであり、CFR（Code of Federal Regulations, 連邦規則集）の第47巻（電気通信）に収載されている。この新設や改正は、関係業界への周知、原案の作成・公示、意見募集と分析、FCC規則最終案の「報告と命令」といった公示というプロセスを経て確定する。FCCには、FCC規則に関する異議申立を受理し裁定を下す権限も付与されている。FCCの裁定に不服な場合は、全米12の連邦高等裁判所に提訴することができるが、放送免許に関するものは、ワシントンDCのコロンビア特別地区連邦高等裁判所に申し立てることが決められている。

FCCをめぐる問題点としては、独立行政委員会でありながら、大統領が委員の任命権をもっているため、政権党の意向に従った規則制定や業務運営がなされる傾向が指摘されている。

（参考文献）NHK放送文化研究所『世界の放送2013』（2013・2 NHK出版）

［砂川浩慶］

▶ MLA（えむえるえー）

ミュージアム（博物館・美術館）、ライブラリー（図書館）、アーカイブズ（公文書館）の頭字語。従来は別の法律に基づいて設置されてきた三館の機能を、デジタル技術を活用することなどによって総合的に運用しようとするもので、物理的に3つの機能を有する施設も実験的に設けられ始めている。海外では、美術館（Galleries）・図書館（Libraries）・公文書館（Archives）・博物館（Museums）の頭文字でGLAM（グラム）と呼ばれることもある。公的資金で公的に運営されている施設のうち、文化・自然遺産に関わる品を収集しているものを指す場合が一般的である。公民館（Kominkan）を加えたMLAKや、U（University：大学）とI（Industory：産業）を加えたMLAUIの提案もある。（参考文献）日本図書館情報学会研究会編『図書館・博物館・文書館の連携』（2010・10 勉誠出版）、長坂俊成『記憶と記録―311まるごとアーカイブズ』（2012・4 岩波書店）

［山田健太］

▶ **冤罪**（えんざい）

語義 実際には罪を犯していない者が、刑事訴訟で有罪とされること。冤罪は法律概念ではなく法律用語では誤審。冤罪を防ぐために刑事訴訟法は、再審制度を規定している。

冤罪を生む原因は多く、警察の取り調べ過程での①虚偽自白、②目撃者の曖昧な証言、③偽証、④物証と科学鑑定の誤り、⑤状況証拠の積み上げ等が挙げられ、取り調べの全面可視化が強く求められている。

実例 1990年5月の「足利事件」では、容疑者が取り調べで虚偽自白を強要されたほか、DNA鑑定の誤りが明らかになった。DNA再鑑定の要求が認められず、2000年に最高裁で無期懲役刑が確定。その後再審請求が申し立てられ、08年には日本テレビが冤罪告発のキャンペーン報道を開始した。同年12月になって、東京高裁が再鑑定実施を決定、警察による当初の鑑定の誤りを確認し、10年の再審で無罪が確定した。

2003年4月の鹿児島県議会選挙における公職選挙法違反「志布志事件」では、第1回公判から2年以上経過した後、警察官が朝日新聞に内部告発し、警察取り調べによる虚偽自白が強要が明らかにされていった。10年の厚生労働省元局長が被告人とされた郵便不正事件では、大阪地検特捜部の検察官が証拠のフロッピーディスクに作為を加えたことを、朝日新聞がスクープした。

刑事訴訟上の冤罪と位相が異なるが、社会的制裁機能を有するメディアから犯罪者であるかのような誤報によって精神的苦痛を被るケースがある。1994年の松本サリン事件では、被害者で事件第一通報者が重要参考人とされ、メディアは警察発表やリークに基づく情報を報道し、真犯人であるかのように印象付けた。

参考文献 今村核『冤罪と裁判』（2012・5　講談社）
［清水真］

▶ 演出→番組制作・演出

▶ **炎上**（えんじょう）

批判や非難、誹謗中傷のためのコメントがネット上に次々と投稿され、収拾のつかない状態になること。ブログのコメント欄、掲示板、ツイッター、企業のウェブサイト等が投稿先となる。通常、小規模な炎上がどこかに発生すると、それが大型掲示板やニュースサイト、時にマスメディアなどに取り上げられて一般化し、大規模な炎上に発展することが多い。CMC（コンピュータに媒介されるコミュニケーション）研究の初期にも、ネット上では身体的な手がかりが抜け落ちるため、「フレーミング」と呼ばれる喧嘩腰の議論が発生しやすいとされた。炎上はその大規模な形態であると捉えられるが、そこにはそうした「手がかり欠如」ばかりでなく、集団極化、同調圧力、情報カスケード（情報不足のために同じ行動が雪崩を打って連鎖する現象）等、様々なメカニズムが働いていると考えられる。**参考文献** 荻上チキ『ウェブ炎上―ネット群集の暴走と可能性』（2007・10　筑摩書房）
［伊藤昌亮］

お

▶ 押収→差押え（押収）

▶ **オウム真理教事件**（おうむしんりきょうじけん）

語義 東京都から宗教法人の認証を受けていたオウム真理教の教祖麻原彰晃（本名、松本智津夫）死刑囚をはじめ、幹部や信者計約190人が起訴された1989～95年発生の事件の総称。麻原死刑囚は地下鉄サリン、松本サリン、坂本堤弁護士一家殺害、VX襲撃等、13事件（死亡被害者計27人）で殺人罪などに問われ、2006年に死刑が確定した。幹部のうち12人に死刑、5人は無期懲役がそれぞれ確定している。事件の捜査は特別手配の3人が12年に逮捕、起訴されるまで17年に及んだ。

影響 「祭政一致」の国家を夢見た組織犯罪で多くの幹部、信者が関わり、坂本弁護士事件などでは手がかりもあった。しかし、宗

教法人への遠慮などから捜査は後手に回り、事件を止められず、死傷した被害者は6500人に上った。警察庁長官銃撃事件や教団ナンバー2の村井秀夫幹部刺殺事件のように未解明のものもある。

一方、一連の事件の被害が甚大だったことから犯罪被害者の保護が飛躍的に進んだほか、サリン散布のテロを経験し、国民の多くは治安を強く意識するようになった。事件報道は1980年代に4件続いた死刑確定者再審無罪などの影響で抑制的になっていたが、オウム真理教事件以降、被害者や読者・視聴者の処罰感情に配慮し、質・量ともに大きく変化した。刑事裁判はこうした世の中の動きを踏まえ、厳罰化している。

また、オウム真理教事件では、教団を批判する坂本弁護士へのインタビュービデオをTBSが放映前に教団幹部に見せ、一家殺害の動機の1つになったことも発覚した。同局のニュース番組で、当時キャスターの筑紫哲也は「TBSは死んだ」と語った。

(参考文献) 共同通信社会部編『裁かれる教祖』(1997・2 共同通信社) 〔竹田昌弘〕

▶ 大新聞（おおしんぶん）

一般的用語としては、発行部数が多い大規模組織の大手新聞を指すが、歴史的用語としては、明治前半期の政論新聞を指す総称。紙幅が大きく、主に漢文読み下しの文章で書かれ、各紙の主筆が第1面に掲げる論説を中心に、政治・経済・海外関係の記事が主要な内容であった。1部3〜4銭と価格も高く、購読者は政治的関心の高い士族・豪農層や知識人が中心であった。1870年創刊の横浜毎日新聞、72年創刊の東京日日新聞、日新真事誌、郵便報知新聞、朝野新聞等がその代表である。これに対して74年創刊の読売新聞をはじめとする、報道記事が中心の非知識人向け新聞は小新聞と呼ばれた。大新聞は言論弾圧と自由民権運動の中で相互批判を展開する一方、読者を拡大する小新聞に次第に経営的に圧倒され、87年年以降は振り仮名、連載小説、挿絵など小新聞の特徴だった要素を採用して中新聞化し、日露戦争後に大新聞・小新聞の区別は消滅した。(参考文献) 山本武利『近代日本の新聞読者層』(1981・6 法政大学出版局)

〔土屋礼子〕

▶ オーマイニュース（おーまいにゅーす）

OhmyNews（オーマイニュース）は韓国のインターネットニュースサイト。2000年に月刊誌記者の呉連鎬(オヨンホ)が中心となり創刊した。「市民みんなが記者だ」を合言葉に、人々の投稿記事を中心に据え、市民メディアや参加型ジャーナリズムの先駆け的存在として注目を集めた。02年の大統領選で盧武鉉(ノムヒョン)大統領の逆転勝利に影響したとされる。ブログやソーシャル・ネットワーキング・サービス（SNS）の登場により影響力が低下している。06年にソフトバンクが計13億円を出資、鳥越俊太郎を編集長に日本版がオープンしたが、記事や編集部の対応にネットユーザーから批判が集まり「炎上」した。その後は利用者が伸び悩み、09年4月に閉鎖された。(参考文献) 呉連鎬『オーマイニュースの挑戦』(大畑龍次・大畑正姫訳、2005・4 太田出版)、玄武岩『韓国のデジタル・デモクラシー』(2005・7 集英社) 〔藤代裕之〕

▶ 沖縄報道（おきなわほうどう）

(語義) 戦後、米軍占領下の沖縄の苛酷な実情を伝えるアメリカのタイム誌「忘れられた島」(1949年、フランク・ギブニー記者のルポ)や朝日新聞の「沖縄報告」(55年、「米軍の『沖縄民政』を衝く」)などに始まる主に米軍の沖縄占領や日米関係、安保、米軍基地、住民自治、沖縄返還問題等、「沖縄問題」を中心とする一連の報道を指す。

特に朝日新聞の沖縄報道は、社会面全面を使って当時の沖縄で大きな問題となっていた「軍用地問題」をはじめ労働問題、自民党弾圧、復帰運動、言論弾圧等の米軍統治下の沖縄の実態を詳細に報道し、国内世論を大きく喚起した。米軍統治下で孤立していた沖縄の大衆運動にも大きな影響を与えたとされる。「沖縄報道」は、72年5月の沖縄返還・本土復帰前後に報道が集中するが、復帰実現で以後は一旦終息した。

復帰後は、5月15日の「本土復帰の日（沖縄

の施政権の日本移管)」、6月23日の「慰霊の日(沖縄戦における日本軍の組織的戦闘が終わった日とされる)」、8月15日の「終戦記念日(「玉音放送」による終戦告知)の前後に「沖縄報道」が散見される程度となる。米軍統治下から抜け、日本統治下に戻ったものの、沖縄には在日米軍の専用施設・区域の74%(2014年現在)が集中し、米軍基地から派生する米兵犯罪、演習被害、米軍機の爆音被害等、日米安保の歪みからくる諸問題が「沖縄問題」とされ、日本メディアの「沖縄報道」の中心テーマとなっている。

(実例) 1995年の米兵による少女暴行事件以後は、沖縄の基地負担軽減とSACO合意、その後の米軍再編合意による米軍普天間飛行場の撤去・返還・移設問題が報道の焦点となっている。普天間問題では、沖縄の地元紙(琉球新報)は「普天間返還・移設問題」と表記するのに対し、沖縄以外の主要紙・通信社は「普天間移設問題」として表記している点について「移設ありきの誘導報道」との批判もある。

2005年、06年の「米軍再編」報道では、普天間問題があらためてクローズアップされ、沖縄報道も活性化した。また民主党政権が誕生する09年の総選挙では「普天間飛行場の県外移設」が民主党のマニフェストの焦点の1つになったこともあり、沖縄報道が再注目された。また、12年以降は垂直離着陸が可能な新型輸送機MV22オスプレイの沖縄配備と反対運動、同機の全国での訓練をめぐる諸問題が報道のポイントとなった。

(参考文献) 中野好夫編『戦後資料沖縄』(1969・12 日本評論社)、沖縄大百科事典刊行事務局編『沖縄大百科事典』(1983・5 沖縄タイムス社) [前泊博盛]

▶ **沖縄密約事件**(おきなわみつやくじけん)

(語義) 1971年の沖縄返還協定にからむ日米密約情報を外務省取材で入手した毎日新聞政治部の西山太吉記者(当時)が、国会議員にそれを漏洩し、国家公務員法(機密漏洩教唆の罪)で逮捕、有罪となった事件。外務省機密漏洩事件とも呼ばれる。

「沖縄密約」とは、71年6月に調印、翌年5月に発効した沖縄返還協定において、米軍用地復元補償費400万ドル(当時のレートで12億円強)をアメリカ側が日本へ「自発的に支払う」と記されていたが、実際には、日本側が"肩代わり"支出していた。その事実を、西山記者が外務省の女性事務官から入手した極秘電信文で突き止め、報道した。当時の佐藤栄作内閣は密約の存在を否定したが、西山記者と女性事務官は国家機密を漏洩した国家公務員法違反容疑で逮捕され、ともに有罪判決を受けた。

しかし、その後2000年5月と02年6月に「密約」を裏付けるアメリカの公文書が発見され、400万ドルの"肩代わり"も氷山の一角に過ぎないことが判明した。西山記者は、05年4月に謝罪と損害賠償を求めて国を提訴した(敗訴)。

(特色) 事件は、①ジャーナリズムの重要情報を入手する取材方法の許容範囲、②入手情報の取扱い(報道前に政治家に情報を流し国会追求させることの是非)、③情報源の秘匿問題(十分な秘匿方法、情報源を逮捕・有罪判決に至らせた記者の責任の有無など)、④機密情報の報道(漏洩)に対する行政と一体化した司法(裁判所、検察)のあり方、⑤報道記者を守れず読者離れから破綻に至る「商業ジャーナリズム」の限界、⑥国民の「知る権利」と行政秘密のあり方、⑦権力犯罪や情報犯罪に対するメディアの事実解明・真実追求の「職務」放棄、⑧国家権力とジャーナリズムの癒着問題など、ジャーナリズムの本質を問う数多くの問題を提起している。

沖縄密約以外にも、①安保条約改定時の核持込みに関する「密約」(1960年1月)、②安保条約改定時の朝鮮半島有事の際の戦闘作戦行動に関する「密約」(同)、③沖縄返還時の有事の際の核持込みに関する「密約」(72年)の存在が明らかになっている。他にも米兵犯罪の裁判権、米軍基地の「無期限自由使用」、沖縄返還交渉で締結されたドル円交換の際の回収ドル等での「密約」の存在が指摘されている。

(参考文献) 我部政明『日米関係のなかの沖縄』(1996・8 三一書房)、我部政明『沖縄返還とは何だったのか』(2000・6 日本放送出版協会)、西山太吉『沖縄密約―「情報犯罪」と日米同盟』(2007・5 岩波書店)、山田健太『法とジャーナリズム〔第2版〕』(2010・4 学

陽書房)、軽部謙介『沖縄経済処分』(2012・4　岩波書店)

[前泊博盛]

▶桶川ストーカー殺人事件（おけがわすとーかーさつじんじけん）

(背景) 1999年10月26日に埼玉県桶川市で、元交際相手が雇った男によって女子大生が刺殺された事件。被害者は生前、埼玉県警に何度もストーカー被害を訴え、ストーカーの男を名誉毀損で告訴していた。しかし事件を担当した上尾署は、被害者の度重なる訴えを無視して告訴取り下げを要請し、さらに、書類を改竄して告訴がなかったことにしていたことが明らかになった。この事件をきっかけに、警察は民事事件にも積極的に介入するようになり、ストーカー規制法を成立させるきっかけともなった。

(特色) 事件直後には、テレビのワイドショーや週刊誌は、被害者を「キャバクラ嬢だった」などと報じた。被害者遺族からは後に、事実と異なり、被害者及び遺族を傷つける報道として強く批判された。また、自らの不祥事からメディアの関心をそらそうとする警察の情報操作にメディアは乗せられてしまったのではないかともいわれた。

書類改竄などの県警の不祥事が発覚する過程では、写真週刊誌「FOCUS」の記者である清水潔と、鳥越俊太郎を中心にした報道番組「ザ・スクープ」が重要な役割を果たした。清水は、事件発生当初から被害者が深刻なストーカー被害に悩まされていたことを報じ、ストーカーの男と彼が雇った実行犯をいち早く特定した。県警が実行犯を逮捕した後は、上尾署の刑事が被害者に対して、名誉毀損の告訴を取り下げるよう要請したことを報道し、捜査の無気力ぶりを批判した。鳥越は、「ザ・スクープ」で同事件での県警の不正を追及した。被害者遺族は事件直後の報道によってメディアに不信感を抱いていたものの、鳥越の粘り強い説得により、取材に応じて県警批判をするようになっていった。

(参考文献) 伊藤高史『ジャーナリズムの政治社会学——報道が社会を動かすメカニズム』(2010・4　世界思想社)、清水潔『桶川ストーカー殺人事件——遺言』(2004・6　新潮社)、鳥越俊太郎&取材班『桶川女子大生ストーカー殺人事件』(2000・10　メディアファクトリー)

[伊藤高史]

▶押し紙・積み紙（おしがみ、つみがみ）

(語義) 押し紙とは、新聞社が新聞販売店に対して、必要以上の部数を強制的に仕入れさせる販売方法のことをいう。積み紙とは、新聞販売店が実際に販売（配達）する以上の部数を新聞社から仕入れることをいう。押し紙は、新聞社が媒体の広告価値を上げることを主な目的として行われる。積み紙は、新聞販売店の重要な収入源である折込広告費からの収入を上げることを目的として行われる。

(実例) 押し紙が行われているとすれば、広告主に対する詐欺的行為であると同時に、新聞販売店に対する「優越的地位の濫用」であり、独占禁止法上問題のある行為である。押し紙が存在し得るのは、新聞社と新聞販売店の関係が対等でないからである。積み紙は、折込広告の広告主に対する詐欺的行為である。いずれもあってはならない行為であり、当事者がその存在を公に認めているわけではない。

しかし、新聞社が新聞販売店に納品する部数と、実際に配達される部数とは、かなり乖離があるのではないかという疑念がかつてから囁かれてきた。元毎日新聞社常務取締役の河内孝(2007)は、2001年のABC協会の調査で、配達されていない新聞の割合が7%を超えていることが報告されていることや、新聞販売店の業界団体（日販協）の30年以上前のデータで、配達されない新聞は「平均で8.3%、関東、近畿、中国、四国では10%以上」という数字が指摘されていることを紹介している。その上で、実際にはその数字が低すぎるという指摘が様々なところでなされていることなどを指摘している。また、新聞販売店と新聞社との訴訟の判決文の中で、納品されても配達されない新聞紙（残紙）の存在が認定されているという。

(参考文献) 河内孝『新聞社——破綻したビジネスモデル』(2007・3　新潮社)

[伊藤高史]

▶ オプトアウト（オプトイン）
（おぷとあうと（おぷといん））

「オプトイン」とは、先に権利者から許諾を得たコンテンツのみを流通対象にする方針や仕組みを指し、「オプトアウト」とは、逆にまず対象コンテンツを全て流通させた上で、権利者から除外の意思表示があったものを除く仕組みなどを指す。ネットの巨人「グーグル」が、全世界の書籍を全て（無許諾で）デジタル化し全文検索を可能にしようとした巨大構想「グーグル・ブックス」は、アメリカでは大規模なクラスアクション訴訟（集団訴訟）へと発展した。2008年、ニューヨーク連邦地裁承認の下で公表された和解案では、今後グーグルは全ての書籍を自由にデジタル化でき、市場で流通していない場合には全文配信が可能というものだった。この際採用されたのがオプトアウトで、結局和解は不成立となったが、大量デジタル化の事業はこうしたオプトアウトの仕組みでしか成立し得ないという指摘は根強い。 参考文献 福井健策『著作権の世紀』（2010・1　集英社） 〔福井健策〕

▶ オフレコ（おふれこ）

語義 「記録しない」という意味のオフ・ザ・レコード（off the record）の略語。報道しないなどと約束した上で、情報の提供を受けること。通常は録音したり、メモを取ったりしない。政策決定などの背景事情について説明を受けるケースが多く、その後の取材の手がかりや参考にする。「取材源の秘匿」と同様、報道しないという約束は守らなければならない。政治家や官僚との「オフレコ懇談」には、完全なオフレコ（完オフ）のほか、取材先を「政府高官」などにして発言を報じるようなケースもある。

実例 日本新聞協会編集委員会は1996年2月に「オフレコ取材は、真実や事実の深層、実態に迫り、その背景を正確に把握するための有効な手法」としつつ「ニュースソース側に不当な選択権を与え、国民の知る権利を制約・制限する結果を招く安易なオフレコ取材は厳に慎むべきである」との見解を示してい

る。これは前年に総務庁長官江藤隆美の「植民地時代、日本も（朝鮮に）よいことをした」というオフレコ懇談の発言が韓国紙や日本の月刊誌で報じられ、江藤が辞任したことを受けてまとめた。

しかし、その後もオフレコ懇談をめぐる問題は後を絶たない。2011年11月には、防衛省沖縄防衛局長が米軍普天間飛行場移設先の環境影響調査書の提出時期をめぐり「犯す前に『犯しますよ』と言うか」と述べたと地元の琉球新報が報じたが、オフレコ懇親会での発言だった。同紙は「県民を侮辱している」「知る権利が優先する」と主張した。これに対し「オフレコ破り」を批判する声も上がった。問題が相次ぐのは、新聞協会の見解が現場に浸透しておらず、安易なオフレコ懇談がなくならないためと見られる。オフレコは本来、個別取材に限るべきだとの見解も強い。

アメリカでは、情報源の明示が鉄則で、背景事情などを解説するバックグラウンド・ブリーフィングで明示できない場合、例えば「国防総省高官」などと所属や地位、担当分野を示す。取材先が「ここで聞いたことは『政府高官が話した』としてください」と条件を付けることもよくあるという。

参考文献 浜田純一ほか編『新訂 新聞学』（2009・5　日本評論社）、藤田博司「だれのための報道か―琉球新報オフレコ破りが問いかけたもの」『世界』（2012・2月号）、早稲田大学ジャーナリズム教育研究所編『エンサイクロペディア 現代ジャーナリズム』（2013・4　早稲田大学出版部） 〔竹田昌弘〕

▶ オリンピック報道（おりんぴっくほうどう）

語義 オリンピック報道とは、狭義には大会の競技に関わる報道を指す。しかし、現在では、オリンピックへの関心の増大から、大会招致や大会運営から、日常的なIOC（国際オリンピック委員会）の動向などの報道も含めるのが一般的である。

実例 日本では、日本初参加の1912年ストックホルム大会から新聞報道が本格的に始まった。その後、28年のアムステルダム大会は、新聞の販売競争とスポーツ文化の拡大期とが重なり、さらに初の金メダル獲得もあっ

て、号外が出されるなど大会期間を通じて多くの報道がなされた。32年ロサンゼルス大会、36年ベルリン大会では、日本の国家主義的傾向が強まる中、ラジオ中継が利用され「国威発揚」の場として大きく報道された。

64年の東京大会は、日本が国際舞台に復帰し、平和と繁栄を世界に訴えるナショナルイベントとして位置付けられ、国内のメディアは大々的に報道した。この大会は人工衛星による初の「宇宙中継」が実施され、世界をテレビで繋ぐオリンピックの先駆けとなった。

84年ロス大会は、完全民営の運営として商業化が進んだ。その後さらに映像技術の発達もあり、メディアイベントとしてオリンピック報道の「ショー」化、「スペクタクル」化が進んだ。また、放送権が高騰し続けた結果、NHKと民放はジャパンコンソーシアムを組織して放送権交渉にあたり、また報道量の増大に対応するためジャパンプールとして共同での取材と報道体制をとるようになった。一方IOCでも、大会ごとに放送局を設立し、開催国を含め各国がその映像を購入する体制をとっている。

報道内容は、大会全体を見渡して競技の面白さを伝えることよりも、自国選手の活躍を集中的に報道する傾向は各国とも変わらないが、加えて、日本では各選手の心情や家族の物語などを伝えるというスペクタクル化も進んでいる。

(参考文献) 橋本一夫『日本スポーツ放送史』(1992・4 大修館書店)、井上俊・菊浩一編著『よくわかるスポーツ文化論』(2012・1 ミネルヴァ書房) [黒田勇]

▶ お詫びと訂正 (おわびとていせい)

(語義) 報道などに関する倫理規定に抵触する不適切な内容の情報を発したことが明らかになった場合、各メディアには速やかにその旨を謝罪し訂正を行うことが求められている。ただし、その方法などについては、各メディア業界や団体の規定、及びどのような点において不適切であったかによって異なる。

(実例) 最も厳しく、速やかな対応が要求されるケースは誤報である。真実性及び正確性は、報道の使命の中でも疑いのない第一のものとされており、その点に触れることはメディアへの信頼を損なうとして迅速な対応が求められる。誤報の原因には、証言への依存や、裏付けの不十分さなどが考えられるが、この対応は表現の訂正にとどまらず、誤報の原因となった事柄への言及が求められる。

特に放送の場合は、放送法の9条に「放送事業者が真実でない事項の放送をしたという理由によって、その放送により権利の侵害を受けた本人又はその直接関係人から、放送のあつた日から3箇月以内に請求があつたときは、放送事業者は、遅滞なくその放送をした事項が真実でないかどうかを調査して、その真実でないことが判明したときは、判明した日から2日以内に、その放送をした放送設備と同等の放送設備により、相当の方法で、訂正又は取消しの放送をしなければならない」との厳格な規定がある。

この放送法上の「訂正放送」と、一般に行われている「お詫び放送」や「お詫び放送の中で行われる訂正」は基本的には分けて考えるべきである。もちろん、放送法の同条文にも「放送事業者がその放送について真実でない事項を発見したときも、前項と同様とする」と記載されており、また1996年にNHKと日本民間放送連盟が制定した「放送倫理基本綱領」においても「万一、誤った表現があった場合、過ちをあらためることを恐れてはならない」との文言はある。しかしこれらには訂正放送のような強制力はない。

そもそも「何をもって過ちとするか」「どのレベルを以て正確な情報というか」という判断の基準は相対的ならざるを得ない。したがって直接の請求がない場合、何をどのように詫び、訂正するかは、組織の責任において慎重な判断を要する。特に公平性や公正性、人権侵害や不適切な表現など、正確性以外の観点における倫理規定への抵触に関する対応については、一概に「謝罪すれば、それで済む」といったものではない場合もある。

しかし、訂正に消極的である印象や、「決まり文句」的な発言、誠実さ、迅速さ、率直さ、明瞭さを欠くような対応を行った場合は、メディアに対する市民の目が厳しくなった昨今

では、それによってさらに信頼を損なうことは間違いない。いずれにせよ生じた問題の軽重、影響範囲の大きさなどを十分に考慮し、誠意をもって臨むことが基本姿勢である。

(参考文献)林直哉ほか『ニュースがまちがった日』(2004・7　太郎次郎社)　　　　　　　　　　　　[水島久光]

▶ オンデマンド（出版）（おんでまんど（しゅっぱん））

出版とは本来、出版物を大量生産することで1冊あたりの単価を抑え、社会に広く普及させる営みであるが、逆に過去の出版物など需要が少なくなったものは、再度印刷して流通させることが難しくなる。これに対して、オンデマンド出版は、デジタル技術を利用して、1冊単位のデマンド（需要）に応える出版を実現した。具体的には、出版物をPDFなど電子データにして保管しておき、必要なときに「オンデマンド印刷機」などで1冊単位で印刷・製本する。日本では印刷会社のほか、トーハンや凸版印刷が出資するデジタルパブリッシングサービスや、オンライン書店のアマゾンジャパンがサービスを行っている。また、三省堂書店が神保町本店（東京都千代田区）にアメリカのオンデマンドブックス社が開発した「エスプレッソ・ブック・マシーン」を導入し、書店店頭で本格的なオンデマンド出版サービスを提供している。(参考文献)中西秀彦『本は変わる！―印刷情報文化論』(2003・9　東京創元社)　　　　　　　　　　　　　　[星野渉]

▶ オンラインジャーナリズム
（おんらいんじゃーなりずむ）

インターネット上で展開されるジャーナリズム。新聞・雑誌など、紙媒体上で展開されていたものがオンライン上に進出するケースと、最初からオンライン上で出発するケースがある。特にアメリカでは、新聞社・雑誌社の経営状況が厳しいことからオンラインへの進出が相次いでいるが、それにふさわしいビジネスモデルが確立されているわけではない。それでも、デジタルメディアの特性を活かした取組みがさまざまになされており、データ分析、ビジュル化、マルチメディア化、インタラクティブな情報提供、アーカイブへのリンク、ソーシャルメディアとの連携等、紙媒体上では実現不可能な多様な表現が試みられている。現在、オンラインジャーナリズムは、さまざまな試行錯誤を経ながら、その様態と可能性を探っている段階にあるといえよう。

(参考文献)大治朋子『アメリカ・メディア・ウォーズ―ジャーナリズムの現在地』(2013・9　講談社)

[伊藤昌亮]

か

▶ **海外のメディア—活字**
（かいがいのめでぃあ—かつじ）

語義 世界新聞・ニュース発行者協会（WAN-IFRA）の年次報告「ワールド・プレス・トレンド2013」によると、世界の成人人口の半分以上が新聞を毎日読んでおり、このうち25億人が紙の新聞、6億人以上がデジタル形式で読んでいる。2012年の世界の新聞発行部数は、前年比0.9％減の5億2300万部。アジア・オーストラリア地域で増加したものの、欧米では減少が続いている。北米では6.6％減、西欧では5.3％減、東欧は8.2％減だった。08年から12年の5年間で世界の総発行部数は2.2％減少した。ヨーロッパ全域で大きく落ち込んだ一方、アジア、中東では増加した。

12年の新聞広告収入は、前年比2％減少した。北米で7.6％減少したのをはじめ、西欧、東欧で減少した一方で、ラテンアメリカ、アジア、中東では増加した。08年から12年の5年間で世界の広告収入は22％減少、特にクラシファイドアド（案内広告）の減少が著しい。

実例 インターネットの急速な普及やデジタル化の進展、2008年のリーマンショックの影響を強く受けた欧米の新聞、出版界は大きな変容を迫られている。特に変化の大きいアメリカの新聞業界では、1990年に約1600だった新聞のタイトル数が、2010年には1400弱にまで減少、記者数も6万人弱から約4万人にまで減少している（「The State of the News Media2013」Pew Research Center）。SNSのリンクトインは、07年から11年の間に全米で最も従業員数を減らした業種は新聞業界で、28.4％も減少したと12年に発表した。

03年に約450億ドルあった紙の広告収入は10年後の12年には約190億ドルと半分以下に落ち込んだ。オンライン広告収入は約12億ドルから34億ドルと3倍近く増えているものの規模が小さく、プリント広告の減少を補うことは全くできていない。特に、ローカル紙の収入源であるクラシファイド広告の落込みが新聞経営に打撃を与えた。

紙の発行部数も減少が続いている。NAA（全米新聞協会）のデータでは、11年の全米の新聞販売部数は4400万部で、ピーク時の1973年と比べて1900万部減少している。デジタル広告のわずかな増収だけでは経営を支えきれない新聞社は、サイトの有料化に舵を切りつつある。12年8月時点では、約1400の新聞サイトのうち156紙がサイトに課金している。ニューヨーク・タイムズ（NYT）に見られるように、一定本数以上の記事を見る際に課金するメーター制と呼ばれる方式を採る新聞が多い。NYTのデジタル購読者数は、同年9月末に紙の購読者を上回った。先行して、課金していたウォールストリート・ジャーナル、フィナンシャル・タイムズについては、経済紙という特性ゆえの成功との見方が多かったが、NYTの成功と各社の経営難に後押しされて、有料化が相次いだ。ワシントン・ポストは13年6月から課金を始めたほか、ロサンゼルス・タイムズも有料化の方針を公表、有料化の流れが加速している。

新聞の衰退はアメリカ社会、とりわけローカル社会に大きな影響を与えている。地元紙が休刊となったカリフォルニア州のベル市では、取材記者がいないため市の行政官が十数年かけて自分の年収を500万円から6400万円に引き上げていたがわからなかった。地元紙がなくなったオハイオ州では、政策に関する報道が減り、選挙の候補者、投票率が低下した。

記者数の減少によって、労働集約型の報道に記者を割ける余裕がある新聞社は減っている。これは、単に調査報道が減ることだけを意味するのではなく、国民の将来や安全、暮らし、日常に深く関わる自治体や学校、環境問題や地元ビジネス、その他の組織や事柄に関する日々の報道が減っていくことを意味する。

ボストン・グローブ、ワシントン・ポストは相次いで身売りし、ロサンゼルス・タイムズ、シカゴ・トリビューンも買収先を模索している。12年末で紙の発行を終え、デジタル版に移行した「ニューズウィーク」も13年に

はIT企業に買収された。活字メディアは歴史的な転換点を迎えている。

(参考文献) 米連邦通信委員会（FCC）報告書「コミュニティーにおける情報ニーズ─ブロードバンド時代のメディア展望の変化」（2011・6）、佐々木紀彦『5年後、メディアは稼げるか』（2013・8　東洋経済新報社）

[林恭一]

▶ 海外のメディア─放送
（かいがいのめでぃあ─ほうそう）

(語義) 放送は、新聞や出版といったほかのメディアとは異なり、公共の財産である電波を使用することから、政府の規制を生じさせる。また、電波が直接かつ同時に受信者に届くという特質から、放送は政府の規制やコントロールから完全に自由であることはない。

世界各国で放送の成り立ちは異なるが、技術革新とグローバル化、そして政府の規制緩和政策を背景に、どの国においても同じように放送は進化している。一部の国や地域を除き、多くの国で多チャンネル・高画質のテレビ放送が有料・無料で行われ、デジタル技術の高度化とインターネットの急速な普及は、各国の放送の概念を刷新させると同時に、視聴者がいつでも、どこでもテレビやラジオの番組を視聴できるオンデマンド型のサービスが提供されている。

(実例) 各国の政治・経済・文化・社会の各要因が放送に対する政府の規制や関与のあり方に違いを生じさせている。アメリカの放送は、憲法修正1条で保障された表現の自由が放送のあるべき信念の中心に置かれ、商業放送を中心に発展してきた。第二次大戦後のテレビ時代に入り、NBCやCBS、ABCの三大ネットワークによる地上テレビ放送の寡占状態が形成された。アメリカの放送事業に対する自由放任主義は、結果的に視聴率競争を生じさせ、1950年代後半NBCのクイズ番組で八百長事件が起きるなど、過度な営利追求・娯楽偏重への批判も招いた。こうした商業放送による"市場の失敗"に対し、67年には連邦政府交付金を投入する非商業・教育のテレビとラジオによる公共放送制度が導入された。

一方、ヨーロッパ諸国では、全国放送を基盤とする公共放送を中心に放送が発達した。放送の社会的役割を重視し、放送を全ての国民が利用できる公共サービスとして提供すべきものと捉えている。公共放送は、政府や商業的競争からの圧力から一定の独立を保障するための仕組みが講じられている。例えば、公共放送の業務監督機関が公共放送の内部に設けられ、運営財源はもっぱら放送番組を受信できる機器の所有に基づき徴収される受信料や税金といった公的資金である。また、アメリカの公共放送とは異なり、報道、教育、娯楽といった多様なジャンルの番組をバランスよく編成する総合放送を義務付けられている。こうした放送制度は家父長主義あるいは啓蒙主義に立脚した放送制度と称されるが、イギリスの公共放送BBC（British Broadcasting Corporation）はしばしばその典型的な事例として見なされ、ヨーロッパのみならず世界の公共放送のモデルとして参照される。BBCはラジオの黎明期に民間企業として出発し、1927年にどの国よりもいち早く公共放送へと改組され、公共放送として最も長い歴史を刻んでいる。ヨーロッパ大陸では、第二次世界大戦後の50年代以降に国営放送の公共放送化が進んだ。しかし、公共放送を中心に発達したヨーロッパにおいても、放送事業への新規参入の意向が強まり、70年代から80年代にかけて広告放送を財源とする商業放送が導入され、公共放送と商業放送の二元体制へと移行した。

こうした英米の放送制度の特徴を取り入れ、日本においては戦後1953年に、公共放送のNHKと商業放送の日本テレビがほぼ同時にテレビ放送を開始した。日本周辺のアジア地域では国営あるいは軍営の放送が戦後も続き、国内の民主化の進展につれ、韓国では73年に、台湾では98年に、タイでは2008年に公共放送制度が導入された。しかし、新興国の間では依然として放送を政府のプロパガンダ機関と見なす傾向にあり、中国共産党によるCCTVはその典型的な事例である。

(参考文献) 舟田正之・長谷部恭男編『放送制度の現代的展開』（2001・11　有斐閣）、中村美子ほか「世界の公共放送制度と財源報告」『年報』第56集（2012・1

NHK放送文化研究所)、NHK放送文化研究所編『NHKデータブック世界の放送2013』(2013・2　NHK出版)
［中村美子］

▶ 買切制（かいきりせい）

出版取引の1つで、流通上の返品を認めないもの。出版社側からは「売切制」ともいい、委託販売に対して使われる。限定復刻版や美術書など、部数の少ない高額本、または客注品に対して適用されることが多い。ただし、これに限らず恒常的に買切制をとっている出版社も一部にあり、1939年から始めた岩波書店が有名である（文庫・新書は41年から）。また委託と買切の中間的な取引として、返品許容率をあらかじめ定めて、卸値（正味）や出荷を優遇する「責任販売制」がある。個別契約によるもので、銘柄やジャンル、店、法人単位で行う。返品によるロスを減らし、小売にインセンティブを与える施策として出版社や取次が主導してきたが、アマゾンのように、小売業者が出版社に買切や低返品を条件提示して、商品を優先的に仕入れようとするケースも見られるようになった。 参考文献 『よくわかる出版流通のしくみ '13〜'14年版』(2014・1　メディアパル)
［柴野京子］

▶ 外資規制（がいしきせい）

語義　国際的な分配を受けた電波は、各国固有の資源である。このため放送局の免許は自国民優先が原則となっており、外国性を一定の割合で制限している。日本では電波法5条1項及び4項で、放送局免許の「欠格事由」を①日本の国籍を有しない人、②外国政府またはその代表者、③外国の法人または団体、④法人または団体であって①〜③に掲げる者（以下、外国人）が業務を執行する役員であるもの、またはこれらの者がその議決権の5分の1以上を占めるものなどと定め、該当する場合は放送局免許を受けることができない。つまり外国人による議決権の取得は合計で20％に制限される。

影響　2005年の電波法改正で、従前の直接出資規制に加えて間接出資規制が導入され、外国性の排除が徹底された。放送法93条1項6号及び159条2項5号にも電波法と同様の規定があり、基幹放送はハード・ソフト一致の事業者だけでなく、ハード・ソフト分離の場合の各事業者、認定放送持株会社も外資規制の対象となる。

一方、株式を上場する放送局は市場で株式が売買されるため、自社の裁量で議決権の取得を制限できない。仮に市場で外国人が当該放送局の株式を大量に取得すれば、免許の欠格事由に該当するおそれがある。このため放送法116条2項は、外国人が放送局の株式を取得したことで当該放送局の外国人保有の議決権が20％を超える場合は、当該放送局の株主名簿への記載を拒むことができると定めている。議決権は株主名簿への記載をもって発生することから、このような拒否の方法が有効になる。また、外資比率が15％に達した場合、放送局はその割合を公告しなければならないとの規定もある（放送法116条5項、放送法施行規則91条2項）。

参考文献　鈴木秀美・山田健太・砂川浩慶『放送法を読みとく』(2009・7　商事法務)
［堀木卓也］

▶ 外信部・外報部（がいしんぶ・がいほうぶ）

大手新聞社や通信社が社内に設けた国際報道担当の専門部署。日本の国際報道は日露戦争時、大阪毎日新聞がロシアに特派員を派遣した頃に始まったとされる。当時、海外の動きを報じる部署を「外国通信部（外信部）」と呼んだのに由来し、毎日新聞、共同通信、時事通信は今もこの名を使う。朝日新聞は外報部、読売新聞は国際部と呼ぶ。世界の主要都市に派遣された「特派員」が主役だが、そのサポートをしたり、世界各地の通信社電をチェックする「内勤記者」の役割も大切だ。内勤記者は海外と時差があるため、シフト制でほぼ24時間体制で勤務する。国際報道の重要性が年々高まっているものの、海外での事件・事故の際、日本人が巻き込まれたかどうかにばかりに報道が集中する「内向き傾向」が指摘されるなど課題は多い。扱うニュースは政治、経済、社会、スポーツ、文化等、多岐に渡る。 参考文献 天野勝文・橋場義之『新 現場からみた新聞学』(2008・10　学文社)
［高橋弘司］

▶ **解説委員**（かいせついいん）

　大手放送局で、ニュース・情報番組のコメンテーターや解説役を務めるベテラン記者。長く首相官邸をカバーしたり、海外特派員を経験したりした記者をはじめ、経済、科学、学芸等の分野で豊富な経験をもつ記者が就くことが多い。総勢49人の解説委員を抱えるNHKの場合は、このうち24人が職員で、あとの25人は委嘱された部外の専門家だ。彼らは伝統的なニュース解説にとどまらず、時事問題にクイズ形式で答えるバラエティー番組に出演するなど年間出演番組総数はテレビ・ラジオ合わせて1700本余にのぼる。主な役割はニュースや社会問題について背景やいきさつをかみくだいて説明することだ。だが、NHKは公共放送機関という性格上、「不偏・不党」「公平・公正」を義務付けられており、社論を主張する新聞社の論説委員とは異なり、様々な見方を視聴者に紹介することに主眼を置く。 参考文献 NHK広報局編『NHKのそこが知りたい』（2000・5　講談社）　　　　［高橋弘司］

▶ **階層**→レイヤー

▶ **外電**（がいでん）

　国内ニュースに対し、海外ニュースを総称した呼び方。AP、ロイター（現、トムソン・ロイター）、AFPの国際通信社3社が配信する記事はもちろん、中国の新華社、ドイツのDPA、北朝鮮の朝鮮通信等のほか、アメリカのCNN、アラブ地域をカバーするアルジャジーラ、日本の共同通信と時事通信の海外報道をも含む。グローバリズムの進展に加え、1991年の湾岸戦争、2001年のアメリカ同時多発テロ、11年のエジプト革命をはじめとする「アラブの春」報道など、24時間リアルタイムで国際ニュースがお茶の間に入ってくるようになり、外電の重要性が増している。読者の高いニーズに応えるため、近年、国際報道では外電の翻訳にとどまらず、独自の掘り下げた解説やインタビュー、ルポなどが以前にも増して求められている。 参考文献 藤竹暁『図説 日本のマスメディア〔第2版〕』（2005・9　日本放送出版協会）

　　　　［高橋弘司］

▶ **ガイドライン**（がいどらいん）

　「倫理綱領」など、ジャーナリズムに携わる人々の職業倫理の基本原則（規範）をより具体的な行動基準（規範）や事例として提示したもので、「指針」などとも訳される。例えば、番組制作ガイドラインや新聞記者行動規範、広告掲載基準などが挙げられる。イギリスBBC放送の番組制作ガイドラインである「編集指針（Editorial Guidelines）」は、「BBCの価値と水準」を示すものとされ、「正確さ」「公平性」「プライバシー」等について、取材・編集・放送に関する具体的な基準や方法を具体的事例を挙げながら詳細に説明している。BBCの放送業務に従事するジャーナリストの日常的な判断基準（指針）となるもので、事例集の性格も併せもっているため、たびたび改訂されている。また、ウェブサイト上でも一般公開されているので、ジャーナリストとしての自らの具体的行動や規範に関する視聴者への説明責任を果たしている点でも特徴がある。 参考文献 原麻里子・柴山哲也編著『公共放送BBCの研究』（2011・3　ミネルヴァ書房）、BBCウェブサイト：http://www.bbc.co.uk/　　　　［後藤登］

▶ **顔写真**（かおじゃしん）

　語　義　新聞や雑誌に取り上げる人物の顔を主に写した写真のこと。事件・事故などを報じていく上で、イメージ喚起力の強い写真の果たす役割は大きい。一方で、事件の容疑者や事件・事故の被害者の顔写真の扱いをめぐり、議論になることも増えてきている。被害者の家族の感情に配慮するとともに、顔写真の掲載によって興味本位に見られることは避けなければならない。

　報道現場では、事件・事故の公共性や当該人物の公人性などによって掲載の可否を判断していくことになる。特に被害者の顔写真の掲載にあたっては、事件の内容（性格）との関係を慎重に検討することが求められている。

　実　例　2001年9月、東京・新宿の歌舞伎町の

雑居ビルで火災が発生し、44人が死亡するという大惨事があった。被害者の顔写真の扱いをめぐって、全国紙の判断が分かれた。朝日新聞と産経新聞が顔写真を掲載し、毎日新聞と読売新聞が載せなかった。顔写真を載せなかった社は、火災があった店舗が風俗店で、そこで働いたり客でいたりした人のプライバシーや名誉に配慮した。これに対して掲載した朝日新聞は店の形態を書かずに「飲食店」とぼかすことで、被害者に配慮した。掲載の可否に一律の判断基準はなく、その都度、総合的に判断していくことになる。

11年3月11日に発生した東日本大震災では、多くの犠牲者が出た。地元の岩手日報社は発生から1年後に顔写真特集「忘れない」の連載を月1回のペースで始めた。犠牲者の顔写真に、その人となりを書いた文章を添えて掲載している。岩手県内での死者・行方不明者は6000人近くにのぼるが、全ての犠牲者の顔写真の紹介を目指す。亡くなった人を偲び、震災体験の風化を防ごうとする試みだ。

(参考文献) 小林弘忠『新聞報道と顔写真』(1998・8 中央公論社)、朝日新聞事件報道小委員会『事件の取材と報道2012』(2012・2 朝日新聞出版) [徳山喜雄]

▶隠し撮り (かくしどり)

(語義) 相手(被写体)に気付かれずに撮影すること。盗み撮り(盗撮)といわれることもある。近年の撮影機器の発達で一般人も簡単に隠し撮りができるようになったが、報道目的ではなく、のぞき見するような映像を撮ることは軽犯罪法や地方自治体の迷惑防止条例などで禁じられている。また、報道目的であってもプライバシー侵害などで訴訟になる場合があり、慎重にしなければならない撮影方法である。

一方、隠し撮りを一切やらず、すべて許諾を得た上で撮影・公表するということになれば、極端に報道の範囲が狭められ、十分に報道の役割が果たせず、人々の知る権利に応えられなくなると考えられる。隠し撮りによって一定のプライバシー侵害があったとしても、報道にそれを上回る公共性があると判断した場合、報道機関は隠し撮りを行ってきた。

(実例) 報道現場での隠し撮りの具体例を見てみよう。毎日新聞は宮城県の上高森遺跡で東北旧石器文化研究所の副理事長(当時)が地面に穴を掘り、石器を埋めている姿をビデオで撮影。同遺跡などでの旧石器発掘が捏造だったとスクープした(2000年11月5日付朝刊)。ビデオから抜き出した3枚の写真を証拠として1面に掲載。考古学研究に極めて重大な影響をおよぼす行為の真偽を確認する手段として隠し撮りを行った。

朝日新聞は東京電力福島第一原発周辺の除染作業で、はぎ取った土や枝葉、除染に使った水の一部を川などに捨てる「手抜き除染」が横行していると特報した(2013年1月4日付朝刊)。この証拠として、放射性物質が付着したままの落ち葉を、現場の作業員が川に何度も蹴り出す3枚の隠し撮りの連続写真を1面に掲載した。

肖像権をめぐり裁判になった法廷内の隠し撮り写真がある。写真週刊誌「FOCUS」(01年休刊)は、和歌山市のカレー毒物混入事件の被告が手錠と腰縄を着けて法廷に入ってきた姿を撮影し、1999年5月26日号に掲載した。法廷内の写真取材は戦後の一時期を除けば、大幅に規制されている。

隠し撮りされた被告は肖像権侵害と名誉毀損で発行元の新潮社らを訴えた。最高裁は05年、この「カレー毒物混入事件法廷写真イラスト訴訟」の判決で、肖像権侵害となるのはどういう場合か、初めて判断基準を示し、被告は勝訴することになった(最判平成17年11月10日)。

判断に迷う微妙なケースも多い。例えば、事件に関わった渦中の人物が、病気を口実にして病院に逃げ込むことがある。説明責任があるにもかかわらず、病院を「隠れ蓑」にする場合、報道機関はそれへの対抗として近くのビルなどから入院中の姿を撮影し、報じることなどがあった。この場合、一般の患者に迷惑をかけたり、病院の静謐を乱したりする取材は許されず、慎重な報道姿勢が必要になってくる。

(参考文献) 徳山喜雄『フォト・ジャーナリズム』(2001・3 平凡社) [徳山喜雄]

▶ 学生新聞→大学新聞

▶ **学問の自由**（がくもんのじゆう）

（語義）日本国憲法23条は、学問の自由を保障している。日本では、戦前に京大滝川事件（1933年）や天皇機関説事件（35年）といった学問研究への弾圧事件が生じた。このような経験を踏まえて、日本国憲法は、特に明文で学問の自由保障を行ったのである。

学問の自由は、①研究活動の自由、②研究成果発表の自由、③教授の自由、④大学の自治といった内容を有すると解されている。①については、例えば近年先端的科学技術の発展に伴い、遺伝子操作など規制の是非が議論されることが増えている。②は表現の自由保障と重なり合う。③は、大学において研究と教育は一体だという理念から要請されるものである。最高裁の判例は、初等中等教育の教師にも、大学の教員よりも狭い範囲で「教授の自由」が認められるとしている。④は、学問の自由の十分な保障のためには、それを担う組織である大学の自律的運営が確保される必要があるとの理解から、認められているものである。研究者人事や大学の施設管理、学生の管理などの自治を内容とする。

（実例）研究活動への規制の態様としては、多くの場合には学問の自由に配慮して、法的制約ではなく、学会などの定めるルールによる自主規制が選ばれる。ただ、ヒト・クローンについては、2000年に「ヒトに関するクローン技術等の規制に関する法律」が制定され、ヒト・クローン胚の人や動物の胎内への移植が刑罰付きで禁じられている。

大学の自治に関しては、学生団体の大学内での演劇発表会への警察官の視察が問題となったポポロ事件が著名である。最高裁は、当該集会を政治的社会的活動であって学問の自由の行使とはいえないとし、警察官の行為の合法性を認めた（最判昭和38年5月22日）。

（参考文献）保木本一郎『核と遺伝子技術の法的統制』（2001・12　日本評論社）、佐藤幸治『日本国憲法論』（2011・4　成文堂）　　　　　　［毛利透］

▶ **過剰反応**（かじょうはんのう）

（語義）過剰反応とは、個人情報保護制度の存在などを理由に、個人情報の提供・利用を過剰に制約する動きのことをいう。制度的な制約によるものだけではなく、個人情報保護制度上は、提供・利用を可能とする方法があったり、提供が慣行的に行われたものが、制度の存在を口実に形式的に拒まれるものを含む。2005年4月に全面施行された個人情報保護法を契機に問題として多く指摘されるようになった。

個人情報保護制度には主に民間を対象とした個人情報保護法のほか、行政機関個人情報保護法、独立行政法人等個人情報保護法、自治体ごとの個人情報保護条例がある。過剰反応といわれるものには、民間事業者が個人情報の提供を過剰に制約する場合、行政機関・自治体が制度上は外部提供が可能であってもそれを行わない場合などが含まれる。個人情報保護制度の外部提供に関する規定の問題も指摘されているが、一方で過剰反応は、個人情報保護法の成立を契機に個人情報保護への関心が高まり、個人情報の外部への提供が問題となることを警戒し、民間・公的機関ともに過剰に提供を制限するようになった結果引き起こされたものともいえる。

（実例）2005年の個人情報保護法の施行と前後して、公務員の懲戒処分が個人情報保護を理由に非公開とされるようになった。警察が事件・事故に関する被疑者・被害者情報を提供しない、消防から事故・事件の被害者情報が公開されないなど、報道機関による取材活動への影響が見られる。また、学校や自治会・町内会の名簿が作成されなくなる、災害時に支援が必要な個人の情報が民間に提供されないなど、様々な事例が報告されている。

（参考文献）日本弁護士連合会情報問題対策委員会編『個人情報トラブル相談ハンドブック』（2007・7　新日本法規出版）、宮下紘『個人情報保護の施策—「過剰反応」の解消に向けて』（2010・2　朝陽会）

［三木由希子］

▶ 家庭面（かていめん）

語義 新聞の「家庭面」は、1914年4月3日付の読売新聞の「婦人附録」が、その本格的な始まりだったとされる。内容は、近代的な家庭生活にふさわしい実用記事が中心だった。その後、大正の一時期に婦人参政権運動など女性に関する政治的言論も見られたものの、やがて日本が軍国主義へと暴走し、翼賛体制による言論統制が敷かれていく中、婦人欄は姿を消していった。

戦後まもなく婦人面は復活。現在では「婦人面」や「家庭面」という名称は消え、代わりに「生活面」「くらし面」といった言葉が使われている。それらは、一見様変わりしたように見えるが、一部戦後まもなく始まった婦人面の原型をとどめている。その1つに、女性読者専用の投稿コラムがある。「朝日新聞」の「ひととき」、「読売新聞」の「ぷらざ」（旧名称「赤でんわ」）など、今日も女性だけが投稿できるコラムが各社の生活面に残っている。

実例 家庭面／生活面では、女性読者による投稿欄をきっかけに特集が企画されることも珍しくなく、「過労死」などの高度成長期に現れた社会の歪みを先駆的に取り上げた。また、一時期は、女性投稿者たちを中心に「草の実会」や「こだまの会」などのサークルが結成され、学習会や討論会も活発に開催されていた。

今日、家庭面／生活面は岐路に立たされている。介護や育児など、政治争点の多くが生活面が取り上げてきた問題と重なり、生活面独自のテーマ設定が困難になってきているためだ。他方で、インターネットをはじめメディアの多様化によって、生活実用情報を新聞紙面に掲載するニーズも薄らいだ。ライフスタイルが多様化していることも、テーマ設定を難しくしている。

家庭面は、新聞紙面の中では地味な存在だが、記者クラブに頼らない取材と独自の企画紙面は、ジャーナリズムの原点である。また、読者との交流から紙面を作るという点では、現代の市民ジャーナリズムの先駆けであったと評価できよう。

参考文献 林香里『マスメディアの周縁、ジャーナリズムの核心』（2002・6　新曜社）、天野正子『「つきあい」の戦後史―サークル・ネットワークの拓く地平』（2005・4　吉川弘文館）　　　［林香里］

▶ 可謬主義（かびゅうしゅぎ）

語義 あらゆる主張は原理的には誤り得るという哲学上の学説。不可知論や懐疑主義とは違って知識そのものを否定するには至らず、誤りを修正しつつ知識を漸進的に改良してゆけると考える。

ソクラテス、プラトンら古代の哲学者たちの見解の中にすでに見られた立場だが、本格的に展開されたのは近代以後で、チャールズ・サンダース・パース、ジョン・デューイらプラグマティスト（実証主義者）たちと科学論のカール・ポパーがその主な担い手となった。

用法 ジャーナリズムもまた可謬主義を原則とすべきである。パースは有限な量を相手取る推論は無限に連続する世界に対して絶対的確実性、絶対的正確さ、絶対的普遍性に辿り着けないと考えた。そうした原則論が適用されるだけでなく、ジャーナリズムの場合、十分な検証が終わっていなくても、速報することの公益性が上回ると判断した場合には報道に踏み切る事情があり、検証不足ゆえに不十分な報道になったり、誤報をしてしまうことが避けられない。その意味で報道に携わる者は、常に訂正に向けて開かれた姿勢を取らねばならない。ポパーは反証され、誤りが発見されることで命題は真偽値をもっていたこと、つまり科学的な命題であったことが認められると考え、反証を繰り返しつつ科学的認識は進化してゆくと見なした。それと同じく報道は訂正されることでそれまでの報道の限界を確定し、その先に新たな情報や見解を加えることで漸進的に真実に近づいてゆく。

ジャーナリズムが依って立つ言論・表現の自由の概念にも可謬主義との関わりがある。社会に問題があり、政治に誤りがある時に言論の力でそれを修正し得ると信じられているからこそ、例えばアメリカでは憲法修正1条で真っ先に述べられるほど言論・表現の自由

が尊重されているのだが、そこには人間が誤りうる存在であるという認識が前提とされている。言論の誤りもまた言論によって修正されるのであり、ジャーナリズムが定期刊行印刷物や定時放送でニュースを伝えてきたのは、随時速報ができるからだけでなく、過去の報道を訂正することを可能にするためとも考えられる。

コメント欄を用意したり、トラックバックという方法によって議論を繰り広げやすく設計されたブログやフェイスブックなどのソーシャルメディアの仕組みがアメリカで生まれたのも、可謬主義的認識の上に言論によって修正を重ね、真実や正義に向かってゆけると考えられた結果だろう。そんなソーシャルメディアの仕組みとも組み合わされて、ジャーナリズムは本来備えているべき再検証や訂正・修正に向けて開かれている姿勢をさらに強化してゆくべきだ。

参考文献　K・ポパー『科学的発見の論理（上・下）』（大内義一ほか訳、1971・7、1972・7　恒星社厚生閣）、K・ポパー『推測と反駁─科学的知識の発展』（藤本隆志ほか訳、1980・3　法政大学出版局）、C・S・パース『パース著作集』（全3巻）（内田種臣ほか訳、1985・11〜1986・10　勁草書房）　　　　　［武田徹］

▶ **仮処分**（かりしょぶん）

仮処分とは、民事の争いにおいて、本案訴訟の確定を待っていては権利実現が著しく困難になると認められる場合に、権利保全のため、本案訴訟よりも簡略な手続により迅速に出される裁判所の命令の1つである。現在、仮処分などの保全命令については民事保全法が規定している。同法は、係争物についての現状を維持する「係争物に関する仮処分」と、争いのある権利関係について暫定的な状態を形成または維持する「仮の地位を定めるための仮処分」の2種類の仮処分を定めている。表現の自由との関係では、名誉毀損やプライバシー権侵害を根拠にした出版の事前差止の仮処分の許容性が特に争われている。民事保全手続では詳しい審理を行うことはできないから、差止は例外的にしか認めるべきではなかろう。北方ジャーナル事件最高裁判決（最大判昭和61年6月11日）は、公共の利害に関する表現についての事前差止は原則として認められないとしつつ、当該事案での差止を例外として許容している。参考文献　中西正ほか『民事執行・民事保全法』（2010・3　有斐閣）、松井茂記『マス・メディア法入門〔第5版〕』（2013・10　日本評論社）
［毛利透］

▶ **かわら版**（かわらばん）

江戸時代から明治初期まで、街頭で読んで売られたために「読売」と称された、主に木版による簡素な刷り物で、心中事件や仇討ち、地震・津波・火事、奇談など時事的な事柄を簡単な文章と多くは挿絵入りで取り上げた報道メディアである。ドイツなどで発行されたフルッグブラットと同様に、新聞に先行するニュース媒体の原初的形態と考えられる。現存する最古のかわら版は、大坂夏の陣を描いた「安部之合戦図」といわれる。17世紀末以降、江戸幕府は虚説の流布を問題として禁止したため、かわら版は無署名無許可で発行され、非公認の出版物として出回るようになった。幕末には飛脚問屋によって伝えられる地震などの情報を、書店が一枚摺にして発行するようになり、またアメリカの使節の来航や戊辰戦争に至る政治動向を伝え、専門に制作発行する本屋も現れたが、発行者を明記したものは少ない。19世紀末頃まで活字や洋紙を用いたりして発行されていたが、新聞の発達により廃れた。参考文献　小野秀雄『かわら版物語』（1960・12　雄山閣出版）　　［土屋礼子］

▶ **監視カメラ**（かんしかめら）

語義　犯罪の予防・捜査を目的として、道路・駅・空港などの公共の場所、コンビニ・銀行などの店舗、マンションの共用部分など、日常生活の至る所に無数の監視カメラが設置されるようになっている。設置主体は多岐にわたっており、テレビカメラ、街頭防犯カメラシステム、街頭緊急通報システム（スーパー防犯灯）、自動速度監視装置（オービス）、自動車ナンバー自動読み取り装置（Nシステム）、交通事故自動記録装置（TAAMS）等を設置・運用する警察のみならず、警備会社、店舗の経営者

や住居の所有者・管理者などによるものもある。

　監視カメラについては、その高性能化が指摘されている。アナログからデジタルへの技術革新に伴い、高画質で長時間の録画を廉価で行うことができ、そのデータを録画日時・場所などから検索することも容易になった。また、録画データのデジタル化は、顔貌（がんぼう）データベースとのデータマッチングによって特定の個人を割り出す「顔貌認識システム」も実現させた（2002年5月、成田空港・関西空港に設置）。

（影　響）日本には監視カメラの設置・運用のあり方を定めた法律は存在せず、条例を定めている地方公共団体もわずかである。

　監視カメラに関する判例はいくつか存在する（オービスにつき最判昭和61年2月14日、テレビカメラにつき大阪地判平成6年4月27日、Nシステムにつき東京地判平成13年2月6日など）が、結論的には監視カメラを許容する立場をとっている。監視カメラは犯罪の予防・捜査に役立つものであり、また、社会の「安全」「安心」を高めることに必要なツールと考える向きもあるが、プライバシーの権利（憲法13条）との両立が難しい点には注意が必要である。さらに、監視カメラの高性能化・デジタル化が進んだ現在においては、個人の行動を監視するシステムへの転化も可能となっている。

（参考文献）田島泰彦ほか編著『住基ネットと監視社会』（2003・8　日本評論社）、棟居快行『憲法フィールドノート〔第3版〕』（2006・4　日本評論社）、日本弁護士連合会編著『デジタル社会のプライバシー』（2012・1　航思社）　　　　　　　　　　〔小倉一志〕

▶ **勧進帳**（かんじんちょう）

　能の演目「安宅」（あたか）をもとにした歌舞伎の演目である「勧進帳」で、登場人物の弁慶が「読上げ」で持合せの巻物を朗々と読み上げる場面の連想から、あたかも原稿を読んでいるようで実は即興でものをいっているさまをいう。転じてジャーナリズムの文脈では、インターネットやファクスがなかった時代に取材記者が、出先から電話口で原稿をそらんじて読み上げることをいう。送稿手段として電話しかなかった時代のいわば名人芸として、取材したばかりの事件や事故を、現場の公衆電話や一般家庭で借りた固定電話から、本社あてにメモや記憶を基に、書き原稿なしに伝えることをした。

〔山田健太〕

き

▶ **基幹放送**（きかんほうそう）

（語　義）放送関連4法案を一本化し、2011年に施行された改正放送法で導入された概念。この改正によって、放送の定義は「公衆によつて直接受信されることを目的とする電気通信の送信をいう」に変更された。それ以前は「電気通信」は「無線通信」であり、放送は電波を使うものに限定されていた。この変更によって有線電気通信も含めて定義されることとなり、概念整理が求められた。これによって生まれた「基幹放送」は「電波法の規定により放送をする無線局に専ら又は優先的に割り当てられるものとされた周波数の電波を使用する放送」と定義された。これ以外の放送については「一般放送」とされ「基幹放送以外の放送」と定義された。「基幹放送用周波数使用計画」で明示された中波（AM）、超短波（FM）のラジオ、地上テレビジョン放送、BS放送が「専ら」割り当てられた放送。「優先的」に割り当てられるのはCS放送中、同使用計画に記載された110度CS放送を指す（BSと同じ位置なので1つのパラボラアンテナで受信が可能。別々のアンテナでの受信が必要な東経124度・128度CS放送は一般放送）。また、放送法施行規則では地上・衛星に加え、「移動受信用地上基幹放送」を規定。12年4月にサービスを開始したマルチメディア放送、NOTTV（会社名mmbi）を指す。

（実　例）改正放送法は電波発射（ハード）と番組編集主体（ソフト）を分離するハード・ソフト分離方式を基調としているが、従来型のハード・ソフト一致の免許形態も地上基幹放送には認めている。これは「特定地上基幹放送事業者」と呼称され、放送法では「電波法の規定により自己の地上基幹放送の業務に用いる放送局（特定地上基幹放送局）の免許を受け

た者をいう」としている。NHK及び茨城放送を除く地上民放の全てがこの免許形態をとっている。

基幹放送については、一般放送との区分がわかりにくいとの批判とともに、市町村単位のコミュニティFMも電波を使っているためにこのカテゴリーに区分され、NHKや民放と同じ責務を負わされていることへの批判もある。

(参考文献) 鈴木秀美ほか編著『放送法を読みとく』(2009・7　商事法務)　　　　　[砂川浩慶]

▶ 疑似イベント (ぎじいべんと)

報道され、再現されることを目的に、誰かがそれを計画し、たくらみ、あるいは煽動したために起こった出来事を疑似イベントという。ブーアスティン(1974)は疑似イベントの例として、あるホテルが、開業時に地元の名士を集めてパーティを開いたエピソードを紹介している。パーティにはあらかじめ新聞記者も招待されており、ホテルの開業を祝う名士たちの記事が地元紙に掲載されホテルの宣伝となった。開業パーティは、報道されるためにホテルが仕掛けたイベントだったのである。ブーアスティンは、疑似イベントでは現実と虚構の境界が曖昧になり、ニュースは自然発生的に起った出来事を取材するのではなく、マスメディアやそれを広報媒体として利用する組織によって製造されるものとなるという。なおメディアイベントという用語は、疑似イベントと意味的に重なるところが多いが、メディアイベントの方が、オリンピックや戴冠式など、より規模の大きい国民的または世界的な擬似的出来事を指すことが多い。

(参考文献) D・J・ブーアスティン『幻影の時代—マスコミが製造する事実』(星野郁美・後藤和彦訳、1974・10　東京創元社)　　　　　　　　　[藤田真文]

▶ 疑似環境 (ぎじかんきょう)

(語義) 人間が自らを取り巻く現実環境から様々な情報を入手し、それを解釈し、頭の中に象徴化・イメージ化して作り上げる環境のこと。米国の新聞記者・政治評論家のW・リップマンの用語である。ここでいう「疑似」という語は、必ずしも嘘・虚偽を指しているわけではなく、人間が作り出したもの全て、例えば完全な幻想から、科学者が意識的に用いる図式・モデルまでを含んでいる。

人間は疑似環境を手掛かりとして、現実環境に働きかけている。現代社会においては、現実環境は広大かつ複雑であり、そして移ろいやすいため、人間はその全てを直接的に知ることはできない。人間は現実環境に対応するために、まず疑似環境を形成する。しかし疑似環境と現実環境とは必ずしも一致するわけではない。疑似環境に依存しすぎた人間は、ときとしてその現実環境に裏切られることもある。このように、行為の現場(現実環境)、その現場について人間が思い描くイメージ(疑似環境)、そしてそのイメージへの人間の反応という三者関係で、リップマンは社会を捉えようとした。

(影響) 日本のマスコミュニケーション研究者の藤竹暁は、リップマンの疑似環境論に依拠しつつ、ニュースなどのメディア情報をもとにして間接的に形成される疑似環境のことを「狭義の疑似環境」と位置付け、人間が現実環境から直接的に情報を入手して形成する(広義の)疑似環境とは区別した。そしてマスメディアが定期的に情報を伝えている現代社会では、人間が頭の中に形成する(狭義の)疑似環境の割合が増加し、「疑似環境の環境化」が生じていると指摘した。

(参考文献) 藤竹暁『現代マス・コミュニケーションの理論』(1968・4　日本放送出版協会)、W・リップマン『世論(上)』(掛川トミ子訳、1987・7　岩波書店)

[山口仁]

▶ 記者 (きしゃ)

(語義) 新聞社、出版社、放送局において取材や編集を担当する社員または職員。権力との関係から、呼び慣わされた異名を多くもつ。大記者という表現は「偉大な」という意味で記者を肯定的に捉えており、19世紀末に新聞と関係した政治家、教育者、起業家に由来する。「木鐸」は本来、政府の法令などを人民に知らせる鈴であるが、「社会の木鐸」は世の中を正しい方向へ導くという意味をもち、記者

043

を指す。また、「反骨の」という形容をつけ権力に抵抗する姿を強調することや、権力に屈しないという意味で「無冠の帝王」と呼ばれることもある。一方、権力におもねるという意味では御用記者、提灯記者という呼称や、新聞記者については新聞屋から省略したブンヤという蔑称がある。

取材方法において、複数の記者に説明を行い、質問を受ける場を記者会見と呼び、また、夜討ち朝駆けを含め対象者に密着して取材する者を番記者という。こうした組織的な取材体制とは別に、マスメディアの社員、職員でない職業人ジャーナリストはフリー記者、あるいはフリーランス、単にライターと呼ばれる。記者はジャーナリストの一部を構成する。そもそもジャーナリズムは日々の記録をつけるという意味をもち、職業として限定される活動ではない。したがって、ジャーナリストにはアマチュアが数多く含まれるという認識が自然である。同人による少部数の出版物は、マスメディアのなかった19世紀末に影響力をもった。生活の中で見聞きしたことを子どもや青年が記録する綴り方運動は大正期に始まる。戦後もミニコミや同人誌の活動があった。今日ではインターネットの発達により、アマチュア・ジャーナリストの範囲は急速に拡大している。彼らが「記者」と称することはまれである。

(特色) 19世紀まで、記者は書く人を指す言葉であり、writerの訳語であった。漢文調の難解な論説を書いた。取材を担当するreporterは別に探訪者と呼び、市井に雑報をあさっていた。英語でいうwriter、reporter、editorといった区別はやがて曖昧になり、日本語では「記者」に統一される。探訪者の低い社会的地位はしばらく記者にも引き継がれ、とりわけ社会部記者を三面記者、軟派記者と呼ぶ差別があった。

日清、日露の戦争を経て新聞社の規模が拡大すると、記者の地位は次第に向上していく。1920年代には新聞社を志望する大学生も増え、記者の高学歴化、就職の制度化が進んだ。戦前、記者の学校歴は早稲田出身者に偏りがあり、学閥の可能性が示唆されている。

また、社内において、記者個人の自由より経営の方針が優先されるようになり、社主と記者の関係は19世紀の主義を一にする同志ではなく、雇用者と被雇用者の関係となった。ロシア革命やパリ講和会議に触発され、記者も労働組合を結成したが戦前は長続きしなかった。そこで、医者や弁護士のように国家資格を定め、独立を確保するという考えが生まれた。国家に認められた者だけが記者になれるという発想は、やがて第二次世界大戦下において「日本新聞会記者規程」として結実し、記者は保護と引き換えに政府の統制を受けた。また、同時期に記者クラブの整理統合も行われ、大手新聞社のみが有利な取材制度を作り上げた。記者の高学歴化は戦後も進行し、現在、大卒でない者が大手マスメディアに採用されることはほとんどない。男女の偏りについては、戦後一貫して女性の割合が上昇してきたが、半数には遠く及んでいない。

(参考文献) 山本武利『新聞記者の誕生―日本のメディアをつくった人びと』(1990・12　新曜社)、春原昭彦ほか編著『女性記者―新聞に生きた女たち』(1994・1　世界思想社)、河崎吉紀『制度化される新聞記者―その学歴・採用・資格』(2006・7　柏書房）　　[河崎吉紀]

▶ **記者会見** (きしゃかいけん)

(語義) 主に公人やそれに準じる人の所見を広く社会に伝える目的をもって、発表者が報道陣と対面し、主張を述べたり質疑に応じたりする場を指す。国民の知る権利を代行する報道機関の質疑に登壇者が答えるもので、公的性格をもち、発言は公式のものとして扱われる。

日本での会見の大半は各記者クラブ側が主催し、参加者は事実上、記者クラブ構成員に限られるが、日本新聞協会は「情報公開に消極的な当局に対し報道界が結束して会見を求めてきた歴史がある」と背景説明している。

(実例) 要人の会見頻度はおおむね、内閣官房長官が1日2回、各大臣は週1〜2回、各省庁の次官は週1回などと定まっている。検察や警察、経済団体なども定例的に会見を開いている。また、訴訟の当事者や市民団体などが記者クラブで会見を行う例も頻繁にある。

現行制度には批判も強い。クラブ加盟社以外の参加や質問を認めない「閉鎖性」、記者クラブが事前に相手側と進行を調整する「馴れ合い」などが批判の主たるポイントだ。2000年には「神の国発言」で窮地に陥った森喜朗首相の釈明会見に際し、官邸記者クラブの記者が首相側に会見を無事に切り抜けるための「指南書」を作っていたことも明るみに出た。

こうしたことから、記者会見への参加資格を大幅に緩和するよう求める動きも広がり、09年の民主党政権誕生時に一部で実現した。インターネット動画などによる会見の中継も一部で始まったほか、当局側が質疑の様子を文書などで即時公開する流れも進んだ。市民による会見の全容把握が可能になってきたため、閉鎖的空間だった会見が市民に「見られる」存在になるなどの変化も出ている。

(参考文献) 現代ジャーナリズム研究会『記者クラブ 市民とともに歩む記者クラブを目指して！』(1996・10 柏書房)、日隅一雄ほか『検証 福島原発事故・記者会見―東電・政府は何を隠したのか』(2012・1 岩波書店) 　　　　　　　　　　　　[高田昌幸]

▶ 記者クラブ (きしゃくらぶ)

(語義) 官庁や地方自治体、警察署、政党など、主要な取材先で主要メディアに属する記者たちによって組織されている前線基地、あるいは取材拠点。一般には、毎日定期的に取材をする「常駐社」と大きなニュースがあったときにだけ取材にくる「非常駐社」に分けられる。記者クラブは、加盟者からクラブ費を徴収し、自主運営している。

記者クラブはしばしば、取材拠点となる建物の一角に「記者室」を用意してもらい、そのスペースを専有している。組織としての「記者クラブ」と、記者クラブが使用する場所としての「記者室」は概念的には別物である。取材拠点ごとに記者クラブが設けられているため、その数はあまりに多く、正確な数はわからない。運営の実態は記者クラブごとに大きく異なる。

記者クラブは、1890年に帝国議会が初めて開設された際、「時事新報」の記者らが主導して組織した「議会出入記者団」が、議会の取材を当局に一致して要求したのが始まりといわれる。日本が軍国主義的体制を整えると、「記者クラブ」は政府による記者の統制の道具となった。戦時中の1942年は、内閣情報局の指導下にあった言論統制団体「日本新聞会」が資格審査して合格した記者だけを登録する制度に変更した。戦後、「日本新聞会」はアメリカの占領軍によって解散させられたが、記者クラブは取材の前線基地としての機能を果たし続けて今日まで続いている。

(実例) 「記者クラブ」が存在することで、情報源(多くは公的機関)の側は、市民に広く周知させたい情報を効率よく広報でき、取材に対する対応も効率化できる。大蔵省が出した「通達」(1985年)は、「新聞記者室」は、「国の事務、事業の遂行のため、国が当該施設を提供するものである」としており、記者室の提供を法律上認めている。

1992年、京都市在住の男性が、京都市が記者クラブの「電話料金」「懇談会名目のマスコミ接待費」を公金から支出したのは違法として、京都市長と同市記者クラブに、損害金を返済するよう求める訴訟を起こした。京都地裁は、電話料金は少額で、懇談会費の支出も社会通念上儀礼の範囲を逸脱したものはいえない、などと判断し、男性の請求を棄却した(京都地判平成6年4月5日)。

記者クラブから得られる報道機関のメリットとしては次のようなことが主張される。①記者が結集して情報開示や記者会見を要求することが容易になり、結果的により多くの情報を得られる、②誘拐事件の場合には、人命の確保を優先して報道を見合わせる「報道協定」を結んだり、取材が過熱していわゆる集団的過熱取材(メディアスクラム)を起こした場合の取材抑制の注意を出したりするなど、人命や人権に関わる取材・報道上の調整機能を果たすことができる、③記者会見を記者クラブが主催することによって、記者クラブを権力者側からの一方的な広報の場にさせない、④記者クラブを通じて記者が公的機関に常駐することによって、公務員の側は不正をできないという意識が高まる、などである。

これに対して、記者クラブのデメリットと

しては次のようなことが指摘されている。すなわち、①記者クラブに加盟できる報道機関は一般には大手新聞、放送局のみで、記者クラブはそこに加盟できない雑誌や海外メディアの記者の取材活動を妨害している、②公的機関が記者室を特定メディアにのみ利用させているのは税金の不正な使用にあたる、③記者クラブの記者は記者室の提供という大きな便宜供与を受けているので、記者室を提供する情報源（国家権力や大企業）に逆らえなくなる、④記者室に常駐している記者は、取材源である公的機関と同じ考え方になり、国家権力を批判的に見ることができなくなる（記者が情報操作されやすくなる）、⑤記者クラブに対しては、プレスリリースの提供や記者会見を通じて一律に情報が提供されるため、各報道機関の報道が同じものになる（報道機関の横並び体質を助長する）、⑥記者クラブには、情報源から大量の情報提供があるので、記者が取材を怠りがちになり発表ジャーナリズムに陥る、などである。

参考文献 桂敬一『現代の新聞』（1990・3 岩波書店）、村上玄一『記者クラブって何だ!?』（2001・11 角川書店）　　　　　　　　　　　　　　　［伊藤高史］

▶ **記者証**（きしゃしょう）

記者やジャーナリストが特定の官庁や場所に出入りを許可された身分証明書（IDカード）。代表的な記者証として国会内で自由に取材できる「国会帯用証」と呼ばれる記者証があり、大手メディアごとに一定の枚数分の「帯用証」が割り当てられている。他に、中央官庁に出入りの記者に発行されるものや、一般乗客が立ち入れない空港内のエリアを取材できるものなどがある。米国でも大リーグのワールドシリーズや大統領選本選に向けた民主党大会や共和党大会など、取材記者が殺到するケースで発行される。日米いずれの場合も、テロをはじめ安全対策を目的としており、顔写真が付いたものが一般的である。戦火のイラク領内での自衛隊取材にあたり、混乱を避けるためとして記者証が発行され、「報道の自由」の観点から議論となった。参考文献 井上泰浩『メディア・リテラシー──媒体と情報の構造学』（2004・5 日本評論社）　　　　［高橋弘司］

▶ **気象情報**（きしょうじょうほう）

語義 ①狭義には、気象庁や気象台が発表する気象に関する情報のうち、警報・注意報に先立って注意を呼びかけ、その補足や解説などをするものをいう。関係行政機関や地方自治体には直接、地域住民には報道機関などを通じて伝えられる。②広義には、気象庁はじめ日本気象協会、民間気象会社、一部自治体等が提供する気象に関する広範な情報をいう。主としてテレビ・ラジオ、電話、インターネット、新聞等を通じて住民に伝えられる。「天気予報」とほぼ同じ意味。なお、「気象通報」は気象情報を通知すること。

実例 戦時中、敵国に利用される懸念からNHKラジオが気象情報を伝えず、台風が突然上陸して多数の死傷者を出した例がある。台風21号が戦後最大級の勢力のまま関東地方に上陸した2002年10月1日には、NHK夜ニュースが時速65キロで移動する台風の位置を2時間以上遅れて報じ、問題視された。気象庁発表が役立たない例である。

地球温暖化が進んで、猛暑、ゲリラ豪雨、竜巻、豪雪等、異常気象とされる事象が増え、熱中症、洪水、土砂崩れといった気象災害も頻発する最近は、放送局も気象情報の重要性を自覚し、とくにNHKは台風接近時にニュースで長時間伝えるなど力を入れている。

各局は短時間の気象情報番組を頻繁に流すほか、定時ニュースの終わりに気象情報を報じることが多い。熱中症や花粉症の警戒レベルや、洗濯物の乾き具合といった情報を付け加えることもある。気象情報で特に問題となるのは、①短時間に狭い範囲で起こる豪雨や竜巻などの予測が極めて難しいこと、②警報が出ても住民はどう行動すべきかわからず、避難が遅れて犠牲者が出る場合が少なくないことである。メディアは気象情報と同時に、地域や住まいの実情に応じて、避難方法などきめ細かい情報を丁寧に伝える必要がある。

参考文献 気象庁編『気象業務はいま2013』（2013・6 研精堂印刷）　　　　　　　　　　　［坂本衛］

▶ **議事録公開**（ぎじろくこうかい）

会議の内容を記録して文書化した議事録を公開すること。会議の公開とは分けて考える必要がある。非公開の会議であっても、議事録は一律に非公開とされるものではない。情報公開法は、議事録などを含む意思決定過程について非公開とできる規定を設けている。しかし、会議非公開という形式的な条件では非公開を認めておらず、議事録の内容、業務の性質などを勘案して、個別に判断するものとしている。自治体の情報公開条例も多くが同様の考え方をとっているが、一部の条例は会議を非公開で実施すると決定した場合、議事録も非公開とする規定を設けているところがある。議事録をめぐっては、重要な案件で簡易な議事概要としてしか作成されないことや、発言者名を記録しないことなどが問題になることがある。議事録の記録内容が不十分な場合は、会議の内容の録音物、職員による議事内容のメモなどがそれを補完するための情報となる。しかし、これらは公文書と該当しないと判断されたり、議事録が作成された段階で廃棄されたりして、情報公開が阻まれることもある。 参考文献 右崎正博・三宅弘編『情報公開を進めるための公文書管理法解説』（2011・3 日本評論社） ［三木由希子］

▶ **議題設定**（ぎだいせってい）

アジェンダセッティングともいう。ここでの「議題（アジェンダ）」とは、メディア／公衆／政策決定機関の三者間において関心の高まった社会的な問題や争点を指す。ある社会問題がマスメディアに取り上げられると、それが人々の関心を集め、ひいては公共の政治機関の政策決定に影響を及ぼすとされる。これが理論モデルとしての議題設定モデルの、基本的な考え方である。ただし、議題がメディアから公衆へと移行する際、意見の方向性を左右する要因は、メディアの影響力だけが全てではない。対人コミュニケーションを通じた個人の経験や、現実社会の指標によっても、公衆の意見は変化するのである。その意味で議題設定モデルは、メディアが人々の「態度」や「行動」に直接影響を与えるとする弾丸／限定効果モデルの知見から、人々の「認識」に対して影響を与えるというレベルへと研究の焦点を移行させた。 参考文献 大石裕『コミュニケーション研究〔第2版〕社会の中のメディア』（2006・4 慶應義塾大学出版会）［加藤徹郎］

▶ **君が代**→日の丸・君が代

▶ **客観報道**（きゃっかんほうどう）

語義 客観報道という言葉には明確な定義はないが、イギリスのメディア学者B・マックネア（1998）は、客観報道は以下の3つの要素を含むと述べている。すなわち、①事実と意見を分離する、②争点についてはバランスのとれた説明をする、③権威ある（信頼できる）外部の者を通じて報道の真実性を明示するといった要素である。

客観報道の原則はアメリカで確立したとされる。客観報道の歴史的起源については諸説ある。代表的な説は、19世紀の通信社にその起源を求めるものである。通信社はどの新聞にでも掲載できるように記事を配信しなければならなかったため、客観的な記事を書く手続きが発展したというのである。19世紀に登場した安価で大衆的な新聞「ペニープレス」に客観報道の起源を見出す説もある。「ペニープレス」は、様々な思想信条をもつ多くの大衆的読者を獲得するために、党派的な議論を避け、客観的なニュースを売り物にしたという説である。

実例 日本で「客観報道の原則」という時は、以下のような報道慣行を指す。まず、ニュースの報道と意見の報道を明確に区別することである。その上で、ニュースの報道にあたっては、記者の意見を差し挟まない、事実を正確に報道するということである。後者は「捏造をしない」といった当たり前の理念であり、前者は記事のスタイルに関わるものである。記事の中に、「○○すべきである」といった記者の意見を直接書き込まないということである。意見を書く時は、「社説」や「解説」などといった形で、ニュースの部分と区

別をする。あるいは「識者のコメント」といったかたちで記事に挿入する。

日本の報道機関は客観報道の原則をGHQの占領下で、アメリカの報道界から輸入した。1946年に日本新聞協会が制定した「新聞倫理綱領」(旧)には、「報道、評論の限界」として、「報道の原則は事件の真相を正確忠実に伝えることである」「ニュースの報道には絶対に記者個人の意見をさしはさんではならない」などの文言が含まれていた。これらは、客観報道の原理に関する規定であると解釈できる。

客観報道という考え方の背景には、主観から区別される客観的な事実が存在し、それを伝達することが可能であるという考え方が存在する。しかし、記者や編集者が情報を主観的に取捨選択してニュースを作り上げるのは当然であり、その意味ではニュースが全て主観的なものであるのは当然である。

客観報道の原則に固執することは、公的機関の発表を垂れ流す「発表ジャーナリズム」に陥り、報道機関を権力者の情報操作の対象にしやすくすると批判されてきた。報道機関が事実を確認できない時、報道機関はしばしば公的機関が発表したことをそのまま正確に報道することに甘んじてしまうからである。公的機関が発表したことが虚偽であっても、正確に引用していれば、その報道自体は正確なものとなるからである。

藤田博司(2010)によれば、欧米の報道機関が客観報道の原則という場合には、情報源の明示が重要な要素となる。これに対して、日本の報道機関は、公的機関や政治家を情報源とする場合、情報源を匿名で報道する傾向が強い。その結果として、日本の報道機関は権力者の情報操作に利用されやすくなっているという。日本の報道は本当の客観報道の原則から逸脱しているとの批判である。また浅野健一(1993)は、日本の犯罪報道においては権力側の情報が圧倒的に優位であり、被疑者側の主張が伝えられていないという点で、客観報道の原則から逸脱していると指摘した。

参考文献 浅野健一『客観報道―隠されるニュースソース』(1993・1 筑摩書房)、McNair, Biran. The Sociology of Journalism (1998, Arnold)、鶴木眞編『客観報道―もう一つのジャーナリズム論』(1999・5 成文堂)、藤田博司『どうする情報源―報道改革の分水嶺』(2010・3 リベルタ出版) 〔伊藤高史〕

▶ **キャップ**(きゃっぷ)

新聞社や通信社、テレビ局の取材最前線で若手記者を束ね、実務的なまとめ役となる経験豊富な記者を指す。若手記者の報告や連絡を元に取材の進捗状況を細部まで把握し、補充取材や裏付け取材の指示を出す。英語の「キャプテン」に由来する呼び名。社会部の「花形」ともいわれる警視庁担当(大阪なら「大阪府警本部担当」)として、大手紙の場合、7、8人の記者が配置されており、総括役のキャップの下に、殺人・強盗など凶悪事件をカバーする捜査1課担当や知能事件を取材する捜査2課担当などの記者がいる。複数の記者が担当する場合は、課ごとにキャップが置かれる。政治部の党派ごと、経済部の官庁担当ごとに置かれるほか、大きな事件・事故で特別に臨時キャップが指名されることもある。

参考文献 世古一穂・土田修『マスメディア 再生への戦略―NPO・NGO・市民との協働』(2009・8 明石書店) 〔高橋弘司〕

▶ **キャンペーン**(きゃんぺーん)

語義 特定の目的を達成するための組織的な運動や働きかけを意味する。もともと、一定の場所・期間に兵力を集中投下して行う作戦を意味する軍事用語であった。現在では選挙や広告・宣伝、社会運動など様々な場面に用いられている。

主な実施者は国家や政党、企業・団体、NPO・NGOなど社会運動組織等で、人々の意識や行動を変えるためメディアが用いられることが多い。キャンペーンであることを隠して人々の潜在意識に働きかける販売促進活動やプロパガンダが行われることもある。

他方、ジャーナリストやジャーナリズム機関が特定の問題を集中的に報道することをキャンペーン報道(press campaign)と呼ぶ。日本で明治・大正期に創刊された政論新聞や大衆紙はこの手法を積極的に用いた。また1990

年代にアメリカで流行したパブリックジャーナリズムも投票率を上げるキャンペーンから始まったことで知られる。

キャンペーン報道の近接概念として、特定の政治的な立場を擁護するアドボカシージャーナリズムや、具体的な法案や政策を謳う提言報道がある。行きすぎれば客観性を損なうとの批判もなされている。

(実例) 国によるキャンペーンとしては、戦時下に国威発揚のポスターや映画が作られたこと挙げられる。マッカーシーが行った「赤狩り」もキャンペーンの典型である。

社会運動では、反核運動、環境保護運動、フェミニズム運動等、多様な団体がマスメディアを利用して様々なキャンペーンを行ってきた。運動団体にとってメディア戦略は重要なものとなっている。

日本のキャンペーン報道についていえば、黒岩涙香が萬朝報(よろずちょうほう)で政財界のセックススキャンダルを報じ続けた例がある。同時期のジャーナリスト秋山定輔の二六新報も三井財閥を徹底批判したことで知られる。

戦後日本のメディアは「事実」と「意見」を区別するアメリカ型報道規範を受け入れたが、日本新聞協会はキャンペーン報道にたびたび「日本新聞協会賞」を授与している。受賞タイトルにキャンペーンの文字が含まれるのは、1961年度「伊勢湾台風災害復旧の堤防工事の不正を摘発し、一般災害復旧工事に警告を与えた一連のキャンペーン」(中日新聞)以降2012年までに28件ある。うち地方紙の受賞は17件にのぼっており、地域に根ざすメディアほど地元利益に直結するキャンペーンを展開しやすいことを示している。

(参考文献) R・K・マートン『大衆説得―マス・コミュニケイションの社会心理学』(柳井道夫訳、1970・9 桜楓社)、辻村明ほか「プレス・キャンペーンの今日的意義を探る」『新聞研究』237号(1971・4 日本新聞協会)、内川芳美ほか編『日本のジャーナリズム―大衆の心をつかんだか』(1983・1 有斐閣)、黒岩涙香『弊風一斑蓄妾の実例』(1992・6 社会思想社)

[畑仲哲雄]

▶ **業界紙** (ぎょうかいし)

(語義) 業界紙とは、建設業や銀行、マスコミなどといった特定の業界に関わる動向を報じ、主にそれら業界に関わる人々のみを読者とする定期刊行物のことである。日刊官庁通信や都政新報のように、行政機関を対象とする業界紙も存在する。業界専門紙ともいう。専門紙という呼び方もあるが、専門紙には、日本経済新聞のように広く経済活動一般を報じる新聞や、日経産業新聞、フジサンケイビジネスアイ、日刊工業新聞といった産業動向一般を報じる新聞も含まれる。業界紙は経済活動一般ではなく、特定の業界のみをターゲットにしている点に特徴がある。

(実例) 特定業界の関係者のみを対象としているため、発行部数は一般に小規模である。中には編集長が1人で発行を続けるようなものもある。発行形態は、日刊、週刊、旬刊、月刊など多様で、紙面形態も様々で、その数も無数に存在するともいえる。1947年に設立された日本専門新聞協会には91社(2013年6月現在)が加盟しているが、これは業界紙を代表するごく一部の新聞である。マスコミ関係の業界紙だけでも、新聞之新聞、新聞展望、新文化、文化通信、映像新聞等、多様な業界紙が存在する。

業界紙の記者は特定の業界のみを対象として取材活動を続けるため、その業界の裏話などにも深く通じることになる。業界関係者が読者であるため、業界にとって都合の悪い情報は記事にできないこともある。

(参考文献) 高橋眞人『宣伝費ゼロ時代の新しいPR術―低予算で商品や会社を知らしめる知恵と方法』(2004・2 河出書房新社)

[伊藤高史]

▶ **教科書検定** (きょうかしょけんてい)

(語義) 教科書検定とは、民間で著作・編集された図書について、文部科学大臣が教科書としての適切性を審査し、これに合格したものにつき、教科書としての使用を認めるものである。学校教育法は、小学校、中学校、高校、中等教育学校、特別支援学校で検定済み教科書の使用を義務付けており、その検定は、学

習指導要領や教科用教科書検定基準（ともに文科省告示）に基づく教科書用図書検定調査審議会での審査・答申を経て行われる。教科書検定の目的は、学校教育における全国的な教育水準の維持向上、教育の機会均等の保障、適正な教育内容の維持、教育の中立性の確保等にあるとされる。こうした検定制度は、明治期の国定教科書制度から続くものである。

（実例）教科書検定については、検定での審査が記述内容に及び、検定不合格の場合、教科書としての出版が不可能になる点で、検閲の禁止（憲法21条2項）に違反しないかが問題とされてきた。これを法廷で争ったのが、『新日本史』の検定不合格処分に対してその執筆者である家永三郎が提起した家永教科書裁判である。この裁判は第三次訴訟にまで及んだが、最高裁は、教科書が一般図書として販売されることは禁止されていないとして、検定制度自体については一貫して検閲該当性を否定し、合憲判断を下している。だた、第三次訴訟では、一部記述に対する修正意見について、検定における裁量権を逸脱した違法があると判断している。

なお、かねてより教科書検定に対しては、検定手続の不透明さが指摘されてきたが、1991年度より、教科書検定への一層の理解を得るため、文科省は検定申請された図書と検定決定後の図書などの検定関係資料の公開を行っている。

（参考文献）家永三郎『裁判批判・教科書検定論』（1998・7　岩波書店）、芦部信喜『憲法学Ⅲ　人権各論(1)〔増補版〕』（2000・12　有斐閣）　　　［丸山敦裕］

▶ 行政指導（ぎょうせいしどう）

（語義）行政機関が行う指導、勧告、助言、注意、警告等の活動であって、非権力的な事実行為のこと。行政手続法2条6号により、行政指導は、一般的に定義されている。

（実例）ジャーナリズムに関連する行政指導の例として、1980年代以降に公然と行われるようになった放送番組内容に関する行政指導がある。笹田佳宏（2009）の分析によれば、行政指導を行った行政機関、行政指導が行われた理由及び指導内容は一様ではなく、「注意」「厳重注意」及び「警告」のうち、総務大臣によって行われた「警告」が、放送事業者に対して最も強い力を有していた。この場合、指導内容も、再発防止に向けた取り組みの要請といった抽象的な内容にとどまることなく、再発防止に向けた措置及びその実施状況の報告を期限付きで求めるという具体的な内容を有していた。

一般には、行政指導に従うのか否かは行政指導を受けた者の任意であるが、放送事業（特に地上放送）は多額の設備投資を要する免許事業であってリスク回避が行われがちであるから、行政指導といえどもこれは強力な規制の一種であるとして、この多用に対する批判がかねて表明されてきた。また、行政と放送事業者という閉鎖的な関係において、再発防止措置の要請とこれの実施のように、法律上定められていない放送規制が形成されていることは、その過程の透明性や内容の正当性に疑義を生じている。だからといって任意性を有する行政指導を一概に否定するのでもなければ、これが合目的的なものとなるように、行政指導に関する行政手続や行政争訟の法制度が構築されなければならなくなる。

（参考文献）笹田佳宏「放送行政の変遷」鈴木秀美ほか編著『放送法を読みとく』（2009・7　商事法務）、「小特集　新放送法の課題」『法律時報』（2011・2　日本評論社）、芝池義一『行政法読本〔第3版〕』（2013・3　有斐閣）　　　［稲葉一将］

▶ 共通番号法（マイナンバー法）
（きょうつうばんごうほう（まいなんばーほう））

（語義）日本では、各個人の収入を全体として確実に把握し、税負担の公正さを高めるために、全国民に各種手続で共通に用いる番号を付する制度が必要だという主張が長らくなされてきた。しかし、これに対しては、プライバシー侵害の危険を高める「国民総背番号制」であるという批判も強く、なかなか実現には至らなかった。

転機となったのは、民主党政権下で進められた「社会保障と税の一体改革」の政策である。そこに、税負担の公正さだけでなく、的確かつ無駄のない社会保障給付や国民にとって

の利便性の向上も目的として、各人に社会保障と税の諸手続で共通に用いる番号を付する共通番号制度（通称は「マイナンバー」制度）を導入することが盛り込まれた。この案を元に、自民党への政権交代後の2013年に「行政手続における特定の個人を識別するための番号の利用等に関する法律」（共通番号法、マイナンバー法）が成立した。15年中には、各人に個人番号の通知が始まる予定である。

(実 例) 共通番号法に基づく個人番号は、新設される地方公共団体情報システム機構が日本に住民票を有する全ての個人について作成し、住居地の市町村長から本人に通知される。法施行後に生まれる者には、出生後すぐに、原則として生涯変わらない番号が振られることになる。希望者には、本人確認のために使える個人番号カードが配布される。

個人番号を含む個人情報の利用は、法律で認められる場合に限られるが、それは年金・健康保険など社会保障の給付状況や、税金の徴収状況などに関する非常に広い範囲に及んでいる。この情報は、総務大臣の設置する情報提供ネットワークシステムを通じてやり取りされる。その中での通信は、暗号化が義務付けられている。

この制度に対しては、成りすましなどの個人番号悪用の危険や、公権力が膨大な個人情報を容易に名寄せすることによるプライバシー侵害の危険が、指摘されている。

(参考文献) 岡村久道『よくわかる共通番号法入門』（2013・7 商事法務） ［毛利透］

▶虚偽・誇大広告（きょぎ・こだいこうこく）

(語 義) 商品やサービスの内容・価格などについて、事実に相違した表示を行い、またはこれについて実際のものよりも著しく優良もしくは有利と表示するなど、消費者を誤認させるような表示をすることで、消費者の合理的選択や他の事業者との公正な競争を阻害するおそれのある広告のこと。虚偽・誇大広告は、独占禁止法が「不公正な取引方法」として禁ずる不当顧客誘引の一類型である「欺まん的顧客誘引」と見なされるほか、不当景品類及び不当表示防止法（景表法）にいう「不当表示」として禁止され、さらには薬事法や健康増進法などの個別法でも禁止されている。景表法にいう不当表示に該当する場合には、公正取引委員会（公取委）から措置命令が課され、不当表示の差止めや再発防止のための必要な事項などが命じられる。

(実 例) 景表法にいう不当表示は、①商品・サービスの内容・質が優れていると誤認させる優良誤認表示、②商品・サービスの価格などに関し、経済性が高いと誤認させる有利誤認表示、③その他誤認されるおそれのある表示に分類される。例えば、わずかにしか用意していない商品に通常より著しく安い価格を表示し、顧客を誘引するような「おとり広告」などは、③となる。①に関しては、2003年の景表法改正により不実証広告規制が導入され、広告で表示された商品・サービスの効果・性能について、「当該表示の裏付けとなる合理的根拠を示す資料」の提出が事業者側に求められるようになった。法的規制とは別に、景表法は、事業者団体が作成し公取委が認定する「公正競争規約」に基づく自主規制の仕組みを制度化している。虚偽・誇大広告の排除に向けた事業者の自主的取組みとしては、日本広告審査機構（JARO）による苦情処理や新聞広告審査会による事前事後の審査などがある。

(参考文献) 伊従寛ほか編『広告表示規制法』（2009・11 青林書院） ［丸山敦裕］

▶玉音放送（ぎょくおんほうそう）

1945年8月15日正午に日本放送協会からラジオ放送された、昭和天皇による「終戦詔書」朗読放送。戦前の新聞ではイギリス国王のクリスマス放送なども「玉音」と表記されていたが、戦後は「終戦の記憶」と結びつく固有名詞となった。玉音は14日にポツダム宣言を受諾したことを国民に「直接」伝えるべく、同夜に録音したレコードから再生された。4分37秒の玉音だけに関心が集中するが、和田信賢アナウンサーによって詔書は再度朗読され、内閣の国民に対する告諭、御前会議から14日受諾通告までの経緯解説、平和再建の詔書渙発など、全体で37分30秒に及ぶ特別番組

だった。初めて昭和天皇の「肉声」に接した国民の印象は鮮烈であり、多くの日本人が敗戦日を降伏文書調印の9月2日でなく、8月15日と考えるようになった。 参考文献 竹山昭子『玉音放送』(1989・4 晩聲社)、佐藤卓己『八月十五日の神話―終戦記念日のメディア学』(2005・7 筑摩書房) [佐藤卓己]

▶ **虚報**(きょほう)

語義 様々な誤報の中で、事実と食い違う程度が特に大きいものを指す。固有名詞や数字の間違いなど初歩的なミスによる誤報は、虚報とは呼ばない。逆に、大誤報の部類は虚報と呼ばれることが多い。記者によって捏造された報道は最たるものであるが、頻度は高くない。

結果的に虚報となった原因には、記者による思い込みや先入観、勘違いのほか、特ダネを狙ってはやる気持ちなどが指摘される。また、複数の情報源に確認しないことや、安易に予定稿に頼ってしまうことも、大きな誤報に繋がる危険因子である。

もっとも記者個人だけに原因があるのではない。スクープ(特ダネ)を競う空気はジャーナリズム企業の組織全体に支配している。センセーショナリズムに走る傾向は、マスメディアであれば少なからず存在する。

競争の裏返しとして、競合他社との見合いで、後れをとることを極端に嫌がる。「抜かれ」「特落ち」(1社だけが報じない)という汚名は避けたい。抜かれたらすぐに追いつきたい。そのような中で、大きなニュースであれ、他社が報じているのだから大丈夫だろうと確認が不十分なままで報道してしまう。このように、虚報の温床は組織全体に広がっている。

実例 「平成の三大誤報」と呼ばれている新聞の虚報は、朝日新聞のサンゴ事件のほか、毎日新聞の「グリコ事件犯人取り調べ」(1989年6月1日付夕刊)、読売新聞の「宮崎のアジト発見」(89年8月17日付夕刊)である。毎日新聞と読売新聞の事例は、捜査当局への取材が甘く、確認が不十分だったことが最大の原因だと考えられる。

参考文献 後藤文康『誤報』(1996・5 岩波書店)、池田龍夫『新聞の虚報・誤報―その構造的問題点に迫る』(2000・6 創樹社) [小黒純]

く

▶ **グーグル**(ぐーぐる)

語義 グーグル(Google)は、検索エンジンサービスを筆頭に、クラウド・コンピューティング・サービス(ウェブメールサービスのGmailなど)やオンライン検索広告などを提供する巨大なインターネット関連企業。1998年設立。本拠地はアメリカに所在しているが、世界中でサービスを提供。一般にグーグルといえば同社が提供している検索エンジンのサービス名を指し、そのシェアは世界第1位である。

といっても、グーグルは単なる検索エンジンを提供する企業ではない。その企業理念は「世界中の情報を整理し、世界中の人々がアクセスできて使えるようにすること」というものであり、検索広告事業から得た莫大な収益を元手に、次々と新たな技術やサービスへの投資を行っている。

また同社は検索エンジンを運用するために世界中のウェブサイトをクロールしてデータをキャッシュしているだけでなく、検索履歴やGmailの内容など個人ユーザーのプライベート情報も含め、膨大な規模のデータ(いわゆる「ビッグデータ」)を保有している。その量的規模はもはや国家に比肩するかそれ以上であると推定され、それゆえにグーグルの存在は、ジャーナリズムの観点からは「情報社会における新たな権力・監視の担い手」としてしばしば批判の対象となる。

実例 その一例が「グーグル八分(はちぶ)」問題である(英語圏では"Google Censorship"、つまり「グーグル検閲」問題と呼ばれる)。これは何らかの理由でグーグルの検索エンジンに表示されなくなることを指す。現状、グーグル検索に引っかからなくなればそのサイトはウェブ上に存在しないも同然のため、グーグルによる検閲は表現の自由にとって深刻な問題となる。

しかし、その検閲行為の正当性・妥当性を（例えば民主主義における議会選挙のように）チェックする手段は、一私企業であるグーグルに対しては未だ十分には存在しない。他にも問題や衝突は山ほどある。グーグルの地図関連サービス「ストリートビュー」は世界中の場所を360度撮影し、目線からの光景を閲覧できるサービスだが、無断で人々の顔や表札が映り込んでしまうとしてプライバシー問題に発展した（現在、自動認識技術でこうしたものにボカシをかけていることで対処している）。図書館所蔵の書籍をスキャンし検索可能にする「グーグル・ブックス図書館プロジェクト」をめぐっては、既存のジャーナリズムと出版界との利害が対立し2005年訴訟にもなった。今後のジャーナリズムには、こうした巨大なインターネット企業に対するチェックという役割も期待される。

(参考文献) S・レビー『グーグル ネット覇者の真実——追われる立場から追う立場へ』（仲達志・池村千秋訳、2011・12 阪急コミュニケーションズ） [濱野智史]

▶ **クオリティペーパー**〈くおりてぃぺーぱー〉

(語 義) エリート層を主な読者層にもち、客観的な報道と質の高い論評を重んじる、主に欧米に見られる日刊・週刊新聞を指す。日本語では「高級紙（quality paper）」と訳される。トピックは、国際、政治、経済等、ハードなニュースの比重が高い。読者層が社会的に影響力をもっているため、ナショナルないしグローバルなレベルの政治的意見形成過程に重要な媒体である。

欧州の新聞市場は、クオリティペーパーと大衆紙という二大勢力によって発展してきたが、この二極分解には、階級社会という背景構造がある。クオリティペーパーは、発行部数が大衆紙と比べて格段に少ない。

クオリティペーパーは、質の高い言論媒体と評価される一方で、エリート層の価値観の主流化と再生産の道具であるという批判もある。

(実 例) 代表例としては、イギリスのタイムズ、ガーディアン、アメリカのニューヨーク・タイムズ、ワシントン・ポスト、フランスのル・モンド、フィガロ、ドイツのフランクフルター・アルゲマイネ・ツァイトゥング（FAZ）等が挙げられる。

日本でも明治初期に高級紙的大新聞と大衆紙的小新聞に分化していたが、現在日本の主要日刊紙にはそのような区分はなく、両者の中間的な「一般紙」という性格をもち、発行部数はクオリティペーパーに比べて、はるかに多いのが特徴である。

売上部数に伸び悩む高級紙は、若者や女性など、新たな読者を獲得しようと娯楽や実用記事を積極的に掲載し、内容をタブロイド化（大衆紙化）、ソフト化してきた。さらに、同一資本による高級・大衆紙同時経営という現象も見られる。

(参考文献) Sparks Colin and Tulloch John eds. *Tabloid Tales* (2000, Rowman & Littlefield)、林香里『マスメディアの周縁、ジャーナリズムの核心』（2002・6 新曜社） [章蓉]

▶ **クレジット**〈くれじっと〉

通信社から配信された記事に付けられる配信元の表示を指す。日本の大手通信社である共同通信、時事通信から配信された記事は新聞に掲載される際、末尾に「共同」「時事」と表示され、海外通信社の場合は「AP」「ロイター」などと入る。地方紙はカバーエリアに限度があるため、共同通信などと契約し、中央官庁の発表や海外の出来事などのニュース配信を受けることが多い。国内ニュースについては慣例的にクレジットを入れないことが一般的である。だが、2007年9月、東京地裁が東京女子医大病院での女児死亡事故をめぐり、共同通信配信の記事に名誉毀損があったとしながらも、通信社の賠償責任は認めず、掲載した新聞社にのみ責任があるとする判決を下した。このため、配信記事を掲載しただけの新聞社は免責されるという従来の抗弁が成り立たなくなり、改めてクレジット表記のあり方が問われた。(参考文献) 花田達朗・ニューズラボ研究会編『実践ジャーナリスト養成講座』（2004・2 平凡社） [高橋弘司]

▶ クロスオーナーシップ（くろすおーなーしっぷ）

1つの企業・団体が複数のメディアを所有すること。世界の主要国では言論の多様性を確保するためにクロスオーナーシップを規制するのが通例で、その代表格が新聞社と放送局の複数所有である。アメリカは連邦通信委員会（FCC）の規則で、新聞と放送の複数所有ができるのは全米上位20位までのテレビ市場にある企業で、当該市場に8以上の新聞社やテレビ局が存在し、かつ複数所有の対象とするテレビ局は視聴率5位以下などの条件を付けている。イギリスでは国内シェア20％以上の新聞社を所有する企業は商業放送の免許を取得できず、株式の保有も制限される。日本ではマスメディア集中排除原則がクロスオーナーシップ規制に相当する。ニュースや情報を入手する手段としてインターネットの比重が高まる中で、取材・報道を通じて「一次情報」を社会に供給する新聞や放送といったオールドメディアだけを対象にする現行規制の意義は薄れているとの見方もある。 参考文献 総務省「今後のICT分野における国民の権利保障等の在り方を考えるフォーラム」報告書（2010・12） ［堀木卓也］

け

▶ 経済部（けいざいぶ）

国内、海外を問わず経済関連のニュースを追う部門。中央省庁担当と民間企業担当がある。中央省庁担当は、政府の経済政策のカバーが主な任務で、税制や予算を担う財務省、エネルギーや通商政策を担う経済産業省、道路行政や航空政策を担う国土交通省等の各記者クラブに詰める。民間企業担当には、日本経団連、経済同友会、日本商工会議所等の経済団体の動きを追う場合と、自動車、電機、鉄鋼、商社、流通、金融、ネット等、産業別に企業の合併・提携、人事、業績等を追う場合がある。また、ワシントン、ニューヨーク、ロンドン、北京等には海外の経済動向を追う特派員が配置されている。戦後の高度成長を経て、バブル経済崩壊、グローバル化と日本経済の動きはめまぐるしく、経済部記者は省庁幹部や企業首脳らへの直接取材でしのぎを削る。 参考文献 読売新聞東京本社教育支援部編『ジャーナリストという仕事』（2008・3 中央公論新社）、浜田純一・田島泰彦・桂敬一編『新訂 新聞学』（2009・5 日本評論社） ［高橋弘司］

▶ 形式秘→実質秘・形式秘

▶ 刑事確定訴訟記録法（けいじかくていそしょうきろくほう）

ジャーナリズムの文脈では、確定した刑事事件の裁判記録の開示を求めるための根拠法。1987年制定。日本の刑事裁判では終結した刑事事件の裁判記録は検察が保管することとなっており、刑事訴訟法によって原則公開が定められている。記録法はその特別法にあたり、判決文をはじめ法廷に提出された証拠や論述書などの、裁判に関する訴訟記録（保管記録）全般の具体的な公開手続が定められている。ただし例外として、関係者の名誉や生活の平穏を著しく害する場合は、非開示とすることができるとされていることから（4条）、運用上は原則「非公開」の実態がある。すなわち、請求者によって開示内容が公表される可能性があり、それによってプライバシーが侵されることになるとの理由からである。 参考文献 中村泰次ほか『刑事裁判と知る権利』（1994・2 三省堂）、福島至編著『コンメンタール刑事確定訴訟記録法』（1999・3 現代人文社） ［山田健太］

▶ 芸能ニュース（げいのうにゅーす）

語義 この言葉には「芸能のニュース」と「芸能人のニュース」という2つの意味がある。前者では、「映画、演劇、歌謡、舞踊、落語等の大衆演芸を扱うニュース」となる。他方後者では、「マスメディアにおいて「観客」の前で芸を披露することを職業とする人たちのニュース」を指す。具体的には、「映画・テレビ俳優、アイドル、タレント、歌手、モ

デル等に関する、映画、雑誌、新聞、テレビを介したニュース」ということになる。芸能ニュースは、戦前から戦後高度経済成長期における映画、雑誌、新聞による俳優、大衆芸能人、歌手を扱ったニュースからテレビによる現代のタレント、アイドル中心のニュースと変化しつつある。これを見ると、芸能人がその芸能を発揮する場に関連する媒体を有しつつ、その時代の主流マスメディアを活用して現れるのが芸能ニュースの特徴であるといえよう。

(実例) 芸能ニュースの掲載媒体として、50年代から60年代初頭が映画、60年代以降がテレビとタイアップした「芸能人」情報を掲載していた芸能雑誌の存在を挙げることができる。

阪本博志（2008）によると、雑誌「平凡」は1945年文芸娯楽雑誌として創刊され、48年から流行歌と映画を編集の2本立てとする大衆娯楽誌に転換し、60年代に入るとテレビの普及を鑑みアイドル誌へと移り、平凡出版の経営戦略の転換によって、87年に休刊する。また、後発誌として、52年に創刊された「明星」（92年から「Myojo」と改題）は、70年代には「平凡」を発行部数で追い越して80年代に最盛期を迎えた。70年代以降、雑誌では読者層に応じた「セグメント化」の進行があり、読み手の芸能人への意識変化（「憧憬」から「親和性」へ）が、芸能情報の「埋没」・「遍在」を生み、読み手が対象との一定の距離感設定に戸惑いを見せている。

(参考文献) 芸能史研究会『日本芸能史（7）近代・現代』（1990・3　法政大学出版局）、隈元信一「遊び心と新聞のつれない関係─芸能ニュースの現場から」『新聞研究』571号（1999・2　日本新聞協会）、阪本博志『「平凡」の時代』（2008・5　昭和堂）　　　　［茨木正治］

▶ **ケータイ小説**（けーたいしょうせつ）

(語義) 主に携帯電話を用いて執筆され、携帯電話用の投稿サイトを通じて閲覧される小説。ただし人気の高いコンテンツは書籍化され、出版される。一般に文章が短く、改行が頻繁で、会話が多く、情景描写が少ないという特徴をもつ。書籍化された場合も横書きで印刷される。特に地方都市を舞台に、主人公の少女が悲惨な体験に見舞われたのちに真の愛に目覚めるという物語が多い。援助交際、レイプ、妊娠、薬物依存等の過激な題材が好んで取り上げられるが、一方でそこには、郊外文化の中に生きる「ヤンキー系」の少女たちのリアリティが描かれているとされる。文壇からは黙殺され、酷評されてきたが、書き手と読み手とが自らのメディアを通じて協働しながら自らのリアリティを表現していくスタイルは、「オタク系」の表現としてのライトノベルなどと同様、文学という制度にその外部から一石を投じるものであるといえよう。

(実例) 2000年からYoshiが自らのサイトで連載を始めた「Deep Love」シリーズが02年から03年にかけて書籍として出版され、ベストセラーとなった。その後、「魔法のiらんど」などの投稿サイトに素人作家が作品を投稿するようになり、一大ブームが訪れる。chacoの『天使がくれたもの』、美嘉の『恋空』、メイの『赤い糸』などが05年から07年にかけて出版され、次々とベストセラーとなった。07年には文芸書のベストセラーランキングのトップ3をケータイ小説が独占するに至る。08年以降、ベストセラー作品が消え、一時期のブームは完全に沈静化したが、その後も投稿サイトでのやりとりは活発に続けられている。

(参考文献) 本田透『なぜケータイ小説は売れるのか』（2008・2　ソフトバンククリエイティブ）、速水健朗『ケータイ小説的。─"再ヤンキー化"時代の少女たち』（2008・6　原書房）　　　　　　［伊藤昌亮］

▶ **ゲートキーパー**（げーときーぱー）

(語義) ニュースの生産過程（取材、作成、編集、配信）において、情報や記事原稿の（重要な）取捨選択を行う人物のこと。彼らの行為は「ゲートキーピング」と呼ばれる。もとは米国の社会心理学者K・レビンが、ある事物（例えば食品）が生産され、人々に到着するまでの流通過程で通過する各チャンネルにおける最も重要な取捨選択段階を「ゲート」とし、そこで行われるゲートキーピング（取捨選択）を研究する中で提示した概念である。

(影響) D・M・ホワイトは、レビンの議論を

もとに、地方紙の担当記者が通信社から送られてくる記事原稿をどう取捨選択し、ニュースとして配信しているのかを実証的に調査した。ホワイトは、ニュースの生産過程では、通信社、記者、デスク等、様々な「ゲート」が連鎖的に存在していると指摘した。その中でも特に記事作成の決定権をもつ「最後のゲートキーパー」に注目し、彼の取捨選択行為のあり方やその選択基準を研究した。

その後もゲートキーパー研究は、ニュース生産過程の様々な局面に「ゲート」を見出し、そのモデルを複雑化させていった。例えばA・Z・バースは、編集・加工以前のニュースの収集段階で、すでに重要なゲートキーピングが行われていること、また、J・T・マクネリーは、ゲートキーパーの取捨選択がそれ以前の別のゲートキーパーの活動に与えるフィードバックの影響にも注目した。

ただゲートキーパー研究に対しては、ニュースやその選択基準が、記者、情報源、組織、読者の間の相互作用の中で構築される動態的なものであることを軽視しているという批判もある。

参考文献 G・タックマン『ニュース社会学』(鶴木眞ほか訳、1991・4 三嶺書房)、大石裕・岩田温・藤田真文「地方紙のニュース製作過程」『メディア・コミュニケーション』(2000・3)、大石裕・岩田温・藤田真文『現代ニュース論』(2000・11 有斐閣)、P.J.Shoemaker & T.P.Vos, *Gatekeeping Theory* (2009, Routledge)

［山口仁］

▶ **月刊ペン事件**（げっかんぺんじけん）

「月刊ペン」が、1976年1月号から、宗教法人創価学会を批判する連続特集を組み、同会会長池田大作の女性関係について「病的であり、色情的でさえあるという情報」が執拗に流れているといった内容の記事や、池田が同会の女性会員2人を「お手付き情婦」として国会に送り込んでいるといった内容の記事を掲載したため、同誌編集局長が、池田らの名誉を毀損したとして起訴された事件。最高裁は、政治家などの「公職者（public officials）」でなくても、「社会に及ぼす影響力」などが強い人物（公的人物（public figures））であれば、その

「私生活上の行状」は名誉毀損的表現の免責要件の1つである「公共の利害に関する事実」にあたるとし、本件記事の同要件該当性を認めた (最判昭和56年4月16日)。ただ、本件の差戻審は、他の免責要件である真実性ないし誤信相当性がないとして、結局、被告人である編集局長に罰金刑を言い渡している (東京地判昭和58年6月10日)。 参考文献 堀部政男・長谷部恭男編『メディア判例百選』(2005・12 有斐閣)

［山本龍彦］

▶ **検閲**（けんえつ）

語義 検閲とは、狭義には国家などの公権力が、表現物や言論を発表前に検査し、不都合と判断したものを取り締まる行為をいう。歴史上、世界各国において広く行政権による検閲が行われ、しばしば自由な表現行為が抑圧されてきた。対象となるのは出版物のほか、音楽、映画、テレビ、インターネット等の表現一般である。一般には事前検閲を指すが、事後的な表現規制が将来にわたって発表の自由を制約する意味をもつ場合は、事後検閲をも含む場合がある。また制限主体も公権力に限らず、社会的に有力な個人・団体による規制も検閲と呼ばれる場合がある。

為政者の言論への締付けの方法は、内容に対する事前規制以外にも、様々な形態が存在する。例えば、内容規制に関しての事後的な名誉毀損罪による厳罰効果がある。ここにいう名誉毀損は現在のものとは質的に異なり、かつては為政者への批判を徹底的に封じるための方策の1つで、それがゆえに真実であればあるほど重罰を課すような特質を有していた。旧憲法下の日本の場合でいえば、讒謗律に始まり、新聞紙条例（法）や治安維持法などがこのカテゴリーにあたるものである。

もう1つの形式が、財政的な締付けである。1つ目は、メディアの発行母体に対する圧力としての供託金制度である。発行者に一定の金銭を政府に納めるよう義務付けることで、ある程度の財政力がある者のみがメディア事業を興せることとなる。富裕者は現行社会体制の変化を好まないことから、政府批判を間接的に弱める効果があるとされてきた。さら

にこの制度の中核は、もし発表内容に問題がある場合は、供託金を没収するという点である。これによって自主規制を促し、しかも自主規制は一般に萎縮効果を伴うため、場合によっては検閲以上の抑制効果を有することになる。こうした自主規制を利用したものとしては、ギルド（職能組合）や事業免許制を利用して為政者に好意的な者に事業許可を出すという方法もある。かつて印刷技術が限定的であった頃のイギリスで活用された手法で、現在はかたちを変えて放送事業に転用されているともいえる。

　さらに別の手法として、個別の発行媒体に対する課税がある。かつて「印紙税」と呼ばれていたものがその典型で、発行部数に応じて税金を納めることを求めた。現在の新聞判型がブランケット判になったのは、17世紀当時のイギリスで支払い税額を低く抑えるために、可能な限り大きな新聞を作ろうとしたためであるとされている。ちょうど大人が手を広げて持てる最大の大きさということである。そしてこの課税方式に反対するかたちで、アメリカの独立戦争が起きたことは歴史の示すところであって、アメリカ修正憲法の第1条に表現の自由があるのは、まさにこの強い意思を示すものであるといえる。

（実例）日本においては、近代以降、戦前には内務省などによって、連合国占領下ではGHQ/SCAP（連合国軍最高指令官総司令部）によって検閲が実施された。現在の日本において、検閲は日本国憲法（21条2項前段）によって明示的・絶対的に禁止されている。これは、とりわけアジア太平洋戦争における検閲の歴史を踏まえて規定されたものであるとされる。裁判所は検閲について、「行政権が、思想内容等の表現物の発表前にその内容を審査した上、不適当と認められるものの発表を禁止すること」（最大判昭和59年12月12日）と、行政権による事前規制に限定する判断をしている。例外として、刑務所や拘置所などの刑事施設では部分的な事前チェックが認められており、施設に置かれている雑誌や受刑者が出す手紙などについて、部分的に黒塗りなどが行われている。また、裁判所の仮処分による事前差止や税関による輸入物の内容検査、文科省による教科書検定、あるいは青少年保護条例による「有害」図書規制などが、憲法の禁止する検閲に該当するのではないかとして争われたが、最高裁は一貫して合憲判断を示している。

（参考文献）奥平康弘『なぜ「表現の自由」か』（1988・4　東京大学出版会）、石村善治『言論法研究Ⅰ～Ⅳ』（1992・12～1993・7　信山社）、E・バレント『言論の自由』（比較言論法研究会訳、2010・2　雄勝堂）

［山田健太］

▶ **県紙・県版**（けんし・けんばん）

　基本的に1つの都道府県に販売網を展開する地方紙を県紙と呼ぶ（北海道新聞はブロック紙に分類される）。全国紙やブロック紙が都道府県向けの記事や広告を掲載する版を県版という。県紙と県版は、取材のきめ細やかさ、県政との距離感などの点で競合関係にある。全国紙の県版には、割り切って報道する特徴と同時に取材報道が一過性との批判がある。県紙は、県政に近いとの批判がある一方で、当事者に寄り添うきめ細かい取材に基づいた、地域に生きる人々の関係性を築き直すような報道が特徴とされる。近年は県紙による合同記事制作や記事交換が増えている。県紙は首都圏関西圏以外では、県内最大の発行部数を誇ることが多く、部数日本一の読売新聞が県レベルで首位にあるのは9つの都府県である（2012年現在）。滋賀県のように県紙がない県もあれば、福島と沖縄のように同格の県紙が2紙ある県もある。その他の県には1つ代表的な県紙があるが、これは第二次大戦下の「一県一紙」統制に源流がある。（参考文献）高田正幸・清水真編『日本の現場』（2010・9　旬報社）

［清水真］

▶ **現実的悪意の法理**（げんじつてきあくいのほうり）

（語義）名誉毀損事件におけるアメリカの免責法理の1つ。公務員に対する名誉毀損表現については、その表現が「現実的悪意」をもってなされたものであること、つまり、それが虚偽であることを知っていながらなされたか、または虚偽か否かを気にもかけずにな

されたものであることを原告（公務員）の側が立証しなければならないというもの。1964年にアメリカ連邦最高裁が「ニューヨーク・タイムズ対サリバン」事件において採用した。

報道機関が虚偽であることを知りながらあえて報道することはほとんど考えられないので、この法理は、公務員に対する批判的言論にほぼ絶対的な自由を保障するものだといわれている。

この法理は、「公共的事項に関する言論は抑制されてはならない」「自由な議論においてはそこに誤りが入ることは不可避である」「公務員に関する批判的言論をする者に真実性立証の責任を負わせると、真実性の証明に失敗することを恐れるあまり言論を控えてしまう」という問題意識に根ざしており、公共的事項に関する言論の保障に厚いものとして、表現の自由を重視する立場からは一般に肯定的に評価されている。

（実例）日本では、名誉毀損の場合における表現の自由との調整の法理として真実性・真実相当性の法理が採用されているが、これは言論者側が真実性・真実相当性の立証責任を負うものであるので、現実の悪意の法理に比べて表現の自由の保障が弱い。このため、日本でも現実の悪意の法理を採用すべきであるとする見解は多い。

日本の実務では、下級審には現実の悪意の法理に類似した規範を用いた事例があるが、最高裁はこの法理を採用していない。

（参考文献）塚本重頼『英米法における名誉毀損の研究』（1988・2　中央大学出版部）、喜田村洋一『報道被害者と報道の自由』（1999・5　白水社）　　［佃克彦］

▶ **現場協定**（げんばきょうてい）

事件、事故、災害等の大きな取材現場で、各メディアが自主的に協議して取り決める、取材、報道に関する簡易ルール。通常、明文化はされない。捜査当局と報道機関が取り交わす誘拐報道協定とは性格を異にする。例えば、メディアスクラム（集団的過熱取材）を避けるために、報道機関各社が話し合い、現場での取材を一定の範囲で自粛することを決めたとすれば、これも現場協定の1つだといえる。

海外で発生した邦人が絡む事件では、日本政府が日本のメディアだけを統制するために、現地記者クラブのようなものを作らせようとした例がある。例えば、1996年から97年にかけてのペルー日本大使公邸人質事件では、メディア側に外務省が申し入れた。しかし、メディア側が拒否し、現地記者クラブも現場協定も成立しなかった。（参考文献）共同通信ペルー特別取材班編著『ペルー日本大使公邸人質事件』（1997・6　共同通信社）　　［小黒純］

▶ **原爆報道**（げんばくほうどう）

（語義）広島と長崎の原爆被害に関する報道のこと。原爆の被害については、戦時中及びGHQ占領下においてそれぞれ政治的な理由で報道規制が行われていた。戦時下においては戦争指導上、国民心理に動揺を与えないようにとの配慮から大本営は原子爆弾ではなく「新型爆弾」という表現を用いて被害を知らせた。GHQ占領下では「プレスコード（日本新聞規則に関する覚書）」、「ラジオコード（日本に与える放送準則）」と呼ばれる報道内容の規制基準が設けられ、これに抵触するものは報道を禁じられた。特に原爆被害の悲惨さが際立つものは、「公共の安寧を乱し」、アメリカへの反感を助長するという理由でプレスコード違反の対象とされた。

（実例）具体例として、1946年に広島の詩人栗原貞子の詩集『黒い卵』、47年に石田雅子の『雅子斃れず』、永井隆の『長崎の鐘』などの書籍が部分的ないし一時的な規制の対象とされたことが知られている。新聞では、48年6月18日付読売新聞の広島での世界宗教平和会議についての記事が発禁処分にされた例が報告されている。

原爆報道研究の嚆矢ともいわれる著書『検閲』において、スウェーデン出身のジャーナリスト、モニカ・ブラウは、原爆被害の報道が規制された結果、被爆者は自己の経験を他の人に伝えられず、医師は原爆症について自由に論じ合うことができず、その結果、患者の治療が難しくなったと指摘している。しかし、これに対して笹本征男（1995）は、実際の調査経験を通して、被爆者について書かれた

文学作品、新聞、雑誌記事が検閲による削除や発禁処分を予想外に受けていない事実に驚いたと述べている。被害者意識から脱して、原爆報道の歴史を再検討していく必要がある。

(参考文献) 笹本征男『米軍占領下の原爆調査』(1995・10　新幹社)、NHK出版編『ヒロシマはどう記録されたか──NHKと中国新聞の原爆報道』(2003・7　NHK出版)、繁沢敦子『原爆と検閲』(2010・6　中央公論新社)、M・ブラウ『新版　検閲』(繁沢敦子訳、2011・11　時事通信社)　　　　　　　　　　　[烏谷昌幸]

▶ 原発事故報道 (げんぱつじこほうどう)

(語義) 原発事故に関する報道のこと。事故の規模によって論点も変わる。

小規模な事故やトラブルの報道については、2つの考え方がある。1つは原発のような巨大技術は、露見する事故が小さな規模のものであっても放置しておくとやがて大きな事故に繋がる可能性があるため、報道が警鐘を鳴らして積極的にチェック機能を果たすべきというものである。いま1つは些細なトラブルでも報道が立地地域住民の不安を煽り、風評被害などの副作用を生むこともあるので、事故報道には慎重さが必要というものである。

(実例) シビアアクシデント(過酷事故)をめぐっては、過去の事例から真摯に教訓を学んでいく必要がある。例えば旧ソ連政府がチェルノブイリ事故の被害状況の全貌を情報統制によって隠したことで、どのような被害拡大がもたらされたのか、原発報道に関わる人間は知っておく必要がある。

福島原発事故の初期段階においては、日本の大手報道機関は政府の決めた30キロ規制ラインに従って立入り取材を自粛した。だが、規制ライン内側で依然として多くの住民が暮らしていたこと、それら地域の放射線量について「ただちに健康に影響はない」との政府の発表情報を報道機関が伝え続けたことなどを考えあわせると、適切さを欠いた行動であったといえる。

なお、事故が起きた際にのみ熱心に報道する「事故待ち」の姿勢もしばしば問題視される。とりわけ地震国日本でシビアアクシデント対策の不十分さに対して、報道機関が強く警鐘を鳴らしてこなかった点は反省を要するだろう。

(参考文献) 柴田鉄治『科学報道』(1994・10　朝日新聞社)、七沢潔『原発事故を問う』(1996・4　岩波書店)、武田徹『原発報道とメディア』(2011・6　講談社)、吉岡斉『新版　原子力の社会史』(2011・10　朝日新聞出版)、NHKTV特集取材班『ホットスポット──ネットワークでつくる放射能汚染地図』(2012・12　講談社)　　　　　　　　　　　　　　　[烏谷昌幸]

▶ 憲法修正1条 [アメリカ]
(けんぽうしゅうせいいちじょう [あめりか])

(語義) アメリカ合衆国憲法は、1788年に発効した時点では権利条項を有していなかった。しかし、施行後すぐの91年に修正1条から修正10条までの権利規定が加えられた。そのうち修正1条(「第1修正」などとも訳される)は、「連邦議会は、国教を樹立する法律、自由な宗教活動を禁止する法律、言論又は出版の自由を縮減する法律、ならびに人民が平和的に集会する権利や苦情の救済を求めて政府に請願する権利を縮減する法律を、制定してはならない。」と定める。日本的にいえば、政教分離、信教の自由、集会の自由を含む表現の自由、請願権をまとめて保障しているのであり、合衆国憲法中最重要な条文の1つである。

ただし、合衆国憲法は、かつては連邦の国家機関の権限のみを拘束するものだと考えられていた。この状況が変わるのは、南北戦争後の連邦権力を強める憲法改正によってである。1868年の憲法修正14条第1節は、「いかなる州も、何人からも、法の適正手続によらずに生命、自由又は財産を奪ってはならない。」と規定する。この条文の意味については長く争いが続いたが、20世紀になると連邦最高裁は、この規定により修正1条などの権利規定の遵守が州に対しても義務付けられるようになったと解釈した。こうして、修正1条はアメリカの全ての公権力に対する権利となり、その重要性は飛躍的に拡大することになった。

(実例) 連邦最高裁の修正1条に関する判例は、精神的自由保障の先駆的試みとして、世界的にも注目されてきた。ここでは、表現の自由に関する現時点での判例法理のみを、ご

まず、表現を制約する法律は、明確でなければならない。これは、漠然とした規制により、本来許されるはずの表現活動まで、制裁を恐れてなされなくなること（「萎縮効果」と呼ばれる）を防ぐためである。また、表現を公表前に禁止する事前抑制は、非常に強い自由侵害であり、また権限濫用のおそれが大きいので、例外的な場合を除いて許されない。

内容に基づく制約は、国家権力が国民の議論の過程を歪めてしまう危険の高いものであり、原則として許されない。ただし、名誉毀損やわいせつ表現など、規制の認められる類型がいくつか存在するが、表現の自由を考慮して、それらの定義は限定的に行われる。内容中立的な規制も、重要な目的のために必要な限度での制約でなければならず、また代替的な表現手段が存在しなければならない。

(参考文献) 奥平康弘『「表現の自由」を求めて』(1999・12　岩波書店)、樋口範雄『アメリカ憲法』(2011・12　弘文堂)、松井茂記『アメリカ憲法入門〔第7版〕』(2012・12　有斐閣)　　　　　　　　　〔毛利透〕

▶ 言論・出版・表現の自由
（げんろん・しゅっぱん・ひょうげんのじゆう）

(語義) 思想・見解・意見・事実などを、言論や出版など何らかの方法で対外的に表明し伝達する権利。またそうした活動を政府から妨害されないこと。自由で民主的な政治体制にあっては、最も重要な権利の1つである。表現の自由と名付けられているが、この権利は情報の収集、伝達、受領というコミュニケーションの総体的な過程を対象にしていると理解される。効果的な表現のためには表現すべき何ものかが表現者に形成されている必要があり、そのためには考えをまとめなければならず、考えるきっかけとなる様々な情報が必要となる。表現の自由が情報の自由な流通を前提としている所以である。表現の自由が情報の収集や受領を含む概念であるとすれば、その法的性格が問題となるが、実のところ表現の自由は複合的性格を備えている。情報の伝達や収集の自由が政府によって妨げられないという伝統的な自由権的側面に加えて、政府に対して積極的に情報の開示を請求する請求権的側面、また事実や見解を知ることを通じて人々は効果的に政治過程に参加することができるという参政権的側面を認めることが可能である。また、言語によらずとも何らかのメッセージが伝わる行為であれば象徴的表現として保護されることもある。

(実例) 近代的な表現の自由は、検閲からの自由として出発した。出版の事前規制はその事後規制と概念上明確に区別され、前者こそが表現の自由の保障が問われる局面であると解されていた。最も権威あるコモンロー注解書で、ブラックストーンは18世紀後半にはっきりとそのような立場を示していた。アメリカ合衆国憲法修正1条の制定が表現の自由の伝統的な理解を超え、より拡張的な表現の自由観を採用したのかについては論争があるが、18世紀末から次第に事後規制からの解放も含めて表現の自由が理解されるようになってきた。だが、実際に表現の自由の保障が裁判上で頻繁に争われるようになるのは20世紀に入ってからである。現在では事前の規制はもとより、事後の規制についても広く表現の自由の問題として論じられ、実際に保障が与えられることも多くなっている。

表現の自由は、集団の賢明な意思決定の促進や民主的政治決定に不可欠であるだけでなく、真理の発見や人々の認知能力の向上に資する。また表現の自由の保障は反対派の過激化を抑制する効果を有し、社会の安全弁としても機能する。さらに表現の自由は個人にとっても重要であり、表現活動は人々の自己実現や自己充足に役立つ。このように表現の自由は社会的及び個人的価値を備え、自由で民主的な社会において重要な機能を果たすが故に、特別な保護に値する権利と理解されるに至っている。表現の自由が優越的な地位を占めるといわれることがあるのは、例えば、経済的自由の不当な規制が存在する場合に、表現の自由が有効に機能すれば、表現の自由を行使することでその不当な規制を改廃することができるからである（いわゆる「二重の基準」論）。特別な保護はまず、検閲や事前抑制の原則禁止として現れる。また、刑事法分野

での法律が明確であることを要求する漠然性故に無効の法理に加えて、法律が規制範囲を適切に限定していることを要求する過度に広範故に無効の法理が適用される。これらは、裁判上の個別的な事実にとらわれない文面審査とされている。そこでは表現活動への萎縮効果を取り除く必要性が強調されている。さらに、表現の自由の規制立法に関しては、原則的に厳格な審査が適用される。特に伝達されるメッセージの影響に着目した規制である表現内容に基づく規制の場合は、そうでない内容中立規制の場合よりも、より厳格な審査が施されるべきであるとされている。

　ジャーナリズムとの関係では、組織的・制度的な表現の自由の保障が問われる。報道の自由やそのための取材の自由は憲法上保障され、あるいは尊重されると解されている。形式的には違法行為であっても、取材活動として正当化される場合もあるし、裁判での証言拒絶のように取材源の秘匿が認められる可能性もある。何を記事として取り上げるか取り上げないか、どのように取り上げるのかは編集権の問題である。編集権は通常組織に帰属するので、記者個人の自由との抵触という内部的自由が問われることがある。それは、単純な雇用関係の問題として処理しきれない、表現の自由にとって深刻な問題を提起する。なお、メディア特性に応じて異なる法体系が採用されている。歴史的には、プリント（印刷）、コモンキャリア（通信）、ブロードキャスティング（放送）と順次登場し、それぞれの特徴に沿って法体系が整えられている。自由なメディアとしての新聞、秘密を保護すべき通信、そして公共性を基本にして内容を含む規制に服するテレビといった具合である。

　しかし近年のデジタルネットワーク化の急速な普及は、ネットワークのインターネットプロトコル（IP）化をもたらし、通信と放送の融合状況を生じさせ、既存の法体系に動揺を及ぼしている。そうした状況に対応するため、日本では2011年11月に、放送法の大幅な改正がなされた。このように表現の自由の技術依存性が顕在化しており、判例中心の理解に加えて、立法・政策過程における表現の自由の理解がますます重要になっている。

(参考文献) T・I・エマースン『表現の自由』（小林直樹・横田耕一訳、1972・12　東京大学出版会）、奥平康弘『なぜ「表現の自由」か』（1988・3　東京大学出版会）、浜田純一『メディアの法理』（1990・5　日本評論社）、長谷部恭男『テレビの憲法理論』（1992・12　弘文堂）、鈴木秀美『放送の自由』（2000・6　信山社出版）、市川正人『表現の自由の法理』（2003・2　日本評論社）、毛利透『表現の自由』（2008・12　岩波書店）、E・バレント『言論の自由』（比較言論法研究会訳、2010・2　雄松堂出版）、山田健太『法とジャーナリズム〔第2版〕』（2010・4　学陽書房）、山川洋一郎『報道の自由』（2010・12　信山社出版）、小向太郎『情報法入門〔第2版〕』（2011・3　NTT出版）、駒村圭吾・鈴木秀美編著『表現の自由Ⅰ・Ⅱ』（2011・5　尚学社）

〔川岸令和〕

▶ **言論弾圧事件**（げんろんだんあつじけん）

(語義) 国家や権力者が、体制に反する異議を抑圧し、政治的・宗教的主張をもつ者やジャーナリストをはじめとする人々の言論の自由、及びメディアにおける報道や表現の自由を侵し、その言論自体を不当に抹消・禁止する事件。さらには再び同様の言論がなされないように発言者、編集者、発行者等を含む言論関係者を逮捕して罰したり、殺傷したり、威嚇して社会的に排除したり、経済的に圧力を加えたり、またはそのように意図した事件。

(歴史) 戦前の大日本帝国憲法は、臣民の権利として法律の範囲内で言論の自由を認めたが、刑法では不敬罪を定め、天皇を批判する言論は許されず、出版法（1893年）、治安警察法（1900年）、新聞紙法（09年）も「政体変改」「朝憲紊乱」「秩序安寧」などの語で制限を補強拡大し、反体制的言論を弾圧する法的基盤を構成した。弾圧の主な標的は、19世紀末から労働運動を盛んにした共産主義や無政府主義思想に関する言論であり、大逆事件（10年）のように社会主義者を対象とするばかりでなく、それに荷担する自由主義的言論へも拡大した。11年に設置された特別高等警察課（特高）とともに内務省の検閲活動がこれを推進した。新聞界に衝撃を与えたのは、大阪朝日新聞の記事による白虹事件（19年）で、発行禁

止は免れたが、社長や編集陣の交代を余儀なくされた。25年に治安維持法が成立すると、京都学連事件（25年）、3・15事件（26年）で左翼学生や日本共産党員などが多数検挙され、さらに滝川事件（33年）、天皇機関説事件（35年）、河合栄治郎事件（38年）、津田左右吉事件（40年）などで、学問研究の自由も侵された。横浜事件（42年）では、共産党再建準備というでっち上げの理由で編集者など60余名が検挙され、4名が特高の拷問で獄死した。戦後は言論を取締まる法が全廃されたが、占領軍は検閲を実施し、共産党機関紙のアカハタ発禁を始めとするレッドパージ（50年）で左翼的言論を弾圧した。

参考文献 宮武外骨『筆禍史』（1911・5　雅俗文庫）、黒田秀俊『血ぬられた言論―戦時言論弾圧史』（1951・10　学風書院）、松浦総三『占領下の言論弾圧』（1969・4　現代ジャーナリズム出版会）、有山輝雄『近代日本ジャーナリズムの構造』（1995・4　東京出版）

〔土屋礼子〕

こ

▶ **公益性**（こうえきせい）

語義　一般には、国家または社会公共の利益をもたらす性質のことを意味するが、ジャーナリズムとの関連では、名誉毀損的表現の免責要件の1つである「〔当該表現の〕目的が専ら公益を図ることにあったと認める場合」（刑法230条の2）、すなわち「公益目的」性との関係で論じられることが多い（公益目的性は、民法上の名誉毀損についても同様に免責要件の1つとされる）。

他の免責要件である「公共の利害に関する事実」が、報道などによって「摘示された事実自体の内容・性質に照らして客観的に判断される」（月刊ペン事件：最判昭和56年4月16日）のに対して、公益目的性は、①報道主体の「動機」といった主観的要素に基づく直接的な評価のほか（裁判例によれば、公益を図る目的以外の動機が存在する場合を絶対的に否定する趣旨ではなく、公表に及んだ「主たる」動機が公益を図ることにある

事実が認定できればよいとされる。東京地判昭和40年5月22日）、②（a）事実を摘示する際の表現方法や、（b）事実調査の程度といった客観的要素に基づく間接的な評価によっても判断される。主観面に関わる①の判断が困難なことから、②にウエイトが置かれることが多い。摘示事実が「公共の利害に関する事実」である限り、目的の公益性は推定されるとして、免責要件としての「公益目的性」の存在意義を否定する見解もある。

実例　知事選挙立候補予定者に対する月刊誌上での名誉毀損的表現について、同立候補予定者に対する「ことさらに下品で侮辱的な言辞による人身攻撃等を多分に含む」「記事内容・記述方法に照らし」（前記②（a）参照）、当該記事の「公益目的」性を否定した北方ジャーナル事件判決（最大判昭和61年6月11日）や、美容整形医に対するテレビ番組上での名誉毀損的発言について、その発言者が「収集した資料は〔発言内容の〕客観的裏付けとなるものは少なく、その中に決め手となるような証拠資料は見当たらない」などとして（前記②（b））、当該発言の「公益目的」性を否定した美容整形論争事件判決（東京地判平成2年1月30日）などがある。

参考文献 山田健太『法とジャーナリズム〔第2版〕』（2010・4　学陽書房）、鈴木秀美・山田健太編著『よくわかるメディア法』（2011・7　ミネルヴァ書房）、松井茂記『マス・メディア法入門〔第5版〕』（2013・10　日本評論社）

〔山本龍彦〕

▶ **校閲部**（こうえつぶ）

新聞社や通信社で、記事内容について事実関係、歴史的出来事、人名や地名などの固有名詞、数字、日付等をチェックする部署。記事の正確性を重視する「最終関門」ともいえる。不特定多数の読者を対象に、いかにわかりやすい記事にするかにも腐心している。従来は、記事執筆を担当する出稿部とは別の「校閲部」に属する専門記者が記事の点検を行ってきたが、新聞社の経営悪化などのあおりを受け、校閲部門の人員削減が進み、校閲作業を執筆した記者自身が行う「出稿元校閲」が増える傾向にある。だが、記事のミスがその

まま紙面化されるなど問題が多発し、改めて校閲の重要性が認識されている。新聞社や通信社の記事の信頼度が格段に高いのは、校閲の徹底によるところが大きい。 参考文献 妹尾彰・福田徹『新聞を知る 新聞で学ぶ─家庭・学校・社会で役立つNIE』(2006・3　晩成書房)　　[高橋弘司]

▶ **号外**(ごうがい)

語義 何か大きな出来事(事件、事故、その他ニュース等)が発生した際に、臨時に発行される新聞。日々発行される朝刊や夕刊、を初めとする定期刊行物は、一定のサイクルのもとに、その都度号を追って発行される。その号と号の間に、何か急いで報道する必要がある際に、通常の「号」を「外」して発行されるのが「号外」である。今日では、大事件などの際に駅や繁華街など人通りの多い街頭で、無料で手配りされる新聞(日刊紙)の号外を指すことが多い。

号外の発行基準については、新聞各社とも明確な基準はなく、その都度、その時の編集の責任者らによって判断される。輪転機を回して大部数を街頭で手配りする号外(輪転号外)、少部数印刷して壁に張り出す号外(張出号外)など様々な形式が見られる。またサイズやページ数などについてもケースバイケースであり、決まった形はない。近年では、情報通信技術の発達やメディアの多様化などにより、号外の速報媒体としての意味合いは昔に比べて下がってきている一方で、インターネット上の各新聞社のホームページ上にPDF形式で表示される「インターネット号外」という新たな種類の号外も登場している。

実例 日本では、1868年の別段中外新聞(「別段」が号外の意)が号外の始まりといわれている。号外は必ずしも日本独特のものではなく、外国でも見られ、英語圏では「EXTRA」という。海外では、号外は17世紀末から18世紀初め頃が最初と考えられる。現在、街頭での1部売りが中心の国では号外も本紙同様有料販売されるのに対し、戸別配達が中心の日本では、号外は街頭で無料配布されるという違いがある。

日本においては、速報のほか、読者へのサービス、そして新たな読者獲得のための競争手段の1つとして使われ、各社競ってその時代の最先端の技術を投入して号外の発行に努めるなど、"ニュースの花形"とされる時期もあった。号外による競争が最も激しかったのが、1904～5年の日露戦争時であり、この時の大阪朝日新聞と大阪毎日新聞の号外発行回数は、大阪朝日が389回、大阪毎日が498回という記録が残っている。歴史的に見ても、日本の新聞史において号外は重要なものであった。

参考文献 渡辺一雄『実録号外戦線─血みどろの報道史』(1963・9　新聞時代社)、春原昭彦『四訂版 日本新聞通史』(2003・5　新泉社)　　[小林宗之]

▶ **公害(環境)報道**(こうがい(かんきょう)ほうどう)

背景 工業化・産業化の負の側面としての公害環境問題は、特に明治時代以降、日本各地に深刻な被害をもたらしてきた。その1つが「日本の公害問題の原点」とされる足尾銅山鉱毒事件である。当時、社会に普及し始めていた新聞は、小規模ではあったが、この事件を1つの社会問題として報道し、「鉱毒世論」の形成に寄与した。しかし鉱毒問題は戦争その他の社会的大事件・問題の中に埋もれ、その世論も極めて潜在的なものにとどまっていた。

影響 「戦後の公害問題の原点」である熊本水俣病事件も同様で、熊本日日新聞などの地方紙レベルではそれなりに報道されたが、全国紙報道は低調だった。水俣病を含めた公害問題が全国的に報道されるのは1960年代中盤、東京・大阪などの大都市で大気汚染をはじめとする都市公害が深刻化してからである。熊本水俣病事件は、都市公害が社会問題化した後に「再発見」されたのである。その後、60年代後半から公害問題に対する政府の取り組みも不十分ではあるが進展し、公害問題が重要な社会問題として認識されるにしたがって、公害報道も増加していった。

さらに70年代になると、公害問題は地球規模の環境問題として認識されるようになった。公害環境問題のあり方を問う声も高まり、「疑わしきは報道せず」から「疑わしきは報道する」へと報道規範に関する意識も変化して

いった。その後、石油ショックなどの景気後退により、公害環境問題を問う声が経済成長を望む声などに押されることはあったが、公害環境問題が重要であるという認識は、世論の底流部分では大きく変化することなく、公害環境報道がマスメディアの重要な責務であるという認識も共有されている。

参考文献　「公害報道の視点と方法」「環境破壊と報道の役割（特集）」日本新聞協会編『新聞研究』（1970・7月号、1972・6月号）、山本武利『公害報道の原点』（1986・11　御茶ノ水書房）、飯島伸子『環境問題の社会史』（2000・7　有斐閣）、小林直毅編『「水俣」の言説と表象』（2007・6　藤原書店）　　［山口仁］

▶ 公共圏（こうきょうけん）

語義　「公共圏（Öffentlichkeit）」は、多義的な概念で語義も様々である。しかし、メディアジャーナリズム研究に大きな影響を与えた中核的な思想は、ドイツの社会学者ユルゲン・ハーバーマスの『公共性の構造転換』（初版1962年）の公共圏概念といえよう。

影響　同書によると、17、18世紀の市民革命前夜、市場経済が徐々に発展して社会が国家から独立し、財産と教養を手に入れたブルジョア層が出現した。この新たな社会階層から芸術や文化を語り合う「文芸的公共圏」が生まれた後、都市部においてより自由な政治的言論空間へと発展した。当初は富裕層など参加資格が限定されたサロン的空間であったが、やがて、新聞ジャーナリズムによって公共圏は拡大し、市民革命と民主主義発展の原動力となった。この段階において、市民は公共的利害について議論する主体、つまり「公論の担い手」（＝公衆）となった。これが、リベラルな政治的公共圏の誕生である。

しかし、現代社会では、公共圏は脱政治化し、一部の有名人や企業による操作的パブリシティと広報機能の空間へと「再封建化」されたと、ハーバーマスは同書で批判した。

欧州の歴史から抽出されたハーバーマスの規範的公共圏概念に対しては、ブルジョア公共圏だけに注目している、平民的公共圏を無視している、女性を排除している、文化産業を牛耳る人々の操作能力を過大評価している、ユートピアで理想像に過ぎないなど、様々な観点から異論も多い。

1990年代以降、ハーバーマスは、公共圏を既存のマスメディアに支配されている空間に限らず、人々の生活世界に根差す積極的コミュニケーション空間として捉え直した。今日、オンライン公共圏の形成などが活発に議論され、「公共圏」がなお注目されている。

参考文献　J・ハーバーマス『公共性の構造転換〔第2版〕』（細谷貞雄ほか訳、1994・5　未来社）、花田達朗『公共圏という名の社会空間』（1996・2　木鐸社）、C・キャルホーン編『ハーバーマスと公共圏』（山本啓ほか訳、1999・9　未来社）　　［章蓉］

▶ 公共性（こうきょうせい）

語義　私的なもの、個人的なものを超える集合的・共同的な性格のことをいう。ただし、その詳細は語られる文脈や観点によって大きく異なる。日本の場合、国家的公共性ないし全体性のために個人の権利が犠牲にされてきた戦前の経験から、戦後は社会全体（への服従）を想起させる「公共性」なる言葉を、消極的・限定的に解する傾向が強かった。

例えば、日本国憲法13条は人権制約根拠として「公共の福祉」を掲げるが、通説は、これをあくまで人権間の矛盾・衝突の調整原理として捉え、かかる概念の中に人権を超える社会公共的利益を読み込むことを峻拒してきた。ただし、近年は、ハーバーマス流の市民社会（Zivilgesellschaft）論の発展などにより、こうした狭隘な「公共性」概念は克服されつつあり、これをより積極的に、あるいは規範的に捉える見解が有力化している。その中には、「公共性」を、公開の討議と反省を経た公論の維持・形成や、権力を批判すると同時にその正当性の源泉ともなるような豊かなコミュニケーション的空間の構築と関連付けて捉える見解がある。こうした「市民的公共性」論によれば、単なる多数人の利益や選好とは異なる（規範的）「公共性」のために、特定個人の自由や権利が制約されることもある。

実例　ジャーナリズムとの関係でも、「公共性」を有する表現が、個人の名誉権やプライバシー権に優位することがある。

例えば、刑法は、名誉毀損を犯罪としながらも（230条）、①公共の利害に関する事実に係り、かつ、②その目的が専ら公益を図ることにあったと認める場合には、③事実の真否を判断し、そこで真実性の証明があったときは、「これを罰しない」としている（230条の2）。裁判例によれば、①の「公共」的事実とは、上述のような規範的含意から、「多数人の単なる好奇心の対象となる事実」ではなく、「当該事実が多数一般の利害に関係するところから右事実につき関心を寄せることが正当と認められるものを指す」とされる（東京高判平成13年7月5日）。要するに、ここでは、①が、国民間で議論される「べき」問題に関する事実であると考えられている。

具体的には、(a)公権力への批判を含意する、政府や公職者に関する報道、(b)我々の社会を批判的・反省的に捉える契機となる、犯罪や裁判に関する報道、(c)社会において一定の影響力をもつ者（「公人」とも呼ばれる）の行状等（私生活上の行状も含む）に関する報道（月刊ペン事件）が、「公共の利害に関する事実」にあたると考えられている。

参考文献 J・ハーバーマス『公共性の構造転換〔第2版〕』（細谷貞雄ほか訳、1994・5 未來社）、松井茂記『マス・メディア法入門〔第5版〕』（2013・10 日本評論社） 〔山本龍彦〕

▶ 公共図書館（こうきょうとしょかん）

語義 広く市民の利用に供されている図書館のこと。日本では、「図書館法」（1950年制定）に規定されている図書館を指す。同法では、「図書、記録その他必要な資料を収集し、整理し、保存して、一般公衆の利用に供し、その教養、調査研究、レクリエーション等に資することを目的とする施設」（2条）と定義している。2012年度で全国に3234館が設置されている。

実例 公共図書館には、公立図書館と私立図書館がある。私立図書館は、日本では少数しか存在せず、そのため、一般的には"公立図書館＝公共図書館"と認識されている。

公立図書館は、地方公共団体が設置する図書館である。都道府県が設置するものと市町村が設置するものとがある。前者は、後者のバックアップ機能（市町村立図書館支援）も果たしている。「図書館法」では、公立図書館について、「入館料その他図書館資料の利用に対するいかなる対価をも徴収してはならない」（17条）と定めている。都道府県と市では、図書館設置率はほぼ100％であるが、町村では50％超にとどまっている（2012年度）。公立図書館未設置の町村では、「社会教育法」（1949年制定）に規定する公民館に図書室を設けて代用しているところが多い。近年、行財政改革の一環として、公立図書館の経営をアウトソーシング（指定管理者やPFIなど）する地方公共団体が増えている。これによりサービスが向上したと評価する意見がある一方、利用者の個人情報の管理や職員の専門性の継承などを不安視する意見も根強い。

私立図書館を設置できるのは日本赤十字社、一般社団法人、一般財団法人であり、全国に20館が設置されているにすぎない（12年度）。成田山仏教図書館や東京子ども図書館などである。公立図書館と違って、入館料や図書館資料の利用に対する対価を徴収することが認められている。

参考文献 安藤友張編著『図書館制度・経営論―ライブラリー・マネジメントの現在』（2013・3 ミネルヴァ書房） 〔野口武悟〕

▶ 公共の福祉（こうきょうのふくし）

語義 基本的人権に対する最も包括的な制約原理。憲法13条などに明示的に規定された概念ではあるが、その具体的内容については争いがある。

実例 日本国憲法は、明治憲法における「法律の留保」（人権の保障内容は法律が決めるという発想）を排し、人権を法律によっても侵えない権利として保障する考え方をとっている。だが、法律による人権制約が一切許されないわけではない。12条で国民が人権について「常に公共の福祉のためにこれを利用する責任を負ふ」こと、また13条で人権は「公共の福祉に反しない限り」で保障されることを定め、さらに、職業選択の自由（22条1項）及び財産権（29条2項）に関しては、特に明文で

「公共の福祉」による制限を規定している。

　一般には、この概念を、人権相互の矛盾衝突を調整するための実質的公平の原理として捉える。すなわち、人権制限の根拠となるのは他者の人権のみであるとの発想に立ち、「公共の福祉」を、社会的利益や国家的利益などの一般的公益とは異なるものと考えてきた。さらに、この実質的公平の原理を「自由国家的制約原理」（自由を各人に公平に保証するための制約原理）と「社会国家的制約原理」（福祉の実現や弱者の救済のための制約原理）に区別し、前者は必要最小限度の制限のみが認められ、後者は、主に上述の職業選択の自由や財産権に妥当し、やや広汎な制限が認められる。これは、戦後初期の最高裁判例が、「公共の福祉」の名のもとで容易に人権制限を認めたことに対抗して主張されたものである。

　しかし近年では、「公共の福祉」に人権相互の矛盾衝突の調整に還元されない一般的公益（例えば、道徳秩序や美観の維持など）が含まれることを承認する説も見受けられる。

〔参考文献〕宮沢俊義『憲法Ⅱ〔新版〕』(1971・12　有斐閣)、長谷部恭男『憲法〔第5版〕』(2011・3　新世社)、芦部信喜（高橋和之補訂）『憲法〔第5版〕』(2011・3　岩波書店)、西村裕一「人権なき人権条項論」『法学教室』(2012・5月号)、曽我部真裕「人権の制約・限界―「公共の福祉」を中心に」南野森編『憲法学の世界』(2013・7　日本評論社)　　　　　　〔駒村圭吾〕

▶ 公共放送［アメリカ］
（こうきょうほうそう［あめりか］）

〔語義〕アメリカの公共放送であるPBS(Public Broadcasting Service)は、「1967年公共放送法」の目的に沿って、69年に自主的に設立された非営利団体で、アメリカ各地の350局余りの非商業テレビ局に番組を供給する。アメリカの公共放送システムを確立した67年公共放送法は、冒頭に議会政策宣言を掲げ、「教育的・文化的目的のためのメディア利用を含め、公共ラジオ放送と公共テレビ放送の成長と発展を促進することは公共の利益にかなう」と規定し、アメリカ市民の公共放送（放送・通信の伝送路の違いにかかわらず）へのアクセスの保障、公共放送に対する連邦政府の財政支援、ローカル及び全国の人々に責任をもつ公共放送の多様な番組の促進、外部からの干渉から公共放送を守るための公的団体の設置等、連邦政府の責任を明文化している。アメリカにおける公共放送は、ラジオの時代に始まった教育専門局の流れを受けるものの、67年公共放送法を境に、教育(instruction)という文字通りの意味を超えた公共性を有するようになった。公共放送は、特定の視聴者にとって価値があるが、視聴率中心の商業システムでは供給されない番組を提供する非商業局として存在している。

　PBSは番組制作機能をもたず、PBSメンバー局や国内の番組制作会社や海外からの購入番組をメンバー局に配給すると同時に、ホームページを開設し、オンデマンドで各番組を提供している。350局余りのPBSメンバー局の所有は、その約半分が地域の非営利団体で、次いで大学が約3割、残りが州政府と地方自治体である。また、PBSは連邦政府交付金、州政府助成金や地方自治体、州立をはじめとした大学、個人の寄付金、そしてアンダーライティング（企業による制作資金提供。商品販売広告とは異なる）等、多様な財源で運営されている。メンバー局は、「フロントライン」（調査報道番組）や「ネイチャー」（自然番組）のほか、イギリスの公共放送BBC制作の探偵ドラマ「シャーロック」や「エンデボアー」、幼児を含めた子ども向け番組等、多様なネットワーク番組をPBSに会費を支払って調達し放送するほか、ローカル情報や教育支援など各局独自のコミュニティーに向けた番組を放送している。

〔実例〕公共放送収入の4割強を占める連邦政府交付金のPBSとNPR（公共ラジオ）への割当ては合計で年間約2億8000万ドル、PBS単独で見るとその収入の18％にすぎない。連邦政府の支援が制度化されたとはいえ、PBSとメンバー局にとって資金問題は大きな課題であり続けている。67年公共放送法制定時には、政権党である民主党の強い後押しがあったが、「小さい政府」を標榜する共和党政権下では常に交付金削減あるいは廃止の圧力を受けている。

さらに、2008年のリーマンショック以後の世界的な不況という悪条件に加え、インターネットの普及がPBSの経営に逆風となっている。元来、マスを対象とした商業テレビネットワークに対し、PBSは地域やコミュニティに根差している。しかし、インターネット上では、同様の役割を果たす非営利メディアが相次いで誕生し、個人や企業による寄付金で運営され、公共メディア間で資金をめぐる競争が生じている。こうした中で、番組制作能力の高いメンバー局とそうでない局との格差が生じており、番組配給の見返りとして払う資金に欠乏し、PBSからの脱退を選択する局も現れた。アメリカの公共放送は、連邦政府資金を確保しつつ、それ以外の財源確保の道を模索し続けている。

〔参考文献〕John Witherspoon & Roselle Kovitz. *A History of Public Broadcasting*（1987, Current）、向後英紀「非商業テレビ（Public Television）―多チャンネル時代への対応」『放送研究と調査』（1992・1月号）

〔中村美子〕

▶ 広告代理店（広告会社）
（こうこくだいりてん〈こうこくがいしゃ〉）

〔歴史〕広告の起源は紀元前エジプトでのパピルス紙のものや奈良時代の市での看板類にまで遡るともいわれる。だが、今日的な意味でのマスメディア広告の誕生は、広告媒体としての新聞、さらにはその広告スペースの取次業者としての広告代理店の登場を待つべきであろう。19世紀までにイギリスやアメリカなどで胚胎した広告産業は、20世紀の大衆消費社会の幕開け、特に1920年代以降のアメリカにおける商業ラジオ放送の急速な普及とともに、一気にその規模を拡大していった。

そして、単に広告スペースをメディア側の代理人として販売するだけではなく、広告主の側の代理業としてマーケティングやクリエイティブ戦略を請け負う存在となる中で、広告代理店は徐々に「広告会社」とも呼ばれるようになり、メディア各社への影響力も強めていく。21世紀に入り、テレビという圧倒的なマス媒体の力は相対的に低下しつつあるが、インターネット広告など、新たなメディアを手掛ける広告会社も続々と登場している。

〔特色〕広告会社は、いくつかの視点から分類され得る。規模の観点からいえば、あらゆるメディアを取り扱い、大きなシェアを誇る総合広告会社、ネット広告に特化するなど特定の領域に秀でた専門広告会社、特定の企業の関連会社としてその企業の広告活動を専門としたり、その企業の有する広告スペース販売を一手に引き受けたりするハウスエージェンシーに分けられる。例えば、鉄道各社のハウスエージェンシーが、交通広告スペースの取り扱いを中心としているようなケースである。

機能による分類では、企業や商品のブランディング戦略の企画立案に特化したブランドエージェンシー、有名な広告制作者の集団であるクリエイティブエージェンシー、広告スペースの買い付けを専門とするメディアエージェンシー等がある。最近では、外資系を中心に広告主の側が、目的に合わせて適宜これら広告会社を組み合わせて使うというケースが増えており、こうした機能を全て社内に有する総合広告会社の地位も脅かされつつある。また、1980年代以降国際的なメガエージェンシーの動きも活発であり、日本国内の広告会社もM＆Aやグループ化、系列化の動きが、近年急速に進んでいる。

〔参考文献〕R・フォックス＆J・リアーズ編著『消費の文化』（小池和子訳、1985・10 勁草書房）、S・フォックス『ミラーメーカーズ』（小川彰訳、1985・10 講談社）、山本武利・津金澤聰廣『日本の広告―人・時代・表現』（1986・10 日本経済新聞社、〔改装版〕1992・10 世界思想社）、D・ポープ『説得のビジネス―現代広告の誕生』（伊藤長生・大坪檀監訳、1986・10 電通）、S・ユーウェン『PR！ 世論操作の社会史』（平野秀秋ほか訳、2003・10 法政大学出版局）、井家上隆幸『広告のあけぼの―廣告社・湯澤精司とその時代』（2013・5 日本経済評論社）

〔難波功士〕

▶ 広告表現（こうこくひょうげん）

〔語義〕特定の商品・サービスに関する情報や、企業活動一般に関するメッセージ、公的事項に関する主義主張等を、各種媒体を通じて広く世間一般に伝播させるために行う表現。

広告表現の多くは営利を目的とするが、非営利のものも存在する。商品などの販売を促進する「純然たる商業広告」や、企業イメージの向上を図る「イメージ広告」は、前者に該当し、個人や団体が政治的・社会的問題などに関して自己の見解をアピールする「意見広告」は、後者の典型といえる。意見広告は公的機関が行う場合もある。公的機関は、意見広告のほか、一般的な広報活動も行うが、これも非営利の広告表現ということができる。

広告表現は、憲法21条の表現の自由として保護される。営利広告については、その実態が経済活動の一部であり民主主義的な価値に乏しいとの理由で、営業の自由の問題として理解すべきとの見解がないわけではない。しかし、営利広告であっても、そこから得られる情報は、各個人の消費行動の意思決定において極めて重要であり、自己の知見を広め豊かな文化的生活を送る上で不可欠といい得る。ここから、通説的な見解は、営利広告による情報流通にも自己実現の観点から価値を認め、その限りで表現の自由として保障されると解している。もっとも、その場合でも、表現の自由保障の重点が民主主義の機能性維持にあるとの考えから、営利広告の保障の程度は非営利の言論よりも低いと解するのが一般的である。

(実 例) 現在、広告表現には様々な規制が及んでいる。この規制は法規制と自主規制とに大別されるが、法に基づく自主規制という中間形態（公正競争規約）も存在する。

法規制には、屋外広告物法のように、美観風致や公衆の危害防止を理由に広告物の掲出場所・方法などを規制するもの、風俗営業適正化法のように、善良な風俗や少年の健全育成の観点から一定の広告制限を課すもの、たばこ事業法のように、広告において未成年者の喫煙防止や喫煙者の健康への配慮を義務付けるもの等があり、多種多様である。ただ、なかでも圧倒的に数が多いのは、公正な競争あるいは消費者保護の観点からなされる「虚偽・誇大広告」禁止の類いである。独占禁止法は、虚偽・誇大広告を「不公正な取引方法」として禁じ、不当景品類及び不当表示防止法もこれを「不当表示」として禁止する。また個別法レベルにおいても、少なからぬ業法が虚偽・誇大広告の禁止規定を置いており（貸金業法、薬事法、食品衛生法、宅地建物取引業法等）、違反者には刑事制裁が科されることもある。

とはいえ、広告表現には憲法上保護が及ぶので、ここで広告規制の合憲性が問題となる。この点、最高裁は、限定列挙された広告可能事項以外を広告したために、あん摩師、はり師、きゅう師及び柔道整復師法違反が問われた事案において、広告が「虚偽誇大に流れ、一般大衆を惑わす」ことを未然に防止するための上記広告規制は、「公共の福祉を維持するためやむをえない措置」だと判示し、その合憲性を肯定している（最大判昭和36年2月15日）。

他方、自主規制としては、まず広告主によるものが挙げられる。ここには、公正取引委員会・消費者庁の認定した公正競争規約に基づくものと、業界内で独自に策定した倫理綱領などに基づくものとがある。また、広告を掲載・放映する媒体業者の責任という観点から、媒体業者による自主規制も存在する（各種媒体の倫理綱領や社内基準など）。媒体業者の多くは各社レベルで事前の広告考査を行うが、業界レベルでもJARO（日本広告審査機構）による苦情処理や事後審査、新聞広告審査会による事前事後の広告審査等を実施している。

(参考文献) 清水英夫『言論法研究―憲法21条と現代』（1979・9 学陽書房）、豊田彰『広告の表現と法規〔改訂新版〕』（1996・1 電通）、伊従寛ほか編『広告表示規制法』（2009・11 青林書院）　　［丸山敦裕］

▶ 皇室報道（こうしつほうどう）

(語 義) 天皇や皇族の動向を取材して伝えること。皇室は天皇と皇族の総称で、皇族は皇室典範5条で、皇后、皇太后、親王（天皇の子や孫の男性）、親王妃、内親王（天皇の子や孫の女性）等に限られている。

憲法は戦前の天皇君主制を否定し、▽天皇は国と国民統合の象徴（1条）、▽内閣の助言と承認の下、国事行為のみを行い、国政に関する権能をも持たない（3条、4条1項）と定めている。このため、皇室報道は誕生、成長、結婚、出産、病気、死去、皇位継承といったラ

イフストーリーが中心となる。ただ単独取材の機会は限られ、プライバシーの壁も厚い。皇太子妃選びでは、新聞協会や民間放送連盟の加盟各社が宮内庁の要請で、1992年2月に報道自粛の協定を結んだが、外国のメディアが翌年1月に「妃内定」と報じた。協定は解除されて洪水のような慶祝報道が一斉に始まり、驚きと疑問の声が相次いだ。

また天皇に関する報道をめぐり、右翼団体構成員らによる関係先への発砲や襲撃、広告主への抗議が多くあり、メディアの「菊のタブー」も指摘されてきた。

(実例)戦後の大きな皇室報道としては、1946年昭和天皇「人間宣言」、54年までに沖縄を除く46都道府県「巡幸」、59年平成の現天皇結婚、60年現皇太子誕生、89年昭和天皇死去、90年天皇「即位の礼」、92年天皇・皇后が初めて訪中、93年初の沖縄訪問、皇太子結婚、95年天皇・皇后が阪神大震災の被災地を訪問、戦後50年「慰霊の旅」として広島、長崎、沖縄など訪問、2000年皇太后死去、01年皇太子夫妻に長女誕生、03年天皇が前立腺がん手術、皇太子妃が公務休養、04年皇太子妃は「適応障害」と宮内庁公表、皇太子は「妃のキャリアや人格を否定するような動きがあった」と発言、06年秋篠宮夫妻に長男誕生、11年天皇・皇后が東日本大震災の被災地訪問等がある。

皇太子夫妻には男子がおらず、女子の皇位継承を認めない皇室典範の改正が一時論議されたが、秋篠宮家に長男が誕生して下火となった。

皇室報道では、新聞・通信・放送各社で程度の違いはあるものの、敬称や敬語が使われてきた。皇室典範23条が天皇、皇后などの敬称を「陛下」と定めていることや、1947年に当時の宮内府と報道各社が「敬語を使う」と申し合わせたことによるが、敬称・敬語の使用は批判的な論評を抑制させるだけでなく、読者・視聴者に天皇象徴制や皇室の現状の受け入れを強いているともいえる。

(参考文献)中奥宏『皇室報道と敬語』(1994・7 三一新書)、杉山麻里子ほか「哀しき天皇制」『AERA』(2006年3月27日号)、佐々木央「皇室報道を考える (1~3)」

『みんなの図書館』(2006・5~9月号)　　[竹田昌弘]

▶ **公人**(こうじん)

(語義)一般に、公職者と公的人物をあわせて「公人」と呼び、公人に関する報道などについては、国民の知る権利の観点から、憲法上特別の保護を受けるとされる。

アメリカでは、1964年の連邦最高裁判所判決(ニューヨーク・タイムズ対サリバン)において、公共の争点に関する開かれた討論には「政府や公職者に対する、激しくも辛辣で、ときには不快なほどに鋭い攻撃を含むこともある」とされ、公職者に関する名誉毀損的表現については、当該表現が虚偽であることを表現者が知っていながらなされたか、または虚偽か否かを全く無視してなされたことを公職者の側が立証した場合に限り、損害賠償責任を認めるとする「現実的悪意(actual malice)」の法理が確立された。同判決は、あくまで「公職者(public officials)」(裁量を有する上級公務員や政治家などを指す)に関する言論を扱うものであったが、その後の判例は、同法理を「重要な公的問題の決定に深く関与している者、または有名であるために社会の関心を呼ぶ者」、すなわち「公的人物(pubic figure)」に関する言論にも拡張している。

そのため、一般に、現実的悪意の法理が適用される言論が対象とする①公職者と②公的人物をあわせて「公人」と呼ぶ(後者のみを公人と呼ぶこともある)。公人に関する言論についてこのような言論保護的思考が妥当する根拠として、(a)国民の知る権利(国民に広く提供されるべき言論であること)、(b)本人が自発的に社会的関心事に関わったという自己責任性、(c)対抗言論の容易性等が挙げられる。

(実例)日本では、実務上、「公人」に関する言論であるからといって上述のような現実的悪意の法理は適用されていない。しかし、刑法230条の2第3項は、「公務員又は公選による公務員の候補者に関する」名誉毀損的表現は真実性の証明さえあれば免責されるとし、判例も、民事上の名誉毀損に関して、ある表現が「公務員又は公職選挙の候補者に対する評価、批判等」に関係する場合、「そのこと自体

から、一般にそれが公共の利害に関する事項であるということができ」、憲法21条1項の趣旨に照らし、「その表現が私人の名誉権に優先する社会的価値を含み憲法上特に保護されるべきである」と述べている（北方ジャーナル事件：最大判昭和61年6月11日）。

また判例は、「私人の私生活上の行状であっても、そのたずさわる社会的活動の性質及びこれを通じて社会に及ぼす影響力の程度など」によっては、「公共」的事実にあたるとしている（月刊ペン事件）が、社会的影響力のある「公的」人物であれば私生活上の行状でさえ社会的な批判対象となるとした点については、「公人」に関する言論を特に保護しようというアメリカの考えと共通したところをもつ。

(参考文献) 鈴木秀美・山田健太編著『よくわかるメディア法』(2011・7　ミネルヴァ書房)、樋口範雄ほか編『アメリカ法判例百選』(2012・12　有斐閣)

[山本龍彦]

▶ 公正な論評の法理→フェアコメント（公正な論評）の法理

▶ 公然性を有する通信
（こうぜんせいをゆうするつうしん）

(語義) 不特定多数の公衆に情報を伝えることができ、かつ、その内容に秘匿性のない通信。伝統的な法制度においては、有線・無線の広義の通信は、放送と狭義の通信とに区別され、それぞれ異なる規律を受けてきた。公衆が直接受信することを前提とする放送においては、政治的中立性などの内容規制が行われてきた。他方、1対1のやり取りである通信については、通信の秘密が保障されている。

ところが、技術の発展により生じた「放送と通信の融合」現象の一環として両者の中間領域に属するようなサービスが登場し、これらの整理のために、1990年前後から、「公然性を有する通信」「限定性を有する放送」という概念が、政府の報告書も含め、使われるようになった。公然性を有する通信においては、通信ではありながらも、通信の秘密の保障は妥当しない。

(実例) 日本で放送と通信の区別が問題になるようになったのは、まずはCS放送の位置付けをめぐってであった。CS放送はもともとケーブルテレビ事業者への番組配信を目的とする「通信」であったが、技術の発達により、BS放送と同様、各世帯が直接受信できるようになったからである。CS放送については、法改正によって「放送」と位置付けられた。

さらに、インターネットは、通信の技術に基づくものであるが、実際には様々なものがある。例えば、電子メールはサービス内容から見ても通信であって通信の秘密の保障が及ぶが、ホームページは不特定多数に向けられたもので「公然性を有する通信」である。

(参考文献) 菅谷実・清原慶子『通信・放送の融合—その理念と制度変容』(1997・3　日本評論社)、多賀谷一照・岡崎俊一『マルチメディアと情報通信法制』(1998・8　第一法規出版）

[曽我部真裕]

▶ 公聴会（ヒアリング）（こうちょうかい（ひありんぐ））

公聴会とは、口述人が行政運営や政策に関して意見を述べる手続。国会、地方議会、行政機関、自治体が行うものがある。公聴会には、法律や条例で実施が義務付けられている場合と、裁量により実施されるものがある。国会では、総予算及び重要な歳入法案、憲法改正原案については、公聴会の開催が義務付けられている。地方議会では分担金を徴収する条例の制定・改廃に際して、公聴会の開催が義務付けられている。これら以外は、議会の判断で随時実施される。国の行政機関、自治体においては、都市計画決定、環境アセスメント、電力料金の値上げ、行政手続制度に基づき、申請に対する処分に際して申請者以外の利害を考慮する場合などに公聴会が実施される。公聴会での口述人は公示により募集をして、一般市民、利害関係者、学識経験者等が選ばれるが、議会が実施する場合は裁量で選出をすることが多い。

[三木由希子]

▶ 公的責務（公的任務）[ドイツ]
（こうてきせきむ（こうてきにんむ）[どいつ]）

(語義) プレスの公的責務は、「公的」という概念自体の不明確さも手伝って、ドイツでは

様々な意味で用いられてきた。国家社会主義の時代において「国家への奉仕」という意味を担わされたこともあるが、戦後（西）ドイツの連邦憲法裁判所は公的責務をプレスの民主主義的機能を意味するものとして位置付け、現在では、これが定着している。

〔実 例〕連邦憲法裁判所は1958年の判決（リュート判決）の中で、自由なプレスは自由で民主的な国家秩序にとり必要不可欠であると指摘した上で、66年の判決（シュピーゲル判決）で、憲法を基準とするプレスの法的地位は、民主的国家における自由なプレスの機能に対応すると述べている。したがって、プレスの自由は、公的責務を媒介にすることにより、「国家からの自由」という防御権にとどまらず、自由に意見が形成されるコミュニケーションの過程におけるプレスの役割達成にとって不可欠な前提条件を保護する、言い換えれば「自由なプレス」という制度を保障していることになる。具体的には、証言拒絶権、押収・捜索の制限、官庁に対する情報開示請求権等のいわゆる「プレスの特権」の承認が導き出される。ただし他方で、公的責務からプレスの集中の対抗措置や内部的自由の保障など、プレスの自由を保護するための国家による積極措置の要請をも導く見解もある。

もっとも、「公的責務」さらには「制度」は、前述の国家社会主義時代の経験から誤解を招きやすいものであるため、現在ではプレスの自由の「客観法的側面」という概念を用いることが一般的となっている。

〔参考文献〕浜田純一『メディアの法理』（1990・5 日本評論社）、石村善治『言論法研究Ⅲ』（1993・6 信山社出版）　　　　　　　　　　［西土彰一郎］

▶ 硬派・軟派（こうは・なんぱ）

新聞社の整理部などでは、政治、経済、国際関係のニュースを「硬派」、事件・事故をはじめ社会ネタ、スポーツのニュースを「軟派」と呼ぶ。明治時代から続く呼び名だが、整理部でそれぞれの面の担当する人やその班を指すことも多い。また例えば、国会解散では、1面や政治面などの記事は「硬派」、社会面でそれらを受ける記事や雑観は「軟派」に分かれる。〔参考文献〕日本新聞協会新聞編集整理研究会編『新編 新聞整理の研究』（1994・1 日本新聞協会）　　　　　　　　　　［竹田昌弘］

▶ 降版（こうはん）

新聞整理が終わり、紙面のデータを印刷工程へ送ること。校了と同じ意味で、単に「降ろす」ともいう。かつては鉛の活字を組み上げた版を「大組み台」から降ろしていたので、この呼び名がある。降版時間は新聞が販売店に到着しなければならない時間から逆算される。新聞は配達地域の遠近によって「早版」「中版」「遅版」などと、版を重ねるので、版ごとに、さらには面ごとに降版時間が決められている。オピニオン面や特集面は早く、1面と社会面が一番遅い。札幌、東京、名古屋、大阪、福岡では、各紙が最終版の降版時間を同じ時刻に決めている。「降版協定」と呼ばれ、東京の夕刊は午後1時30分59秒（記事・写真の組込みは同20分59秒まで）、朝刊は午前1時35分59秒（記事・写真の組込みは同25分59秒まで）となっている。〔参考文献〕日本新聞協会新聞編集整理研究会編『新編 新聞整理の研究』（1994・1 日本新聞協会）　　　　　　　　　　［竹田昌弘］

▶ 公文書（こうぶんしょ）

公文書とは、公的機関の職員が作成・取得し、公的機関が保有している文書のことをいう。公文書管理法における「公文書」には、行政文書、法人文書、特定歴史文書等が含まれる。行政文書は、行政機関の職員が作成・取得し組織的に用いるものとして行政機関が保有しているものを指す。「文書」には、紙媒体だけでなくあらゆる媒体が含まれる。法人文書は、独立行政法人、一部の特殊法人・認可法人の文書を指し、定義は行政文書に準じている。特定歴史公文書等は、国立公文書館などに移管された歴史的文書を指す。裁判所や国会の作成・取得している文書も公文書であるが、公文書管理法は適用されていない。また、自治体の保有している文書も公文書である。一般的には、情報公開条例で請求対象文書として定義されたものが「公文書」とされる。定義は、各自治体が独自に定める

ため様々であり、個別に確認が必要である。

(参考文献) 右崎正博・三宅弘編『情報公開を進めるための公文書管理法解説』(2011・3 日本評論社)

［三木由希子］

▶公文書館(こうぶんしょかん)

歴史的な史料としての条約、宣言、外交文書、法令原本、政府関係の行政文書等の公文書を保管し、公開する機関、施設を指す。元来はアーカイブズ(archives)の訳であるが、日本でアーカイブズはさらに広義で文書・資料を保存・保管すること、あるいはその機能を有する機関、施設を指すことが多い。刊行された図書を収集する図書館、非文書資料を収集する博物館とは区別され、図書館における司書(ライブラリアン)、博物館における学芸員(キューレーター)と同様に、公文書館には資料の収集、整理、研究の専門職としてのアーキビストが置かれるものとされる。しかし日本では、国レベルの国立公文書館は1971年に開設されたものの、地方レベルでは日本最古の山口県をはじめとして一部の自治体に設けられているにすぎない。ほかに国レベルの公文書館及び類似施設としては、アジア歴史資料センター(2001年)、外務省外交史料館(1971年)、防衛省防衛研究所図書館史料閲覧室(2001年)、宮内庁書陵部(1869年)、国文学研究資料館(1972年)がある。そもそも公文書管理法が2011年に施行されたものの、行政文書をはじめとする記録の管理(レコードマネジメント)について意識が薄く、アーキビストの資格の法制化も成されていない。大学教育においても、アーキビストの専門教育を行う機関は極めて限定的である。(参考文献) 仲本和彦『研究者のためのアメリカ国立公文書館徹底ガイド』(2008・6 凱風社)、右崎正博・三宅弘編『情報公開を進めるための公文書管理法解説』(2011・3 日本評論社)、松岡資明『アーカイブズが社会を変える──公文書管理法と情報革命』(2011・4 平凡社)

［山田健太］

▶公文書管理法・条例
(こうぶんしょかんりほう・じょうれい)

(語義) 公文書管理法・条例とは、公的機関の公文書の管理について定めた法制度をいう。公文書を公開する仕組みである情報公開制度と車の両輪であると表されることが多い。

公的機関、とりわけ行政組織においては、適正な意思決定、確実な伝達、行政運営の一体継続性等を確保するため、文書主義を原則としている。しかしながら、どのような文書を作成すべきか、どのように管理をするのかなどは、法や条例によらず裁量的に行われてきた。情報公開制度の普及とともに、文書の作成範囲、管理の方法、保存期間の設定によっては公開請求の対象となる文書の範囲が著しく制約されるため、公文書管理のあり方が課題となってきた。また、保存期間経過後の歴史的に重要な公文書の公文書館などへの移管・保管・利用についても、制度としての担保がないまま、極めて脆弱で、かつ裁量的に行われてきた。

これらの問題を改善するための法制度が、公文書管理法・条例である。公文書の管理には、存在している公文書を適切に管理するということだけでなく、公文書の定義、公的機関としての文書の作成義務、作成・取得された公文書の管理方法、保存期限、保存期限満了後の廃棄・歴史文書としての移管、歴史文書の保管と利用等、公文書のライフサイクル全般を含むものであるべきとされている。また、法は公文書は主権者の共有財産(知的共有資源)であり、誰もが主体的に利用できるものと位置付けているものもある。

(実例) 日本で最初に公文書管理条例を制定したのは、2001年3月の山口県宇土市であり、06年までに北海道ニセコ町、大阪市で条例化された。その後、09年6月に公文書管理法が制定され、11年4月に施行された。国の動きを受けて、同年3月以降に公文書管理条例を制定した自治体がいくつかあるが、数は限られ、多くの自治体が文書管理規程・規則などの内部ルールにより公文書を管理している。

公文書管理法は、文書の作成、管理、廃棄・

移管、歴史文書の保管等の文書のライフサイクルを定め、第三者機関としてこれらの運用をチェックする公文書管理委員会を設けている。また、国立公文書館などに保管されている歴史文書に対する利用請求権を設定し、情報公開制度と同様の請求権を創設した。公文書管理条例は、自治体によって公文書管理に関する定めの範囲が異なっている。法律に準じたものもあれば、文書の作成義務の範囲が狭いもの、歴史文書の移管・保管のルール、歴史文書に対する利用請求権が設定されていないもの等、様々である。

参考文献 右崎正博・三宅弘編『情報公開を進めるための公文書管理法解説』（2011・3 日本評論社）、松岡資明『アーカイブズが社会を変える――公文書管理法と情報革命』（2011・4 平凡社）、瀬畑源『公文書をつかう――公文書管理制度と歴史研究』（2011・11 青弓社）

[三木由希子]

▶広報（こうほう）

語義 広報とは、官公庁、企業体、団体や個人が公衆に向けて情報発信を行う説得コミュニケーション活動全般を意味する。自己PRのパーソナルブランディング（個人ブランド化）から国家政策としてのパブリックディプロマシー（広報文化外交）まで対象領域は広いが、一般には官庁や企業が新聞、雑誌、放送等の報道機関にニュース素材を提供するプレスリリースや、記者会見を指すことが多い。

特定の目的に従って個人あるいは集団の態度と思考に影響を与え、世論（輿論）を意図した方向に組織するコミュニケーション活動として、広報（publicity / public relations）は政治領域での宣伝（Propaganda）と経済領域での広告（advertisement）の中間領域を占めている。しかし、政治と経済の領域、それにまたがる公共圏の間に明確な境界線を引くことは現代の社会国家（福祉国家）において不可能である。そのため機能面から、宣伝のmanipulate（操作する）や広告のpersuade（説得する）に対して、広報のconvince（納得させる）を使い分けることもあるが、広報が情報操作や利益誘導と無関係なわけではない。

それにもかかわらず、広報を行う組織が自らの公共的な合意形成活動を「宣伝」や「広告」と区別しようとするのは、プロパガンダ戦争と呼ばれた第一次世界大戦以来、宣伝が嘘をつくテクニックと考えられ、広告が資本主義社会における利益優先の消費誘導術と見なされてきたためである。そのため、21世紀の今日ではあらゆる説得コミュニケーションが歴史的負荷の少ない「広報」を自称することも普通である。もちろん、他人の信頼を得るための説得術は人類社会とともに存在しており、宣伝史や広告史が古典古代の事例を引くように、そうした広報文化史も不可能ではない。しかし、職業名として「PRカウンセラー」が生まれた第一次世界大戦後のアメリカに起源する概念というべきだろう。

実例 日本で「広報」は第二次世界大戦後にGHQ（連合国軍総司令部）が持ち込んだパブリックリレーションズの訳語として使われるようになった。ただし、満洲国では国務院に弘報処（1937年に「情報処」から改称）が置かれており、必ずしも「戦後」起源とはいえない。

1946年12月にGHQは軍政部から各道府県庁にPRO（public relations office）の設置を求める通達を出している。「P.R.O.ハ政策ニツイテ正確ナ資料ヲ県民ニ提供シ、県民自身ニソレヲ判断サセ、県民ノ自由ナ意志ヲ発表サセルコトニツトメナケレバナラナイ」とある。

これにより各自治体に広報課が設置され、さらに政府内でも各省庁との連絡調整のために、総理庁審議室で「各省庁広報主管課長会議」が開催されるようになった。60年には、政府広報に専従する総理府広報室が設置された。同広報室は政府の重要施策広報の実施主体である一方で、世論調査及び政府広聴の実施主体にもなった。この政府広報室とは別に、73年には省庁の広報活動を総合調整する内閣官房内閣広報室も設置されたが、2001年の省庁再編により内閣府政府広報室に一元化された。現在行われている政府広報の一覧（http://www.gov-online.go.jp/pr/index.html）によれば、新聞雑誌広告やパンフレットなどの紙媒体、テレビCMやラジオ番組、インターネット動画等での情報発信が行われている。さらに、首相官邸ホームページや内閣メール

マガジンの運用なども担っており、情報化とともに重要性が増している。

参考文献 内閣総理大臣官房広報室編『政府広報30年の歩み』（1990・7　内閣総理大臣官房広報室）、S・ユーウェン『PR！ 世論操作の社会史』（平野秀秋・左古輝人・挾本佳代訳、2003・10　法政大学出版局）、津金澤聰廣・佐藤卓己責任編集『広報・広告・プロパガンダ』（2003・10　ミネルヴァ書房）　　［佐藤卓己］

▶ **コーヒーハウス**（こーひーはうす）

17世紀から18世紀にかけ、コーヒーなどを提供したイギリスの社交場。ロンドンでは1652年に開店した。男性ならどのような者でも入ることができた。政治や文学を語り、商いの情報を交換するため、政治家、作家、商人が訪れ、ジャーナリストにとっても格好の情報源となった。新聞雑誌は客寄せのために置かれ、だれでも自由に読むことができた。75年、政論の高まりを危惧したチャールズ2世がコーヒーハウスを禁止するも、反対の声が多く撤回を余儀なくされている。ウィルズ・コーヒーハウスはJ・ドライデンを中心とした文学サークルのよりどころとなり、ロイズ・コーヒーハウスは保険業者のたまり場となった。18世紀半ば、集まる人々に偏りが生じると、コーヒーハウスは次第に閉鎖的となり衰えた。**参考文献** 小林章夫『コーヒー・ハウス――18世紀ロンドン、都市の生活史』（2000・10　講談社）　　　　　　　　　　　　　　　　　　　　［河崎吉紀］

▶ **ゴールデンタイム**（ごーるでんたいむ）

語義　テレビ番組の編成において、その効果・効率の両面から特別な地位が与えられた時間帯。19時から22時の3時間を差し、一般的に帰宅時間後にあたることから、確実に高視聴率が狙えると考えられてきた。さらにこの時間は食事、団欒といった家庭生活のコアにあたると見なされ、世代の違いを超えて様々な家族成員へのリーチが期待できるとして、テレビ的公共空間の原点たる「お茶の間」像を実現する時間帯と考えられてきた。

しかしこの観念の前提となる濃密な家族視聴は1975年頃を境にサブテレビや個室の普及、レジャーの多様化の影響を受け徐々に解体していく。その後も見かけ上ゴールデンタイムは、高視聴率を相対的には確保し続けるが、実態は生活時間の個別・分散化に伴い、散漫となった視聴行動を繋ぎとめるマーケティングの主戦場となっていく。

実例　それはこの時間帯に配される番組のタイプの変化に見ることができる。かつては子どもを中心としたファミリー向け番組、クイズ、スポーツ、ホームドラマ、あるいはNHKの場合社会派のドキュメンタリーまで、まさに様々なジャンルがそこにはあった。しかし今日はほぼ（情報番組を含む）バラエティーに占拠されてしまっている。これについては、散漫な視聴行動への対応と、上記のようなジャンルがセグメント化された「好み」の対象へと変化し、相応の時間帯に移動してしまった影響の現れと見なすことができよう。

視聴時間の分散の結果、今日では営業的にはその範囲を23時まで拡大したプライムタイムの方を重視する傾向が強まり、ゴールデンタイムという言葉は「看板番組が並ぶ」といった象徴的意味合いに変化しつつある。しかも地上デジタル化以降、定時視聴の前提となる編成概念自体が相対化してしまった状況の中では、形骸化はますます進むであろうことが予測される。

参考文献 ビデオリサーチ『「視聴率」50の物語』（2013・8　小学館）　　　　　　　　［水島久光］

▶ **国益**（こくえき）

語義　国民または国家にとっての利益を指す。英語表記のnational interestに倣えば、国とは国民を意味し、国益とは国民利益ということになる。対して、国を国家と解釈すれば、国益とは国家利益である。国家機構が自己の権益の保持や拡大のみを目的として行動し得ることを考えれば、民主主義国家であっても国民利益と国家利益は背反し得る。だが、国家利益が国民利益として提示され、両者が意図的に混同されることは頻繁に生じる。

他方で、国民利益として考えたとしても、国民の内部には様々な利益対立が存在し得る以上、全員に共通の利益を確定することは困難である。そのため、国益という言葉は、内

政に関する諸問題よりも領土紛争や貿易交渉などの外交に関する諸問題においてより頻繁に用いられる。他国との関係において語ることで、国民にとっての一枚岩的な利益の存在を想定しやすくなるからである。

しかし、実際には他国との関係においても一枚岩的な国民利益を想定することは容易ではない。自由貿易を促進することで、少なくとも短期的には損害を被る層と利益を享受する層とが生じることからも明らかなように、他国といかなる関係を築くべきかについても国民の間で大きな利益対立が生じ得る。

したがって、国益という概念は、国民全員に実際に共有される利益としてよりも、一種の政治シンボルとして把握することが妥当である。つまり、実際には背反する利益を有する人々の間にあたかも共通利益が存在することを示唆するための政治的なシンボルとして国益は理解できる。そのため、国益の中身が曖昧であるほど多くの人々がそれに賛同し得る一方で、その意味解釈をめぐって激しい対立が生じることもあり得る。

(実例) 国家利益と国民利益との混同が特に生じやすいのが戦争時である。ジャーナリズムに対する制約や検閲が国益の名の下で正当化される。戦場での自国軍の残虐行為や、敵軍からの攻撃の被害をそのまま報道することがしばしば「国益に反する行為」とされる。しかし、戦争の実情を国民が知らないままにそれを継続することを果たして国民の利益と呼び得るのかは意見の分かれる点であろう。

ジャーナリズムは、支配的な国益観への異議申立てや、異なる国益観を持つ人々の間に対話の回路を開くなど、国益の解釈過程において重要な役割を果たし得る。とりわけ、上述の場合のように国益の名のもとに言論や表現の自由が脅かされる場合には、ジャーナリズムのそうした活動が社会の多元性を維持する上で不可欠になるといえよう。

(参考文献) 高柳先男『パワー・ポリティクス [増補改訂版]』(1999・7 有信堂高文社)、永島啓一『アメリカ「愛国」報道の軌跡』(2005・11 玉川大学出版部)、M・エーデルマン『政治スペクタクルの構築』(法貴良一訳、2013・1 青弓社) 〔津田正太郎〕

▶国際的なニュースの流れ
(こくさいてきにゅーすのながれ)

(情報の不均衡) 国際的なニュースの流れを俯瞰すると、①主に先進国間で流通する、②先進国から発展途上国へほぼ一方向的に流れる、③発展途上国から先進国へは暴動や災害などマイナスイメージを引き起こすニュースが流れる、という傾向が続いている。

国際的なニュースの流れを巡る議論は、冷戦終結まで、情報流通の支配権を握り、かつ世界の市民一人一人が情報を自由に交換できる権利を保障しようとする西側資本主義諸国に対し、国家の介入と協調で不均衡を是正しようとする発展途上国及び東側社会主義諸国という、3陣営のせめぎ合いによって繰り広げられてきた。

第二次世界大戦後、世界を取材し配信する通信網を形成したのは、イギリスのロイター、アメリカのAP、UPI、フランスのAFP、旧ソ連のタス通信という、世界通信社であった。発展途上国発のニュースは、主に先進国に拠点を置く世界通信社によって、価値観の異なる視点で取材され世界に配信される。発展途上国は隣国の情報であっても、世界通信社のレンズを通さなければ知ることができない。発展途上国にとってコミュニケーションの不均衡は、政治経済システムの中心＝周縁構造に根差しており、根幹的な経済資源の不平等な配分で先進国への依存を強化するものである。植民地支配から政治的独立を果たしても、ニュースの流れの不均衡が払拭されなければ、文化的価値やアイデンティティを喪失しかねず発展の障害となる。

(NWICO論議) 第二次大戦後に植民地支配を脱し国際舞台での役割を高めた非同盟諸国は、世界経済体制の構造的不平とコミュニケーションの不均衡是正を求める「新国際経済秩序 (New International Economic Order) 宣言」を1974年国連総会で採択に導いた。

76年、第19回ユネスコ総会では、「均衡ある情報の流れ」を求める発展途上国や東側社会主義諸国と、「自由な情報の流れ」を求める西側先進国とが激しく対立した。78年になっ

て折衷的な「自由かつ均衡ある情報の流れ」すなわち「新世界情報コミュニケーション秩序（Nes World Information and Communication Order：NWICO）」を提唱した「マスメディア宣言」が採択され、コミュニケーション問題研究国際委員会（The International Commission for the Study of Communication Problems：通称マクブライド委員会）が設立された。マクブライド委員会は80年、第21回ユネスコ総会に提出した報告書で、国際コミュニケーションをめぐる歴史及び国の現状を広範囲に分析するとともに、重要な社会資源であるコミュニケーションの開発計画を策定して情報インフラの整備と人的資源開発をすること、発展とアイデンティティ保護のために発展途上国でラジオやテレビなどのコミュニケーション技術を積極的に利用することを提案し、後の国際コミュニケーション発展計画（International Program for the Development of Communication）設立へと繋がった。

同報告書は、コミュニケーション問題に関する初めてのグローバルな視点に基づく提案と高い評価を受ける一方、西側先進国には世界通信社のヘゲモニー支配への挑戦と映った。特にアメリカ・イギリスは民主主義の根幹をなす「プレスの自由」への挑戦と受け止め、アメリカは84年12月31日をもって、イギリスも85年にユネスコを脱退、ユネスコはコミュニケーションに関する国際協議の機能を喪失した。

(情報と社会変動) 情報格差是正へ向け、1964年には欧州・中南米のジャーナリストを中心に、インターナショナル・プレス・サービス（IPS）が設立された。IPSは英語、フランス語、スペイン語のほか19言語によって情報発信し、第三世界の発展やNGO活動について広く報道した。

80年代に入ると経済発展が進行した東アジア地域で衛星放送やCATVが急速に普及し、国境を越えた情報流通が拡大、発展途上国の状況は著しく多様化した。

80年代以降の国際的な議論は、全欧州安全保障協力会議を舞台に続けられた。75年採択の「ヘルシンキ宣言」は、国家主権の尊重、武力不行使、国境の不可侵、領土保全、紛争の平和的解決、内政不干渉、人間の移動の自由、情報普及の自由、人権の尊重、信頼醸成措置の促進を謳った。宣言の履行確認をするヘルシンキ・プロセスでは、情報普及でも東側諸国から譲歩が引き出され、旧ソ連のペレストロイカも背景に、短波放送への妨害電波が停止された。また東側テレビ局が盛んに西側番組を輸入するなど、情報の流れに実質的な変化が生じた。

89年をピークとする社会主義崩壊過程では、西側衛星放送視聴の普及、公共放送の困窮、商業放送への外資参入問題における倫理問題の発生等、ソ連東欧各国のコミュニケーション環境はカオス状態に陥った。

90年代には、リアルタイムの国際報道によって生じた市民感情が政府への圧力と化す「CNN効果」が注目され、96年にはアルジャジーラが開局し、西欧とは異なる視点で中東での発信を強めていった。

欧州コミュニケーション秩序回復の求心力となったのは、EUの前身ECが欧州全域での自由な情報流通と多様なアイデンティティの確保を打ち出したいわゆる「テレビ指令」（89年、97年）である。EU加盟を目指す東欧諸国は競って、達成義務となるテレビ指令に適応していった。

(WSISへ) 1997年にイギリスが、2003年にアメリカが復帰するとユネスコは、インターネット時代の国際議論の舞台となった。

03年第1回世界情報社会サミット（World Summit on the Information Society）では、世界的なインターネット整備環境、デジタル連帯基金設立の検討などが行動計画に盛り込まれたが、再び発展途上国と先進国の間に、情報技術への政府関与のあり方で、溝が生じた。

05年第2回大会では、デジタル連帯基金協力への自発性の確認、インターネット管理のフォーラム設立、ITU（International Telecommunication Union）、ユネスコ、国連開発計画の役割調整などが議論されたが、民間によるインターネット管理を主張するアメリカと、国連下での管理を主張するEU・発展途上国との間に溝が生じた。

世界通信社による支配から衛星放送の普及、巨大メディア複合企業による世界市場の集中化・寡占化の進行、過熱する報道競争、インターネットの普及等、コミュニケーション技術の発達に翻弄されながら、国際的なニュースの流れの不均衡は依然として重要な課題のまま解消に至っていない。

(参考文献) ユネスコ『多くの声、一つの世界』(永井道雄訳、1980・12 日本放送出版協会)、H・H・フレデリック『グローバル・コミュニケーション―新世界秩序を迎えたメディアの挑戦』(川端末人ほか訳、1996・6 松柏社) 〔清水真〕

▶ 国際放送(NHK国際放送)
(こくさいほうそう(えぬえいちけーこくさいほうそう))

(語義) 広義には、外国において受信されることを目的とする放送。狭義には、このうちの中継国際放送及び協会国際衛星放送以外の放送のこと。放送法は、(広義の)国際放送の実施主体としてNHKを想定し、具体的には、①(狭義の)国際放送と②協会国際衛星放送はNHKの必須業務、③中継国際放送はNHKの任意業務と規定している。③は、外国の放送事業者にNHKの放送を中継してもらう見返りに、NHKが外国の放送事業者の放送を中継するものであるが、現在は実施されていない。総務大臣は、放送事項などを指定した上で国際放送などの実施を要請できる。この要請に基づく放送を要請放送という。要請放送もNHKの必須業務であり、放送に際しては、①や②との一体的実施が求められている。

(実例) ①及び②では、邦人向け放送と外国人向け放送のそれぞれの実施が義務付けられている。①では、「NHKワールド ラジオ日本」の名称の下、衛星を用いないラジオ短波放送が全18言語で実施されている。日本語放送が邦人向け、外国語放送が外国人向けである。②は衛星を用いたテレビ放送で、邦人向けが「NHKワールド プレミアム」のノンスクランブル放送の時間帯、外国人向けが「NHKワールド TV」として実施されている。前者は日本語放送、後者は英語放送である。

放送法は、テレビによる外国人向け国際放送に関し、一部業務を子会社に委託することを命じており、現在NHKは、「NHKワールドTV」の番組制作とその受信環境整備を株式会社日本国際放送(JIB)に委託している。なお、NHKは、毎月、国際放送実施概要を総務大臣に提出することが義務付けられている。

(参考文献) 鈴木秀美ほか編著『放送法を読みとく』(2009・7 商事法務)、金澤薫『放送法逐条解説〔改訂版〕』(2012・1 情報通信振興会) 〔丸山敦裕〕

▶ 黒板協定 (こくばんきょうてい)

記者クラブ内の慣例で、当局側が発表する日時が決まった場合、どのクラブ加盟社も先に報じてはならないという暗黙のルール。メディア間の過度な競争を排除するための自主規制といえる。当局側の発表予定を、記者室内の黒板やホワイトボードに書く習慣から、こう呼ばれるようになった。記者クラブ内では古くから、当局が発表しようとする内容を事前にキャッチし、他社に先駆けて報道する形の"スクープ"合戦が繰り広げられてきた。しかし、当局が発表する予定が決まれば、この時点で黒板協定が有効になり、各社の報道を縛る。つまり、秘密裏に取材していた記者がいたとしても、もうスクープにはできなくなる。万が一、黒板協定に違反して報道した場合は、記者クラブ内で、会見への出席停止などの処分を受けることがある。(参考文献) 新聞報道研究会編著『いま新聞を考える』(1995・5 日本新聞協会研究所) 〔小黒純〕

▶ 国民投票法 (こくみんとうひょうほう)

(語義) 正式名は「日本国憲法の改正手続に関する法律」。憲法96条が定める憲法改正の具体的な手続として、憲法改正の発議にかかる手続と国民投票の手続などについて定める法律。2007年に制定された。

同法の下、衆議院100人以上、参議院50人以上の賛成により憲法改正案の原案が発議され、衆参両院の憲法審査会での審査後、本会議に付される。両院の本会議にて3分の2以上の賛成で可決した場合、国会が憲法改正の発議を行い国民に提案する。発議をした日から60日以後180日以内において国会の議決した期日に国民投票が行われ、有効投票総数の過

半数を超えた場合に、国民の承認があったものとされる。

(実例) 憲法改正案を国民に提案後、その改正案の広報を行うために、国会に「国民投票広報協議会」が設置される。協議会は、憲法改正案とその要旨、賛否の意見などをわかりやすく説明した国民投票公報の作成、ラジオまたはテレビ放送、新聞広告による広報等を行う。放送・広告による広報は、政党などにも無料で認められるが、賛否の意見双方に対して同様の条件を提供しなければならないとされる。

「憲法改正案に対し賛成又は反対の投票をし又はしないよう勧誘する行為」と定義される「国民投票運動」に対する規制として、投票事務関係者や中央選挙管理会の委員等による国民投票運動の禁止、公務員や教育者が地位を利用して行う国民投票運動の禁止（ただし罰則はない）などがある。また、国民投票の14日前から投票期日までの間、法律上認められた協議会及び政党などによる放送以外は、何人も国民投票運動のための広告放送が禁止される。さらに放送事業者は、国民投票に関する放送を行う際には、放送法4条1項の規定の趣旨に留意しなければならない（104条）。

(参考文献) 橘幸信・高森雅樹「憲法改正国民投票法」『ジュリスト』（2007年9月15日号）　　[横大道聡]

▶ 国立国会図書館 (こくりつこっかいとしょかん)

(語義) 日本における唯一の国立図書館であり、納本制度により国内の出版物を網羅的に収集するなど、国の中央図書館としての機能を担う。「国立国会図書館法」（1948年制定）に基づき設置されている。第二次世界大戦後、アメリカ議会図書館を参考にして構想、創設された。そのため、国立国会図書館は、文部科学省など特定の省庁の管轄下にはなく、国会に所属する。帝国図書館（1872年に書籍館として創設）と帝国議会の貴族院・衆議院の図書館（90年創設）が前身にあたる。

(実例) 国立国会図書館は、東京・永田町にある本館のほかに、関西館、国際子ども図書館、最高裁判所や中央省庁の庁舎内にある支部図書館等からなる。この構成からも明らかなように、本図書館のサービス対象は幅広い。

本図書館は、国会に所属する図書館として、国会議員に対するサービスを特に重視している。館内には、「調査及び立法考査局」が設けられており、ここでは、国会議員の求めに応じて、国会審議などに役立つ資料を準備・提供したり、議案起草を補佐したりする。

また、最高裁判所や中央省庁の職員に対しても、本図書館は各庁舎内に設けられた支部図書館を通してサービスを提供している。2013年度現在、支部図書館（分館を含む）は33館ある。

さらに、本図書館は、国立の図書館として、すべての国民に対してサービスを提供している。ただし、国際子ども図書館以外は、原則として18歳以上の人に利用を制限している。この理由を本図書館のウェブサイトでは、「満18歳未満の方は、多くの場合、お近くの公共図書館や学校図書館で目的を達することができると考えられ、また、施設や対応できる人員等に限りがあるためです。」と説明している。なお、地方在住者にとって来館利用は容易とはいえない。そのため、本図書館の所蔵資料は、近隣の公立図書館で取り寄せて利用することも可能である。

(参考文献) 今まど子・高山正也編著『現代日本の図書館構想―戦後改革とその展開』（2013・7　勉誠出版）

[野口武悟]

▶ 個人情報 (こじんじょうほう)

(語義) 一般には個人に関する情報全般を指すが、法では特定の個人を識別できることを条件に付し、「個人識別情報」として使用される。個人の情報を勝手に利用し、DMを送りつけたり勧誘電話をかけたりすることが一般化する中で、行政や企業が無断で個人情報を収集したり利用したりすることを制限する法制度が整備されつつある。報道機関などは取材の自由を保障する観点から、法の適用を一部除外されている。

個人情報保護法による定義では、「生存する個人に関する情報であって、当該情報に含まれる氏名、生年月日その他の記述等により特定の個人を識別することができるもの（他の

情報と容易に照合することができ、それにより特定の個人を識別することができることとなるものを含む。）をいう」（2条1項）とされている。ただし「個人に関する情報」そのものは、極めて幅広い概念であって、氏名、性別、生年月日といった個人を識別する情報に限定されるわけではなく、個人の身体、財産、職種、肩書き、家族関係といった外観や活動などの状況のみならず、個人に関する評価や判断、個人の内心を含む属性に関しての全ての情報を含む。また、評価情報や公刊物などによって公にされている情報や、映像や音声による情報も含まれるし、暗号化されているかどうかも問われない。さらに、個人が創作した表現などの人格権的・財産権的に価値がある情報も含むとされている。

広義には死者に関する情報も個人情報であることに違いないし、死者に関する情報であっても、同時に遺族などの生存する個人に関する情報である場合には、法によって保護の対象である「生存する個人に関する情報」として扱われる。なお、法の定義による「他の情報と容易に照合することができる」とは、例えば通常の作業によって個人情報データベースなどにアクセスし、照合できるような状態を指すとされている。具体例としては、試験の結果一覧に、学校名・学籍番号だけが記載されている場合、一般にとっては特定が不可能であるが、学校関係者であれば校内の学籍簿から容易に生徒個人を特定できるため、通常の作業で容易に照合できる状態にあると理解され、「個人情報」と認定されることになる。

一般に個人情報と呼ばれるものには、「絶対秘」とすべき機微（センシティブ）情報、「原則秘」である特定二者間でのみ共有され、第三者は知ることのできない情報、「相対秘」であるパーソナルデータ、「公開秘」であるオープン情報の4つに分けることができる。このうち収集や利用が問題となるのは第2・第3のカテゴリーであり、法による取扱い制限の対象となる。

近年、コンピュータの利用が一般化することに伴い、様々な業務で個人データの集積が進んでおり、しかもネット上に漏洩することによって瞬時に広範囲にわたって個人情報が拡散する可能性が高まるなど、個人情報の取扱いについての関心が高まっている。そのために、従来あった、行政機関における個人情報の取扱いを定める法律を全面的に改正し、保護を目的とした個人情報保護法と行政機関個人情報保護法が成立、2005年に全面施行されることになった。他に、独立行政法人個人情報保護法がある。

OECD（欧州経済協力開発機構）8原則として知られる個人情報保護のための国際ルールが、1980年に確立しており、日本の法制度もこの原則に沿ったものになっている。具体的には、収集制限の原則、データ内容の原則、目的明確化の原則、利用制限の原則、安全保護の原則、公開の原則、個人参加の原則、責任の原則を指す。関連して、主として行政機関における個人情報の保護に関するトラブルを扱う機関として、情報公開・個人情報保護審査会がある。

なお、きわめて密接であるが異なる概念として「プライバシー」がある。プライバシーは「個人の秘密」がその中心的概念であるため、その保護対象が異なるといえる。例えば封書の場合、宛名は個人情報であるが、その中身はプライバシーということになる。ただし、個人情報を扱う事業者のルールを定めたものを「プライバシーマーク制度」と呼ぶように、個人情報の取扱いが抑制されれば、結果的にプライバシーも保護されるという関係になっているといえる。

実例　個人情報保護法は、表現の自由に対する配慮条項を設けるほか（35条）、「放送機関、新聞社、通信社その他の報道機関（報道を業として行う個人を含む。）　報道の用に供する目的」「著述を業として行う者　著述の用に供する目的」に該当する者（個人情報取扱事業者）を法の適用除外とした（50条）。なお、除外対象としてはこの他、学術機関、宗教団体、政治団体がある。ただし同法の施行を契機に、公的機関で情報の出し渋りが発生するようになり、いわゆる「過剰反応」として問題視される状況にある。

個人識別情報については、上記の「個人に関する情報であること」に「特定の個人を識別できること」という条件が加わったもので、経済産業省の「個人情報の保護に関する法律についての経済産業分野を対象とするガイドライン」によると、「氏名」だけで「個人情報」であるとされている。また、苗字だけでは特定できなくても、それに会社名や住所（××地区在住）などのプロフィールが加わることで、その人が特定可能になれば、「個人情報」となる。そのほか、個人情報に該当する事例として挙げられているのは、生年月日、連絡先、コンピュータのIPアドレス、指紋や静脈パターン、虹彩、DNA塩基配列などの生体情報、防犯カメラに記録された情報等本人が判別できる映像情報のほか、特定個人を識別できるメールアドレスや会社が従業員を評価した情報などの雇用管理情報、特定個人を識別できる情報が記述されていなくても、周知の情報を補って認識することにより特定の個人を識別できる情報などが挙げられている。

　個人情報に関しては、主としてその収集に関する問題と、利用に関する問題がある。また、公的機関と民間（私企業）にまつわる問題に分けることもできる。目につきやすいのは私企業の悪用事例だが、社会制度として問題となるのは国家による個人情報の収集である。国（自治体）は戸籍にはじまり、住民票関連の情報を収集・保管・利用してきている。さらにマイナンバー法によって、行政機関間の相互利用がより自由になった。住民基本台帳に登載される情報の利用方法については、厳しく制約する傾向にあるが、現在でも第三者の閲覧が可能であって、ストーカー事件の加害者に漏洩し二次被害を及ぼすなどの事例が少なくない。

(参考文献) 個人情報保護実務研究会編『個人情報保護―管理・運用の実務』（2003・7　新日本法規出版）、奥津茂樹『個人情報保護の論点』（2003・11　ぎょうせい）、山田健太『法とジャーナリズム〔第2版〕』（2010・4　学陽書房）　　　　　　　　　　［山田健太］

▶ **小新聞**（こしんぶん）

　明治前期に発行された、総振り仮名付きの非知識人向け新聞の総称。1874年11月創刊の読売新聞が嚆矢で、論説中心の知識人向けの大新聞に対し、口語を取り入れた易しい文体による報道記事が中心で、紙幅も大新聞の半分と小さいのが特徴だったためそう呼ばれるようになった。価格も1銭と安価で、たちまち大新聞をしのぐ発行部数を上げるようになった。さらに東京絵入新聞、仮名読新聞など挿絵入りの小新聞が発行され、連載小説の源である続き物が掲載されるようになり、新聞の大衆化を進展させた。自由民権運動が活発になると絵入自由新聞や改進新聞のように論説を掲げ、政党機関紙化する小新聞も現れる一方、79年に創刊した朝日新聞のように不偏不党を掲げ経営的に安定をはかる小新聞が勢力を拡大した。80年代末以降は、大・小新聞が相互の特徴的要素を取り入れる中新聞化が進行し、日露戦争後に大新聞・小新聞の区別は消えた。(参考文献) 土屋礼子『大衆紙の源流』（2002・12　世界思想社）　　　　　　　　［土屋礼子］

▶ **国会法**（こっかいほう）

　日本の国会、弾劾裁判所、国立国会図書館、議員法制局の組織・権能・運営等について定めた法律。1947年制定。旧憲法時代の議院法に変わり、戦後制定された。2006年には憲法改正手続法の一環として国会法の改正が行われ、「日本国憲法の改正の発議」が挿入された。ジャーナリズムの文脈では、規定により国会内の各委員会審議は「報道の任務にあたる者」（52条）に対し公開することが義務付けられている。ただし、秘密会に指定した場合や、委員長の職権により退場を命じることができる。なお、国会に関する情報公開制度は存在せず、例えば国会福島原発事故調査委員会の文書は開示手続はおろか保管・保存の方法も定められていない（報告書などの一部は国立国会図書館ウェブサイト上で公開されている）。なお、地方自治体については、地方自治法で議会の公開が規定されているほか、情報公開条例で対象期間に議会を加えるなどの方法で情報公開の制度をもつところもある。［山田健太］

▶ 国家からの（による）自由
（こっかからの（による）じゆう）

語義 一般に、私的領域に対する国家の不当な介入からの自由を「国家からの自由」という。また、国家の関与・措置を通して確保される自由を「国家による自由」という。「国家からの自由」は自由権、「国家による自由」は社会権としばしば重ね合わせて論じられる。

こうした関係の背景には、人権思想の発展の歴史がある。国家権力の抑圧を排除するために、近代市民革命を経て確立された自由権は、「国家からの自由」の思想に基づく古典的な人権であり、近代憲法の主軸に置かれてきた。これに対して、資本主義の進展に伴い社会の不平等が拡大するなか、社会的・経済的弱者を保護し実質的な自由を確保するために要請された社会権は、「国家による自由」を認める思想を前提とする20世紀的な人権であり、現代憲法ではその比重を増している。日本国憲法において自由権は、精神的自由権、経済的自由権、人身の自由に分類される。社会権には生存権、教育を受ける権利、勤労の権利、労働基本権等が含まれる。

実例 自由権を代表するものに表現の自由がある。表現の自由について従来、日本の学説は「国家からの自由」を基本とし、公権力の介入なしに思想や情報を外部に発表・伝達する自由を重視してきた。だが、高度情報化が進み、マスメディアが巨大に発展した現代社会では、「国家からの自由」に加えて「国家による自由」とも関わる新しい状況が、表現の自由の領域に現れている。例えば、近年主張される「知る権利」は、自由権的・社会権的側面などを有する複合的性格の権利であり、思想・情報の多元性の確保をめぐって、自由とその価値をどう考えるのかという問題を提起している。

参考文献 奥平康弘『なぜ「表現の自由」か』（1988・3　東京大学出版会）、樋口陽一『権力・個人・憲法学―フランス憲法研究』（1989・6　学陽書房）、芦部信喜『憲法学Ⅱ　人権総論』（1994・1　有斐閣）　〔鄭佳月〕

▶ 国家の秘密（こっかのひみつ）

語義 国家の秘密とは、主に国防や外交などに関する情報で、秘匿することを要し、公になっていない事項をいう。最近では、公開してしまうと国家の利益を損なう情報全般を指すこともあるが、その多くは国防や外交に関する事項である。国防や外交事項は国家の命運を握ることもあるため、特に秘密が守られなければならないものとされてきた。国家が外国からのスパイを取り締まり、国家秘密の漏洩を防ごうとするのはまさにそうした理由による。

ところが、行政国家化が進むと、政府が取り扱う情報量が大幅に増加し、それに伴って国家秘密の対象も拡大していった。新たな秘密事項が登場したり各領域の情報同士がクロスしたりするため、秘密の対象は国防や外交に限らず、国家利益一般に広がっていったのである。そのため、国家の秘密には、公共の安全一般に関する事項や重要な政策事項、さらに政治的スキャンダルまで含まれることもある。

しかし、秘密の保護は政治に関する情報が公開されなくなるおそれがあり、民主主義にとって望ましくない側面がある。特に秘密保護制度は、報道機関の取材活動に影響をもたらすおそれが強い。秘密指定により収集できる情報が限られてしまうことに加え、秘密漏洩のそそのかし罪が公務員に対する取材活動を委縮させるおそれがあるからである。その結果、国民の知る権利が脅かされることにならないかとの懸念がある。

実例 国家の秘密が問題になったケースとしては、アメリカのペンタゴン・ペーパーズ事件がある。この事件は、ベトナム戦争に関する政府の報告書をニューヨーク・タイムズが報道しようとしたところ、政府が安全保障を理由に、その差止を求めて裁判所に提訴したものである。連邦最高裁は、事前抑制による表現の自由への影響を考慮し、政府側が差止に必要な立証責任を果たしていないとして、政府側の主張を退けた（New York Times Co. v. United States, 403 U.S. 713(1971)）。本件は、国

家秘密が表現の自由を制約する場合には、政府が秘密事項だと見なせばそのまま秘密として保護されるわけではなく、裁判所が審査に服することを示した点で重要である。また、報道機関の使命が重視された判決でもあった。

日本の国家秘密に関する事件としては、外務省機密漏洩事件（最決昭和53年5月31日）が有名である。この事件は、新聞記者が外務省職員から沖縄返還関連の情報を入手していたことが発覚したもので、記者がそそのかし罪に問われた。記者側は憲法の表現の自由により重要な情報を報道することが認められているとして無罪を主張したが、最高裁は記者の情報入手が不当な方法であったとして有罪判決を下した。

この判決については、報道の自由に配慮すべきだったとの批判もあり、政府が国家秘密を保護する場合には表現の自由との関連で慎重な判断が要請されるといえる。

(参考文献) I・ガルヌール『国家秘密と知る権利』（日本政治総合研究所訳、1979・10　東洋経済新報社）、山川洋一郎『報道の自由』（2010・12　信山社）

[大林啓吾]

▶ **子ども（児童）ポルノ**
（こども（じどう）ぽるの）

(語義) 子ども（児童）ポルノの定義について関連の文書（児童の売買等に関する児童の権利条約選択議定書2条(C)）は、現実のもしくは疑似のあからさまな性的行為を行う児童のあらゆる表現または主として性的な目的のための児童の身体の性的な部位のあらゆる表現としている。性的興奮を起こさせる表現といっても、その描写、表現に性的に反応する属性をもった受け手が多様であり、例えば異性愛者、同性愛者、小児（性）愛者（子どもを性愛対象とする性的倒錯者pedophile；páedophile）等々である。

この小児性愛者向けの表現及びそれを営利、非営利で販売、頒布、提供、製造等を行う者に対する法規制として、日本では、1999年に「児童買春、児童ポルノに係る行為等の処罰及び児童の保護等に関する法律」（子どもポルノ禁止法）が成立している。

(実例) 同法は、①児童を相手方とする又は児童による性交又は性交類似行為に係る児童の姿態、②他人が児童の性器等（性器、肛門又は乳首）を触る行為又は児童が他人の性器等（性器、肛門又は乳首）を触る行為に係る児童の姿態であって性欲を興奮させ又は刺激するもの、③衣服の全部又は一部を着けない児童の姿態であって性欲を興奮させ又は刺激するもの（同法2条③1、2、3号）の提供、製造、頒布、公然な陳列、輸入、輸出を禁止している（同法7条　関係法）。女性歌手の胸部を外国人の未成年者が手でおおう表紙写真が問題とされたり、児童ポルノ製造容疑による逮捕が報じられたりしている。青少年有害社会環境対策法の成立や子どもポルノ禁止法についての単純所持罪の導入、アニメなどの「絵」表現への適用拡張が現在議論されている。

(参考文献) 森山真弓ほか編著『よくわかる改正児童買春・児童ポルノ禁止法』（2005・3　ぎょうせい）、岩井宜子「児童ポルノ販売事件」堀部政男・長谷部恭男編『メディア判例百選』（2005・12　有斐閣）　[片山等]

▶ **コピー→複製（コピー）**

▶ **誤報**（ごほう）

(語義) いかなる理由であれ、事実と異なる報道は誤報である。ニュースは鮮度が命だが、内容が正確でなければならない。ところが、迅速さと正確さを両立させるのは困難を要する。紙媒体しかない時代にも誤報はあった。電子編纂の時代に入ると、文字や数字の写し間違いといった初歩的な人的ミスは自ずと減る。その一方、誤送信などコンピュータ利用に関連する誤報は後を絶たない。確認作業の時間的余裕がなくなったことも、誤報の一因になっている。このように、送り手が意図しないのに誤報は起こり得る。

ところが、送り手の一部が意図して起こる誤報もある。例えば、記者による記事の捏造である。フィクションとして面白いとしても、事実ではなく、誤報となる。書かれた内容が現実社会には存在しない、架空の話であれば、誤報というより「虚報」と呼ぶ方がふさわしいといえる。

誤報を構造的に捉えてみると、送り手から受け手に情報が流れる間、どこかにエラーが発生すれば、結果的に誤報になってしまう。ニュースの生産過程でいえば、マスメディアによる取材と編集を経て、受け手に最終的な情報が届くまでの間、何かの間違いが起これば、誤報になり得る。いずれにしても、間違いだとわかれば「訂正」や「お詫び」を出さなければならない。

(実例) 誤報の原因には大きく2つのことが考えられる。1つは、取材される側(取材源)に問題があるのに、取材する側が確認を怠った場合である。そして、もう1つは、取材・編集する側固有の問題が起こった場合である。

1番目の原因はさらに、取材源が間違いを意図せぬ場合と、意図した場合に分かれる。たいていは前者である。例えば、ある食品メーカーが新商品の発売価格を誤って発表したのに、気が付かなかったとする。ニュースが報じられた後、視聴者からの問い合わせで広報担当者はミスに気付かされる。

後者は、情報を提供する側が意図的に虚偽の情報をメディアに流し、メディアが真実だと受け止めて、事実とは異なる内容を報じる場合である。例えば、2012年、日本人研究者がアメリカで、iPS細胞から心筋を作り患者に移植したと一部メディアが報じた事例が該当する。

いずれの場合も、情報源に一義的な問題がある。とはいえ、取材する側が確認を十分に行えば、誤報は食い止められたと考えられる場合が少なくない。取材源の単純ミスや錯誤、意図的な誤情報を見抜く力が、取材するメディア側に求められている。

2番目の原因は、取材源には問題がないものの、取材・編集する側に何らかの問題が起きた場合である。記者による記事の捏造は、到底許されない行為だが、実際には起こっている。それ以外は、ほとんどが意図しないミスで、誤報全体の7割を超えるといわれている。日付や地名の記憶違い、言葉の誤変換、情報の伝達といった人的ミスから、機械の誤作動まで、何かのエラーが起こると誤報に繋がる。

(参考文献) 諸岡達一『新聞のわび状』(1982・3 毎日新聞社)、後藤文康『誤報』(1996・5 岩波書店)

[小黒純]

▶ **コミュニケーション**(こみゅにけーしょん)

(語義) 複数の当事者の間で、言葉などをやり取りし、意思疎通を図ることをいう。英語のcommunicationが、common(共通の) community(共同体)などと同じくcom-(共に)という接頭辞をもっていることからもわかるように、言葉などのやりとりで共通理解を目指す行為といえる。14世紀のラテン語communio(共有すること)が語源とされるが、communion=「聖体拝受」(教会の儀礼においてキリストの体と血であるパンとぶどう酒を受けること)という言葉があるように、もともとは神と人間との霊的交流を意味した。のちに人間同士の交流も意味するようになる。

英語のcommunicationは、言葉による人間の意思疎通だけではなく、「(熱の)伝導」「(病気の)感染」など、広くやりとりを指す言葉である。ジャーナリズムとの関係では、communicationは、マスメディアの「報道」、さらには複数形でラジオ・テレビなどの「報道機関」の意味でも使われる。特に現代社会において、ICT(Information and Communications Technology)のように「情報通信技術」と訳すのが適切な分野まで、コミュニケーションの概念は広がっている。

(実例) 人間のコミュニケーションの様式は、言語コミュニケーションと非言語(ノンバーバル)コミュニケーションに分けることができる。後者の非言語コミュニケーションとは、音声言語や文字言語を使わない意思疎通をいう。非言語的コミュニケーションの手段としては、①身体動作(キネシクス):身振り(ジェスチャー)、身体の姿勢、顔面表情、凝視など、②空間行動(プロセミクス):対人距離のとり方、なわばり、個人空間の確保、座席行動など、③準言語(パラランゲージ):言語に附随する声の質(高さ、テンポ、リズム)、声の大きさ、間の取り方など、④身体接触:触れる、撫でる、叩く、抱くなどの接触行動などがある。

テレビニュースのキャスターは、ニュースを音声言語によって伝えるだけではなく、日常会話と同じような非言語によるコミュニケーションも行っている。例えば、各ニュース項目の冒頭ではキャスターが、プロンプター（電子的に原稿を表示する装置）を使いながらカメラ目線（テレビカメラを直視した視線）でニュース原稿を読む。視聴者からすればキャスターと視線が合い、自分に語りかけていると錯覚する可能性がある。また、事故のニュースを読む時には深刻な表情、季節の話題は明るい表情など、巧みに顔面表情を使い分けている。

参考文献 P・ブル『しぐさの社会心理学』（高橋超編訳、1986・4　北大路書房）、林進編『コミュニケーション論』（1988・5　有斐閣）、深田博己『インターパーソナルコミュニケーション―対人コミュニケーションの心理学』（1998・2　北大路書房）、田中義久『コミュニケーション理論史研究（上）』（2000・12　勁草書房）、伊藤守編『テレビニュースの社会学―マルチモダリティリティ分析の実践』（2006・4　世界思想社）、D・モリス『マンウォッチング』（藤田統訳、2007・3　小学館）　　　　　　　　　　　　　［藤田真文］

▶ **コミュニケーションの二段の流れ**
（こみゅにけーしょんのにだんのながれ）

語義　コミュニケーションの二段の流れ（The two-step flow of communications）は、ラザースフェルドらが1940年、アメリカ大統領選のキャンペーンの調査結果から提起した仮説で、観念はしばしば、マスメディアからオピニオンリーダーに流れ、そしてオピニオンリーダーからより能動性の低い層に流れるというものである。この仮説は投票行動や消費行動など人々の意思決定に際し、マスメディアから直接到達するマスコミュニケーションよりも、マスメディアに多く接触するオピニオンリーダーとのパーソナルコミュニケーションが決定要因として強いことを主張する。

実例　ラザースフェルドらは、1940年にオハイオ州エリー郡でアメリカ大統領選挙キャンペーン期間中の投票行動の形成過程に関する調査を行い、毎月1度の面接調査（パネル調査）により、選挙キャンペーンを通して対象者の支持の変化の有無を調べた。その結果、キャンペーン後に投票意思を変えた人（改変効果）は8％にすぎないことがわかった。ラザースフェルドらはこの要因として、キャンペーン以前に投票意思を方向付ける宗教や社会的経済的地位など一定の傾向（先有傾向）や、キャンペーンの接触の偏り（選択的接触）、そしてキャンペーン以前の選択意思を強める補強効果など改変効果以外の効果が強く働いていることなどに言及した。さらに、メディアの利用頻度の低い層が、意思決定に際しオピニオンリーダーとのパーソナルコミュニケーションを重視していることに着目し、コミュニケーションの二段の流れ仮説について指摘した。

その後、ラザースフェルドらはこの仮説が消費場面での意思決定でも適用可能かを調べた。その結果、意思決定場面においては、マスコミュニケーションよりも個人からの影響（パーソナルインフルエンス）の方が優位であることを明らかにした。

参考文献　E・カッツ＆P・F・ラザースフェルド『パーソナル・インフルエンス―オピニオン・リーダーと人びとの意思決定』（竹内郁郎訳、1965・1　培風館）、P・F・ラザースフェルド＆B・ベレルソン＆H・ゴーデット『ピープルズ・チョイス』（有吉広介監訳、1987・6　芦書房）　　　　　　　　　　　　　　［西田善行］

▶ **コラム**（こらむ）

新聞、雑誌、ニュースサイト等に掲載される、短い評論やエッセイを指す。紙面上、タイトルが付き、囲み記事になっている。執筆者はコラムニストと呼ばれ、様々なテーマについて、個人的な見解を強く押し出して論評する。定期的に掲載され、その多くは署名記事である。ニュース記事は取材記者ができるだけ客観的かつ正確に事実を報道しようとする。新聞の社説は論説委員が、時事問題について社としてのスタンスを書く。これらに対して、コラムニストは本人しか持ち得ないような知見や世界観を通して、社会の問題を捉え、自由に個人としての意見を述べる。朝日新聞の「天声人語」、読売新聞の「編集手帳」、毎日新聞の「余録」などは、朝刊の1面下段に掲載されている、無署名の名物コラム

である。(参考文献)深代惇郎『天声人語(8) 1973.4～1975.11』(1981・8　朝日新聞社出版局)[小黒純]

▶ **コンテンツアグリゲーション**(こんてんつあぐりげーしょん)

　ウェブ上にある文字、映像や写真等を集約して利用者に提供すること。グループウェアや課金システムを統合してユーザーに見せるシステムを指す場合もある。2002年に公開されたグーグルニュースはその代表例で、新聞社や通信社の記事を自動的に表示する機能をもつ。13年に米ヤフーは、ユーザーが好むジャンルのニュースを要約してスマートフォンで閲覧できるSummly(サマリー)を3000万ドル(推定)で買収した。日本国内では、ニュースを自動的に集めるGunosy(グノシー)、ツイッターから話題のニュースを抽出するSmartNews(スマートニュース)がある。ソーシャルメディアの登場により自動化された情報編集へのニーズが高まる一方で、読者の接する情報が偏る危険性が指摘されている。また、運営事業者とコンテンツをもつ新聞社や通信社との間で、権利や表示に関するトラブルも起きている。　　　　　　　　[藤代裕之]

▶ **コンテンツ規制**(こんてんつきせい)

　(語義)コンテンツとは、「内容」「中身」といった意味の英単語contentsのことであるが、日本では一般に、様々なメディアで提供され、動画、静止画、音声、文字、プログラム等によって構成される「情報の内容」という意味で用いられることが多い。法令上は、「コンテンツの創造、保護及び活用の促進に関する法律」(コンテンツ振興法)2条1項が、「映画、音楽、演劇、文芸、写真、漫画、アニメーション、コンピュータゲームその他の文字、図形、色彩、音声、動作若しくは映像若しくはこれらを組み合わせたもの又はこれらに係る情報を電子計算機を介して提供するためのプログラム(電子計算機に対する指令であって、一の結果を得ることができるように組み合わせたものをいう。)であって、人間の創造的活動により生み出されるもののうち、教養又は娯楽の範囲に属するものをいう」と定義している。コンテンツ規制とは、こうしたコンテンツに対する規制全般を指す言葉である。

　(実例)コンテンツ振興法は、コンテンツを正面から定義した初めての法律であるが、国や地方公共団体、国民の責務を定めるにとまる。したがって、具体的なコンテンツ規制は、個別の法律によるものが中心となっている。

　多くの法律があるが、代表的なコンテンツ規制として、例えば放送法は、放送番組の編集にあたって、公安及び善良な風俗を害しないこと、政治的に公平であること、報道は事実をまげないですること、意見が対立している問題については、できるだけ多くの角度から論点を明らかにすることを求める(4条)。著作権法は、著作者の権利を保護することで、第三者のコンテンツ利用を制限するものである。2012年の著作権法改正により、ファイル共有ソフトなどを用いて有償著作物をダウンロードすることが違法化され、刑事罰が科されることとなっている。青少年インターネット環境整備法は、ネット上で青少年有害情報が多く流通している状況を踏まえ、携帯電話会社などに青少年有害情報のフィルタリングサービスの提供などを求めている。

　なお、法令上の規制ではなく、業界団体が自主規制によりコンテンツ規制をすることも多い。自主規制団体として、映画に関する映画倫理委員会(映倫)、アダルトビデオに関する映像倫理機構(映像倫)、携帯電話向けコンテンツに関するモバイルコンテンツ審査・適用監視機構等がある。コンテンツは憲法が保障する表現の自由の一内容であるため、一般に公権力による直接規制よりも、自主規制のほうが望ましいとされる。

(参考文献)増田雅史・生貝直人『デジタルコンテンツ法制』(2012・3　朝日新聞出版)、経済産業省商務情報政策局監修・デジタルコンテンツ協会編『デジタルコンテンツ白書2013』(2013・9　デジタルコンテンツ協会)　　　　　　　　　　　　[横大道聡]

▶ **コンビニエンスストア**(こんびにえんすすとあ)

　(語義)飲食料品から衣類、日用品、新聞・雑誌・書籍・DVD等、現代的な日常生活を営

むのに要する多種多様な商品とサービスを提供し、ほぼ年中無休で長時間の営業を行う小規模な小売店のことをいう。政府統計による日本標準産業分類においては「主として飲食料品を中心とした各種最寄り品をセルフサービス方式で小売する事業所で、店舗規模が小さく、終日又は長時間営業を行う事業所」と規定されている（分類コード5891）。

（影響）20世紀中葉までにアメリカで発達した業態であり、日本には1970年代に移入された。北海道を中心に展開するセイコーマートの1号店の開店が71年、セブンイレブンのそれは75年である。その後、日本の社会事情に即して独自の発達を遂げた。2013年5月現在の店舗数は、日本全国で約4万8000店である。

主流となる運営形態はフランチャイズ方式を中心としたチェーンストア形式である。各店舗は情報と物流の両面からネットワーク化されている。前者は、POS（Point of Sale：販売時点情報管理）のシステムにより、在庫・売上状況のリアルタイム把握を可能にする。後者は、種々の商品をいったん共同配送センターへ集積したのち、各店舗向けに小分けにして定時に配送するシステムである。そのため店舗側では原則として在庫をもたない。

新聞や出版物の重要な販売ルートでもあり、出版物販売額の14％、特に雑誌は取次経由の売上の30％以上を占めている。また、コピーやファックス送受信サービス、ATM、宅配物の発送や受領、公共料金や税金などの支払い等のサービスも提供している。自治体によっては住民票などの受領が可能なところもある。そのため今日では、消費生活の最前線という以上の存在として、地域内において一定の公共的な機能をも担いつつあると考えられるようになってきている。

（参考文献）鷲巣力『公共空間としてのコンビニ』（2008・10　朝日新聞出版）、長谷川一『アトラクションの日常』（2009・7　河出書房新社）　　　［長谷川一］

▶ **コンプガチャ規制**（こんぷがちゃきせい）

ソーシャルゲームで行われる課金の仕組みの1つ。2012年5月に消費者庁が景品表示法で禁止されているカード合わせにあたるとし、運用基準を改正すると発表、7月に施行された。コンプガチャとは、コンプリート（完全）とガチャが組み合わされた言葉。ガチャは硬貨を入れるとおもちゃが入ったカプセルが出てくる自動販売機に由来する。ソーシャルゲームでは、カードを複数そろえると希少なアイテムが提供されることから、アイテム欲しさに未成年が多額の課金を行ったり、不正にカードを複製してオークションで高額で売買したりして社会問題化した。ソーシャルゲーム運営各社が高収益を生んでいたことも批判が高まる要因で、消費者庁の規制方針が報じられるとソーシャルゲーム各社の株が下落し「コンプガチャショック」が起きた。

（参考文献）消費者庁「『カード合わせ』に関する景品表示法の運用基準の公表について」（2012・6）

［藤代裕之］

▶ **コンプライアンス**（こんぷらいあんす）

（語義）法令遵守（順守）と訳され、法を守るという倫理・意識をいう。一般に、企業は、顧客・消費者・ユーザーとの関係にはじまり、株主、競争相手企業や従業員、地域（社会）、国（政治）との関係において、コンプライアンスの実行（具体的行動）が求められている。最も規範力が強いものとしては、製造物責任（PL）法、個人情報保護法、景品表示法や、会社法、独占禁止法、不当競争防止法、さらには労働基準法、斡旋利得処罰法等の法によって、個別具体的に行動が制約されることになる。さらに企業は、社会的責任を果たすにあたって守るべき規範（CSR＝企業の社会的責任）があるとされ、自主的なルールを定め実行してきている。従来の「結果がすべての時代」から「その過程を重視する時代」に変化する中で、社会全体が法だけではなく倫理を含めたルール違反に対し厳しい目を向けるようになったこととも関係している。事業マネジメントの側面から見た場合、計画（Plan）、実行（Do）、検証（Check）、改善（Action）のPDCAが求められるのが一般的である。

また、特定の職業に従事する者やその集団は、その職務を遂行するうえで自らの行為を管理・規制する基準を有することが一般的で

ある。こうした基準は職業倫理と呼ばれるもので、外部から適用を強制されるのではなく、あくまでもその職業に従事する者やその集団が、自らに対して適用させる、あるいは適用している基準を指す。こうした職業倫理を有するのは一般に、弁護士、公認会計士、税理士、医師、看護師といったサムライ業と呼ばれる職業についている者を指し、こうした資格保持者は自らの職業についての法律的な責任と義務を有するとともに、その地位と業務遂行に対しての自負と誇り、さらには社会的責任とそれに伴う高い倫理性が要求されていると考えられてきた。この倫理性を具体的に現わすものの1つが、コンプライアンスである。ジャーナリストの場合は、これらの一般に国家資格を有する専門家（集団）とは異なるものの、その職業的専門性と社会的責任の大きさから、同様の高い倫理性を求める考え方が伝統的に強く、報道機関自体が強く主張してきた経緯がある。被取材者や被報道者に対して守るべき行動規範を指す場合が多い。

（実　例）報道機関では主として2000年以降、放送局において従来の考査部門や法務部門を統合して、コンプライアンス室を設置する動きが続いている。裁判でも2000年以降、雑誌社が繰返し同一媒体で人権侵害を引き起こすことに関し、会社法が経営者に求める権利侵害を事前に予防する措置をとるための社内努力を怠ったとして、社内統制の内部構築義務違反が認められる事例が出てきている（講談社や新潮社に対する名誉毀損訴訟事案）。ただし、報道機関は公務員に情報漏洩をそそのかすことで秘匿されていた内部情報の取得を試みることや、法廷における情報源秘匿のための証言拒否など、法を超えて報道倫理を優先する場合もあり、法令遵守というより報道倫理遵守を優先すべきなどとの批判もある。

（参考文献）山田健太『ジャーナリズムの行方』（2011・8　三省堂）　　　　　　　［山田健太］

さ

▶ 災害対策基本法（さいがいたいさくきほんほう）

災害対策基本法とは、災害対策の基本構造を定めた法律であり、防災から災害対応、災害復旧に至るまで、災害対策の基本的枠組を規定している。本法は、1959年の伊勢湾台風を機に、61年に制定された。その目的は、災害から国民の生命や財産、そして国土を守るために、国や地方自治体の責務を定め、防災行政の整備を図り、社会秩序を維持することにある。ここでいう災害とは、「暴風、竜巻、豪雨、豪雪、洪水、高潮、地震、津波、噴火その他の異常な自然現象又は大規模な火事若しくは爆発」（2条1号）などを指し、そのほかにも同程度の被害をもたらす事象も含まれる。非常災害時には内閣総理大臣が非常災害対策本部を設置し、災害対策方針を作成して、必要な緊急措置を実施することになっている。なお、その性格は非常事態に対する法制度に類似しているが、その対象は自然災害であり、有事法制とは異なる。 参考文献 津久井進『大災害と法』（2012・7 岩波書店）　　［大林啓吾］

▶ 災害報道（さいがいほうどう）

分類　災害報道とは、地震、津波、暴風雨、噴火等、異常な自然現象によって生じた人命や社会活動の被害について、新聞社や放送局などのマスコミが提供する情報、またはその行為を指す。災害のステージに応じて、発災報道、復興報道、防災報道のように分類する場合や、「大震災」の呼称が使われる地震災害で報道が長期にわたるケースでは、全体を震災報道と総称することもある。

報道量が質量ともに手厚いのは、やはり発災期で、被災の全体像を伝える被害報道、救出劇や被災現場での美談・哀話にスポットをあてた被災者報道、被災の背景に迫る検証報道、復旧・復興に向けての見通しを探る展望報道、それに安否情報やライフライン、流通網、交通機関等の現況を知らせる生活情報等で構成される。

一方、取材の手法からは、行政機関や警察、消防などが提供する情報をもとに、いかに速く、いかにわかりやすく伝えるかが問われる発表ジャーナリズム、被災現場で生じている問題を報道機関が独自に拾い集め、社会の脆弱性や支援制度の不備として追及していく調査報道的なキャンペーン報道に大別される。

前者は、避難を促すなど人命に関わる情報提供として、ラジオやテレビなどの電波メディアにとっては、最も重要視される機能の1つだが、反面、一時に多くの取材陣が特定の行政機関や避難所に集中するといったメディアスクラム（集団的過熱取材）の問題もはらんでいる。

後者は、よりよい社会を作っていく上で、ジャーナリストに強く求められる使命の1つだが、ステレオタイプの取材だと魔女狩りのような告発報道に陥る危険性があり、記者には優れた取材力、洞察力、バランス感覚が求められる。さらに、社の上層部に時間と費用のかかる調査報道を許容する懐の深さがなければ成立しない報道分野でもある。

また、個人情報や同じ情報を繰り返し提供しないという鉄則に例外が設けられたのは、災害報道における安否情報や生活情報である。極めて狭い範囲に特定の情報を提供するというマスメディアが最も不得意な分野に風穴をあけたのも、この生活情報の分野で、自家発電機や小型印刷機を搭載した新聞製作車の派遣による避難所新聞の発行や被災者を記者に任命して製作したご当地新聞、手書きの壁新聞などが災害ごとに登場した。

背景　災害報道にとって、一番の悩みは風化と被災地内外における温度差であろう。とりわけ災害が地方で起きた場合、政府機関が集中して存在し、読者・視聴者が最も多い首都圏での発信が被災地の憤りや悩みを支援の法制度や社会システムに結実させていく上で重要である。しかし、往々にして首都圏の読者・視聴者の関心とのずれがあったり、ほかに大きな事件や事象が発生したりして、報道機関の東京本社が出先機関から送られてきた情報を全国ニュースとしては抑制し、ローカルニュースにとどめるケースが多々ある。こ

のことが東京との温度差として、被災者が当該被災地を管轄するマスコミの出先機関に不満をぶつける原因ともなっている。

　災害報道は、自然災害のメカニズムから、被災者の心のケアや生業・暮らしの再建、脆弱な過疎集落や危険な過密都市の復興などテーマも取材範囲も多岐にわたる。このため、専門記者の養成が求められるが、災害の発生には規則性がないため、多くの社では事件記者や社会部の遊軍記者が担当する。阪神・淡路大震災が発生してからは、取材体制や基本的知識の底上げが図られているが、それでも復興や被災者支援に関わる制度的・思想的な掘下げの部分は手薄で、今後、大災害が起きた場合に備えての記者養成が課題となっている。

〔特色〕1995年の阪神・淡路大震災まで、災害報道といえば事件・事故報道の一分野という捉え方が大勢で、アカデミズムの世界でも報道が被災者らの行動にどのような影響を与えたかといった災害情報の側面からの研究が中心であった。しかし、戦後初めての大都市直下型地震であった阪神・淡路大震災は、高齢化時代、そしてその後始まる「失われた20年」の鳥羽口を直撃した災害でもあった。さらに、日本列島が静穏期を終え、周期的な災害多発時代に突入したこともあり、在阪の大方の報道機関は以前のように節目だけ特集を組むような記念日報道では、災害が突きつけたこの国の本質に切り込むことはできないと判断。そこから、担当者を置き、長期にわたって復興や防災の検証を続けていくという、新たな「災害報道」の分野を確立していった。とりわけ毎日新聞大阪本社の震災取材班が取り組んだ、被災者生活再建支援法の成立に向けてのキャンペーンは、国や公法学者が主張していた「私有財産自己責任」の原則に真っ向から異議申し立てするものであり、各報道機関の内部でも客観報道を捨て、一方に偏する報道の是非をめぐって議論が沸騰した。ルポライターの島本慈子が光をあてたマンション建替えに伴う二重ローン問題も、あまり表面化していなかったテーマだけに、災害報道の世界に調査報道の手法が十分成立し得ることを実証してみせた点で評価されるべきだろう。

　災害報道の世界で、もう1つ注目されるのが、阪神・淡路大震災を経て、2000年の有珠山噴火災害あたりから確立されていった生活情報という被災者をサポートする報道だ。阪神・淡路大震災の前年、アメリカで起きたノースリッジ地震の際、ロサンゼルス・タイムスが地域社会の円滑な復旧をめざし、Project rebound（復興プロジェクト）として被災者向け情報を大量に発信した。また、テレビでも特別番組「Recovery Channel」（復興チャンネル）で多数の官庁が救援・復興に関する情報を発信した前例があり、これらの影響を受けた側面もあるが、日本では壁新聞のような特徴的なかたちで発展していくことになる。生活情報にはライフラインの復旧や大学の授業料免除など被災全地域に関係のあるものから、入浴サービスなど校区単位でしか役に立たない極めて狭い範囲のものまである。これらを、全国紙は地方版や特設面、テレビ・ラジオはローカル枠で報道するが、それでもエリアが広すぎて被災者にとっては不必要な地域の情報が含まれていることも少なくない。

　そこで、有珠山噴火災害、さらには04年の新潟県中越地震で登場したのが「被災者記者」による「ご当地新聞」や「ここだけ新聞」である。有珠山噴火災害では北海道新聞が被災者を臨時記者として採用し、ご当地新聞を発行した。新潟県中越地震では、北海道新聞がミニ新聞発行車を新潟日報に貸し出し、同社が「ここだけ新聞」を発行した。これだと、被災者の目線で機動的な生活情報新聞が発行できるだけでなく、被災者の雇用創出にも役立つ。東日本大震災では、ソーシャルメディアの発展とも相俟って、生活情報もホームページやブログ、ツイッター、さらにはPDFによるインターネット新聞等、多様なかたちで提供されるようになり、いまや災害報道の一角として確立された。

〔参考文献〕毎日新聞大阪本社震災取材班『法律を「つくった」記者たち』（1998・10　六甲出版）、島本慈子『倒壊―大震災で住宅ローンはどうなったか』（2005・1　筑摩書房）、山中茂樹『震災とメディア―復興報道の視点』（2005・1　世界思想社）　　　〔山中茂樹〕

▶ 在監者→被収容者（在監者）

▶ **再審請求**（さいしんせいきゅう）

　再審とは、一旦確定した判決などにつき再度審査・審理することをいう。民事訴訟法や刑事訴訟法では、確定判決について一定の重大な瑕疵があるなど再審事由に該当する場合に、当事者等の申立てまたは請求に基づいて、その判決をもう一度審判する手続が定められている（民訴338条以下、刑訴435条以下）。そうした申立てまたは請求を再審請求という。再審事由は限定列挙として法定されている。特に刑事事件での再審請求は冤罪の可能性として社会的に注目を浴びる。また行政事件では、処分または裁決を取り消す判決により権利を害された第三者で、自己の責任ではない理由により訴訟に参加することができず効果的な訴訟活動ができなかった者は、確定の終局判決に対し、再審の訴えにより、不服の申立てをすることができる（行政事件訴訟法34条）。さらに行政手続的観点から個別法で再審が認められている場合もある。特許審判対する再審について特許法第7章、国家公務員の不利益処分についての不服申立てに対する人事院の判定に対する再審について人事院規則13-1第9章などを参照のこと。　参考文献　兼子一・竹下守夫『裁判法〔第4版〕』（1999・10　有斐閣）

［川岸令和］

▶ **サイバースペース**（さいばーすぺーす）

　語義　インターネットなどの電子的手段を使うことで、人や機械などの相互作用が作り出す仮想的な通信環境を指す。もともと1984年にSF作家ウィリアム・ギブスンが『ニューロマンサー』などで、遠隔地とのコミュニケーションが間近で行える感覚を、未来の情報社会の姿と考え小説化してこの言葉を使い一般化した。当初は「電脳空間」と訳された。現在はインターネットにより電子化された世界の姿を、抽象的な意味で指す場合が多い。

　実例　1980年代にパソコン通信を使ったネット掲示板などが運用されると、多数の人が文字を送って特定の趣味などの話題に関して対話する環境が一般化し、新しいメディアとしての認知が進んだ。また90年代初頭には、インターネットが商用化し、パソコン機能の向上やネットワークの高速化も進むことで、文字ばかりか画像や音声などのデータをやりとりする環境が整い始めた。さらに、バーチャルリアリティーのように3次元CGを使って対話する機能が強化され、視覚や聴覚ばかりか、触覚や動作なども使って、遠隔地と臨場感の高い通信を行えるようになってきた。また現実世界のような画像を表示し、参加している利用者がCGキャラクター（アバター）のかたちで参加する「ハビタット」などのサービスが開始され、仮想世界でチャットしたり仮想通貨を使ったりするビジネスも始まった。さらには2003年には、3次元画像を使った「セカンドライフ」などのサービスも話題になった。コンピュータゲームをネット化して、世界規模で多人数の参加者が対戦するようになり一般化が進んだ。ソーシャルメディアも、サイバースペースを実体化したサービスの1つである。

　これまでは主に現実世界をサイバースペースに投影することが行われてきたが、その後は逆にサイバースペースの中の情報をグーグルグラスのようなメガネ型の装置を使って現実世界と結び付ける、オーグメンティッドリアリティー（AR）のような使い方も開発されている。

　ギブスンの描いた未来のサイバースペース姿はサイバーパンクと呼ばれ、裏社会で暗躍する若者が登場し、「トロン」や「マトリックス」のような映画や、1990年代にニール・スティーブンスンが描いた『スノウ・クラッシュ』などのSF小説でも、「メタバース」と呼ばれるサイバースペースで負のイメージで描かれている。つまり、この言葉は生まれた時代の状況から、コンピュータを操る新世代が台頭することへの旧世代の恐れを反映しており、いまだにインターネットのセキュリティに対する不安感を代弁する象徴にもなっている。

　参考文献　W・ギブスン『ニューロマンサー』（黒丸尚訳、1986・7　早川書房）、M・ベネディクト『サイバー

スペース』(山田和子・鈴木圭介訳、1994・4　NTT出版)、N・スティーブンスン『スノウ・クラッシュ』(日暮雅通訳、2001・4　早川書房)、宮本優子『電脳コイル(1〜13巻)』(2007・4〜2010・11　徳間書店)

［服部桂］

▶ サイバー犯罪 (さいばーはんざい)

コンピュータ及びコンピュータネットワークを利用して行われる犯罪行為の総称。その範囲は広く、オンライン詐欺から不正アクセスやシステム妨害、コンピュータウイルスの製造・配布、著作権侵害、さらに児童ポルノの頒布・所持等、多岐に渡る。警察庁サイバー犯罪対策 (2012年) によれば、「ネットワーク利用犯罪」「不正アクセス禁止法違反」「コンピュータ・電磁的記録対象犯罪等」の3つの分野に分けられる。いずれもサイバースペースの開拓に伴ってその最前線に産み落とされてきた行為であるが、そこにはまた、例えば「ハクティビズム」のように、犯罪とも社会運動ともつかない両義的な行為が形作られてきたという経緯もある。(参考文献) 塚越健司『ハクティビズムとは何か—ハッカーと社会運動』(2012・8　ソフトバンククリエイティブ)、警察庁サイバー犯罪対策 (2012年)：http://www.npa.go.jp/cyber/

［伊藤昌亮］

▶ 裁判員裁判 (さいばんいんさいばん)

(語　義) 有権者から無作為に選ばれた裁判員と裁判官で構成する合議体が審理する裁判。2009年5月から最高刑が死刑または無期懲役・禁錮の罪 (殺人、現住建造物等放火、強盗致傷等) や故意の犯罪行為により被害者を死亡させた罪 (傷害致死など) で地裁に起訴された被告人の1審に導入された。合議体は原則として裁判員6人と裁判官3人で、被告人が有罪かどうかを判断し、有罪の時は刑も決める。有罪や刑の決定には、裁判官1人以上を含む過半数の賛成が必要。裁判員候補者の辞退率が非常に高い点 (2012年は62%) や一部の罪の厳罰傾向などが課題となっている。

(影　響) 裁判員法の制定過程では、事件報道によって「被告人は有罪に違いない」などの予断、偏見をもった裁判員が加わると、裁判の公正が損なわれるとの指摘が、裁判官や弁護士、学者らから相次いだ。「事件に関する偏見を生ぜしめないよう配慮しなければならない」とする報道規制の条項まで検討され、日本新聞協会は2008年1月に「裁判員制度開始にあたっての取材・報道指針」を公表。過度の予断を与えないよう、捜査段階の供述や被疑者のプロフィル、識者コメントの報道に十分注意することなどを確認した。報道各社は捜査情報であることの明示や、被疑者・被告人と捜査側の対等報道を目指すことなどを取り決めている。

一方、裁判官も大きく報道された事件では「特別の意識が働く。それが内心の圧力になって (中略) 誤判を生み出すおそれがないとはいえない」(三井明元東京高裁判事「誤判と裁判官」「判例タイムズ」第528号) といい、予断の問題は課題であり続ける。

(参考文献) 渕野貴生『適正な刑事手続の保障とマスメディア』(2007・2　現代人文社)、朝日新聞社編『事件の取材と報道2012』(2012・2　朝日新聞出版)

［竹田昌弘］

▶ 再販制度 (さいはんせいど)

(語　義) 商品・サービスの流れを見た場合、メーカーから卸売が販売、卸売から小売が再販売、小売から消費者が再々販売といえる。このうち、再販売と再々販売をあわせて「再販」と呼び、その価格決定権を誰が有するのかを定める法制度を指す。一般的に、商品の販売価格は、公正な競争と消費者の利益を確保するために、販売店 (小売店) が自由に決めることができる。これに対し、メーカーなどが小売価格を決めて守らせることは「再販売価格維持」と呼ばれ、販売店の自由な価格競争を阻害するおそれがあることから、「不公正な取引方法」として独占禁止法で禁止されている。ただし、新聞・書籍・雑誌・音楽用CDの4品目については、言論の自由や文化の保護という見地から、再販売価格をメーカーが指定すること (指定しても違法とならないこと) が同法によって認められており、日本国内において唯一、定価販売が可能となっている (商品やサービスで「定価」表示ができるものは著作物に

限定され、それ以外は「小売希望価格」などの表示となる)。これを「(著作物)再販制度」といい、1953年に導入され今日まで維持されている一部のメディアに対する特恵的待遇の1つである。経営上、価格競争を回避できることで安定的収入の確保に資するほか、定価販売によって居住地などに拠らないアクセスの平等性を確保できる利点がある。配達コストに着目した場合、例えば都心居住者が山間部の分を負担しているともいえることから、これをもって、民主主義の必要経費(コスト)と呼ばれることもある。

実例 新聞の場合はさらに、値引きは不公正取引にあたることを公正取引委員会(公取委)の告示によって定めた「特殊指定」や、景品表示法に基づく告示で景品つき販売を原則禁止した「景品規制」をあわせて定価販売を実現しており、「広義の再販」制度となっている。同時に、発行本社別の販売店(専売店)ごとに厳格に配達区域が定められた専売テリトリー制に基づく、戸別配達(宅配)制度と不可分の関係にある。同様に出版の場合は、書店が出版物を預かって販売し、売れ残りは版元(出版社)に返却するといった「委託販売」制度と一体となって運用されることで、書店は不良在庫のリスクを回避し、一方で読者は豊富な品揃えを受益している。ただし政府・公取委は、再販制度が公正な競争を阻害しているとして、一貫して「例外」の撤廃を主張しており、とりわけ1990年代の激しい議論の末、2001年に時限再販や部分再販といった弾力運用を条件に「当面存置」することが決まった。弾力運用の例として、新聞でいえば学校教育特別定価や学生割引、出版でいえば謝恩本フェアなどの値引き販売や「価格」表示の価格自由設定書籍の販売などが行われている。一方、デジタル出版物については、日本では当初より適用外となっているが、海外では再販の対象とする国もある。

参考文献 箕輪成男編訳『本は違う―イギリス再販制裁判の記録』(〔新装版〕1992・1 出版流通対策協議会)、伊従寛『出版再販―書籍・雑誌・新聞の将来は?』(1996・3 講談社)、山田健太『言論の自由―拡大するメディアと縮むジャーナリズム』(2012・12 ミネルヴァ書房)　　　　　　　　　［山田健太］

▶ **裁判報道**(さいばんほうどう)

語義 裁判報道とは、民事裁判、刑事裁判などの審理状況または結果(判決など)を報道することである。裁判所の下す判決は、意見の分かれる具体的な問題についての最終的な公的結論であり、大きな社会的あるいは政治的影響を与えることが少なくない。このため、裁判の進行状況及び裁判の結果については、国民の関心が高く、その「知る権利」に資するために、取材・報道の対象となる。主要な裁判所には司法記者クラブが置かれて記者が常駐し、傍聴希望者の多い法廷でも、記者には特別の傍聴席が割り当てられる。また、裁判所や当事者が、判決文、訴状、論告、弁論などの写しあるいは要旨を記者に配布することもある。

実例 報道には映像も重要な要素であるが、現在の日本では、開廷前に2分程度の撮影が許されるにとどまり、被告人の様子や審理中の撮影は許可されない。このため、メディアが画家に依頼して、被告人の様子をスケッチして報道することも行われている。法廷終了後に、当事者が裁判内容の説明をしたり、当事者としての感想を記者に話したりすることもある。これらの取材に基づき、メディアは判決内容だけではなく、審理経過や当事者の受け止め方、さらには事件の概要や背景事実などを報じ、さらにメディアとしての判決に対する意見や社会的影響についての予想なども報じる。

以上のように、記者が審理状況を直接取材できるのは公開される裁判にとどまる。なお、法廷の傍聴とは別に、裁判記録の閲覧がある。刑事裁判記録の閲覧は認められていないが、民事裁判の場合には、誰でも記録の閲覧ができる。ただし、申立てにより記録の閲覧制限の措置が行われる場合もある。裁判員裁判制度の導入を機に、メディアにおいて裁判報道の見直しも行われ、犯人視・有罪視報道を避けるとの方針が出されるようになった。なお、陪審制度・参審制度を導入している諸外国の裁判報道の実情については土屋美

明（2009）に詳しい。

(参考文献) 土屋美明『裁判員制度と報道』（2009・5　花伝社）　　　　　　　　　　　　　　　［弘中惇一郎］

▶ **サイレントマジョリティ**（さいれんとまじょりてぃ）

(語義) 積極的に意見や要望を表明しない多数派。物言わぬ多数派とも呼ばれる。1960年代後半から70年代にかけてのアメリカで、反体制的な運動が興隆するなか、体制側は多数派からの支持を得るために、この存在に着目した。69年にR・ニクソン大統領がテレビ演説で、ベトナム政策についてサイレントマジョリティに支持を呼びかけたことが有名。

政治過程においてサイレントマジョリティは、潜在的な存在であるため能動的な力を有さない。だが、世論形成の過程で制度的手段等を通して顕在化することもある。この時、選挙や世論調査の結果がメディアで報じられること等によって、サイレントマジョリティは、積極的な人々の意見や社会に対する影響力を持ち得る。

(実例) 日本では、1960年に日米安保条約改定をめぐる反対運動の昂揚に対して、岸信介首相が記者会見で「声なき声」にも耳を傾ける旨を述べ、多数の潜在的な声は改定を容認しているという姿勢をとった。その際、政府側への批判として、反対運動の側でも「声なき声の会」が結成され、両陣営はそれぞれ「声なき声」からの支持を示そうとした。

近年、討論型世論調査やソーシャルメディアを通して、サイレントマジョリティの声を可視化することにも関心が寄せられている。その一方で、人々が民意であると認識する指標は、マスメディアの報道によるところが大きく、ジャーナリズムにおいては、様々な理由により意見を表明することのない人々の存在にも広く目を向けることが求められる。

(参考文献) Bogart, Leo. *Silent politics: polls and the awareness of public opinion*（1972, Wiley-Interscience）、B・エーレンライク『「中流」という階級』（中江桂子訳、1995・1　晶文社）　　［鄭佳月］

▶ **サウンドバイト**（さうんどばいと）

政治家などがメディアで取り上げやすいように、自らの主張をコンパクトにまとめて伝える短いフレーズをいう。最初にサウンドバイトの有効性に気付いたのは、レーガン・アメリカ大統領とそのメディア担当スタッフだとされる。1960年代初期のテレビ報道では、政治家の発言の直接引用は1分あまりの長さだった。しかし、近年では、せっかく長時間話した内容が数秒に編集されて伝えられることが多くなった。そのため政治家は、核となる部分を端的に発言することで、メディアの編集の網をくぐり抜けて自らの主張を伝えられると考えたのである。日本の政治家では、小泉純一郎元首相がこのサウンドバイトを巧みに利用した。2001年の自由民主党の総裁選では「自民党をぶっ壊す」と主張して当選し、05年の総選挙では「郵政改革」を唯一の争点として闘い、圧勝した。選挙に際して、郵政改革に反対する議員を「抵抗勢力」と呼んで非公認にするなど、小泉の政治手法は、「ワンフレーズ・ポリティクス」と呼ばれた。

(参考文献) 高瀬淳一『情報政治学講義』（2005・12　新評論）　　　　　　　　　　　　　　　［藤田真文］

▶ **挿絵**（さしえ）

文章に挿入される絵のこと。挿画。新聞雑誌での挿絵の始まりは、明治初期の小新聞で浮世絵師が描いた事件記事の絵である。それが続き物から連載小説の絵に転じ、購読数を左右する力をもったため、有名絵師が高給で新聞社に招かれた。明治半ばからは報道記事に写実的なスケッチ画が添えられたが、写真の印刷技術が向上すると専ら小説に挿絵が附され、特に雑誌の色刷りの口絵に画家は腕を振るった。大正末から昭和初期に大衆文芸が隆盛すると、有名洋画家が挿絵を描くようになり、特定の作家と挿絵画家との名コンビも生まれた。1928年には挿絵画家協会が創立され、「現代新聞雑誌挿画芸術展覧会」が開催され、『名作挿画全集』（平凡社）も刊行され、挿絵は芸術の一ジャンルとして認められた。戦後、大衆文芸の復活とともに、50〜60年代に挿絵は再度隆盛を見せた。石井鶴三、木村荘八、岩田専太郎、志村立美、また抒情画では高畠華宵などが挿絵画家として有名である。

(参考文献) 『名作挿絵全集』全10巻（1980～1981　平凡社）
［土屋礼子］

▶ 差押え（押収）(さしおさえ（おうしゅう）)

(語義) 広義には、国家権力が特定の物または権利について、私人の事実上・法律上の処分を禁止ないし制限すること。刑事訴訟法、税法、民事執行法において登場する。

(実例) 刑事訴訟法上、差押えは押収（裁判所または捜査機関が証拠物や没収すべき物の占有を取得する処分）の一類型であり、押収のうち、特に物理的強制力によって占有を取得するものを指す（222条1項、99条1項）。刑事訴訟法上の差押えは、憲法35条にいう押収に該当するものとして、逮捕に伴い現場でこれが行われる場合を除き（220条）、裁判官が発した差押え許可状に基づき行われなければならないとされる（106、218条）。

もっとも、そのような条件を満たす差押えも、当然に合憲合法となるわけではない。例えば、わいせつ文書にあたるとされた出版物等（出版物の原本、紙型、校正刷等）が証拠物として押収された事案において、最高裁の補足意見は、「有罪判決前に捜査機関によって（中略）出版そのものが不可能」になる場合や、「読者の手に入る以前の段階で出版物の全てを差押える」場合には、憲法21条の趣旨との関連で問題が生じる余地があるとした（愛のコリーダ差押え特別抗告事件：最判昭和55年12月17日）。

また、税法上は、滞納処分の第一段階として、徴税職員などが滞納者に属する特定の財産について処分を禁止し、換価できる状態におくことを意味する（国税徴収法47条）。この意味での差押えは、行政上の義務強制としての性質をもつことから、刑事手続を規律する憲法35条が直ちに適用されるものとはいえないが、川崎民商事件判決（最大判昭和47年11月22日）において最高裁は、同条が行政手続にも適用される余地のあることを認めている。また、国税犯則事件の調査のための差押え（税犯法2条、関税法121条）については、刑事手続と密接に関連するため、憲法の趣旨に照らして裁判官の許可状が必要とされている。

さらに、民事執行法上は、執行機関が金銭執行の開始に際して、債務者に属する特定の財産を執行の対象として確保するために、特定の財産に対する債務者の処分を禁止する行為をいう。

(参考文献) 山木戸克己『民事執行・保全法講義〔補訂2版〕』（1999・5　有斐閣）、田口守一『刑事訴訟法〔第6版〕』（2012・3　弘文堂）、金子宏『租税法〔第18版〕』（2013・4　弘文堂）、櫻井敬子・橋本博之『行政法〔第4版〕』（2013・8　弘文堂）
［駒村圭吾］

▶ 雑観記事 (ざっかんきじ)

取材記者がニュースの現場から、目の前で起きていることや当事者・関係者、居合わせた人の言葉、表情などをそのまま伝える記事。五感を働かせ、現場の熱気や光、音、においなども報じることが多い。事件・事故や災害をはじめ、衆議院の解散や選挙、告別式、記者会見、記念式典などでも書くことがある。
［竹田昌弘］

▶ 雑誌ジャーナリズム (ざっしじゃーなりずむ)

(歴史) 日本における雑誌の起源については諸説あるが、その先駆として最も有名なのは、1874年創刊の明六社の「明六雑誌」である。西欧の新たな知識の普及を旨としたこの雑誌上では、様々な論争も展開され、その存在は後の言論誌・論壇誌の原型といえる。新聞ジャーナリズムと双璧をなす雑誌ジャーナリズムは、明治期にその姿を現していった。そして雑誌をより大衆に広めたのが博文館発行の各誌である。大正から昭和にかけては、「主婦之友」に代表される婦人誌、講談社の「キング」などの大衆誌、「週刊朝日」といった新聞社系の週刊誌、さらには子ども向けの雑誌等の刊行が相次いだ。

戦後になると、1950年代に出版社系の週刊誌の創刊ブームがあり、また「平凡」「明星」などの大衆的な芸能娯楽誌、マンガ雑誌、さらには若者向けの雑誌等が活況を呈していく。そうした中、雑誌ジャーナリズムは週刊誌を中心に脚光を浴び、大宅壮一や草柳大蔵ら、雑誌を主な活躍の舞台とするジャーナリスト・評論家が登場し、梶山季之ら「トップ屋」と呼ばれたフリージャーナリストがス

クープを連発するなど、独自の存在感を発揮し続けた。80年代には写真週刊誌が、ブームを巻き起こした。その後インターネットの普及や不況による広告費の頭打ちなど、雑誌を取り巻く環境は厳しさを増したが、95年から「編集者が選ぶ雑誌ジャーナリズム賞」も創設され、ジャーナリズムとしての雑誌を堅持しようとする動きも起こっている。

(特色) 日刊や週刊、月刊といった発行のあり方の違いにより、速報性では新聞ジャーナリズムに太刀打ちできない分、雑誌ジャーナリズムは1つのテーマへの粘り強い追跡調査を持ち味とする。田中内閣を退陣に追い込んだとされる、1974年「文藝春秋」に掲載された立花隆「田中角栄研究：その金脈と人脈」などは、その代表的な事例であろう。また新聞は一般的に全方位型のメディアであるのに対し、雑誌は、対象とする読者の年代・世代・性別・趣味嗜好によって、その内容が細分化されていることが多く、特定のジャンルに関する、より深い解説や、より細かな情報の提供を得意としている。そして政治・経済・外交や事件事故報道を中心とする新聞ジャーナリズムがカバーしきれない、芸能や音楽、ファッションなどの領域に強みを発揮することが多い。そのスキャンダリズムに対する批判も多かった雑誌「噂の真相」が、検察の不正追及などで新聞報道にまさったような事例もある。

その一方で雑誌には、広告（advertising）と編集（editorial）の合成語である「アドバトリアル」と呼ばれるような、記事ともPRともつかないような広告手法が存在するなど、スポンサーからの干渉を受けざるをえない側面も強い。また、人気タレントを多く抱える芸能事務所は、芸能誌などの売り上げを大きく左右する存在であるがゆえに、出版社に対して強い影響力を発揮し得ることは否定できない。インターネットやモバイルメディアが、情報を発信し、伝播させる力を急速に増している近年、雑誌ジャーナリズムは大きな岐路に立たされているといえよう。

(参考文献) 佐藤卓己『「キング」の時代―国民大衆雑誌の公共性』（2002・9　岩波書店）、田村哲三『近代出版文化を切り開いた出版王国の光と影―博文館興亡六〇年』（2007・11　法学書院）、阪本博志『「平凡」の時代―1950年代の大衆娯楽雑誌と若者たち』（2008・5　昭和堂）、難波功士『創刊の社会史』（2009・1　筑摩書房）、中尾香『〈進歩的主婦〉を生きる―戦後「婦人公論」のエスノグラフィー』（2009・3　作品社）、吉田則昭・岡田章子編著『雑誌メディアの文化史―変貌する戦後パラダイム』（2012・9　森話社）　［難波功士］

▶ サツ回り（さつまわり）

狭い意味では、警視庁や大阪府警の方面本部の記者クラブに所属し、管内の警察署を回って事件・事故の取材をすること、あるいは、その記者たちを指す。広い意味で、警察（サツ）取材を担当することや担当記者の総称としても使われる。事件・事故は千差万別で、人の悲しみや欲望、打算などに触れる。また限られた時間内に記事の基本の「5W1H」を取材して原稿を書くので、多くの報道機関は新人記者の修練として、まずサツ回りをさせている。サツ回りは事件・事故の発生、捜査状況、被害者・関係者などの取材の合間に街ダネを書くので、警察から街ダネの端緒をもらうこともある。「警察と報道機関の間には、嘘はつかないという暗黙の了解事項があったが、1984〜85年のグリコ・森永事件を境に崩壊した」（大谷昭宏）といわれている。

(参考文献) 本田靖春『警察回り』（2008・12　筑摩書房）、大谷昭宏『事件記者という生き方』（2013・2　平凡社）　［竹田昌弘］

▶ 差別表現（差別語）
（さべつひょうげん（さべつご））

(語義) 蔑み、蔑視の感情を引き起こし、個人の人格を傷つけるだけでなく、否定的に用いることで社会的に排除、抹殺する力を備えた言葉。国籍、人種、性別、性的指向、出身集団、障碍や疾患、身体的特徴等、自ら選択できない属性に対して存在を否定する意図を窺わせる形で用いられることが多い。

差別的意識に基づいて集団、ひいてはその集団に属する個人を集団の一員であることを理由に、誹謗中傷する攻撃的な差別表現をヘイトスピーチという。相手が個人であるか、

集団であるかを問わず、一定の（自ら選択、変更できない）属性を理由に威嚇し、見下す、執拗かつ攻撃的な表現である。言われた側には、反論するよりも無力感や社会からの孤立感にさいなまれるなど、トラウマともいうべき心理的被害が発生する。表現者が物理的身体的攻撃を正当化し、暴力行為や偏見に満ちた行為を煽動すると、現在、多くの国において規制されている。

[背景] 日本では、憲法21条により公権力による言論統制は認められていないので、新聞や放送などにおける表現の選択と自粛は自主規制である。たとえば、民放連は1951年にラジオ放送基準を、58年にテレビ放送基準を、そして、70年からは一括して「放送基準」を制定している。何が差別表現に該当するかの判断基準は明確ではないので、放送業者は、建前として「状況に応じて、必要があれば使う」と言いながら、表現に対する苦情があると、別な表現を用い、（場合によっては、表現した人ではなく）組織として謝罪する。この結果、より頻繁に抗議をする組織に気を使った言い換えが蔓延している。日本語の語彙から必要以上に日常語が失われていく危険があり、また、根拠の有無とは無関係に非難を回避するために曖昧な基準で使用を自粛する萎縮効果がある。安易な言い換えは、差別の問題から目を逸らし、事実の直視を避ける言葉狩りである、問題を隠蔽することで解消することができたかのような錯覚をもたらすと批判されている。

国際人権法は、「差別、敵意又は暴力の扇動となる国民的、人種的又は宗教的憎悪の唱道は、法律で禁止する」（市民的及び政治的権利に関する国際条約ICCPR20条2項）ことを、加盟国に求めている。また、あらゆる形態の人種差別の撤廃に関する国際条約ICERDも、様々な人種差別的行為だけでなく、その煽動や宣伝も、それぞれの加盟国が法律で処罰すべき（ICERD4条a, b項）と指摘している。日本は、憲法21条の「集会、結社、および表現の自由その他の権利」の保障と抵触しない限度において国際条約の要請を履行すると限定した対応をしている。対応の変更を求める国連人種差別撤廃委員会の勧告に対して、政府は、差別的表現を処罰する法律は必要ではない、法律が必要なほどひどい人種差別思想の流布や人種差別の煽動はなく、現在ある一般的な刑法規定で対応可能であるという立場を変えていない。公安調査庁は「排外主義的主張を掲げインターネットなどで活動参加を呼びかける右派系グループ」がいることは認めているが、その行動が人種差別的思想の流布や人種差別の煽動であるとは判断していない。

[参考文献] 人種差別撤廃条約第1回・第2回定期報告（1999年）、人種差別撤廃委員会の日本政府報告審査に関する最終見解に対する日本政府の意見の提出（2001年）、第7回・第8回・第9回政府報告（2013年）：http://www.mofa.go.jp/mofaj/gaiko/jinshu/、法務省公安調査庁「内外情勢の回顧と展望」（2013・1）：http://www.moj.go.jp/content/000105418.pdf

［紙谷雅子］

▶ 三大ネットワーク（さんだいねっとわーく）

アメリカの地上テレビ放送免許をもつNBC、CBS、ABCを指す。テレビ放送の開始は1941年。90年代後半に入り、ルパート・マードックの21世紀フォックス（旧ニューズ・コーポレーション）が所有するFOXがネットワークに加わり、2013年現在、四大ネットワークと称されている。NBCの直営局は10局、CBSは29局、ABCは8局、FOXは27局。全米の商業局の80%が四大ネットワークに属している。ネットワーク局は、ニュースやドラマなどのテレビ番組を制作し、広告放送付きの番組を所有・運営する直営局で放送するとともに、全米に広がる加盟局のプライムタイムの時間帯（月〜土曜日は夜8時〜11時の3時間、日曜日は7時〜11時までの4時間）に放送する。ケーブルテレビと衛星放送の普及は、テレビ放送市場の競争を激化させ、メディア経済のグローバル化がさらに競争を促進した。その結果ハリウッド大手スタジオやケーブルネットワークによるメディア買収が進み、三大ネットワークのうち、ABCはウォルトディズニー、NBCはコムキャスト、CBSはバイアコムの傘下に入っている。[参考文献] 霜鳥秀雄「米商業テレビネットワーク50年の軌跡—プライムタイム番組編成からの考

察」『年報』第44集（1999・10　NHK放送文化研究所）、NHK放送文化研究所編『NHKデータブック世界の放送2013年』（2013・2　NHK出版）　　［中村美子］

▶ **讒謗律**（ざんぼうりつ）

　1875年6月28日に発せられた太政官布告第110号で、日本初の名誉毀損に関する処罰を定めた法令。全8条から成り、第1条では事実の有無に拘わらず栄誉を害する事を文書や図画等で讒毀・誹謗する者を処罰対象とし、第2条で天皇に関する讒毀・誹謗に対して最も重い処罰を定め、以下、皇族、官吏、華士族・平民の順に軽くなる処罰を定めた。この8日前に公布された新聞紙条例とともに、活発化した自由民権運動による政府・官吏批判を封じるのが狙いだったと見られる。讒謗律による処罰としては、三島通庸の芸妓スキャンダルに関する投書で郵便報知新聞の藤田茂吉が禁獄1か月罰金200円、また朝野新聞の成島柳北が井上毅らを非難した記事で禁獄4か月罰金100円の重罰を受けた。しかし、禁獄になった記者は少数で、一般的に讒謗律による処罰は軽い罰金が多く、小新聞が受けた筆禍は讒謗律による罰金がほとんどであった。82年施行の旧刑法により消滅した。(参考文献)　西田長寿『日本ジャーナリズム史研究』（1989・11　みすず書房）　　　　　　　　　　　［土屋礼子］

▶ **参与観察**（さんよかんさつ）

(語　義)　調査対象となる集団に一定期間参加し、メンバーの一員として生活しながら対象集団を直接観察し、必要に応じて聞き取りなどを行う調査方法のこと。参与観察による代表的な業績として、1910年代にポーランド出身の人類学者ブロニスワフ・マリノフスキーが長期にわたってオーストラリアのアボリジニの人々と行動をともにしてその生活の詳細な観察を行った調査があり、人類学研究においてはじめて科学的な意味での参与観察の研究手法が確立された。

　参与観察は未開地のみならず、都市における閉鎖的集団への調査方法にも採用され、シカゴ学派の社会学者たちを中心に成果を挙げており、代表的作品にＷ・Ｆ・ホワイトの『ストリート・コーナー・ソサエティ』（1943年）などがある。

(特　色)　参加することと観察することは往々にして矛盾する。参加する資格を得るためには第三者的な観察者の立場を捨てることを求められるケースが多く、逆に観察者として終始振舞っていると行動をともにしても参加が認められず、参与観察という方法自体が成立しない。外部者が参加した時点で集団自体が変容し、参与観察という方法そのものが調査を不可能たらしめるパラドックスもある。こうした困難を意識しつつ、参加せずには観察できない深さで調査を実践することが求められる。

　ジャーナリズムでも参与観察は潜入取材の名において実施される。著名な業績としては季節工として自動車工場で働いた経験から書かれた鎌田慧『自動車絶望工場』、原発労働者として実際に原子力発電所で働いた堀江邦夫『原発ジプシー』などのルポルタージュ作品が挙げられる。

(参考文献)　B・マリノフスキー「西太平洋の遠洋航海者」『世界の名著（59）マリノフスキー／レヴィ＝ストロース』（泉靖一編、1967・7　中央公論社）、鎌田慧『自動車絶望工場―ある季節工の日記』（1973・12　現代史出版会、2011・9〔新装増補版〕　講談社）、堀江邦夫『原発ジプシー』（1979・10　現代書館）、佐藤郁哉『フィールドワーク』（1992・9　洋泉社、2006・12〔増訂版〕　新曜社）、中野正大ほか『シカゴ学派の社会学』（2003・11　世界思想社）　　　［武田徹］

し

▶ **CATV**（しーえーてぃーびー）

(語　義)　主に有線ケーブル（光ファイバー、同軸ケーブルなど）を各家庭などまで敷設し、地上テレビ放送の再送信や、劇映画やスポーツ、音楽などの専門番組チャンネル（番組供給事業者）から提供された番組などを放送するサービスのことである。近年では技術が進み、電気通信サービス（電話、インターネット接続サービス（ISP）など）、VOD（Video on Demand）サー

ビスなども併せて提供されることもある。

　日本におけるケーブルテレビ（有線テレビジョン放送）は、無線による放送サービスと区別され「有線テレビジョン放送法」によって規律されていたが、2011年6月30日に施行された改正放送法により、同法は廃止された。なお日本のケーブルテレビの外資規制及び外国人役員規制は、1999年に撤廃されている。

　ケーブルテレビは、各種放送サービスの再送信のみを行う事業者と、ケーブルテレビ事業者自らによる放送（自主放送）を行う事業者に分けられる。自主放送では、当該局がサービスを行う地域・ローカル情報に加え、地元議会中継やお祭りなどのイベント中継、地元有志などによって制作された番組なども放送されている。

　実例　日本におけるケーブルテレビは、テレビ放送開始から2年後の1955年に群馬県伊香保で初めてのケーブルテレビが生まれた。63年には岐阜県郡上八幡テレビ共同視聴施設で日本初の自主放送を開始した（当時は共同視聴施設を意味するCommon Antenna TelevisionまたはCommunity Antenna Televisionを略して、CATVとされた）。80年代後半から、通信衛星などを利用した専門チャンネルのケーブルテレビ向け配信サービスHITS（Headend In The Sky）の開始により、多チャンネル放送サービスを開始した。

　総務省「ケーブルテレビの現状」（2013年6月）によると、同年3月末の自主放送を行うケーブルテレビ（IPTVを含む）によってサービスを受ける加入世帯数は、約2804万世帯（普及率51.8%）と、半数以上の世帯がケーブルテレビ経由でテレビ放送を視聴している。ケーブルテレビ事業者によるインターネット接続サービス（ISP）の契約数は、同年3月末時点で601万契約である。光ファイバーを用いたFTTHサービスやxDSLサービスと並び、ブロードバンドサービスを支える重要なプレイヤーである。

　なお15年3月末までは、アナログテレビ受信機対策として、ケーブルテレビを通じて地上テレビ放送のデジタル信号をアナログ信号に変換するサービス（デジアナ変換）を暫定的に導入している。

　参考文献　日本民間放送連盟編『放送ハンドブック〔改訂版〕』（2007・4　日経BP社）、『ケーブル年鑑』編集委員会『ケーブル年鑑2014』（2013・10　サテマガ・ビーアイ）　　　　　　　　　　　　　　［浅利光昭］

▶ **CM**（しーえむ）

　語義　コマーシャルメッセージの略称。単に「コマーシャル」ともいう。企業・団体などが民間放送のテレビ・ラジオなどに出稿する広告のこと。また、それらの広告を放送する時間枠を指す名称としても用いられる。

　実例　民間放送は、その収入源の大部分を、CM放送による広告費収入に負っている。スポンサー（広告主）となる企業が、多くの場合広告会社を通じて放送局から一定時間のCM放送（時間）を購入するという取引きが成立することによって、民間放送局は放送活動を維持することが可能となる。一方で、過度な商業主義は放送倫理に影響を及ぼし、放送の媒体価値を下げる危険性もあることから、民放各局はCM表現や放送時間、スポンサー企業の選択などについて各局で自ら定める番組基準に基づいた自主規制を行っている。

　CM枠の販売形態には大別して「タイム」と「スポット」の2種類がある。タイムは番組提供として番組に付属した形で放送されるCMのことで、スポットは番組枠と番組枠の間のステーションブレイクと呼ばれる時間帯に放送されるCMで、番組とは直接関係しない。このほか、番組内で放送されるスポットCMは「パーティシペーティング（PT）」と呼ばれる。

　タイムCMの場合、CMは提供する番組の前後及び番組の中で放送され、広告主となった企業は「～の提供でお送りします」などと提供社名の告知をすることもある。提供した番組のコンセプトに沿ったかたちで企業イメージを視聴者にアピールできるが、放送局が放送を行うのにかかる技術的経費である電波料に加えて、提供する番組の制作費も広告主が負担することになる。テレビの場合、セールス（営業）は30秒もしくは60秒単位で行われる。一方、スポットCMは番組とは関係な

く、広告商品の特徴に合わせて自由な季節・時間帯・地域に設定できるもので、費用も電波料負担のみという、機動的で割安なイメージがある。セールスは15秒単位で行われる。また、ラジオCMの場合はタイム・スポットとも原則として20秒単位となっている。

テレビのスポットCMのセールスは、そのCMが一定期間に獲得した世帯視聴率の合計であるGRP（総視聴率）を指標とすることが主流となっている。スポンサーによるCM発注金額をGRPで割ったデータ「パーコスト」は視聴率1％あたりの広告費を示すもので、スポンサーにとって広告効果を数値化して見えやすくする効果があるためだ。一方で、放送局にとってはあらゆる時間帯で番組の世帯視聴率を向上させることがパーコストのアップに繋がることから、放送局の視聴率至上主義＝企業利益至上主義を煽るような指標となっている側面も指摘される。

(参考文献) 日本民間放送連盟編『放送ハンドブック〔改訂版〕』（2007・4　日経BP社）、日本民間放送連盟編『民放連放送基準解説書2009』（2009・4　コーケン出版）　　　　　　　　　　　　　　　　　　［岩崎貞明］

▶ **CGM**（しーじーえむ）

(語　義) CGM（Consumer Generated Media：消費者生成メディア）とは、消費者が情報を生成・発信できるインターネットサービス全般を総称する言葉である。

(実　例) 2000年代前半に普及したブログを筆頭に、フリッカー（Flickr）のような写真共有サイト、ユーチューブやユーストリームのような動画共有サイト、ツイッターのようなミニブログ、ミクシィやフェイスブックのようなSNS（ソーシャル・ネットワーク・サービス）までをひっくるめた言葉として用いられる。また類義語にUGC（User Generated Contents：ユーザー生成コンテンツ）、関連の深い語に「ソーシャルメディア」などがある。

CGMという言葉は、次のような意味合いを含んでいる。インターネット登場以前、消費者はマスメディアから発信される情報をただ一方的に「消費」するしかなかったが、インターネットの登場、特にブログを始めとするツールの普及以降は、消費者も自ら情報を発信することができるようになった、と。こうしたウェブの新しいモードを総称して、2000年代中頃以降は「Web 2.0」（T・オライリー）と呼ばれるようになり、社会的な流行にもなった。

特に広告・メディア業界などでこの言葉が用いられる時は、「もはや消費者はただ情報を受け取るだけの存在ではなくなり、マスメディアで広告を打つだけではモノは売れなくなった。CGM普及以降は、消費者を巻き込んでいかにクチコミや派生コンテンツなどを生成してもらい、消費者側の能動的な参加を促せるかが重要である」というニュアンスが込められる。

これはまたジャーナリズムの分野においても例外ではない。CGMの登場により、一般市民はただマスメディアの発信するニュースを一方的に受容するのではなく、能動的にジャーナリズムの現場に参加する「市民ジャーナリズム」の動きが生まれてくるからだ。すでに災害時の写真・映像などは、一般市民が撮影したものが使われるのが一般的になりつつある。

ただしジャーナリズムのCGM化には当然ながら課題も多い。例えばジャーナリズムに求められる公正性・公平性はいかにして担保されるのか。また市民ジャーナリズムが隆盛すると、そこには市民が権力者（マスメディアも含まれる）を厳しくチェックする要素も含まれるが、しばしばネット上での監視・批判は、「炎上」と俗にいわれるように、ある特定の主体に対する吊し上げ・私刑（リンチ）を思わせる事態にも暴走する。こうした課題を認識しつつ、マスメディアとCGMのジャーナリズムが互いに監視・批判を行い、よりより社会の自己批判能力を育めるような、健全な関係を築くことが求められる。

(参考文献) 梅田望夫『ウェブ進化論』（2006・2　筑摩書房）、T・オライリー「What Is Web 2.0」：http://oreilly.com/web2/archive/what-is-web-20.html

［濱野智史］

▶ **ジェンダーとメディア**（じぇんだーとめでぃあ）

(語　義) ジェンダーとメディア研究の源流の

1つはフェミニズム運動にある。第2波フェミニズムの旗手であるB・フリーダンは、「現代のアメリカ女性のイメージ」と現実の女性の生活とがかけ離れていること、「女らしさを賛美する風潮」が女性に与えた影響について解明しようと試み、過去20年間の女性雑誌における女性像は、1930年代の「自己確立した"新しい女性"」から15年間を経て、「妻・母・主婦としての役割に順応する"幸福な主婦"」へ変遷していることを明らかにした。女性自身が女性らしさを許容する要因を、女性雑誌が伝える女性像に求めたのである。

マスコミュニケーション研究やメディア研究の領域において、男性／女性としての文化的経験や認識を形作るメディアの役割は、メディア研究の中ではあまり重視されてこなかった。しかし、アメリカで始まった女性学（Women's Studies）の影響もあり、70年代になると日本でも徐々にジェンダー（gender：文化的・社会的性別）をキーワードとするメディア研究が行われるようになった。第2波フェミニズムを経た女性学は、制度上の男女平等を要求しただけではなく、性差別的な文化の影響源として、教科書やマスメディアを批判の対象とした。「社会における性差別的で固定的なジェンダー観」がメディア内容のジェンダーバイアスに反映していることや、マスメディアの描く性差別的な女性像は、それ自体が問題であるだけでなく、現実のジェンダー観の形成に大きな影響を及ぼすとされた。メディアがジェンダーを構築することを含意する見方である。現在に至るまで①ステレオタイプ、②ダブルスタンダード、③性の商品化などの側面から研究が行われている。90年代になると、性別二元論やヘテロ（異性愛）中心主義に疑問が呈され、女性カテゴリーだけでなくトランスジェンダーなどセクシュアルマイノリティ表象も焦点化されるようになる。メディアが伝える男性像に関する研究も盛んに行われるようになった。

〔実例〕小玉美意子（1991）は、ジャーナリズムの伝える画一的な女性観とその影響を指摘し、継続して研究を行っている。また、四方由美（1996）は、犯罪報道において女性被害者も女性被疑者もセクシュアリティが殊更強調されたり、厳しい性規範によって断罪されることを指摘している。これらの指摘は、国広陽子（2012）によると、メディアが描く女性像を明らかにすることで、「その社会で『女性であること』がどんな意味を持つか、『男性であること』とどう異なるかを明らかにした」のである。

1990年代半ばになると、より望ましい表現を探っていく手がかりとして「性別情報不問（必要がない限り性別情報を含まない）」や、「ジェンダー的公正（性別情報が不可欠な場合には、表現方法、表記順、回数などにおいて公正・公平な取扱いをする）」を含むジェンダーガイドラインが提案される。女医→医師、女子大生→大学生など、報道において殊更性別を強調しない表現が用いられるようになってきた。「言い換えただけではジェンダー観は変わらない」、「かえって多様な性表現を阻害する」などの批判はあるものの、性別に関する固定的な見方を変えることに貢献しているといえる。

一方で、メディア及び社会の構造が問題視されている。竹信三恵子（2005）は、新聞では2000年以降、女性問題報道の後退が深刻に進んだとする。背景には、①新聞が従来から抱えている「男性・正社員」優位の土壌、②新自由主義の中での新聞が基盤にしてきた安定中間層の急速な分解、③冷戦時の二極の対抗機軸が崩れ、「批判精神」を支える反対勢力の軸を失ったこと、④男性の独擅場だった社会政策・政治・経済といった主流分野に「ジェンダー」が登場してきたことへの不安等の要因があるという。かつて年金の第三号被保険者の問題も、男女雇用機会均等法も新聞の家庭面が火付け役となって女性たちの行動を後押ししてきたが、現在では、「ジェンダーのない生活情報ページ」に変質し、「女性に必要な情報の保障」が得られないとする。女性は新聞媒体から自分たちに必要な、女性のための硬派なニュースを摂取する機会が、逆に限られてしまうというのである。

例えば、2009年に日本は女性差別撤廃委員会から勧告を受けた。日本は、女性差別撤廃条約を批准しているが、女性差別改善への取

組みが「不十分」であるとされ、日本政府は厳しい対応を迫られた。朝日新聞の論説委員である竹信は、このことを09年9月21日付の朝日新聞で大きく伝えたが、この事実は一般にあまり認知されなかった。こうした世界の動向を伝えるべき時に、日本ではそうした情報を取り入れて発信するはずの政治、経済、マスメディアのどの分野の意思決定の場にも女性の姿がほとんどないことは問題とされる。

こうした問題提起を受け、80年代以降、格段に割合が伸びているとはいえ（85年と比べて、新聞記者職の女性比率は約15倍、民間放送女性役付従業員割合は約5倍）、メディア企業に女性が未だ少ないのはなぜか、キャリアを継続できない要因に迫る研究も行われはじめている。研究者らで組織されるGCN（ジェンダーコミュニケーション・ネットワーク）は、メディア企業へのインタビュー調査を通して報道職のキャリア形成のありようを探求している。

他方、ジェンダーとメディア研究における新たな視点として「ケアのジャーナリズム」がある。林香里（2011）は、これまでの日本のマスメディアジャーナリズムは、西欧自由主義（リベラリズム）思想の影響を強く受けており、報道倫理の観点からすると、客観主義からなる「正義の倫理」が優位に置かれる一方で、「ケアの倫理」という視点が欠落していたと述べる。そこで、今後は、「正義の倫理」と「ケアの倫理」を接合して新たなジャーナリズムのあり方を模索する必要性があると提起する。「ケアの倫理」とは、1982年にC・ギリガンが最初に世に問うた概念で、「"他人のニーズを察知し、そのニーズをケアする義務と責任を引き受けよ"という命令、つまり手の届く身近な人間への心配りと相互依存を前提とした人間関係の維持に価値をおく倫理観」である。正義の倫理は、「何が『正義』にかなうか」を問いとするのに対して、ケアの倫理は、「他者のニーズにどのように応答すべきか」を問う。さらに、ケアの倫理は、道徳的問題の発端として「主観的苦痛をいかに緩和するか」に主眼を置く。当事者に寄り添いニーズをケアするジャーナリズムは、これまでの「客観的ジャーナリズム」では取り上げられてこなかった女性やマイノリティ、弱者のニーズを掬い上げることを期待されている。

(参考文献) C・ギリガン『もうひとつの声―男女の道徳観のちがいと女性のアイデンティティ』（生田久美ほか訳、1986・4　川島書店）、小玉美意子『新訂版ジャーナリズムの女性観』（1991・10　学文社）、四方由美「社会面にみる女性の犯罪報道」田中和子ほか編著『ジェンダーから見た新聞のうら・おもて』（1996・12　現代書館）、B・フリーダン『新しい女性の創造〔改訂版〕』（三浦富美子訳、2004・5　大和書房）、竹信三恵子「新聞の中のジェンダーと女性問題報道の後退」北九州市男女共同参画センター"ムーブ"編『ムーブ叢書　ジェンダー白書3　女性とメディア』（2005・3　明石書店）、林香里『＜オンナ・コドモ＞のジャーナリズム―ケアの倫理とともに』（2011・1　岩波書店）、国広陽子・斉藤慎一「メディアとジェンダー研究」国広陽子ほか編『メディアとジェンダー』（2012・1　勁草書房）、林香里ほか編著『テレビ報道職のワーク・ライフ・アンバランス』（2013・11　大月書店）

〔四方由美〕

▶ **シオニズム**（しおにずむ）

イスラエルの地であるパレスチナに故郷を再建しよう、あるいはユダヤ教、ユダヤ・イディッシュ・イスラエル文化のルネサンスを興そうとするユダヤ教徒の運動を指す。エルサレム市街の丘の名前であるシオンの地に帰るというヘブライ語からきている。1890年代に考案された呼称で、国連によるパレスチナ分割決議を経て1948年にイスラエルが建国され、ユダヤ国家が成立した。シオニズム運動の結果として、ユダヤ教徒の置かれていた事態は大きく転換し、宗教的、文化的、精神的、民衆的帰属先をもつことができたとされる。一方で、イスラエルの軍事的領土的拡大はその後の中東の不安定化を生む要因の1つともいえる。ジャーナリズムの世界でもユダヤ社会の影響力は大きく、とりわけアメリカやイギリスなどの欧州ではシオニズムへの理解が深いとされており、国際世論の形成への影響があるといわれることが多い。ホロコースト（ユダヤ人大量虐殺）やネオナチ（反ユダヤ主義）活動に対する監視活動で知られるアメリカのサイモン・ウィーゼンタール・センター

は、差別的な表現行為について厳しい対応を行ってきている。たとえば、文藝春秋が発行していた「マルコポーロ」は1995年2月号で、ガス室はなかったとの内容の記事を掲載したことに対し、抗議と広告のボイコットを呼びかけた。その結果、雑誌は廃刊、社長や編集長は辞任、解任された。こうした同センターの圧力や出版社の一連の対応については、表現の自由を軽んじるものとして強い批判がなされた。　　　　　　　　　　　　〔山田健太〕

▶ **支局**（しきょく）

　新聞社や通信社、放送局で、取材や営業などの拠点となる事務所。大手新聞社の場合、日本国内の200〜300の支局とそれに準ずる通信部を抱え、全国津々浦々のニュースをカバーする。支局長、デスク（最前線記者を実務的に指揮・監督する支局ナンバー2）以下、総勢記者10数人という大支局から、記者が支局長を兼務する「1人支局」など規模は様々だ。新聞社では入社後、まず県庁所在地など地方支局に配属されることが多い。そこで新人記者は最初に警察・司法担当に配属され、管内で起こる事件・事故をカバーする。その中で、取材のイロハや心構えなどを先輩記者から教育されるのが通例で、記者育成の最前線ともいえる。支局は販売・広告活動の出先、各種文化講座の会場などとして使われることも多い。海外にも支局があり、大手新聞社の場合、ワシントンやロンドン、北京など世界20か所以上に海外支局をもつ。 参考文献 花田達朗・ニューズラボ研究会編『実践ジャーナリスト養成講座』（2004・2　平凡社）　　　　　　　　　　〔高橋弘司〕

▶ **事件記者**（じけんきしゃ）

　事件・事故の発生や警察、検察による捜査、刑事処分などを取材する記者。いち早く、詳しく、正確な情報を他の記者に先駆けて得るため、捜査員や捜査機関の幹部らは、役所内だけでなく自宅やその周辺で出退勤時や休日にも取材する。自宅などでの取材は「夜討ち朝駆け」「夜回り」「朝回り」などと呼ばれている。事件記者は違法な捜査をしていないか、公権力の乱用はないか、警察や検察に不正はないかなどを常に取材し、報じなければならない。権力監視という、ジャーナリズムに最も期待されている仕事であり、大阪地検特捜部検事による証拠改竄（朝日新聞、2009年）や北海道警の裏金疑惑（北海道新聞、04年）、神奈川県警の警察官覚せい剤使用もみ消しや厚木署員集団暴行（時事通信、2000年）などのスクープがある。テレビドラマの「事件記者」（NHK、1958〜66年）や「事件記者チャボ」（日本テレビ系、83〜84年）などは、視聴率が高く、映画化されたものもあった。　　　　　〔竹田昌弘〕

▶ **事件報道**（じけんほうどう）

（語義）事件の発生、捜査、容疑者や被害者の周辺等を取材して報じること。事故や災害の報道、独自の調査報道、刑事裁判の報道を含めて総称することもある。マスメディアによる事件報道は、一義的には、読者・視聴者に知人や公人の変事、社会性のある出来事を伝えるものなので、実名が原則とされる。他のニュースと同様、歴史の記録であり、取材を通して公権力の行使が適正かどうかをチェックする重要な役割があるといわれてきた。調査報道によって犯罪を告発することもある。

　また事件・事故の状況や被害、背景などを速報、詳報することはリスク情報の速やかな共有、読者・視聴者の不安解消、再発防止策の追求に役立つと考えられている。

（影響）日本新聞協会の全国メディア接触・評価調査では、記事のうち「テレビ・ラジオ番組表」を除くと「社会・事件・事故」が最も読まれている（2011年は69・6％）。日本の事件報道は外国と比べて大量で、内容も詳細といわれている。

　朝日新聞によるリクルート株譲渡疑惑の調査報道（1988年）をはじめ、これまで新聞協会賞を受賞した早稲田大学商学部入試問題漏洩事件（毎日新聞、80年度）、大阪府警警察官による拾得金横領と届け出た主婦犯人扱い事件（読売新聞、88年度）、金丸信自民副総裁に5億円（朝日新聞、93年度）、神奈川県警の警ら隊集団暴行や覚せい剤もみ消し（時事通信、2000年度）、大阪地検特捜部検事による押収資料改竄事件（朝日新聞、10年度）、東京電力女性社員殺害再審

請求審のDNA鑑定結果（読売新聞、12年度）等のスクープ、キャンペーン報道は社会に大きな影響を与えてきた。また、オウム真理教事件などの報道は有権者に治安を意識させ、被害者保護と刑事裁判の厳罰化を進めたと見られる。

一方事件報道は、①警察や検察の情報に依存して被疑者・被告を犯人扱いし、人権を侵害している、②裁判員となる有権者や裁判官に予断、偏見を与え、憲法が保障する「公正な裁判」を損なっている、③被害者や被疑者の周辺などへの取材が集中豪雨的で過熱している（メディアスクラム）等と批判されてきた。

事件報道を規制する法案が検討されたこともあり、日本新聞協会は2000年に業界の憲法ともいえる新聞倫理綱領を改定し、「人権の尊重に最高の敬意を払い、個人の名誉を重んじプライバシーに配慮する」などと定めた。01年には「集団的過熱取材に関する見解」をまとめ、嫌がる当事者を包囲したり、住宅街や学校、病院などの静穏を害したりしないことや、通夜、葬儀の取材で遺族の心情に配慮することなどを確認した。

また裁判員裁判の開始に向け、08年に「裁判員制度開始にあたっての取材・報道指針」を作成。過度の予断、偏見を与えないよう、記事の表現に留意することなどを申し合わせた。さらに報道各社は第三者機関をつくったり、放送倫理・番組向上機構（BPO）を創設したりして自主的な取組みを続けているが、①～③は今なお課題となっている。

（参考文献）天野勝文ほか編著『新版 現場からみた新聞学』（2002・4 学文社）、津山昭英「公正な裁判と事件報道を考える」『自由と正義』（2008・5月号）、竹田昌弘『知る、考える裁判員制度』（2008・6 岩波書店）
〔竹田昌弘〕

▶ **自己情報コントロール権**（じこじょうほうこんとろーるけん）

高度情報化社会の成立の中で、公共機関や民間企業が個人情報を電子化し保管・利用する実態が一般化することに伴い、「第2世代のプライバシー権」として主張されたもの。最高裁は、弁護士会が区役所に前科を照会した事件において、事実上、自己情報コントロール権を承認したとされる（京都市中京区役所事件：最判昭和56年4月14日）。自分の個人情報をコントロールする権利で、具体的には情報公開制度の一形態である自己情報へのアクセス権として開示を求める場合、個人情報保護法に基づき自己情報を保有する機関に対し訂正・消去などを求めることができる。近年ではその発展形として「忘れられる権利」が主張される。インターネット社会において、いったん書き込まれた個人情報がほとんど永久にネット上に浮遊する状態に対し、それを消去してもらうことを求める権利の主張である。

（参考文献）山田健太『法とジャーナリズム〔第2版〕』（2010・4 学陽書房）
〔山田健太〕

▶ **自己責任論**（じこせきにんろん）

元来は、経済活動の損失リスクを指す。1980年代以降の臨時教育審議会で、悪しき平等主義の弊害を批判する文脈で使用され、経済活動から社会的活動へと広がり始めた。93年のPL法導入では、企業・消費者双方に自己責任が問われ、小沢一郎・新生党代表幹事（当時）も、著書『日本改造計画』で自己責任を主張した。阪神大震災における財産保全、減反政策、沖縄地域振興、派遣社員の労働問題等、自己責任論は社会生活全般に用いられるようになった。2004年4月、イラク武装勢力が日本人3名を誘拐・拘束し、自衛隊撤退などを求めた事件では、3名が避難勧告地域で活動をしていたことから自己責任が問われ、救出費用の税金投与に難色を示す世論が形成された。その後、同年10月に誘拐拘束された日本人青年の救出に向けた日本政府と武装勢力の交渉期間は短く、青年は公開処刑されるに至った。（参考文献）下川裕治『香田証生さんはなぜ殺されたのか』（2005・10 新潮社）
〔清水真〕

▶ **自殺報道**（じさつほうどう）

（語義）1998年に年間3万人を超えた自殺は、深刻な社会問題である。1人の自殺は遺族ら周囲の少なくとも6人に精神的衝撃を与えるといわれる。自殺の報道をめぐる最大の争点は、報道による連鎖自殺の危険性をどう

抑えるかである。有名タレントの自殺や青少年の自殺に関する報道が、若い世代の連鎖自殺に繋がるという報告例は以前からあった。

自殺報道のニュース価値は相対的に下がる傾向にあり、報道の扱いは数も量も減っている。しかし、政治家やタレントなど著名人の自殺、インターネットを使った集団自殺、いじめ自殺などは、依然としてメディアの注目を集めている。自殺報道による影響がどこかにあるとしても、報道をゼロにすることはできない。メディアの模索が続いている。

〔実例〕1986年、アイドルの岡田有希子（当時18歳）が自殺した。過熱した報道に誘発されたと見られる自殺が30数例あったと報告されている。

連鎖自殺への影響を踏まえて報道する方向へメディアが動き始めたのは、世界保健機関（WHO）が2000年に発表した「自殺報道ガイドライン」が節目になっている。自殺を大きく扱うことを戒め、控えるべきこととして、①遺体や遺書の写真掲載、②自殺の方法を詳細に説明すること、③原因を単純化すること、④自殺を美化すること、⑤センセーショナルな報道、⑥宗教的・文化的な固定観念を当てはめること、⑦自殺を非難することなどを挙げている。

朝日新聞もこのガイドラインに沿った形で、報道の指針作りをしている。特に連鎖自殺を引き起こす可能性が高い場合は、①肉筆のわかるような遺書の写真は原則掲載しない、②自殺相談の電話やホームページをできるだけ掲載する。また、見出しについても、自殺の要因を単純化した見出しはつけないようにしている。

〔参考文献〕朝日新聞事件報道小委員会『事件の取材と報道2012』（2012・2　朝日新聞社）　　〔小黒純〕

▶死者の名誉毀損（ししゃのめいよきそん）

報道やモデル小説などで、死者の名誉が毀損されることがあり、その法的責任の有無が問題になる。刑法は、230条2項で、「虚偽の事実」の摘示によってなされた場合に限り、死者に対する名誉毀損罪の成立を認める。私法上は死者の名誉を直接保護する規定は存在しないが、これを法律上保護すべき権利ないし利益と捉え、その侵害行為について不法行為の成立を肯定すべきとする見解もある。ただ、このような肯定説においても、現行法上、誰が民事上の請求権を行使し得るかに関する具体的な規定がないから、「結局その権利の行使につき実定法上の根拠を欠くというほかない」などとされる（落日燃ゆ事件：東京高判昭和54年3月14日）。他方、否定説は、人格権はあくまで一身専属権であり、「人は死亡により私法上の権利義務の享有主体となる適格（権利能力）を喪失するから、右人格権もその享有主体である人の死亡により消滅する」とし、死者の名誉毀損を犯罪とする上記刑法規定を、「国家が社会の公益を保護する観点から、個人的法益である死者の名誉を特に保護法益として認めたものに過ぎ」ないなどと説明する（大阪地判平成元年12月27日）。なお、肯定説も否定説も、死者に対する名誉毀損が、死者に対して遺族らが有する敬愛追慕の情を侵害するものとして不法行為を構成する余地を認めている（ただし、表現の自由への配慮から、歴史的事実に関する記述が、遺族らの追慕の情の侵害となるかどうかは慎重に判断されるべきとする見解もある）。〔参考文献〕五十嵐清『人格権論』（1989・12　一粒社）、堀部政男・長谷部恭男編『メディア判例百選』（2005・12　有斐閣）、松井茂記『マス・メディア法入門〔第5版〕』（2013・10　有斐閣）、　〔山本龍彦〕

▶自社もの（じしゃもの）

一般に自らの経営または勤務する会社が主催している行事（事業）などをさすが、新聞社や放送局では、自社の主催行事を紹介する記事や番組を指す言葉でもある。各社は展覧会やスポーツ大会、検定などの行事のほか、自局のキャラクターや番組の連動したイベントを主催している。その目的も、収益事業のほか、社会貢献、企業イメージの向上、読者・視聴者の囲い込み、広告主とのタイアップなどさまざまである。朝日新聞社が毎年8月に主催する全国高校野球選手権大会（夏の甲子園）は、その中でも最大級の「自社もの」といえる。　　　　　　　　　　　〔竹田昌弘〕

▶ **自主規制**（じしゅきせい）

(語義) 自発的に自らの活動の一部に制限を加えるさま。表現の自由の分野では一般に、ジャーナリスト個人や報道機関などの表現主体が、自らの意思で表現内容や態様（時・所・方法）を抑制する行為を指す。表現の自由が憲法で保障されているからといって、無制約な自由が保障されているわけではなく、自ずとその自由には限界があるとされ、それを「内部的制約」と呼ぶ。その制約の具体的な現れ方の1つとして、自主規制が存在し、専ら表現者の良心や倫理観に基づき、自発的に表現行為を抑制することに特徴がある。

一方で、外部からの圧力など、様々な影響を直接間接に受ける中で、結果として自らの意思で表現行為を抑制する場合も少なくない。そうした自主規制は場合によって「自粛」と呼ばれることがある。さらにこうした外部的影響の下での自主規制の中には、公権力や大きな社会的勢力による直接的な表現規制を回避するためのものも存在する。政府や政治家（政党）の意向を忖度（そんたく）し、彼らの思いをある程度受け入れることで、立法措置などの公権力の介入を回避するためのものである。こうした自主規制は、必ずしも「自主的」とはいえないものの、広義の意味では自ら行う表現規制であるといえる。

また、さらに近年において一般化している自主規制の形態として、行政と協力して行う「共同規制」がある。業界と行政機関が協力してルールを定め、その遵守（じゅんしゅ）においても共同して違反者を監視するといったものである。場合によっては、その枠組みを法で定めたり、自主規制ルールを行政機関が公的に承認することで権威付けし、事実上の強制力をもたせたり、あるいは監視機関を法の下に設置する例も見られる。放送や通信、あるいは広告分野において、これらの形態の表現規制が、いわゆる自主規制の1つの形態として広がりつつある。

(実例) 日本においては、とりわけ業界による自主規制が広範かつ強力に実施されているのが特徴である。新聞界においては日本新聞協会、放送界においては日本民間放送連盟という、強力な業界倫理団体が存在し、それらにNHK（日本放送協会）が加わって定められた報道倫理の規範（新聞倫理綱領、放送倫理基本綱領など）が強い拘束力をもって加盟各社を縛っている。

とりわけ報道界においては、上記民放連とNHKの合同によって放送倫理・番組向上機構（BPO）が設立され、個別放送番組の苦情処理・権利救済を実施しているほか、日常的な放送倫理の向上のための活動を行っている。これもまた、業界としての自主規制の1つの現れである。あるいは、メディアスクラムと呼ばれる集団的過熱集中取材対応として、報道界が協力して取材現場の混乱により被取材対象者の人権などが侵害されないよう、取材の自主規制を行う仕組みが実行されている。倫理綱領が制定されての自主規制は戦後すぐから、BPOやメディアスクラム対応は1990年代末からのものである。

また、日本における自主規制のシステムは、①業界事前チェック、②社内事前チェック、③社内事後チェック、④社別の苦情対応窓口、⑤社別の外部監査、⑥業界事後チェックに分けることができよう。①はすでに多くの業界で実施済みで、出版倫理協議会やゾーニング委員会（出版物）、映画倫理委員会（映画）、映像倫理機構（アダルトビデオ）、レコード倫理協議会（レコード）等がある。②は商品の品質管理、被害の事前防止、取材報道ガイドラインの作成などがあり、近年はコンプライアンスや法務を担当する専門セクションが活動している。③は番組考査や紙面審査のセクションが代表例である。④は読者応答室や視聴者センターである。⑤は紙面批評や読者モニターなどのほか、紙面審査会や番組審議会がある。⑥は上記BPOのほか、JARO（広告の紛争処理機関）などがあり、海外ではプレスカウンシル（報道評議会）やプレスオンブズマン（報道監察官）として長い歴史があるものも少なくない。

表現内容では、とりわけ差別的表現や事件報道の分野で、強力な自主規制が実行されている。前者については、主として部落差別表

現を念頭においたものが、その後より広範に広がり、各社・各業界において差別語の言換え集が整備されるなどの状況にある。また事件報道については、80代後半以降、被疑者・被告人の人権配慮に始まり、呼捨てから容疑者呼称に転換するなどの見直しがあった。さらに、2009年～10年にかけては裁判員裁判の実施に伴い、有罪視報道を回避するための自主規制の強化が進んでいる。

一方でこうした規制のあり方については、過剰な自主規制であるとして批判もある。1つは、差別語の言換えが本質を離れて形式的になされるばかりで、自由な表現を奪っているというものである。また、強力な業界規制については、本来は個人のレベルで行うべき倫理上の判断を業界が押し付けているとの批判や、既存の業界団体がフリーのジャーナリストなどの活動を制約しているとの批判もある。こうした批判は時として、「業界タブー」を産んでいるとの声にも繋がることになる。

参考文献 M・クロネンウエッター『ジャーナリズムの倫理』（渡辺武達訳、1993・8 新紀元社）、山田健太『法とジャーナリズム〔第2版〕』（2010・4 学陽書房）
[山田健太]

▶ 自主規制制度〔出版〕
（じしゅきせいせいど〔しゅっぱん〕）

語義　日本の出版界では、放送界、新聞界と比較して、組織的な取組みとしての自主規制制度はあまり発達していないが、倫理綱領の制定や性・暴力表現対策としてのゾーニング規制（店頭における書籍などの区分陳列販売規制）などの事前規制制度と、人権侵害対策としての苦情処理制度の整備などの事後規制制度が存在する。

実例　日本の出版界では、第二次世界大戦直後に、「出版倫理綱領」(1957年)をはじめ、雑誌、取次、販売などの倫理綱領が次々と制定された。また、1990年代後半から2000年代はじめには、名誉毀損・プライバシー侵害訴訟の賠償金高額化や、いわゆる「メディア規制3法」が国会で審議され、特に、一部のコミック本・雑誌における過激な性描写が青少年に悪影響を与えるとして社会問題化したこ

とを背景に、有害情報からの青少年保護を目的とした青少年有害社会環境対策基本法案の立法化が進んだ。

01年3月には、有害指定図書類の区分陳列の義務化などを盛り込んだ東京都青少年条例改正案が成立し、10月に施行された。これらの動きを受けて、出版界は、同年7月、出版倫理協議会（出倫協）の中に、第三者による自主規制機関である「出版ゾーニング委員会」を設置した。同委員会は、出版の自由の擁護と青少年の健全育成のため、出版物の区分陳列による販売を促進することを目的としており、業界団体関係者、学識経験者、出倫協議長の委員から構成され、出倫協などに加盟の出版社が発行する雑誌類のうち、「主として著しく性的、暴力的ないし残虐な表現があり、青少年に不適当であるとされ、かつ爾後も同様の内容が続くと判断される雑誌類」(「出版ゾーニング委員会運営要領」)に「識別マーク」（出版ゾーニングマーク）を表示するよう、出版代表者または編集責任者に要請することを任務とする。また、出倫協加盟の書店は、当該雑誌類を区分陳列して青少年が入手できないように配慮する義務を負う。なお、出版ゾーニング制度をきっかけに、出版界では、いわゆる「シール止め自主規制」（雑誌の上下2か所をシールで止めるもの）が行われ、シール止め誌は、同委員会の審査対象外とされ、また、東京都からも不健全図書の指定外とされたが、近年、当該誌の内容の過激さが問題となってきている。

さらに、02年には、日本雑誌協会（雑協）加盟の各雑誌記事の人権上の問題に対する業界としての統一的な苦情受付窓口として、「雑誌人権ボックス（MRB=Magazine and Human Rights Box)」が雑協内に設置された。雑協は、専用ファックスと文書で当事者または直接の利害関係者からのみ苦情を受け付け、当該記事の編集部や発行元に連絡後、当該編集部、発行元が2週間以内に回答する仕組みになっている。回答の内容は、当該編集部、発行元の判断に委ねられるが、回答結果については雑協に報告する義務を負う。発足後の5年間で寄せられた苦情件数は90件だが、いわゆる名誉毀損、プライバシー侵害などに関わるものは

9件と少ない。
参考文献 『50年史』編集委員会編『日本雑誌協会　日本書籍出版協会50年史1956→2007』（2007・11　日本雑誌協会）、清水英夫『表現の自由と第三者機関──透明性と説明責任のために』（2009・8　小学館）、渡辺桂志「雑誌人権ボックスの5年間と出版ゾーニング委員会」（2010・5　日本出版学会ウェブサイト：http://www.shuppan.jp/）
[後藤登]

▶ 自主規制制度［新聞］
（じしゅきせいせいど（しんぶん））

語義　日本の新聞界における自主規制制度は、倫理綱領の制定などの事前規制制度と、紙面審査機構や報道と人権を扱う第三者機関の設置などの事後規制制度に大別することができる。また、実施主体として、業界団体レベルと個別新聞社レベルに大別できる。

実例　事前規制制度としては、「新聞倫理綱領」や「誘拐報道協定」など、新聞メディアの使命や取材・報道対象者の人権への配慮を定めた、取材・報道・広告・販売に関する倫理綱領や指針などを業界団体である日本新聞協会が定めている。また、個々の新聞社が経営理念や新聞人としての倫理規範を綱領、信条、行動規範等の形で定めている。他方、事後規制制度としては、日本新聞協会の審査室や、個々の新聞社の紙面審査機構において、「記事内容の正確度」「人権・紙面の品位などへの配慮」「価値判断の適否」等について審査し、業界や社内にフィードバックしており、紙面の「品質管理」をその主な役割としている。

しかし、報道被害に対する社会的批判やいわゆる「メディア規制3法」の国会審議などを背景に、2000年以降、新聞各社に、報道と人権を扱う第三者機関が相次いで設置された（08年9月時点で39社41組織あり、日本新聞協会加盟社の約半数が設置）。第三者機関の構成メンバーは、新聞社と直接の利害関係にない有識者（大学教授、弁護士、ジャーナリスト等）3～5名程度が一般的で、社長の直属機関が多く、編集局から独立した位置付けとなっている。

例えば、毎日新聞社の「開かれた新聞」委員会は、本社の編集最高責任者である主筆の直轄組織として設置され、①人権侵害の監視、②紙面への意見、③21世紀のメディア提言の3つを役割としている。現在、委員会の構成メンバーは、ジャーナリスト、大学教授、ノンフィクション作家の3名で、委員の見解は、原則として、同紙の紙面で報告される。「人権侵害の監視」とは、毎日新聞の記事による名誉毀損、プライバシー侵害など、人権侵害に対する当事者からの苦情などへの毎日新聞社の対応について、委員会としての見解や意見を提示することである（ただし、訴訟の可能性のあるものや公人からの苦情は対象としない）。ただ、このような第三者機関の目的は、記事による人権侵害の個別的救済から紙面の検証まで、新聞社によって幅があり、その多くは主に後者の役割を担っている。なお、現在、新聞界全体としては、放送界のBPO（放送倫理・番組向上機構）のように、苦情処理機能を有した第三者機関は存在していない。

参考文献 田島泰彦・右崎正博・服部孝章編『現代メディアと法』（1998・3　三省堂）、毎日新聞社編『開かれた新聞──新聞と読者のあいだで』（2002・6　明石書店）、天野勝文・橋場義之編著『新　現場からみた新聞学』（2008・10　学文社）、清水英夫『表現の自由と第三者機関──透明性と説明責任のために』（2009・8　小学館）、日本新聞協会『取材と報道［改訂4版］』（2009・10　日本新聞協会）
[後藤登]

▶ 自主規制制度［放送］
（じしゅきせいせいど（ほうそう））

語義　放送番組の倫理水準を維持するために、放送局や放送業界が自主的に運用する規制．政府が番組の内容に直接介入することは、放送の自由を侵すことに繋がるため、自主規制制度が整備されてきた。放送法に根拠をもつものと、法的要請によらず自主的に行われているものがある。前者には、放送局ごとの番組基準の制定・公表・運用、番組審議会の設置・運営など、後者には「放送倫理基本綱領」の制定や放送倫理・番組向上機構（BPO）の設置、個別放送局によるオンブズマン制度などがある。

実例　放送法5条により、放送局（一般放送事業者を除く）は、番組の種別に応じた番組基

準の制定と公表が義務付けられている。日本民間放送連盟（民放連）会員社の場合は、自社の番組基準に、同連盟が定める民放連放送基準を準用することで、一定の倫理水準を担保している。民放連放送基準は、人権、法と政治、児童及び青少年への配慮、家庭と社会、教育・教養の向上、報道の責任、表現上の配慮等、番組に関わる12の章と、広告に関する6つの章で構成されている。

一方、放送法6条により、各放送局が設置し、外部有識者で構成される番組審議会には、①番組基準や番組の編集に関する基本計画の制改定に関する諮問、②放送法9条1項の規定による訂正・取消し放送の実施に関する報告、③番組に関する苦情その他の意見の概要に関する報告が義務付けられている。番組審議会は、諮問に応じて意見を出すほか、自らの判断で番組に関する意見を述べることができ、放送局にはその意見を番組に反映する努力義務が課されている。番組審議会の意見や審議の概要は、自社の放送やインターネットサイトなどで公表する義務がある。

NHKと民放連が1996年に共同で定めた「放送倫理基本綱領」は、「各放送局の放送基準の根本にある理念を確認」するものとされ、放送は、「福祉の増進、文化の向上、教育・教養の進展、産業・経済の繁栄に役立ち、平和な社会の実現に寄与することを使命とする」「民主主義の精神にのっとり、放送の公共性を重んじ、法と秩序を守り、基本的人権を尊重し、国民の知る権利に応えて、言論・表現の自由を守る」などと謳っている。放送局独自のオンブズマン制度としては、TBS「『放送と人権』特別委員会」、名古屋テレビ「オンブズ6」、関西テレビ「オンブズ・カンテレ委員会」、東海テレビ「オンブズ東海」がある。いずれも外部有識者数名で構成される。関西テレビ、名古屋テレビの2社の組織は、外部からの苦情処理のみならず、制作者が良心に従って制作することの担保（内部的自由）も目的としている。

(参考文献) 原田大樹『自主規制の公法学的研究』（2007・3　有斐閣）、日本民間放送連盟編『民放連放送基準解説書2009』（2009・4　コーケン出版）、清水英夫『表現の自由と第三者機関—透明性と説明責任のために』（2009・8　小学館）、駒村圭吾・鈴木秀美編著『表現の自由（Ⅱ）』（2011・5　尚学社）

［本橋春紀］

▶ **市場原理主義**（しじょうげんりしゅぎ）

(語義) 個人の自由な経済活動を促進し、政府の干渉を最小限にすることが、公正さと福利を実現する最も優れた方法だと主張する立場を指す。新自由主義と称されることも多い。経済学的には経済主体の合理性を強調する新古典派と共通する部分が多く、政治思想的には国家機能の最小化を唱えるリバタリアニズムと親和性を有する。

サッチャー政権以降のイギリスやレーガン政権以降のアメリカでの民営化、規制緩和、公共事業の縮小、累進課税の緩和等の経済政策の特徴を形容する際にも用いられる。ただし、思想的な硬直性を示唆する「原理主義」が表すように、市場の自動調整機能への過剰な期待を批判する立場から用いられることが多い。批判対象の主張を深く検討することなく切り捨てるためのレッテルとしても用いられるため、議論には不向きな言葉だともいえる。

市場原理主義への批判としては、市場は期待されるほどには効率的でなく、経済危機、大量失業、格差の拡大、貧困の増大等の問題を生じさせるという点や、政府介入に批判的であるにもかかわらず市場原理主義を貫徹するためには強力な政府介入が必要になるという矛盾などが指摘されている。さらに、災害や戦争のような大惨事を巧妙に利用し、人々の混乱に乗じて市場原理主義的な改革を押しつける「惨事便乗型資本主義」への批判も展開されるようになっている。

(実例) 市場原理主義的な政策はメディア産業にも影響を及ぼしている。所有やサービス提供範囲に関する規制が緩和されることで、買収や合併が活発化し、巨大なメディアコングロマリット（複合企業体）が誕生している。その結果、企業間競争の促進によって消費者により多くの選択肢が与えられるようになるという市場原理主義との想定とは異なり、ごく

少数の企業によって言論の市場が支配されるようになっていると指摘される。例えば、ルパート・マードックのニューズ・コーポレーション傘下にある多数の新聞はそれぞれに独立しているとされるが、2003年のイラク戦争時にはその全てが参戦への支持を表明している。

また、商業主義の拡大によって論争的なテーマに関する報道や調査報道が減少する一方、娯楽色の強いニュースが増加し、報道と娯楽との区別が曖昧になってきたともいわれる。さらに、メディアコングロマリット自体が市場原理主義の受益者であるがゆえに、そのイデオロギーの普及に大きく貢献してきたとの指摘もある。

(参考文献) R. W. McChesney, *Rich Media, Poor Democracy*（2000・11, The New Press）、D・ハーヴェイ『新自由主義』（渡辺治監訳、2007・3　作品社）、N・クライン『ショック・ドクトリン（上・下）』（幾島幸子ほか訳、2011・9　岩波書店）、J・クイギン『ゾンビ経済学』（山形浩生訳、2012・11　筑摩書房）

［津田正太郎］

▶ 自炊（じすい）

電子書籍の文脈では、自ら書籍を電子化する行為を指す造語。2010年頃、電子書籍のタイトル不足や蔵書スペースの飽和問題から、書籍を自ら裁断するなどしてスキャンし高速スキャナーで電子書籍化する行為が流行し、「データを自ら吸うこと→自吸い」の意味から「自炊」と呼ばれるようになったとされる。個人的に楽しむための自炊は著作権法の「私的複製」の例外規定によって許容されるが、自炊の手間などから「自炊代行」を名乗る代行事業者が増加した。こうした事業者は基本的に著作権者の許諾なくサービスを行うため、著作権侵害ではないかとの論争を招いている。11年以降、浅田次郎や東野圭吾ら人気作家による代行事業者の提訴が続いたのをきっかけに、権利者の許諾に基づいて代行事業の仕組みを作ろうとする通称「Myブック変換協議会」や代行業者の組織も生まれている。

(参考文献) 山口真弘『【自炊】のすすめ―電子書籍「自炊」完全マニュアル』（2011・7　インプレスジャパン）

［福井健策］

▶ 事前差止（じぜんさしとめ）

語義　違法に他人の権利または利益を侵害するおそれのある行為について、行為がなされるに先立ちこれを禁止すること。

実例　日本の法制度上、法益侵害行為に対しては損害賠償などにより対処することが原則であるが、こうした事後的救済が有効ではない侵害行為については、差止が救済手段として重要な意味をもつ。法令の定めや、人格権などに由来する差止請求権等に基づいて認められる。差止のうち、当該行為が行われる前にこれを禁止するものを事前差止といい、代表的なものとして、名誉毀損・プライバシー侵害を引き起こすおそれのある表現物の公表を禁ずる仮処分が挙げられる。

出版物の事前差止は、表現活動がなされるに先立ちこれを禁止するものであるから、事前抑制及び検閲の禁止を定めた憲法（21条1項、2項）に照らして許容されるか否かが問題となる。この点について最高裁は、出版差止仮処分の憲法適合性が問題となった北方ジャーナル事件判決（最大判昭和61年6月11日）において、次のように説示した。まず、札幌税関事件判決（最大判昭59年12月12日）において示された「検閲」概念を前提にして、仮処分による事前差止は、表現物の内容の網羅的一般的な審査に基づく事前規制が行政機関によりそれ自体を目的として行われる場合とは異なり、司法裁判所によって個別的に行われるものであるから「検閲」には該当しない。ただし、出版物の事前差止は検閲ではないものの事前抑制にあたるものであり、とりわけそれが公共の利害に関する言論を抑制する場合は、「原則として許されない」。しかしながら、①「その表現内容が真実でなく、又はそれが専ら公益を図る目的のものではないことが明白であつて」、かつ、②「被害者が重大にして著しく回復困難な損害を被る虞があるとき」は「例外的に事前差止が許される」とした。またその際、口頭弁論または債務者審尋を通じて、債務者に対し、表現内容の真実性などの主張立証の機会を与えることが原則であるが、こ

れらを行うまでもなく、債権者の提出した資料によって上記要件①②が充足される場合には、口頭弁論または債務者の審尋を経ないで差止の仮処分命令を発したとしても、憲法21条の趣旨に反しないとした。ちなみに、本判決後に制定された民事保全法では、債務者審尋を経ない差止仮処分命令を発することは例外的とされている（23条4項）。

参考文献 山木戸克己『民事執行・保全法講義〔補訂2版〕』（1999・5　有斐閣）、駒村圭吾『ジャーナリズムの法理』（2001・7　嵯峨野書院）、近江幸治『民法講義Ⅵ　事務管理・不当利得・不法行為〔第2版〕』（2007・12　成文堂）、鈴木秀美「表現の自由と事前差止（名誉毀損）」小山剛・駒村圭吾編『論点探求　憲法〔第2版〕』（2013・6　弘文堂）　　　　　　　　　　　　　　　〔駒村圭吾〕

▶ 思想・信条の自由（しそう・しんじょうのじゆう）

語義　思想を外部に示す活動の自由は、憲法21条の表現の自由などによって保障されるが、内心そのものの自由は、「思想及び良心の自由は、これを侵してはならない」と定める憲法19条によって保障されている。この条文には「信条」という表現は出てこないが、この語が意味する宗教的・世界観的な確信は、19条でいう「思想及び良心」に含まれていると解される。また、平等について定める憲法14条1項は、国民は「信条」によって差別されないという文言を含んでおり、ある者にその宗教的・世界観的確信を理由として不利益を与えることは、原則として許されない。

このように、憲法は「思想・信条の自由」の実質的内容を保障しているといえるが、この語自体は用いていない。ただし、内心の自由を意味する語として一般的にはよく用いられるし、判決にもこの語を用いるものがある。

思想・信条は個人の人格の核心を構成し、また外部的行動に至らない人の思想自体は何の弊害も引き起こさないから、公権力が内心を無理に告白させようとしたり、思想自体を理由にして制裁を課したりすることは、許されない。しかし、国家が求める外部的行動と思想・信条との衝突が問題となる場合には、内心の自由が制約されることもある。

実例　憲法19条との関係で古くから争われているのは、名誉毀損に対する救済のための謝罪広告の合憲性である。民法723条は、名誉毀損の不法行為に対しては、名誉を回復するために、損害賠償以外の「適当な処分」が可能であると定めているが、判決がこの処分として、加害者の名前で謝罪文を公表するよう命じることがしばしばある。しかし、謝罪する意思をもたない者に謝罪を強制することは、思想・良心の自由を侵害するのではないか。判例は、陳謝の意を表明するにとどまる程度の謝罪文公表の強制は、憲法上も許されるとする（最大判昭和31年7月4日）が、学説上は批判が根強く残っている。

近年、公立学校の入学式や卒業式で国歌斉唱の義務付けが強化されるに従い、自らの思想・信条に照らしてこれに従わない教員が懲戒処分を課される事例が、いくつも生じた。この処分が憲法19条に反するとして争われた事件において、最高裁は、この義務付けは特定の思想を強制しようとするものではなく、思想・良心の自由への直接的な制約ではないという。ただ、最高裁も、国歌斉唱は国歌への敬意の表明の要素を含むため、その強制がこの敬意を表明できないと考える者にとって自己の思想への間接的な制約となることは認める。それでも、学校儀式における国歌斉唱の意義などからして、この程度の制約は許容できると判断したのである（最判平成23年6月6日など）。この判決に対しては、国歌への敬意の表明を求める行為は、思想・信条への直接的制約というべきではないかなどといった批判がある。

参考文献 西原博史『学校が「愛国心」を教えるとき』（2003・5　日本評論社）、佐藤幸治『日本国憲法論』（2011・4　成文堂）　　　　　　　〔毛利透〕

▶ 思想の科学事件（しそうのかがくじけん）

1961年12月、中央公論社が、当時発売を引き受けていた雑誌「思想の科学」の天皇制特集号（62年1月号）を自主的に発売中止し、断裁した事件。雑誌「中央公論」に掲載された小説の内容に反発した右翼の少年により嶋中鵬二社長宅の家政婦が刺殺された嶋中事件に際し、同社は一旦は「社業をとおして言論の自

由を守る」ことを誓ったものの、右翼の強い攻撃に屈し、この社告を否定し全面的に謝罪する「おわび」を発表した。それ以上右翼を刺激しないように、同社幹部会が決定した措置である。しかもその過程で同号の内容を、右翼や公安調査庁係官に閲覧させていたことも発覚した。思想の科学研究会側は、同社に対する執筆拒否を宣言した。右翼の言論機関に対するテロと、それに対する出版社の姿勢が問われた事件である。(参考文献)根津朝彦『戦後『中央公論』と「風流夢譚」事件――「論壇」・編集者の思想史』（2013・2　日本経済評論社）　[井川充雄]

▶ 思想の自由市場（理論）
（しそうのじゆうしじょう（りろん））

(語義)　どのような思想や表現であれ、それぞれに説得力の程度に違いがあり、自由なやり取りの中でより説得力のある思想や表現がより多くの人々に受容されることになるので、危険であるとか大勢でないとかといった理由で思想や表現を権力が制限する必要はないとする考え方。経済活動における自由市場では価格を指標とした競争を通じて、より人々に受容される財やサービスが生き残っていくこととの類推に基づく、表現の自由の擁護論として展開してきた。アメリカ合衆国最高裁判所判事であったオリバー・W・ホームズによる、1919年の意見に端を発し、広く受容されている考え方である。

この理論は、表現の自由を正当化する議論の系譜の中では、自由な表現が真理への到達を容易にするというミルトンやJ・S・ミルなどの主張に連なるものである。この理論は、表現活動がもたらす明らかな深刻な害悪が真に差し迫って発生するおそれがある場合に限って表現は制限可能であるとする「明白かつ現在の危険」のテストを支え、表現の害悪に対しては説得や反論といった表現による対抗こそが望ましいとする対抗言論（more speech）の考え方に深く関連している。

(影響)　この用語は広く人口に膾炙している。例えば、表現物はとにかく思想の自由市場に投入されることが重要で、権力がそれを阻止することは望ましくないと論じ、検閲に反対するといった使用の仕方である。批判としては、まず、社会的な問題においてそもそも真実は存在するのか、あるいはそれを発見することはできるのかといったものがある。ただこの理論は、実体的な真理の存在というよりも人々の間の合意の反映を重視しており、プラグマティックな色彩が強い。多数者が受け容れることが本当に真実なのかという疑問もあろう。この理論は短期的な視点よりは長期的な展望を語っており、規範的な意味合いをもっている。さらに政府の肥大化やマスメディアの発達は情報の偏在をもたらしており、自由な競争を阻害しているのではないかという疑問もあるが、それはむしろこの理論の現代的課題を指摘しているのであって、自由な競争を促進するような施策はこの理論と矛盾はしない。

(参考文献)金井光生『裁判官ホームズとプラグマティズム』（2006・2　風行社）、山口いつ子『情報法の構造』（2010・7　東京大学出版会）　[川岸令和]

▶ 視聴者（しちょうしゃ）

(語義)　新聞には「閲読者」、ラジオには「聴取者」、そしてテレビには「視聴者」。各々のメディア接触者を、そのメディア固有の名で呼ぶという慣習自体が20世紀的であるともいえる。

その中で「視聴者」という語は一般にはオーディエンスの訳語として広く用いられてきた。本来英語のaudienceはテレビのviewer、ラジオのlistenerを包含した集合的概念で、またそもそもは演劇の観客や演説の観衆・聴衆から拡張された意味を有する。一方日本語の「視聴者」は必ずしも集合的にではなく、個別の呼称（「視聴者のみなさま」＝「テレビを見ているあなた」）といったかたちとして用いられる場合も少なくなく、若干のずれがある。

(影響)　今日オーディエンス研究の焦点が、その被構築性（イェン・アンら）から能動性・多様性へ移ってきているのに対し、「視聴者」という概念が、あくまで当該行為（見る・聞く）の受動性に縛られ、テレビの総体的弱体化に伴って古びたイメージをもたれるようになっているのもその「ずれ」の表れである。旧来

の視聴行動調査の手法（「視聴率調査」や視聴者層の区分など）の有効性に関しても多くの疑問が呈されており、国内の研究者たちも徐々にメディア横断的に用いることができないこの語から離れつつあるのも事実だ。

この背景には、テレビを含むあらゆるメディアの汎デジタル化がある。この変化でメディア接触が縦割り化されていた時代が過去のものになり、その枠組みは大規模な再編に向かっている（そこでは「ユーザー」という呼び名が一般化している）。しかし濫立する動画配信サービスなどに顕著なように、受動的な視聴行動は完全に失われているわけではない。むしろ今後の多様なメディア連携パターンを考慮した時、この「受動性」をどう位置付けるかは、重要なアジェンダとなるであろう。

参考文献　K・ロス＆V・ナイチンゲール『メディアオーディエンスとは何か』（児島和人ほか訳、2007・11　新曜社）　　　　　　　　　　　　　[水島久光]

▶ 視聴率（しちょうりつ）

語義　テレビ放送が、視聴率調査対象世帯の中でどのくらいの比率で視聴されていたかを表す数値。1世帯を単位とする世帯視聴率と、個人を単位とする個人視聴率があるが、一般的には世帯視聴率が用いられる。

実例　日本の視聴率調査は、調査対象世帯に自動計測器を設置して行われる機械式の調査については、ビデオリサーチ社が独占状態で行っている（アンケート形式で調査対象者個人に記入してもらって調査する日記式の視聴率調査は、NHK放送文化研究所も実施）。世帯視聴率調査は、調査対象世帯の自宅に機械を設置して調査を実施するため、自宅以外（学校や職場、飲食店など）での視聴は含まれない。調査対象となるテレビは据え置き型で、携帯型テレビやワンセグ携帯での視聴は視聴率調査の対象にはならない。また、リアルタイム（放送と同時間）での視聴データに限られるため、録画視聴も現在の視聴率調査には反映されない。

日本における機械式（各世帯に設置した計測器のデータを回収する方式）の世帯視聴率調査は、アメリカで視聴率調査をほぼ独占しているニールセン社が1961年に日本に進出して始まり、続いて電通や在京キー局などが出資して設立したビデオリサーチ社も関東地区で62年に調査を開始、次第に調査エリアを広げていった。77年にはビデオリサーチ社と調査対象世帯をオンラインで結ぶシステムが導入され、調査の翌日には毎分のデータを視聴率日報として関係先に配布できる体制が整った。その後、個人視聴率の導入をめぐってニールセン社と民放各局が対立したことから同社が日本での調査から撤退したが、個人視聴率導入については広告主側の要望が強く、ビデオリサーチ社も参考データとして97年から機械式（ピープルメーター）による個人視聴率調査を実施している。

2013年現在、ビデオリサーチ社は全国27地区6600世帯（関東・関西・名古屋地区は600世帯、他は200世帯）を対象に機械式の視聴率調査を実施しており、各地区で毎分の視聴率データを作成・販売している。いわゆる番組視聴率とは、この毎分のデータをもとに、番組の放送時間の平均値を算出した平均視聴率を指す。

ただ、関東地方でも600世帯というサンプル数は、視聴率10％の時の誤差は±2.4ポイント（7.6％から12.4％の間のどこか）という計算となり、現在テレビ各局間で展開されている熾烈な視聴率競争が実質的にどれだけの意味があるか、という批判も聞かれる。しかし、誤差を小さくするためにサンプル数を増やすことは、費用対効果の観点から検討課題には上っていない。

参考文献　ビデオリサーチ社編『視聴率の正体』（1983・9　広松書店）、藤平芳紀『視聴率の正しい使い方』（2007・4　朝日新聞社）　　　　[岩崎貞明]

▶ 実質秘・形式秘（じっしつひ・けいしきひ）

ある情報が国家の秘密に該当するかどうかを決める際に、実質秘をとるか、それとも形式秘をとるかの対立がある。実質秘とは、当該情報の内容が実質的または客観的に秘密として保護に値することを指す。つまり、その情報の中身が実際に秘密の内容で、秘匿しておかなければならないということである。一方、形式秘とは、その情報が秘密指定されているものを指し、その内容が実際上秘密とし

て保護に値するかどうかは問われない。つまり、真に秘密として保護するかどうかを考えず、形式的に秘密の取扱いになっていれば、秘匿するということである。日本では、公務員の守秘義務違反の問題を考える際に、実質秘か形式秘かが問われることになるが、最高裁は実質秘の立場をとっている（外務省機密漏洩事件：最決昭和53年5月31日）。 参考文献 石村善治『言論法研究Ⅱ』（1993・3　信山社出版）　[大林啓吾]

▶ **実名報道**（じつめいほうどう）

語義　新聞記事や放送ニュースの登場人物、特に刑事事件の被疑者・被告人や被害者の氏名を明示する報道。日本のほとんどのマスメディアは、未成年や精神障害のある被疑者、強姦被害者らを除き、実名報道を原則としている。

だが1980年代以降、いわゆるロス疑惑をはじめとする事件報道の過熱や、松本サリン事件など冤罪の続発で、実名報道は人権侵害だとの批判が高まった。北欧諸国のように、権力犯罪など以外は匿名報道にするべきだという意見も根強い。

これに対しマスメディアは、被疑者の呼捨てを廃止して容疑者呼称を導入したり、当番弁護士を通じて被疑者の主張を伝えたり、報道被害に対応する第三者機関を設置したりして、事件報道の改善に努めてきた。裁判員制度が始まる際には、被疑者の成育歴を慎重に報じるなどの指針をまとめた。人権に配慮して、例外的に匿名で報じるケースも増えた。

ただし、マスメディアは今も実名報道主義を維持している。個人情報保護法や犯罪被害者等基本法の施行後、警察が記者会見で事件関係者を匿名にするような事例が相次いだこともあり、実名報道の前提となる実名発表を行政機関に求めてきた。

背景　実名報道主義の根拠としては、①氏名は事実の核心であり、市民の知る権利に応え、歴史を記録するには、実名が不可欠だ、②名前を出すことで、読者・視聴者に対し強い訴求力を持ち、事実の重みが伝わる、③実名で報じなければ、不正の追及や公権力の監視はできない、④名前は個人の尊厳の象徴であって、匿名で気を遣い合う社会より、実名で言いたいことを言い合う社会の方が健全だ、⑤匿名では、報道の信頼性が損なわれ、取材や表現が甘くなる恐れがある上、警察などが名前を隠す口実にされかねない―といったことが挙げられる。

一方、主に匿名報道主義の立場からは、①一般刑事事件の被疑者らの名前は、読者・視聴者にとっては記号にすぎず、知る必要はない、②名前がなくても、事件報道で最も重要な原因や背景を伝えることは十分可能で、少年事件などでは現にそうしてきた、③権力者の犯罪や疑惑は実名で報じるべきだが、他は名前は不要。出せば報道被害が生じ、名誉回復は困難だ、④実名報道すれば、被疑者や家族らは社会的制裁を受けることになり、無罪推定の法理に反する、⑤報道の信頼性は、取材の徹底や取材源の明示によって担保可能。行政機関の匿名発表には、マスメディア全体で抗議して情報公開を求めなければならないが、実際に名前を報道するか否かは、メディアの責任で判断するべきだ―などと反論が出ている。

参考文献　日本新聞協会編集委員会『実名と報道』（2006・12　日本新聞協会）、澤康臣『英国式事件報道―なぜ実名にこだわるのか』（2010・9　文藝春秋）

[原真]

▶ **指定公共機関**（していこうきょうきかん）

語義　災害対策基本法制、有事法制、新型インフルエンザ等対策特別措置法制等において、国や地方公共団体などと協力して、自然災害や武力攻撃による被害の軽減に努める責務を負う組織で、独立行政法人、特殊法人、民間会社の中から政府によって指定される。ほかに都道府県知事によって指定される指定地方公共機関がある。日本銀行、日本赤十字社、電力、ガス、運輸、鉄道、通信会社等のほか、日本放送協会（NHK）及び民放各社が指定されている（それぞれの法制によって指定の範囲、態様は異なる）。指定地方公共機関として、新聞社が指定されている例もある。

負うべき責務は、自らが平時において実施している業務に関することとされている。ま

た、平常時において、災害時や有事への対応について業務計画を定めることが義務付けられており、計画策定の際は政府の定める基本計画や基本指針に従い、行政機関との協議（災害対策基本法の場合）を行ったり、行政からの助言（国民保護法の場合）を受けたりすることになっている。

(影　響)　報道機関としてのNHKや民放が、国との協力において放送することにより、報道の自由が侵される危険性が指摘されている。特に、政府の政策によって引き起こされる有事（戦争）に関しては、そのことが強く危惧される。有事法制の一環である国民保護法においては、不履行に関する罰則などはないが、指定公共機関及び指定地方公共機関である放送局に、警報、避難の指示、緊急通報の放送が義務付けられている。また、放送の実施に関して、対策本部長（総理大臣）の総合調整の下に置かれている。

(参考文献)　「特集 有事法制と放送」『月刊民放』(2003・8月号)、石坂悦男「『有事法制』とマスメディア」『社会志林』(2009・7、9月号)　　　　［本橋春紀］

▶ **自販機規制**（じはんききせい）

(語　義)　表現の自由の文脈で語る場合、「有害」図書を自販機（自動販売機）で販売することを、青少年条例等で規制することを指す。当初の対策としては、自販機の正面窓にアルミを張るなどして中の図書が見えないような措置をとるなどしていた。また、学校の近くなどには設置できないような規定をもつ自治体も存在した。しかし1970年代以降徐々に、自販機による販売自体を問題視する声が強まり、多くの自治体では自販機による販売を禁止する条例改正を行った。

(実　例)　条例による規制は表現の自由の侵害であるとの訴訟が起きたが、岐阜県青少年保護育成条例事件（最判平成元年9月19日）において、「自販機による有害図書の販売は、売手と対面しないため心理的に購入が容易であること、昼夜を問わず購入ができること、購入意欲を刺激しやすいことなどの点において、書店等における販売よりもその弊害が一段と大きい」として、「有害図書の流通を幾分制約することになるが（中略）有害環境を浄化するための規制に伴う必要なやむをえない制約」であって憲法に反しないと判示した。

なお、青少年を対象とした自販機規制としてはタバコやアルコールがある。アルコール飲料自販機の場合、成人識別機能がついていないものは、深夜（午後11時～午前5時）の販売停止が条例などで定められている。タバコ自販機は2008年に全て成人識別自販機となったため、1996年より行われていた屋外設置機の深夜（午後11時～午前5時）稼働自主規制について解除された。

(参考文献)　清水英夫・秋吉健次編『青少年条例―自由と規制の争点』(1992・7　三省堂)　［山田健太］

▶ **シビックジャーナリズム**（しびっくじゃーなりずむ）

(語　義)　1990年代を中心にアメリカで、多数の地方紙が実践したジャーナリズムの改革運動。記者も地域社会の一員であるという自覚をもち、各種のプロジェクトを通じて読者（市民）とともに課題解決に取り組んだ。パブリックジャーナリズムとも呼ばれる。ジャーナリストは「客観的」な観察者に踏みとどまるべきであるとの立場をとる主流ジャーナリズムから批判され、論争が巻き起こった。

主流ジャーナリズムでは、あらゆる対象から距離をとり、事実を偏りなく報じることが推奨される。これに対しシビック／パブリックジャーナリズムの支持者は、市民の公共的な生活（パブリックライフ）を回復させることを使命と考える。思想的には、共通善を重視するコミュニタリアニズムや教育哲学者ジョン・デューイなどの影響が認められる。

(実　例)　カンザス州の地方紙ウィチタ・イーグルが1990年の地元選挙で取り組んだのが始まりとされる。当時の編集長デービス・メリットは、候補者の遊説イベントに振り回されがちな過去の報道手法を反省し、住民への聞取り調査から得た地域の課題をもとに、有権者の立場から地域の問題を考えるキャンペーンを展開した。

運動はジャーナリズム研究者ジェイ・ローゼンによって理論化され全米に波及した。地

方紙の選挙報道改革は96年の大統領選までに25例が実践された。シビック／パブリックジャーナリズムのプロジェクトは選挙報道以外にも、環境や教育、銃や薬物などの犯罪、マイノリティの権利擁護等、多様な問題を対象化した。

ただし、プロジェクトは研究教育機関や民間財団の資金協力によるものが多く、補助金の期限が切れるとともに下火になったものが少なくない。

(参考文献) 林香里『マスメディアの周縁、ジャーナリズムの核心』(2002・6 新曜社)、寺島英弥『シビック・ジャーナリズムの挑戦』(2005・5 日本評論社)

[畑仲哲雄]

▶ 死亡記事（しぼうきじ）

公人や著名人などが亡くなったことを伝える記事。「亡者記事」などともいう。社会的な地位や知名度、業績などで出稿するかどうかを決める。取引先が多い企業の経営者や教え子が全国にいる大学教授、公人・著名人の親族なども出稿する。基本的な記事のフォームは亡くなった人の氏名、ルビ、肩書き、亡くなった日時、死因、亡くなった場所、年齢、自宅住所、葬儀・告別式の日取りと場所、喪主等を順に書く。人によっては、経歴を入れたり、一般の記事として大きく報じたりする。

(参考文献) 共同通信社編著『記者ハンドブック―新聞用字用語集〔第12版〕』(2010・10 共同通信社)

[竹田昌弘]

▶ 市民記者（しみんきしゃ）

(語義) 市民記者はパブリックジャーナリストともいう。狭義には日常的な取材報道活動を本業とする職業記者でなく、市民メディアを通じてボランティア的なジャーナリズム活動をする一般市民を指す。広義では、ホームページやブログ、SNSサイトなど、不特定多数を対象としたメディアで、ジャーナリズム活動をする者全てが市民記者といえよう。また、「市民」という用語が左翼的な市民活動を連想させることから、市民記者はその活動家という意味で用いられる場合もある。

(実例) IT革命によってパソコンとインターネットが普及し、ネットメディアが発達して、個人から不特定多数への情報伝達が可能になった現在、職業記者と市民記者、一般市民と市民記者との境界は不透明になってきており、誰もが図らずして市民記者になり得る状況である。例えば、2007年に放映されたフジテレビ系列の「発掘！あるある大事典Ⅱ」の内容の事前漏洩は、市民記者によるスクープだった。また、職業記者が本業以外の時間を使ってボランティア活動などで市民記者として活躍するケースもある。

そもそも、表現の自由の一部と解される取材報道の自由はマスメディアに属する職業記者の特権ではなく、広く一般市民に認められた基本的人権である。市民記者というものは外形的な概念ではなく、むしろ個人の内面的な記者・ジャーナリストとしての矜持と捉えた方がより正確であろう。

一部で市民記者が活躍するケースも出てきたが、全体的には問題は山積しており、中でも重要なのがその取材編集の質である。市民記者の活動を支え、そのジャーナリズムの質的担保をするためには、知識や技法を学べる開かれたシステムの存在が望まれる。

(参考文献) 小田光康『パブリック・ジャーナリスト宣言。』(2007・11 朝日新聞社)

[小田光康]

▶ 市民メディア（しみんめでぃあ）

(語義) 一般市民がジャーナリズム活動をする、主にインターネット上のメディアを市民メディアという。ただ、一般市民が運営していたとしても保守的なサイトであると市民メディアとは認知されないこともあり、この用語自体に思想的な含意がある場合もある。

(実例) 歴史をたどると、明治時代の自由民権運動期に盛んに発刊された非営利的かつ政治的なビラや新聞に淵源を求めることができよう。1960年代からIT革命以前の90年代まで、内容や情報の受け手が限定されたいわゆる「ミニコミ」紙や、農村で住民の自主制作番組を流す有線放送、そして各地のミニFM局といった地元色の強いメディアが広がっていった。これらも市民メディアの一形態である。

海外に目を向けると、70年代のアメリカでは、ケーブルテレビ局が一定枠を市民に開放し、そこで市民の自主制作番組が放映される仕組みの「パブリックアクセス（public access）」が出現した。また、ドイツでは80年代に民間放送が解禁されてからは、市民参加型のオープンチャンネルが登場した。韓国では、公共放送などに視聴者制作番組の放映を法律で義務付けている。これらも市民メディアとして位置付けられる。

市民メディアが一般的になったのは、IT革命による。その組織的特徴として、NPOに類する非営利型で、商業ベースに乗らない内容が多く、また組織としての意思決定の難しさから運営上の構造的問題を抱える場合が多い。多くの読者を取り込もうとすると、マスメディアと疑似してしまい、市民メディアとしてのアイデンティティを失うことになりかねない。

日本では21世紀初頭、独立系のJanJanやポータルサイト系のPJニュースといった市民メディアが出現し、一時は耳目を集めた。だが、SNSなどが浸透しネットメディアが多様化したことなどから、そのほとんどが休刊に追い込まれた。

参考文献　松本恭幸『市民メディアの挑戦』（2009・2リベルタ出版）

［小田光康］

▶ **紙面審査**（しめんしんさ）

紙面の善し悪しを評価する新聞社内部の「ご意見番」をいう。新聞作りの責任者である編集局から独立した組織を設けている社と、組織か個人かは別として、編集局に2役を担わせている社に大別される。いずれも大抵は編集局で長年、新聞作りに携わってきたベテランが審査の側に転じている。他の新聞との優劣を交え、価値判断の是非や記事の切り口の妥当性、読者の関心とのずれ、わかりやすさ、人権への配慮等を多角的に検討する。結果は文書で現場に周知されるだけでなく、部長会などに報告される。概して社長直属など独立した審査は「指示」に類する権限をもつが、編集局内の審査は「勧告」の色彩を帯び、言いっ放しに終わる場合も珍しくない。編集局内には往々にして、紙面の優劣が分かった後での評価への不満や疑問もある。このため紙面作りの過程での指摘、助言を審査業務に加えた社もある。

［菅沼堅吾］

▶ **紙面制作**（しめんせいさく）

語義　新聞紙面は、取材→編集→組み版→印刷の過程を経て制作される。明治30年代に新聞印刷に輪転機が導入されて以降、基本的な紙面制作の流れは変わっていない。一方、技術革新に伴い制作方法は変化した。1968年に佐賀新聞社が鉛活字を使わない新聞製作システム（CTS）を導入、78年には日本経済新聞社が新聞制作に全面的なコンピュータシステムを導入し、鉛からコンピュータの時代に移行した。オフセット印刷が凸版印刷に取って代わった。また、パソコンやデジタルカメラの普及で編集局から原稿用紙や暗室がなくなった。

実例　新聞の制作は取材から始まる。新聞協会加盟新聞・通信社の記者数は約2万人（内勤部門も含む）。政治、経済、社会、国際、運動、地方支局等、様々な出稿部門で毎日多様な取材が行われている。記者は取材内容を記事にまとめ疑問点などを何度も確認して原稿を作成する。記者が取材した原稿は、通常各出稿部門のデスクのチェックを経て整理部に集められる。デスクは記者の原稿の疑問点や取材の過不足や事実関係を確認、デスクのゴーサインが出るまで、記者は何度も書き直すこともある。

紙面作りは、編集会議から始まる。朝刊の場合、前日の16時〜17時前後に開かれることが多い。編集局長、局次長、各部の部長、デスク等が集まり、記事の入稿予定、ニュースの予定などをもとに、翌日の紙面編集のおおよその方針を確認する。1日に2回会議を開く場合もある。その後、整理部は出稿された原稿の内容を再度チェックした上でニュースバリューを判断して、掲載面や扱いの大きさ（行数）を決める。さらに、記事の大きさや価値に応じて、見出しを作成し、写真、図表類とともに配置して1ページの紙面を作成する。

社によって異なるが、印刷、発送、配達の

時間から逆算して、1日に複数の版（早版、中版、最終版等と呼ばれる）を作成する。早版降版後も新しいニュースに伴い、紙面は刻々と組み替えられる。最終版降版後でも重大ニュースが入れば、1面トップを差し替えることもある。こうして作成された紙面は、コンピュータ端末によって広告整理を経て作成された広告と合わせて組み上げられる。

　完成された紙面は制作部門に送られ、刷版（とっぱん）が作成される。鉛の活字を使って凸版印刷が行われた時代は刷版も鉛版と呼ばれる鉛製だったが、オフセット輪転機による印刷に切り替わった現在では刷版もアルミ版に置き換わっている。刷版の作成には2種類の方法がある。紙面をいったんフィルムに記録し版に現像する方法と、フィルムを作成せず、直接製版するCTP（Computer To Plate）と呼ばれる方法だ。新聞印刷では2002年頃からCTPが導入され、省資源、環境負荷の軽減などの効果が高いCTPの普及が進んでいる。

　新聞は最新のニュースを早く読者に届けるため、高速オフセット輪転機で印刷される。薬品処理を施した刷版をいったんゴムのシート（ブランケット）に転写してから紙に移すオフセット式方式で、1時間に14万部前後のスピードで印刷する。

(参考文献)『ようこそ「新聞」へ』（2007・4　日本新聞教育文化財団）　　　　　　　　　　［林恭一］

▶ジャーナリスト（じゃーなりすと）

(語義)　ジャーナリストを漢字で表せば「記者」や「編集者」となるだろう。別府三奈子（2004）によれば、アメリカでは「リポーター」と「ジャーナリスト」は区別される。情報を言われた通りに取ってきてそれを確実に原稿にする段階の記者は「ポーター」であり、ストレートニュースに加えて、何らかの状況判断を加えた記事を書く段階になると「リポーター」となる。そして、さらに経験を積んで、独自のスタンスで報道し、そのスタンスを読者から認知されるような段階になってはじめて「ジャーナリスト」となる。

　ジャーナリストはかつて、出版も含めたマスメディアを舞台に活躍する人々であった。インターネットが普及した今日では、誰でもが不特定多数の人々に情報発信を行うことができるようになり、マスメディアの特権が奪われることになった。このため、ジャーナリストをマスメディアとの関係のみで定義付けることは妥当ではなくなった。ジャーナリストが行う「報道」は、日本では法律上、「不特定かつ多数の者に対して客観的事実を事実として知らせること（これに基づいて意見又は見解を述べることを含む）をいう」と定義されている（『個人情報の保護に関する法律』50条2項）。

　日本では公的な資格なくしてジャーナリストを名乗ることができる。資格の代わりにジャーナリストの身分保障となったのが、彼らが所属する報道機関であった。特定の報道機関に所属をしない「フリーランス」のジャーナリストも、週刊誌などから仕事を請け負うことでプロのジャーナリストとして認知されてきたのである。

　所属する報道機関との関係でジャーナリストを定義するという慣行は、そのジャーナリストの身元を確認、保障するという意味では、役に立つものであった。しかしそれは、所属する報道機関によるジャーナリスト間の差別という問題も生むことになった。すなわち、主要な新聞やテレビ局に所属する記者は「信用あるジャーナリスト」として、記者クラブを通じて官公庁などの情報源に特権的に接触できる体制が整えられた。その一方で、そうした報道機関に所属しないフリーの記者たちは、記者クラブから排除され、様々なかたちで情報を得るにあたり不平等な状況に置かれることになったのである。

(実例)　欧米の報道機関に比べると、日本の報道機関のジャーナリストは他の報道機関に転職することが少なく、また、1つの社あるいは団体の中で、記者職から営業職や管理職に配転されることも珍しくない。このようなこともあって、日本の新聞やテレビ局の記者は、ジャーナリスト個人としての意識よりも、所属する会社の一員としてのアイデンティティを強くもち、会社の利益をジャーナリストとしての倫理よりも優先するなどという批判も根強く存在する。日本の新聞社では、記者は

年功序列によってやがて管理職のポストにつき、生涯一記者を貫くことは難しいといった雇用慣行も、記者の「会社員」意識を強める要因であっただろう。大手新聞社では近年、そうした慣行を改める方向性にある。

日本でも職業としてのジャーナリストの立場を確立するために、各報道機関を超えた、「ジャーナリスト」としての職業組合確立の必要性を主張する論者もいる。日本でジャーナリストといえば、一般的には新聞やテレビ、雑誌などで働く記者や編集者のこと（フリーランスとして、そうした媒体で活動する記者や編集者も含む）を指す。しかし前出の別府は、「ごく少数の、自分のスタンスでものをいう場所をもっているニュースキャスターやスター記者、作家以外には、米国流のジャーナリストはいないことになる」と指摘している。

[参考文献] 別府三奈子「ジャーナリストの条件」田村紀雄ほか編『現代ジャーナリズムを学ぶ人のために』（2004・5　世界思想社）　　　　　　［伊藤高史］

▶ **ジャーナリズム**（じゃーなりずむ）

[語義] 「一般の大衆にむかって、定期刊行物を通じて、時事的諸問題の報道および解説を提供する活動」。清水幾太郎（1949）はそう定義した。この活動は、古くは新聞、雑誌という定期刊行メディアを通じて行われてきたが、20世紀に放送メディアがそこに加わる。それらのメディアをジャーナリズムと呼ぶこともある。

新井直之（1986）は「いま伝えなければならないことを、いま、伝える。いま言わなければならないことを、いま、言う」ことが「ジャーナリズムのほとんど唯一の責務」だと書いた。ここで「伝える」とは報道、「言う」は論評を指し、その両面がジャーナリズムを構成していることを示す。

語彙としてのジャーナリズムは、ラテン語で「日々の」という意味のディウルナ（di-urna）が語源であり、ジャーナル（日記、機関紙など）を経てジャーナリズムに至ったと考えられる。『オックスフォード辞典』にはジャーナリズムの意味として「歴史的論議なしで公けの事件あるいは取引きを、それが起こるにしたがって記録してゆく作業」との記述があり、鶴見俊輔（1965）はここに「すぎ去ったできごとを、主として回想の次元でとらえる」歴史と「現在おこりつつあるできごとを、それらの意味が判定できない状態において、未来への不安をふくめた期待の次元においてとらえる」ジャーナリズムの違いが表されていると考えている。

[実例]「マスコミ」「マスメディア」との混同があるが、それらが現実の新聞、雑誌などのメディア活動を総称する言葉なのに対して、近代ジャーナリズムはより理念的な概念である。

例えばジュリアス・シーザーが発刊した日刊官報「アクタ・ディウルナ」をジャーナリズムのルーツとみなす説があるが、こと近代のジャーナリズムは「官報」とは明らかに異質である。その違いは官報が統治者の報告なのに対して、ジャーナリズムには統治権力から独立した中立的な第三者性を担うことが求められるという理念的要請による。

なぜこのような理念に基づくジャーナリズムが必要とされるのか。近代ジャーナリズムは民主主義の相関物である。民主主義は自分たちのことは自分たちで決めるという原則をもつが、決定の前提として情報が必要となる。情報が権力側に偏在するようになると的確な民主的決定が困難になるので、情報を意図的に再配分する制度や技術が要請され、それがジャーナリズムの必要性に繋がる。

しかし、マスメディア活動の担い手として巨大なマスコミ組織に育ったジャーナリズム機関は、それ自体が強力な権力の担い手となる。ジャーナリズムは権力側に偏在する情報を再配分するだけでなく、権力をもたない市井の人の声なき声を伝える代行機能も担うべきだが、強大なジャーナリズム機関は市井の声に耳を傾けることを怠り、むしろ大衆を意のままに操作しようとし始める。

またジャーナリズム組織の権力は、自らの組織を構成するジャーナリストにも刃を向け、「伝えるべきことを伝え、言うべきことを言う」活動をむしろ妨げる危険もある。鶴見がいうところの「機構としてのジャーナリ

ズムの思想と、そこに働くジャーナリストの思想がきりはなされ」る事態となる。そこでジャーナリズムの理念的要請に応えるためにあえてジャーナリズム組織を離れ、日々の記録を1人でつけ続ける日記（ジャーナル）作家の立場に一度退却して「伝えるべきことを伝え、言うべきことを言う」活動に挑戦したジャーナリストも歴史的に多くおり、日本でも第二次大戦中の情報統制の下で、戦後『暗黒日記』として刊行される日記を書き続けた清沢冽（きよし）の例がある。

参考文献 清水幾太郎『ジャーナリズム』（1949・4 岩波書店）、鶴見俊輔「ジャーナリズムの思想」『現代日本思想体系（12）』（1965・6 筑摩書房）、新井直之「ジャーナリストの任務と役割」『法学セミナー増刊 総合特集シリーズ』（1986・10 日本評論社）、門奈直樹『ジャーナリズムの科学』（2001・3 有斐閣）

［武田徹］

▶ジャーナリズム関連の表彰制度
（じゃーなりずむかんれんのひょうしょうせいど）

語義 ジャーナリズム活動を顕彰するもので、報道や評論活動などを対象に、ジャーナリズムの信用・信頼を高めることに貢献したと認められたことの証と理解される。国内外問わず、優れたジャーナリズム活動とそれに基づく記事や映像作品を評価する表彰制度は数多く存在するが、世界的にも広く認知されているものとしてアメリカのピュリツァー賞（Pulitzer Prize）やピーボディ賞（Peabody Award）などをまず挙げることができる。日本国内では、日本記者クラブ賞、日本新聞協会賞、日本民間放送連盟賞、日本ジャーナリスト会議賞、日本科学ジャーナリスト賞、ギャラクシー賞、石橋湛山（たんざん）記念早稲田ジャーナリズム大賞等が、卓越した活動に対して賞を授与している。

実例 アメリカでは19世紀後半、ニューヨークを舞台に、センセーショナルな報道（これをイエロージャーナリズムともいう）で競合紙ニューヨーク・ジャーナル（The New York Journal）とニューヨーク・ワールド（The News York World）との間で、熾烈（しれつ）な販売競争を繰り広げ、これが相乗効果を生んで広告費を基盤とする巨大な新聞産業を構築することにつながった。ニューヨーク・ワールドを所有していたジョセフ・ピュリツァー（Joseph Pulitzer, 1847-1911）は、1903年に新聞の向上に資することを願い、ニューヨーク市コロンビア大学に100万ドルを寄付した。これを原資として12年にコロンビア大学はジャーナリズムスクールを発足させたが、寄付金の内50万ドルを基金として17年からピュリツァー賞を創設し、優れたジャーナリズム活動を顕彰してきた。しかし、ピュリツァーが築き上げた新聞の大量流通を前提としたビジネス環境は大きく変化して、先進工業国の社会において、限りなくマス化してゆくインターネットメディアの挑戦を受け続け、2010年には非営利のオンラインニュースサイト「プロパブリカ」が調査報道部門でネットメディアとして初受賞するに至った。これに先立ち、運営理事会では2009年度から報道部門の対象に「オンラインのみのメディア」のエントリーを認めており、発足当初から続いてきた「アメリカで発行される日刊または週刊の紙媒体による新聞」という審査範疇（はんちゅう）を取り払ったのである。

新聞ジャーナリズムのピュリツァー賞による顕彰に匹敵するものが、基幹メディアとしてのラジオ・テレビ放送、ケーブルテレビ放送、それにオンライン上でウェブキャストを対象に、優れた放送作品を世に送り出した組織・個人に贈られるピーボディ賞である。本表彰制度は慈善活動家（篤志家）のジョージ・フォスター・ピーボディの寄付によって1941年に始められた世界で最も古い電子媒体のための表彰制度で、選奨事務局はジョージア州アセンズにある州立ジョージア大学のジャーナリズム・マスコミュニケーション学部に置かれている。特徴は、ジャーナリズム関連表彰に相当するニュース、ドキュメンタリーに加えて、教育、娯楽、個人作品に至るまで幅広いジャンルを設定している点であり、日米共同制作作品に対する表彰実績もある。

日本のジャーナリズム表彰制度については、東京朝日新聞の記者で、その後大学教育でジャーナリズムを教授した千葉雄次郎の寄付により74年に創設された「日本記者クラ

ブ賞」がある。対象となるのはクラブ加盟社に属する個人に限られていたが、2012年度からクラブ賞創設40周年を記念して一般のジャーナリズム活動にも範囲を広げた特別賞が贈られることとなった。初の表彰となったのは東日本大震災で新聞ジャーナリズムの存在感を示した石巻日日新聞社と福島第一原発第一号機の水素爆発の瞬間を映像で伝えた福島中央テレビ報道制作局である。

日本新聞協会は、1957年以来、「新聞協会賞」によって、新聞（通信・放送を含む）全体の信用と権威を高めることに貢献した加盟社所属の個人を表彰しているが、この中の「編集部門」に関するジャーナリズム活動に対する評価に直結する表彰がこれにあたる。

また優れた国際報道活動によって国際理解の促進に顕著な貢献があった日本新聞協会加盟社所属の個人を表彰する「ボーン・上田賞」が、50年から始まった。賞の創設は、大正時代から戦中、戦後にわたる激動期に日本駐在したアメリカの国際ジャーナリストのマイルス・ボーン（Miles Vaughn, 1892-1949）元UP通信社副社長、同じく日本電報通信社（後の電通）のジャーナリストでボーンと親交が深く45年に電通社長に就任した上田碩三（1886-1949）の業績に対して設立された。

民間放送連盟は、53年から連盟加盟の各社を対象にした民間放送連盟賞のうち、ジャーナリズムを顕彰するものとして、ラジオとテレビの報道部門において毎年、1回実施されている。民間放送連盟賞は53年設置当初は「民放祭CMコンクール」と呼んでおり、翌年から59年までは「民放祭番組コンクール」、59年は「民放大会番組コンクール」、60年から67年まで「民放大会賞」、それ以降「民間放送連盟賞」となって今日に至っている。80年までジャーナリズム関連と位置付けられていたラジオ・テレビ「社会部門」を81年から「報道部門」として位置付けていることが特徴であり、特に、テレビ報道番組に対する視聴者の期待の高まりを反映していたと見られる。

ジャーナリズム・マスコミ関連業界を中心とした表彰制度に対するかたちで、テレビ・ラジオの放送ジャーナリズムに関するものに特化されるものではあったが、視聴者・市民の立場から放送のあり方を自由に議論する公共の場としてのパブリックフォーラムを形成することを目指して「放送批評懇談会」が63年に設立された。アメリカでは公民権運動、環境保護運動、女性解放運動等をはじめとする市民運動が社会的ムーブメントとして発生し、日本でもこれと連動する動きが見られた。放送批評懇談会は、メディアの商業主義化と限られた資本のもとに社会文化的なコンテンツへの無批判な状況が生じたことを危惧する中で設立された。「放送を視聴者・市民の手に」との思いが集約されている。報道ジャーナリズムに関する表彰制度として「ギャラクシー賞」を特に意識させるようになった転機は、第40回（2002年4月1日〜03年3月31日の間に放送された審査対象作品）の節目で選奨部門に新たに「報道部門」を設置したことだろう。

放送批評懇談会が発足した1960年代より前の55年2月、新聞、放送、出版の企業従事者及びフリージャーナリストにより結成された日本ジャーナリスト会議でも58年からその年の優れた言論・放送活動をした団体・個人を表彰している。

また民間のジャーナリズム高等教育機関が中心になって顕彰するものとして、2001年度に石橋湛山記念早稲田ジャーナリズム大賞が設けられた。「広く社会文化と公共の利益に貢献した個人の活動を発掘」を目的とし、公共奉仕、草根の民主主義、文化貢献の3部門で顕彰している。

(参考文献) 堀部政男『アクセス権とは何か』（1978・11岩波書店） ［金山勉］

▶ **ジャーナリズム教育**（じゃーなりずむきょういく）

(定義) 一般的に、ジャーナリズム教育は、狭義にはジャーナリスト養成教育に焦点を絞って議論されることが多いが、単なる訓練にとどまらず、もっと大きな展望から捉える必要がある。つまり、ジャーナリズム教育は、世界の国や地域で多様な展開が示されている、ジャーナリズム文化の誕生、形成、変化を捉える視点から捉える必要があり、またメディアやジャーナリズムのグローバル化の文脈に

おいて、検討すべき課題である。

2000年、ジャーナリズム教育の普遍性、国際性を視野に入れ、ジャーナリズム教育に関わる国内的及び国際的な問題を議論するために、世界ジャーナリズム教育会議（World Journalism Education Congress=WJEC）がシンガポールで開催され、会議体を支える組織として評議会（Council）が設立された。以後WJECは定期的に会議を開催し、ジャーナリズム教育に関わる多様な問題を取りあげて議論するだけでなく、実験的なワークショップを試みるなど、興味深い活動を展開している。しかし、こうした動きに日本はあまり関わっておらず、国内的な議論に終始している感がある。

WJECは、アメリカによって主導され、かつアメリカ型のジャーナリズム教育モデルへの方向付けが大きく影を落としている。世界的に見て、ジャーナリズム教育のある種アメリカ型への収斂が起こっているように思われる。アメリカは、大学に基礎をおくジャーナリズムの研究と教育の発祥地であり、他国だけでなくこうした国際的組織に影響を及ぼしていることが、こうした状況に反映されている。

[アメリカ] アメリカでは、大学におけるジャーナリズム教育は、1930、40年代に、プロフェッショナル・スクール、大学院として大学社会において確固たる地位を占めるようになった。ジャーナリズムは常に時々の技術革新の恩恵を受けると同時にその影響を大きく受け、また教育もその影響を受けてきた。マスメディアとしてのラジオ、そしてTVの誕生とその大きな衝撃は、ジャーナリズム教育に大きな影響を与えることになった。

20世紀後半に、ジャーナリズム教育だけでなくマスコミュニケーションを取り込み発展したアメリカの大学教育は、今世紀に入ってジャーナリズムのデジタル化、オンライン化を受けて、メディアの融合を取り込んだ多様なシーケンス（日本のコース）を提供し、全米に4年制の学部だけで485校が存在し、それらの学部は、学生数は20万人を擁し、一見すると隆盛を誇っているかのように思われる（2012年現在）。他方で、大学におけるジャーナリズム教育も1世紀を超える歴史を経て、改めて、ジャーナリズム教育の意義・目的を根源的に問い直す時代を迎えているように思われる。例えば、2003年4月のコロンビア大学総長L・ボリンジャーのジャーナリズム教育の見直しを求める「教育の将来に関する声明」は、アメリカのジャーナリズム教育界にとどまらぬ大きなインパクトを与えた。しかし、見直しの末の結果は、批判的思考のスキルをもち、メディア哲学を理解し社会におけるメディアの公共サービスに献身する、バランスのとれた学生を育てる、といったジャーナリズム教育の目的を再確認することになった。

ジャーナリズムスクールにおける教育が支配的なアメリカにおいても、実はジャーナリズム教育は多様である。多くは、学部に特化した教育に集中するスクールだが、大学院のみのスクールも存在する。認証機関の認証を受ける大学もあれば、あえて認証を受けず独自の道を進む大学もある。伝統的なジャーナリズム教育に専心する機関もあれば、むしろ広告やPRを含めたハイブリッドな構成を特徴とする制度もあるのである。また最近はシーケンスの変更が頻繁に行われ、多種多様なカリキュラムが試みられている。

[アメリカ以外] 今日アメリカだけでなく、ヨーロッパの国々でも様々なジャーナリズム教育の模索がなされている。欧米のジャーナリズム教育は、一般的に、アメリカやカナダのような大学主導型、イタリアやオランダのような訓練センター型、欧米以外の世界でなお主流のイギリスなどの現場訓練型、あるいはドイツやフランスのような大学‐訓練センター併存型、実験場としての中欧・東欧型に類型化することができる。日本は言うまでもなく世界的にはまだ主流の現場訓練型に属するが、近年メディア組織内のジャーナリズム学校が創設されるなど、変化の兆しが伺える。こうして、それぞれの国や社会のジャーナリズム教育は決して固定的なものではなく、例えばヨーロッパに限っても、1980年代以降とりわけ、かなりの変化が起こっており、中でも世界的な影響力をもつアメリカ型ジャーナリズム教育モデルのグローバル化がそうした変化

の底流にあるように思われる。しかし、他方でイギリスに見られるように、ジャーナリズム研究を中心として教育が組織される例もある。イギリスでは90年代初頭、実学中心の高等教育機関ポリテクニックが一斉に大学へ昇格した時期を境に、ジャーナリズム教育に大きな変化が起こり、BBCは自前のジャーナリズム学校をつくるなど、多様なジャーナリズム教育が試みられている。

〔日本〕振り返ると、ジャーナリズム教育制度をめぐる論争の中心は、常にカリキュラムであった。誰がカリキュラムを決定するのか、統制するのか、といった問題の決定要素は、教育者、プロフェッショナルな団体、メディア所有者、組合、政府である。これらの決定要素は、ジャーナリズム教育の質と内容に大きな影響を与えるが、ジャーナリズム教育が位置付けられる場もまた重要である。それによって、ジャーナリズム教育の質や内容について様々な変異が生まれ、上記の決定要素によって、ジャーナリズム教育は大きく左右される。

ジャーナリズム教育は、最近のジャーナリスト調査(「2013年版日本のジャーナリスト調査」日本大学新聞学研究所)によると、日本でも高い優先順位の課題として挙げられている。この課題にこたえるためには、迂遠かもしれないが、改めてこれらの問題を根源的に問い、議論する必要がある。

今日、メディアの現実環境形成能力は極めて大きなものになり、経験を媒介するメディアの能力に、ますます大きく依存するようになっている。またメディアはビジネス化と巨大化の趨勢を示し、われわれの手の届かない存在になっている。それらの動きと関連して、ジャーナリズムはタブロイド化、娯楽化の様相を深めている。またSNSを初めとするソーシャルメディアは既存のニュースメディアを脅かす存在になりつつある。こうした傾向は、さらに進行するものと思われる。そうであればこそ、「誰のメディアか」、「メディアの内容を統制するのは誰か」、「誰がメディアの内容をつくるのか」という問いは、極めて重要であり、「誰」がどのように教育されるの

かに重大な関心をもたざるをえない。

〔参考文献〕花田達朗・廣井脩編『論争 いま、ジャーナリスト教育』(2003・3 東京大学出版会)、大井眞二「メディア・ジャーナリズム教育」渡辺武達ほか編『メディア研究とジャーナリズム21世紀の課題』(2009・4 ミネルヴァ書房)、大井眞二「ジャーナリズム教育」浜田純一・桂敬一・田島泰彦編『新訂 新聞学』(2009・5 日本評論社)、大井眞二「ジャーナリズム教育」渡辺武達・山口功二・野原仁編『メディア用語基本事典』(2011・1 世界思想社) 〔大井眞二〕

▶ **社会的責任論**(しゃかいてきせきにんろん)

シーバートらが定義したプレス(新聞・出版)と国家権力の関係についての4つの理念型のうちの1つである。社会的責任論は、情報の自由な流通が確保されれば社会は真理に到達できるとした「自由主義理論」を楽観論だと批判する。市場の自由に任せておくとマスメディアが企業としての利益のみを追求し、権力を監視し、国民的議論に奉仕する責務を軽視すると警告した。第4権力と言われるまでに社会的影響力を増したマスメディアに、権力監視などの本来的役割を果たさせる制度設計を求めた。アメリカの「プレスの自由調査委員会」の報告書「自由で責任あるメディア」は、社会的責任論の最も洗練された成果である。同報告書は、政府に対して報道被害者の救済制度を作ることを勧告する一方で、商業メディアが社会的責任を果たせない場合には、政府が所有する公共メディアが必要だとしている。〔参考文献〕米国プレスの自由調査委員会『自由で責任あるメディア—マスメディア(新聞・ラジオ・映画・雑誌・書籍)に関する一般報告書』(渡辺武達訳、2008・10 論創社) 〔藤田真文〕

▶ **社会の木鐸**(しゃかいのぼくたく)

市民を啓発し、何が正しいことかを示唆するのが、ジャーナリズムの使命だという考え方。「ジャーナリズムは、社会の木鐸たれ」などと使われる。さらには国家権力が誤った政策を行っていることを常に監視し、市民に警鐘を鳴らすウォッチドッグの役割を指す場合もある。もともと木鐸とは、古代中国で法令などを人民に示す時に振り鳴らした、木製の

舌を持つ鈴であった。したがって、語源からすれば木鐸はお上から民衆への情報伝達の象徴であった。しかし、『論語』の中で、孔子を指して「天、将に夫子を以て木鐸と為さんとす」と、人々を教え導く指導者の意味で使われている。一般にジャーナリズムの役割とされる「市民の啓発」は、この『論語』の一節が援用されたものであろう。(参考文献)『論語』(金谷治訳注、1999・11　岩波書店)　　［藤田真文］

▶ **社会部**（しゃかいぶ）

人々の生活に関係するあらゆる事柄を扱うといわれる、間口の広い取材部門。規模も大きく、100人を超える記者を抱える新聞社もある。事件や事故取材が重要視され、警察、検察、裁判所のニュースを追う。厚生労働省や宮内庁、法務省など中央官庁のニュースもカバーするほか、「遊軍」と呼ばれる機動部隊がニュースの背景を追ったり、狙いを定めた連載企画などを担当する。ライバル社との取材合戦はし烈だ。中でも社会部記者の「代名詞」といえる「サツ回り」（警察担当）記者の間では、刑事が帰宅する深夜や出勤する早朝に、自宅やその周辺で刑事から話を聞き出す「夜討ち朝駆け」と呼ばれる独特の取材方法が一般化している。社会部記者の取材姿勢の基本は市民目線だ。このため、その業務は政治家の不正、行政機関の怠慢などを追及することに加え、いじめ、老人介護など弱者が抱える問題を浮き彫りにすることに重きが置かれる。(参考文献)花田達朗・ニューズラボ研究会編『実践ジャーナリスト養成講座』(2004・2　平凡社)
［高橋弘司］

▶ **弱者と報道**（じゃくしゃとほうどう）

(語　義)　権力監視が報道の重要な役割とされるのと同時に、「弱者」の視点からの発信もまた、報道に期待される役割だ。弱者という存在は、社会のひずみの現れやすい、人権を侵害されやすい人々であり、富や権限を握る「権力」とは対照的である。ただ、ある特性を共通項とする人たちの集団が弱者と見なされ集中的に報道される経緯、あるいは、それまで報道されず社会的関心が高まらなかった理由にこそ、マスメディアの取材と報道の本質に関わる課題が含有されている。

弱者の存在が社会的に認知されるには、報道の議題設定（アジェンダセッティング）機能が活用される。すなわち、報道機関がある集団の置かれた困難な状況を繰り返し報じることで、その集団は救済されるべき弱者として可視化され、この状況の放置は不正義であると認識される。その結果、世論に押されるかたちで企業や官庁、政治家は施策や方針を変更したり、その変更や救済に伴う社会的負担が容認されたりしてきた。

(実　例)　その例に挙げられるのが、高度経済成長期に顕在化した企業活動に伴う公害についての報道だ。1960年代後半から70年代前半にかけてマスコミ各社は、被害の窮状や救済を求める訴えを繰り返し報道し、反公害キャンペーンを展開した。労働運動の盛り上がりや世界的な大学紛争、反戦平和・反公害運動に影響された市民意識の高まりが背景にある。

報道により世論が喚起されて、反公害運動に参加する学生や市民が増える。すると、報道機関は人々の関心に応えようとさらに各地の被害者や住民運動を掘り起こして報じる、という相乗効果をもたらした。被害者や住民といった弱い立場にあるものを専門知識で支えたのが、科学者や社会学者、法学者・法曹者らであった。彼らの蓄積したデータや分析結果、論理構成が、客観報道を標榜する報道人にとっても、反公害キャンペーンを展開する根拠となり得た。

マスコミ報道と世論の攻勢にさらされた政府は、公害関係法令の整備に手を付けざるをえなくなった。70年の臨時国会では14の公害対策法案が通過し、別名「公害国会」と呼ばれた。71年には、公害防止や環境保護を目的とした環境庁（当時）が創設された。さらに72年から73年にかけて、四大公害病（水俣病、新潟水俣病、四日市ぜんそく、イタイイタイ病）の訴訟で、被害救済を訴えた住民側が勝訴する判決が続いた。産業界は、ついに厳しい公害基準を受け入れざるをえなくなったのである。

産業活動に伴う環境汚染は、明治時代から明らかだが、企業は成長を期待され、手厚い

保護を講じられてきた。公害被害が広く報道され、世論が形成されるという流れにより、弱者側の論理が政府と企業の行動を動かしたのは、民主主義社会の大きな転換だろう。

同時代に顕在化した社会課題に、薬害がある。スモン、サリドマイド、クロロキンの3つを三大薬害と称し、60年代に患者が集中し、主に60年代に被害者らが訴訟を提起したものである。

整腸薬キノホルムの服用で神経障害が引き起こされるスモン病は、日本で1万人以上の患者が確認された世界最大の薬害である。戦前から国内外で感染症治療薬として使われていたが、日本で戦後、整腸効果も認可され、大量に販売・消費されたことで被害が拡大した。一方、アメリカ政府は感染症以外での使用を認めず、被害の発生を防いだ。クロロキン薬害も同じ構造であり、日本政府は腎臓病などの慢性病にも承認し、被害を広げた。睡眠鎮静薬サリドマイドもこれを飲んだ妊婦から奇形児が生まれるおそれが61年に海外で学会報告され、ドイツの会社は製品回収したのに、日本では1年近く回収が遅れ、被害が拡大した。

報道によって薬害が可視化され認知されたのは公害と同じだが、その後も、国の規制強化が不完全で被害の拡大や再発を防げなかった点が大きく異なる。製薬企業に甘い規制行政は、官業癒着の現れであり、80年代に再びエイズ薬害を引き起こす温床ともなった。

(経緯) 弱者という言葉には、政治的なメッセージを強く含む。報道で「弱者」が多用されるのは1970年代である。73年は、老人医療費の自己負担が無料となり、「福祉元年」と称された。同年の厚生白書は、高齢者や障害者、母子家庭、低所得者ら「弱者」への福祉を拡充すべきだとした。

労働運動でも弱者という言葉が使われた。労働組合側は74年、石油ショックで物価高にあえぐ庶民感情を背景に、広く国民に関わる経済・福祉政策を要求。「弱者救済」を掲げて、春闘を展開した。この頃、障害者や母子家庭、高齢者、日雇い労働者らを経済弱者の象徴として取り上げる記事が目立つ。

一方、70年代後半には、「老人は弱者でない」という報道が現れる。高齢化による社会負担が懸案材料となり、老人医療費無料の撤廃が政府内の課題になっていた頃である。

(課題) これら政治化された弱者と異なり、看過され、社会から忘れ去られた弱者の存在こそが報道の問題であろう。

例えば病気は、心身の不調のみならず、社会保障が貧弱な社会においては貧困を招いて、人々を弱い立場におとしめる。さらに病気が人から人への伝染や遺伝が原因と疑われる場合、容易に偏見や差別と結び付き、社会から排除される。予防・治療法が未解明であったり、理解されていなかったりするとさらに顕著となる。

公害の1つでメチル水銀中毒の水俣病は、当初伝染病説があり差別が広がった。スモン病も当初、ウイルスによる伝染病との説が報じられ、患者や家族は健康被害に加え、差別という二重三重の苦悩を味わった。

社会防衛意識が報道人にも投影され、報道そのものも差別的になる。ハンセン病患者や精神障害者をめぐる報道がその例である。

らい病とも呼ばれたハンセン病は、適切な治療を受けないと皮膚の病変や末梢神経障害が起きて見た目上の変貌が大きく、古くから忌避や差別の対象となった。特効薬がアメリカで1943年に開発され、日本でも47年から使われたのに、戦前からの隔離政策が継続されて53年には新らい予防法が制定された。60年には療養所外にいた患者を新聞が「野放し」と報じるなど、差別意識が体現されている。らい予防法は96年まで廃止されず、誤った隔離政策が続いた。後に元患者らが起こした国家賠償請求訴訟で国は一審敗訴後に控訴を断念して和解したが、報道にも責任があると言えよう。科学的な知見や療養所入所者の運動にもかかわらず、患者側の立場に立つ記事は少なく、議題設定機能を発揮できなかった。結果として、国の人権侵害を放置することになった。

精神障害をめぐる報道においては、病気の治療やケアに関する記事より、犯罪など否定的なイメージの固定化に繋がる記事の多いこ

とが、国内外の研究で指摘されている。

また、2008年のリーマンショックを受けて広がった「反貧困」運動とその報道は、派遣労働者の不安定な生活基盤に焦点をあてた。本人責任とされがちだった雇用が、不況や恵まれない家庭環境、教育の不足などを複合要因に揺らぐもので、健康な若者も「孤立した貧困者」という弱者に追い込まれることを明らかにした。

(参考文献) 原田正純『水俣が映す世界』(1989・6　日本評論社)、中山茂・吉岡斉『戦後科学技術の社会史』(1994・9　朝日新聞社)、「検証新聞報道」編集委員会『検証「新聞報道」』(1995・5　編集委員会)、ハンセン病問題に関する検証会議「ハンセン病問題に関する検証会議最終報告書」(2005・3　財団法人日弁連法務研究財団)、岩田正美『社会的排除』(2008・12　有斐閣)、花田達朗『「可視化」のジャーナリスト』(2009・11　早稲田大学出版部)、G・ソーニクロフト『精神障害者差別とは何か』(青木省三・諏訪浩監訳、2012・2　日本評論社)　　　　　　　　　　　［岡本峰子］

▶写真（フォト）ジャーナリズム
（しゃしん（ふぉと）じゃーなりずむ）

(語義) 写真を撮影、あるいは写真を編集して時事的な問題の報道をする活動のこと。新聞や雑誌のほか、近年ではインターネットのサイトを発表の場として活動しているケースもある。

組織に属するケースとフリーランスの立場で活動するケースに大別できる。組織とは新聞、通信、出版社等が挙げられ、日本では戦後、新聞社の写真報道がユニークな発展をとげた。社内に新聞写真部と出版写真部の2つの部署を持ち、新聞写真部員が主に発生ものなど日々のニュースを追いかけ、出版写真部員がニュースの背景を掘り下げたり、文化・風俗などをテーマに時間をかけて撮影したりするなど分業に近い体制がとられてきた。フリーランスも雑誌を舞台に活躍する場があり、テーマや取材手法によって棲み分けがされてきたものの、近年は発表の場が激減している。

戦後社会の中で大きな役割を果してきたが、イメージ喚起力の強い写真は人の感情に強く訴え、使い方を間違えると世論形成などに悪影響を与える。バランスの取れた写真報道がいつの時代にも求められている。

(実例) 歴史的に見れば、近代的なフォトジャーナリズムは第一次と第二次世界大戦の「両大戦間」に発展し、形作られてきた。その大きな理由は、1920年代にドイツで小型カメラと明るいレンズが開発され、軽量化したカメラで高速シャッターが切れたり、薄暗い所でもフラッシュなしで撮影したりできるようになったことだった。

小型カメラを駆使するエーリッヒ・ザロモンが牽引役となり、ドイツの週刊画報（写真週刊誌）を舞台に外交交渉する政治家などを撮影し、フォトジャーナリズムを確立していった。30年代になると、戦場写真家として知られるロバート・キャパがスペイン内乱などで、やはり小型カメラを使ってヒューマニズム溢れる写真を撮影し、さらなる発展に寄与した。世界のフォトジャーナリズムをリードした著名な米グラフ雑誌「LIFE」は36年に創刊される。

一方、戦前の日本では、30年代にドイツで写真を学んだ名取洋之助が帰国、当時の写真界に影響を与えた。名取以前にも日露戦争の写真が新聞に掲載されるなど写真報道はあったが、日中戦争が激化する中、報道写真や写真家は国策宣伝の道具として利用され、欧州で萌芽した近代的なフォトジャーナリズムの形成は、戦後になるまで待たなければならなかった。

戦後は経済発展とともに日本人フォトジャーナリストが世界を舞台に活躍し、ピュリツァー賞を受賞した沢田教一や酒井淑夫らの戦争報道を含め、多くの優れた写真が残されている。

(参考文献) 日本写真家協会編『日本写真史 1840–1945』(1971・8　平凡社)、日本写真家協会編『日本写真史1945–1970』(1977・10　平凡社)、J・G・モリス『20世紀の瞬間』(柴田都志子訳、1999・12　光文社)、徳山喜雄『フォト・ジャーナリズム』(2001・3　平凡社)　　　　　　　　　　　［徳山喜雄］

▶ 写真週刊誌（しゃしんしゅうかんし）

経緯 1981年10月、「写真で時代を読む」をキャッチフレーズに「FOCUS」が新潮社より創刊された。A4変型判、中綴じ、総ページ70ページ程度、スキャンダラスなニュース写真で構成された見開き2ページ完結型の記事は、写真が上部に大きくあしらわれ、下部に皮肉混じりの文章で構成されていた。82年4月、田中角栄のロッキード事件裁判法廷隠し撮り写真をスクープして部数を伸ばし、以後、芸能人、スポーツ選手、政治家などの数多くのスキャンダル写真をものし、「フォーカスされる」という流行語を生んだ。

84年11月に類似誌「FRIDAY」が講談社より創刊されるに及んで、「写真週刊誌ブーム」が到来した。後発の「FRIDAY」は、先行誌の部数をほどなく追い抜き200万部を突破、85年6月には文藝春秋から「Emma」(当初月2回刊、9月より週刊化)、86年10月には小学館から「TOUCH」、同年11月には光文社から「FLASH」が相次いで創刊されるにいたって、一時期5誌の頭文字を取り「3FET時代」などと呼ばれた。

特色 折しも、「FRIDAY」創刊年の1984年は、三浦和義「ロス疑惑」報道が人々の耳目を惹き、85年に日航ジャンボ機墜落事故、86年にはアイドル歌手岡田有希子の飛び降り自殺などが相次いで、人々の"のぞき見趣味"や"残虐写真嗜好"が爆発した時代だった。一方で80年代前半は、メディア批判が強まり、とくにプライバシー問題や暴力的な取材、集中豪雨的報道が社会問題化した時代でもあった。

そうした中で、86年12月にビートたけしによる「フライデー編集部襲撃事件」が起こった。世間の非難は講談社側に向けられ、以後、急速に「写真週刊誌ブーム」は衰退していく。「Emma」は87年5月に、「TOUCH」は89年3月に相次いで休刊し、一時代を築いた「FOCUS」も2001年8月に休刊となった。14年現在、残っている写真週刊誌は、「FRIDAY」と「FLASH」の2誌のみである。

参考文献 亀井淳『写真週刊誌の犯罪』(1987・5 高文研)、「特集 3FET写真週刊誌を撃つ‼」『創』(1987・1月号)、「続・3FET写真週刊誌を撃つ‼」『創』(1987・3月号)、筑紫哲也監修『たけし事件―怒りと響き』(1987・8 太田出版)、フォーカス編集部編『FOCUS スクープの裏側』(2001・10 新潮社）　　　［諸橋泰樹］

▶ 社説（しゃせつ）

語義 新聞社の主張として紙面(多くが朝刊)に載せる論説。毎日同じ場所にコラムのように掲載している。読売新聞の場合は政治、経済、社会、国際、科学、文化等、各部出身のベテラン記者で構成する論説委員会で議論を重ねて練り上げる。「30年後の批判に堪える」が合い言葉という。

朝日新聞は「威勢のいい近視眼的な言論がどれほど国を危うくしてきたか」などとして、社説は、①読者の意見形成に役立つよりどころに、という謙虚さが望まれる、②明快な主張でなければならないが、歯切れの悪いことは悪いままに書くとしている（1994年10月17日付朝刊の社説)。また欧米の新聞のOpposite the Editorial Page(社説の反対側にあるページ、オプ・エド面)のように、社説と異なる意見も同じオピニオン面に掲載しているという。なお著作権法は、社説や社説に準じる「時事問題に関する論説」の転載を認めている。

実例 日米安保条約改定をめぐる「60年安保闘争」で1960年5月以降、国会内に座り込む野党議員の排除、新条約承認議案の自民単独可決、全国540万人によるストライキ等が続き、6月15日には、国会周辺でデモ隊と警官隊が衝突、東大生の女性が亡くなった。これを受けて朝日、毎日、読売、産経、日経、東京、東京タイムズの在京7紙は同月17日付の朝刊1面に「共同宣言 暴力を排し議会主義を守れ」と題する共通の社説を掲げた。地方紙も趣旨に賛同し、掲載紙は48紙にも上った。

しかし、各紙がそれまで要求してきた岸信介首相退陣や国会解散は共同宣言にはなく、新聞の豹変と共同宣言という横並びのやり方は批判を呼び、読者の信頼が大きく揺らいだ。新聞への信頼は、その後も共同宣言の前ほどには回復していないと見られる。

参考文献 春原昭彦『四訂版 日本新聞通史』(2003・5 新泉社)、早稲田大学ジャーナリズム教育研究所編『エ

ンサイクロペディア 現代ジャーナリズム』（2013・4 早稲田大学出版部） ［竹田昌弘］

▶集会の自由（しゅうかいのじゆう）

語義 不特定または特定多数の者が、特定の目的をもって一定の場所に集合する自由のこと。またそうした自由が公権力によって不当に制限されないこと。日本国憲法では表現の自由の下で保障されている（21条1項）が、参加者の一体感の創出や集合性のインパクトから独自の価値を備えている。特にマスコミュニケーションを前提とする現代社会において、少数派にとって集会は有意義な表現形態である。最高裁は、集会の自由が特に尊重されなければならない重要な基本的人権の1つであるとする。それは、現代民主主義社会においては、集会が、国民が様々な意見や情報等に接することにより自己の思想や人格を形成、発展させ、また、相互に意見や情報等を伝達、交流する場として必要であり、さらに、対外的に意見を表明するための有効な手段であるからである（成田新法事件：最大判平成4年7月1日）。

実例 治安維持を目的とした全国各地の公安条例は動く集会の自由を制限するとして大いに争われた。公安条例の多くは集団示威行為に許可制を採用するが、その事前抑制性に疑問がもたれている。特に、最高裁は、実証的な根拠を示さずデモ参加者の群集心理による暴徒化論を採用し（東京都公安条例事件：最大判昭和35年7月20日）、広く厳しい批判を受けた。近時、暴走族取締りの一環として集会段階での規制を試みる条例が緩やかな審査で合憲とされた（広島市暴走族追放条例事件：最判平成19年9月18日）。他方、公共施設（地方自治法244条参照）の利用をめぐっては、最高裁は、他の権利利益との調整が求められる場面で、重要な価値を有する集会の自由を実質的に制限することがないよう配慮すべきとして、より厳格な審査を施している（泉佐野市民会館事件：最判平成7年3月7日、上尾市福祉会館事件：最判平成8年3月15日）。公共施設の種類・規模・構造・設備等に応じて、その公共施設が設置された目的そしてその機能を十分に実現できるよう、行政主体の管理権は適正に行使されなければならない。またホテルの集会場の使用を一方的に解消したことの違法性が争われたプリンスホテル事件（東京高判平成22年11月25日）も、実質的に集会の自由の問題である。

参考文献 芦部信喜『憲法学Ⅲ〔増補版〕』（2000・12 有斐閣） ［川岸令和］

▶週刊誌（しゅうかんし）

歴史 毎週、決められた曜日に刊行される雑誌の総称であるが（対語は「月刊誌」）、通常は、時事的な報道、社会・風俗についての記事、エッセイ、小説など総合的なコンテンツから構成された一般誌を指す。B5判・中綴じのスタイルが主流となっている。

海外ではウィークリーマガジンの歴史は古いが、日本で本格的な週刊誌の刊行は1922年のことで、朝日新聞社の「週刊朝日（創刊時・旬刊朝日）」と毎日新聞社の「サンデー毎日」を嚆矢とする。当時はタブロイド判であった。その後も「週刊読売（創刊時・月刊読売、休刊時・読売ウィークリー）」（1943〜2008）のほか、戦後に「週刊サンケイ（現・SPA！）」（1952〜）、「週刊東京」（1955〜59）等が発行され、中でも「週刊朝日」は50年代後半に名編集長扇谷正造の手腕で150万部にも達し、黄金時代を築いた。

特色 報道を旨とする週刊誌は、長らく、取材記者と企画・編集のノウハウを有する新聞社が有利と思われてきた。この新聞社系週刊誌の牙城に楔を打ち込んだのが、新潮社から創刊された「週刊新潮」（1956〜）である。「俗物主義」を前面に出した編集方針は高度経済成長期の男性勤め人たちの人気を集め、出版社系週刊誌の先鞭をつけた。以後、「週刊文春」（59〜）、「週刊現代」（59〜）、「週刊ポスト」（69〜）等、ライバル社同士から類似誌が刊行され、一定の市場を獲得している。

週刊誌ジャーナリズムは、読者の「ねたみ・そねみ・ひがみ」の心理に響くことでその存在意義を発揮してきた。弱者にむち打つ記事もあり人権侵害や誤報も見られる一方、政治家や大企業をはじめとする権威やタブー視される宗教団体などの不正や疑惑を暴くスクープやキャンペーンの功績も小さくない。

参考文献 「創」編集部『出版界の仕掛人』(1982・7 創出版)、塩澤実信『雑誌をつくった編集者たち』(1982・9 広松書店)、高橋呉郎『週刊誌風雲録』(2006・1 文藝春秋)、元木昌彦『週刊誌は死なず』(2009・8 朝日新聞出版)、吉田則昭・岡田章子編『雑誌メディアの文化史』(2012・9 森話社)　　　　［諸橋泰樹］

▶ 住基ネット（じゅうきねっと）

語義 住民基本台帳ネットワークの略称。住民基本台帳法は、市区町村に住民登録を義務付けている。住民情報を正確かつ統一的に管理し、住民の利便性の向上と国・自治体の事務の合理化に資することを目的に住民基本台帳が作成され、住所・氏名・生年月日・性別をはじめ法律で定める事項が記録されている。1999年8月の法改正により、11桁の住民票コードを個人に付番し、前述の4項目と変更履歴を住基ネットにより都道府県、国の行政機関と共有・利用するようになり、2002年8月に本格稼働した。

指定情報処理機関である地方自治情報センターを全国センターとして、全住民情報が一元的に管理され、利用されている。住基ネットの導入に伴い、希望者に対して住基カードが交付され、身分証明書としての利用や、ICカードであるため電子申請の際の本人確認にも利用されている。

実例 住基ネットの導入により、行政手続における本人確認の簡略化、住民票の広域交付、電子申請による利便性の向上等の効用が説かれている。一方で、個人に付番をすることから、番号による個人情報の一元管理のおそれや、住民情報を広域のネットワークで利用することによる安全性の問題などプライバシー侵害が懸念された。各地で住基ネットからの離脱を求める訴訟などが提起されたが、最高裁は、住基ネットを違憲ではないと判決した（最判平成20年3月6日）。

プライバシー侵害の懸念に対して、東京都国立市、福島県矢祭町が住基ネットから離脱（国立市は2012年2月に再接続）した。なお、プライバシー侵害に繋がるとの批判を受け、改正住基台帳法案の審議過程で民間を含む個人情報保護法の整備が政府答弁され、個人情報保護法が制定される契機となった。

参考文献 日本弁護士連合会編『プライバシーがなくなる日』(2003・8 明石書店)、吉田柳太郎・西邑亨『地域住民と自治体のための住基ネット・セキュリティ入門——長野県安全確認実験の結果から』(2004・9 七つ森書館)　　　　［三木由希子］

▶ 従軍記者（じゅうぐんきしゃ）

語義 正式に認められて軍に同行して戦地に立ち入り、戦況に関する通信や画像をメディアのために送るジャーナリスト（war correspodent）のこと。一般には非公式なかたちで軍に同行する記者も含めて指す。武装せず非戦闘員として扱われるが、戦死や傷病の危険とともに軍からはスパイと疑われるリスクも負う。その報道は注目を集めやすく、輿論を動かす力も大きく、花形記者として体験記をまとめ名を残す場合もあるが、自国軍の宣伝に荷担する傾向も強い。

歴史 初の職業的従軍記者は、1807年にナポレオン戦争を報じたロンドン・タイムズのヘンリー・C・ロビンソンといわれる。最初に従軍記者が影響力を発揮したのはクリミア戦争で、同紙のウィリアム・H・ラッセルによる記事が義援金を集め倒閣に至った。

日本では74年、台湾出兵の際、東京日日新聞の岸田吟香が軍御用の大倉組手代として従軍したのが嚆矢。西南戦争では東京日日新聞の福地源一郎、郵便報知新聞の犬養毅などが戦地から書いた記事が評判となった。日清戦争で初めて日本軍は「新聞記者従軍規則」を定め、免許証の交付や将校による草稿検閲を含む従軍記者制度が整えられた。66社から記者114名、画工11名、写真師4名、計129名が派遣され、記者初の戦病死者が4名出た。日露戦争では「従軍記者心得」や外国人記者の取扱い規程が定められたが、検閲をすり抜け旅順攻略の苦戦を伝えて退去処分になった「日本」の丸山幹治のような記者もいた。

第一次世界大戦では、従軍記者は虚偽を含む報道で宣伝戦の一端を担うようになり、ナチスドイツでは記者などを集めて宣伝中隊（PK）を編成し、部隊に配置した。太平洋戦争では日本も「報道班員」を組織した。アメ

リカでは欧州戦線のラジオレポートで名高いエドワード・R・マローや沖縄戦で戦死したアーニー・パイルが活躍。ベトナム戦争ではテレビリポーターを含む従軍記者が多数活躍し、興論を反戦に導いた。2003年イラク戦争では、日本テレビの今泉浩美が日本人女性で初めて米陸軍の従軍記者となり注目された。

参考文献 全日本新聞連盟編『日本戦争外史 従軍記者』（1965・9 新聞時代社）、Peter Young and Peter Jesser. *The Media and the Military* (1997, MacMillan Press Ltd.)　　　　　　　　　　［土屋礼子］

▶ 従軍取材（じゅうぐんしゅざい）

語 義 戦争時に、記者や報道関係者が軍に同行して取材すること。国民国家では軍が国民や国際世論の支持を得る必要があるため、従軍取材する記者には通常、戦地への立ち入りを認め軍が護衛するほか、輸送や通信、食糧、傷病の治療等で軍が便宜を図る一方、軍の機密を守り、また部隊及び記者の安全のために、記者登録や検閲などの制限が課される。

実 例 従軍取材の方法は戦争のたびごとに変更されてきた。第二次世界大戦後、アメリカは朝鮮戦争では厳しい検閲体制を敷いたが、ベトナム戦争では検閲もなく従軍取材もかなり自由だった。そのためアメリカの敗北は、テレビなどの報道に原因があるとされた。

それを教訓にイギリスはフォークランド紛争で、戦況情報はロンドンの国防省発表の他は、イギリスメディア所属のイギリス国籍をもつ記者・カメラマン28人にのみ提供するというかたちで情報源を絞り、ニュース公表の時期決定権は政府と軍が握り、テレビ中継はさせないという方針をとった。

その成功に学んだアメリカは、湾岸戦争では「ガイドライン」「基本ルール」という名称で報道禁止項目や事実上の検閲手続きを提示し、取材プールに入るのを認めた代表取材者200名余のみを部隊に同行させ、他の者には軍が映像と説明を提供した。戦場から遠ざけられ敗北した報道側は、2003年のイラク戦争では、部隊と生活を共にする「埋込み（embed）取材」に応じた。報道禁止項目は定められたが検閲はなく、ガイドラインの範囲内で自由に取材できた一方で、軍と一体化した報道内容への傾斜が問題視された。

同年12月からの日本の自衛隊イラク派遣では、防衛庁は当初陸上自衛隊宿営地内にプレスセンターの設置を約束、不測の事態に備え記者に対する訓練を朝霞駐屯地で実施したが、翌1月石破茂防衛庁長官（当時）が取材の自粛を要請、突然の方針転換で取材ルールのないまま先遣隊がサマワに入り混乱が生じた。翌年2月に報道側と「イラク取材ルール」が合意されたが、批判も多かった。

参考文献 Peter Young and Peter Jesser. *The Media and the Military* (1997, MacMillan Press Ltd.)、「米国防総省従軍取材ガイドライン」『新聞研究』622号（2003・5）、「特集 メディアと戦争」『国際安全保障』第32巻第3号（2004・12）、Paul L. Moorcraft and Philip M. Taylor. *Shooting the Messenger* (2008, Potomac Books, Inc.)　　　　　　　　　　［土屋礼子］

▶ 周波数オークション（しゅうはすうおーくしょん）

移動通信や放送などの事業のために電波の割当てを求める事業者を対象に、政府がオークション（入札）を実施して、最も高い入札額を提示した事業者に周波数帯を割り当てる方式。免許の申請事業者を所定の基準に沿って比較審査を行う従来の方式に比べ、選定手続きの透明性を高め、事業者を迅速に決定できるところが利点とされる。OECD諸国で周波数オークション制度を導入していない国は、日本を含めごくわずかである。日本でも、国民共通の財産である周波数を有効活用できるとして同制度を望む意見は根強くあった。2012年の通常国会に同制度の導入のための電波法改正案が提出されたが、同年の衆院解散で廃案となった。同改正案はオークションの対象を携帯電話に限定し、放送は除外していた。オークション制度の導入国でも既存の放送局を対象にオークションを実施した事例はなく、ドイツのように法律で放送への適用を除外する国もある。**参考文献** 総務省「周波数オークションに関する懇談会」報告書（2011・12）

［堀木卓也］

▶住民票（じゅうみんひょう）

　市町村及び特別区が作成する住民の記録であり、住民の居住関係を公証するもの。住民票は、住民の氏名、出生年月日、男女の別、世帯主との関係、住民票コード、戸籍の表示、住民となった日等の事項を、記載または磁気ディスクに記録したものである。住民票はまた、選挙人名簿登録、国民健康保険・介護保険・国民年金等の被保険者の資格など住民の政治的社会的関係に関する事務処理の基礎となる（住民基本台帳法7条）。この住民票は個人を単位として作成されるが、それを世帯ごとに編成して作成した台帳が住民基本台帳であり、市町村長（特別区の区長を含む）が作成義務を負う（同法5・6条）。従前、住民基本台帳は原則公開とされていたが、個人情報保護の観点から、2006年の法改正により、個人や法人が住民基本台帳を閲覧するには、閲覧が調査研究など法定された活動を行うために必要である旨を申し出て、市町村長がその申出を相当と認めることが必要となった（同法11条の2）。また外国人登録制度の廃止に伴い、12年7月9日から、中長期在留者・特別永住者等の外国人も住民基本台帳法の適用を受けることになった（同法第4章の3）。 参考文献 亘理格・北村喜宣編著『重要判例とともに読み解く個別行政法』（2013・4有斐閣）　　　　　　　　　　［川岸令和］

▶主観報道（しゅかんほうどう）

　語義　中立公平に、事実を客観的に伝えることなど実は不可能であると否定したり、否定までしなくとも記者の個人的視点に立った報告や感情の吐露こそ報道において重要だとする立場にたってなされる報道のこと。

　近代ジャーナリズムは目撃当事者や関係者の証言、信頼に足る資料などに依拠する実証性を重んじた事実報道を原則としてきた。特に戦後日本のジャーナリズムは戦前の恣意的な偏向報道に対する反省から、客観的事実のみを相手取る中立公平にして不偏不党な報道を目指すことが新聞倫理綱領などで謳われ、理念として共有されてきた。

　しかし、そうした理念に対して異を唱える動きが生じる。例えば本多勝一（1984）はベトナム戦争取材を経て、報道は「不偏不党」を言い訳に支配者の暴力を黙認するのではなく、迫害を受け、搾取されている弱者の側に毅然として立ち、共に支配と戦う論陣を張るべきだと主張するに至る。そして、無限にあり得る「いわゆる客観的事実」の中から、自らの求める報道のために主体的に事実を選択してゆく重要性を強調。「真の事実とは主観のことなのだ。主観的事実こそ本当の事実である」と述べた。

　用法　こうした本多の主観報道論を嚆矢として、客観報道主義への見直しとして主観（的）報道に注目し、評価する動きが生じる。柳田邦男も「客観報道」が「本来、特定のイデオロギーや個人的意見や誤認情報などが混入するのを避けて、万人の認める＜事実＞の報道に徹しようとするところから出発したもの」であるのに、「いつの間にか、それが責任回避や事なかれ主義の隠れ蓑として、利用されるようになってしまった」と批判し、そうした悪しき客観報道を乗り越え、ジャーナリストが主体的に「ものを見る目」を回復することへ期待をかける。

　こうした主観（的）報道の積極的な評価への再批判もあり得る。原寿雄（1986）は自然科学的な意味での客観報道は不可能だが、それを努力目標とする必要性を述べる。原にいわせれば主観主義ジャーナリズムは「意志と感情のジャーナリズム」であり、ファシズムの温床にもなりかねない。そこで報道が主観的作業であることを認めつつも、自らの主観的立場をもできるだけクールに客観視することが必要だとする。たしかに「事実を選ぶ目を支えているのは広い意味での記者のイデオロギーであり、世界観でしかない」とまで述べる本多の姿勢には、体制を批判しようとするあまりに自らの依って立つ立場や党派性に対して批判的意識を欠いている印象を否めない。客観報道理念の硬直化に対して主体的な批判意識で切り込みつつ、自らの報道の主観的偏りについて常に客観的検証を忘れない。客観報道と主観報道はこうした相補的な批判検証の関係に置かれた対概念であるべきだと

いえる。

参考文献 本多勝一『事実とは何か』(1984・1　朝日新聞社)、柳田邦男「ノンフィクションの可能性」『事実の時代に』(1984・7　新潮社)、原寿雄「客観報道を問い直す」『新聞研究』(1986・10月号　日本新聞協会)、玉木明『ニュース報道の言語論』(1996・2　洋泉社)
〔武田徹〕

▶ 熟議民主主義 (じゅくぎみんしゅしゅぎ)

語義　民主主義社会における政治決定プロセスの中で、熟慮と討議に基づく決定を重要視し、決定の段階によりも、そこに至る経緯を大切する考え方。あるいは、多元的で複雑な現代社会において、伝統的な選挙ではなく、市民の間に共有された利害や共通の善について社会的合意に基づく考えを形成しようとする民主主義論の1つ。市民が決定プロセスに直接参加などの、新しい民主主義のあり方を指すことが多い。

かつてハーバーマスは、「熟議的政治」の理念を提唱し、国家と市民社会を区別し、公共圏概念と結び付けて、参加型の政治的討議や判断を民主的正当化する意義付けを試みた。アメリカでは、立憲主義的リベラリズムの流れの中で、市民の政治参加のかたちとして議論されてきた。

実例　討議型世論調査やタウンミーティングなど、従来の社会制度の改良型として生まれたものがある。日本でも2012年、原発政策の決定プロセスにおいて、当時の民主党は従来のパブリックコメントや公聴会制度ではなく、出された意見をもとに公聴会を開催し、決定過程の透明化と意思決定過程への市民参加を試みた。こうした政府組織が主体となった「熟議」のほか、市民団体・非政府組織NPOが主体となる場合も少なくない。ジャーナリズムは元来、こうした討議の場を提供する社会的役割を負っていたとされるが、熟議民主主義の議論の中では十分にその位置付けは示されていない。

また、インターネットを活用することで政府・自治体と有権者の間で双方向性が生まれ、対話が生まれる可能性がある。さらにはインターネット上で流通する大量のデータ(ビックデータ)の活用によって、ネット世論をリアル世論に転化させる手法も試みられつつある。ただし、政権運用側の意識が、政策意思決定過程を透明化し、市民の参画を認めるように変わらなければ、効果が発揮されない場合も少なくない。

参考文献　篠原一『市民の政治学』(2004・1　岩波書店)、J・ギャスティルほか編『熟議民主主義ハンドブック』(津富宏ほか監訳、2013・5　現代人文社)
〔山田健太〕

▶ 取材 (しゅざい)

語義　ある事象や人の考えなどを広く社会へ伝達する目的をもって、必要な情報を収集する行為を指す。新聞の社説やオピニオン欄に代表されるように、マスメディアは政治や外交、経済などの諸問題に関する意見や評論を伝える機能も有しているが、これらは取材に基づく報道とは、区別して捉える必要がある。

報道は通常、ある事象の当事者ではない第三者(＝記者)が観察者として事象に迫り、情報を収集・分析し、その成果を記事や番組として発表することで成り立っている。またマスメディアの組織内部では、入手した多様な情報を他の情報によってクロスチェック(＝裏取り)し、信憑性や重要性を判断する作業が日常的に行われている。情報の確度や意味付けを行うためには、このクロスチェックこそが欠かせないのであり、そこに取材の生命線がある。情報は最終的に、公益性や社会性を満たしていることを条件として、取材の成果物、すなわち記事や番組となって社会に伝達されていく。

現代のジャーナリズムは、民主主義社会の重要ファクターとしての機能を要請されている以上、何をどう取材・報道するかという問題発見の能力、立体的な取材活動が極めて重要である。取材は、政治・行政権力や特定の社会勢力から適切な距離を取らねばならず、それができていないと「取材対象との癒着」との汚名を着ることがある。同時に、取材活動の自由も最大限保障されなければならない。報道は権力の利益と相反することも珍し

くないため、為政者らは法令などによって取材活動の制限を企図することがあり、最悪の場合、それは戦前の日本や現在の独裁国家のように検閲や記者の身柄拘束といった形で出現する。そこに至らなくても、意図的なリークや省庁への出入り禁止措置など、取材に対する懐柔や威圧は現代でも陰に陽に行われている。

（実例）取材は大まかにいって「対象者から話を聞く」「資料を収集する」「現場を観察する」の3つに区分できる。さらに各項目は、手法や機会によって細分化が可能である。

「対象者から話を聞く」には、①対面や電話による個別取材、②多数の記者が取材対象者を取材する記者会見や行政当局などによる記者説明（「レクチャー」「記者レク」と呼ばれる）、③長時間のインタビューなどがある。

「資料を収集する」の資料は、①行政や公的団体などによる統計データや公表済み資料、②非公表だが情報公開制度で入手可能な資料、③上記制度を使っても公開されない資料などに区分できよう。

「現場を観察する」は、①ある事象が起きている現場に行きリアルタイムで状況を把握する、②事象が鎮まった後に現場の様子を観察する、③過去の写真や映像と現在の様子を比較するといった作業が考えられる。ほとんどの場合、「観察」は写真や動画の撮影を含む。

行政当局や大企業などは情報をコントロールしたいとの誘惑に付きまとわれており、上記のような種々の取材過程では常に「意図的なリーク」「都合良く抽出された数字データ」が入り込む可能性がある。

かつて取材の過程はほとんど明らかにされず、行政当局者や政治家の日常的発言さえ、発信元は「関係者」などの曖昧な語句で示されるケースが多かった。昨今の厳しいマスメディア批判は、その一定程度が「報道は強者の情報の垂れ流しではないか」という不信感で構成されていると考えられ、取材過程のできる限りの明示が信頼回復に有効であろう。情報源の秘匿は、内部告発者が特定されると当人が不利益を被るおそれがある場合など、本来的な限定使用に立ち返るべきであろう。

（参考文献）野村進『調べる技術・書く技術』（2008・4　講談社）、日本新聞協会『取材と報道〔改訂4版〕』（2009・10　日本新聞協会）、藤田博司『どうする情報源―報道改革の分水嶺』（2010・3　リベルタ出版）

［高田昌幸］

▶ 取材拒否（しゅざいきょひ）

（語義）取材相手がメディアの取材に応じないことをいう。博多駅テレビフィルム提出命令事件（最大決昭和44年11月26日）は、事実の報道の自由は表現の自由を規定した憲法21条の保障の下にあり、報道が正しい内容をもつためには、取材の自由も憲法21条の精神に照らし、十分尊重に値するとし、報道機関の取材の自由を認めている。これは公権力から取材を妨害されない自由を認めたもので、取材相手に取材に応じる具体的な法的義務があるとしたものではない。一般的には、取材に応じるか否かは取材相手の自由であり、取材相手には特定の事項について取材に応じなければならない法的義務はない。しかし、上記最高裁決定が、「報道機関の報道は、民主主義社会において、国民が国政に関与するにつき、重要な判断材料を提供し、国民の『知る権利』に奉仕するものである」としているように、報道機関には、公共の利害に関する事項について、取材し報道する社会的使命がある。また、関係者にはこのような事項について社会に説明する責務がある。したがって、公共の利害に関する事項については、取材相手は、取材の自由を尊重し、正当な理由がある場合を除き、取材に応じるよう努めるべきであるといえる。国や地方公共団体のように情報公開法や情報公開条例がある場合には、情報開示請求に対して情報の開示義務を法律上負うが、取材に応じて答えなければならない法律上の具体的義務まではない。ただし、公的機関が、特定の報道機関に対してだけ村八分的に包括的な取材拒否の措置を取った場合は、平等原則違反として、取材拒否が違法とされ、損害賠償責任などがあるとされることがあり得る。

（実例）愛媛県知事が、知事の批判を繰り返す地元紙に対し、自ら同紙の取材に応じない

だけでなく、記者会見や県主催の催しから締め出し、県の職員にも一切の取材に応じないよう命じた日刊新愛媛事件（1984年）が著名である。県知事相手の取材拒否処分取消等請求訴訟で、同紙は平等原則違反の主張を展開したが、同紙が廃刊となったため訴訟は取り下げられた。また、市立小学校の校長には取材に応じる法的義務はないとし、「花いっぱいコンクール」についての新聞社の取材を拒否したことは違法ではないとした裁判例がある（大阪地裁支判平成9年11月28日）。政党や政治家、検察庁などが、特定のメディアの取材に応じないことを宣言し実行することもある。その理由は、批判的な報道に対抗するため、誤報の是正を求めて、あるいは解禁前に報道をしたことに対する制裁としてなどであることが多い。

（参考文献）藤岡伸一郎『取材拒否』（1990・5　創風社出版）、奥平康弘『ジャーナリズムと法』（1997・6　新世社）、駒村圭吾『ジャーナリズムの法理』（2001・7 嵯峨野書院）　　　　　　　　　　　［秋山幹男］

▶ 取材源の秘匿（しゅざいげんのひとく）

（語　義）スクープの取材源を示さず、推知されることさえ防ぐこと。報道機関にとって最も重要な報道倫理とされる。その意義として、①取材源の保護、②取材・報道活動の保護、③国民の知る権利の保護の3つを挙げることができる。

報道機関に情報を提供した者は、法律上、事実上の不利益を受ける危険にさらされる。例えば、企業の不正を内部告発した者は不利な処遇をされるおそれがあるし、法律上の守秘義務を負う公務員は処罰されることもあり得る。取材源は報道機関が秘匿することで守られる。

また、取材源がみだりに開示されると、記者は取材源との信頼関係を築きにくくなり、自由な取材活動が困難になる。だが、取材源の秘匿が貫かれていれば、多数の報道機関の取材・報道活動が将来にわたって保護される。

さらに、報道機関の報道は国民の知る権利に奉仕するものであり、報道が正しく行われるためには取材の自由が確保される必要がある。取材源の秘匿が積み重ねられることにより、国民の知る権利も保護される。

（実　例）取材源の秘匿が試練にさらされるのは裁判の場である。取材源についての記者の証言拒否が争点となった判例は3件ある。

最初の判例となった朝日新聞記者事件では、逮捕状の内容を記事にした記者が証人尋問で取材源を問われ、証言を拒んだ。記者は証言拒絶罪で起訴され、1952年、最高裁大法廷判決で有罪（罰金）が確定した。

これに対し、次の判例となった、79年、北海道新聞記者事件の札幌高裁判決は、報道の自由を重視する立場に立ち、民事訴訟において取材源の氏名や役職などを秘匿した記者の証言拒否を正当と認めた。

3件目のNHK記者事件も民事訴訟に関するもので、2006年の最高裁決定は、札幌高裁判決より踏み込み、取材に関する証言は原則として拒否できると判断した。同時期に審理した読売新聞記者事件では、取材源の人数など、間接的な質問の証言拒否も許容した。

ただ、刑事訴訟における記者の証言拒否は朝日事件以後なく、記者の証言拒否権が民事訴訟と同じく刑事訴訟でも認められるかどうかは見解が分かれている。

一方、報道側が取材源の秘匿に失敗した結果、取材源が刑事責任を追及され、有罪とされた事件としては、外務省機密漏洩事件（1974年東京地裁判決）がある。関係者が無防備で取材源を明かしたため、少年事件の精神鑑定医が刑法の秘密漏示罪に問われる事態を招いたこと（2012年最高裁決定）もあった。

また例外的な事例だが、報道機関があえて取材源の開示に踏み切った例がある。ロッキード事件の渦中に、現職の判事補が検事総長の名をかたって総理大臣に電話をかけ、指揮権発動を促した。判事補はニセ電話の録音テープを本物の会話と偽って読売新聞に持ち込み、取材源の秘匿を要求した上で虚偽の報道をさせようとしたが、同新聞は謀略を見破り、実名報道した（1976年ニセ電話事件）。

アメリカでは、記者の証言拒否特権を認めた法律（シールド法）を30余の州が制定している。他方、連邦最高裁は犯罪捜査における記

者の証言拒否を容認せず（72年ブランズバーグ事件）、近年はCIAの情報漏洩などに関して記者が証人に呼ばれ、証言を拒否して収監される事態（2005年ミラー記者事件など）も起きている。一方、ドイツでは、テロリストに関する記事を掲載した月刊誌の編集部を検事局が捜索したが、連邦憲法裁判所はこれを違憲と判断した（07年キケロ事件）。

　日本でも裁判員裁判制度の導入を契機に、報道機関は情報の出所の明示と取材源の秘匿という、相反する要請に直面している。取材源の秘匿を尊重する考え方は先進諸国で確立されているが、報道をめぐる変化は激しく、複雑な状況が続いている。

(参考文献)　一井泰淳「取材源保護の重要性と今後の課題」『新聞研究別冊』（2008・8　日本新聞協会）、山川洋一郎『報道の自由』（2010・12　信山社）

〔山口寿一〕

▶ 取材・報道の自由（しゅざい・ほうどうのじゆう）

(語義)　表現の自由の中で、言論報道機関の情報収集・発表過程を特に、取材の自由・報道の自由という。総じて、（マス）メディアの自由、あるいはプレスの自由と称される（言論報道機関の中心がプレス＝印刷媒体であったことの名残り）。一般には憲法の保障する「表現の自由」の一部とされているが、法律解釈上、そもそもメディアの自由が市民の自由と異なるのか（より手厚く保障されるのか）、表現の自由の中心は発表（報道）の自由であって、収集過程（取材）の自由も同じレベルで保障されているのかなどの議論がなされてきた。いわゆるマスメディアと称されてきた言論報道機関の自由が憲法上、明文で規定されている国は、ドイツやスウェーデンなどの一部であるが、多くの国において表現の自由に包含されることについて、学説上異論はない。また、国連の自由権規約19条は、情報流通の自由として、収集・加工・頒布の全ての過程における自由が保障されてはじめて表現の自由は完結するとの考え方を示している。

　日本においても憲法で定められている「言論、出版その他一切の表現の自由」には、一般市民の「知る権利」を補完し、憲法の保障する表現の自由を総体として保障するため、報道機関の報道が欠くべからざる存在であることが認められてきている（博多駅テレビフィルム提出命令事件：最大決昭和44年11月26日）。ただし判例にいう報道の自由は、報道機関の意見表明の自由のみを指すとされ、報道の前段階である取材の自由や、出版物の流通・頒布の自由が包含されているかどうかについては否定的である。報道の自由は、憲法21条の保障の下にある一方、取材の自由は憲法上尊重されるというにとどまっているからである（沖縄密約事件：最決昭和53年5月31日）。

　取材・報道の自由と市民の表現の自由の関係については、それを延長線上にあるものと考える場合は、プレスに特別な権利を与えない代わりに、法的責任を課すものではなく、あくまでも社会的道義的責任を負うにとどまると考えるのが自然である。一方で、プレスの知る権利への奉仕をある種の法的義務であると捉えることによって、一般市民が有する自由とは異なるレベルの特別な表現の自由を認める余地があるといえる。いわゆるプレスの特恵的待遇（特権）であり、日本においていくつかの特別法で、特定のジャーナリスト、媒体、メディア企業に対する編集上・経営上の特例措置を認めている。

(実例)　報道活動が憲法の表現の自由に含まれることについて、最高裁が最初に認めたのは、戦後間もない1950年代の北海タイムス事件（最大判昭和33年2月17日）である。それ以前は、「一般人に対し平等に表現の自由を保障したものであって、新聞記者に特種の保障を与えたものではない」などとしていた。そして60年代に入り、博多駅テレビフィルム提出命令事件において、「事実の報道の自由は、表現の自由を規定した憲法21条の保障のもとにある」（最大決昭和44年11月26日）というとともに、「報道機関の報道は、民主主義社会において国民が国政に関与するにつき、重要な判断の資料を提供し、国民の『知る権利』に奉仕するものである」と判示した。

　一方で同決定は、取材の自由については「報道のための取材の自由も、憲法21条の精神に照らし、十分尊重に値いするものといわ

なければならない」というにとどまった。その後の沖縄密約事件では、「真に報道目的からでたものであり、その手段・方法が法秩序全体の精神に照らし相当なものとして社会観念上是認されるものである限りは、実質的に違法性を欠き正当な業務行為というべきである」（前出）と、若干、保障の幅を広げてはいるが、その基本的な態度に変更はない。ただし民事事件における証言拒否という限定的な範囲ではあるものの、最高裁は記者の取材源の秘匿(ひとく)を容認しており、これは取材の自由を実質的に認めたものと理解できる（NHK記者証言拒否事件：最決平成18年10月3日）。

(参考文献) 日本新聞協会『取材と報道〔改訂4版〕』(2009・10　日本新聞協会)、山田健太『法とジャーナリズム〔第2版〕』(2010・4　学陽書房)、山川洋一郎『報道の自由』(2010・12　信山社)　　　[山田健太]

▶ 首相番 (しゅしょうばん)

数多くいる「番記者」の中でも、国の最高権力者の首相を一日中、交代制で見張っている記者を指す。新聞の政治面の定番である「首相動静」欄は、首相番の情報に基づいている。首相を中心に回る政治の表舞台を知るため、政治部に配属されたばかりの若手が担当する傾向にある。旧首相官邸では執務室前の廊下などに自由に陣取り、訪問者を取材できた。2002年4月に完成した新官邸では機密保持や安全上の問題を理由に、執務室のある階への自由な出入りが禁じられ、訪問者の完全把握はできなくなった。国会内などを歩いて移動中に、首相に随時質問できる取材も新官邸への移転に先立ち規制された。新しい取材方式は、政権側が都合のよい時間と場所を決めて短時間、質問に応じる通称「ぶら下がり」が基本である。首相から遠ざけられていく記者に、「番」という呼称はふさわしくない。

[菅沼堅吾]

▶ 受信料 (じゅしんりょう)

(語義) 広義では通信や放送の受信の対価料金の意味だが、NHKの放送受信料の略称として用いられるのが一般的である。

電波の送受信には国のライセンス（免許・許可）を必要とするが、放送のように電波の受信のみのものについては、国によって扱いが異なる。無線電信法（1915年制定）時代の日本では、電波の受信のみのラジオ受信機についても許可の対象で、許可願にはNHKとの聴取契約書の添付が義務付けられ、受信料の支払いが担保された。50年に制定された電波法では、国民の自由も尊重し、電波の受信のみを目的とする無線設備は無線局ではないものとされ（電波法第2条第5号但書）、免許は不要となった。放送の受信については、50年制定の放送法で、NHKの放送を受信できる無線設備の設置者はNHKとの契約を義務付けられ（放送法第64条）、その履行は民事的手段に委ねられることとなった。

(実例) NHKは、2006年以降、契約済みで受信料未納の者に対して、民事手続による支払督促を進め、12年からは未契約者に対する訴訟も進めている。受信料債権の消滅時効については、NHKは10年を主張しているが、5年とする判決が大勢を占めている。

イギリスなどの諸外国では、放送の受信には国のライセンス及びライセンス料金が必要で、違反には罰則が課されている。NHKの運営財源はほとんどが受信料収入だが、外国の公共放送機関の運営財源は、徴収された受信ライセンス料収入の配分、広告放送収入、商業活動収入、国庫補助金等で構成されている。

インターネットの普及や移動通信の進展でパソコンや各種携帯端末で放送番組を視聴できるようになり、受信料制度は大きな変革期を迎え、ドイツとフィンランドは、13年、放送用受信機の有無にかかわらず全世帯から放送負担金を徴収する仕組みへ移行した。

(参考文献) 鈴木秀美・山田健太・砂川浩慶編著『放送法を読みとく』(2009・7　商事法務)　　　[山本博史]

▶ 出稿 (しゅっこう)

新聞社や通信社などで、一線記者が記事化に向けて、原稿を書き上げ、チェック役のデスクに出すことを意味する。デスクがレイアウト・見出しを担当する整理部（正式には編集センター、編成部と呼ばれることが多い）にチェック済みの原稿を出すことも指す。新聞社の場

合、警察や官庁など連日ニュースが殺到する持ち場では、毎日夕方になるとその日の原稿メニューともいえる「出稿予告」を当番デスクに連絡、それを元にデスクが原稿の軽重を判断し、整理部と交渉の上、紙面スペースを確保する。原稿を整理部に出稿するメドを「締切り時間」という。出稿が殺到する夕方から夜にかけ、新聞社の編集局は最も活気付く。政治部、経済部、社会部、外信部等、実際に原稿を出す部署をまとめて「出稿部」と呼ぶ。(参考文献) 井上泰浩『メディア・リテラシー媒体と情報の構造学』(2008・2　日本評論社)

[髙橋弘司]

▶ 出版（しゅっぱん）

(語　義) 広くは、印刷媒体（電子媒体を含む）を通じて著作物を公表すること。出版物には新聞、雑誌、書籍、白書・年鑑・レポート、教科書、パンフレット類等、様々な種類があるが、通常は商業出版物である雑誌、書籍の発行を、産業カテゴリから出版と称することが多い。英語のpublishingは公にするという行為を意味するが、日本では主に板木が使われたことから、技術に由来して出版（板）の語があてられている。

　出版の起源は、初期の書物である粘土板や木片、パピルスにまで遡ることができるが、複製されるメディアとしての出版を決定付けたのは、紙と印刷技術の発明であるといえよう。ヨーロッパでは、15世紀半ばに現れた活版印刷が、経済の論理（出版資本主義）に後押しされて、プロテスタンティズムと密接に結び付き、拡大した。これによって、原本と写本に限られていた書物と、その製作と所有を担っていた教会や大学の特権性は失われ、人々に出版が開放されてゆく。

　印刷の広がりとともに、俗語（現地語）による出版も進められた。俗語とは、書物の言語であったラテン語と、日常に使われる口語との間に出現した新たなコミュニケーション言語＝出版語である。このような一連の出版システムは、後の社会の知を構成するものとなるが、ベネディクト・アンダーソン（2007）は、ネーション形成のメカニズムの1つとしてこれを論じている。

　複製としての出版物は、文字や言語のほかにも、レイアウトや目次、見出しのような構造、異なる書物の参照等、多くの形式を生み出した。そこに生きる人々の思考は、いわばこうした出版フォーマットの中で組み立てられているのであり、ジャーナリズムという語もまた、出版という形式に基づいて行われる言論活動、と言い換えることができる。

(実　例) 日本の出版は、もっぱら仏教の経典を軸に発達し、寛永期に商業化したといわれている。出版物には専門・教養書である「物之本」と、娯楽的な草紙類があり、産業の中心は京都、大阪であった。江戸の出版が盛んになるのは18世紀後半で、上方の本と区別して、「（江戸）地本」と呼ばれる。明治期、ジャーナリズムやアカデミズムによる西洋の出版がもたらされると、博文館のような新興の業者が現れて、産業化をリードした。近代で最初に組織された書籍業者の組合には、新旧の業者が混在しており、日本の出版の重層的な背景を見出すことができる。

　現代の出版業の特徴としては、欧米諸国の出版が巨大メディア企業の傘下に収められているのと比して、独立した中小規模の出版社が多数存在している、という点が第1に挙げられよう。そもそも出版業は、大きな資本を必要としない業態であるが、日本の出版社約4000社のうち、半数は従業員10名以下と小さい（2012年現在）。これは、流通の要である卸売（取次会社）が大規模であることによるが、反面、この構造への依存度が高すぎて、多様な出版形態が現れにくいという問題がある。

　インターネットとモバイル機器の普及以降、テキストの作成と流通が、以前にもまして技術的に容易になった。オリジナルのテキストのみならず、紙の版面を読み込んでデジタル化することも可能である。コミックマーケットのようなオルタナティブの存在も含めて、今日の潮流を生産―流通―消費という従来の産業フローで捕捉することには限界がある。出版という営みは、その主体や方法から、改めて問い直される必要がある。

(参考文献) B・アンダーソン『定本　想像の共同体―ナ

ショナリズムの起源と流行』(白石隆・白石さや訳、2007・7　書籍工房早山)、佐藤健二「テクスト空間論の構想」齋藤晃編『テクストと人文学―知の土台を解剖する』(2009・1　人文書院)、今田洋三『江戸の本屋さん』(2009・11　平凡社)　　　　　[柴野京子]

▶ **出版契約**（しゅっぱんけいやく）

[語義] 出版社と著作者が締結する契約のこと。通常は「出版権設定契約」を指す。出版物を刊行する場合、出版社は著作権をもっている著作者から許諾を得て独占的に出版を行うことができる。その見返りに著作権使用料（原稿料や印税という）を支払うなどの約束を交わす。これが、出版契約である。

出版社が著作者と交わす契約には、出版許諾契約や、著作者が権利を出版社に譲渡する著作権譲渡契約などがあるが、日本では「出版権設定契約」が利用されることが多い。

[実例] 日本の著作権制度では、出版を行った者に固有の権利は発生しないため、単なる出版許諾契約では、著作者が同じ作品の出版を他の出版社に許諾した場合、最初に許諾を得た出版社が対抗できない。これに対して、排他的権利である「出版権」を設定すれば、出版社は第三者に対抗できることになる。

一方、欧米では著作権譲渡契約や、想定されるあらゆる利用方法について出版社に権利を委任する契約を締結していることが多いといわれる。それに対して、日本では欧米のように著作者と出版社の間に契約などを代行する代理人（エージェント）が入ることがほとんどなく、文芸作品などを中心に、編集者と著作者の信頼関係に基づく口約束で出版が決まるケースが多かったこともあり、著作者と出版社が契約書を取り交わす習慣があまりなかった。このため、譲渡契約や包括的な委任契約などは、医学書や学会出版物など一部の専門書の領域を除くと見られなかった。

しかし、近年は電子出版の出現によって、既存の出版社以外の企業などが出版に参入することも増えて、契約の締結が増加している。ただし、現在の「出版権」は「印刷その他の機械的または化学的方法」での出版に限定されるため、電子書籍などには及ばない。そこで、2013年現在、「出版権」を電子的な出版に拡大するための法改正に向けた検討が進められている。

[参考文献] 『出版契約ハンドブック〔第3版〕』(2006・9　日本書籍出版協会)、村瀬拓男『電子書籍・出版の契約実務と著作権』(2013・2　民事法研究会)　[星野渉]

▶ **出版社（出版産業）**（しゅっぱんしゃ（しゅっぱんさんぎょう））

[語義] 書籍・雑誌など出版物を発行する企業を指し、著作権法などで著作者に対して出版を行う者や、企業から個人まで含めた出版を行う者を指す場合は「出版者」と表記する。

『出版年鑑2013』に掲載された出版社数は3676社。このうち2000社ほどが定期的に書籍雑誌を発行しているといわれる。ISBN（国際標準図書番号）に登録されている出版者数は累積2万4512件（2013年2月現在）に達するが、ここには企業や団体の非市販出版物や個人の自費出版なども含まれている。

[実例] 日本国内で他の産業の基準から見ても企業規模が大きいといえる出版社は、2013年10月にグループ会社を統合したKADOKAWA（角川グループ）を除くと、ベネッセコーポレーション、リクルートといった、書籍・雑誌の発行が主な事業ではない企業が並んでいる。これらに対して、一般的に出版社として知られる企業は、他の製造業のメーカーに比べると企業規模が小さい。出版業界では大手といわれる出版社でも、講談社は資本金3億円、小学館は1億4700万円、集英社も1億円と、ほとんどが「中小企業基本法」で定められた中小企業（製造業の場合は「資本金の額又は出資の総額が3億円以下の会社並びに常時使用する従業員の数が300人以下の会社」）に分類される。

企業規模を拡大しなくても出版事業を継続できる背景には、印刷・製本といった製造部門と、小売店に書籍・雑誌を配送し代金回収する流通部門のほぼすべてを、印刷会社や取次に外部委託しているためだ。一般的なメーカーで大きな設備投資や管理費用が発生する製造部門と流通部門をもたないことで、日本の出版社が負担しなければならない固定費は、人件費や家賃、光熱費などにとどまる。

このため、日本では小規模でも出版活動できる環境が整っているということができる。実際に『出版年鑑2013』の収録出版社のうち約52％が従業者10人以下の「零細企業」である。そのことが、多様な言論活動を可能にさせているという側面がある。

公平性や客観性などを重んじる新聞報道に対して、出版社系の雑誌ジャーナリズムが明確な主張を打出すなどの報道姿勢をもつのは、こうした企業規模から来る自由さのためだということもできる。

出版社を刊行内容で大別すると、書籍、雑誌、コミック等、多様な分野の刊行物を発行している総合出版社、学術書や専門書を刊行する専門書出版社、単一のジャンルを刊行するコミック出版社、実用書出版社、ビジネス書出版社、教科書出版社等、多様であり、それぞれ本の作り方から、流通・販売の仕方まで大きく違う場合も多い。

さらに近年では、出版物を電子的に配信するサービスが拡大し、出版社も電子配信への対応を迫られているが、同時に電子書籍を専門に発行する新規参入者も現れ始めている。

(参考文献) 日本出版学会編『白書出版産業』(2010・9 文化通信社)、『出版年鑑2013』(2013・7 出版ニュース社)　　　　　　　　　　　　　[星野渉]

▶ 出版の自由→言論・出版・表現の自由

▶ **出版流通**（しゅっぱんりゅうつう）

(語義) 日本の出版流通は、出版社と書店間の流通を担う取次が大きなシェアをもっていることと、書籍と雑誌が同じ流通網で配送されているということが特徴である。また、小売店である書店の数が多いことでも知られている。

欧米をはじめとした先進国の多くでは、書籍と雑誌の流通は分かれており、販売店も別である。そうした国で書店と呼ばれるのは書籍を販売する小売店であり、雑誌は主にニューススタンドやコンビニエンスストアで販売される。それに対して日本では、同じ取次が書籍と雑誌を配送し、書店も両方の商材を販売する。

(実例) 日本の書店数は1万4241店（2013年5月1日時点、アルメディア調査、一部に本部や営業所も含む）であり、ここ20年ばかり減少を続けている。とはいえ、大国であるアメリカの書店数は大手チェーンと独立系書店を合わせても1万店に及ばず、比較的、小規模の独立系書店が多く残っているといわれるドイツでも、スイス、オーストリアのドイツ語圏を加えて約5000店であるのに比べると極めて多い。

しかし、冒頭に触れたように、日本とこうした国では書店のあり方が違っているのであり、日本では、他の国であれば書店に分類されないような小規模で雑誌の販売比率が極めて高い店舗を書店と呼んでいる。こうした小規模店舗が多く、全国に書店網が広がっているのは、雑誌と書籍を一緒に扱う流通があるためだといえる。

この流通形態は、大正時代に成立したといわれており、定期性があり大量流通が可能な雑誌配送網に、不定期刊行され1冊からの小ロット流通が発生する書籍を載せることで、書籍の流通コストを低下させ、効率の良い全国流通を実現してきた。

この結果、第二次世界大戦後の出版産業は、1990年代中盤まで約50年間にわたってほぼ一貫して成長した。書籍と雑誌を混載する流通システムは、書籍、雑誌に加えて文庫、新書、コミックスといった、次々に登場する新たな商材の流通を担い、世界的に見ても巨大な出版市場を形成することに大きく貢献したといっても過言ではない。

また、こうした流通を支えてきたシステムとして、書店が注文しなくても日々刊行される新刊書籍を配送し、売れ残った商品を等価で返品できる「委託配本制度」（取引制度としては返品条件付売買）がある。

書籍と雑誌の混載流通によって極めて効率的であった日本の出版流通は、流通・小売段階が雑誌（コミックを含む）の収益に依存してきたということでもあった。このため、雑誌市場が95年をピークに、以降、約20年間で半減するという大きな市場環境の変化によって、書店数の減少、取次の再編というかたちで矛

盾が顕在化してきており、現在、方向転換が求められている。

(参考文献) 柴野京子『書棚と平台―出版流通というメディア』(2009・8　弘文堂)、日本出版学会編『白書出版産業』(2010・9　文化通信社)　　　　〔星野渉〕

▶ **守秘義務**(しゅひぎむ)

(語義) 職務上知り得た秘密を漏らしてはならないという法律上の義務。契約上の義務を含むこともある。法律上の守秘義務には、①公務員の守秘義務、②医師、弁護士等の守秘義務、③企業秘密に関する守秘義務がある。いずれも漏示した者は刑罰の対象となり得る。

公務員の守秘義務は、国家公務員法、地方公務員法、自衛隊法、会計検査院法等により公務員の服務義務の一つに定められている。職を退いた後も課せられ、裁判や議会などで証人や鑑定人などとなって秘密に関し発表するには、所轄庁の長の許可を必要とする。医師、薬剤師、弁護士、公認会計士、宗教・祈禱・祭祀の職にある者等が正当な理由なく秘密を漏らした場合は、刑法の秘密漏示罪か、またはそれぞれの関係法(医療法、薬事法、弁護士法、公認会計士法等)の罰則の対象となる。

企業秘密とは、不正競争防止法に定義された営業秘密のことで、企業が保有する営業上、技術上の秘密を指す。財産的価値があることから法的保護の対象とされ、営業秘密の管理に関わる企業の役員、従業員、社外関係者等が守秘義務を負うことになる。

(実例) 秘密の保護と情報の自由な流通は相対立する利益であり、民主主義社会では両者の調整が常に図られる必要がある。情報公開法が作られたのもこうした考えに基づく。

公務上の秘密であっても、裁判では公共の利益(刑事裁判では国の重大な利益)を害する場合などを除き、証言を拒めない。国会では証言できない理由を所轄庁は疎明しなければならず、議院や委員会などがそれを受諾できない時は、証言を行えば国の重大な利益が損なわれる旨の内閣の声明を要求することができる。企業秘密に関しては、公益通報者保護法が、企業の違法行為などを内部告発した労働者に対する解雇などの不利益な扱いを禁じている。

取材・報道の自由と公務員の守秘義務がぶつかる領域では、緊張が生じることもある。1978年、外務省機密漏洩事件の最高裁決定は、毎日新聞記者を秘密漏洩のそそのかしによる有罪としたが、他方で、報道機関の通常の取材活動は違法とならないとの一般判断を示した。国民の知る権利に資する取材・報道活動は、公務員の守秘義務に触れることがあっても、記者の正当な業務として許容されると判示したのである。

最高裁のこの考えは、その後の同種事案の取扱いの際に尊重されてきた。2005年には週刊誌に情報提供した疑いで警察官が、08年には新聞に情報提供した疑いで自衛官が、それぞれ書類送検されたが、警察官らは懲戒処分を受けたものの、刑事手続は不起訴とされた。このため、公務員に関しては外務省機密漏洩事件以後、守秘義務と取材・報道の自由が裁判の場で正面から衝突する事態は起きていない。

(参考文献) 戸松秀典・初宿正典編著『憲法判例〔第6版〕』(2010・3　有斐閣)　　　　〔山口寿一〕

▶ **情勢調査**(じょうせいちょうさ)

(語義) 選挙の当落を予測するために、世論調査の形式で行われる調査。日本では第二次大戦後、新聞社が世論調査を本格的に始めるとともに選挙調査による予測が研究され、国政選挙では朝日新聞が1955年総選挙で初めて大規模に実施して趨勢の予測を報道した。その後新聞各紙が主要地方選挙や国政選挙ごとに情勢調査を行い、選挙区の情勢や獲得議席数予測を報道している。

情勢調査が公職選挙法138条で禁止された「人気投票」ではないかという批判があるが、総務省は「マスコミが世論調査形式で行う情勢調査は人気投票に該当しない」としている。初期の情勢調査は調査員が対象者に直接会う面接方式だったが、費用と手間の面から徐々に電話調査に移行し、2000年代以降はコンピュータで無作為に作った番号に調査員が電話をかけるRDD(Random Digit Dialing)方式が中心になっている。

（実例）調査では投票先の他、年代・性別や選挙への関心、投票意欲、政党支持等を質問する。過去の同様の質問への回答と選挙結果との関係から各候補の推計得票率や当選確率を算出し、合算して全体の各党議席数予測を作る。推計では候補者の特性や取材現場の感触も取り入れられるが、細かい方法は各社独自のノウハウに基づく。推計得票率や当選確率はそのままの数値でなく記事表現の違いで使い分けられ、各党の予測議席数を出す場合は上下に誤差幅を付けている。

調査期日は速報競争によって徐々に早まっており、2013年参院選では主要全国紙と共同通信がいずれも公示日から調査を始め、公示2日後の朝刊で一斉に結果予測を報道した。選挙期間中に2回目の調査を行い、終盤推計として報道するところもある。

より安価な調査としてコンピュータが合成音声で電話をかける「オートコール」という手法もあり、この調査を頻繁に行って選挙戦略に活用する政党もある。また、13年参院選では検索サイトのヤフージャパンが、インターネットのいわゆるビッグデータ分析で議席予測する試みを行っている。

（参考文献）小林良彰『計量政治学』（1985・2 成文堂）、林知己夫著作編集委員会編『林知己夫著作集（7）政治を測る―政治意識・選挙予測』（2004・11 勉誠出版）
〔川本俊三〕

▶ 肖像権（しょうぞうけん）

（語義）自分の姿を無断で撮影され、公表されることを拒否する権利をいう。近年のプライバシー意識の高まりとともに、報道現場では肖像権の取り扱いについて、より慎重な姿勢が求められている。例えば、街頭やイベント会場などの公の場所で、本人の許諾なしで撮影し、それを紙面に掲載することがどこまで認められるのか、事故・事故などの被害者を無断で撮影、公表していいのかなど、判断に迷うことが多い。

肖像権は1969年のデモ隊写真撮影事件で、「何人も承諾なしにみだりに容姿姿態を撮影されない自由を有する」と最高裁で初めて認められた（最大判昭和44年12月24日）。肖像権については法律で明文化したものは存在せず、憲法13条（個人の尊厳）の規定を根拠に導き出され、「人格権」の1つとみなされている。この点でプライバシー権とも密接に関わってくる権利である。一方で、憲法21条で保障された「表現の自由」があり、許諾なしで取材して公表することが認められるケースも多くある。「肖像権」と「報道の自由」という2つの概念をどのように調整していくのかが、大きなテーマとなっている。

（実例）イベント会場や競技場の観客席など公の場で人物を撮影し、新聞や雑誌に掲載する場合、本人の許諾が必要なのだろうか。こうした場で撮影し、報道されることは容易に予想できることから、双方の「暗黙の了解」があると考えられ、許諾を得ずに掲載する場合が多い。しかし、カップルを大写しにしたものや、たまたま滑って転んだ不名誉な姿などを無断で載せた場合、肖像権をめぐってトラブルになることがある。街頭で通勤風景などを撮る場合は、「報道」の腕章を付け、報道目的での撮影であることがわかるようにしている。

事件や事故に巻き込まれた被害者を無断で撮影した場合、それは掲載可能なのか。小学校に暴漢が乱入したり、列車が脱線事故を起こしたりするなど、社会的に関心が高いケースは許諾を得ずに掲載されてきた。例えば、2001年の大阪の池田小児童殺傷事件で、「産経新聞」の写真記者が校庭にしゃがみこんで泣く児童たちの姿を撮影し、1面で大きく報じた。この写真の掲載に賛否があったが、優れた写真報道として日本新聞協会賞を受賞している。ただ、公共性が高いと考えられる写真報道であっても、同一の写真を繰り返し掲載することには慎重にならなければならない。

社会を騒がせたオウム真理教事件や、政治家、官僚が関わる事件などの容疑者の連行写真も、公共性が高いとして掲載される場合が多い。最高裁は05年、法廷内での隠し撮り写真をめぐる「和歌山カレー事件法廷写真イラスト訴訟」で、初めて「肖像権の保護」と「報道の自由」をどのように調整すべきかの基準を示している（最判平成17年11月10日）。

参考文献　村上孝止『勝手に撮るな！肖像権がある！〔増補版〕』（2006・4　青弓社）、朝日新聞事件報道小委員会『事件の取材と報道2012』（2012・2　朝日新聞出版）

[徳山喜雄]

▶ 少年事件報道（しょうねんじけんほうどう）

語義　少年法61条は、「家庭裁判所の審判に付された少年又は少年のとき犯した罪により公訴を提起された者については、氏名、年齢、職業、住居、容ぼう等によりその者が当該事件の本人であることを推知することができるような記事又は写真を新聞紙その他の出版物に掲載してはならない。」と定める。いわゆる推知報道の禁止である。被疑者・被告人が成人の場合には、実名報道を禁じる明文の法規定はない（とはいえ、実名報道が法的に常に許されると解されているわけではない。）。これに対し少年による犯罪の場合、法律によって推知報道が禁じられており、それが表現の自由への明らかな制約であるだけに、禁止の及ぶ範囲や法的効果について活発な議論がなされている。

まず、条文は審判や訴訟の段階に至った者を推知報道禁止の対象にしているが、捜査段階の報道で人物が特定されてしまえば、その後で推知報道を禁じる意味が失われるから、この禁止は捜査段階での報道にも及ぶと解されている。国家公安委員会規則である犯罪捜査規範209条は、少年事件についての捜査当局からの発表も、当該少年を推知できないようにすることを定めている。また、条文は「出版物」への掲載を禁じているが、今日のメディア状況において推知報道禁止を出版物に限る理由はなく、テレビやラジオの放送、インターネットなどといった不特定多数に情報を伝える媒体全てが対象となると解される。

ただし、このような拡大解釈が許されるのは、この推知報道禁止が罰則規定を伴っていないからでもある。これは、表現の自由への配慮のためであり、基本的に本条は報道機関の自主的遵守に委ねられている。ただ、本条が少年に推知報道されない私法上の権利を認めるものだという解釈もあり、その場合、本条に違反する報道をした者は、不法行為上の責任を問われることになる。この解釈上の争点は、判例上の決着をみていない。

なお、1958年に日本新聞協会は、非行少年の氏名・写真などは紙面に掲載すべきでないとしつつ、「①逃走中で、放火、殺人など凶悪な累犯が明白に予想される場合、②指名手配中の犯人捜査に協力する場合、など、少年保護よりも社会的利益の擁護が強く優先する特殊な場合」には例外を認めるとする、「少年法第61条の扱いの方針」を定めている。ただ、近年、少年時の犯罪につき死刑判決が確定した者について、更生の可能性がなくなり、また死刑対象者については国民に情報が知らされるべきであるとの理由から、新聞でも実名報道がなされた例がある。

実例　少年による殺人事件について推知報道がなされ、少年側から損害賠償訴訟が起こされた事例がいくつかある。まず、長良川リンチ殺人報道事件では、18歳の少年らによる連続殺人事件につき、実名に近い仮名を用いた報道をした出版社に対して、少年側が損害賠償を求めた。控訴審判決（名古屋高判平成12年6月29日）は、少年法61条は、少年が「成長発達過程において健全に成長するための権利」を保護するものだと解し、同条に違反する推知報道は原則として不法行為となると判示した。これに対し、上告審判決（最判平成15年3月14日）では、少年法61条が禁じる推知報道か否かは「不特定多数の一般人」を基準にして判断すべきだとし、問題となった報道は本人を推知させるものではないと判断した。そのため、同条の法的意味についての判示はなされなかった。

一方、堺通り魔殺人報道事件では、19歳の少年がシンナーを吸引して幻覚状態に陥り、幼女を殺害するなどした事件について、少年の実名や顔写真入りの報道をした出版社に対し、損害賠償が求められた。控訴審判決（大阪高判平成12年2月29日）は、少年法61条は、公益目的や刑事政策的配慮に基づく規定であり、少年に実名で報道されない権利を付与するものではない、と判断した。そして、プライバシー権などの侵害も否定して、訴えを退けた。少年側は最高裁に上告したが、その後上告を

取り下げ、この判決が確定した。

参考文献 松井茂記『少年事件の実名報道は許されないのか』（2000・11　日本評論社）、平川宗信「少年推知報道と少年の権利」『田宮裕博士追悼論集（上巻）』（2001・5　信山社）、守屋克彦・斉藤豊治編『コンメンタール少年法』（2012・12　現代人文社）［毛利透］

▶ 情報格差（じょうほうかくさ）

語義　コンピュータやネットワークの利用が進む中で、こうした新しい手段を手にできない、もしくは利用法を学ぶことができない人が出ることで、人や組織、国によって利用できる情報の量や質に格差が生じること。

1990年代にインターネットが一般化する際に、アメリカの情報化を「情報スーパーハイウェイ」という言葉で推進しようとするアル・ゴア副大統領（当時）が「デジタルデバイド」という言葉を使うことで、デジタル時代の情報を持つ者と持たざる者の情報格差がもたらす問題を論点化することで注目が集まった。

日本でも2000年代になって沖縄サミット開催と前後して論議されるようになった。社会の情報化が進む中、情報の経済的社会的価値も高まってきたため、情報格差は現実的に経済格差などを生む主な要因として認識されるようになり、国連や国際会議でも頻繁に論議されている。

実例　1990年代のインターネットの普及期には、利用者は少数だったため格差は大きな問題にはなっていなかった。ゴア副大統領はむしろ、新しい手段を推進することで国内のシステムを刷新し、人種差別や教育、経済などの格差という既存の社会・経済問題を改善しようとしたと考えられる。

日本でも情報化を推進するため、2000年には高度情報通信ネットワーク社会形成基本法（IT基本法）が制定され、その後e-Japanやu-Japan戦略という名前で、地域や世代による情報格差を解消しようとする施策がなされた。また国際電気通信連合（ITU）も、先進国と開発途上国の間の格差を解消するための行動計画を打ち出している。

開発途上国ではまず情報インフラとして電話の普及が目標となるが、従来の固定電話整備の前に携帯電話などの次の世代の電話が普及する逆転現象が起きている。インターネットの利用に関しては、2005〜10年に倍増した主な要因は開発途上国であり、利用面での格差は縮まりつつある。しかし本格的なリテラシー教育はまだ遅れており、開発途上国の児童に無料でパソコンを配るOLPCなどのNGO団体の計画が注目される。

歴史的には、新しいテクノロジーが出現した際に、常に同様の格差問題が起きているが、中長期的には解消している。情報格差についてはむしろ量的な解消策より、従来からのインフラとのバランスのとれた普及策やリテラシーを高めるための教育を行うことの方が重要だろう。

参考文献 A・ゴア・ジュニアほか『情報スーパーハイウェイ―ゴア副大統領の主要論文・演説を網羅』（門馬淳子訳、1994・10　電通）、木村忠正『デジタルデバイドとは何か―コンセンサス・コミュニティをめざして』（2001・1　岩波書店）、R・W・クランドール著、情報通信総合研究所監修『テレコム産業の競争と混沌―米国通信政策、迷走の10年』（2006・7　NTT出版）
［服部桂］

▶ 情報化社会（じょうほうかしゃかい）

語義　情報化とは、各種メディアの整備・高度化を基盤として、情報の生産過程（収集、処理・加工、蓄積・発信）、伝達・流通過程、消費過程（受容、処理・加工、蓄積）といった各局面における大量化・多様化・高度化が進み、社会の諸領域における情報の比重が高まる現象、と定義できる。なお、消費過程において受容、処理・加工、蓄積された情報が発信されることもある。このように捉えられる情報化という現象が進展中の社会、あるいは一定程度進展した社会、それが情報化社会である。

実例　情報化社会は以下のように把握されるのが一般的である。第1は、近代化との関連から情報化を捉える見方である。この場合、情報化社会は近代社会の1つの特徴を指し示す概念となる。そして情報化は、近代化を構成する他の要素、すなわち工業化、都市化、大衆化、そして民主化等との関連で把握され

ることになる。この場合の情報化社会の主要な担い手は、新聞やラジオ、テレビなどのマスメディアである。マスメディアの発達と普及を中心にすえた場合、情報化の進展は国家、特に国民国家の建設や発展と関連付けられることになる。ジャーナリズムが生産するニュースにしても、国民の間での情報の共有という点が重視され、その観点から情報化や情報化社会の問題は論じられることになる。

第2は、コンピュータに代表される「ニューメディア」の開発と普及が進んだ社会を情報化社会と捉える見方である。近年のインターネットの急速な普及により、情報化社会はコンピュータ社会、さらにはインターネット社会と等置されるようになってきた。情報化社会に関しては、こうした見方の方が有力になってきた。この場合、情報化という現象や傾向は次のように把握される。それは、①コンピュータや携帯電話など、情報通信端末の開発と普及、②衛星や光ファイバーなどの通信伝送路の整備と高度化、③各種のメディア間の融合である。

また、インターネット社会としての情報化社会は、グローバリゼーションと密接な関係をもっている。グローバリゼーションとは、人、物、情報が国家の枠を超えて移動する傾向が顕著になる現象を指すが、インターネットを中心とした情報化はまさにそうした現象を加速させてきた。同時に、情報化社会では情報のハードウエアやソフトウエアを扱う情報産業が主役となる社会である。インターネット社会ではまた、マスメディア中心の時代とは異なり、一般市民による情報へのアクセスが容易になり、世論形成に直接参加する可能性が増大してきたという見方も提示されるようになった。

(参考文献) D・ベル『脱工業社会の到来（上・下）』（内田忠夫ほか訳、1975・1　ダイヤモンド社）、大石裕『地域情報化』（1992・6　世界思想社）、林雄二郎『情報化社会』（〔復刻版〕2007・7　オンブック）、大石裕『コミュニケーション研究〔第3版〕』（2011・4　慶應義塾大学出版会）　　　　　　　　〔大石裕〕

▶ **情報空白**（じょうほうくうはく）

大規模災害などの場面では通信網の不具合や不備により、情報の発信・受信が不可能に、あるいは大幅に遅れる事態が発生する。こうした事態を情報空白と呼ぶ。大規模な災害が発生した際、被災地では停電によりテレビやパソコンが使用できなくなり、また携帯電話も使用不可能となることで、被災者が被害状況を把握することができなくなる。一方災害発生直後は、甚大な被害を受けた中心地域から被害情報が発信されないことで情報の空白地域が生まれ、比較的被害の軽い周辺地域から情報を受け取ることから被害を軽く見積もってしまい、災害対策の初動対応を難しいものとすることもある。1995年の阪神・淡路大震災や、2011年の東日本大震災では、情報空白が被災者の避難行動の遅れや、救援活動の困難の要因となったことが指摘されている。(参考文献) 福田充編著『大震災とメディア―東日本大震災の教訓』（2012・4　北樹出版）　〔西田善行〕

▶ **情報源の明示**（じょうほうげんのめいじ）

(語義) 新聞やテレビが記事や番組を伝える場合に、それらが提供する情報の提供元を明らかにすること。

(影響) 政府や公的機関が情報源である場合には、一般に、その明示は情報の信頼性を高めることに役立つ。犯罪報道の場合、情報を提供するのは、通常、警察や検察であり、被疑者・被告人の側ではない。裁判の弁護方針と関係するので、早い段階で手の内を明かすことは避けるためである。そうであれば情報源を明らかにせず報道すると、被疑者や被告人が真犯人であるかのように思われることになりやすい。容疑の段階で犯人視し断罪する報道が、被疑者・被告人の名誉やプライバシーを侵害すると厳しく批判されている。情報源が捜査機関であることを明示することで、当事者の一方の情報に基づいて報道していることが示され、被疑者・被告人の人権を侵害する可能性は少しでも低減できる。

報道機関は、情報源を秘匿（ひとく）しなければならない場合も多い。取材の段階で情報源を明ら

かにしないという約束のもと、情報を提供してもらうことも一般的である。取材源の秘匿こそ、ジャーナリストの重要な職業倫理の1つでもある。裁判でジャーナリストが証言をするように求められた場合、情報源の保護に関して深刻な問題に直面する。裁判を受ける権利は憲法上保障されており、その裁判は公正でなければならないから、真実の発見のために必要な証拠は法廷に提出されなければならない。特に刑事事件の場合、刑罰権の正当な発動が争われており、真実の発見がより必要とされている。刑事訴訟法は、人の秘密を取り扱う職業名を挙げ、証言拒絶ができる旨規定している（149条）。その列挙は限定的と解されており、ジャーナリストに言及はなく、証言を拒絶できないと考えられている。しかし民事訴訟法では、「職業の秘密に関する事項について尋問を受ける場合」に証言拒絶ができると定められており（197条1項3号）、取材源の秘密もそれに該当する場合があり、実際に最高裁で証言拒絶が認められたケースも存在している（最決平成18年10月3日）。また、守秘義務が法的に課されている者を対象とした取材に基づき記事や番組を公表した場合、取材対象者が秘密漏示に、ジャーナリストがその教唆に問われることがあり得る（沖縄密約事件：最決昭和53年5月31日、「僕はパパを殺すことに決めた」事件：最決平成24年2月13日）。発表の仕方に工夫が求められるゆえんである。

(参考文献) 山川洋一郎『報道の自由』(2010・12 信山社出版) ［川岸令和］

▶ 情報公開（じょうほうこうかい）

(語　義) 情報公開とは、情報を誰もが自由に入手できるように公開の下におくこと、あるいは情報の公開を求めたものに提供することをいう。情報公開制度に基づく開示請求権の行使による公文書の公開、個別の制度による情報開示義務、情報提供、記者会見、広報、取材への応答、秘密の曝露等、情報公開は様々な形態で要求され、実施される。情報公開が要求される主体は公的機関に限らず、税金の投入や補助・出資を受けている法人・団体、公職者、公益法人や特定非営利活動法人など公共性の高い法人、社会的な責任を有する民間事業者等も含まれる。

情報公開がその存立基盤から最も要求されるのは、公的機関である。主権在民の下、公的機関の情報が公開されなければ主権者としての適切な判断ができず、主体的な関与もできない。主権者の基本的権利として、情報公開は位置付けられる。しかし、公的機関に対する情報への権利の具体的保障としては、情報公開制度の制定まで未確立であった。

情報公開制度に基づく場合、情報公開は、すでに作成・取得されている公文書の公開を指すが、広い意味では、情報公開を要求されてから情報を作成・取得して公開する場合や、口頭で説明する場合などもある。原則として情報公開は、情報を保有している側が判断して行うため、ジャーナリズムによる秘密の暴露や社会的圧力など知る権利を強く主張しなければ、公権力による情報統制を免れない。

また、公職者についてもその政治活動の透明性が特に活動資金面で求められ、選挙運動費用や政治活動資金、資産の報告・公開制度が制定されている。さらに、民間の法人・団体であっても、社会に対して強い影響を及ぼす活動、委託などによる公的役割の代行、補助・出資などによる税の投入、高い公共性を理由とした優遇措置等、社会的責任を有している。そのため、個別の法制度による一定の情報の開示義務や、理解・信頼獲得のための情報公開が求められる。

(実　例) 日本において「情報公開」が知る権利、情報公開制度とともに本格的に紹介されたのは、1970年代からである。アメリカ情報自由法が紹介され、薬害、公害、汚職事件等、政府の秘密主義に対する行き詰まりを打開するものとして、70年代後半から情報公開制度の制定を求める機運が高まった。

82年に自治体で最初の情報公開条例が制定され、以後、自治体を中心に制度化が進んだ。情報公開請求で公開された情報から、自治体における税金の無駄遣い、不正、不適切な行政運営などが明らかになり、制度を活用した調査報道なども行われるようになって、情報公開法制定の道筋がつけられた。情報公

開法は2001年4月に施行され、02年10月には独立行政法人等情報公開法も施行された。現在は、ほぼすべての自治体で情報公開制度が制定されるに至っている。しかし、国会や裁判所は内部ルールでの情報公開に留まっており、法制化はされていない。

　情報公開制度の整備、情報環境の変化などから、公的機関などに対して情報公開を求める圧力は相対的に高まり、情報提供も一定進んだ。その一方で、知りたい情報、必要とする情報が適切に公開されるとは限らず、政府にとって都合の良い情報しか公開しないなど、情報統制になっているケースもあり、情報公開による公権力の監視とともに、公権力の行う情報公開に対する監視も必要である。

　民間事業者に対しても、上場企業の財務情報の開示義務、化学物質排出把握管理促進法による化学物質排出に関する開示義務など、個別の法制で一定の開示が義務付けられている。また、消費者の権利として商品やサービスに対する適切な情報公開が求められるようになっている。

(参考文献)　井出嘉憲ほか編『講座情報公開─構造と動態』(1998・10　ぎょうせい)、松井茂記『情報公開法〔第2版〕』(2003・3　有斐閣)、北沢義博・三宅弘『情報公開法解説〔第2版〕』(2003・7　三省堂)

〔三木由希子〕

▶ **情報操作(スピン)**(じょうほうそうさ(すぴん))

(語義)　情報操作とは、政府や企業などが自分に対する肯定的なイメージを受け手にもたせるために、自己に不利な情報を意図的に隠蔽し、または逆に自己に有利な情報を誇張して流すことをいう。なお情報操作という言葉は、個人が自分の印象をよくするために行う行為も含む。

　英語のスピン(spin)も同じ意味だが、アメリカでは特に政府や軍による情報操作にスピンが使われる場合が多い。また、ジャーナリストの好意的な解釈を引き出すために雇われる政治報道の代理店や広報担当者など情報操作の専門家を、スピンドクターと呼ぶ。

(実例)　政府による情報操作が最も問題視されるのは、戦争報道においてである。スピンクターの元祖とされるエドワード・バーネーズは、1953年に中米グアテマラに誕生した急進的なアルベンス政権の転覆を試みたCIAのPBSUCCESS作戦の一翼を担い、アメリカの世論を動かすためにアルベンス政権に対するネガティブキャンペーンを指揮した。

　1992年から95年まで続いたボスニア紛争において、ボスニア・ヘルツェゴビナの外相シライジッチが、敵国であるセルビアのネガティブなイメージを強調し、国際世論を動かす情報操作をアメリカの大手PR会社ルーダー・フィン社に依頼した。同社は、「民族浄化(ethnic cleansing)」という言葉をキャッチコピーとして、セルビアが他民族の虐殺行為を行っているとのキャンペーンを展開した。このキャンペーンは、アメリカ政府の外交政策や国連におけるボスニア・ヘルツェゴビナの立場を有利に導いた。

(参考文献)　川上和久『情報操作のトリック─その歴史と方法』(1994・5　講談社)、高木徹『ドキュメント戦争広告代理店─情報操作とボスニア紛争』(2005・6　講談社)

〔藤田真文〕

▶ **情報倫理**(じょうほうりんり)

(語義)　広くは情報ツールの利用者に求められる倫理(Ethics)を指す。ただし情報通信技術(ICT)社会においては、情報倫理が情報通信技術の倫理問題とほとんど同義となり、さらにそれはコンピュータ倫理あるいはインターネット倫理の問題といえる状況になっている。情報の収集、蓄積、利用、発信といった日常的な情報行動(コミュニケーション行為)に、インターネットや移動電話(携帯電話やスマートフォン)を利用することが一般化したためである。

　その結果、ネットメディアの特性として挙げられる、円滑性、容易性、迅速性、拡大性、双方向性、匿名性に応じて必要とされるモラル(道徳)を指して、情報倫理の問題とされることが多い。ただし、似た概念としてはマナーやエチケット、ルールや規範もあり、その境界線ははっきりしたものでない。電話をかけるという行為も、家の中では何の問題もないが、車の運転中は法で禁止された社会ルー

ルであり、電車の中での禁止は鉄道会社からのお願い事（緩やかな社会ルール）でありマナーである。さらにはレストランなどの公共の場において大音量で会話することは、マナー（エチケット）違反と多くの者が認識しているといえるだろう。これらは広い意味の情報倫理の問題である。

バーチャル社会（ネット社会）においてはリアル社会と同様に、表現者としてのモラルが求められるうえに、特性に応じた他者の権利侵害や迷惑行為への対処が求められると考えられてきている。プライバシー権、著作権、肖像権、パブリシティ権といった広義の人格権侵害といった違法行為が、罪の意識もなく行われることの問題である。それはリアル社会に比して、精神的な歯止めがないまま簡単かつ気軽にコピーができたり、匿名性とともに相手の顔が見えないだけに容赦ない罵詈雑言を浴びせかけたりする行為に繋がることになる。さらには、個人情報の瞬時の拡散と、いったんネット上に発せられた情報は事実上回収不能であることに伴う問題の深刻化である。あるいは、ソフトウエアエンジニアなどの情報処理技術者における義務や責任も、情報倫理の問題として扱われることになる。

(実例) インターネット草創期においては、回線の負荷を軽くするため電子メールには容量の大きな画像などの添付はしないなどの「決まり事」があった。その後、チェーンメールやスパムメールといった迷惑メールが問題となり、迷惑メール防止法といった法を含めた対処がなされた。さらに、匿名性を利用した2ちゃんねるなどの電子掲示板への誹謗中傷の書込みが問題となり、ネット上の法規制や倫理の必要性が強く求められるようになった。また、少年事件の加害少年の写真や実名といった特定情報が、ネット上で拡散することも日常茶飯事となった。プロバイダに発信元情報開示や削除の義務を課したプロバイダ責任制限法が制定されたのも、その対処の1つである。あるいは「炎上」と称される、ブログなどの発言がもとで、ネット上で集中砲火を浴びることも、いわばネット文化の1つとして受け入れられ当然視されてきた。

そして2010年代に入り、ツイッターやフェイスブックさらにはLINEといったSNSの発達により、1対多の通信が一般化し、また使い手も携帯電話から気軽に誰もがネット上に情報発信をできる時代を迎え、さらなる大きな社会問題を引き起こしつつある。バカッターと称される、自己の悪ふざけをネット上に気軽に投稿することで大きな社会的関心事となった本人や、事件事故の当事者の個人情報が、不特定多数の詮索によってネット上に暴露され、大きな社会的制裁を加えられる事例が続出している。

(参考文献) 村田潔編『情報倫理』（2004・12　有斐閣）、越智貢ほか編著『情報倫理学』（2000・7　ナカニシヤ出版）　　　　　　　　　　　　　　　　［山田健太］

▶昭和天皇「崩御」報道
（しょうわてんのう「ほうぎょ」ほうどう）

(語義) 1989年1月7日の昭和天皇死去をめぐる一連の報道を指す。「崩御」は天皇などの死去を敬っていう言葉で、天皇君主制の戦前を踏襲して使うかどうかが論議されたが、ほとんどの新聞が使用した。朝日新聞の場合、号外と同日付夕刊1面トップの見出しは「天皇陛下崩御」。夕刊は16ページのうちテレビ・ラジオ面を除く15ページが天皇関連記事だった。翌8日付朝刊も32ページ中およそ22ページが天皇関連で、「追悼広告」も並んだ。

テレビ・ラジオも7日、8日はCMなしで天皇の追悼、回顧番組を放映し、週刊誌の増刊号は完売に近かった。新聞、放送、出版各社は「Xデー」に備えて大量の予定稿を用意していた。ただ横並びで同じような報道が続いたため、両日のテレビの総世帯視聴率は通常より6〜10ポイント低く、レンタルビデオ店に客が押し寄せた。

(背景) 死去に先立ち、昭和天皇の腸の重病は朝日新聞が1988年9月19日付朝刊でスクープし、これ以後、各社は体温、脈拍、下血量、輸血量などを連日報じた。異変の速報のため、皇居などに「張り番」の記者を配置した。一方、テレビのバラエティ番組のほか、横綱千代の富士の優勝祝賀会、中日ドラゴンズの優勝記念大安売り、東京・神田の「古本

まつり」、長崎の「くんち」が相次いで中止され、展示会や運動会などの「自粛」の動きが全国に広がった。門松も遠慮、年賀状も大量に売れ残る正月を迎えての「Xデー」だった。死去当日、東京ディズニーランドには、いつもと同数の来園者があったという。

参考文献 亀井淳『皇室報道の読み方』（1990・10　岩波書店）、『知恵蔵1999』別冊付録『朝日新聞で読む20世紀』（1999・1　朝日新聞社）　　　　　　　［竹田昌弘］

▶ 職能団体（しょくのうだんたい）

語義　特定の職業や職務上に必要とされる知識や技能、専門的資格をもつ個人によって構成された団体。医師や法律家など公共性、倫理性の強いプロフェッション（専門職）は、パブリックサービスを提供するために、専門教育、免許、行動基準等の制度規定をもち、その組織を維持する上での社会的責任と高い倫理性が求められる。国家試験や明文化された罰則規定をもつ医師や法律家と異なり、ジャーナリストは言論の独立と自由の関わりから、そうした制度規定とは異なる様式をもつ。

実例　ジャーナリズムという職業は営利の追求ではなくパブリックサービスを根幹とするプロフェッションとして職能上のルールや技術を作ってきた。アメリカでは新聞紙面における取材源の明記やニュース（news）と論説（views）の違いがわかるようなレイアウト、署名論説などの技法など、読者を意識したスタイルが開発されてきた。そして大学での専門教育制度やジャーナリストの質向上のための行動規範となる倫理綱領の構築へとプロフェッション制度を進めてきた。

日本では松本君平が『新聞学』（1899年）で、新聞記者（ジャーナリズムの職業観）を自由な言論によって議論を行う「社会の公人」として捉えていた。そうした記者の職責と人格的権威を守るためには「記者組合組織」が必要であることを大庭柯公が提唱した（『中央公論』1919年2月号）。1927年11月、職能団体的性格と労働組合的性格を併せもち、市民的自由の要求と報道の反動化に対する闘いを綱領に含んだ「東京記者連盟」が生まれたが、各社の経営者や権力からの圧力、大手紙の記者の集団脱会などが相次ぎ、分散化の道をたどった。結局、ジャーナリストの職業的組織が形成されることはなく、相互に友情親睦を深めるものがあるだけだと西島芳二（1931）は指摘した。それでも31年に在京記者クラブを横に結んだ「新聞通信記者会総聯盟」などが結成され、記者クラブが記者の身分保障要求の決議をして生活擁護に取り組むなど、ジャーナリストの拠り所となった。

戦後の日本では企業ごとに組織される「企業別労働組合」が主流となり、その上部団体の産業別連合体（新聞労連、民放労連、出版労連等）に加盟するかたちをとっている。55年2月、企業の枠を超えたジャーナリストの職能的連帯を求めて日本ジャーナリスト会議（JCJ：初代議長・吉野源三郎）が結成され、会員は2013年現在約800人前後で推移している。新井直之（1979）によると、日本のジャーナリズム産業の労働運動が、「報道内容に対する自省とその理想型の追求とを重要な活動方針とし」たのは「人間の精神と生命の将来にかかわることを労働内容とする」からである。

参考文献 西島芳二「ヂャーナリストの生活及労働条件」『綜合ヂャーナリズム講座 XII』（1931・11　内外社）、新井直之『ジャーナリズム―いま何が問われているか』（1979・2　東洋経済新報社）、新聞労連編『新聞労働運動の歴史』（1980・8　大月書店）、別府三奈子『ジャーナリズムの起源』（2006・2　世界思想社）
　　　　　　　　　　　　　　　　　　［柳澤伸司］

▶ 女性雑誌（じょせいざっし）

女性の読者に向けて刊行される雑誌の総称で、「女学雑誌」（1885〜1904）が日本初とされる。戦前の「主婦之友（戦後・主婦の友）」（1917〜2008）など既婚者向け実用誌、「婦人公論」（1916〜）など教養誌、戦後の「女性自身」（1958〜）など女性週刊誌、1970年代からの「an・an」（1970〜）、「non・no」（1971〜）などファッション誌、80年代からの「オレンジページ」（1985〜）など生活情報誌が、特筆される。ファッション、家事、子育てといった「女性特有」とされる領域のジャンルにセグメントする方略は、規範としての女性（ジェ

ンダー）の意味を生成している。同時に、ジャンルは増加の一途をたどっており、いま・ここに存在している女性たちの意味は多様化している。女性雑誌は常に「女性とは何か」を問うているといえるだろう。(参考文献) 井上輝子・女性雑誌研究会『女性雑誌を解読する』(1989・9　垣内出版)、浜崎廣『女性誌の源流―女の雑誌、かく生まれ、かく競い、かく死せり』(2004・4　出版ニュース社)、木村涼子『〈主婦〉の誕生―婦人雑誌と女性たちの近代』(2010・8　吉川弘文館)、岡田章子『「女学雑誌」と欧化』(2013・2　森話社)　　[諸橋泰樹]

▶書店 (しょてん)

(語 義) 一般には出版物の小売店で、本屋とほぼ同義。ただし近世から近代初期までの出版産業においては、編集製作と流通が明確に分かれておらず、出版、卸、小売を一手に担うもの、いずれかの組み合わせを事業とするもの、古本や貸本を含むもの等を、いずれも本屋と称した。

のち、雑誌や初等教科書に代表される近代の出版システムとともに分業化、一元化が進み、戦時の配給統制を完成形として、書籍と雑誌を販売する現在の小売店が成立した。海外のbookstoreは書籍店であり、雑誌は原則として扱わない。

(実 例) 日本の出版流通は、出版取次を経て書店で販売されるルートが約7割と主流をなしてきた。人口比から見た数の多さや店舗の立地、構成にも特徴があり、出版産業自体が書店に依拠して拡大を図ってきたといえる。

書店のタイプとしては、紀伊國屋書店や丸善、三省堂書店のような大手ナショナルチェーンと、各地方都市に戦前から続く中核的な老舗書店（複数の店舗をもつ場合が多い）、中小書店に大別される。中小書店のほとんどは個人経営であったが、1970年代から80年代にかけて、米国式の郊外型チェーン書店を展開するものが現れ、TSUTAYA、ヴィレッジヴァンガードなど、DVD・CDや雑貨を複合した新興チェーンやブックオフのような新古書店も加わって、ことに地方の書店地図を大きく変貌させた。また、90年代後半からはインターネットによる書店が登場し、アマゾンのような外資、IT企業など、従来とは異なるプレイヤーが出版流通に参入している。さらには電子書籍を販売する電子書店も含め、「書店」はかつてのように、様々な業態、もしくは形式から本を商うものとして、再編成されつつある。

(参考文献) 尾崎秀樹・宗武朝子編『日本の書店百年―明治・大正・昭和の出版販売小史』(1991・7　青英舎)、柴野京子『書棚と平台―出版流通というメディア』(2009・8　弘文堂)　　[柴野京子]

▶署名記事 (しょめいきじ)

(語 義) 新聞社や通信社、週刊誌の記事に、執筆した記者の氏名を付けたものをいう。欧米メディアでは当たり前だが、日本のメディアでは従来、特派員の記事や目玉ルポなどを除き無署名が一般的だった。署名記事が増え始めたのは、記事の信頼性や公平性に厳しい目が注がれるようになった1990年代以降だ。記事を書いた記者に責任と自覚をもたせる意味合いが大きいが、特定の専門分野に詳しい記者や筆力に優れた記者らを看板記者としてアピールできる側面もある。

(実 例) 日本では十勝毎日新聞（本社・帯広市）が1995年10月からベタ記事やグループ取材などを除き、原則署名化に踏み切り、注目された。また、全国紙では毎日新聞が96年4月、原則署名化を打ち出したほか、朝日新聞も署名化に積極的である。「顔の見える新聞」を標榜する毎日新聞は「作り手と受け手を近づけ、親しみのもてる新聞作り」を署名化の理由の1つに挙げている。同社は例外として「警察、司法、政治等の記事で記者に危害が及ぶ場合」、「記者名から取材源が推測できる場合」などを挙げている。

署名記事が増えてきた背景には、戦後、日本の新聞界で常識となってきた「客観報道原則」への疑問や不満がある。日本では第二次世界大戦当時、政府の宣伝機関と化した新聞の過ちを踏まえ、連合国軍総司令部（GHQ）が戦後、「ニュースは厳格に真実に基づかなければならない」とするプレスコードを通告、加えて各新聞社自らも客観報道を推し進めてきた。だが、行政機関などの発表情報を元に

記事化する中で情報操作に踊らされるとの懸念が生じたり、客観報道主義が論評にまで及び、記者が自らの意見を十分主張できないとの不満が上がるなどしたことが大きい。署名記事の多用化を受け、記事の信頼性が増した、読者からの感想や意見が記者あてに届き双方の交流が深まった―などの効果を生んだ。記者の署名から情報源が発覚してしまう危険も指摘されている

参考文献 天野勝文・生田真司『新版 現場からみた新聞学―取材・報道を中心に』(2002・4 学文社)

[高橋弘司]

▶ 知る権利（自由）(しるけんり（じゆう）)

語義 政府により知ることを妨げられない権利、また政府に対して情報を開示するよう請求する権利。表現の自由は、自由で民主的な政治体制にあって最も重要な権利の1つである。しかし自由な表現のためには、表現すべきことが既に形成されていなければならないから、情報の入手が表現活動の前提となる。情報を受けかつ求める自由と無関係に表現の自由を効果的に構想することは困難である。人間の精神活動の帰結としての自由な表現こそが、憲法の保障の対象と理解できる。

まず知る自由であるが、情報の取得を公権力によって妨害されない権利である。さらに広義では、情報取得権としての取材の自由を含めて考えることもできる。また個人であれ団体であれ、賢明な判断のためには情報がなくてはならない。ましてや国民主権原理の採用は、国民が実際に主権者であるべくその判断に資するよう自由な情報の流通を必要とする。情報の自由なくして主権的意思決定は画餅にすぎないからである。そうした観点から、国民の知る権利論が唱えられることになる。デモクラシーのマス化・資本主義経済の展開・社会の複雑化等により、情報の偏在が認識され、国民主権の実現がそれだけ一層困難と考えられる状況であるからこそ、マスメディアによる適切な情報発信を通じて社会に情報を浸透させることが重要と考えられるようになった。マスメディアに報道の自由・取材の自由を保障することで、社会に情報が広く流通する状態を生みだし、個人の賢明な意思決定や国民主権原理の実効化がもたらされるとされる。報道機関の主たる目的が国民の知る権利への奉仕であると主張される所以である。

しかし知る権利の中核は、より積極的に、人々が必要とする情報を政府に対して請求する権利にある。国家の果たすべき役割が拡大した積極国家・福祉国家の現状のもとでは、政府の処理すべき事務量は飛躍的に増加しており、特に行政部門が巨大化するに至っている。その結果、各種の情報が政府、特に行政部門に集積している。その情報を利用できれば表現活動も大いに実質化する。また国民主権原理の下で市民の政治過程への有意味な参加が可能となろう。ただこの積極的側面の表現の自由は、そのままでは裁判所で救済される権利とは一般に理解されていない。この憲法上の権利を具体化する法制度が必要であるとされている。しかし、憲法上の抽象的な権利を具体化する何らかの制度が一旦できれば、裁判所は制定法の不備を憲法解釈によって補うことができると理解されている。日本では、1999年5月にようやく情報公開法が成立したが（2001年4月施行)、この法律は知る権利を具体化したものとしてではなく、国民主権の理念から政府が国民に対して説明責任を負うという基本構造を採用している。

実例 まず知る自由に関して、「表現の自由は他者への伝達を前提とするのであつて、読み、聴きそして見る自由を抜きにした表現の自由は無意味となる」とする反対意見が述べられたことがあり（悪徳の栄え事件：最大判昭和44年10月15日）、また、最高裁は、新聞などの閲読の自由の憲法上の保障は思想・良心の自由や表現の自由からの派生として認められるとし（よど号記事抹消事件：最大判昭和58年6月22日)、さらにメモを取る行為も表現の自由の保障の精神に照らして尊重されるとする（法廷メモ事件：最大判平成元年3月8日)。さらに最高裁は、「報道機関の報道は、民主主義社会において、国民が国政に関与するにつき、重要な判断の資料を提供し、国民の『知る権利』に奉仕するものである」と承認している（博多駅

テレビフィルム提出命令事件：最大決昭和44年11月26日、外務省機密漏洩事件：最判昭和53年5月31日)。また、情報公開法については、知る権利の記入や裁判所によるインカメラ審理の導入などの改正論議があり、特に国家秘密や公安情報（5条3・4号）につき、行政機関の長の第一次判断権を尊重し、その判断内容が合理性を有する判断として許容限度内にあるかどうかを裁判所が審理・判断する構造をとっており、その開示に限界がある。

参考文献 奥平康弘『知る権利』(1979・3 岩波書店)、奥平康弘『なぜ「表現の自由」か』(1988・3 東京大学出版会)、佐藤幸治『現代国家と司法権』(1988・3 有斐閣)、芦部信喜『人権と議会政』(1996・6 有斐閣)、松井茂記『情報公開法〔第2版〕』(2003・3 有斐閣)、宇賀克也『新・情報公開法の逐条解説〔第5版〕』(2010・8 有斐閣) 〔川岸令和〕

▶ 人格権（じんかくけん）

語義 生命、身体、自由、名誉その他、人の人格に本質的なものの総体を権利として捉えたもの。明文の規定はないが、「人格権」という概念を認めてこれに一定の法的保護を認めるのが判例・通説である。ジャーナリズムが関わる領域においては、名誉権、プライバシー権、肖像権が「人格権」と捉えられ、これらの権利と取材・報道の自由との利益の調整が問題とされる。

実例 具体的にいかなる利益が「人格権」として認められるかについては争いがある。最高裁は、名誉・プライバシー・肖像のうち、前二者については人格権としての保護を認めているが（北方ジャーナル事件：最大判昭和61年6月11日、石に泳ぐ魚事件：最判平成14年9月24日）、肖像については未だ認めた例がない。

人格権については、私法上、これを侵害する行為に対し、不法行為責任（民法709条以下）を追及できるほか、その侵害行為の差止を求めることができるとするのが判例・通説である。したがって、取材・報道によって人格権を侵害された者は、取材行為の差止や、新聞、雑誌、書籍などの出版の差止を求めることができる。

ただし、人格権も表現の自由との調整を免れないため、現実に差止が認められる例はかなり限定される。

具体的にいかなる場合に差止が認められるかについては種々の見解がある。最高裁は、「公務員または公職選挙の候補者」に対する名誉毀損の事例につき、事前差止は原則として許されないとしつつも、「その表現内容が真実でなく、又はそれが専ら公益を図る目的のものでないことが明白であって、かつ、被害者が重大にして著しく回復困難な損害を被る虞があるとき」には例外的に許されるとした（前記、最大判昭和61年6月11日）。他方最高裁は、その他の者に対する名誉毀損の場合やプライバシー侵害の場合については、いかなる場合に差止を認めるかにつき要件を明示することはしていない。

参考文献 五十嵐清『人格権法概説』(2003・12 有斐閣) 〔佃克彦〕

▶ 人権擁護法案・人権救済法案
（じんけんようごほうあん・じんけんきゅうさいほうあん）

語義 2002年3月8日に小泉純一郎内閣において閣議決定され、同日第154国会に上程され（閣法第56号）、3度の継続審議を経て、03年10月10日の衆議院の解散（第157国会）によって廃案となった、人権侵害の類型とそれに対する救済制度を定めた法律案。この法案は、人権侵害の救済・予防の制度を定め、また人権尊重の理念を普及させることで、人権が尊重される社会の実現に寄与するために提案された。その内容は、人権侵害を一般的に禁止し、人権救済機関として「人権委員会」を設置、それによる人権救済手続を定めるものであった。

日本国憲法は基本的人権の尊重を重要な基本原理としており、その中でも平等を最も重要な権利の1つとして規定している。最高裁は、禁止される差別の理由は憲法が掲げる5事項に限定されないと解釈している。だが、憲法規範は一義的には公権力を拘束すると理解されており、私人間での人権侵害を禁止するには法律や公序良俗違反などの事情が必要とされている。現時点では、雇用関係などで差別禁止の限定的な個別法が存在するだけで

ある。その意味でこの法案は、一般的な差別禁止を法定し、その違反に対し救済制度を整備しようとするものであり、日本の人権擁護の歴史において画期的な意味をもつ。

影響 本法案では、公権力との関係では対象が公務員などによる差別的取扱いや虐待の禁止に限定されており、人権本来の関心事である公権力の濫用に対する効果的な抑制策を提供できていなかった。さらに、本法案は、メディアによる名誉毀損やプライバシー侵害、過剰取材といった人権侵害を独立した範疇として設定し、より強制力のある特別救済手続の対象としていた。この点で、本法案は個人情報保護法と並んでメディア規制を狙うものとして激しい非難を招いた。実際、個人権救済制度をもつ諸国では、メディアによる人権侵害は独自の制度で対応しており、本法案のような仕組みは世界でも類を見ないものである。ただし人権救済制度の整備が不要というわけではなく、より吟味された実効性のある制度構築に向けた議論の再興が望まれる。

参考文献 山崎公士『国内人権機関の意義と役割』（2012・9　三省堂）　　　　［川岸令和］

▶ 真実性・真実相当性
（しんじつせい・しんじつそうとうせい）

語義 名誉毀損事件において、名誉毀損をしたとされる側が違法性や責任などの阻却を求めて主張立証する要件の1つ。

実例 民事法上の名誉毀損事件で判例は、「その行為が公共の利害に関する事実に係りもっぱら公益を図る目的に出た場合には、摘示された事実が真実であることが証明されたときには、右行為には違法性がなく、不法行為は成立しないものと解するのが相当であり、もし、右事実が真実であることが証明されなくても、その行為者においてその事実を真実と信ずるについて相当の理由があるときには、右行為には故意もしくは過失がなく、結局、不法行為は成立しないものと解するのが相当である」とする（最判昭和41年6月23日）。このうち、「摘示された事実が真実であることが証明されたとき」とあるのが真実性の要件であり、「その行為者においてその事実を真実と信ずるについて相当の理由があるとき」というのが真実相当性の要件である。

刑法上の名誉毀損でも、上記の民事法上の議論とほぼ同様の法理が妥当する。刑法の場合、刑法230条の2第1項が「真実であることの証明があったときは、これを罰しない」とし、真実性の要件を明文で定めている。また、最大判昭和44年6月25日は「たとい刑法230条ノ2第1項にいう事実が真実であることの証明がない場合でも、行為者がその事実を真実であると誤信し、その誤信したことについて、確実な資料、根拠に照らし相当の理由があるときは、犯罪の故意がなく、名誉毀損の罪は成立しないものと解するのが相当である」とし、解釈上、民事法とほぼ同様の真実相当性の要件を設けている。

参考文献 佃克彦『名誉毀損の法律実務〔第2版〕』（2008・10　弘文堂）　　　　　［佃克彦］

▶ 新書（しんしょ）

1938年岩波新書が創刊され、現在に至る新書版が登場した。新書の判型は、通常は縦173ミリ、横105ミリの並製である。幅広い教養書、現代社会への問題提起や社会事象の解説が、出版物の特徴である。岩波新書創刊の背景には、日中戦争の拡大によって、戦時体制に突き進む国内情勢とアジアへの侵略に向かう軍国主義への抵抗があった。戦後は岩波新書、中公新書、講談社現代新書が教養新書の御三家と呼ばれ、カッパブックスなどの実用新書とともに世代を超えて読まれた。90年代から各社の創刊が相次ぎ、新書戦争といわれたが、21世紀に入ると新刊書のほとんどが新書という呈をなし、今や単なる廉価本となっている。**参考文献** 鹿野政直『岩波新書の歴史』（2006・5　岩波書店）、川上隆志『編集者』（2006・9　千倉書房）　　　　　　　　　　［川上隆志］

▶ 信条の自由→思想・信条の自由

▶ 新聞（しんぶん）

語義 新聞とは、時事的なニュースや評論・解説を広く伝える定期刊行物のことであ

る。ニュースや情報そのものを指して「新聞」と呼ばれることもあったが、一般的には「新聞紙」のことを指す。世界最古の日刊新聞は1650年にドイツで発行されたライプチガー・ツァイトゥングだ。日本最初の新聞は、1862年の官板バタビヤ新聞だが、現在のような体裁をもつ日刊紙としては70年発刊の横浜毎日新聞が最初である。新聞に求められる主な役割とは民主主義を守ることであり、国民の「知る権利」を行使することである。

実例 現代の新聞の発行間隔は、日刊、週刊、旬刊、月刊等であり、一般紙は日刊がほとんどである。一般の新聞の扱う内容は、社会全般の事象だが、このほか、経済・スポーツなど特定の分野や業界を中心に扱うスポーツ紙や専門紙、英字紙やこども新聞などもある。一般紙は対象地域や発行規模別に、全国紙、ブロック紙、地方紙、県紙、郷土紙等に分けられる。全国紙は日本全域を配布エリアとする新聞である。地方紙は発行所在地が地方の都市にあり、配布エリアが特定地方に限定される新聞のことをいう。ブロック紙は単一の県域を越えた広い配布エリアをもつ新聞である。県紙は1つの県域内が配布対象エリアであり、郷土紙はさらにそれより狭いエリアで普及する新聞を指す。これらの新聞の刊行形態による区別としては、セット紙（朝夕刊を発行）、朝刊単独紙、夕刊単独紙という分け方がなされている。欧米の新聞の中には、平日の朝夕刊とは別編集で日曜版を発行している社もある。日曜版は折込広告を含め100ページを超える場合もある。

世界新聞・ニュース発行者協会（WAN-IFRA）の「ワールド・プレス・トレンド 2013年版」によれば、12年の日本の新聞の総発行部数（有料紙と無料紙の合計）は、4786万2000部であり、中国、インドに次ぐ新聞発行部数である。しかし、09年の部数は5043万7000部で、経年で見ると減少している。

アメリカでは、インターネットの急速な普及による情報環境の変化を受けながら、新聞本紙の広告収入激減などにより、新聞社の経営環境が悪化。地方紙を中心に休刊が相次いだ。その中で、NPOの報道組織・プロパブリカなど、新しいニュースの担い手が登場している。一方、新聞の休刊した地域では、取材や報道がなされない「空白域」が発生し、権力に対する監視の目がなくなったことで不祥事も発生。取材・報道の必要性があらためて見直されている。

日本では、近年、情報環境の変化を受け紙での発行に加え有料の電子新聞も刊行されている。新聞の情報は、紙の新聞だけでなく、ウェブサイトでも発信されるようなった。2000年代後半に入ると、パソコンでの有料ニュースサービス開始の動きが顕著になる。同時に、インターネット上の情報は「無料」であるとの常識をあらためる動きが出てくる。

2010年3月には日本経済新聞社が有料電子版「日本経済新聞電子版（WEB刊）」を創刊。これを契機に新聞電子版創刊が相次ぐ。電子新聞サービスは、紙面のイメージをそのままウェブ上で見られるようにしているものや、電子新聞独自のコンテンツ（記事や情報）を含む電子サービスを提供しているものなど多様である。10年代に入るとインターネットやモバイルサイトの発展に加えて、スマートフォンやタブレット端末の急速な普及に伴い、新聞社でも多様なデバイスに情報の配信を開始する動きが出てくる。併せて、新聞社のソーシャル・ネットワーキング・サービス（SNS）活用も進んでいる。

参考文献 木下直之・吉見俊哉編『ニュースの誕生——かわら版と新聞錦絵の情報世界』（1999・11 東京大学出版会）、春原昭彦『日本新聞通史』（2003・5 新泉社）、藤竹暁編著『図説 日本のメディア』（2012・9 NHK出版）、電通総研編『情報メディア白書2013』（2013・2 ダイヤモンド社） ［林恭一］

▶ **新聞紙法**（しんぶんしほう）

1909年5月6日に公布・施行された言論統制法。これによりそれまでの新聞紙条例は廃止された。全45条から成り、編集の責任を負う者の範囲の拡大、新聞に対する保証金の倍増、掲載記事の錯誤に対する正誤・弁駁書掲載の義務、1897年の新聞紙条例改正で廃止された内務大臣による発売禁止などの行政処分の復活、陸軍大臣・海軍大臣及び外務大臣

が軍事や外交に関する事項の制限や禁止を命令する権限を含む。処罰に該当する事項として安寧秩序・風俗壊乱、皇室の冒涜(ぼうとく)、政体改変、朝憲紊乱(びんらん)が明示され、違反者には禁固を含む刑罰を定めた。社会主義的反権力言論の取締りを図る政府と企業化する新聞社側の妥協により、新聞に対し厳しい内容に改悪されたこの法の下で検閲が実施され、以後何度も改正が議論されながら、1945年9月24日の占領軍による措置で事実上失効するまで日本帝国内の新聞言論を縛った。法文は最終的に49年5月に廃止された。 参考文献 内川芳美『マス・メディア法政策史研究』(1989・6　有斐閣)

[土屋礼子]

▶新聞社（新聞産業）
（しんぶんしゃ（しんぶんさんぎょう））

語義　日本の新聞社は1990年頃まで、安定した広告収入と販売収入によって経営の独立性を担保してきたが、近年、広告収入が激減している。新聞各社は経費削減に取り組んでいるほか、有料の電子サービスなど新たな収入源を模索している。

2012年度の日本の新聞社の収支構成比率を見ると、販売収入が59.6％、広告収入が23.4％、その他営業収入が15.5％である（日本新聞協会調べ。以下、同）。一方、広告収入が8割を占めるアメリカでは、08年のリーマンショックを機に、多くの社が人員削減したものの、多数の新聞を発行するトリビューン社など経営破綻した社もある。新聞が消えた街では、選挙の投票率が低下するなど住民の地方政治への関心が下がったことも報告されている。

日本の戸別配達率の高さや広告への依存度の低さから、アメリカほど危機的状況には陥らないとの見方もある。しかし、このまま何も解決策を見出せず、アメリカのように人員削減を繰り返した場合、調査報道や事実に基づく客観報道を続けられるだろうか。従来の新聞社のビジネスモデルを見直す過渡期を迎えているといえる。

実例　日本の新聞の発行部数は、1997年をピークに減少傾向が続き、この10年間で約542万部減少した。夕刊の廃止や若者の新聞離れなどにより、2008年には世帯普及率が0.98部と初めて1.00を切った。最近では、沖縄タイムス、琉球新報、秋田魁(さきがけ)新報、南日本新聞、北日本新聞、岩手日報等の地方紙が夕刊を廃止している。また、岡山日日新聞や茨城県南部を発行エリアとする常陽新聞など休刊・廃刊した新聞もある（常陽はその後再創刊）。ただし、12年の総発行部数は4778万部、戸別配達率が95％とこれほど総発行部数が多く、高い普及率を誇る国は世界でも日本だけである。

新聞広告費は、2000年にピークを迎えた（電通調べ。以下、同）。リーマンショックで打撃を受け、09年には6739億円となり、ピーク時の54％となった。同年にはインターネットに初めて広告費を抜かれた。メディアが多様化する中で、マス広告からインターネットを使ったターゲット広告へ社会構造が変化しているといえる。

広告収入の激減などを受け、08年に朝日新聞が、09年には日本経済新聞が決算公表以来初めて赤字を計上した。このため、全国紙、ブロック紙、地方紙を問わず、経費削減や安定輸送のため、印刷の受委託や相互印刷を進めるケースが相次いだ。例えば新潟日報は朝日新聞、読売新聞、毎日新聞の印刷を受託している。加えて、中国新聞と山陽新聞のように隣接する地方紙同士、朝日新聞と読売新聞といった全国紙同士が一部の地域で記事交換や相互配信をする事例も出てきた。毎日新聞が共同通信に加盟し、地方紙から記事提供を受けるようになった。

経費削減だけでなく、新聞各社は新たな収入源として、有料の電子新聞サービスを相次いで開始している。日本経済新聞が10年に有料の日経電子版を開始、13年8月現在の会員数は31万人に上る。このほか、朝日新聞デジタル、読売プレミアム、中日新聞プラス、西日本新聞経済電子版等、電子新聞・有料デジタルサービスが始まったものの、激減する広告収入を補うまでには至っていない。

参考文献 アレックス・S・ジョーンズ『新聞が消える』(古賀林幸訳、2010・4　朝日新聞出版)、鈴木伸元『新聞消滅大国アメリカ』(2010・5　幻冬舎)、山田健太

『ジャーナリズムの行方』(2011・8　三省堂) [林恭一]

▶ **新聞縮刷版** (しんぶんしゅくさつばん)

　新聞紙面を1か月分、実物の4分の1程度に縮小して収録している冊子をいう。読みやすいように日付や分野、課題などの索引付きが一般的である。ページ数は日々の紙面と同様に変動するが、全国紙の場合、多い月には1800ページを超える分厚さになる。新聞は締め切り時間で複数の版に分かれており、縮刷版には最終版が使われる。新聞の特質は、毎日、新しい記事を掲載することだ。1日経てば「旧聞」として価値は下落するが、歴史の1ページを新たに刻んだ証拠でもある。縮刷版という1か月刻みの「現代史」を通観すると、日々の小さな変化から時代の潮流が浮かび上がるなど、新たな発見がある。新聞の特質である連続性、記録性がもたらす資料価値である。半永久的な保存・閲覧を可能とするため、紙面のマイクロフィルム化が進む一方で、検索機能などが縮刷版より優れているデータベースでの紙面や記事の提供も行われている。
[菅沼堅吾]

▶ **新聞小説** (しんぶんしょうせつ)

　新聞に連載される小説は、イギリスやアメリカではあまり発展しなかったが、フランスでは19世紀にバルザックが新聞小説作家として収入を得、アレクサンドル・デュマ「モンテ・クリスト伯」などの作品が好評を博した。日本ではほぼすべての日刊紙が小説を毎日掲載し、それが本として刊行される慣習が1世紀以上続き、大衆文芸の重要な場となっている。新聞小説の起源は、明治初期の小新聞に掲載された続き物で、市政の事件や花柳界のゴシップを種とした実録風の読み物に挿絵を入れたもの。1875年11月、平仮名絵入新聞に掲載された「岩田八十八(やそはち)の話」が最初とされる。戯作の伝統を継ぐ続き物は、絵草紙の読者層を小新聞に引き入れる呼び物となり、新聞の大衆化に貢献した。87年以降は、大新聞も文芸作品として小説を連載し購読者の拡大を図るようになり、尾崎紅葉、夏目漱石をはじめ、吉川英治、山岡荘八、井上靖、有吉佐和子など多数の作家が作品を連載している。(参考文献) 高木健夫『新聞小説史』(1974-81　国書刊行会)、本田康雄『新聞小説の誕生』(1998・11　平凡社)
[土屋礼子]

▶ **新聞整理** (しんぶんせいり)

(語義) 記事に見出しを付け、写真や図解などとともに紙面にレイアウトすること。新聞社には「整理部」といった名称で、こうした作業をするセクションがあり、おおむね「硬派」「軟派」「地域」等の担当ごとにデスクや整理記者がいる。朝夕刊の製作にあたり、新聞社はニュースの価値を判断し、見出しの大きさや記事の分量、写真の有無・サイズなどで、その価値の違いが一目でわかるように紙面を作る。

(実例) 整理部の作業は、①その日のニュース量も踏まえ、記事の取捨選択、各面への割り振り、それぞれの扱いを決定、②出稿した部や記事を配信した通信社へ問い合わせ・注文、③レイアウトを構想し、見出しを考える、④端末画面に入力、⑤ページごとに紙面の体裁で組んだ「大刷り(大ゲラ)」でチェック等の手順で進む。決められた時間までに必ず降版しなければならない。

　見出しには、ニュースを構成する5W1Hのうち、少なくとも2つが入るよう工夫し、正確で端的にニュースの内容がわかるようにする。主見出しは7〜8文字、脇見出しは10〜12文字がめどとされている。降版などと同様、活字を組んでいた頃の名残で、見出しの文字数を「○本」と呼ぶ新聞社もある。

　レイアウトでは、①読者が記事の続きを捜すような組み方はしない、②記事を横長に組み、読者に首を振らせない、③記事の一部を「孤立」させない等に注意する。1面は15段に区切られてきたが、読者高齢化に伴う文字の拡大により、12段に変更した新聞も多い。

(参考文献) 日本新聞協会新聞編集整理研究会編『新編新聞整理の研究』(1994・1　日本新聞協会)、藤島啓之介『見出し読本』(2001・9　朝日新聞社整理部)、読売新聞東京本社『新聞整理』(2002・4　読売新聞社整理部)
[竹田昌弘]

▶ **新聞離れ**（しんぶんばなれ）

〔語義〕新聞離れは、新聞部数の低下とそれに伴う普及率の低下、新聞閲読時間の低下、さらには新聞への信頼度の低下といった事象で捉えることができる。新聞離れは、新聞販売収入の減少をもたらすだけでなく、新聞の購読者数や信頼性を背景に出稿されていた広告が減り、広告収入の減少にも繋がる。さらに、信頼度が下がることによって新聞が社会に働きかける影響力も低下させることとなる。新聞社の経営弱体化は、言論の多様性の低下ももたらしかねない。

新聞離れの原因としては、メディアや娯楽の多様化により、ニュースや情報入手手段が新聞に限らなくなったこと、余暇時間の使い方としても新聞を読む時間や新聞を元にした話題で会話する時間が相対的に減少していること、新聞がもっていた教養の提供が必ずしも求められなくなったことなどが挙げられる。

〔実例〕新聞総発行部数（一般紙・スポーツ紙の合計部数）は、1997年の5376万5000部をピークに減少傾向にある。また1世帯あたり部数（総発行部数を住民基本台帳による総世帯数で割った数）は、85年の1.29部が2008年に0.98部と1部を切り、引き続き減少傾向にある（日本新聞協会調べ）。総発行部数と1世帯あたり部数のピークの違いは、核家族化の進行により単身世帯や少人数の世帯が増加することで総世帯が増えていたことが要因と考えられる。

また、信頼性では、新聞通信調査会の調べによると、「情報が信頼できる」という項目で新聞は、09年が62.1％だったものが、12年には56.0％となっている。

〔参考文献〕中馬清福『新聞は生き残れるか』（2003・4　岩波書店）、日本新聞協会編『新聞年鑑』（日本新聞協会）、藤竹暁『図説 日本のマスメディア〔第2版〕』（2005・9　NHK出版）　　　　〔阿部圭介〕

▶ **新聞販売店**（しんぶんはんばいてん）

〔語義〕新聞を販売する店で、新聞を読者の元に配達したり、新聞購読料の集金を行ったりしている。新聞社の発行する出版物なども配達する。また、新聞に折込み広告（チラシ）を挟み込むのも新聞販売店が行っている。

日本では、新聞を制作・発行する新聞社とは独立した個人または会社による経営によることが多い。新聞販売店の収入は、主に配達手数料（読者から回収した新聞購読料から、発行本社に支払う分を差し引いた額）と、折込み広告の折込み料となっている。特定の1紙の販売に特化し（実際には特定1紙と専門紙などを扱うこともある）、一定の配達区域を独占的に保障される制度（専売制）に基づく「専売店」が多くを占める。配達区域内で発行される全ての新聞を扱う「合売店」や、販売の主力に置いている新聞を複数もつ「複合店」もある。新聞読者との接点であり、大規模な事件が起きた場合、取材の前線ともなる。

〔実例〕日本の新聞販売店は、18367店、新聞販売店の従業員は36万7809人（2012年、日本新聞協会調べ）。専売制は20世紀初頭には始まったとされ、全国紙各紙は全国に、ブロック紙・地方紙各紙は発行地域である都道府県内にそれぞれ専売店網を形成している。しかし近年、部数の減少と経営の合理化から全国紙同士で相互の専売店に販売を依頼したり、全国紙が地方紙の配達網に販売を依頼したりするなど、発行全地域での自社系統の専売店網維持に必ずしもこだわらない傾向が見受けられる。

〔参考文献〕黒川貢三郎『マス・コミュニケーション論』（1997・3　南窓社）、日本新聞協会編『データブック 日本の新聞』（2013・3　日本新聞協会）　〔阿部圭介〕

▶ **新聞倫理綱領**（しんぶんりんりこうりょう）

〔語義〕新聞メディアにおいて、取材・編集・報道、制作、広告、販売等に携わる人々の職業倫理の基本原則（規範）を明文化したものをいう。制定主体は、発行者で組織される業界団体、編集者、労働組合等の職能団体、個々の新聞社などがあり、また、その対象も、取材・編集・報道をはじめ、制作、広告、販売等、業務ごとに個別に倫理綱領が制定される場合が多い。

〔実例〕日本の新聞界における代表的な倫理綱領は、新聞発行者・編集者などで組織される日本新聞協会が制定する「新聞倫理綱領」

である。第二次世界大戦直後の1946年、当時の連合国軍総司令部（GHQ）の指導の下、アメリカの新聞編集者協会の「ジャーナリズム憲章（Canons of Journalism）」などを参考にして、「民主的平和国家」として日本を再建するにあたっての新聞の使命に鑑み、高い倫理水準の維持、職業の権威の向上などを図るため、日本新聞協会の設立に合わせて制定された。

現在の「新聞倫理綱領」は、いわゆる「報道被害」への社会的批判の強まりなどを背景に、2000年、新たな倫理綱領として制定されたもので、「自由と責任」「正確と公正」「独立と寛容」「人権の尊重」「品格と節度」の5項目から構成される。国民の「知る権利」を明記し、これを実現するために、言論・表現の自由を保障された、あらゆる権力から独立した新聞メディアの存在が欠かせないことと併せて、人権の尊重や品格を強調している。今後、この倫理綱領の基本原則をより具体的に実現した、「業界倫理」に留まらない、ジャーナリスト個々人の「職業倫理」を明示した「新聞記者行動規範」の制定が課題となっている。

(参考文献) 日本新聞協会編『日本新聞協会十年史』（1956・9　日本新聞協会）、中馬清福「新『新聞倫理綱領』制定にあたって」『新聞研究』589号（2000・8　日本新聞協会）、中馬清福「われわれはかく行動する──私案『新聞記者行動規範』」『新聞研究』598号（2001・5　日本新聞協会）、中馬清福『新聞は生き残れるか』（2003・4　岩波書店）　　　　　　　［後藤登］

▶ 信用毀損→名誉毀損・信用毀損

す

▶ **スキャンダリズム**（すきゃんだりずむ）

(語義) 仕事上の不祥事や男女関係のもつれなどに伴う醜聞（スキャンダル）に力を入れて報道しようとするメディアの傾向性を指して「スキャンダリズム」という。ものごとを扇情的に報道して時に真実から外れてしまうようなメディアの「センセーショナリズム」の傾向と強く結び付く。

(実例)「スキャンダリズム」は、メディアの誕生とともに存在したといえる。欧州では16世紀頃から、出来事についての記述を掲載した印刷物が流通し始め、これが新聞の原型をなした。こうした印刷物は、都市で取引をする商人たちのニーズにこたえるものであり、また、情報操作に利用されるなど、政治的な意味も帯びるようになっていった。しかし、一方では、イギリスで16世紀頃に発達した「ブロードサイド」と呼ばれる印刷物は、殺人などの犯罪事件を掲載し、人気を集めていた。村上直之（2010）は、それがニュースの原型の1つであるという。日本でも新聞が誕生した当初から、犯罪状況を描写したカラー印刷の「錦絵」が人気を集めた。政治家の私生活上のスキャンダルも積極的に報じられた。

今日の日本では、スキャンダリズムを代表するのは週刊誌であろう。1950年代以降続々と発行された、「週刊新潮」「アサヒ芸能」「週刊大衆」「週刊現代」「週刊文春」「週刊ポスト」といった出版社系週刊誌は、新聞などが報じない芸能人のスキャンダルなどを売り物にした。80年代には「FOCUS」「FRIDAY」「FLASH」等の写真週刊誌が登場し、スキャンダリズムの傾向に拍車をかけた。女性週刊誌や写真週刊誌は芸能人などの有名人の私生活を容赦なく報道した。60年代半ばに始まったテレビのワイドショーは、70年代に入って視聴率競争が激しくなると、センセーショナリズムの傾向を強くした。

このようなスキャンダリズムの傾向は社会から強い批判を浴びた。プライバシーに関する意識も高まり、メディアが名誉毀損やプライバシー侵害で訴えられ、敗訴することは珍しいことではなくなった。また、メディアに命じられる損害賠償の額も21世紀に入ったころから急激に上昇し、1000万円以上の支払いを命じられるケースも出てきた。新潮社が発行していた「FOCUS」は、多数の裁判を起こされ、その負担に耐え切れずに2001年に休刊した。また、1979年に創刊され、様々なスキャンダル情報を掲載していた月刊誌「噂の真相」も2004年に休刊している。

有名人の醜聞を暴こうとするスキャンダリ

ズムは、芸能人のプライバシーなどを不当に侵害する報道を生み出してきた。また、センセーショナリズムの傾向と結び付いて、ときに真実から外れた報道を生む要因ともなっていた。その一方で、スキャンダリズムを批判される週刊誌や月刊誌が、社会のタブーに挑戦し、権力者たちが隠そうとする不祥事や醜聞を暴いてきた実績があるのも事実である。

[参考文献] 植田康夫編『新 現場からみた出版学』(2004・4 学文社)、大木圭之介「倫理・人権」松岡新兒・向後英紀編著『新 現場からみた放送学』(2004・4 学文社)、村上直之『近代ジャーナリズムの誕生──イギリス犯罪報道の社会史から〔改訂版〕』(2010・12 現代人文社)
〔伊藤高史〕

▶ **スクープ（合戦）**(すくーぷ（がっせん）)

[語義] 1つのメディアだけが他のメディアを出し抜いて、重大なニュースを報じることを指す。取材現場では同じ意味で、「特ダネ」、「○社が抜いた」などとも表現する。激しい競争を経て得られる、記者にとっては勲章のようなものである。スクープというメディア間の競争は、新たな事実をいっそう引き出すことに繋がり、個々の記者の腕を磨く機会にもなっているといえる。

しかし、スクープを狙う競争が過激になると、弊害も起きる。他社に先駆けようとすれば確認が不十分になり、誤報に繋がる。また、取材先に対するメディアスクラム（集団的過熱取材）を招く原因の1つに挙げられることもある。

[実例] スクープは、大きく以下の4つに分類される。①当局によっていずれ発表される情報を自社だけが事前に入手し報道する形、②当局による不正や不都合な話を、自社の責任で独自に調べ、報道する形、③世論調査や重要人物との単独会見のように、自社自ら意図的にニュースを作り出して報道する形、④すでに報道されたニュースの意義や問題点を独自に見つけ、異なる意味をもつ事実として報道する形。

このうち圧倒的に多いのは、記者クラブ内で行われる①の形である。例えば「○○氏あすにも逮捕」「A社とB社が合併へ」といった、いずれは当局から発表される情報を、他社より先に報じる。「時間差スクープ」とも揶揄される。これに対して、②はいわゆる調査報道で、①のように当局の発表を先取りした形とは大きく異なる。

週刊誌やスポーツ紙、夕刊紙、テレビの情報系番組は、「(独占)スクープ」という言葉を好んで使う。「自分だけが知っている」と強調したい気持ちが表れている。一方、新聞の全国紙、地方紙は見出しを含め記事の中で、「スクープ」「特ダネ」などと銘打つことはない。しかし、数紙の紙面を読み比べれば、ひときわ目立つ扱いや文章表現などから、該当するかどうかがわかることが多い。

[参考文献] 小黒純「スクープと調査報道」天野勝文・橋場義之編著『新 現場からみた新聞学』(2008・10 学文社)
〔小黒純〕

▶ **ステークホルダー**(すてーくほるだー)

もともとは、ギャンブルの掛け金を預かる第三者の意味。転じて企業の経営に対して直接あるいは間接的に利害が生じる関係者を指す。直接的には、株主、消費者（顧客）、従業員、取引先、金融機関、債権者等。間接的には競合企業、地域住民、環境保護団体、税務や行政関連官庁等がこれにあたる。企業だけでなく行政やNPOがこの語を用いる場合もある。各々のステークホルダーの利害は必ずしも一致しない。したがって企業にはステークホルダーごとにきめの細かい広報戦略を策定することが求められる一方、利害対立が激化しないよう、調停に留意する必要がある。近年のコーポレートガバナンス、CSR、IR、リスクマネジメント、環境マネジメントといった概念の広がりとも関係が深い。したがってこれらガバナンス活動に関連する、ジャーナリストやメディア、証券アナリスト・エコノミスト、格付機関、環境団体、NPO／NGO、専門家・研究機関等も間接的なステークホルダーに加えて考える傾向が一般化している。

〔水島久光〕

▶ **ステルスマーケティング**
（すてるすまーけてぃんぐ）

語義 消費者やオーディエンスに「宣伝」と気づかれないように行う情報発信やコミュニケーション行為。「Stealth」（こっそりする、内密）とマーケティングの造語。アメリカでは「アンダーカバーマーケティング（Undercover marketing）」とも呼ばれる。

　口コミ的な情報伝播の活用は、電子メールなどの普及が進んだ1990年代後半から「バイラル（感染的）マーケティング」として意識されるようになった。しかし、手法（ツール）や「噂になりやすいメッセージ」開発に関心が集まっていたこの頃とは異なり、近年は、情報発信者が一般市民になりすましたり、広告主から報酬を受け取っていることを隠したりするなど、公正性を偽って行う情報操作が目立ち、問題となっている。

実例 日本では2012年、大手グルメサイトやオークションサイトでの金銭授受に基づく、いわゆる「やらせ投稿」がきっかけで、一般の関心を集めることになった。その背景には消費者の声を集めたレビューサイトの影響力の拡大や、ソーシャルメディアの一般化があり、そもそも誰が情報発信源かがわかりにくくなるメディア構造がある。また広告的手法の「押付け感」や「あざとさ」に対する消費者の嫌悪感の広がりもこの手法の一般化を支えている。

　しかしステルスマーケティングの違法性の定義は簡単ではない。イギリスでは、08年に法制化、アメリカでは連邦取引委員会（FTC）が09年12月に策定したガイドラインで規制、日本では景品表示法上の不当表示として扱っているが、グレーゾーンは広い。

　むしろこの動向が「ステマ」という略語・流行語化することによって、一人歩きし、旧来から存在する自然な「口コミ」行為を萎縮させ、アフィリエイトに代表されるビジネス手法の開発への阻害・偏見、あるいは企業の情報発信活動への中傷・名誉毀損(きそん)行為に繋がり、表現や自由な経済活動への大衆的圧力のムードが広がることの方が危惧される。

参考文献 芳川充・木下裕司『ブラックマーケティング』（2012・8　総合法令出版）　　　［水島久光］

▶ **ステレオタイプ**（すてれおたいぷ）

語義 人々が現実を理解して行くために、あらかじめ用意された型のこと。W・リップマンは、「われわれはたいていの場合、見てから定義しないで、定義してから見る」という。つまり、我々はたいてい物事を見る際、あらかじめ自分たちの文化によって規定されたもののみを拾い上げ、その型に合致した様式でしか事柄を見ようとしていないのである。ここには、ある種の「経済性」という問題が深く関与している。人がひとりで現実を見るには、世の中は大きく複雑であり、全てを純粋な目で見ようとすれば、非常な労力がかかってしまう。ゆえに人は社会的な「現実」を、メディアに代表されるような「疑似環境」に投影し、その枠組みでもって我々にとっての「事実」を認識しようとするのである。

　そこから、リップマンはステレオタイプの研究に際して、身のまわりの虚構や象徴と、現実の社会秩序との関係という二分論を却下し、むしろそうした虚構が現実のコミュニケーションにおいて、どのような作用をもつのかを考察する必要を説いた。

実例 システムがより複雑化している現代社会において、人々が自力で全ての現実を把握することは不可能である。だからリップマンが指摘するように、個々人が社会に信頼されたある共通の枠組み（ステレオタイプ）でもって現実を構造化することは不可欠であるし、特に意識せずとも、我々は普段からそれをやっている。

　しかし一方、情報の行き来が広範にわたる現在のネット環境においては、情報量が多いが故に、逆に人は自分にとって好ましい情報のみを選好し、極めて限定的で差別的な行動をとるケースもあり得る。例えばブログやSNSなどに見られる、一部の人々によるヘイトスピーチと、それを支持する共鳴現象などは、まさにこうした事例として考えることができるだろう。したがって我々は、ステレオタイプを受容しつつも、それが準拠している

社会的位相や立場性などを、客観的に把握する必要がある。
(参考文献) W・リップマン『世論（上・下）』（掛川トミ子訳、1987・7　岩波書店）　　　　［加藤徹郎］

▶ **ストック**（すとっく）

経済学では一般に、ある時点における資産や負債などの総量を指す。これを情報学的な知見から解釈すれば、流れ込んでくる多くの情報が選別・整理され、さらに関連し合いながら構造化されている状態であるといえるだろう。例えば今日、SNSなどにおいては日々情報が流れ（フロー）、更新される状態にある。その一方、多くの人々によって支持された情報は、頻繁に相互参照が繰り返され、やがては一定のコンセンサスを経て共有される"知識"となっていく。公文俊平はこうした状態を、産業社会における「財産」に対置し、情報社会の「通識」―ストックと呼んだ。ただし、先のSNSのような媒体を想定した時、一度は共有された「通識」も、その意味自体が改変されていく可能性は十分にある。したがってここでのストックは、固定的ではなく動態的な概念として考えるべきである。(参考文献) 公文俊平『情報社会のいま―あたらしい智民たちへ』（2011・5　NTT出版）　　　　　　　　　［加藤徹郎］

▶ **スピン→情報操作（スピン）**

▶ **スポーツ紙**（すぽーつし）

(語義) 狭義ではスポーツに関するニュースを専門的に報道する新聞となるが、日本のスポーツ紙は通常、スポーツニュースに加え、芸能・娯楽情報、さらに政治や社会ニュースも掲載している。日本では、一般紙において「高級紙」「大衆紙」の区分が存在せず、両者の性格を兼ね備えているとも指摘されるが、スポーツ紙が海外における大衆紙に相当すると見ることもできる。一般紙に比べ駅売店やコンビニエンスストアなどで売られる即売比率が高いとされるものの、朝刊のスポーツ紙では即売部数は多くて3割程度である。

日本の日刊のスポーツ紙は第二次世界大戦後の1946年に日刊スポーツが創刊したのを皮切りに相次いで創刊、プロ野球をはじめとするスポーツ観戦や競馬・競輪など公営ギャンブルの隆盛とともに、発行部数を伸ばした。70年代からは娯楽・芸能情報、80年代から社会や政治のニュースも多く掲載するようになり、大衆紙的な性格を強めていった。しかし近年は部数を減らしており、2003年から12年までの10年間でスポーツ紙の総発行部数は、559万2314部から405万4752部へと約3割の減少となった（日本新聞協会調べ）。

(実例) 日本で、複数の発行地域で発行している日刊のスポーツ紙は、朝刊紙の日刊スポーツ、スポーツニッポン、報知新聞（地域によってはスポーツ報知）、サンケイスポーツ、デイリースポーツ、中日スポーツ（地域によっては東京中日スポーツ）と、夕刊紙の東京スポーツ（地域によっては大阪スポーツ、中京スポーツ、九州スポーツ。ただし九州スポーツは朝刊）など。その他、道新スポーツ、西日本スポーツがある。報知新聞が1949年から朝刊のスポーツ紙に転換したほか、多くは第二次世界大戦直後の10年間に集中して創刊している。そのほとんどが、一般日刊紙発行社と系列化されている。

紙面は、写真や図解、カラー印刷を多用したビジュアルなレイアウトが特徴で、1面には大型の見出しと写真を配置し、売店で陳列した際に読者の目を引きつけることを狙っている。記事は試合の戦評に加え、選手らの人間ドラマを描き出す傾向がある。社会や政治ニュースも同様で、一般紙に比べ裏話やゴシップを取り上げる傾向にあり、センセーショナリズムの批判を受けることもある。
(参考文献) 稲葉三千男・新井直之・桂敬一編『新聞学〔第3版〕』（1995・4　日本評論社）、滝口隆司『スポーツ報道論―新聞記者が問うメディアの視点』（2008・3　創文企画）　　　　　　　　［阿部圭介］

▶ **スポーツジャーナリズム**
（すぽーつじゃーなりずむ）

(語義) スポーツジャーナリズムとは、競技の経過や成績、選手の状況を中心としたスポーツ現象全般にわたる客観的な報道と定義できるが、その報道自体がスポーツファンに

対する「娯楽」の提供である点で、政治、経済、社会等の分野のそれとは異なる特徴をもつ。さらにメディアが競技会を主催し、スポンサーになることが増加するにつれ、とりわけテレビ普及以降は、商品としてのスポーツイベントの提供と、客観的報道としてのジャーナリズムとの区別が曖昧な状況になっている。その結果、スポーツ文化についての客観的な報道、批評というジャーナリズム機能は不十分であるとの指摘もある。さらに、近年では、過剰な取材や不適切な報道が選手たちの人権を侵害し、時にパフォーマンスに影響を与えているという批判もある。

〖実例〗スポーツ報道は、イギリスでは18世紀に始まり、競馬などのギャンブルや教養としてのスポーツを愛好するジェントリやブルジョワジーの増加とともに、また新聞社が競馬やゴルフの大会スポンサーになることでも発展した。イタリアやフランスでは、のちにガゼッタデッロスポルト(イタリア)やレキップ(フランス)となるスポーツ専門新聞が19世紀末に創刊され、自転車レースのスポンサーになることで発行部数を増やした。

アメリカでは、19世紀半ばから野球報道を中心に発展するが、スポーツの階級的色彩は弱く、とりわけラジオ・映画の普及とともに飛躍的に発展した。

日本においては、20世紀に入り、相撲や陸上競技、自転車、野球等の新聞社主催の競技会が開催されるようになり、報道が増加する。1897年に「運動界」、1912年に「野球界」などの雑誌が創刊されたが、高等教育を受けた読者層に限定されていた。20年代には、新聞社は販売促進のために各種競技会を主催し、スポーツ観戦が大衆文化の中に大きな位置を占めることとなった。さらに30年代のラジオ中継がオリンピックや相撲、学生野球の人気に拍車をかけた。

46年3月、日刊スポーツが創刊、その後スポーツ新聞が続々と発行され、53年のテレビ放送の開始以降、野球、相撲、プロレス、ボクシングを中心に中継放送及び報道が拡大する。さらに64年、東京オリンピックを契機として、他の競技の報道も増加した。73年に始まった「プロ野球ニュース」は、ネットワークの拡大とビデオカメラやVTRを利用したENG導入などの技術革新により、全試合の解説を行い、野球ファンの拡大に貢献した。

90年代には、Jリーグの開始や衛星放送の普及により、世界のスポーツへの関心が高まり、一般紙や地上波テレビでの中継・報道の増加に加え、スポーツ専門チャンネルや専門雑誌、インターネットを通じた報道も増大し、それに伴いフリーランスのジャーナリストも増加している。

〖参考文献〗井上俊・菊浩一編著『よくわかるスポーツ文化論』(2012・1 ミネルヴァ書房)、黒田勇編著『メディアスポーツへの招待』(2012・10 ミネルヴァ書房)　　　　　　　　　　　　〔黒田勇〕

▶ **スポンサー**(すぽんさー)

〖語義〗本来は「資金提供者」、「身元引受人」を意味する言葉だが、放送番組の提供者をこのように呼ぶことから「広告主」を指す業界用語として定着した。現在は冠イベントやネーミングライツ(命名権)など、様々な形態が考えられるようになっている。

〖影響〗そもそもは寄付や慈善的な意味合いも含んでいた言葉であることに立ち返れば、スポンサーが資金提供の見返りを求めるという考え方は、決して自然なこととはいえない。スポンサーが資金を受ける者の行動(メディアの場合、言論・表現行為)に介入することは、その点からいえば本末転倒である。

実際に、直接的にスポンサーが受益者の行動に介入するケースは稀であり、むしろ介入や歪曲は、「スポンサーの意思」を忖度する広告代理店やメディア側の作為によるものが少なくない。スポンサーを慮る営業セクションと制作者との組織内的対立が、クローズアップされるケースが度々見られる。

また、もっと露骨にスポンサー商品をボイコットし、あるいは広告提供を降りるように圧力をかけ、メディアに不利益になるように働きかける動きもこれまであったとされている。こうなるとスポンサーも被害者ということになる。

こうした駆引きを回避し、安定した広告収

入を確保するために、メディアは最初からスポンサーの意向を受けた「スポンサードコンテンツ」、「編集タイアップ」などに積極的になっていった。しかし放送では、これはCM枠の総量規制（総放送時間の18％以内とする日本民間放送連盟の取決め）との関係でどう扱うべきか、難しい判断の対象となっている。

いずれにしてもこれらの事例から、「メディアの公共性とそれを支える産業的基盤とを、どうバランスをとるべきか」という抜本的な問題が提起される。解決の1つの鍵は、スポンサーの主体性にある。スポンサーは自らの社会的使命に照らして、ブランド価値を長期的に向上させる姿勢を明確に示すべきであろう。

(参考文献) 小川勝『オリンピックと商業主義』（2012・6 集英社）　　　　　　　　　　［水島久光］

▶ **スマートフォン**（スマホ）
（すまーとふぉん（すまほ））

もともとはネット接続機能をもつモバイル型コンピュータに電話機能を付けたものが進化した高機能電話。当初は携帯情報端末（PDA）に電話機能を付加したものだったが、コンピュータの高度化で音声を含めたマルチメディア化が進み、電話も音声をデジタル化して送る時代になり、両者を違和感なく合体して使える環境が整った。これまでの携帯電話（フィーチャーフォン）を上回る勢いで普及が進み、アップルのiPhoneやグーグルのOSであるAndroidを元にした機種が主流。各サービスの窓口でアプリを有料無料で入手でき、パソコンのように様々な機能も使える。機能が充実している半面、ネット機能が加わっているため、コンピュータウイルスなどによるセキュリティの問題もある。(参考文献) モバイル社会研究所編著『モバイル社会の未来――2035年へのロードマップ』（2013・3 NTT出版）　　　［服部桂］

▶ **SLAPP**（すらっぷ）

(語義) Strategic Lawsuits Against Public Participation（公的参加に対抗する戦略的訴訟）の頭文字をとって作られた言葉で、公共的事項についての自由な意見表明によって批判を受けた者が、実際の損害の回復を求めるのではなく、報復・威迫・嫌がらせ等の目的で、意見表明者に対して提起する民事訴訟のこと。恫喝訴訟とも呼ばれる。

一般的に、環境問題・地域開発・社会問題など広く注目を集める事柄をめぐって、反対や批判を封殺するためになされる高額の慰謝料を請求する名誉毀損訴訟が典型例とされる。この訴訟には実体はなく、単に批判者を萎縮させるために行われるもので、それが認められると、訴訟に対応することの負担から表現の自由や政策過程への参加といった民主主義体制下での重要な利益が阻害されることになりかねない。そこで、そうした重要な利益を保護するため、裁判を受ける権利を尊重しつつも、実体のない嫌がらせ訴訟を迅速に解決する方策として、反SLAPP法制が作られることになる。

カリフォルニアやニューヨークなどアメリカの多くの州では反SLAPP法が制定されており、被告は、当該訴訟はSLAPPであるので却下するよう申し立てることが可能となる。具体的には、次のような手続を経ることになる。まず被告は、SLAPPゆえに訴訟却下を申し立てるが、その際、原告が提訴している原因が被告による公共の事柄に関する表現の自由の正当な行使に由来していることを一応証明することになる。それに被告が成功すると、今度は原告が、勝訴する相当の可能性があることを示す必要が生じる。それに失敗すれば、SLAPPとして訴訟は却下されることになる。また被告の訴訟費用を原告に転嫁する制度が導入されている場合もある。

(実例) 日本では、反SLAPP法が制定されているわけではない。比較的最近までこの問題について共通の認識はなかったように思われる。しかし名誉毀損の損害賠償額が高騰してきている昨今、SLAPPは重要な争点となりつつある。音楽に関するランキングの信頼性に関する月刊誌に掲載された記事につき、そのランキングを運用する会社が月刊誌発行社や記者を対象とせず、取材源となった者だけを被告として、高額の損害賠償を請求する名誉毀損訴訟が耳目を集めた。1審では原告が勝

訴したが、2審では原告の請求放棄などを含む和解が成立した（オリコン事件）。
参考文献 烏賀陽弘道『『SLAPP』とは何か』『法律時報』82巻7号（2010・6）
［川岸令和］

せ

▶ 生活情報誌（せいかつじょうほうし）

料理や家事など生活に役立つ実用情報誌。戦後から高度経済成長期にかけて、女性雑誌は「主婦の友」「婦人倶楽部」「主婦と生活」「婦人生活」の婦人四大実用誌の時代が続いた。「365日の献立つき日記家計簿」と「品目別家計袋」が附録の「主婦の友」1967年新年号は戦後最高111万5000部の売り上げを記録。しかし、こうした"主婦"のための実用誌は女性の社会進出が進んだ80年代以降に相次いで休刊（「主婦の友」は2008年）。代わってカラフルで安価な情報誌「オレンジページ」や「レタスクラブ」が成功。広告・編集・販売を三位一体とした編集方針は、後続誌に引き継がれている。現在、生活情報誌の読者は"生活を楽しむ人"とされ、2011年には男性を対象にした増刊「レタスクラブ　男子キッチン」が刊行された。参考文献 池田恵美子編『出版女性史―出版ジャーナリズムに生きる女性たち』（2001・11　世界思想社）
［北出真紀恵］

▶ 政局報道（せいきょくほうどう）

語義　政治報道の一分野で、政治情勢が大きく動く局面、特に政権の行方、首相の座をめぐる政治家の権力闘争を追う報道を指す。他にも国権の最高機関・国会の論戦や人々の生活に直結する政策、民主主義の原点である選挙が政治報道の主な対象になるが、現実には政局報道が政治報道の代名詞になっている。新聞・テレビの政治部と呼ばれる部署で、記者が政権与党や首相官邸という権力闘争の主戦場に集中的に配置されているのが、その証である。

政治の世界に権力闘争が付き物なのは、論を待たない。権力を掌握して初めて、自分の信条や政策を実現できる。ひいては国の進路が変わり、人々の生活を左右する。政治報道がこの過程を監視するのは、当然の使命である。問題なのは政局報道が、多数派工作の勝算や駆け引きなど権力掌握の「手段」に、最高級の価値を見いだしている点だ。取材相手の政治家と一体化していると見られても仕方がない。政治報道は長年「政界向け」との批判をぬぐい去れないでいるが、元凶は政局報道である。

実例　戦後のいわゆる「55年体制」下では自民党が万年与党で、そのトップを決める総裁選が事実上、首相の座を決める舞台だった。勝敗を決するのは、有力政治家が率いる派閥の合従連衡。派閥報道は政局報道の代名詞になり、派閥間の情報戦の一翼も担わされた。

2001年の自民党総裁選を契機に、派閥報道のニュース価値は下落した。小泉純一郎が国民の人気を背景に、派閥の思惑を超えて首相の座に就いたからだ。その後も党内に加えて国民の支持を得ることが、勝利の条件になった。それでも政局報道は廃れなかった。構造改革を旗印にする首相が党内の慎重派を「抵抗勢力」と名付け、権力闘争を煽ったからだ。構図は違っても、対立が政局報道の動力源だった。

09年の衆院選挙で民主党が圧勝し、政権が交代したことは政治報道にとっても大事件だった。国民の1票が政権の行方、首相の座を決めるのならば、権力闘争を報道する大義名分が根底から崩れる。しかし民主党も寄り合い所帯の弱みを露呈し、党内対立が激化した。下野した自民党の抵抗も加わり、民主党政権の3年3か月は、3人の首相が繋ぐ政局の時代となった。政治報道も党内、与野党という二重の対立を忠実に追い、転機を生かせなかった。

12年の衆院選では、自民党が「一強」の存在として政権に復帰した。党内対立の材料が尽きるとは思えないが、政治報道は今度こそ自発的に「政界向け」報道から脱する責任がある。1票の力を実感した国民が、かつてないほど政権や政治家に審判を下すための材料を欲しているからである。

参考文献 原寿雄『ジャーナリズムの思想』(1997・4 岩波書店)、徳山喜雄責任編集『ジャーナリズムの条件(2) 報道不信の構造』(2005・3 岩波書店)

[菅沼堅吾]

▶ 政見放送 (せいけんほうそう)

語義 政見放送とは、選挙運動の期間中に候補者または候補者届出政党などが政治を行う上での意見を述べる、ラジオまたはテレビ放送をいう。意見を述べる点で、候補者の氏名、年齢、党派、主要な経歴を周知させるための経歴放送と区別される。

公職選挙法上、衆参両院議員選挙、都道府県知事選挙の場合にのみ行われる。費用は無料。政見放送は、衆院の小選挙区選挙、衆参両院の比例代表選出選挙では候補者届出政党のみ認められるが、これは憲法に違反しないとされる（最大判平成19年6月13日）。

日本における政見放送は、1947年の「選挙運動の文書図画等の特例に関する法律」で参議院全国選出議員候補者に対して認められたのが最初である。その後、対象が衆議院議員候補者、都道府県知事候補者にも拡大。69年の公選法の改正により、テレビ放送による政見放送が実現し、現在に至る。

実例 公選法上、放送事業者は政見をそのまま放送しなければならない（150条）。他方、政見放送では、「他人若しくは他の政党その他の政治団体の名誉を傷つけ若しくは善良な風俗を害し又は特定の商品の広告その他営業に関する宣伝をする等いやしくも政見放送としての品位を損なう言動」が禁止され（150条の2）、政見放送における虚偽事項の公表、特定商品の広告その他営業に関する宣伝をした者に対する罰則もある（235条の3）。

そこで放送事業者は、そうした内容の政見放送がなされた場合でもそのまま放送しなければならないかが問題となるが、政見放送削除事件（最判平成2年4月17日）において最高裁は、公選法150条の2に違反する言動をそのまま放送される利益は、法的に保護された利益とはいえず、したがって、言動がそのまま放送されなかったとしても、不法行為法上、法的利益の侵害があったとはいえないとした。

参考文献 自治省選挙部編『選挙法百年史』(1990・9 第一法規出版)、安田充・荒川敦編著『逐条解説 公職選挙法（下）』(2009・1 ぎょうせい)

[横大道聡]

▶ 政治介入 (せいじかいにゅう)

語義 新聞、放送などメディアにおける報道内容に対して、政権政党が強制力を行使すること。報道倫理の根幹をなす、公平性、表現の自由を守るために、あらゆる権力から一定の距離を置くことは、ジャーナリスト及び報道機関の大前提とされている。と同時にその距離があってこそ、報道の使命たる「権力の監視」が機能することもあって、政治介入に対しては細心の注意が払われなければならない。

しかしその一方、特に免許事業である放送においては、むしろ政治権力側がそれを盾に事業者に強制力を働かせ得る構造的矛盾が内包されている。NHKにおいても経営委員会委員長の任命や予算審議が国会で行われることから、これまでもその距離については様々な疑念が差し挟まれてきた。

実例 報道機関と政治権力との距離については、イギリスBBCが示したスタンスが象徴的に語られてきた。その原点は1926年のゼネストにある。政府からのスト解散を促す放送依頼を拒絶し、それ以降同局では、あらゆる権力の介入を許さないことが理念として掲げられるようになった。

NHKは、様々な面においてBBCに範をとっているといわれているが、この点においては曖昧たらざるを得ない。その現実が表面化したのが、「ETV2001シリーズ戦争をどう裁くか 第2回問われる戦時性暴力」（2001年放送）の制作過程において政治圧力により内容が不当に改変されたとの告発があった問題である（NHK番組改変事件）。

事件以降、番組制作に関わった当事者とNHKは様々な面で法的に争ってきたが、係争が一段落した08年、BPO放送倫理検証委員会はこの問題を改めて取り上げ、政権側の介入の有無の判断は留保したものの、NHK側に放送の自主・自律を危うくし、視聴者に重大な疑念を抱かせる行為があったことを指摘、併

せて報道従事者の内部的自由に関する問題を提起した。

参考文献 永田浩三『NHK、鉄の沈黙はだれのために』（2010・7　柏書房）
〔水島久光〕

▶ 政治活動（せいじかつどう）

語義　政治活動とは、一般的・抽象的には、「政治上の主義若しくは施策を推進し、支持し、若しくはこれに反対し、又は公職の候補者を推薦し、支持し、若しくはこれに反対することを目的として行う直接間接の一切の行為」をいう。公職選挙法上、選挙が行われていない時に個人が政治活動を行うことは、それが「選挙運動」にわたらない限り、原則的に自由である。したがって、公選法との関係での狭義の政治活動は、上記の定義から選挙運動に該当する行為を除いた一切の行為であると解される。このように、政治活動と選挙運動は明確に区別しなければならないが、両者の違いは曖昧であり、区別が容易ではない場合も多い。

実例　公選法上、個人の政治活動は原則として自由であるが、政党その他の政治活動を行う団体による一定の政治活動については、選挙の期日の公示または告示の日からその選挙の当日までの間、一定の団体を除き、原則として禁止されている（14章の3）。なお個人であっても公務員の場合、国家公務員法102条及び人事院規則14-7、地方公務員法36条、教育公務員特例法18条等により、政治活動のうち、一定の「政治的行為」が禁止されている（最大判昭和49年11月6日、最判平成24年12月7日）。

政治活動として新聞広告を利用することは自由であるが、公選法は、選挙運動としての新聞広告に対して一定の制限とルールを設けている（149条）。2013年、大阪堺市長選の投開票日直前に、朝日新聞が大阪維新の会の政党広告の掲載を拒否したことをめぐって問題が生じたが、その背景の1つには、政治活動としての新聞広告と選挙運動としての新聞広告との線引きをめぐる解釈の相違が存していた。

参考文献 安田充・荒川敦編著『逐条解説 公職選挙法（下）』（2009・1　ぎょうせい）
〔横大道聡〕

▶ 政治資金規正法（せいじしきんきせいほう）

語義　議会制民主主義の下で政党などの政治団体が果たす役割の重要性と公職の候補者の担う責務の重要性を踏まえ、政治団体や公職の候補者による政治活動を国民が監視し、批判することを可能とするために、政治団体の届出、政治団体に係る政治資金の収支の公開、政治団体及び公職の候補者に係る政治資金の授受の規正などの措置を講ずることにより、政治活動の公明と公正を確保し、民主政治の健全な発達に寄与することを目的として制定された法律。1948年に議員立法として制定後、政治とカネをめぐる事件などが起こるたびに改正がなされ、徐々に「規制」法としての性格を強めながら現在に至る。主に政治資金の収支の公開と、政治資金の授受の規正について定める。

前者については、政治団体の設立届出などの義務付け、政治団体の1年間の収支報告書の提出の義務付けと公開などを定める。後者については、会社などのする寄附の制限、公職の候補者の政治活動に関する寄附の制限、寄附者が年間に寄附できる金額の制限、特定の者（外国人や他人名義、匿名、赤字会社等）からの寄附の禁止等を定める。違反に対する罰則規定も設けられている。

実例　政治資金規正法違反の事件として近年注目を集めたのが、小沢一郎の資金管理団体の不動産取得に関する、いわゆる陸山会事件である。この事件では収支報告書の虚偽記載容疑で秘書らが逮捕され、小沢本人も検察審査会によって強制起訴されたが、裁判では1審、控訴審とも無罪判決が下り、上告が断念されたため確定している。

参考文献 国政情報センター編、政治資金制度研究会監修『政治資金規正法要覧〔第4次改定版〕』（2009・4　国政情報センター）、総務省自治行政局選挙部政治資金課「政治資金規正法のあらまし」（2009・4）
〔横大道聡〕

▶ 政治部（せいじぶ）

新聞社などの報道機関で、社会部と並ぶ伝統的かつ中枢的な部署。首相官邸、国会、政

党、外務や財務、防衛等の中央省庁を主な取材対象に、権力を監視する使命をもつ。「夜討ち朝駆け」と呼ばれる自宅などへの取材で、政治家や官僚と個人的な信頼関係を作り、独自の情報を入手できると一人前の政治記者と見なされる。政治家の場合、当選回数を重ねて権力の階段を上るにつれて、情報源としての価値が高まる。情報を取れる記者の存在価値も比例して高まり、政治部の中核を担うことになる。権力の内部に間接的だが入り込み、政策決定の裏側や国民に隠されている事実を暴く能力を身に付けたのだ。国民から送り込まれた「内部告発者」の集団が、政治部の理想の姿である。現実には政治家と密着するうちに取り込まれ、「広報部」になったかのような報道が後を絶たず、理想の姿とは程遠い。

参考文献　原寿雄『ジャーナリズムの可能性』（2009・1　岩波書店）　　　　　　　　　　[菅沼堅吾]

▶青少年インターネット環境整備法
（せいしょうねんいんたーねっとかんきょうせいびほう）

18歳未満の「青少年が安全に安心してインターネットを利用できる環境の整備等に関する法律」（2008年6月11日成立）で、「インターネットを利用して公衆の閲覧（中略）に供されている情報」で「青少年の健全な成長を著しく阻害するもの」を「青少年有害情報」としている。具体的には「犯罪若しくは刑罰法令に触れる行為（中略）又は自殺」を誘引するなどの情報、「人の性行為または性器などのわいせつな描写その他の著しく性欲を興奮させ又は刺激する情報」、「著しく残忍な内容の情報」とする（同法2条）。ただし、当該情報の判断に関して、行政権限を発動する法規制はなく、判断主体はあくまでも関係事業者や保護者などの民間に委ねられ、保護者の同意に基づくフィルタリング（ホワイトリスト、ブラックリスト、利用制限）を勧めるにとどまる。

参考文献　松井茂記『マス・メディア法入門〔第5版〕』（2013・10　日本評論社）　　　　　　　[片山]

▶青少年保護（育成）条例
（せいしょうねんほご（いくせい）じょうれい）

語義　青少年の保護や育成を立法目的とし て、憲法上の地方自治制度の下での条例制定権（94条、地方自治法14条）により地方公共団体の議会で制定される条例のことである。都道府県レベルでは1950年の岡山県条例を初めとして、現在、同種条例のない長野県を除く46都道府県で制定されている。条例であるため、地域ごとに相違はあるものの、青少年保護育成とその環境整備を目的に制定され、警察庁は青少年保護育成条例として統一している。

70年代のPTAを中心とする有害図書追放運動の結果もあって、81年までに長野県を除き全国で整備され、有害図書などの個別指定方式、包括指定方式（自販機への収納禁止などのため現在、東京と長野を除く45道府県で施行）の採用や、ビデオ・ソフト、CD-ROM、コンピュータプログラム等に図書概念を拡大して、規制を強化・拡大している。

主にネットの急速な拡大に伴い、性的情報の氾濫とも呼ばれる状況に至り、もはや条例での対応では不可能と判断されて、いわゆる「青少年有害社会環境対策基本法案」が検討されている。性的感情を刺激する、残虐性を助長する、自殺または犯罪を誘発する、心身の健康を害する行為を誘発する、書籍、雑誌、文書、図面、写真、ビデオテープ、ビデオディスクその他電磁気的記録媒体の規制を試みる。同法案に対しては青少年保護よりも環境浄化を目指しているとする批判も多い。フィルタリング（有害サイトアクセス制限）の義務化を柱とするいわゆる青少年インターネット環境整備法が制定されている。

実例　卑わいな姿態などを被写体とした写真や描写した絵の場面が全体の5分の1とか、20ページ以上とか、合計3分超に達しているといった図書類などを、具体名を示すことなく自動的に「有害」とみなす包括指定が特に問題となる。一例として、岐阜県青少年保護育成条例事件最高裁判決（最判平成元年9月19日）が挙げられる。

最高裁は本件の有害図書は青少年の性に関する価値観に悪影響を及ぼし、「性的な逸脱行為や残忍な行為を容認する風潮の助長につながるもの」であるため、青少年の健全育成に

有害であり、自販機への収納禁止も一般書店での対面販売と比較して購入が容易であるためなどの理由で有害であるとして、同条例を合憲とした。なお、全国のコンビニ店の97％が加盟する日本フランチャイズチェーン協会は、東京都から個別指定された雑誌を指定の時点で店頭から撤去する自主規制を行っている。2回連続して指定された雑誌については、以後取り扱わない店舗もある。

(参考文献) 清水英夫ほか編『青少年条例』(1992・7　三省堂)、高橋和之編『ケースブック憲法2011』(2011・4　有斐閣)、「『有害』規制監視隊」のウェブサイト：http://hp1.cyberstation.ne.jp/straycat/watch/top.htm　　　　　　　　　　　　　　　　　　［片山等］

▶ 精神的自由（せいしんてきじゆう）

自由権のうち、人の精神活動に関連するものを指す。日本国憲法は、精神的自由権として、思想・良心の自由、信教の自由、表現の自由、学問の自由を保障している。表現の自由は集会、結社、言論、出版等、表現の活動に関わる全ての自由を含む概念である。また信教の自由と政教分離、学問の自由と大学の自治というように、制度的な保障も組み込まれている。精神的自由の保障は、近代立憲主義成立の原動力になったもので、個人が目的であり国家は手段にすぎないことを憲法原理上示すものである。自由で民主的な国家体制にあっては、その保障が決定的な意味をもつ。したがって、違憲審査権の行使にあたって裁判所は、それらの制約する国家行為について、合憲性を推定せず、厳格な審査を施すべきと一般に考えられている。特に経済的自由の不当な制約は、精神的自由が適切に保障されていれば民主的な過程を経て是正されると予測されることとの対比からも、精神的自由の制約には慎重な対応が求められる（「二重の基準」論）。(参考文献) 松井茂記『二重の基準論』(1994・5　有斐閣)　　　　　　　　　　　　　　　［川岸令和］

▶ 製造物責任法（PL法）
（せいぞうぶつせきにんほう（ぴーえるほう））

(語義) 製造物の欠陥により損害が生じた場合の、製造業者などの損害賠償責任について定めた法律。アメリカなど海外での消費者運動の展開によって、日本でも法制定の気運が盛り上がり、1994年7月に公布され、翌年7月から施行されている。英語のProduct Liability（製造物責任）を略して、PL法と呼ばれることも多い。製品上の欠陥とともに、取扱説明書や警告ラベルなどの不備、販売パンフレットや広告宣伝、販売員の口頭説明の不足や不実表示等の責任も問われる可能性があるため、広告業界でもその対応が検討されてきた。

(実例) アメリカのPL訴訟においては、自動車のテレビCMでのドライビングテクニックをそのまま模倣しようとして、事故を起こした場合についてメーカー側の責任を認めた判例がある。また、CM表現に影響を受け、ケチャップの瓶の底を強く叩いたため負傷した件についても、メーカー側の落ち度が認められた例もある。

日本では広告表現の内容が問われる場合は、不当景品類及び不当表示防止法（景品表示法、景表法）が適用されることが多い。消費者庁表示対策課が示す「不実証広告ガイドライン」のポイントとしては、捏造されたデータや体験談に基づくダイエット食品の表示や、実際には駆除効果が認められないにもかかわらず、超音波や電磁波による害虫・ネズミなどの駆除を謳った機器などが挙げられている。

(参考文献) 柳瀬和男『PL法と取扱説明書・カタログ・広告表現』(1994・12　産能大学出版部)、山田理英『PL法時代の「広告・表現」戦略』(1995・5　産能大学出版部)、山田理英『PL法施行後の作例で読むPLを超える広告表現』(1995・11　産能大学出版部)　［難波功士］

▶ 政党新聞（せいとうしんぶん）

(語義) 特定の政党の主張や方針を支持し、それに沿った言論を展開する新聞のこと。党派新聞ともいう。英語ではPolitical Party PressまたはPartisan Press。狭義では、政党がその政治的見解を党員に向けて広報し共有するために資金を出したり担当部署を設けたりして組織的に発行する政党機関紙を指すが、広義では、発行者や編集者、主筆などが個人的に特定の政党に賛同し、支持政党に荷担した言論を紙面で全面的に繰り広げる政論紙も含め

て用いる。歴史的には、政党新聞は国民国家が形成される初期の段階で登場した。党派性を前面に出した悪口や非難のため政府の弾圧を招いたが、政府や論敵との攻防により言論の自由を拡大した後に、商業的大衆紙や政党に偏らない報道中心の新聞が登場するという過程が各国で見られる。

(実例) イギリスでは、名誉革命後にトーリー党とホイッグ党の二大政党がそれぞれ政治的パンフレットとともに政党新聞を発行し、激しい論戦を展開した。トーリー党は1710年にエグザミナー（The Examiner）を創刊、ホイッグ党ではJ・アディスンとR・スチールが執筆したスペクテーター（The Spectator）が有名である。これら18世紀の政党新聞は近代市民社会における政治的言論とジャーナリズムの基礎を築く先導となった。19世紀の半ばからは大衆紙が台頭したが、社会主義者や労働運動の機関紙も生まれ、1912年には労働組合のための初の日刊紙・デイリー・ヘラルドが創刊され、多様な言論空間を構成した。

アメリカでは、独立後に連邦党（現、共和党）と反連邦党（現、民主党）が対立し、ニューヨークでは連邦党派のガゼット・オブ・ジ・ユナイテッド・ステーツ（The Gazette of the United States）が1789年に創刊、これに対し91年ナショナル・ガゼット（National Gazette）が反連邦党派紙として創刊された。次々と創刊された政党新聞は激しい攻撃で政府を悩ましたが、1830年頃からペニープレスが登場、報道を中心とする新聞が主流となり、60年頃まで政党新聞は存在し続けたが、輿論の中心勢力ではなくなっていった。

日本では、自由民権運動が高まる1881年の政変後に最初の政党が形成され、既存の新聞は党派化し、また新たに政党新聞が生まれた。前者では、東京日日新聞主筆・福地桜痴が創設した立憲帝政党の機関紙に、郵便報知新聞が立憲改進党派の新聞となった。後者の代表は自由党の自由新聞（82年）、大阪で発行された自由党系の日本立憲政党新聞（83年）、改進党系の小新聞・改進新聞（84年改題）が代表的である。各紙が弾圧の中で言論闘争を繰り広げる一方で、「独立不羈」を唱う時事新報（82年）が創刊され、また朝日新聞が不偏不党を掲げ、東京・大阪など大都市では商業紙化が進むが、地方紙は一般に1920年代頃まで特定の政党と結び付いていた。また28年には日本共産党機関紙・赤旗が誕生、35年に停刊された後、45年に復刊され現在に至っている。

(参考文献) Sidney Kobre. *Development of American Journalism*（1969, WM.C. Brown Company Publishers）、山本武利『新聞と民衆』（1973・1　紀伊國屋書店）、Stephen E. Koss. *The rise and fall of the political press in Britain*（1981, Hamish Hamilton）、佐々木隆『メディアと権力』（1999・10　中央公論新社）、Hannah Barker. *Newspapers, Politics and English Society, 1695-1855*（2000, Longman）　　　　［土屋礼子］

▶ 政府言論（せいふげんろん）

(語義) 政府が主体となって、政府の政策や考え方を市民に伝えるために表現活動を行うこと。憲法の議論では一般に、政府は市民の表現を規制する立場にあり、そもそも政府の規制は最小であることが望ましく、表現を規制する場合でも政府の規制権限がどのように適切に行使されるのかを統制することが、重要な課題となると理解されてきた。表現内容に基づく規制を特に警戒するのは、その現れである。しかし、政府自体は表現主体でもある。民主的な政治体制では、政府の政策を主権者である国民がよく理解した上で、実現されることが望ましい。それゆえ政府は国民の合意を調達すべく、政府広報など積極的に表現活動に従事することになる。

福祉国家化した今日では、多くの情報が政府に集積されており、効果的な意思決定のためには個人・社会・国家のレベルでそうした情報の必要性が認識されている。ただ政府は、必ずしもすべての情報を開示して合意の調達にあたるとは限らない。むしろ、歴史が示すように、秘匿や隠蔽による情報操作は権力に都合のよいように行われてきた。政府言論が問題となるゆえんである。政府言論の判定基準について、合意は形成されていない。ただメッセージの内容が、政府による編集上の統制を最終的に受けることが重要な要素である。政府言論には、見解内容に基づく取り扱

いの差別を禁止する表現の自由の伝統的法理の適用はない。表現の自由とは別の論理で、統制される必要がある。

(実 例) 実例として教科書検定制度を挙げることができる。小中高校では、文部科学大臣の検定に合格した教科用図書を使用しなければならないが、旧教科用図書検定規則（1948年）及び旧教科用図書検定基準（58年）に基づく検定制度が教育内容への政府による違憲の介入であると家永教科書裁判で争われた。最高裁判所は、普通教育では、児童生徒に十分な批判能力のないことと教育内容が全国共通に一定水準であることが望ましいので、教科書検定制度は合憲であると判示した（家永教科書裁判第一次訴訟：最判平成5年3月16日）。政府言論と正面から論じられたわけではないが、教科書検定制度が検定教科書を通じて政府の考え方を国民に浸透させる制度であるとすれば、まさに政府言論の問題である。

(参考文献) 蟻川恒正「政府の言論の法理」駒村圭吾・鈴木秀美編著『表現の自由Ⅰ』（2011・5　尚学社）、横大道聡『現代国家における表現の自由』（2013・12　弘文堂）　　　　　　　　　　　　　　　［川岸令和］

▶ **政府広報**（せいふこうほう）

(語 義) 政府による広報（PR＝パブリックリレーションズ）活動のこと。日本でPRという言葉が使われはじめたのは1947年、GHQ（連合国軍総司令部）が民主化政策の一環として政府や地方の役所にPRオフィス設置を「示唆」（事実上は命令）したときからである。当時は主に官庁がPRを「公報」と訳し、その後に一般企業が「広報」の文字をあてた。だから「政府公報」の表記は誤りではないが、現在では日本政府が率先して「政府広報」という言葉を使っている。内閣府によれば、「政府広報は、政府の重要施策について、その背景、必要性、内容などを広く国民に知っていただき、これらの施策に対する国民の理解と協力を得ることを目的」としている。

(実 例) 日本政府は、ラジオやテレビCM、新聞や雑誌の広告、インターネット（政府広報オンライン、政府インターネットテレビ）等を通じて広報活動をしている。また、海外向けにも英語や中国語をはじめ外国語による広報を行っている。

ジャーナリズムにおける政府広報の第1の問題点は、膨大な情報を握る政府が、広報活動を通じて情報をコントロールし、自らに好都合な情報を大量に流したり、自らに不都合な情報を隠蔽したりするおそれがあることである。国会における多数派のトップが内閣を組織する議院内閣制の日本は、政府に対する国会のチェック機能が弱い。憲法の規定で内閣が裁判官の人事を握っているため、政府に対する司法のチェック機能も弱い。だから健全な民主主義を維持するために、ジャーナリズムによる政府のチェック機能が欠かせない。しかし、報道機関が政府の情報コントロールを受け入れ、突っ込んだ報道をしないケースが散見される。各省庁の記者クラブを拠点とする記者が政府発表をそのまま伝える「発表ジャーナリズム」と批判する声も強い。

第2の問題点は、巨額の予算を握る政府が、広報活動を通じて資金をメディア各社に提供する結果、ジャーナリズムの自立・自律を損なうおそれがあることである。内閣府の政府広報室が所管する政府広報予算は、2006年に約100億円で、その後は年90億円程度に減っている。政府広報には、これ以外に、各省庁が支出する場合や、関連団体や業界団体への補助金が広報活動に使われる場合がある。詳細は不明だが、政府がメディアに投じる金額は、毎年百数十億円は下らないと思われる。

1965年2月から5月にかけて、日本テレビ系列で放送された「大蔵大臣アワー」は、セメント会社や製鉄会社がスポンサーにつき、政府予算が使われなかったものの、事実上の政府広報番組であった。田中角栄・大蔵大臣がレギュラー出演しての政府PRや自己PRに終始したため、番組私物化として国会で問題になり、半年の放送予定が3か月で打ち切られた。

(参考文献) 坂本衛「放送事件史　田中角栄」『放送批評』（1994・4　放送批評懇談会）　　　［坂本衛］

▶ **政府首脳**（せいふしゅのう）

首相官邸に執務室をもち、首相の「番頭役」

として政府内の調整や国会対応の指揮を執る官房長官を指す。原則、毎日午前と午後の2回、記者会見を行う政権の「顔」でもある。官房長官の権力を端的に表す「政府首脳」との通称は、官房長官担当の記者限定で、匿名だが発言内容を報道できる取材の折に使われる。発言の証拠となるメモは取れない。長官には責任を取る必要のない「安全圏」から情報を発信し、国民と政界双方の反応を探れる利益がある。記者側もお互いをよく知る打ち解けた雰囲気の中で、会見よりも多くの情報を得られる可能性を優先した。国民が納得しにくい取材方法である。「公開」の場での記者会見が形骸化し、「密室」でのやりとりに重きが置かれる逆転現象も生じた。発言が政治問題化すると、長官の了解のもとで実名報道に切り替わるため、政府首脳の正体は公然の秘密と化している。

[菅沼堅吾]

▶ **声明**（せいめい）

ある問題に対して、立場をはっきりさせるために、公に発表する公式見解のこと。タイトルが「反対声明」「抗議声明」などとなっていることがあるように、明確な意思をアピールする狙いがある。発表主体は政府、団体、企業、グループ、個人等様々である。単なる「宣言」にとどまらず、打ち出された主張や見解の理由を説明・解説している場合が多い。国と国との「共同声明」は、外交交渉を経て両国が合意した内容を盛り込んだ契約書のような性格をもつ。案を作るにあたっては、どの項目、どの文言を入れるか、入れないかで、双方でつばぜり合いがある。共同声明を伝える報道は、声明文を伝えるだけでなく、交渉の舞台裏がわかるような解説を付けることができるかどうかで、ジャーナリズムとしての真価が問われることになる。(参考文献)船橋洋一『同盟漂流（上・下）』（2006・2、3　岩波書店）

[小黒純]

▶ **整理記者**（せいりきしゃ）

ニュースの価値判断を基本に、取材部門からの種々の原稿を文字通り「整える」新聞社の整理部門に属する記者を指す。「最初の読者」として取材部門に注文を付ける役割も担う。新聞が舞台で、記事が俳優だとすれば、整理記者は演出家である。まずは膨大な数の毎日のニュースの中から、紙面に載せるべきものを取捨選択する。次に新聞の特質である一覧性を生かして価値の大小、掲載する場所を決める。最後に的確な見出しを付けて、視覚効果も考えて紙面の割り付けをする。ニュースの価値判断には人命や社会への影響度、新しさ、独自性、地域性等いくつもの物差しがあり、絶対的価値をもつニュースは本来、それほど多くない。しかし新聞の「顔」である1面では、権力機構が発信源の政治や経済、国際問題の記事を重んじる傾向がある。新聞が「横並び」と批判される理由の1つで、生活者である読者の知りたいことや価値観とずれることが少なくない。

[菅沼堅吾]

▶ **整理部**（せいりぶ）

(語　義)　新聞社で、政治、経済、社会、学芸、外信等の出稿部が送ってきた原稿を"交通整理"し、見出しを付けて紙面にレイアウトする部門を「整理部」という。新聞社内で今も、通称「整理」という呼称で通っているが、最近は「編集センター」や「編成部」などの呼称に変わってきた。実際のニュースを取材し、原稿を書く出稿部に対し、整理部はニュース価値に応じてすべての原稿の軽重を判断し、限られた紙面スペースに配置する重要な役割を担う。

(実　例)　整理部は、①政治や経済、国際等、比較的硬めのニュースを扱う「硬派」担当、②事件や事故、話題、スポーツ等、比較的軟らかめのニュースを扱う「軟派」担当、③論壇や暮らし情報、特集面等を扱う「フューチャー」担当におおむねグループ分けされる。整理記者はそれぞれの適性や経験に応じて各担当に配置され、経験を積みながら育つ。朝刊担当と夕刊担当に分かれ、シフト制で勤務する。

整理記者には、締め切り時間をにらみながら、続々入稿する原稿ごとに何行分の原稿を載せ、何段で扱うべきかを決め、内容に応じた的確な見出しを付ける、いわば「職人芸」が要求される。新聞社では通常、記事の見出

しは、執筆した記者本人ではなく、整理記者が付けるという職務分担がある。これは、客観的立場から記事内容を把握し、要点をつかむ職業的訓練を重ねた専門記者が担当した方が、的確でわかりやすい見出しを付けられるという新聞社が長年培って来た知恵だ。独りよがりにならず、記事のバランスが取れるようチェックする機能もある。

新聞は印刷工場で印刷され、トラック輸送されるのが一般的で、印刷工場からの遠近に応じて、いくつもの締切り時間が設定されている。これを「版立て」といい、大手紙の場合、12版、13版、14新版、14版等の名で呼ばれ、数字が多いほど締切り時間が遅い。新聞社によって異なるが、東京本社発行版を例に取ると、印刷工場から遠い栃木、長野などに配達する新聞の締切りが早く、逆に印刷工場に近い東京都23区内に配達する新聞の締切りが最も遅く、朝刊の日付当日の未明だ。締切りが遅いほど、鮮度の良い最新ニュースを盛り込めるわけで、整理記者はこの締切りをにらみつつ、殺到する原稿を整理するコントロールセンターの役割を担う。大手紙の場合、東京、大阪、名古屋、福岡等に本社をもち、整理部も別々だ。各地域によって読者の関心も異なるため、その地域の読者に関心が高いニュースの扱いを手厚くする。これを「傾斜編集」という。歴史的な大ニュースが入ってきた時、「号外」発行で大車輪の活躍をするのも整理記者だ。

ほぼ1世紀にわたった活版による紙面作りから、コンピュータ編集に移行するにあたり、主に整理記者たちがけん引役を果たした。文字の種類、行間の違い、見出しのパターン、版立て等、「整理」の複雑なノウハウを技術者に伝授し、その情報を踏まえて技術者がプログラムを開発、発展させた。全国紙の場合、日経新聞、朝日新聞が先行して、1960年代末からコンピュータ編集の研究に着手。その後、70年代から90年代にかけ大半の新聞社がコンピュータ編集を本格導入した。鉛の活字をピンセットで1個ずつ拾った文選・植字時代から、漢字テレタイプ時代を経て、紙面製作は今ではコンピュータ編集抜きでは考えられない時代になった。

(参考文献) 日本新聞協会新聞編集整理研究会編『新編新聞整理の研究』(1994・1　日本新聞協会)、藤竹暁『図説 日本のマスメディア〔第2版〕』(2005・9　日本放送出版協会)　　　　　　　　　　[高橋弘司]

▶ **世界人権宣言**（せかいじんけんせんげん）

1948年12月10日、第3回国連総会において採択された、普遍的な人権に関する議決(Universal Declaration of Human Rights)。「人類社会のすべての構成員の固有の尊厳と平等で譲ることのできない権利とを承認することは、世界における自由、正義及び平和の基礎である」という認識に基づいて作成されている。前文と30箇条からなり、自由権（1条～20条）、参政権（21条）、社会権（22条～28条）、及び一般的原則（29条～30条）という構成をとる。第二次世界大戦後の世界秩序は国連憲章で定められたが、戦争の特徴からして、人権の擁護は重要な政策目標となっている。そして、人権保障の規範的目標を宣言する人権宣言と法的な拘束力をもつ人権規約の双方が必要と判断され、前者に該当するのが本宣言である。条約ではなく国連総会決議であるので、国家を法的に拘束することはない。後者は国際人権規約（66年の第21回国連総会において採択、76年に発効）ほかの人権条約に引き継がれる。なお、本宣言にちなんで毎年12月10日を「人権デー」として、世界中で記念行事を行うことが国連総会で決議され（50年）、実施されている。(参考文献) 阿部浩己・今井直・藤本俊明『テキストブック国際人権法〔第3版〕』(2009・3　日本評論社)
　　　　　　　　　　　　　　　　　　[川岸令和]

▶ **セキュリティ**（せきゅりてぃ）

(語義) もともと安全や安心を意味する言葉だが、現在ではコンピュータやネットワークで扱われる情報を安全に利用できるための技術や制度などを指す。具体的には、データが第三者に勝手に利用されないようにすることや、事故や災害、人為的な行為で破壊されたり失われたりすることを防ぐことなどの方策も含む。

もともとコンピュータが扱う情報は企業の

取引情報や公的機関の扱う情報などが主だったが、インターネットの普及で、誰もがネットショッピングを行ったり、ブログなどで個人情報を公開したりしている。このため、組織が扱う公的な情報ばかりか、個人のプライバシー保護なども対象に考えられるようになってきた。

〔実例〕大型コンピュータが大企業で使われていた1960年代から80年代までは、主に金融機関で扱われる情報が改竄されたり破壊されたりしないための方策として注目された。この時代は、企業システムなどのパスワードを聞き出して不正なアクセスをする事例や、金融機関の関係者がシステムを不正に操作して企業が扱う資金を着服したり横流ししたりする事件が多かった。

80年代にはパソコンが普及し始め、誰もがネットワークを利用できる時代が始まり、盗んだクレジットカードの情報や違法にコピーされたソフトの売買が問題になった。また国家機密を管理するシステムに入り込んで、安全保障に関連する情報を敵側に売り渡す国際的なスパイ事件も発生した。

こうした事件を起こす人の中には、コンピュータの専門的知識を持った「ハッカー」と呼ばれる若者も多く社会問題化した。またパソコンのソフトに、勝手な動作をする「ウイルス」と呼ばれるソフトを忍ばせて、パソコンやそれに繋がるネットに情報を横流ししたり、破壊したりする事件も発生した。

また、ネット利用者のパソコンに潜伏して、企業や国のシステムやインフラに集中してアクセスしてサーバーのコンピュータを止めたり重要情報を流出させたりする「ボット」と呼ばれるネットワーク機能を駆使するものもあり、サイバーテロとして問題化し、国際社会では情報セキュリティの確保が軍事力に次ぐ重要課題になっている。

当初はネットの利用者がまだ少なかったため、企業レベルの事件以外は注目されることは少なかったが、誰もがネットを利用する時代には、デジタル化されたコンテンツの著作権教育や、個人情報を守り有効に利用できるようにするためのセキュリティ教育も重要な課題となる。

〔参考文献〕L・レッシグ『CODE―インターネットの合法・違法・プライバシー』(山形浩生・柏木亮二訳、2001・3 翔泳社)、名和小太郎『情報セキュリティ―理念と歴史』(2005・10 みすず書房)、辻井重男『暗号 情報セキュリティの技術と歴史』(2012・6 講談社) 〔服部桂〕

▶ 世帯普及率 (せたいふきゅうりつ)

新聞の世帯普及率は、その地域での新聞発行部数を世帯数で割り、算出する。新聞は、固定電話や大型家電機器のように世帯単位で購読（購入）することが前提と考えられていたため、新聞の普及度を示す指標として用いられてきた。これは、新聞社自体の販売マーケティングのデータとして用いられるだけでなく、広告主向けに個別の新聞の特徴を示すデータとして用いられている。広告主向け媒体資料に世帯普及率を掲載している例としては、読売新聞広告ガイド、河北新報MEDIA GUIDE、熊日メディアデータ（熊本日日新聞社）等がある。また、同じ計算式で日本新聞協会は、加盟一般紙とスポーツ紙の部数を日本全国の世帯数で割った「1世帯あたり部数」を算出している。1世帯あたり部数は減少傾向にあり、1985年に1.29部だったものが2008年に0.98部となり、1部を切った。〔参考文献〕朝日新聞社広告局編『新版 新聞広告読本』(1996・4 朝日新聞社)、藤竹暁『図説 日本のマスメディア〔第2版〕』(2005・9 NHK出版)、岸志津江・田中洋・嶋村和恵『現代広告論〔新版〕』(2008・6 有斐閣)、日本新聞協会編『データブック 日本の新聞』(2013・3 日本新聞協会) 〔阿部圭介〕

▶ 接見 (せっけん)

〔語義〕一般的な日本語では、直接面会することや対面することなどを意味するが、法律用語としては、刑事手続上身体の拘束を受けている被疑者・被告人・受刑者と面会することを指す。それらの者と書類または物を授受することと併せて接見交通ともいう。

〔実例〕刑事訴訟法上、弁護人または弁護人となろうとする者については、立会人なく接見交通が認められる（刑訴39条1項）。これは憲

法上の権利である弁護人依頼権保障に由来する（34条）。ただ逃亡、罪証の隠滅または戒護に支障のある物の授受を防ぐため、法令で必要な措置を取ることができ、また検察官などは、捜査のため必要があるときは、公訴の提起前に限り、接見交通に関し、その日時、場所及び時間を指定することができるとされている（刑訴39条3項）。これは、接見交通権の行使と捜査権の行使との間の合理的調整とされている（最大判平成11年3月24日）。

　実際、弁護人などとの接見交通は、憲法上の弁護人依頼権（34条・37条3項）や裁判を受ける権利（32条・37条1項）にも直接影響を及ぼすが、実務上の運用では接見交通は厳しく制限されており、接見禁止決定も多数にのぼる。接見妨害に対する被疑者や弁護士による国賠請求訴訟で原告側が勝訴する例も多く、そのような捜査当局の姿勢は国の内外から批判されている。弁護人など以外の者の接見交通は、勾留中の被疑者または被告人との間に法令の範囲内で認められるにすぎず、裁判所は、糧食の授受を除き接見を禁じ、授受すべき書類その他の物を検閲し、その授受を禁じ、差し押えることができる（刑訴80条・81条・207条1項）。したがってジャーナリストによる被疑者・被告人への接見交通はおおよそ認められないことになる。また受刑者の場合、「適正な外部交通が受刑者の改善更正及び円滑な社会復帰に資するという」観点から許可されたり制限されたりする（刑事収容110条）。

(参考文献) 日本弁護士連合会接見交通権確立実行委員会編『接見交通権マニュアル〔第14版〕』（2013・4　日弁連・接見交通権確立実行委員会）　　　［川岸令和］

▶ **セット紙**（せっとし）

　朝刊と夕刊の両方を購読することを前提にした新聞。ただし、朝夕刊を発行している新聞でも、発行地域内の全域で夕刊を配達しているとは限らない。その場合、朝夕刊を発行している地域で販売している版を「セット版」と呼び、朝刊のみの地域では前日付夕刊に掲載した記事なども収録する「統合版」を発行することが多い。セット版地域で夕刊を購読しないケースは「セット割れ」と呼ばれる。新聞は、原則として同じ記事を重複して掲載しないので、セット版地域では夕刊に掲載された記事は朝刊に掲載されない。このためセット割れでは、記事の連続性が失われることになる。2012年現在、日本新聞協会加盟の118紙ではセット紙は37紙、朝刊単独紙は68紙、夕刊単独紙は13紙。発行部数は、セット1287万6612部、朝刊単独3382万7147部、夕刊単独1万74154部となっている。(参考文献) 日本新聞協会編『データブック　日本の新聞』（2013・3　日本新聞協会）　　　［阿部圭介］

▶ **絶版**（ぜっぱん）

　絶版とは、著者と出版社の契約が終了した出版物のこと。これに対して、単に出版社の在庫がなくなって出荷できない状態のものを「品切れ」という。一般にはこの状態でも「絶版」という言葉が混同して使われる場合が多いが、「品切れ」状態の出版物はあくまでも出版社と著者間の契約は継続しているため、再度印刷（重版・増刷）すれば、再び同じ出版社の本として市場に流通することになる。「絶版」になると、出版する権利は、著作者か、著者が死亡している場合は著作権継承者に戻ることになる。こうなると通常、他の出版社が改めて出版を行わない限り、個人の蔵書や図書館で収蔵されているもの、もしくは古書として流通する以外は、出版物として日の目を見ることはなくなる。しかし、出版物が電子化されると、在庫がなくても常時販売可能な状態となるため、「絶版」の概念がなくなるともいわれている。

［星野渉］

▶ **世論**（せろん／よろん）

(語 義) 明治期の日本では輿論（よろん・public opinion）と世論（せろん・popular sentiments）は使い分けられていたが、1920年代に始まる政治の大衆化によって、公的意見と私的心情の境界線は曖昧になった。46年の当用漢字表で「輿」が制限されたため、世論を「よろん」と読む習慣が生まれた。現在、中国・台湾・韓国など漢字文化圏においてpublic opinionの意味で「世論」と表記するのは日本だけである。

「世論」とは特定の論争的命題について、多くの人々が共有する意見、あるいは少数意見の存在を前提とする多数意見を指す。ホメロス「オデュッセイア」から「民の声は神の声（Vox populi, vox dei）」が引用されるように、古代ギリシャから政治的対立の中で獲得すべき正当性の根拠とされてきた。今日でも「議会政治という政治制度の奥殿にまつられたご神体」（京極純一）と評されるが、政治的立ち位置によって、定義は多様である。J・ハーバーマス『公共性の構造転換』（初版62年）は公衆と公的意見の成立史を17世紀啓蒙期から書き起こしているが、今日的な「世論」観は、公教育が普及して大衆新聞が登場した19世紀中葉に成立した。それは、印刷物を媒介に一面識もない離れた場所にいる国民と共通の意見で結ばれているという共同体感覚を生み出した。「世論」とは新聞読者＝公衆の意見と考えられた。

五箇条の御誓文（1868年）の「万機公論に決すべし」も、こうした公議輿論の立場を支持したものである。しかし、新聞の大衆化は理性的な意見とは呼べない情念や偏見をも組織化する。軍人勅諭（82年）の「世論に惑はず、政治に拘らず」が示すように、世論は熱しやすく冷めやすい「空気」と考えられていた。W・リップマンも『世論』（1921年・戦前翻訳では「輿論」）において、心理学的ミクロ・レベルの小文字複数形 public opinions と社会学的マクロ・レベルの大文字単数形 Public Opinion とを使い分けている。

(実例) 1936年にG・ギャラップがサンプリングに基づく科学的調査を開始して以降、世論は一般には「世論調査で計ったもの」（G・ギャラップ）を指すことが多くなった。しかし、調査結果が現実の意見分布を正確に反映しているとは限らない。E・ノエル＝ノイマン『沈黙の螺旋』（初版80年）によれば、マスメディアが特定の意見を優勢な世論と報じると、社会的孤立を恐れる人々は勝ち馬を追うように世論に飛びつき、最初の意見分布とは異なる圧倒的世論が作られていく。この仮説から、「世論とは、論争的な争点に関して自分自身が孤立することなく公然と表明できる意見」という定義が引き出せる。しかも、現実の世論調査で明らかになるのは、内閣支持率などに典型的なように、理性的な意見の分布というより好き嫌いの感情傾向の風向きにすぎない場合が多い。

こうした問題点を克服すべく、世論調査に討議プロセスを導入した討論型世論調査 deliberative polling がJ・フィシュキンらによって提案された。無作為抽出された対象者が世論調査に答えた後、討論のための資料や専門家から十分な情報提供を受けて、小グループと全体会議で討論した後で二次的調査を行い、意見や態度の変化を分析する社会実験的手法である。日本では2012年に国家レベルで政策決定過程に正式採用された世界初の試みとして「エネルギー・環境の選択肢に関する討論型世論調査」が実施された。

(参考文献) 岡田直之『世論の政治社会学』（2001・2　東京大学出版会）、佐藤卓己『輿論と世論—日本的民意の系譜学』（2008・9　新潮社）、西平重喜『世論をさがし求めて—陶片追放から選挙予測まで』（2009・12　ミネルヴァ書房）、曽根泰教・柳瀬昇・上木原弘修・島田圭介『「学ぶ、考える、話しあう」討論型世論調査—議論の新しい仕組み』（2013・10　木楽舎）［佐藤卓己］

▶ **世論操作**（せろん／よろんそうさ）

(語義) 様々な争点について世論を特定の方向に誘導する情報活動。プロパガンダの一種だが、特に客観性を装う世論調査を通じて行われる場合を指すことが多い。

(実例) 科学的世論調査は1935年のG・ギャラップによるアメリカ世論研究所設立とされているが、その政治利用はニューディールを掲げたF・ルーズベルト政権期に飛躍的に発展した。長期化する議会審議を打ち切って法案を通すべく、民意の科学的根拠として世論調査結果が利用された。それは大統領が直接ラジオで呼びかけて「参加なき参加感覚」を国民に与える炉辺談話と不可分の「合意の製造」（リップマン）システムだった。第二次世界大戦への参戦に向けて、慎重な政策論議よりも迅速な政治行動が必要とされていたのだ。「Yes」か「No」か、二者択一を国民に迫り、統計的な民意を背景に長期化する議会審議を

打ち切るシステムがここに誕生した。「非常時」政治たるニューディール・デモクラシーは、即断即決を旨とする戦争民主主義に他ならない。H・シラーは戦時体制と世論調査の発展をこう総括している。「マーケティングの必要が世論調査の生みの親だとすれば、戦争は調査技法の開発をうながす育ての親だった。第二次大戦の勃発によって、世論調査の技法にお誂え向きの様々な情報ニーズが生じた。」

世論調査は膨大な経費と手数を要するため、度々は実行できない国民投票の代用として喧伝されてきた。P・ブルデューは「世論なんてない」(72年)において、世論とはそれがあることで得をする人々が作り上げた意見であると定義している。世論調査が世論操作のために行われてきた歴史は記憶しておくべきだろう。

(参考文献) H・シラー『世論操作』(斎藤文男訳、1979・9　青木書店)、P・ブルデュー『社会学の社会学』(田原音和監訳、1991・4　藤原書店)、佐藤卓己『輿論と世論』(2008・9　新潮社)　　　　　　　〔佐藤卓己〕

▶ 世論調査→世論(よろん)調査

▶ **尖閣列島ビデオ流出事件**
(せんかくれっとうびでおりゅうしゅつじけん)

(背景) 尖閣列島は日本、台湾、中国の三国が領有を主張している。長く日本が実効支配下に置いているが、日本側の主張する領海に対して中国、台湾からの侵犯が繰り返されてきた。2010年9月7日に領海侵犯した中国漁船は海上保安庁巡視船の警告を聞かず、巡視船に船体を衝突させる挙に出る。この衝突を海上保安庁が記録した動画映像が、同年11月4日、ユーチューブ上に「sengoku38」なる登録名の人物の手によりアップされ、一夜にして多くの人が視聴し、マスメディアのニュースでも取り上げられた。

(特色) 国会議員の中から海上保安庁の記録した衝突時の映像の公開を求める声が高まり、政府は11月1日の衆議院予算委員会の場で7分弱に編集したビデオ映像を両院予算委員長・同理事ほか30人に限定して公開した。ユーチューブにアップロードされた映像は国会議員らに公開された映像のオリジナル版だと見られ、総計44分にわたるものだった。同月8日、海上保安庁は国家公務員法守秘義務違反などの疑いで、投稿者を被疑者不明のまま警視庁と東京地方検察庁に告発。同月10日、第五管区海上保安本部に所属する43歳の海上保安官・一色正春が出頭した。

同保安官によれば一部の議員にだけ公開した政府のやり方に憤りを覚え、「真実を国民に隠したままでは国民がことの正否を判断しようがない」と考えて公開に至ったという。ビデオは海上保安庁内では自由に閲覧でき、保存もできた。映像を収めたSDメモリーカードは最初CNN東京支局へ郵送されたが内容などの記載がなかったためにウイルス感染を恐れて廃棄される。その後、同保安官は自らの手による公開を決意し、ユーチューブへ投稿した。この過程において国内の報道機関への接触を一切検討しなかったことに保安官の国内メディアへの不信感の深さがうかがえる。

12月22日、保安官は海上保安庁により停職12か月の懲戒処分を受けたが、同日付で辞職した。11年1月21日に国家公務員法違反については起訴猶予処分が下された。

(参考文献) 一色正春『何かのために　sengoku38の告白』(2011・2　朝日新聞出版)　　　〔武田徹〕

▶ **選挙運動** (せんきょうんどう)

(語義) 選挙運動とは、広義では選挙に当選するために選挙人に働きかける行為一般を指す。狭義では公職選挙法の規制対象となる行為、すなわち、「特定の公職の選挙につき、特定の立候補者又は立候補予定者に当選を得させるため投票を得若しくは得させる目的をもつて、直接又は間接に必要かつ有利な周旋、勧誘その他諸般の行為をすること」(最判昭和52年2月24日)を指す。

(実例) 公選法上の選挙運動規制は、期間・主体・方法・費用に対する規制に大別できる。選挙運動ができる期間は立候補の届出をしてから投票日の前日まであり、立候補届出前の選挙運動(事前運動)は禁止される。選挙運動

の期間中であっても、選挙事務関係者、特定の公務員、未成年、選挙権・被選挙権を有しない者による選挙運動や、公務員等、教育者の地位利用による選挙運動は禁止される。選挙運動の方法については、戸別訪問、署名運動、飲食物の提供、夜間の街頭演説等が禁止され、文書図画の頒布やポスターなどの掲示に対しても細かな制限規定が設けられている（インターネットなどの利用も文書図画の頒布にあたるとして規制されてきたが、2013年の法改正により、インターネットなどを利用した選挙運動のうち一定のものが解禁された）。選挙運動の費用については、国や地方公共団体が一部を負担する選挙公費負担制度がある一方、選挙区ごとに法定選挙運動費用が定められ、これを超える支出は禁止される。こうした規制は、選挙が公正かつ適正に行われるための規制であるとされるが、「べからず選挙法」「一律に不自由」であるといった批判も強い。

なお、新聞・雑誌の報道及び評論は、人気投票の公開や虚偽事項の記載、事実の歪曲を除き、自由である。放送についても、放送法の規定に従う限り、放送番組編集の自由が保障されるが、政見放送など公選法が定める場合を除き、選挙運動のための放送をすることは禁止される。

参考文献　安田充・荒川敦編著『逐条解説　公職選挙法（下）』（2009・1　ぎょうせい）　　[横大道聡]

▶ 選挙報道（評論の自由）
（せんきょほうどう（ひょうろんのじゆう））

語義　公職選挙法上、新聞紙・雑誌が選挙に関する報道・論評を掲載することは、選挙運動期間中、選挙当日であっても原則自由である（148条1項）。ただし、虚偽事項の記載、事実の歪曲記載など表現の自由を濫用することは禁止され（148条1項但書）、これにより選挙の公正を害した場合には、新聞紙・雑誌の編集者・経営者に対して刑罰が科される（235条の2第1号）。また、当選または落選させるために新聞紙・雑誌の編集者・経営者に対して利益供与などをして選挙に関する報道・評論を掲載させるといった行為（148条の2）や、選挙に関する人気投票の経過・結果を公表すること（138条の3）なども禁止されている。もっとも、選挙に関する新聞記事の記載が公選法第148条1項但書に違反しても、その違反は選挙無効の原因にはならない（最判昭和30年8月9日）。

放送の場合、政見放送と経歴放送を除き、「選挙運動」のための放送は禁止される（151条の5）。しかし、選挙運動にわたらない範囲でなされる選挙に関する放送は、放送法の基準に従って編集・報道される限り自由である（151条の3）。ここでいう放送法の規定とは、不偏不党（1条2項）、政治的公平、事実をまげない報道、意見が対立している問題につき、多角的に論点を明らかにすること等のことである（同4条2～4号）。

実例　公選法上、選挙運動期間中と選挙当日に報道・評論を行うことが認められるのは、次の要件を満たす新聞紙・雑誌に限られる。①新聞紙は毎月3回以上、雑誌は毎月1回以上、号を逐って定期に有償頒布するもの、②第三種郵便物の承認のあるもの、③当該選挙の選挙期日の公示または告示の日前1年（時事に関する事項を掲載する日刊新聞紙にあっては6か月）以来、①②の要件を満たしており、引き続き発行するもの（148条3項1号）。なお、上記の要件を満たす新聞紙・雑誌の発行者が発行する別の新聞紙・雑誌の場合、上記①②の要件を満たせばよい（同2号）。また政党その他の政治団体が発行する新聞紙・雑誌については、特定の選挙の期日の公示または告示の日からその選挙の当日までの間、選挙に関する報道及び評論を掲載してもよい（201条の5）。この要件を満たさない新聞紙・雑誌が選挙運動期間中及び選挙当日に、選挙に関する報道・論評した場合、その編集者・経営者は処罰される（235条の2第2号）。

なお、ここでいう報道・論評とは、当該選挙に関する一切の報道・評論を指すものではなく、特定の候補者の得票について有利・不利に働くおそれのある報道・評論であり、これに該当する場合でも、それが真に公正な報道・評論を掲載したものであれば、その行為の違法性は阻却される（最判昭和54年12月20日）。

参考文献　安田充・荒川敦編著『逐条解説　公職選挙法（下）』（2009・1　ぎょうせい）　　[横大道聡]

▶ 全国紙（ぜんこくし）

[語義] 国内の広範な地域で発行され、取材網を展開している新聞を指す。

取り上げるニュースは、中央政界を中心とした政治ニュースや、国内外の経済ニュースのほか、海外のニュース、全国的に注目を集めるような事件・事故、スポーツ、生活情報と多岐にわたる。地方版（地方面）と呼ばれる、地域ごとに内容を切り替えるページをもち、各地に置いた支局・通信部という取材網を活用し、地域ニュースを取り上げている。通信社からの配信記事も一部に利用するが、国内外のストレートニュースにおいても、特集記事や寄稿・インタビューにおいても独自の取材などに基づく記事を多く掲載している。また、社説・論説においても、それぞれの独自の論調が見られ、時には論争を行っている。

[実例] 日本では、朝日新聞、毎日新聞、読売新聞、産経新聞に、経済紙の日本経済新聞を加えた5紙を全国紙とすることが多い。中でも歴史が長く、発行部数も多い朝日、毎日、読売を三大紙と呼ぶことがある。

日本の全国紙は、非常に部数が多いのが特徴であり、世界の新聞発行部数ランキングでは、全国紙5紙はいずれも上位を占める。ただし、発行部数の多くは、首都圏、京阪神圏と北部九州に集中しており、それ以外の地域ではブロック紙・地方紙に比べ普及率は低いことが多い。そのため、中央紙と呼ばれることもある。朝日、毎日、産経は大阪で、読売と日経は東京で創刊された。

新聞は印刷して輸送する必要があることから、海外では必ずしも全国紙が発達しているとは限らない。アメリカは国土が広大であることから、全国紙は発達せず、ほぼ全土で入手できる新聞は、USA TodayとWall Street Journalといわれている。また、フランスでも全国紙は、パリ周辺以外では当日中に入手できないことがある。

[参考文献] 稲葉三千男・新井直之・桂敬一編『新聞学〔第3版〕』（1995・4　日本評論社）、湯淺正敏・宿南達志郎・生明俊雄・伊藤高史・内山隆『メディア産業論』（2006・5　有斐閣）、浜田純一・田島泰彦・桂敬一編『新訂 新聞学』（2009・5　日本評論社）　〔阿部圭介〕

▶ 戦時下の情報統制
（せんじかのじょうほうとうせい）

[戦争と情報] 一般的に、戦争が始まると政府や軍は情報を統制しようとする。それは、検閲などによって自己に不利な情報を隠蔽する場合と、宣伝・プロパガンダによって、有利な情報を誇張したり、さらには虚偽の情報を流布しようとする場合に分けられる。また、その対象として、自国内向けと対外向けに区別することができる。

[ドイツの例] こうした情報統制は古代の戦争以来、様々な形態で行われてきたが、「総力戦」となった第一次世界大戦以降、参戦した国家は、情報を統制し、宣伝に従事するための政府機関や官庁を設置した。その最も代表的なものが、第二次世界大戦におけるナチス・ドイツの国民啓蒙宣伝省（Reichsministerium für Volksaufklärung und Propaganda、以下、宣伝省）であろう。

1933年1月30日にワイマール共和国首相となったアドルフ・ヒトラー（Adolf Hitler）は、3月13日、宣伝省を設置し、国家社会主義ドイツ労働者党（ナチス党）幹部のヨーゼフ・ゲッベルス（Paul Joseph Goebbels）が初代大臣となった。翌年、ヒンデンブルク大統領が死去し、ヒトラーが総統（国家元首）として独裁指導体制を固めると、宣伝省の機構は次第に拡充し、強化されていった。検閲法により新聞、雑誌、ラジオなどのメディアへの統制を強めるとともに、積極的にラジオや映画を用い、ヒトラー個人への崇拝を高めるとともに、第一次世界大戦敗戦以降の鬱屈したドイツ国民の感情を対外的な敵意へと転化することに成功した。大臣のゲッベルス自身も、しばしばドイツ国民を鼓舞する映画制作に関与した。

[日本の例] こうしたナチス・ドイツにおける情報統制を模範としたのが、枢軸国として同盟を結んだ日本である。日本の場合、政府や軍部の情報統制機関はもともと分散していた。外務省に情報部が設置されたのは1921年8月13日で、対外宣伝や国内世論の指導を所掌していた。それに先立ち、陸軍省は19年2月に

は新聞班を設け、陸軍の広報活動を行っていた。同様に海軍にも軍事普及部が設置されていた。

31年9月に満州事変が勃発すると、情報面でも戦時体制の確立が求められるようになる。まず、外務、陸軍、海軍、文部、内務、逓信の各省申し合わせにより、情報委員会が翌年9月20日に設立された。委員長は外務次官が務め、日本の満蒙支配を主張する「宣伝方針及要項」の策定や同盟通信社の設立などが決められた。情報委員会は、36年7月に勅令により内閣直属の機関となり、さらに37年9月には、改組して、内閣情報部が設置された。そして、40年12月には情報局に格上げされた。情報局総裁には、外務官僚のほか、緒方竹虎や下村宏（海南）のようなメディア出身の政治家も起用された。ただ情報局は陸海軍、内務省、外務省からの出向職員で占められ、内実はセクショナリズムに支配されていた。しがたって、ナチス・ドイツの宣伝省ほどの一元的な情報のコントロールにはほど遠かった。

(アメリカの例) こうした枢軸国側の動きに対して、「自由」を標榜する連合国側では表だった情報統制は困難であった。しかし、そのアメリカでも第二次世界大戦では、様々な機関が設置され、情報統制を行った。第二次世界大戦が勃発するとルーズベルト政権は、1941年7月にOCI（Office of the Coordinator of Information、情報調整局）を設立し、ウィリアム・ドノバン（William Donovan）を責任者に指名した。42年6月、OCIは、OWI（Office of War Information、戦時情報局）とOSS（Office of Strategic Services、戦略諜報局）に分割された。OWIは、アメリカ国民向けの情報や、国際放送VOA（Voice of America）などによるいわゆるホワイトプロパガンダに従事し、OSSは、ドノヴァンの指揮下でブラックプロパガンダ（謀略放送）や諜報活動に従事することになった。また、真珠湾攻撃後の41年12月には、検閲局（Office of Censorship）が設立され、元AP通信編集主幹のバイロン・プライス（Byron Price）が局長となり、「自主検閲」という原則によって各種のメディアを強力に監督した。こうしてアメリカも、枢軸国側の巧妙なプロパガンダに対抗し、戦闘を有利に進めるために様々な情報統制を行ったのである。

第二次世界大戦が終わると、検閲局は廃止されたものの、OSSはCIA（Central Intelligence Agency、中央情報局）に改組された。OWIの機能は、国務省を経て、1953年以降はUSIA（United States Information Agency、情報庁）に引き継がれていった。これらは、冷戦という新しい形態の戦争のもとでの情報統制を行うための措置であったといえる。

それでも、その後の朝鮮戦争やベトナム戦争の頃まで、アメリカによる戦時の情報統制はそれほど厳しくはなかった。特に、ベトナム戦争勃発当初、メディアは比較的自由な取材を行うことができたとされる。そのため、アメリカのベトナムへの介入が拡大し空爆が開始されると、記者たちは次々にベトナムに入った。新聞は、戦争の姿をありのままに伝え、ジョンソン大統領のいう「共産主義の手からアジアを守る正義の戦い」の実情がいかなるものであったかを伝えた。さらに、テレビは、生々しい戦闘シーンを放送し、戦争の悲惨さを全世界に伝えた。また、日本をはじめ世界のメディアも現地に多くの特派員を派遣し、大々的に戦争の模様を伝えた。こうした各国の報道は、アメリカ国内の反戦世論の勃興とも相まって、世界的な反米意識を高めることとなった。

(現代では) こうした経験は、その後の戦争においては、徹底的な情報操作やメディアコントロールの実施をもたらすこととなった。それが成功をおさめたのが、1991年に起きた湾岸戦争であった。この時、アメリカの政府や軍は徹底した情報のコントロールを行った。その1つの手段が、「プール」と呼ばれる代表取材の仕組みだった。軍は、前線へ行くことのできる記者・カメラマンを制限し、反米的な報道をしようとするものは「プール」から除外した。テレビの戦争報道にとって前線の映像は不可欠である。したがってメディアの側は、「プール」に入るために軍への批判を控えた。そのため、アメリカの戦争報道は愛国的なもの一色に染まり、戦争批判はほとんど見られなかったのである。

戦時下において、政府や軍は情報をコントロールしようとする。それに対し、ジャーナリズムの側も、最新の情報を求め、政府や軍に対して妥協や迎合する。また、国内世論やナショナリズムの高揚の下で、権力との間に相互依存の関係を築くことさえある。その意味でメディアと権力の関係は、決して一方的なものではない。

(参考文献) 朝日新聞社会部編『メディアの湾岸戦争』(1991・12 朝日新聞社)、佐藤卓己『現代メディア史』(1998・9 岩波書店)、山本武利『ブラック・プロパガンダ―謀略のラジオ』(2002・5 岩波書店)、マイケル・S・スウィーニィ『米国のメディアと戦時検閲―第二次世界大戦における勝利の秘密』(土屋礼子・松永寛明訳、2004・4 法政大学出版局)　　[井川充雄]

▶ センセーショナリズム（煽情報道）
（せんせーしょなりずむ（せんじょうほうどう））

(語義) 大衆の関心を呼び起こすため、故意に、あるいは意図せずとも結果的に必要以上に人々の感情や関心をかき立てるような報道を行うこと。「煽情報道」ともいう。その中では、事象の社会的・歴史的・客観的な評価や位置付けは後景に追いやられ、人々の感情や情念に訴えかけるような大袈裟な表現や誇張、時には虚偽と紙一重の不確かな情報などが前面に押し出される。

歴史的にはマスメディアが発達する以前から、統治者が自らに都合よく民衆を動員、煽動する際などに用いた。現代では欧米の「イエローペーパー」に象徴されるように、センセーショナリズムとメディアの商業主義は裏表の関係にある。芸能報道や一部のスポーツ報道、さらには自らの社会や共同体全体が被害者感情に覆われた際、実態とはズレがある「敵」や「悪」を見つけて標的にし、バッシングする報道などにセンセーショナリズムを見つけることができよう。これが行き過ぎると、健全な民主主義の形成に大きなマイナスになる。

(実例) 近代日本では、1905年の日露講和条約締結に際し、それに不満をもつ民衆の声を代弁する形で新聞が激烈な言葉で日本政府を批判し、それに煽られた民衆が日比谷焼打事件を起こした例がある。33年の国際連盟脱退時には、日本が世界の孤児になったのに、報道は「さらば国連」などと喝采。日中戦争、太平洋戦争では日本兵による「100人斬り競争」など、大衆が喜びそうな虚偽報道も登場し、熱狂を煽った。最近でも、日本人拉致を北朝鮮が認めた2002年以降の一部の北朝鮮関連報道、陰惨な事件の容疑者報道など実例は数多い。そうした取材の現場では、往々にしてメディアスクラム（集団的過熱取材）が生じている。

(参考文献) 岡憲一『メディアスクラム―集団的過熱取材と報道の自由』(2004・7 花伝社)、朝日新聞「新聞と戦争」取材班『新聞と戦争』(2011・7 朝日新聞出版)　　[高田昌幸]

▶ 戦争報道（せんそうほうどう）

(特色) ロンドンのサンデー・タイムズのベテラン記者であったフィリップ・ナイトリーが著した『戦争報道の内幕』の原書題名は「The First Casualty」（最初の犠牲者）だった。その出典はアメリカが第一次大戦に参戦した1917年にハイラム・ジョンソン上院議員が述べた"The first casualty when war comes is truth"（戦争が起きれば最初の犠牲者は真実である）という言葉だ。

総力戦の時代に至って戦争という国家の非常事態が起きれば、あらゆるものが戦争遂行のために動員されるようになった。戦える者は徴兵され、徴兵を免れた者も銃後を守る役目を課せられる。物資生産は軍需に優先的にあてられ、戦争遂行のために特別な経済体制が取られるからだ。

そうした枠組みの中では、報道も例外たりえない。国民の戦意を高揚させることが報道には求められ、それは時に虚偽報道に至る。例えば太平洋戦争開戦後、日本の報道機関はいわゆる「大本営発表」情報を流し続け、敗戦直前には勝敗が正反対の発表すら恒常的に行うようになり、まさに「真実」が犠牲になった。

(経緯) だが、そこで犠牲になったのはあくまでも真実であり、報道機関ではない。アメリカとスペインが共に領有権を主張し、緊張

感が高まるキューバに派遣した記者に、「君は現地にとどまり、写真を用意しろ。戦争は私が作る」と述べたとされる新聞王ハーストの言葉は象徴的だ。ハーストのニューヨーク・ジャーナルは、1895年にはわずか1500部を販売するにとどまっていたが、米西戦争中に160万部以上まで発行部数を伸ばした。規模拡大に繋がる格好の機会だからこそ報道機関も戦争に期待し、期待が募るあまりに真実以外を報道しないことへの抑制が破られる。これは対岸の火事ではない。満州事変から太平洋戦争開戦までの間に、朝日新聞は150万部から350万部へ部数を倍増させているし、毎日新聞、読売新聞も似たような状況だ。その過程でより多くの受け手を獲得するためには戦況を誇張して伝え、時に捏造するという轍もまた踏まれている。

こうした国家と報道の共犯関係の中で、報道関係者もまた無垢ではあり得ない。例えば、朝日新聞は林芙美子に日華事変の従軍報告を連載させているが、そこで描かれたのは勇敢にして正義感に溢れた日本兵の戦いぶりであり、殺される中国兵や、武力によって支配される中国都市の側の事情は一切捨象される。中立公正から程遠い記事を林は強制的に書かされていたわけではない。自発的に自国軍を応援し、戦争が勝利に終わることを望んだのだ。

こうした三つ巴の共犯関係から逃れることはできないのか――。最近ではグローバル化が進み、国益は国家単位で完結させて議論できなくなっている。一方で国境を超えて活動するジャーナリストも増え、かつてのように戦争報道においてジャーナリストが国益に奉仕する構図は薄れつつある。

しかし新しい傾向もある。湾岸戦争で米政府、米軍は精密誘導弾が目標を正確に破壊する瞬間を捉えた映像を大量にテレビメディアに提供した。誘導ミサイルの先端部に設置されたカメラから送られる映像は前代未聞であり、視聴者の視線はそこに釘づけとなった。こうして視聴率が望める映像であることがわかれば、テレビ局はそれを流さずにはいられない。結果的に湾岸戦争を伝えるテレビニュースは精密誘導弾によるピンポイント攻撃の映像で席巻され、政府に不都合な誤爆などの情報は隠蔽された。

前代未聞の映像に惹きつけられる視聴者の反射的反応まで相手取って情報管制がなされ、真実が隠される。そのような戦争報道の現状を乗り越えるためには、私たちの感覚の変容を見つめなおし、改めて価値観の再構築を目指すべきなのかもしれない。

(原則) そこで思い出すのはデビッド・ハルバースタムの見解だ。サイゴン特派員としてベトナムに赴任してからちょうど20年目となる1982年、ハルバースタムはパレード誌の依頼に応えて「娘への手紙」というエッセーを書いている。幼い娘ジュリアに語り伝えるという体裁を採って、ハルバースタムは自身のベトナム戦争取材時代を回顧するのだが、そこで1つの事件が触れられる。反戦的な記事を書いていたハルバースタムはすっかり米政府の嫌われ者となり、ケネディ大統領がニューヨーク・タイムズ社主にハルバースタムをベトナムから戻せと直談判するまでになった。

そんな時、ある噂が流された。ハルバースタムが泣いたという。それもベトコンの死体を見て、というのだ。自分に関するそんな噂を耳にしてハルバースタムは激昂した。事実無根であるだけでなく、それはハルバースタムがもはや「敵」の一員になったことを意味する悪意ある中傷だった。聞き捨てならないと考えたハルバースタムは反撃に出る。その噂を流した張本人と思われる将校がサイゴンに来た際、その胸倉をつかんで抗議した。「嘘をつくな。これまで50回以上も最前線を俺は取材しているんだ。死体など見飽きたほどだ。泣いたりしてはいないぞ、いいか」。

こうして濡れ衣を晴らしてハルバースタムは溜飲を下げる。記者仲間の間でも彼の武勇伝は評判が良かった。ところがその1年後、ハルバースタムの後を継いでサイゴン特派員になったジャック・ラングスという記者がニューヨーク・タイムズにこう書いた。例の話は事実ではない。だが、本来は事実であるべきではなかろうか。来るべき世代のアメリ

カ人は、戦争の惨禍(さんか)の中に横たわる死体に涙する人を蔑(さげす)むどころか、むしろその涙ゆえに尊敬すべきではないか、と。

ハルバースタムはその記事に強く同意する。「ジュリア、おまえの名付け親のラングスのいった通りだ。あの頃、もし本当に誰かがベトコン兵士の死体の写真を見せてくれたとしたら、その場で嗚咽(おえつ)する人間でありたかった、といまにして私は思っている」。

誰の死であっても、それを悲しみ、悼む、そんな自然な感覚を改めて思い出すこと、そしてその感覚の上にジャーナリズムを位置付けるべく努めることこそ必要ではないか。

言論が武力に訴えることなく問題解決を目指すものであり、報道がそんな言論の一翼を担うのだとすれば、それは原理的に反戦的であらざるをえない。そんな報道が国家との共犯関係の中で戦争遂行に協力しているのだとしたら、報道は自らの存在価値を見失っているのだ。「死体に涙する」感覚を自ら取り戻し、テレビゲームのような戦争のイメージの中で実際の死を忘れかけている社会に対して改めて死の痛みと悲しみを伝え、死に至らしめる暴力を遠ざけようとすることこそ戦争報道の使命ではないか。

(参考文献) D・ハルバースタム『ベスト&ブライテスト』新版1〜3巻(浅野輔訳、1983・6 サイマル出版会)、P・ナイトリー『戦争報道の内幕─隠された真実』(芳地昌三訳、1987・2 時事通信社、2004・8 中央公論新社)、D・ハルバースタム『戦争ゲーム』(筑紫哲也訳、1991・8 講談社)、D・ナソー『新聞王ウィリアム・ランドルフ・ハーストの生涯』(井上廣美訳、2002・9 日経BP社)、門奈直樹『現代の戦争報道』(2004・3 岩波書店)、Knightley, Phillip. *The First Casualty : The War Correspondent as Hero and Myth-Maker from the Crimea to Iraq* (2004, Johns Hopkins University Press)、林芙美子『戦線』(2006・7 中央公論新社)、Halberstam, David. *A Letter To My Daughter*：https://www.commondreams.org/archive/2007/04/24/707

[武田徹]

▶ 宣伝 (せんでん)

(語義) 宣伝=プロパガンダ(propaganda)は、特定の思想や信仰、行動、意見などへと人々を誘導する行為をいう。類似の概念に広告(advertising)やパブリシティなどもあるが、これらが商品の販売や企業イメージの向上を目的とした、もっぱら経済的な活動に関するのに対し、宣伝はより政治的・宗教的・軍事的・扇動的などの意図を帯びたものをいう。発信元が明瞭であり、事実に基づいた情報によって構成されたものをホワイトプロパガンダ、発信元を偽ったり不確かな情報に基づくものをブラックプロパガンダ(謀略、情報操作)と呼ぶ場合もある。

また、アメリカの大統領選挙などでは、政敵への批判や中傷などのネガティブキャンペーンが行われることがあるが、これなどもプロパガンダと呼べるだろう。

(実例) 歴史的に有名なプロパガンダとしては、国民啓蒙・宣伝省を率いたヨーゼフ・ゲッペルスによるナチスドイツのそれや、ソビエト連邦など社会主義国家建設の際の対内的・対外的な宣伝が挙げられることが多い。

最近の事例でいえば、1990年代、内戦中のユーゴスラビア地域で「民族浄化(ethnic cleansing)」の語が多用されたが、これはボスニア・ヘルツェゴビナ政府と契約を結んだアメリカのPR(Public Relations)会社のメディア対策の成果とされている。当初「ホロコースト」の語が用いられたが、それをより目新しく、インパクトのある「民族浄化」と言い換えたことで、敵対する勢力の残忍なイメージが、広く国際的に共有されていく結果となったという。

(参考文献) 佐藤卓己『大衆宣伝の神話』(1992・12 弘文堂)、難波功士『「撃てしや止まむ」─太平洋戦争と広告の技術者たち』(1998・12 講談社)、山本武利『ブラック・プロパガンダ─謀略のラジオ』(2002・5 岩波書店)、高木徹『ドキュメント戦争広告代理店』(2005・6 講談社)

[難波功士]

▶ 煽動罪 (せんどうざい)

煽動罪とは、文書や言動によって他人に特定の違法な行為を実行させる決意を生じさせたり、決意を助長させたりする刺激を与える罪のことをいう。現行法では、破壊活動防止法や国家公務員法などが、煽動に関する規定

を設けている。例えば、破壊活動防止法38条は内乱や外患誘致などの行為を実行させる目的をもってその行為の煽動をすることに刑罰規定を設け、国家公務員法110条1項17号は争議行為のあおりなどに刑罰規定を設けている。日本では、明治憲法時代における治安維持法が煽動処罰規定を設けていたことが有名である。しかし、煽動罪は恣意的に処罰されるおそれがあることや表現活動に委縮効果をもたらすおそれがあることから、憲法上の問題をはらんでいる。実際、表現の自由を厚く保障しているアメリカでさえ、建国期に煽動罪によって表現活動を弾圧していた時期があり、人権との関係で注意が必要な法令となっている。 参考文献 奥平康弘『「表現の自由」を求めて』(1999・12 岩波書店) ［大林啓吾］

▶ 潜入取材→覆面取材・潜入取材

▶ 専門紙(せんもんし)

語義 一般の時事ニュースを扱うのではなく、特定分野のニュースを中心に扱う新聞を指す。この定義に従えば、経済紙やスポーツ紙も専門紙に含まれるが、例えば川井良介(1995)は、経済紙やスポーツ紙を広義の一般紙に含め、特定の限られた人々を対象とする、より狭い範囲の関係者のみが読む新聞や、機関紙、広報・PR紙を専門紙と定義している。実際に、日本専門新聞協会の加盟社は、川井が定義する専門紙となっており、実態に即しているといえる。

専門紙のうち、特定の業種に絞った新聞は業界紙とも呼ばれる。業界紙はその性格上、取材元自体が専門とする業界を対象とし、購読者も多くがその業界に属する企業や事業所であり、広告もまたその業界や関連業界からの出稿が多いなど、その業界とは非常に深い関係になることが多い。

専門新聞協会では、専門紙の役割を「専門紙は、政治、経済、文化、社会の各分野に必要な専門情報を提供しており、その記事は一般紙と異なる深さを持ち、産業・経済・教育・文化の各分野の発展向上に寄与して」いると説明している。

実例 日本専門新聞協会には、2013年現在約90社が加盟している。また、電波新聞、日本海事新聞、水産経済新聞、日本農業新聞等のように日本新聞協会に加盟している専門紙もある。部数規模は、業界規模にも左右され、日本農業新聞のように30万部を超す新聞がある一方で、ごく少部数に限られている新聞もある。

参考文献 川井良介「スポーツ紙・夕刊紙・専門紙」稲葉三千男・新井直之・桂敬一編『新聞学［第3版］』(1995・4 日本評論社) ［阿部圭介］

▶ 占有移転禁止(せんゆういてんきんし)

建物や土地などが不法に占拠された場合、所有者は占有者に対して明渡しや引渡しを求める訴訟を提起できるが、訴訟中に占有者が変わると、当初の被告は占有者ではなくなるから、敗訴してしまう。このような事態を防ぐため、通常、訴訟提起に先立って占有移転禁止の仮処分が申し立てられる。その内容は、占有者に係争物の占有移転を禁止し、執行官に引き渡すべきことを命じ、執行官にその物を保管させ、さらにこれらの旨を公示させることである。この仮処分は、占有者を特定できない場合にも可能である(民事保全法25条の2)。ただし、多くの場合、占有者による現実の使用はその後も認められる。占有移転禁止の仮処分を執行することにより、仮に被告がその後占有を第三者に移転したとしても、本案訴訟上は被告が占有者とみなされ、訴訟を続行することができる。また、所有者が勝訴した場合には、当初の占有者を被告とする判決により、その者から占有を継承した者に対しても強制執行を行うことができる(同法62条)。 参考文献 中西正ほか『民事執行・民事保全法』(2010・3 有斐閣) ［毛利透］

▶ 占領期の表現活動
(せんりょうきのひょうげんかつどう)

背景 1945年8月15日にポツダム宣言受諾が発表され、9月2日には降伏文書調印が行われた。降伏文書は日本政府に対して「連合国軍最高司令官(Supreme Commander for the

Allied Powers)」の指示に従うことを定めていた。連合軍最高司令官に属する「連合国軍総司令部 (General Headquarters, the Supreme Commander for the Allied Powers 略称GHQ/SCAP、通称GHQ)」による占領支配のはじまりである。GHQ占領は、52年4月28日のサンフランシスコ講和条約発効まで続いた。

　占領政策は間接統治を原則としたが、メディアに関しては情報局を解散し、CIE (Civil Information and Education Section 民間情報教育局) が指導を、CCD (Civil Censorship Detachment 民間検閲局) が検閲を担当した。CIEはGHQ/SCAPに直属し、占領目的の中でも特に情報、教育、宗教、文化、芸術、世論調査及び社会学的調査の分野で、軍国主義を解体し民主化を遂行することを任務とした。これに対してCCDは非公然の組織で、郵便や電信電話などのパーソナルメディアの検閲及び調査を行う通信部門と、新聞・出版、映画・演劇、放送等のメディア検閲及び調査を行うPPB (Pictorial Press Broadcast) 部門を設けた。

　[誌ジャンルの動向] CIEによる啓蒙とCCDによる検閲を両輪とする占領軍のメディア政策の下にあっても、占領下の表現活動はかつてない活気を見せた。

　映画は、大衆娯楽を代表するメディア産業であった。恋愛を民主主義の下における自由な男女関係の象徴と位置付けるCIEの指導を受け、「青い山脈」(石坂洋次郎原作、今井正監督、1949年) のような作品が成功した。恋愛の表象としてキスシーンを映画に採用するようCIEが働きかけ、「或る夜の接吻」(千葉泰樹監督、46年)、「はたちの青春」(佐々木康監督、46年) など「接吻映画」と呼ばれる作品が評判となった。一方では映画産業の民主化要求の過程で、46年から東宝で労働争議が勃発、GHQ/SCAPはこれに軍隊を投入し干渉した。東宝争議は、経営陣の交替、組合員の解雇、争議後50年のレッドパージ等、戦後映画界の人的再編にも深甚な影響を与えた。

　GHQの分析調査によれば、日本の演劇は、映画の登場によってもなお相当数の観客を集めていた。CIEは、歌舞伎の演目に散見される封建的な美徳を鼓吹する物語や、忠義に基づく敵討ち・切腹などの表象を問題視した。主君のために子どもを犠牲にする「寺子屋」、仇討ちの「忠臣蔵」などが占領初期には上演を禁じられた。上演禁止演目は名優を擁する東京の大歌舞伎から徐々に解禁されるが、むしろ近接する時代劇ないし新時代劇の領域や、映画におけるチャンバラ活劇などにおける禁止が、歌舞伎よりも長く占領期全般にわたり続いた。

　近代劇の領域では新協劇団、文学座、民芸、俳優座等の新劇の集団がこの時期出揃う。アマチュアの演劇運動は職場や地域、青年団、学校等をよりどころに隆盛をみた。とりわけ職場のサークル演劇などは「自立演劇」と呼ばれ、新劇の活動と相互に刺激を与えあった。

　占領軍は映画演劇 (Pictorial) 部門に紙芝居を加え、検閲対象とした。子どもたちを中心に紙芝居という文化の浸透力は著しく、あなどりがたい力をもっていたからである。街頭紙芝居は俗悪と難じられながらも勢力を拡大した。紙芝居は共産党系の政治プロパガンダの媒体としても利用された。

　放送において占領下を代表するメディアはラジオだった。GHQ/SCAPは45年9月22日に、放送の指針となるラジオコードを発令する。CIEによるラジオ放送の指導方針は、特に女性の民主化や大衆の生の声を放送にのせること、太平洋戦争の実態を周知させることだった。同年12月9日から放送された「真相はかうだ」はCIEラジオ課が脚本を担当し、戦時中の大本営発表とは異なる戦争の推移を明らかにし、軍部の国民に対する背信を告発した。

　文学の領域では、商業誌総合誌文芸誌に加えて、同人組織の「近代文学」(45年12月創刊、荒正人・埴谷雄高・佐々木基一ら)、「新日本文学」(45年12月創刊準備号、宮本百合子・中野重治・蔵原惟人ら) といった批評性の高い文芸誌が台頭する。本多秋五、平野謙、花田清輝、小田切秀雄ら、両誌に関わった文学者も少なくない。いちはやく登場した野間宏、椎名麟三、梅崎春生らに代表される第一次戦後派、ついで大岡昇平、島尾敏雄、堀田善衞らの第二次戦後派は、批評と連動し政治的発言や社会参加に

も積極性を見せた。

　太宰治、坂口安吾、田村泰次郎らは占領期の世態風俗の中にも戦争状態に通じるものを見てとった。大量死の体験が性幻想や身体論を変容させた時代である。野間宏、椎名麟三らの実存主義的な方法のかたわら、田村は肉体文学を提唱した。パンパンと呼ばれる女たちの生態を描いた「肉体の門」（47年）は、舞台・映画などとメディアミクスで商業的な成功を収める。48年の情死及びそのセンセーショナルな報道を通じて、太宰の無頼と文学は神格化される。

　戦時より持続する紙の統制下にあっても、出版物に対する需要は大衆の間にも広がり、文学者の社会的発言の影響力は甚大だった。20世紀初頭に成立した大衆文学概念の内実は時代小説が主流であり、モダニズム期に都市大衆文化とともに興隆した探偵小説ジャンルは戦時体制に抑圧されていたが、占領期には探偵小説あらため推理小説ジャンルが再編され活性化する。昭和初頭のモダニズム期に出発した横溝正史、木々高太郎らの活躍に加え、山田風太郎のような新しい作家が登場した。久生十蘭は国際感覚を発揮し、ジャンルを越えて占領期の社会に対する批評性をはらんだ小説を発表した。

　坂口安吾「戦争と一人の女」（46年）「続戦争と一人の女」（46年）、田村泰次郎「春婦伝」（47年）、久生十蘭「だいこん」（49年）等は、CCD検閲処分とのせめぎ合いを通じて紡がれたテクストである。田村の「春婦伝」は「暁の脱走」（谷口千吉監督、50年）として映画化の際、CIEの指導により、朝鮮人慰安婦の設定を日本人の慰問歌手へと変更している。占領軍の動向と検閲の存在について言及すること自体が処分の対象になるという検閲システムに対して、メディアは占領軍の意向を内面化し、自己検閲、自粛によって応じた。

　雑誌・新聞・図書検閲は現在プランゲ文庫資料（アメリカメリーランド大学所蔵）のマイクロ化、デジタル化、データベース化を通じ概要が知られつつあり、そこには地域、学校、職場等、草の根の人々の文芸活動が占領期に質量とも充実していた様が見てとれる。女性の参加も目立つ。

　桑原武夫「第二芸術」論など、短歌俳句ジャンルに対して、戦争と占領の歴史と対峙する近代文学としての能力があるのかという疑念と批判がつきつけられる中、実際には、結社によるものでなくとも、上のようなアマチュアの文芸同人誌のほとんどが短詩型に関わっていた。

参考文献　山本武利『占領期メディア分析』（1996・3　法政大学出版局）、平野共余子『天皇と接吻』（1998・1　草思社）、『占領期雑誌資料大系』大衆文化編全5巻・文学編全5巻（2008・9〜2010・8　岩波書店）、岩本憲児編『占領下の映画』（2009・1　森話社）〔川崎賢子〕

そ

▶ **総合雑誌**（そうごうざっし）

特色　日本の近代雑誌は、政論誌、啓蒙誌、文芸誌等を中心に発展し、雑誌文化が「論壇」「文壇」「思想界」を形成して、「文化人」「知識人」と呼ばれるオピニオン・リーダーを生んできた。政治、経済、社会、文化等、網羅的な分野の評論で構成される雑誌を「総合雑誌」と呼んでいる。日本雑誌協会の分類にも「総合月刊誌」というジャンルがある。月刊、A5判、文字中心、評論・ノンフィクション・小説の掲載等がその特徴として挙げられる。

歴史　明治・大正期から昭和戦前までの代表的総合雑誌としては、「中央公論（創刊時・反省会雑誌）」（1887〜）、「国民之友」（1887〜1898）、「太陽」（1895〜1928）、「改造」（1919〜1955）、「文藝春秋」（1923〜）、「日本評論（創刊時・経済往来）」（1926〜1951）等がある。徳富蘇峰が「国民之友」を、菊池寛が「文藝春秋」を創刊したことは有名。戦時中には治安維持法によって、「中央公論」「改造」などの自由主義的ないし左翼的雑誌が一時廃刊に追い込まれた（横浜事件など）。そもそも「総合雑誌」という名称は、戦時中の雑誌統制でカテゴライズされ名付けられたものである。

　敗戦直後の「総合雑誌創刊ブーム」ののち、60年安保・70年安保時に「展望」（1946

〜78）をはじめ総合雑誌が活況を呈したが、当時の総合雑誌は左派系といわれる「世界」（1945〜）を残すのみとなった。それに対し「諸君！」（1969〜2009）、「正論」（1973〜）といった右派系の「オピニオン誌」が台頭し、現在は「文藝春秋」、読売新聞系となった「中央公論」とともに、保守的な論陣を張る総合雑誌が目立っている。しかしそれ以上に、知的基盤やジャーナリズムの基盤が変容・衰退しており、総合雑誌の時代は終焉したといっていいだろう。

(参考文献) 水島治男『改造社の時代 戦前編』（1976・5　図書出版社）、水島治男『改造社の時代 戦中編』（1976・6　図書出版社）、毎日新聞社編『岩波書店と文藝春秋』（1996・8　毎日新聞社）、上丸洋一『「諸君！」「正論」の研究―保守言論はどう変容してきたか』（2011・6　岩波書店）、根津朝彦『戦後「中央公論」と「風流夢譚」事件―「論壇」・編集者の思想史』（2013・2　日本経済評論社）　　　　　　［諸橋泰樹］

▶ 装丁（そうてい）

書物を綴じ、表紙やカバーで本を汚れや破損から守るという実用的な役割に加え、デザインを駆使し立体としての本の魅力を読者に訴えるという効果をもたらす。先端的なデザイナーの作品から出版社の社内装丁まで種々あるが、本の内容を忠実に再現するデザインからアート作品となる華麗な装丁まで、ブックデザインは出版文化の中で重要な位置を占めてきた。著名な装丁家としては、戦前から活躍した恩地孝四郎、戦後のブックデザインを牽引した杉浦康平、菊地信義、文芸書に独自の境地を拓いた司修らがいる。近年の電子書籍の普及によって本来の意味を失いつつあり、カバーデザインとして残っている。

(参考文献) 菊地信義『新・装幀談義』（2008・3　白水社）、司修『本の魔法』（2011・6　白水社）、杉浦康平「多様体としてのブックデザイン」『EDITORSHIP』vol.2（2013・5月号　日本編集学会）、坂口顯『装丁雑記』（2013・11　展望社）　　　　　　［川上隆志］

▶ ソーシャルメディア（そーしゃるめでぃあ）

(語義) インターネットを用いて映像、音声、文字情報コンテンツを相互に伝え合うメディア技術。マスメディアのように特定少数の専門家が発信者になるのではなく、不特定多数のユーザーが情報の発信者と受信者を兼ね、日々刻々とコンテンツを更新してゆくことから、ティム・オライリーによって提唱されたWeb2.0の概念を具現化した1つのかたちとされる。UGC（ユーザー生成コンテンツ；user-generated content）やCGM（消費者生成メディア；consumer-generated media）と呼ばれることもある。2ちゃんねるのような電子掲示板、ブログ、ユーチューブやユーストリームに代表される動画共有サイト、ウィキペディアのようなナレッジコミュニティ、内部告発を集めたり、機密情報を暴露するウィキリークスやアマゾンなどのカスタマーレビュー、SNS（ソーシャル・ネットワーキング・サービス）と呼ばれるミクシィやツイッター、フェイスブックなどがソーシャルメディアの例とされる。

(特色) ソーシャルメディアは発信の易さから、シビックジャーナリズム、パブリックジャーナリズムの受け皿となった。韓国のオーマイニュースの成功に刺激されて日本でも開設された「インターネット新聞」サイト、例えばJanJanや、ライブドアのPJニュースなどが短命に終わったのは、寄稿する市民記者の記事が読者の期待するレベルに達さなかったことなども要因となったが、特別なサイトを経由せずともソーシャルメディア経由の発信が広く可能になった事情が大きかった。

またソーシャルメディアは、動員のメディアとしても機能した。2011年1月14日にチュニジアで起こった反政府デモ隊と治安部隊との衝突では、フェイスブックや、ツイッターが反政府側の情報発信や示威行動への動員に貢献したことから「ツイッター革命」といった呼び方もされている。日本でも3.11後の脱原発デモの折もソーシャルメディアを通じて参加者が広がった。

ソーシャルメディアの普及によって市民の多くが発信者になれるようになったにもかかわらず、発信の際に守るべきマナーなどを含めたメディアリテラシーが市民社会に広く共有されているとはいいにくく、ソーシャルメディアを通じて誹謗中傷やデマが拡散してし

まうなどの問題点も指摘されている。
参考文献 濱野智史『アーキテクチャーの生態系―情報環境はいかに設計されてきたか』(2008・10　NTT出版)、武田隆『ソーシャルメディア進化論』(2011・7　ダイヤモンド社)　　　　　　　　　［武田徹］

▶ **損害賠償**(そんがいばいしょう)

語　義　債務不履行または不法行為があった場合に、債務者(加害者)が債権者(被害者)に対し、それによって生じた損害の塡補をすること。損害賠償は原則として金銭によってなされる(民法417条・722条1項)。ジャーナリズムが関わる領域においては、名誉毀損・プライバシー侵害の不法行為に基づく損害賠償が典型的な場面である。

実　例　賠償されるべき「損害」は精神的損害と財産的損害に分けられ、前者を塡補するものは特に「慰謝料」といわれる。法人の名誉が毀損された場合、精神的苦痛がないので精神的損害は発生しないが、「無形損害」があるものとしてそれに対する賠償を肯定するのが通説である。

　名誉毀損・プライバシー侵害の場合の慰謝料については、長らく裁判所の認容額が数十万円台と低廉であることが問題とされてきたが、2000年頃から急速に認容額が上がり、現在は百万円から数百万円の賠償が認容される例が多くなってきている。原告や記事が複数の事案では、合計して千万単位の認容額となるケースもある。このように認容額が高額化されたことについては、被害者保護の観点から肯定的に評価する見解もある一方、報道の自由に対する脅威であるとしてこれに否定的な見解もある。また、自ら名誉を回復する方法や力のある著名人の方が、それのない市井の人よりも高額の認容をされる傾向があるとして、高額化を評価しつつもこの傾向に対し疑問を呈する見解もある。

　財産的損害としては、賠償請求訴訟のために要した弁護士費用が請求される事例が圧倒的に多い。これ以外に、名誉回復のために各所を奔走した際の費用や心痛を負ったことに対する治療費などが請求されることがあるが、認容された例は少ない。

参考文献　佃克彦『名誉毀損の法律実務〔第2版〕』(2008・10　弘文堂)　　　　　　　［佃克彦］

た

▶大学新聞（だいがくしんぶん）

大学生が編集発行し、大学生を主な読者とする新聞の総称。学生新聞ともいう。日本では1917年創刊、慶應大学の三田新聞が最初。20年、帝国大学新聞創刊以降、各大学で発行され、学内ニュース、教授の寄稿や学生の意見を掲載し、アカデミズムと学生の自治を擁護する知識人メディアであり、ジャーナリストを実践的に育成する場にもなった。25年の軍事教練反対運動で一時禁止されるが、戦時期には体制に同調。用紙統制で43年に帝国大学新聞と京都帝国大学新聞を統合した「大学新聞」以外は休刊となる。戦後に再刊・復刊すると、48年に全国学生新聞連盟（全学新）が結成され、全学連とともに学生運動を牽引した。全国で300紙以上が発行されたが、60年安保闘争以後は、革マル派・日共系の新聞が脱退・分裂して低調となり、80年代に紙数も半減した。一方、明大スポーツなど学生スポーツ新聞が創刊され、97年頃からウェブ版が登場した。(参考文献) 三田新聞学会編『大学新聞の思想と目的』（1964・3　慶應義塾大学三田新聞学会）

［土屋礼子］

▶対抗言論（たいこうげんろん）

(語義) モアスピーチ（more speech）ともいう。表現の引き起こす害悪に対して刑罰を科したり、損害賠償を命じたりと、公権力の判断に基づき法的に制裁を加えるよりも、説得や反論などの表現自体で対抗し、両表現の説得力の優劣で社会的に判定することが望ましいとする考え方。また、そのような考え方に基づき発せられる言論のこと。情報の遮断よりも情報の自由な流通こそが自由で民主的な体制に相応しいとする思想の反映である。

この考え方は、思想の自由市場論と密接に関連している。それゆえ説得や反論がうまく機能しないであろうと推測される緊急事態の場合には、対抗言論の有効性は否定的に考えられる傾向にある。

(実例) 対抗言論の例としては、人の社会的評価を低下させる名誉毀損的表現について考えてみよう。その場合、名誉毀損罪としての告訴（刑法230条・232条1項）、損害賠償請求（民法709条・710条・722条）、謝罪広告の請求（民法723条）、差止請求（民事保全法23条2項）等の法的手段をとることが考えられるが、むしろ社会的評価を下げる表現に対して反論する表現を同一のメディアで提示するという反論権の行使が対抗言論に該当するであろう。

具体例として、日刊紙に政党が意見広告を掲載し、その中で他党の政策を揶揄・批判したことに対し、批判された政党が当該日刊紙に反論記事の無償掲載を求めた事案がある。最高裁判所は、反論権を認めると、新聞社の主張や方針に反して強制的に記事を掲載することになり、また編集権を制約することになり、ひいては新聞社が反論をおそれ批判的な記事の掲載を差し控え、かえって表現の自由を衰退させることになるとして、否定的見解を明らかにした（サンケイ新聞意見広告事件：最判昭和62年4月24日）。法律により反論権を制度化することについては意見が分かれている。なお放送法は、真実でない事項の放送につき放送事業者に訂正放送等を義務付けている（放送法9条）。

(参考文献) 曽我部真裕『反論権と表現の自由』（2013・3　有斐閣）

［川岸令和］

▶第三種郵便制度（だいさんしゅゆうびんせいど）

第三種郵便制度とは、国民文化の普及向上に貢献すると認められる定期刊行物の郵送料を安くして、購読者の負担軽減を図ることにより、その入手を容易にし、もって、社会・文化の発展に資するという趣旨で設けられた制度である。これはプレスに対する経営上の優遇制度と理解できるものであり、外国にも同様の郵便料金割引制度は数多く存在する。第三種郵便物としての承認を得るには、①毎年4回以上、号を追って定期に発行するもの、②掲載事項の性質上発行の周期を予定し得ないもの、③政治、経済、文化その他公共的な事項を報道し、または論議することを目的とし、あまねく発売されるもの、のいずれ

かであることを要する。なお、広告の割合が過半を占めたり、発行部数が500部未満である場合などには、上記承認を得ることはできない。 参考文献 山田健太『法とジャーナリズム〔第2版〕』（2010・4　学陽書房）、日本郵便株式会社「第三種郵便物利用の手引き」（2012・10）　　［丸山敦裕］

▶ 大衆社会論（たいしゅうしゃかいろん）

語義　現代社会を捉えるための枠組みの1つ。大衆（mass）とは政治・経済の近代化とともに登場した「等しく豊かな無数の個人」であり、社会において大勢を占め社会的影響力をもつことから様々な分析が行われるようになった。大衆はpeopleやpopularの訳語としても使用される多義的な概念であり、大衆社会の理解も多様であるが、現代社会が大衆社会状況にあるという認識は共有されている。

実例　ヨーロッパでは大衆社会が全体主義に転化する危険性が議論され、戦後のアメリカにおいては様々な社会病理現象を大衆社会として読み解こうとする試みがなされた。日本における大衆社会論争は1950年代後半に政治学者・松下圭一とマルクス主義者の間で展開されたことで知られる。人々が高度経済成長の中で保守的な受益者と化し、左翼的関心を失っていった60年代には「大衆社会論」は次第に輝きを失い、「脱工業化社会論」や「情報社会論」「管理社会論」などへと吸収されていった。80年代になると「新中間大衆論」や「分衆論」「少数論」など、豊かで消費主義的な現代社会を肯定的に捉えた「大衆社会論」が登場し、論争は一時復活を見せた。しかし、かつて「大衆社会論」が提起した「政治的無関心」「政党離れ」「メディアの大衆操作」といった問題群は、テレポリティクス（テレビを意識した政治）が常態化した政治状況を鑑みた時、ますます深刻・複雑化しているといえよう。住民投票の実施や無党派知事の誕生は日本の民主化が進行しているという見方がある反面、「無党派層」は自律した「市民」とは限らず、単なる「消費者」や「浮動票」でしかない可能性も否定できない。高度情報化社会における大衆操作はより巧妙になりうる。 参考文献 松下圭一『戦後政治の歴史と思想』（1994・

9　筑摩書房）、山田竜作『大衆社会とデモクラシー──大衆・階級・市民』（2004・11　風行社）

［北出真紀恵］

▶ 大正デモクラシー（たいしょうでもくらしー）

歴史　大正時代を中心とする民主主義的な運動の総称。日露戦争で連戦連勝を伝えられた民衆は講和条件に不満を抱き、1905年に日比谷焼打事件を起こす。12年、議会の多数党を無視して桂太郎が首相に就くと、数万人の民衆が国会議事堂を取り囲んで反対し、暴動が発生した。18年、富山県に端を発する米騒動は、連日、新聞に報道され全国的な騒乱を巻き起こす。首相の寺内正毅が辞任すると、選挙で国民の支持を得た政党から初めて首相を出すことになり、原敬内閣が発足した。積極的な財政支出を行い、有権者の支持をとりつけ、選挙権も拡大したが、普通選挙には至らなかった。

また、ロシア革命やILOに触発され、労働組合や農民組合の設立が活発となる。政府は労使協調を進める一方、急進的な運動を警戒した。24年、貴族院を中心に清浦奎吾内閣が成立すると、憲政会、革新倶楽部、政友会は護憲三派として政党内閣の再現を目標に倒閣運動を展開する。選挙で多数を制して加藤高明内閣が発足、25年、衆議院議員選挙法を改正して納税資格による制限を撤廃、普通選挙を達成した。

影響　新聞記者は自らこれらの運動に参加し、新聞社という枠組みを越えて活動した。紙面では講和反対、閥族打破、普通選挙のキャンペーンを展開する。新聞社は部数を拡大させ、報道を通じて社会に影響力を振るうようになった。運動を支える思想は、主に雑誌ジャーナリズムで展開され、19年に長谷川万次郎、大山郁夫らの雑誌「我等」、山本実彦の「改造」が創刊される。とりわけ、吉野作造が16年、「中央公論」に発表した論文「憲政の本義を説いて其有終の美を済すの途を論ず」は民本主義を提唱し、大きな反響を呼んだ。また吉野は、18年、福田徳三らと黎明会を組織し、講演会などを催して自らの思想を広めた。

〔参考文献〕三谷太一郎『大正デモクラシー論―吉野作造の時代〔第3版〕』(2013・8　東京大学出版会)
〔河崎吉紀〕

▶ 大日本帝国憲法→明治憲法（大日本帝国憲法）

▶ 代表取材（だいひょうしゅざい）

〔語　義〕事件や事故の現場、または皇室行事や戦争取材などの際、多数の新聞、テレビ、週刊誌の記者らが殺到し、取材対象者に人権上の問題が生じたり、混乱が生じたりした（または、混乱が生じそうな）場合などに実施される。マスコミ各社が合意の上で指定された数人の記者が代表で取材し、原稿や写真、映像などを共有することをいう。

〔実　例〕典型的な代表取材とされるのが、法廷内の写真撮影だ。戦後の一時期、法廷内撮影はほぼ自由に認められ、帝銀・三鷹などの著名事件でも撮影が許されたが、カメラマンが裁判長の制止を無視してライトを使用するなど混乱が見られたことから次第に禁止されるようになった。日本新聞協会が「代表撮影は開廷前3分間」などの自主基準を提示し、最高裁などに強く要請したことから、1987年末から代表取材など一定の条件下で撮影が容認されてきた。

メディアスクラム（集団的過熱取材）への批判の高まりを受け、近年、メディア側が自主規制するかたちで代表取材するケースが増える傾向にある。2002年、北朝鮮による拉致事件の被害者5人が帰国した際には、事前に「拉致被害者家族連絡会」などから日本新聞協会、日本民間放送連盟などに、「節度ある取材のお願い」とする申入れがあり、在京社会部長会がこれを了承。帰国当日の会見やその後の取材も申入れに沿うかたちで実施され、大きな混乱はなかった。だが、家族を通じた間接取材だったことから、拉致被害者の永住帰国の意思や子どもを残しての帰国についての発言が正確さを欠き混乱するなどの問題が生じた。1991年の湾岸戦争でも米軍が代表取材を採用したが、記事や写真を「安全保障上」の理由として検閲したり、プール登録していない記者らは前線への立入りを許されないなど情報操作の弊害が指摘された。先進国サミット、皇室などの報道でも代表取材が慣例化している。

〔参考文献〕JCJジャーナリズム研究会編『キーワードで読み解く　現代のジャーナリズム』(2005・12　大月書店)、渡辺武達・山口功二・野原仁編『メディア用語基本事典』(2011・1　世界思想社)　〔高橋弘司〕

▶ 第四の権力（だいよんのけんりょく）

〔語　義〕Fourth Estate（「第四勢力」あるいは「第四階級」）を、日本では「第四の権力」と訳すことが多い。イギリスにおける新聞の普及、近代ジャーナリズムの発展の過程で、新聞が、上院議員（僧職）、貴族議員、下院議員に次ぐ第四階級と呼ばれたことに由来する。

〔影　響〕立法・行政・司法の三権と並んでマスメディアが、その伝播力と世論形成力の大きさから不可欠の役割を演じ、4つの勢力間の相互牽制と均衡関係が健全な民主社会の必須条件となる。ゆえにマスメディアは、立法、行政、司法から独立の立場で、三権力の暴走を監視・チェックし、客観的に批判・検証する役割を期待されている。

しかし人権・プライバシー意識の高まりを背景に、第四の権力の用途は変化してきている。巨大化したマスメディアが独立性を喪失し、国家・政府の一部門として、市民に権力を行使する第4番目の機関に成り下がっているとの文脈で使用されることもある。

高い伝播力をもつメディアの社会的制裁機能が批判の対象となり、社会関心の高い事件の報道で発生するメディアスクラム、容疑者を犯罪者と見なすような推定無罪原則にそぐわない報道姿勢、誤報の発生などが、市民との溝を深めている。

さらに、捜査当局との関係で交わされる「報道協定」、権力機構・企業の広報システムへの依存を深めている記者クラブ取材、記者クラブ取材の弊害に起因する発表ジャーナリズムに対しては、記者クラブへの加盟を認められないメディアからも、権力との距離について批判がある。

〔参考文献〕Schultz, Julianne. *Reviving the fourth es-*

tate (1998, Cambridge University Press)　　［清水真］

▶ダウンロード規制（だうんろーどきせい）

語義　従来の著作物は著作権法により著作者の権利が守られていたが、デジタルデータ化されてコンピュータに蓄積された著作物は、ネットを介してダウンロードするかたちで自由に配布したり共有したりできるものの、利用には法的規定がなかった。

このためゲームソフトや出版物、音楽などの商用の著作物を勝手にコピーした配布・販売などが行われ社会問題化した。業界ではまず商用コンテンツにコピーガードをかけるなどの対策が行われたが、コンピュータの高性能化やネットのブロードバンド化が進むにつれて大量のデータが海賊版として流通するようになり、ビジネスが阻害される状況も生じるようになった。

また中心的な配布用のホストコンピュータを介さず、利用者のパソコン内にあるコンテンツを利用者同士で横流しして共有する「ナップスター」や「ウィニー」などのファイル共有ソフトが流行して、配布する主体が明確でなく責任の主体が問えないまま野放し状態になった。このため著作権法が改正され、法的な規制がかけられるようになった。

実例　2010年1月1日の著作権法の改正により、商用の音声や映像を勝手にダウンロードすることが違法化された。また12年6月20日には違法なダウンロードに対して2年以下の懲役もしくは200万円以下の罰金及び併科がされる罰則規定が盛り込まれた。

しかし、取り締まりのための捜査は個人の通信の秘密を侵害する可能性もあり、こうした法制化による規制が過度になれば、ネット時代に自由な情報の流通を阻害するという批判も出されている。

参考文献　福井健策『「ネットの自由」vs.著作権──TPPは、終わりの始まりなのか』(2012・9　光文社)、鳥飼総合法律事務所『違法ダウンロードで逮捕されないための改正著作権法』(2012・10　朝日新聞出版)

［服部桂］

▶宅配（たくはい）

語義　一般に荷物や商品を家庭まで届けることを言い、新聞においては、新聞販売店から定期購読者宅に購読している新聞を配達することを指す。戸別配達ともいう。

日刊新聞は、毎日発行され、編集・印刷後速やかに読者の元に届けられることが求められる商品特性であることから、郵送や他の商品物流網ではなく、新聞独自の物流網によって配達されることが多い。ただし、遠隔地や離島などの地域では、郵送する場合もある。これに対して駅売店や街頭の新聞スタンド、コンビニエンスストアなどでその都度1部ずつ販売する形式は、即売（1部売り）という。

実例　日本の新聞は発行地域の大半で宅配されており、2012年の戸別配達率は94.9％(12年、日本新聞協会調べ)。スポーツ紙でも、社によって異なるが、7～8割は宅配によって届けられている。日本の戸別配達率は世界でも有数といわれており、例えばアメリカでは、7割台となっている（世界新聞協会調べ）。

宅配を前提とした定期購読率の高さは、新聞社の経営の安定化に繋がり、新聞の発達に資することになる。また、定期購読率の高さは紙面作りにも影響を及ぼしている。店頭で毎日、読者の目を引く必要がないので、紙面のセンセーショナル化を防ぐ効果がある。読者が継続的に読んでいる前提で、既報の内容を省略して記事を書く傾向にも繋がっている。

日本では新聞は、独占禁止法上の再販売価格維持が認められ（再販制度）、新聞業における特定の不公正な取引方法が定められている(新聞特殊指定)。そのため一般紙では、同一の題号の新聞は原則、離島などの遠隔地を除きどこでも同一料金で宅配を受けられる。しかし過疎地での宅配を維持するためには経費がかかることから、新聞販売店網の再編が始まっている。

海外では、宅配してもらう場合に市内と郊外で料金が異なることがある。

参考文献　藤竹暁『図説 日本のマスメディア〔第2版〕』(2005・9　NHK出版)、春原昭彦"乱売"を教訓に築いた配達制度─市場の価格競争だけでは選べない商品の

販売史」『新聞研究』(2006・5月号　日本新聞協会)、日本新聞協会編『データブック　日本の新聞』(2013・3　日本新聞協会)　　　　　　　　　[阿部圭介]

▶闘う民主主義思想（たたかうみんしゅしゅぎしそう）

語義　民主主義に敵対する者が、民主主義を手段として民主主義を打ち倒そうとすることを許さないという思想をいう。自由主義を基礎とする民主主義の下では、言論、集会、結社等の自由は最大限に保障されなければならない。しかし、第一次大戦後のドイツやイタリアでは、これらの自由を利用して民主主義そのものを否定する政党が勢力を伸ばし、独裁体制を確立した。

　このことへの反省から、ドイツ基本法（現行憲法）は「闘う民主主義思想（streitbare Demokratie）」を採用した。この思想は、基本権喪失及び政党禁止として具体化されている。基本法18条によれば、表現の自由、教授の自由、集会・結社の自由、通信の秘密、財産権または庇護権を、自由で民主的な基本秩序に敵対するために濫用する者は、これらの基本権を喪失する。基本権喪失は連邦憲法裁判所によって言い渡される。また、基本法21条2項によれば、その目的またはその党員の行為において、自由で民主的な基本秩序を侵害もしくは排除し、ドイツ連邦国の存立を危うくすることを企図する政党は違憲である。これについても連邦憲法裁判所が決定する。全国組織の政党について違憲確認訴訟を申し立てることができるのは、連邦議会、連邦参議院、連邦政府である。

実例　基本権喪失の運用は抑制的であるべきだと考えられており、これまでに手続に付された事案はあるものの、基本権喪失が言い渡されたことはない。政党禁止は、1950年代、社会主義ライヒ党（1952年）とドイツ共産党（56年）に適用されたのみである。2013年12月、連邦参議院が極右政党のドイツ国家民主党の違憲確認訴訟を提起した。連邦憲法裁判所がこの政党を禁止するか否かに注目が集まっている。

参考文献　畑尻剛・工藤達朗編『ドイツの憲法裁判〔第2版〕』（2013・3　中央大学出版部）　　[鈴木秀美]

▶ダダ漏れ（だだもれ）

　元来は、私生活の様子やプライバシーを、特にネット上でとめどなく漏らしてしまうこと。転じて、イベントや記者会見などの様子を無編集のまま、ネットを通じてリアルタイムで中継することを指す。通常、ユーストリームなどのリアルタイム動画投稿サイトが利用され、ツイッターなどで状況が告知される。パソコンのウェブカメラやスマートフォンさえあれば、誰でもジャーナリストもどきになることができる。またそこでは、生の情報ソースに触れながら視聴者同士が意見を交わすことも可能になる。記者クラブ制度などのもとで情報ソースから隔てられ、ともすれば「マスメディアは信用できない」との思いを抱きがちな人々にこうした方式は好意的に受け入れられ、新たなジャーナリズムを体現するものとして注目された。しかし名誉毀損など、無編集ゆえの問題が生じることもあり、その行方が注目されている。**参考文献**　川井拓也『USTREAM—世界を変えるネット生中継』（2010・5　ソフトバンククリエイティブ）　[伊藤昌亮]

▶たばこ広告（たばここうこく）

歴史　日本においては明治時代、天狗煙草の岩谷商会と村井兄弟商会との宣伝合戦など、たばこ広告が広く世の中を賑わしていた。しかし、戦費調達などのためにたばこが専売制へと移行する中で、派手な広告宣伝はやがて沈静化していくことになる。そして1949年、日本専売公社が設立され、たばこの配給制が終了すると、再びたばこ広告は活気を見せた。

　だが、JT（日本たばこ産業）として民営化された昭和の末頃から、健康への悪影響の指摘や嫌煙権運動などの高まりが顕著となっていく。それに対し、JTは喫煙マナー・キャンペーンなどを展開したが、たばこ広告への規制強化の国際的な流れの中で、日本でもたばこ銘柄CMの自主規制などの動きが強まっていった。2005年には「たばこの規制に関する世界保健機関枠組条約」が発効している。

実例　最も有名なたばこ広告（キャンペーン）

として、アメリカ・フィリップモリス社の「マールボロ（Marlboro）・カントリー」が挙げられよう。たくましいカウボーイをフィーチャーした、マールボロ・メンと呼ばれるビルボード広告などは、1950年代から今日に至るまで、西部の大平原とマールボロのブランドイメージとを結び付け続けている。だが、マスメディア上での広告規制により、たばこ各社のプロモーション活動は、モータースポーツへのスポンサーシップなどが中心となってくる。フィリップモリス社もマクラーレンなど、レーシングチームのメインスポンサーとなった。マールボロのロゴやそのイメージカラーはサーキット場に溢れ、そこがたばこ広告の主戦場となっていったのである。

参考文献　R・トロイヤー＆G・マークル『タバコの社会学——紫煙をめぐる攻防戦』（中河伸俊・鮎川潤訳、1992・4　世界思想社）、舘かおる編『女性とたばこの文化誌——ジェンダー規範と表象』（2011・3　世織書房）
[難波功士]

▶ **タブー**（たぶー）

語義　もともとは、古代の社会で存在した、何をしてはならいとかすべきであるといった決まりごとで、共同体における行動のありようを規律する文化的規範を指してタブー（taboo）という。民俗学における穢れなどがその1つである。転じてジャーナリズムの文脈では、表現主体が自らの判断で自主的に規制する表現内容の中で、その社会において明示的あるいは黙示的に発表しないことが固定化しているものを指す。

実例　戦後、菊（天皇）星（米軍）鶴（創価学会）を日本メディアの三大タブーと呼んでいた時期があった。今日においては、そのいずれも報道することに関しハードルが下がり、特別視することは減ってきている。最近では新たな対象として、広告主（スポンサー）や電通などの広告会社や、芸能プロダクションを指すこともある。ただし、日本において「余計な軋轢」を避けるために具体的な名指しすることを避ける場合がないとはいえないものの、社会的に扱うことができない無形の強力な圧力があるものが存在しているとはいいがたい。むしろ「過剰な自主規制」や「癒着構造」をタブーと言い換えているのが一般的である。

その一例は、差別表現による機械的な言換えや禁止用語の設定が挙げられる。多くの報道機関においては、業界としてあるいは独自に「言換え用語集」などを準備して広範な単語の使用を制限している実態がある。また、東日本大震災に伴う福島原発事故で顕在化した「原子力ムラ」の中にメディアが取り込まれ、原子力行政批判を抑えるなどの社内言論を統制していた事実も改めて明らかになった。日常的にも、記者クラブを通じた政治家と取材記者との深い関係が、「筆を鈍らせている」との厳しい批判が絶えない。これらがまさに、メディアにおける現代的タブーと呼ばれているものといえる。

参考文献　森達也ほか『ご臨終メディア』（2005・10　集英社）、上丸洋一『原発とメディア』（2012・9　朝日新聞出版）
[山田健太]

タブロイド紙（たぶろいどし）

語義　元来、小型版の新聞を意味したが、今日では、主にスポーツ、スキャンダル、娯楽等、ソフトなニュースが多い大衆紙を指す。ニュースには、人物中心のヒューマンインタレストも多く、特に有名人のプライバシー報道や事件事故報道を売り物とする。

タブロイド紙が娯楽大衆紙であることから、近年、メディアの「タブロイド化」と名付けられる現象が問題化している。新聞、テレビ、雑誌等、あらゆるメディアがタブロイド化することによって、重要な政治や社会の事象は十分に報道されず、人々の知る権利が制限されているのではないかと危惧されている。

タブロイド化が言論全般の質を低下させ、民主主義に危機をもたらすと危惧する意見がある一方で、タブロイド化の意義を積極的に評価する意見もある。それは、政治や社会の事象と無縁な人々を公共的な関心事に引き込むための入門書的なものであり、「初心者の政治」を提示する役割があるとも考えられる。

実例　近年では、英国のタブロイド紙

ニュース・オブ・ザ・ワールドが数千人規模の著名人の盗聴をしていたことが発覚し、廃刊に追い込まれた。このように、タブロイド紙の報道や取材は、プライバシーの侵害や名誉毀損を犯し、しばしば社会問題化する。日刊タブロイド紙は、主に欧州で発達しており、イギリスのザ・サンなどが代表として挙げられよう。アメリカでは、週刊のスーパーマーケットタブロイドがある。

近年、欧州では、クオリティペーパーが、紙面を親しみやすくするために、ブランケット判からタブロイド判に縮小変更する動きがある。また、イギリスでは、代表的なタブロイド紙イブニング・スタンダードが、購読料を廃止し、フリーペーパーとなった例もある。

(参考文献) Sparks Colin and Tulloch John eds. *Tabloid Tales* (2000, Rowman & Littlefield)、林香里『マスメディアの周縁、ジャーナリズムの核心』(2002・6 新曜社)　　　　　　　　　　　　　　　［章蓉］

▶多様性・多元性 (たようせい・たげんせい)

(語義) 英語のdiversity、pluralityに対応する日本語。社会における多様性・多元性とは、社会を均質的で単一の価値観を共有する集合体として捉えるのではなく、構成メンバーや集団の間での差異及び権力関係と資源所有の不均衡に注目する概念である。差異を捉える変数として階層、年齢、ジェンダー、言語、人種、エスニシティ、ハンディキャップ等が挙げられる。

メディア制度・政策の領域では、言論表現の自由の社会的効用を最大化するための道具概念として多様性・多元性が用いられ、その際それは複数性（pluralism）として捉えられる傾向が強い。メディア組織の財源形態（受信料による公共放送と広告収入による商業・民間放送の併存）、規模や範囲（コミュニティ、ローカル、リージョナル、ナショナル、トランスナショナル）、監督経営管理方式（意思決定機関の構成の仕方、市民団体などの参加方式、第三者機関の設置）等の各局面で複数化、複線化のための制度が政策的に目指される。コンテンツ制作の面では取材対象、題材、期間、場所、角度等、事実や問題を様々な視点から提示する工夫が要求される。さらに社会構成メンバーや集団の相違や差異への配慮、そして社会文化の諸要素の反映も重要視される。加えて、そのような多様な視点をメディアプロダクトの中に実現するためにニューズルーム（編集局）の人材の多様性（diversity）が必要とされ、ジェンダー、人種、年齢等の構成に「社会の縮図」をできるだけ反映させることが求められる。以上の点はメディア実践者にとっては活動の環境条件であり、そこから出される要請であるが、実践主体にとって多様性（diversity）への関与はジャーナリストとしての倫理的課題である。

(実例) メディア制度・政策の実例を挙げれば、多様性・多元性を強調するものにドイツの放送制度がある。1980年代に商業放送が導入されたドイツでは、現在公共放送と商業放送の併存体制にある。複数存在する公共放送協会はそれぞれに設置された放送委員会によって監督され、多数導入された商業放送局は各州に設置された州メディア協会によって免許付与や監督が行われている。両方の監督機関を構成するやり方に多様性・多元性原理がとられている。それは「様々な社会的に重要なグループ」、つまり社会的中間団体の代表によって監督機関を構成するというものである。「社会の模写」を監督機関の構成に実現し、それによって放送を社会的にコントロールすると考えられている。これは複数性（pluralism）の原理だということができる。この中間団体の中に政党も含まれていることから、監督機関での政党の政治的影響が問題視されている。日本では独立行政委員会としての電波監理委員会が52年に廃止されて以来、放送規制の権限は郵政大臣、次に総務大臣に属し、国家行政の影響が強い。

他方、今日ではメディアにおける多様性・多元性の実践として、既存のメディア制度に対してオルタナティブメディアの登場を挙げなければならない。社会運動の参加者または当事者によるメディアを通しての言論と情報発信活動であり、草の根メディア、地域メディア、市民メディアとも呼ばれる。インターネット情報技術の発達とビデオカメラやパソコン、タブレットの小型・軽量化に伴い、一

般市民にも簡単にリアルタイムでの情報発信と意見結集ができるようになったことは、近年でのオルタナティブメディアの隆盛の一因である。主流メディアにおける不当なメディア表象と言説に対する異議申し立ての手段であるほか、権力者や既得権益に対抗し、異なる価値観やライフスタイルを提唱するためのメディアでもある。日本では非営利法人団体のOur-Planet TV、神戸長田地区を拠点にする多文化・多言語のコミュニティラジオFMわぃわぃが代表的事例である。

(参考文献) 石川明「放送における多様性―ドイツにおける理念とその変容」『関西学院大学社会学部紀要』(2002・3)、Russell, Jesse ad Ronald Cohn. *Alternative Media*(2012, LENNEX Corp) 〔林怡蘐〕

▶ **垂れ込み**(たれこみ)

もともとは警察官や暴力団関係者、事件記者たちの隠語で、犯罪に関する情報をひそかに警察や報道機関などへ告げることを指す。小説やテレビによく登場するので、職場などでも使われるようになり、対象も犯罪に関する情報に限らなくなった。そして、企業や団体の不正を組織内の人が勤務先や行政機関、報道機関などへ通報する「内部告発」により、雪印食品の牛肉偽装事件(2002年)などが相次いで発覚した。垂れ込みや内部告発は、新聞社などによる調査報道の端緒となることも多い。内部告発者などを守る公益通報者保護制度が2006年からスタートしたものの、保護される「公益通報」は法律で限定されている上、通報による解雇や降格などの不利益回復は裁判を起こすしかない。(参考文献) 消費者庁消費者制度課「公益通報者保護制度に関する実態調査報告書」(2013・6：http://www.caa.go.jp/seikatsu/koueki/chosa-kenkyu/files/130625zentai_1.pdf 〔竹田昌弘〕

▶ **単純所持**(たんじゅんしょじ)

(語義) 刑法175条の「わいせつ物頒布等の罪」は、頒布目的の所持は処罰の対象としているが、自分で使用するための所持、いわゆる単純所持は犯罪としていない。また、児童ポルノ(18歳未満の者のポルノ画像)に対する国際的な批判の高まりを受けて制定された「児童買春、児童ポルノに係る行為等の処罰及び児童の保護等に関する法律」(以下、「児童ポルノ禁止法」)においても、他者への提供目的での所持は処罰されるが、単純所持は処罰対象に含めていない(7条)。しかし、特に児童ポルノについては単純所持も処罰すべきだという主張も強くなされている。

処罰を肯定する根拠としては、児童ポルノは児童の権利の重大な侵害を伴うものであり、単純所持にも当罰性が認められることや、単純所持を容認することは児童ポルノの流通を促すから、児童の保護のためにはその禁止まで必要であることが挙げられる。これに対し反対論としては、単純所持まで処罰することは国家権力の私生活への過度の介入となることや、インターネットで誤って児童ポルノ画像をダウンロードしてしまった人も処罰されかねないなど、処罰対象が過度に拡大してしまう危険があることが挙げられる。

(実例) 欧米には、児童ポルノの単純所持を禁じる国がかなりある。ただし、それが児童の保護に貢献しているのか、あるいは不当な処罰を招いていないかについては、慎重な評価が必要であろう。

国会には、児童ポルノ禁止法に単純所持の禁止も含めようとする改正案が何度か提出されているが、成立には至っていない。しかし、地方では単純所持を禁じる条例を制定しているところもある。例えば京都府は、正当な理由なしに児童ポルノを単純所持する者に知事が廃棄命令を出すことができるとし、この命令に従わない者を処罰する条例を制定している。

(参考文献) 森山眞弓・野田聖子編著『よくわかる改正児童買春・児童ポルノ禁止法』(2005・3 ぎょうせい)、「特別企画 児童ポルノ禁止法を考える」『法学セミナー』(2010・11月号) 〔毛利透〕

▶ **談話**(だんわ)

広く「話」を意味するが、ジャーナリズム用語としては、ある出来事についての関係者や、その問題に詳しい専門家らの評価、意見を指す。新聞の場合、11字10～20行程度の

記事としてまとめることが多い。大ニュースでは、50～100行ほどの長文で、寄稿の代用とすることもある。専門家らによる識者談話は、誰に聞くかで方向性が決まるため、賛否が分かれる問題では複数の声を両論併記したり、老若男女のバランスをとったりする。マスメディアは通常、関係者談話を含め、取材に対する謝礼を支払わないのに、識者談話には払っている。法律学者に判決要旨を読んでもらった上で、コメントを求めるようなケースは、原稿料と同様に考えられるからだ。しかし、その線引きは明白とはいえない。専門家が取材に応じるのはノーブレス・オブリージ（地位に伴う道徳的義務）であり、一般の人と同じく謝礼を支払うべきではないという考え方もある。　　　　　　　　　　　　［原真］

ち

▶ 治安維持法（ちあんいじほう）

語義　天皇制または資本主義を否定する結社や活動に刑罰を科す法律。1925年4月22日公布、45年10月15日廃止。ロシア革命やパリ講和会議に労働運動が触発されると、原敬内閣は社会主義運動の取締法について調査を命じた。22年、高橋是清内閣は過激社会運動取締法案を議会に提出するが、条文が曖昧との批判にさらされ審議未了で廃案となる。23年に関東大震災が起きると、流言飛語を抑えるため治安維持令が発令された。

　こうした試みを受け、25年、加藤高明内閣は治安維持法を提案し、議会で可決される。ソ連との国交回復や普通選挙法の成立を背景とする。28年、田中義一内閣は緊急勅令で強引な改正を行い、死刑が導入された。また、行為者に協力の意思がなくても、結社の目的遂行に関与していると判断されるだけで罪となった。41年に全面的な改正が行われ、刑期を終えても施設に収容する予防拘禁の制度ができた。宗教団体や個人も処罰できるようになる。加えて被告に控訴を認めず、上告のみの二審制に変更し、弁護士は司法大臣の指定した者から選ぶことになった。

実例　内地で最初に適用されたのは、1926年の学連事件である。マルクス主義を掲げる全日本学生社会科学連合会の関係者を逮捕、有罪とした。28年、三・一五事件で日本共産党員に対する一斉検挙が行われる。30年代には宗教団体、労働組合、文化運動や学術研究にまで範囲が拡大する。42年の横浜事件では出版関係者が逮捕され、雑誌「改造」「中央公論」が廃刊に追い込まれた。新聞社は治安維持法の成立には反対したが、運用についてはこれらの摘発を警察発表に沿って興味本位に報道し、拷問や獄死などの実態は伝えられなかった。

参考文献　奥平康弘『治安維持法小史』（2006・6　岩波書店）、中澤俊輔『治安維持法―なぜ政党政治は「悪法」を生んだか』（2012・6　中央公論新社）

［河崎吉紀］

▶ 知的財産権（ちてきざいさんけん）

語義　知的財産権とは、文章、音楽、デザイン、発明、商標、人の氏名や肖像等、情報を対象とする財産権の総称である。こうした財産権の対象となる情報を「知的財産」または「無体財産」と呼び、知的財産基本法では、①発明・考案・植物の新品種・意匠・著作物その他の人間の創造的活動により生み出される情報、②商標・商号その他事業活動に用いられる商品や役務を表示する情報、③営業秘密その他の事業活動に有用な技術上・営業上の情報の3種類に分類している。それぞれ、①特許法、実用新案法、意匠法、著作権法、②商標法、③不正競争防止法等の個別法が関わる。1冊の本を例にとれば、物としての本は所有権の対象となるが、そこに収録された小説などの情報は知的財産権（著作権）の対象となる。

　なお、知的財産権は財産権であるため、プライバシー権などの情報に関わる人格的権利とは区別される。もっとも両者は法的・社会実態的に密接に関わり合い、広く知的財産権という際には人格的権利の一部を包含して指すこともある。

影響　知的財産権は、狭義の著作権が約

300年の歴史しかもたないように、概して若い権利である。それが特に20世紀以降の情報流通の爆発的な増大、情報産業の巨大化などによって存在感を高め、現代では最重要の法領域の1つと考えられるようになった。

情報は、土地や自動車のような有体物と異なり複製が容易なため、1人で使っても大勢で共有しても基本的に分量が減ることがなく（非競合性）、かつ、それゆえ独占管理は基本的に困難である（非排除性）という特質をもつ。そのため、情報には元来、自由に拡散しようとする特性があり、この性格はデジタル化の中でかつてないほど強まっている。

知的財産権は、こうした自由流通性をもつ情報について、一定の社会的価値の実現ないし最大化のために、あえて法的に独占を許す制度といえる。そこではしばしば、知的財産の無断利用に対して、差止・損害賠償のような制裁を課すことで、一定の期間に限って対象情報の利用について権利者に独占コントロールを認める制度設計がとられる。

知的財産制度は常に、こうした情報の自由流通性との緊張関係を内にはらんでいる。そのため、知的財産権を保護することで守られる社会的な利益（例えば創作者の収入手段の確保による文化創造の振興）と、情報の自由流通を確保することで守られる社会的な利益（例えば人々の多様な作品へのアクセスや既存作品に基づいた新たな創作の促進）とのバランスが、常に図られなければならない。かかる不断の見直し、再定義の努力こそが知的財産制度の真髄といえよう。

(参考文献) 福井健策『著作権の世紀』（2010・1　集英社）、田村善之『知的財産法』（2010・5　有斐閣）

［福井健策］

▶ **地方紙**（ちほうし）

(語義) 特定の1地域を発行地域とする新聞。日本では通常、1つの県内全域を発行地域とする「県紙」を指し、それより広い地域を発行地域とするブロック紙や、県内の一部地域を発行地域とする地域紙とは区別する。地方紙の特色と意義は、発行地域内に取材網を張り巡らせ、地域の様々なニュースや話題を多く取り上げるところにあり、地域コミュニティの形成や維持に果たす役割が期待される。その役割は、報道面だけでなく、地元の企業・商店の広告、個人が出稿する案内広告や死亡広告などによっても支えられている。県政をはじめ地方政治・行政・経済との距離感が近いため、なれあいなどの批判を受けることもある。しかし地方から、中央政界等へ向けた問題提起なども行われる。多くは、地域のニュースを自社で取材する一方、全国ニュースは通信社からの配信記事を使用している。

(実例) 日本の現在の地方紙（県紙）は、第二次世界大戦時の戦時体制下、用紙統制と言論統制を目的に行われた新聞の整理統合政策によって一県一紙体制が確立された。現在でも多くの県で地方紙は1紙のみのことが多い。ただし福島県では福島民報と福島民友新聞の2紙、沖縄県でも琉球新報と沖縄タイムスの2紙が存在する一方、滋賀県や和歌山県では県内全域を発行地域とする地方紙は存在しない。全国紙が発行本社を置く関東地方、近畿地方、北部九州を除き、大半の地域では、地方紙は全国紙よりも普及率が高い。アメリカでは地方紙は新聞チェーンと呼ばれる複数の新聞を抱える企業の傘下にあることが多いのに対し、日本では1社が異なる地域において別の題号で発行するケースは少ない。

戦後、北海タイムス（北海道）、鹿児島新報（鹿児島）など第二県紙と呼ばれる新聞も創刊したが、長続きしなかった。

長野県のように県内でも異なる経済・文化圏が複数存在したり、沖縄県のように離島が多かったりする県では、その地域で発行される地域紙が有力であるケースもある。

(参考文献) 稲葉三千男・新井直之・桂敬一編『新聞学［第3版］』（1995・4　日本評論社）、鎌田慧『地方紙の研究』（2002・3　潮出版社）、畑仲哲雄『新聞再生―コミュニティからの挑戦』（2008・12　平凡社）、浜田純一・田島泰彦・桂敬一編『新訂 新聞学』（2009・5 日本評論社）、高田昌幸・清水真編『日本の現場 地方紙で読む』（2010・9　旬報社）

［阿部圭介］

▶ **中立公正**（ちゅうりつこうせい）

(語義)「中立」と「公正」は、報道を語る

時には分かち難い概念である。イギリスのジャーナリズムの用語辞典は、公正（Fairness）は次のような要素からなると説明する。すなわち、事実を歪めないこと、引用個所の選択において歪みがないこと、事実とコメントとが区別されていること、意見の異なる当事者がいる時は対立する双方の意見を紹介すること、過ちは即座に訂正され、必要なら反論する権利を与えることである。「対立する双方の意見を紹介すること」は中立という概念に近い。しかし、中立という概念は公正とは異なり、特定の政治・思想的立場をもたないこととも解釈され得る。このため、報道機関が「中立」という概念に訴える時、論争的争点について自らの立場を明確にせず、「政治的日和見」の態度を正当化するものとして機能し得る。あるいは、報道機関の「偏向」を攻撃する時に利用される概念でもある。

(実例) 日本新聞協会の定める「新聞倫理綱領」には「報道は正確かつ公正でなければならず」とあって、「中立」という文字は出てこない。放送は放送法4条で、「政治的に公平であること」が義務付けられている。

中立（impartialあるいはneutral）は日本では、「不偏不党」とも言い替えられるが、両者は同じではない。門奈直樹（2013）によれば、ロンドンで発行された新聞を見ると、19世紀には「中立」を標榜する新聞が多かったが、現在では「中立」を謳う新聞はほぼ皆無となった。欧米では「中立」は「曖昧」と見なされるようになり、代わって「依存することのない」という意味での「独立（independent）」が用いられるようになったという。

(参考文献) Franklin, Bob et al. *Key Concepts in Journalism Studies*（2005, Sage）、門奈直樹「不偏不党」早稲田大学ジャーナリズム教育研究所『エンサイクロペディア 現代ジャーナリズム』（2013・4 早稲田大学出版部） ［伊藤高史］

▶ 調査報道（ちょうさほうどう）

(語義) 当局者による「発表」に依拠することなく、独自の問題意識をもって、隠れている・隠されている事象を掘り起こし、報道すること。特に権力の不正や不作為などを対象とし、その時に取材・報道しなければ、歴史の波間に埋もれてしまう事実を掘り起こす報道を指す。「発表報道」に対置される概念であって、調査報道こそがジャーナリズムの本務であるとの考えもある。

調査報道には、権力不正を暴く「権力監視型」、埋もれている問題を長期間に渡って報じる「キャンペーン型」などに類型できるが、最大の特質は「権力監視型」がもつ"破壊力"にある。調査報道で権力を追及した結果、巨額の公金不正が明らかになったり、時の政権が崩壊に至ったりした事例も少なくない。調査報道の嚆矢とされる、1972年のアメリカのワシントン・ポストによるウォーターゲート事件報道は、ニクソン大統領を辞任に追い込んだ。88年、朝日新聞のリクルート事件報道は、その後の東京地検による捜査と相まって竹下登政権の崩壊に繋がった。

調査報道は、報道側が市民社会の側に立ってアジェンダ設定を行うことにも特色がある。アジェンダ設定を当局側に委ねたかたちの「発表報道」とは、その点が決定的に違う。ただし、報道の対象が市民社会の要請からかけ離れたものであれば、調査報道は市民の支持を得られず、世論を動かすこともできない。

(実例) 調査報道は当局発表に依拠せず、証拠や証言などの収集、分析、確認といった作業を報道側の全責任において行う。このため、新聞記事でいえば「～という事実が○○新聞の取材でわかった」などと表記し、他の発表報道記事と区別することが多い。

調査報道の先例としては、上掲のほか、アメリカのニューヨーク・タイムズによるペンタゴン・ペーパーズ報道（1973年）、毎日新聞によるミドリ十字疑惑報道（82年）、北海道新聞による北海道警察の裏金問題報道（2004年）、朝日新聞による大阪地検特捜部検事による証拠改竄事件報道（10年）、NHK教育テレビのETV特集「ネットワークでつくる放射能汚染地図」（11年）などがある。

調査報道は近年、新聞・テレビの凋落に伴って次第に"衰退"しているとの指摘も根強い。調査報道は膨大な時間と人員、費用がかかるため、経営が厳しい報道機関は調査報

向けの費用削減を進めているからだ。これに対し非営利法人（NPO）によって調査報道を進めようとの動きがある。アメリカのプロパブリカ（ProPublica）はその代表例で、ピュリツァー賞を10年から2年連続で受賞するなどの実績もある。アメリカにはこうした非営利の調査報道組織が50以上あるとされるが、日本で同様の組織が根付くかどうかは未知数である。

(参考文献) 山本博『朝日新聞の調査報道』（2000・12 小学館）、B・ウッドワードほか『大統領の陰謀』（常盤新平訳、2005・9 文藝春秋）、髙田昌幸・小黒純編著『権力 vs 調査報道』（2011・9 旬報社）

［髙田昌幸］

▶著作権（ちょさくけん）

(語 義) 著作権とは、「創作的な表現（著作物）」の創作者に与えられる、独占的な権利をいう。対象となる著作物には、文章、音楽（＝歌詞・楽曲）、ダンス、美術、建築、図形、映像、写真、コンピュータプログラム等を幅広く含む。他方、ありふれた表現、事実・データ、アイディア（着想）、通常の名称等、「創作的な表現」と呼べない要素は著作権では守られず、よって先行する記事などから客観的な事実やデータを学び、利用すること自体には著作権は及ばない。また、実用品のデザインも、一品制作の工芸品などを除いて著作物としては守られないと解されている。

広義の著作権は「著作財産権」と「著作者人格権」に分類され、通常、単に「著作権」といえば前者を指す。著作財産権は、コピー・録音・録画（複製）、上演・演奏、上映、放送・インターネットへのアップロード（公衆送信）・展示等の利用形態ごとの権利の束で、個別に譲渡することができる。既存作品と似た新たな作品を作る行為（翻案など）も著作権の対象となり、よって盗作論争は法的には翻案権侵害の有無をめぐって争われる。他方、著作者人格権は、著作者に固有の権利で、著作者が自己の氏名表示を求めたり、作品の改変を禁止したりできる権利である。

著作権は作品の創作者（著作者）が取得するのが大原則だが、著作財産権は自由に他者に譲渡できる。また、例外的に法人などが一定の条件の下、従業者の創作した作品の著作者として原始的に著作権を取得することもあり、「法人著作」と呼ばれる。特許・商標などと異なり、著作権が守られるためには「登録」などの特別な手続は不要である（無方式主義）。

著作権の存続期間は、原則として著作者の死後50年で、匿名・変名・団体名義の作品は公表後50年保護される。保護期間が切れた作品を「パブリックドメイン（PD）」といい、以後誰でも作品を自由に利用できる。著作権には様々な例外規定（制限規定）があり、個人的な用途のために行う「私的複製」はその最も重要なものだが、一般に企業の業務目的でのコピーやスキャンは私的複製では許されないと解釈される。同様に、他者の作品を自らの作品中で紹介する「引用」や、「時事の事件報道」のために関連作品を利用することも一定の条件で許される。

(影 響) 著作権にはベルヌ条約などの国際条約があり、世界中のほとんどの作品は日本では日本法に基づいて守られ、逆に日本の作品も他国ではその国の著作権法に基づいて守られる。

著作権の重要性は、ネット化・デジタル化で情報のコピー及び拡散が容易になるにつれて飛躍的に高まり、国内外で様々な社会的論争や政治課題を頻発させている。そこでは知的財産権全般と同様、独占（権利保護）と公開（利用・流通）の最適なバランスが常に再検証を迫られ続ける。しかし、ジャーナリズムの現場の知識はしばしばそうした問題の重要性や背景を正しく伝える十分なレベルに達しておらず、その点での知識充実も急務とされる。

(参考文献) 福井健策『著作権とは何か』（2005・5 集英社）、中山信弘『著作権法』（2007・10 有斐閣）、半田正夫・松田政行『著作権法コンメンタール』（2009・1 勁草書房）、野口祐子『デジタル時代の著作権』（2010・10 筑摩書房）

［福井健策］

▶著作権管理団体（ちょさくけんかんりだんたい）

(語 義) 著作権者から著作権の委託や信託譲渡を受け、作品の利用を希望する第三者に利用を許諾して使用料を徴収したり、海賊版な

ど無許諾での利用者を取り締まったりすることを業務とする団体。

狭義では、日本音楽著作権協会（JASRAC）などの「著作権等管理事業者」がこれにあたり、権利者から作品利用の諾否や条件について一任を受け、「著作権等管理事業法」の適用を受ける。団体は主務官庁たる文化庁長官の登録制であり、使用料規定は届出制がとられる。著作権等管理事業者には、利用の申込みに対して応諾義務が課され、通常の著作権者のような諾否の自由は基本的にない。これに対して、申込みがある場合、管理団体が使用料などを権利者と協議しつつ許諾を進めるものを「非一任型」といい、出版社や芸能事務所などがこれにあたる。非一任型の管理団体には特有の業法はなく、登録制なども取られていない。

(影響) デジタル化・ネットワーク化の進展は多様な作品の大規模な流通を可能にし、それに伴い、大量の著作物について利用の許可を得るなどの「権利処理」の効率化が、世界的な関心事として浮上した。権利処理の効率化のためには、著作物の集中管理・権利データベースの充実が鍵とされ、欧米でも日本でもその対策が進む。

他方で、巨大化した権利管理団体については、その力の恣意的な濫用への危惧もついて回り、集中管理の進展の要請とその公正な運用の両立が大きな課題となっている。

(参考文献) 半田正夫・松田政行『著作権法コンメンタール（3）』（2009・1　勁草書房）、紋谷暢男『JASRAC概論』（2009・11　日本評論社）　　　　[福井健策]

▶ 著作隣接権（ちょさくりんせつけん）

(語義) 著作物を創作する著作者ではないが、著作物の社会への伝達などにおいて重要な役割を果たす存在に法律上与えられる、著作権に準ずる権利。現行法では4種類あり、①歌手、俳優、ダンサー等の「実演家」に認められる実演家の権利、②音楽の原盤（マスター）を製作した「レコード製作者」に与えられるレコード製作者の権利（狭義の原盤権）、③放送事業者の権利、④有線放送事業者の権利がある。実演家であれば、自らの歌唱、演技、ダンスといった「実演」を無断で録音・録画・放送・有線放送・ネット配信するなどの行為を禁ずることができる。

著作隣接権は狭義の著作権（著作財産権）と同様の財産権であり、他者への譲渡は自由である。実際、実演家はしばしば所属事務所やレコード会社などとの契約で著作隣接権を譲り渡す。他方、実演家は著作者人格権と似た実演家人格権をもち、こちらは他者に譲渡することはできない。

(影響) プロデューサーのようにコンテンツの誕生・流通に密接な貢献をする者は、しばしば著作隣接権的な権利の立法を要望する。

出版界には、出版物の版面について著作隣接権を獲得したいという要望が根強くあり、2012年10月には「印刷文化・電子文化の基盤整備に関する研究会」（通称、中川勉強会）が出版者の権利要望を公表した。しかし、出版者の隣接権には、「著作権との併存による権利分散化、作品死蔵の恐れ」、「一律で与えられることへの違和感」など懸念も強く、13年、文化審議会内に設置された「出版関連小委員会」では、法律上当然に与えられる著作隣接権でなく、著作者との契約によって与えられる「出版権」の拡張が協議されている。

(参考文献) 中山信弘『著作権法』（2007・10　有斐閣）
[福井健策]

▶ 沈黙の螺旋（ちんもくのらせん）

世論の趨勢に対する、マスメディアの影響力の強さについて考察された研究。「選挙中、人々が投票直前に支持者を変えてしまうのは何故か」という問題関心に端を発している。メディアは様々な形態がありながらほとんど同じ内容を伝え、日々人はこれに接する。さらにこれらの情報量が、他者との意見交換よりも多いとすれば、メディアは意見分布のセンサーとして成立しうる。現実の観察とメディアの情報を通じて、人々が世論の趨勢を察知し、孤立を恐れる心理状態になれば、メディアは世論形成に強く影響を与えるとされた。つまり多数派の意見が報道されればされるほど、少数意見の支持者は転向して多数派につくか、もしくは自らの意思表明を抑制し

沈黙するという負のスパイラルが生じることとなる。なお、こうした状況下にあっても依然少数派で居続ける人々のことを「ハードコア層」という。 参考文献 N・ノイマン『沈黙の螺旋理論─世論形成の過程の社会心理学〔改訂版〕』（池田謙一・安野智子訳、1997・3　ブレーン出版）

[加藤徹郎]

つ

▶ ツイッター（ついったー）

米ツイッター社が提供するインターネット上のサービス。2006年のサービス開始以来急成長を続け、13年には全世界で2億人以上のアクティブユーザーを擁するに至った。ツイートと呼ばれる140字以内の短文を投稿し、ユーザー間で共有する。他のユーザーを「フォロー」することでそのユーザーの投稿を参照でき、他のユーザーのツイートを「リツイート」（転送）したり「リプライ」（返信）したりしながらやりとりする。即時性と伝播性に秀でていることから、草の根型のジャーナリズムを担うツールとして注目され、09年のモルドバやイランでの市民運動、11年の東日本大震災の際などには、現地の状況を伝える貴重な情報源として活用された。一方でデマや炎上の担い手となったり、集団極化や同調圧力などのメカニズムが働く場となったりと、様々な問題も指摘されている。 参考文献 津田大介『Twitter社会論─新たなリアルタイム・ウェブの潮流』（2009・11　洋泉社）

[伊藤昌亮]

▶ 通信社（つうしんしゃ）

語義　通信社の仕事は、新聞社や放送局、出版社といったマスメディア企業や一般企業、官公庁等に、ニュースや金融情報などのコンテンツを配信することである。世界的な通信社が誕生したのは19世紀半ばといわれている。アメリカのAP、イギリスのロイター、フランスのアバス（AFPの前身）が、世界規模の通信社として発展し、不動の地位を築き上げた。かつては文字テキストだけだったが、マルチメディア化に対応し、音声や映像も配信するようになった。

取り扱うニュースが広がれば広がるほど、各マスメディアは取材態勢を手厚くしなければ競争に勝てない。しかし、それにはスタッフを置き、ハード面も整えなければならず、膨大な経費がかかる。そこで、取材の効率化を図るため、マスメディア企業各社が必要とする基本的な情報を、通信社に任せて、一斉に配信してもらうようになった。そうすれば各メディアが同じことをやらずに済むというわけである。

ニュース配信を受けるマスメディアにとって、頼りになる通信社の条件は、第1に速報である。通信社からのニュースが遅れれば、各メディアの独自取材が遅れ、新聞社なら紙面作りに支障が出かねない。分刻み、秒単位の速報が求められる。

第2の条件は、事実に徹した報道である。配信を受けるどのマスメディアも例外なく使うことができるのは、公平かつ公正で客観的な報道である。主義・主張は、通信社のニュースからは排除される。論調や立場の違いは各メディア企業が独自に出せばよい。

例えば、AP通信は、報道の客観性を担保するため、情報源の氏名や肩書きの明示や、発言者の引用などについて細かいルールを設け、記者に徹底を図っている。また、記者が企業から受け取ってもよいプレゼントの範囲を定めるなど、取材と報道の公平性、公正性に一点の曇りもないように努めている。

通信社は自前のメディアをもっておらず、固定した読者・視聴者はいない。この点は、通信社以外のマスメディアとは大きく異なる。

しかし、他のマスメディアに及ぼす影響力は極めて大きい。起こった出来事を報じるだけが通信社の仕事ではない。ニュースとしての価値を判断し、ニュースを「格付け」する。つまりどのニュースが一番大きく、それに続く二番手、三番手はどのニュースかを決める。

配信を受けるマスメディアは、通信社によるニュースの「格付け」をそのまま受け入れる場合が珍しくない。例えば、共同通信が

「トップ候補」として配信したニュースを、全国の地方紙は1面で大きく扱う傾向が強い。それだけに通信社は、配信先のマスメディアから信頼を寄せられるような、ニュースの選択を行う大きな責務が課せられているといえる。

(実例) 業態は大きく3つに分かれる。

1つ目は「組合主義通信社モデル」である。マスメディア企業の出資あるいは分担金で運営される非営利の通信社で、AP(アメリカ)、AAP(オーストラリア)、CP(カナダ)、共同通信等がある。

2つ目は「商業主義通信社モデル」である。マスメディア企業のほか、一般企業や官公庁などに配信する通信社で、ロイター(イギリス)、ブルーンバーグ(アメリカ)、DPA(ドイツ)、時事通信社等がある。

3つ目は「国営・半国営通信社モデル」である。政府による政府のための通信社で、AFP(フランス)、新華社(中国)、中央通信(台湾)、TNA(タイ)等がある。発展途上国に多い。戦前の同盟通信(共同通信の前身)もここに分類される。

(参考文献) 小黒純「通信社」浜田純一・田島泰彦・桂敬一編『新訂 新聞学』(2009・5 日本評論社)、小黒純「「ニュースの格付け」と通信社」駒村圭吾・鈴木秀美編著『表現の自由Ⅱ—状況から』(2011・5 尚学社)、The Associated Press - Statement of News Value and Principles：http://www.ap.org/company/news-values　　　　　　　　　　　　　　　　　［小黒純］

▶ **通信と放送の融合**(つうしんとほうそうのゆうごう)

(語義) 2000〜04年にかけて、超高速インターネットの整備、電子政府や学校教育の情報化とともに、「e-japan構想」の中心戦略として掲げられたスローガン。「日本型IT社会の実現」を支える具体的施策として示された。

通信回線のブロードバンド化、無線通信の普及、地上デジタル放送等によって、放送には双方向性、パーソナル化機能が導入された。また通信には動画配信などのプッシュ型機能や、マスメディア性が付与され、双方の境目がなくなることで情報サービスの高品質化やアクセシビリティが拡大し、新たなビジネスチャンスが生まれるとされた。

ブロードバンドや無線端末の普及は急速に進展し、一方地上デジタル放送への移行も11年7月、被災県とデジアナ変換対応を除き完了した。インターネット上には様々な放送型のサービスが出現し、また放送側においてもオンデマンドサービスなどが導入され、放送の通信化、通信の放送化はかなりのレベルで実現したかのように見える。しかし、むしろこの10年強で明らかになったことは、双方は安易に融合しえないという現実であろう。

(影響) 「通信・放送の在り方に関する懇談会」(竹中懇)で提起され、当初2010年の成立を目指していた「情報通信法(仮)」の構想は、民主主義社会の実現に資することを理念の根幹に置いた放送法を、規制緩和と産業振興を目標とした「事業者法」の中に取り込もうとする無理を露呈させた。

この対立の前提には、そもそも不特定多数に対して偏らないように公共的メッセージを配信する「放送」と、プライバシーを尊重する、閉じた「通信」の情報流通形式の越え難い違いがある。それはむしろ積極的に民主社会の実現を支える相補的な機能の両極であると考えるべきであろう。さらなる高精細度(高臨場感)の実現に向かう放送技術と、タブレットPCをインタラクティブ端末として用いる組合せは、もはや焦点は「融合」にはなく双方の特性をいかに「連携」させるかにあることを示している。

(参考文献) 水島久光『テレビジョン・クライシス』(2008・5 せりか書房)　　　　　［水島久光］

▶ **通信の秘密**(つうしんのひみつ)

(語義) 通信の秘密の保障とは、郵便や電気通信の秘密が、当事者以外の第三者による侵害から保護されることをいう。郵便にかかるものを特に信書の秘密という場合がある。ヨーロッパでは18世紀末から憲法や法令で保障されてきた伝統的な権利であるが、今日では、その実質は主としてプライバシー保護であると考えられている。

保護の対象としては、通信の内容のほか、通信の存在それ自体(通信の日時、回数、当事者など)も、これらの事項から通信内容が推測さ

れる恐れがあるため、含まれるとされる。インターネット上の情報流通に関しても、従来の通信に類比し得る電子メールなどについては通信の秘密が保障される。

一般に、公権力と並んで通信事業者は、通信の秘密を特に尊重しなければならず、他方で、例えば通信によって脅迫が行われたなど、違法な内容の通信を媒介した場合であっても、通信事業者は責任を負わないことになる。日本では、憲法21条2項が通信の秘密を明文で保障するほか、電波法、電気通信事業法、郵便法等によって、通信(信書)の秘密の侵害を犯罪としている。

(実 例) 従来、通信の秘密が最も問題となる場面の1つは、犯罪捜査、あるいはより広く犯罪(特にテロなどの公安犯罪)の予防のために捜査機関などが電話を傍受(盗聴)することの可否であった。日本では、1999年に通信傍受法が制定され、組織的殺人や薬物、銃器取引などの組織的な重大犯罪に限り、裁判官の令状に基づくなど一定の手続の下で、捜査機関による通信の傍受が認められている。

犯罪捜査ではなく犯罪の予防のための通信傍受については、日本ではこれを認める法令は存在しないが、2013年に米国でテロ対策目的での広範な通信記録の収集が暴露されるなど、ますます重要な問題となっている。

インターネット関連では、まず、サイバー犯罪条約批准のためになされた11年の刑事訴訟法改正で、捜査機関が通信事業者に対して通信履歴(ログ)の保全要請が行えるようになった(刑訴法197条3項)。

犯罪捜査・予防の文脈以外では、プロバイダ責任制限法が、インターネットでの情報流通によって権利を侵害された者が、当該権利侵害情報の発信者情報の開示請求を行うことを認めている(同法4条)。

このほか、今日では、迷惑メール(スパム)対策のための帯域制御、児童ポルノブロッキングのためのアクセス先の探知、不健全な書き込みを防止するためのSNS内ミニメールの内容確認等、通信の秘密との関係が問題となる場面が増えている。

(参考文献) 芦部信喜編『憲法Ⅱ 人権(1)』(1978・9 有斐閣)、安心ネットづくり促進協議会「児童ポルノ対策作業部会法的問題検討サブワーキング報告書」(2010・3)

[曽我部真裕]

▶ 通信傍受法 (つうしんぼうじゅほう)

(語 義) 通信傍受法は、日本の現行法律であり、正式名称は「犯罪捜査のための通信傍受に関する法律」で、1999年制定。

(実 例) 通信傍受法は、犯罪捜査のために(したがって、将来の犯罪予防のための通信傍受は認められない)捜査機関が当事者の同意を得ないで現に行われている通信(電話に限らず、ファックスやメールも含まれる)を傍受すること(したがって、盗聴器によって屋内の会話を盗聴するような行為は含まれない)を認めるものであるが、憲法で保障されている通信の秘密(21条2項)や適正手続に対する権利(31条)の侵害が問題となる行為であり、その要件や手続には限定がなされている。

すなわち、まず、傍受が認められるためには、法律に列挙された殺人や薬物、銃器の不正取引などの重大な組織犯罪が行われたと疑うに足りる十分な理由があることが必要である。

また、手続としては、通信傍受は、裁判官が発する傍受令状に基づき、通信事業者の職員などの立ち会いのもとに実施しなければならず、実施後は傍受記録を作成して原則として通信当事者に通知する必要があり、事後的に検証を可能とする手続が定められている。

しかし、通信傍受法に対しては、裁判官の令状による統制の不十分さや、いわゆる別件傍受(令状に基づく傍受中に、その対象外の犯罪に関する通話があった場合にその内容を傍受すること)も可能であるなどの点で、「盗聴法」であって違憲とする見解もある。

この点、最高裁は、通信傍受法制定前に刑事訴訟法に基づいて行われた電話傍受について、真にやむを得ない場合には合憲であるとしていた(最決平成11年12月16日)。

(参考文献) 井上正仁『捜査手段としての通信・会話の傍受』(1997・10 有斐閣)、奥平康弘・小田中聡樹監修『盗聴法の総合的研究』(2001・5 日本評論社)

[曽我部真裕]

▶ 椿発言事件（つばきはつげんじけん）

1993年10月、テレビ朝日の椿貞良・取締役報道局長が7月の総選挙をめぐり「非自民政権の誕生を意図して報道」と発言した、と産経新聞が報道し、テレビジャーナリズムの政治的な公正や中立が問題とされた事件。同紙は郵政省放送行政局長への「放送法違反ならば停波・営業停止も」との発言も報じた。10月25日には衆院政治改革調査特別委員会が椿局長を証人喚問し、各局は映像なしの音声だけで中継。外部有識者に検証を委ねたテレビ朝日は翌年8月、「特定政党を支援する報道をせよという具体的指示はなかった」とする結果を郵政省に報告し、同省は厳重注意の行政処分とした。事件は、55年体制を終わらせた細川護熙政権に対する旧政権側の意趣返しという側面が強い。証人喚問で政治家らは、一局長の発言とテレビ局の選挙報道全体を混同し、テレビ局員個人の思想信条を問題視するなどした。

［坂本衛］

て

▶ 出会い系サイト規制法（であいけいさいときせいほう）

2003年に制定された法律で、正式名は「インターネット異性紹介事業を利用して児童を誘引する行為の規制等に関する法律」。出会い系サイトを利用して18歳未満の者を性交などの相手方となるように誘引する行為などを禁止するとともに、出会い系サイト事業者に対する規制を設け、出会い系サイトを通じた児童買春その他の犯罪から児童を保護し、児童の健全な育成を図ることを目的とする。具体的には、事業者に対して、都道府県公安委員会への届出、児童による利用禁止の明示、利用者が児童でないことの確認、禁止される書き込みの削除の義務等を定めるとともに、利用者に対して、出会い系サイトの掲示板に児童を相手方とする異性交際を求める書込みをすることなどを禁止する。違反に対する罰則規定もある。（参考文献）福田正信ほか『逐条 出会い系サイト規制法』（2009・5　立花書房）

［横大道聡］

▶ ディープスロート（でぃーぷすろーと）

ウォーターゲート事件の真相を追求し、ニクソン大統領を辞任に追い詰めたワシントン・ポストの報道で、ボブ・ウッドワード記者に取材の方向性を密かに教えた人物のこと。正体はワシントン・ポスト社内でも秘密にされており、当時、話題になっていたポルノ映画の題名にちなんでワシントン・ポスト編集局次長が通称として命名したとされる。証言者の氏名を明かさないで記事制作に利用する情報を「ディープ・バックグラウンド」と呼ぶ習慣がそこに踏まえられている。大統領補佐官だったアレクサンダー・ヘイグがディープスロートだったといわれたこともあったが、2005年に事件当時FBI副長官だったマーク・フェルトが名乗り出た。昇進を拒まれた不満が内部告発に至る動機の1つだったとされる。ウッドワードも本人の公表があったので初めて取材の経緯を『ディープ・スロート』にまとめて公開した。その中でウッドワードは秘密を守り通した守秘義務意識の高さゆえに記者としての信頼を集め、それが秘匿を要求する政府高官などへの取材において有利に働いたことを述べている。（参考文献）B・ウッドワード『ディープ・スロート―大統領を葬った男』（伏見威蕃訳、2005・10　文藝春秋）

［武田徹］

▶ データジャーナリズム（でーたじゃーなりずむ）

データからニュースを発見するジャーナリズムの取組み。文字だけでなく、図や表などのビジュアルを用い、複雑な社会問題をわかりやすく表現する。告発サイト・ウィキリークスでの機密資料の分析、アメリカ大統領選挙の予測的中などで注目を集めた。データの収集、整理、分析、可視化のステップがあり、情報公開の請求、当事者への取材も組み合わされる。背景に、オープンデータと呼ばれる、政府や企業、研究機関がもつ統計資料の公開やソーシャルメディアの投稿により、誰もが使えるデータが増加していること、分析

や可視化のためのツールが開発されたことがある。統計の知識、プログラミングの技術が必要で、専門家との連携も進む。**参考文献** *The Data Journalism Handbook*（2012, European Vournalism Centre, Open Knowledge Foundation）、藤代裕之「米英から学ぶデータジャーナリズム実践のヒント」『新聞研究』（2013・12月号　日本新聞協会）

［藤代裕之］

▶ 出口調査（でぐちちょうさ）

語義　投票所出口で投票を終えた人を対象に、調査員が投票先などを回答してもらう調査。日本では衆議院総選挙などの国政選挙の他、知事選など地方選挙で、主に報道機関が実施している。調査は選挙区ごとに無作為に数十の投票所を選んで調査員を派遣し、有権者に調査票を渡して自分で記入してもらうかたちをとっている。

1人の調査員が1日に数か所の投票所を巡回する方式と、同じ投票所で丸1日調査する方式がある。選挙区ごとの回答数は1000～数千で、衆院選では全国で数十万人から回答を得る極めて大規模な調査となる。調査の目的は、①当選者をいちはやく判断して速報する、②年代別、支持政党別などの投票行動を分析する、③選挙の趨勢を事前に把握することで報道内容を充実させること等である。

実例　1960年代にアメリカで始まり、日本では89年参院選の頃から各テレビ局が実施するようになった。その後、新聞も参入して当打ち（当選判定）競争を激化させた。

選挙報道ではしばしば、投票終了と同時に当選確実を報じる「ゼロ票当打ち」が行われるが、出口調査で一定の差がついていることが根拠になっている。マスコミによるゼロ票当打ちは2003年以降徐々に広がり、12年総選挙では朝日新聞が300小選挙区中217選挙区でゼロ票当打ちをしている。13年参院選では各社が投票終了の午後8時に一斉に「与党の過半数確保」を報じた。もっとも出口調査結果には様々な誤差要因があり、選挙結果を正確に反映しているわけではない。サンプリング誤差、組織票の多い期日前投票による歪み、候補者の個性や勢いによる違いなどがある。

例えば、期日前投票の多い公明党候補は、出口調査では選挙結果よりも支持率がかなり低めになる。無党派層に人気のある有名候補は高めになることが多い。各社はこれらのバイアスを経験的に補正して当選予測をしている。

投票当日の出口調査とは別に、期日前投票の影響度合いを測定するために各市区町村の期日前投票所で調査をする「期日前出口調査」も盛んに行われるようになっている。

参考文献 福田昌史「出口調査の方法と課題」『行動計量学』（2008・3月号）

［川本俊三］

▶ デジタル化（でじたるか）

語義　一般的には、自然や社会の現象などの情報を数値化して、デジタル信号で表現して記録して利用することを意味するが、昨今は、従来アナログ方式で製造・運用されていたメディアのシステムやコンテンツを、デジタル方式に変えることを指す場合が多い。

実例　コンピュータの普及によって、1960年代はオフィス業務のデジタル化が「オフィスオートメーション」（OA）という名称でなされたが、これらは通常はデジタル化と考えられていない。デジタル化が最初に顕著に意識されるようになったのは、80年代半ばのパソコンを使って出版を行う「デスクトップパブリッシング」である。この延長線上にあるコンテンツ制作や流通までをデジタル化した電子書籍などは、出版のデジタル化の顕著な例である。

また従来はレコードやCDなどの物理媒体を介していた音楽産業が、楽曲をデジタルデータにしてネットワークで販売流通させている例は、音楽産業のデジタル化と考えられる。

代表的な事例としては、これまでアナログ方式で放送されていた地上波テレビのデジタル化が挙げられる。テレビ業界では日本の提唱する次世代テレビとしてのハイビジョン普及をきっかけに、まずは80年代に撮影や記録を行うためのカメラやビデオレコーダーなどの放送局側のデジタル化が始まり、次第に90年代に視聴者側のテレビ受像機とパソコンのディスプレーが一体化し、ついには2000年代

にそれらを結ぶ電波の伝送をデジタル化することが可能になった。デジタル化で情報の密度や質が向上し、高品質な映像や音声を利用できるようになったばかりか、コンピュータとの親和性や互換性が高まることで、テレビ番組をパソコンのソフトと一緒に使うなどの新しい利用法が開けている。

参考文献　N・ネグロポンテ『ビーイング・デジタル―ビットの時代〔新装版〕』（福岡洋一訳、2001・12　アスキー）　　　　　　　　　　［服部桂］

▶ **デジタルコンバージェンス**（でじたるこんばーじぇんす）

語義　広くはデジタル化によって異種の事物が融合する様を指す。具体的には、従来はアナログ方式で運用されていたシステム、またそれを利用する業界や分野が、デジタル化によって相互に運用することが容易になり、別々に運用されていた業務やコンテンツが相互に利用できるようになることを指す。その結果、業界や分野が垣根を超えて競合するばかりが、業界自体が融合して産業構造が変わる様を表現する。

　1980年代に米MITメディアラボ所長のニコラス・ネグロポンテが、デジタル時代には放送、出版、コンピュータが融合して新たな領域ができると論じたことで広く知られるようになった。

実例　1990年代にはパソコンやデジタル機器の高度化やネットワークの高速化により、パソコンが文書ばかりか画像や音声を扱えるようになり、「マルチメディア」という言葉が一般化した。さらにインターネットが一般化することで、放送もデジタル化することで通信との融合が起き、デジタルコンバージョンは現実的なものになっていった。

　しかし最も注目すべきなのは、こうした手段の融合によって、メディアの主体が提供者ではなく利用者に移ったことだろう。これまではアナログ方式の高価なメディアを所有できるマスメディアなどが情報発信の主体だったが、デジタル化によって誰もがパソコンとネットだけで、マスメディアと同じような情報発信ができるようになることで、社会の情報を所有し管理する主体が組織から個人に移っていることを象徴する言葉とも考えられる。

参考文献　A・トフラー『第三の波』（徳岡孝夫監訳、1982・9　中央公論新社）、N・ネグロポンテ『ビーイング・デジタル―ビットの時代〔新装版〕』（福岡洋一訳、2001・12　アスキー）、斎藤茂樹『デジタル・コンバージェンスの衝撃―通信と放送の融合で何が変わるのか』（2005・10　日経BP企画）　　　［服部桂］

▶ **デジタルサイネージ**（でじたるさいねーじ）

　デジタル技術をディスプレイや通信に活用し、映像や情報を動的に表示する新しい広告媒体。電子看板ともいう。従来も屋外にて映像を表示する「街頭ビジョン」は存在していたが、2000年代後半以降液晶やプラズマディスプレイなどの進化、通信の大容量化を受け、映像の表示・差替えなどが柔軟に制御できるようになり、注目を集めた。その背景には、マス広告に対する信頼度の低下がある。低成長、市場の細分化を受け、より効率的に行動喚起でき、購買接点に近いメディアに媒体選択をシフトする傾向が生じていた。OOH（Out of Home）広告といわれるこの分野への注目は、駅構内や交通機関、病院、大型店舗等の公共空間の情報メディア化を促進した。かつては巨大化の一途にあったディスプレイも、今日はサイズを場所の機能に合わせて活用を考える試みが盛んになっている。今や広告だけでなく、情報提供ツール、ニュース媒体、アートとして、都市情報化の重要な役割を担っている。参考文献　中村伊知哉ほか『デジタルサイネージ戦略』（2010・4　アスキー・メディアワークス）　　　　　　　　　　　　［水島久光］

▶ **デスク**（ですく）

　新聞社や通信社、放送局で机（デスク）に陣取り、記者に取材を指示したり、記者の原稿をチェックしたりする人。副部長や次長のベテラン記者が務め、社内外からの問い合わせにも対応する。新聞社の場合、本社の政治、経済、社会、外信、文化等の部ごとに配置され、支社や支局にもいる。本社各部のデスクは数人いて、交代で夕刊・朝刊作りを受けも

つ。例えば、朝刊担当の社会部デスクなら、翌日の社会面にどんな記事を載せるかを考える。また各部のデスクが集まって、1面トップをどうするかなどを話し合う。この他、例えば社会部の場合、事件、司法、教育、皇室、環境等の担当デスクもいる。 ⟦参考文献⟧ 小和田次郎『原寿雄自撰 デスク日記1963～68』（2013・5 弓立社） 〔竹田昌弘〕

▶ デマ（でま）

⟦語義⟧ デマゴギー（独：Demagogie）の略で、元来は政治的な意図をもった嘘のこと。転じて明確な根拠を持たない噂、すなわち流言を指すことも多い。流言とはT・シブタニ(1985)によれば、「曖昧な状況に巻き込まれた人々が、自分たちの知識を寄せ集めることによって、その状況について有意味な解釈を行おうとするコミュニケーション」である。つまり人々はデマや流言を通じて、情報の需給ギャップを埋めようとして「状況の再定義」を試みる。G・W・オルポート(2008)らはかつて、デマの流布量は問題の重要さと状況の曖昧さとの積に比例するという公式を示した。特に災害発生時など、平常の社会組織や日常の社会規範が一時的に消滅した状況では、曖昧さが著しく増大する。そうした状況で発生する流言を廣井脩(2001)は「噴出流言」と呼び、平常時に発生する「浸透流言」と区別した。一方で清水幾太郎(2011)はかつてこうした流言の中に、報道によって形成される顕在的輿論とは異なるものとしての潜在的輿論を見出そうとした。

⟦実例⟧ 1923年の関東大震災の発生後には、朝鮮人が暴徒化して略奪や放火を繰り返しているというデマが口コミで広まった。その結果、多数の朝鮮人が殺害されるに至った。また2011年の東日本大震災の発生後には、特にツイッターなどのソーシャルメディアを通じて様々なデマが広まった。荻上チキ(2011)によればそれらは、「注意喚起として広まる流言・デマ」「救援を促すための流言・デマ」「救援を誇張するための流言・デマ」の3つのタイプに分けられるという。

⟦参考文献⟧ T・シブタニ『流言と社会』（廣井脩ほか訳、1985・6 東京創元社）、廣井脩『流言とデマの社会学』（2001・8 文藝春秋）、G・W・オルポートほか『デマの心理学』（南博訳、2008・10 岩波書店）、荻上チキ『検証 東日本大震災の流言・デマ』（2011・5 光文社）、清水幾太郎『流言蜚語』（2011・6 筑摩書房） 〔伊藤昌亮〕

▶ テレビショッピング（てれびしょっぴんぐ）

⟦語義⟧ テレビ番組やCMを通じて行う通信販売の一形態。店舗などでの購入を促進する通常のCMとは異なり、電話やファックス、インターネットなどの通信手段を利用して購入するよう放送上で呼びかける（ラジオの場合はラジオショッピング）。番組枠で放送されるものは、商品に関わる情報を伝達する番組として扱われている。地上波のテレビ局では深夜から早朝に15～60分の番組として放送されている場合が多く見られる。衛星放送では、ショッピング専門チャンネルもある。内容的には、長時間のショッピング番組は一種のショーとして構成されている。

⟦実例⟧ フジテレビ「リビング4」(1971年開始)がその始まりといわれる。放送局やその関連会社が販売の主体となる場合もあるが、多くの場合、通信販売会社が企画・制作した番組やCMを放送局はそのまま放送している。2011年度のテレビショッピングの市場規模は5000億円程度と推定されている。すでに1974年に、公正取引委員会に価格に関する不当表示のおそれを指摘されるなど、広告規制の観点から問題とされることが多かった。日本通信販売協会や放送事業者の団体で自主規制ガイドラインなどの整備が進んでいる。

放送制度上、ショッピング番組をどのように分類するか不明確だったが、2011年の放送法改正により導入された放送番組種別の公表制度の中で、定義が定められた（放送法施行規則第4条4項）。この制度に基づき、総合編成のテレビ放送事業者はショッピング番組の放送時間を公表している。

⟦参考文献⟧ 伊豫田康弘ほか『テレビ史ハンドブック』（1996・9 自由国民社）、日本民間放送連盟編『民放連放送基準解説書2009』（2009・4 コーケン出版）、公正取引委員会「テレビ通販における表示チェック体

制等に関する実態調査報告書」(2009・7)、山田健太『ジャーナリズムの行方』(2011・8　三省堂)

[本橋春紀]

▶ テレビ離れ (てれびばなれ)

(語義)「テレビ離れ」が原因で、かつてあらゆる世代に圧倒的な影響力を誇ったテレビの存在感が薄れている。

この現象は第1には、実際にテレビ視聴時間が減少傾向にあること。第2には、そこから発せられる情報に対する信頼感や依存性が低下しているということ。第3には、「マスゴミ」発言に代表されるような意識的な忌避・嫌悪感があること。これらが相互に作用し、今日の「テレビ離れ」現象は起こっている。

(影響)　NHK放送文化研究所が5年に1度実施している「国民生活時間調査」においてこの傾向がはっきり表れるようになったのは、2005年調査からである。この時、20歳男性の全体の約2割で既にテレビ視聴時間が15分を切っているという結果が衝撃を与えた。

この若年層を中心とした物理的な「テレビ離れ」は、番組内容の劣化というより、彼らの生活行動にテレビがマッチしなくなったという観点から考えるべきであろう。家庭がメディア接触空間として機能しなくなり、時間的規範を喪失し、行動時間が細分化した若年層はテレビを「見ることができなくなった」のだ。デジタルメディアとの覇権争いの敗北との見方もあるが、むしろそれは逆で、デジタルメディアが新しい生活形態に適合した結果と考えるべきだろう。

第2の信頼感の低下、第3の直接的な忌避は、そうした生活との不適合が生んだものということができる。この価値観のレベルで生じている「テレビ離れ」は、もはや小手先の対策では回復不能であり、ひとつ間違えるとテレビ嫌いは決定的になる危険性がある。

とはいえ、これで一気にテレビが消滅してしまうことはないだろう。ソーシャルメディアの書きこみの多くが、テレビをはじめとしたマスメディアを情報源としている現状は、まだこの新興メディアが信頼性を担保する仕組みを構築できていないことを表している。

これからのテレビの課題は、他のメディアとの連携の中で、その機能を回復していくことにある。

(参考文献)　友澤大輔『ユーザーファースト』(2013・5 日経BP社)

[水島久光]

▶ テレビ放送 (てれびほうそう)

(語義)　世界初のテレビ(テレビジョン)放送は、1936年にイギリスでBBCにより開始された。アメリカでは41年にニューヨークでNBCとCBSが開始、日本のテレビ放送は53年に開始された。電波監理委員会により52年7月に免許第1号が日本テレビに付与され、続いて53年1月に郵政省によりNHK東京に免許が付与、同年2月1日にNHK東京、8月28日に日本テレビが本放送を開始。2013年時点では、全国の地上波テレビ放送は、NHK(全国対象、総合と教育の2チャンネル)と民放127社(原則として県域、127チャンネル)だが、この他に放送大学学園(地上波は関東広域のみ、1チャンネル)がある。なお、テレビ放送を主体とする"マルチメディア放送"(全国対象)が1社存在する。

(実例)　地上波民放テレビの内訳は、中波ラジオも行うテレビ・ラジオ兼営社33社、テレビ単営社94社である。民放については関東(1都6県)、近畿(2府4県)、中京(3県)の3つの広域圏(三大広域圏)と岡山・香川、鳥取・島根の各2県を合わせた地区を除いては県域が放送免許の単位となっており、NHKのように全国を放送対象地区とする局は存在しない。なお、三大広域圏内には県域単位のテレビ局が広域を単位とする局とは別にある。地区ごとの民放テレビ局数は、大部分の県域地区で2〜4局、三大広域圏内で6局(エリアの県域局1局を含める)である。

日本のテレビ放送は1960年にカラー放送を開始、89年に衛星放送(試験放送開始は84年)を開始し、2003年12月には、東京、大阪、名古屋を中心とする三大広域圏内で地上デジタル放送(本放送)が開始された。地上デジタル放送はその後、順次各地区で開始され、06年12月までには全ての地区で開始された。また、同年には主に携帯電話向けの放送サービスである"ワンセグ"も開始している。地上デ

ジタル放送は、既存の事業者（NHK、民放）だけが同じ放送対象地域内でアナログとは別の周波数帯（全てUHF帯）を用いて実施しており、アナログ放送の完全な置換であった。アナログテレビ放送は岩手、宮城、福島を除く44都道府県で当初の予定通り、11年7月24日で終了。東日本大震災の影響による受信機普及遅延の懸念から延期されていた岩手、宮城、福島でのアナログ停波も12年3月31日に完了し、地上波テレビの完全デジタル化が完了した。

今後は、4K、8Kと呼ばれるさらなる高精細度のテレビ放送が計画されている。また、放送とインターネットとの連携を行う"スマートテレビ"については、NHKのハイブリッドキャストが13年9月に開始され、民放が行うスマートテレビ・サービスについても実証実験が進んでいる。

(参考文献)　日本民間放送連盟編『民間放送50年史』(2001・11　日本民間放送連盟)、日本民間放送連盟編『放送ハンドブック〔改訂版〕』(2007・4　日経BP社)、藤竹暁編著『図説　日本のメディア』(2012・9　NHK出版)　　　　　　　　　　　　　　［木村幹夫］

▶ 電子書籍（でんししょせき）

(語義)　電子的な形態によって、構成・頒布・受容されるテクストのこと。文字はもちろん、しばしば画像や動画、音声などを含むハイパーテキストであり、専用または汎用端末上で、ビューアやブラウザなどによって再生・受容される。

(影響)　書物の電子化という発想が初めて具現化したのは1980年代半ば、CD-ROMを媒体としてであった。90年代には学術雑誌の急速な電子化が進行した。一般市場では、インターネットや各種端末の急速な普及を背景に、多数のデータ規格や端末が提案される一方、ビジネスとして流通の仕組みが整えられていった。

だが電子書籍は、単に媒体形式というだけではなく、それ自体が一個の「問題」でもある。多様なセクターや読者レベルでの動きの対峙や衝突、調停や包摂の政治学として理解されるべきなのだ。なぜなら電子書籍とは、印刷・製紙・製本技術による冊子の書物を「時代遅れ」「権威主義的」と見なしつつ、これを電子技術によって置換し超克する「未来の書物」という図式をもつようなイメージをめぐる言説の中に成立してきたからである。

したがってその射程には、例えば電子アーカイブからケータイ小説、個人が所蔵する冊子の書物を電子化する「自炊」などといった動き、さらには書物の電子化を検索資源の獲得という観点から推進するグーグルブック検索のような動きなども収める必要がある。

これらは、既存の産業的な秩序を相対化する契機を含み、しばしば軋轢をもたらす。それは、より深い水準において、「冊子の書物」を物質的基盤として構築されてきた近代的な人文知の枠組みが根本から動揺していることの一環として理解されなければならない。

(参考文献)　『季刊・本とコンピュータ』(1997・7〜2005・5　トランスアート)、長谷川一『出版と知のメディア論』(2003・5　みすず書房)、荻野正昭『電子書籍奮戦記』(2010・11　新潮社)　　［長谷川一］

▶ 電子政府（でんしせいふ）

政府の基本方針において電子政府の語が登場するのは、1997年12月に改定された「行政情報化推進基本計画」が最初である（高度情報通信ネットワーク社会形成基本法20条では「行政の情報化」の語が用いられている）。そこでは、「『紙』による情報の処理から通信ネットワークを駆使した電子化された情報の処理への移行」による「高度に情報化された行政」を意味するものとされた。また、2000年11月のIT基本戦略や01年1月のe-japan戦略においても、「行政内部や行政と国民・事業者との間で書類ベース、対面ベースで行われている業務をオンライン化し、情報ネットワークを通じて省庁横断的、国・地方一体的に情報を瞬時に共有・活用する新たな行政」の意味で用いられていたが、その後は用語が定着したとして、定義的規定を置くことなく使われるようになった。なお、最近では、国レベルの行政の情報化（電子化）を「電子政府」、地方レベルのものを「電子自治体」と分けて呼ぶことが一般的となっており、また逆に両者を合わせて呼ぶ場合には、「電子行政」ないし「eガバメント」

の語を用いるようになっている。参考文献 岩崎正洋『eデモクラシーと電子投票』(2009・6　日本経済評論社)、上村進ほか『e-ガバメント論』(2012・5　三恵社)　　　　　　　　　　[小倉一志]

▶ **電子メール**(でんしめーる)

語義 コンピュータネットワークで、文書などの情報を手紙のようにやりとりできるサービスを指す。

実例 初期のコンピュータは、人間がコンピュータを操作するための情報(コマンド)を送って結果を受け取るだけだったが、インターネットなどで遠隔地のコンピュータ同士でデータを送り合う機能を利用して、1970年代の初めから操作員同士が電信や郵便のように連絡用に使うようになり、その有用性が認識されるようになった。

当初はパソコン通信などの各システム内に閉じた連絡用のサービスが多かった。しかしインターネットの普及で共通の通信方式(SMTPなど)を使った電子メールが一般化し、グーグルのGメールに代表されるウェブを使ったメールが出現することで、電子メール用の特別なソフトを使わなくてもブラウザーで使えるようになった。現在では、世界的な郵便に変わる一般的な通信手段として用いられている。

インターネットの利用者はほとんど電子メールを使っていると考えられ、毎日1400億通以上がやりとりされている。しかし、その7割近くは勝手に送られてくる宣伝などのスパムと呼ばれる迷惑メールで、電子メールのアドレスを勝手に利用されないように阻止するソフトや、迷惑メールを規制する法律も作られている。

また携帯電話などでは短い電子メールを簡単にやりとりするSMS(ショートメッセージサービス)が使われ、電話で話す代わりにテキストをやりとりする事例が増えている。だが、ツイッターやLINEなどのソーシャルメディアも出現し、そのメッセージ機能などに取り込まれて、単独のサービスとしての電子メールは衰退する方向にある。

参考文献 村上龍『eメールの達人になる』(2001・11　集英社)、岡嶋裕史『迷惑メールは誰が出す?』(2008・10　新潮社)　　　　　　　　　　[服部桂]

▶ **電通**(でんつう)

日本最大の総合広告会社で、1901年創業、34年に報道通信部門を分離し広告業専業となる。2001年に株式上場。近年はコミュニケーションビジネス領域全般に業務を広げ、イベントや映画のプロデュース、欧米のロビー活動にも通じる広報活動や、調査研究などでも強い影響力を行使している。長年日本の広告業界を牽引してきたが、一方で、日本の社会的コミュニケーションの閉鎖性を促してきたのではないかとの問題提起もなされている。第1の問題は「寡占化」。2位博報堂の2倍、3位ADKの4倍の売上げがある状態は、05年公正取引委員会の調査の対象となった。第2の問題は「ガラパゴス化」。海外展開の弱さは、クライアントである国内企業のグローバル戦略の弱さに結び付いているとの批判もある。第3の問題は「システム支配」。本来第三者機関によってなされるべき統計調査「日本の広告費」を発表。CM価格決定の根拠とされる視聴率調査を行うビデオリサーチも関連会社である。参考文献 『週刊金曜日』取材班編『増補版 電通の正体』(2006・9　金曜日)　[水島久光]

▶ **電波監理委員会**(でんぱかんりいいんかい)

放送を含む電波行政を担当するために、1950年に制定された電波監理委員会設置法に基づき設置された独立行政委員会。電波監理・放送規律の公正性、政治的独立性、安定性を確保することを趣旨として、アメリカの連邦通信委員会(FCC)を参考に、総理府の外局に置かれた。その所掌事務は、無線局の免許付与、NHKに関することなどに加え、準立法機関的機能として放送局の開設の根本的基準などの電波監理委員会規則を制定することができた。もっとも、構想段階より、行政権は内閣に属することを理由に電波監理委員会の設置に反対していた吉田茂内閣は、主権が回復した52年に電波監理委員会設置法を廃止し、放送・通信行政は郵政省の所管に移され、電波監理審議会が新設された。参考文献 鈴木

秀美・山田健太・砂川浩慶編著『放送法を読みとく』(2009・7　商事法務)　　　　　　［西土彰一郎］

▶電波3法（でんぱさんぽう）

1950年に制定された、電波法、放送法、電波監理委員会設置法の3つの法律を指す。電波法は、無線局の免許・監督など電波利用の全般にわたって規定する一方、放送法は放送事業の経営形態、番組のあり方などについて定める。電波監理委員会設置法は、放送を含む電波行政を主管する電波監理委員会の設置、その組織、権限、所掌事務等を定めたものであり、電波行政の公正や政治的独立などを確保すべく、電波監理委員会を独立行政委員会として設置していた。この法律をいわば媒介にして電波法と放送法の関係化が図られ、戦後の新しい放送体制が整備されることになった。しかし、52年に電波監理委員会設置法が廃止され、その権限は郵政省に一元化されたため、当初の法体系の構想が崩れた。

〔参考文献〕荘宏『放送制度論のために』(1963・1　日本放送出版協会)　　　　　　　［西土彰一郎］

▶電波の有限・稀少性
（でんぱのゆうげん・きしょうせい）

〔語　義〕テレビ放送などに用いられる周波数帯は、有限・稀少な資源として、国際電気通信連合を通して各国に配分される。日本の電波法も、電波の公平かつ能率的な利用を確保するため、免許制などを定めている。しかし、本来、表現の自由の考え方からすれば、表現内容規制として許されないはずの放送法上の番組編集準則を正当化するために、この電波の有限・稀少性が持ち出されることがある。

この見解は、放送規制を以下のような筋道により正当化する。①利用可能な電波周波数は有限・稀少である一方、利用希望者はそれを上回るため、政府による免許制が不可避となる。②希望者の一部にのみ電波の利用が認められるため、利用を認められなかった希望者の声も代弁するように、被免許者をいわば受託者として扱うことが正当化される。そのために、番組編集準則が正当化される。

〔実　例〕もっとも、メディア技術革新により、電波の有限・稀少性は解消されたとして、放送の免許制、番組編集準則は憲法21条の表現の自由を不当に侵害し、違憲であると主張する見解もある。これに対しては、物理的・技術的意味での電波の有限・稀少性と、利用可能な周波数と需要者の数を対比して帰結される社会的意味での電波の有限・稀少性を区別して議論すべきであるとの見方もある。また、そもそも放送規制の根拠は、主要な情報源が少数のマスメディアにより掌握されているボトルネックとしてのリスクに対処する点にあり、規制の具体的な執行の目安として周波数の有限・稀少性を持ち出しているのにすぎないとの主張もある。

〔参考文献〕長谷部恭男『テレビの憲法理論』(1992・12　弘文堂)、松井茂記「放送における公正と放送の自由」石村善治先生古稀記念論集刊行企画委員会編『法と情報』(1997・8　信山社出版)、芦部信喜『憲法学Ⅲ』(1998・3　有斐閣)　　　［西土彰一郎］

▶電波法（でんぱほう）

〔語　義〕1950年6月1日に施行された法律。同日施行された放送法、電波監理委員会設置法とともに「電波3法」と呼ばれる。施行された6月1日は、戦前、「無線電信法」によって政府専掌であった電波の利用が広く国民に開放されたことを記念して「電波の日」として制定された。総務省では「国民各層の電波の利用に関する知識の普及・向上を図るとともに、電波利用の発展に資することにしている」とし、大臣表彰などの記念行事を実施している。

〔実　例〕「電波の公平且つ能率的な利用を確保することによつて、公共の福祉を増進すること」を目的とし、現行法は9章116条。

定義規定（第2条）では、「電波」を「三百万メガヘルツ以下の周波数の電磁波」とし、「無線局」を「無線設備及び無線設備の操作を行う者の総体をいう。但し、受信のみを目的とするものを含まない」としている。また、電波は、国連の機関であるITU（国際電気通信連合）によって国際周波数割当がなされ、それに基づいて国別の周波数割当（オークション）が行われることから「電波に関し条約に別段の定があるときは、その規定による」としている。

無線局の開設には、原則、「総務大臣の免許を受けなければならない」（第4条）とし、総務大臣による免許付与権限を明記している。無線局の免許を与えない「欠格事由」（第5条）では、①日本の国籍を有しない人、②外国政府又はその代表者、③外国の法人又は団体、④法人又は団体で①～③に該当する者がその代表者であるもの、又はその役員の3分の1以上もしくは議決権の3分の1以上を占めるものと規定している。また、無線を使う基幹放送局については、別途厳しい欠格事由を規定している。

「免許の有効期間」は、「免許の日から起算して5年を超えない範囲内において総務省令で定める。ただし、再免許を妨げない」（13条）とし、電波法施行規則で規定している。基幹放送局の免許期間は5年であり、2013年11月1日に一斉再免許が付与された。再免許は、瑕疵がなければ期間が延長される「更新制」とは異なり、申請をその都度行うものであり、理論上は新規事業者が申請を行えば既存事業者との競願審査が行われることとなる。先進国の中で、電波管理と免許付与権限を行政府である総務省が一元的にもつのは日本だけであり、独立行政委員会に移管すべきとの議論もある。

なお、電波法の罰則規定では、「政府を暴力で破壊することを主張する通信を発した者は、5年以下の懲役又は禁こに処する」「わいせつな通信を発した者は、2年以下の懲役又は100万円以下の罰金に処する」などと規定している。

放送事業が免許制をとっていることはよく知られているが、その制度は電波法を根拠としている。したがって電波法は、放送ジャーナリズムとも深く関わる。

（参考文献）荘宏『放送制度論のために』（1963・11 日本放送出版協会） ［砂川浩慶］

と

▶登院停止（とういんていし）

衆参両院が院内の秩序を乱したなどとして、各所属議員に科す懲罰の1つで、院内に一定期間立ち入ることができないこと。国会法に定められている。転じて、記者クラブに加盟する報道機関の規約違反などに対するペナルティーの1つとしても、この言葉が使われている。クラブ総会で決定し、対象報道機関の記者はクラブへの立ち入りが一定期間禁止される。記者クラブの登院停止が報道されたケースとしては、日本テレビのCAPA事件がある。同局の深夜番組「CAPA」で1991年10月、女性モデルが警視庁の記者クラブを訪れ、当直記者の前でハイレグ姿になったり、記者とベッドの上で密着するゲームをしたりした。クラブ側が「使用目的を逸脱している」として、日本テレビの記者を同年末までの登院停止処分とした（1991年10月25日付朝日新聞東京本社朝刊）。

［竹田昌弘］

▶統計調査（とうけいちょうさ）

（語義）社会や経済などの状況について、主に量的な情報を得るために行う調査。世論調査や市場調査は広義の統計調査に属する。

国勢調査のように対象となる母集団全体を調査する「全数調査」と、全体から一部を選んで調査する「標本調査」がある。対象の選び方にはランダムに選ぶ「無作為抽出」と、代表的なものを人為的に選ぶ「有意抽出」がある。

国などの公的機関が実施するものは「公的統計」として、統計法で調査の種類や利用方法などが規定されている。公的統計のうち家計調査、人口動態調査など55種類（2013年4月現在）が重要性の高い「基幹統計」となっている。鉱工業指数などの経済指標は、複数の統計から算出され、加工統計と呼ばれる。雇用統計のように、決められた方法で補正して各月が比較できるようにしているものもある。公的統計のほかに、自治体独自の調査や民間

団体、企業、学術機関による統計調査は無数にある。

(実例) 精度の高い統計調査は社会を測る重要な物差しとなるが、近年は回収率の低下が大きな問題となっている。2010年の国勢調査では、プライバシーに配慮し訪問調査員による回収のほか郵送回答も採用したが、本人回答を得られない割合が全国で約9％、東京都で約20％にのぼった。その他の調査でも、回答拒否や回収不能は増加傾向にあり、結果として著しく回収率が低く信頼性の乏しい調査も見られる。

インターネット調査の中には、回答者層が実は特定の傾向に偏っているということも多い。調査結果の話題性だけに着目して安易に報道することは、社会に対する誤った理解を広めかねない。マスコミの側に調査データを吟味する能力（統計リテラシー）が求められている。

(参考文献) D・ハフ『統計でウソをつく法』（高木秀玄訳、1968・7　講談社）、林知己夫編『社会調査ハンドブック』（2002・11　朝倉書店）　　　［川本俊三］

▶ **東芝クレーマー事件**（とうしばくれーまーじけん）

東芝製のビデオデッキを購入した人物（自らをAKKYと称していた）が「東芝のアフターサービスについて」と題するホームページを立ち上げ、ビデオデッキの不具合の状態、アフターサービス部門とのやりとりの内容などを掲載するとともに、担当者による電話での暴言を音声ファイルとして公開した（1999年2月）。この時期にはすでに、企業などを批判する、いわゆる「告発サイト」が他にも存在していたが、リアリティ溢れる音声の効果も手伝って、同サイトはその代表格となった（最終的には1000万アクセスを越えた）。その後、東芝は同サイトの一部削除を求める仮処分を福岡地裁に申請したが、インターネット上ではAKKYを支援する輪が広がり、最終的には仮処分申請を取り下げ、副社長が直接出向いて謝罪を行った（99年7月）。これら一連の騒動を東芝クレーマー事件という。この事件は、インターネットが従来のメディアとは異なり、自らの意見を誰もが自由に発信できるという

特質をもつものであることを広く知らしめた点でも意義がある。(参考文献) 前屋毅『全証言 東芝クレーマー事件』（2000・1　小学館）、岡村久道編『インターネット訴訟2000』（2000・7　ソフトバンクパブリッシング）　　　［小倉一志］

▶ 盗用→剽窃・盗用

▶ **ドキュメンタリー**（どきゅめんたりー）

(語義) 記録に基づいて作られた映画、写真、文学、ラジオ番組、テレビ番組等のこと。一般的には、フィルムやビデオで記録された映像作品を指すことが多い。

そもそもドキュメンタリーという言葉は、R・フラハティが監督した映画「モアナ」（1926年）を評して、J・グリアスンが最初に用いたといわれている。ハリウッドで量産される商業的な劇映画に対抗して、映画を啓蒙的・教育的な目的に活用しようと考えたグリアスンは、30年代にイギリス政府をスポンサーにしてドキュメンタリー映画運動を展開した。この映画運動は各国に影響を与え、アメリカやソ連、ヨーロッパなどを中心に、様々なドキュメンタリー映画が作られた。

(実例) 日本でも、戦前から戦後にかけて、政府や企業をスポンサーにして、文化映画や教育映画、科学映画、産業映画等、数多くのドキュメンタリー映画が作られた。一方で、高度経済成長期以降には、三里塚の空港反対闘争を撮った小川紳介や、公害病の原点といわれる水俣病シリーズを撮った土本典昭など、自主制作の優れたドキュメンタリー映画も生まれた。

またテレビでも数多くのドキュメンタリーが制作され、ジャーナリズムの重要な一翼を担ってきた。NHKでは、日本のテレビ・ドキュメンタリーの草分けといわれる「日本の素顔」（1957〜64）をはじめ、「現代の映像」（1964〜71）や「ある人生」（1964-71)、「NHK特集」（1976〜89）や「NHKスペシャル」（1989〜）等が制作・放送されてきた。

民放では、プロデューサーの牛山純一が率いた日本テレビの「ノンフィクション劇場」

（1962〜68）、萩元晴彦や村木良彦が実験的な番組作りに挑んだTBSの「現代の主役」（1966〜67）や「マスコミQ」（1967〜69）、全国のローカル局が制作・発信を続ける日本テレビ系の「NNNドキュメント」（1970〜）やテレビ朝日系の「テレメンタリー」（1992〜）等がよく知られている。

さらに、デジタルビデオカメラやノンリニア編集ソフト、インターネットなど、小型で簡易なデジタルメディアが普及した現代では、誰でも手軽に映像を制作・発信できるようになり、ドキュメンタリーの裾野は個人制作へも広がりつつある。

参考文献　E・バーナウ『世界ドキュメンタリー史』（近藤耕人訳、1978・9　日本映像記録センター）、P・ローサ『ドキュメンタリィ映画〔新装版〕』（厚木たか訳、1995・10　未来社）、佐藤忠男編著『シリーズ 日本のドキュメンタリー』全5冊（2009・10〜2010・12　岩波書店）、吉原順平『日本短編映像史―文化映画・教育映画・産業映画』（2011・11　岩波書店）

［丹羽美之］

▶ **読者**（どくしゃ）

語義　一般には新聞や雑誌、書物など活字メディアを読む人のことを指す。冊子として閉じられた書物を、教養のある人々が自室にこもり1人で黙読するというイメージが「読者像」としてしばしば浮上する。しかし自明視されがちな「読者」については、様々なかたちで問い直されている。特定の行為者を「読者」として規定するのではなく、その歴史的・社会的差異を明らかにするのである。例えば「読者」の表象に階層差や世代差、性差を見る研究や、「読者」を言語能力や識字能力の差異として捉えていく研究、さらには「読者」を読む人としてのみではなく、聞く人、見る人として捉え享受行為の差異を捉える研究などである。読みの形態や場の多様性・歴史性に目を向け、その制度性を取り上げた研究もまた、読者のあり様を問い直すものといえる。こうした研究では音読と黙読、1人での読書と集合的読書、書店や図書館や乗り物といった読書の場について、その多様なあり様を記述している。

実例　「新聞読者」という言葉が含意しているのは、基本的に新聞の購読者である。近年若者を中心に新聞の「読者離れ」が叫ばれている。統計的には、たしかに20代を中心に購読者の減少が続いている。しかし新聞に端を発する情報はインターネットを介して様々なかたちで取り上げられ、ソーシャルメディアの中でその内容について議論が広げられているため、新聞購読者でなくとも新聞で作り出されるテクストの「読者」足り得るのである。また新聞の内容や主張、読者投稿欄だけからその「読者」像を想定することは、読者の多様性を見えなくするだけでなく、自らが（ある）新聞の「読者である」または「読者でない」と語ることの権力性に目を背けることでもある。

参考文献　R・シェルチエ『書物の秩序』（長谷川輝夫訳、1993・3　文化科学高等研究院出版局）、前田愛『近代読者の成立』（2001・2　岩波書店）、和田敦彦『メディアの中の読者―読書論の現在』（2002・5　ひつじ書房）

［西田善行］

▶ **特ダネ**（とくだね）

語義　国民の「知る権利」に奉仕する特別な情報・真実を誰よりも早く報道した「称号」として、ジャーナリズムの世界で最も輝きを放つ。報道機関が憲法上、高い公共性を認められているのは、「世直し力」をもつ特ダネがあってこそである。大別すると、政府などの権力機構を監視する記者による内部情報の「すっぱ抜き」型と、記者が膨大な独自取材を積み重ね、自らの責任で真実を伝える「調査報道」型の2通りがある。

実例　前者の特ダネにおいては、内部に独自の情報源をもつことが絶対条件で、時間をかけて信頼関係を築くのが基本である。検察や警察当局が手がける事件の「摘発予告」や、為政者の「方針決定」報道が長年、特ダネ競争の主戦場になっていた。しかし内容が発表の先取りにとどまる限り、権力機構の手のひらで踊らされている面は否定できない。本当の「すっぱ抜き」は相手が国民の目から隠したり、ごまかしたりしている真実、要は発表したくない内容を暴く記事である。情報源の

開拓ではより大きな困難を伴うが、ジャーナリズムが権力監視の使命を果たしている最高の証となる。

後者の特ダネにおいては記者の問題意識や想像力、知識が原動力となり、関係者へのインタビューや資料の入手・分析で真実に迫るのが常道である。まだ不十分とはいえ、情報公開制度は追い風になっている。近年では、2011年3月に起きた東京電力の福島第一原子力発電所の事故後、安全対策の不備や放射能汚染の真実、原発再稼働の舞台裏などを独自の調査で次々に暴露した特ダネ群が、代表例に挙げられる。各報道機関は事故を1つの契機に、記者クラブに依存しない調査報道の体制作りに精力的に取り組んだ。その成果とも評価できる。世に警鐘を鳴らすための特ダネ競争の激化は、国民の期待に応える道である。

（参考文献）朝日新聞特別報道部『プロメテウスの罠』（2012・3　学研パブリッシング）、東京新聞編集局編『原発報道』（2012・11　東京新聞）　　　［菅沼堅吾］

▶ 特派員（とくはいん）

海外取材が珍しかった時代を反映し、国際化が進んだ今も「特別」に外国に派遣されている記者を意味する。基本的に年単位で常駐する記者を指し、国際報道に力を入れる報道機関では20を優に超える国に特派員を置いている。1つの国に1人の場合は「何でも屋」で、中東など派遣地域によっては戦地取材を経験する。現地の言語に堪能なことは重要だが、特派員の人選における要諦は取材力である。報道の視点が日本絡みに陥りがちだが、配置自体、アメリカや中国など日本と多方面で関係の深い国が中心で、読者の関心度に比例している。国内取材と異なり署名原稿が原則なのに、発表や現地の報道を翻訳しただけの記事が少なくない。インターネットで瞬時にニュースが拡散する時代に、それでは存在価値がない。当事者へのインタビューや現場に足を運ぶなど、取材の基本の徹底が国内と同様に不可欠である。　　　　　［菅沼堅吾］

▶ 匿名報道（とくめいほうどう）

（語義）記事やニュースに登場する人、特に刑事事件の関係者の名前を伏せる報道。「容疑者の会社員」「A被告」「被害者の女性」などと表現したり、仮名を使ったりする。日本のマスメディアは、少年法で氏名の公表を禁じられた未成年の被疑者や、刑事責任能力を欠く可能性のある精神障害者らに限り、匿名で報じている。これに対し北欧諸国では、公人の権力犯罪などを除き、一般の刑事事件の被疑者・被告人は匿名報道を原則にしている。

（背景）日本弁護士連合会は、1976年に刊行した報告書で、被疑者・被告人は氏名を公表せずに報道するべきだと提案した。さらに、共同通信記者だった浅野健一が『犯罪報道の犯罪』で、国内の事件報道の検証やスウェーデン、フィンランドでの調査を基に、北欧流の匿名報道主義を提唱し、反響を呼んだ。

被疑者・被告人は法律上、有罪判決が確定するまで無罪と推定されている。だが事件の取材では、警察・検察に捜査情報が集中する一方、被疑者らが逮捕・勾留されれば接触は困難なため、マスメディアは捜査当局に情報を依存せざるをえず、被疑者らを犯人扱いしがちだ。その結果、実名報道された被疑者らは、刑罰を超えた社会的制裁を被ってしまう。各地の弁護士会や市民団体の調査では、ごく小さな新聞記事に名前が出ただけで、被疑者が職を失い、子どもが学校でいじめられて登校拒否になるなど、深刻な事態が報告されてきた。こうした報道被害を防ぐには、一般刑事事件の被疑者・被告人は匿名で報じるしかない。プライバシーの暴露を望まない事件被害者らも同様である。ただし、政治家や高級官僚、大企業幹部らが自らの権力を乱用した事件や疑惑については、実名で積極的に伝えるべきだ―。これが匿名報道主義の要諦といえよう。

報道の自由や知る権利を尊重しつつ、人権侵害を少しでも減らすために、被疑者らの名前を出さないのは、理想論というより現実的対応だとの指摘もある。しかし、匿名報道主義は、当事者が特定されそうな具体的事実を伝えられないので、読者・視聴者に訴える力が弱まるといった反対論も強く、大手マスメディアが採用するには至っていない。

もちろん、匿名報道主義が実現すれば、事件報道をめぐる問題がすべて解決するわけではない。さらに、無罪推定に沿うよう記事の書き方を工夫したり、報道被害を救済するメディア横断的な機関を整備したり、冤罪の温床と批判される代用監獄などの刑事法制を改正したりする必要があろう。

(参考文献) 日本弁護士連合会編『人権と報道』(1976・11 日本評論社)、浅野健一『犯罪報道の犯罪』(1984・9 学陽書房)、『法学セミナー増刊 資料集 人権と犯罪報道』(1986・11 日本評論社) 〔原真〕

▶ 所沢ダイオキシン報道事件
(ところざわだいおきしんほうどうじけん)

(背景) 埼玉県所沢市の農家が、テレビの報道番組によって所沢産野菜の安全性に対する信頼が傷つけられ、それによって自身の名誉が毀損されたとして、テレビ局を相手取って損害賠償と謝罪広告・謝罪放送を求めた訴訟事件。

(特色) この事件は、テレビ放送の場合における名誉毀損の判断基準を最高裁が初めて示した事例として有名である。

この事件の上告審で最高裁は、テレビ番組の内容が人の社会的評価を低下させるか否かの判断についても、番組によって摘示された事実がどのようなものかの判断についても、「一般の視聴者の普通の注意と視聴の仕方」を基準とすべきだとした(最判平成15年10月16日)。最高裁は、新聞報道などの活字媒体の名誉毀損事件の場合における名誉毀損性の有無と摘示事実が何かの判断については、かねてより「一般読者の普通の注意と読み方」(最判昭和31年7月20日)を基準とするとしてきたが、この判決はそれと同趣旨の基準を示したことになる。

判決はさらに、テレビ放送の場合、新聞などの場合とは異なり、視聴者は音声と情報によって次々提供される情報を瞬時に理解しなければならず、録画などしない限り放送の意味内容を十分に検討したり再確認したりできない、というテレビ放送の特質を指摘した。そしてその上で、摘示事実が何かの判断については、番組の全体的な構成、登場者の発言内容、フリップやテロップなどの文字情報、映像・効果音・ナレーションなどの映像と音声の情報、さらに放送内容全体から受ける印象等を総合的に考慮すべきとした。

同判決以降、裁判所は、テレビ放送についての名誉毀損性・事実摘示の内容については、この上告審判決の提示した基準に依拠して判断している。

(参考文献) 佃克彦『名誉毀損の法律実務〔第2版〕』(2008・10 弘文堂) 〔佃克彦〕

▶ 図書館の自由 (としょかんのじゆう)

(語義) 日本国憲法に規定する基本的人権の1つである表現の自由を、図書館の活動を通して国民に具現化するための包括的な原理ないし理念のこと。塩見昇(1989)は、「国民の憲法上の基本的人権に由来する権利を保障するために、図書館に付与された自由であり、国民自身の情報へのアクセスと駆使を保障する自由である」としている。

(実例) 日本では、1954年に日本図書館協会が「図書館の自由に関する宣言」(79年改訂)を採択している。この宣言が採択された背景には、警察予備隊の創設や、表現の自由を制約するおそれのある破壊活動防止法の制定など、50年代に入って顕著になった「逆コース」とも呼ばれる政治状況の下で、第二次世界大戦前のように図書館における資料の収集・提供を国家が制約するような状況の再来への危機感があった。52年頃から、日本図書館協会の機関誌「図書館雑誌」上では盛んな議論が展開された。同年11月には、埼玉県公共図書館協議会から日本図書館協会に対して、「日本図書館憲章(仮称)制定促進について」の申し入れがなされる。これは、図書館と利用者の知的自由を守るためにアメリカ図書館協会が採択した「図書館の権利宣言(図書館憲章)」(39年)を参考にしつつ、日本でも同様の憲章を定める必要性を訴えるものであった。その後、2年間にわたって議論が重ねられた結果として採択されたのが「図書館の自由に関する宣言」であった。

79年に改訂された現行の「図書館の自由に関する宣言」の主文は、以下の通りである。

「図書館は、基本的人権のひとつとして知る自由をもつ国民に、資料と施設を提供することを、もっとも重要な任務とする。この任務を果たすため、図書館は次のことを確認し実践する。第1　図書館は資料収集の自由を有する。第2　図書館は資料提供の自由を有する。第3　図書館は利用者の秘密を守る。第4　図書館はすべての検閲に反対する。図書館の自由が侵されるとき、われわれは団結して、あくまで自由を守る。」

　図書館の自由が侵される問題や事件は、この宣言が採択されてからもしばしば起こっている。例えば、外部からの抗議によって図書館の自由を放棄してしまうケースや、図書館員自身が図書館の自由を踏みにじるケースなどがある。前者としては、名古屋市立図書館『ピノキオ』問題（1976年）や松江市立小中学校図書館『はだしのゲン』閲覧制限問題（2013年）などがある。『ピノキオ』問題とは、市民団体から『ピノキオ』は障害者差別を助長する作品であるとの指摘を受けた名古屋市立図書館が同作品を閲覧室から撤去してしまったケースである。障害者差別というデリケートな問題だったこともあり、同図書館のその後の対応も含めて大きな関心を集めた。また、『はだしのゲン』問題とは、市民からの指摘を受けた松江市教育委員会が同作品の暴力描写が過激であるとして書架から撤去するように各学校に指示し、多くの学校図書館が従ってしまったケースである。この指示は結果的に撤回されたが、教育委員会や学校図書館の図書館の自由に対する意識の低さが露呈した。一方、後者としては、山口県立図書館図書隠匿事件（1973年）や船橋市西図書館図書廃棄事件（2002年）などがある。これらは、図書館員自身が特定のテーマや著作者の図書を勝手に隠匿したり廃棄したりしていたケースである。こうした事態を繰り返さないためには、図書館員一人ひとりが、図書館の自由の意義を理解した上で日々の業務にあたることが重要である。

参考文献　日本図書館協会図書館の自由に関する調査委員会編『図書館の自由に関する宣言の成立』（1975・9、〔覆刻版〕2004・10　日本図書館協会）、塩見昇『知的自由と図書館』（1989・12　青木書店）〔野口武悟〕

▶ 取次 （とりつぎ）

語義　出版社が発行した書籍や雑誌を書店に届ける流通業者。業界団体である日本出版取次協会と東京出版物卸業組合の加盟社は計38社あるが、このうち日本出版販売、トーハン、大阪屋、栗田出版販売、太洋社、中央社、協和出版販売の7社が総合取次と呼ばれ、書店で扱う書籍、雑誌、コミックス等、ほぼ全商材を扱っている。このほか、教科書や学習参考書を中心に扱う日教販、地図専門の日本地図共販、医学書専門の鍬谷書店等、専門取次がある。

実例　日本では、書籍・雑誌の流通に占める取次の比率が7～8割に達する。また、取次は単に書籍、雑誌を配送するだけではなく、書店から代金を回収して出版社に支払ったり、書店からの注文情報を出版社に届けたりするなど、出版物の流通全般を担っている。また、新刊書籍を書店からの注文がなくても一定の法則に則って配送する「新刊配本」（委託配本制度）という仕組みをもち、書店で売れ残った商品を回収して出版社に返す「返品」とその代金決済も行っており、出版流通のインフラの役割を果たしている。

　こうした取次という仕組みは、欧米先進国をはじめとした諸外国には見られない日本特有のものである。諸外国で取次（ホールセラー）と呼ばれる業態は、通常、書籍のみを扱っており、出版社から仕入れた書籍を在庫して置いて、書店の注文に応じて届けている。日本の取次のように書籍と雑誌の両方を扱ったり、「新刊配本」という機能はない。

　日本の出版産業は、大正時代に成立し、戦後、現在のかたちで発達した取次システムのおかげでこれまで発展してきたといえる。しかし、1997年に出版市場が縮小に転じ、特に取次の収益の柱だった雑誌の市場が半減したことで、取次各社の経営も厳しさを増している。2013年6月に、業界3位の大阪屋に楽天が出資するというニュースが流れたのも、こうした取次の苦境を反映した出来事である。

参考文献　村上信明『出版流通とシステム』（1984・

11　新文化通信社)、日本出版学会編『白書出版産業』（2010・9　文化通信社）

　　　　　　　　　　　　　　　　　　　　　［星野渉］

な

▶ 内心の強制（ないしんのきょうせい）

語義 内心の強制を受けないことは、思想・良心の自由（憲法19条）の保障内容の1つである。一般に、思想・良心の自由は、公権力が、特定の思想・良心の形成を意図して、①人の内心を強制的に告白させまたは推知する場合、②特定の思想・良心を組織的に宣伝・教化する場合、③外部的行為を強制又は規制する場合に重大な危機にさらされるといわれる。しかし、ナチスや戦時中の日本のようなプロパガンダが強力に推進されていた時代とは異なり、今日では公権力が特定の思想・良心の形成を意図して介入する場合は例外的であり、内心の強制は、より幅の広い表現として用いられている。

実例 近年の日本で内心の強制に関連して、様々な問題が生じてきたのは、教育現場においてである。その1つとして、2006年の教育基本法改正をめぐる論争がある。この改正では、教育の目標として、「伝統と文化を尊重し、（中略）我が国と郷土を愛する」ことが追加されるなど、復古的な愛国心の強制のおそれがあるなどと批判された。また、道徳の教科化の動きについても、同様の議論がある。

他方、近年、教育現場における国旗・国歌（君が代・日の丸）の強制についても問題となっている。特に東京都では、公立学校の式典で教師に対して君が代の起立斉唱を行うよう命じる職務命令が出され、それを拒否した教師に処分が行われ、多数の訴訟が提起される事態になった。最高裁は、式典における君が代の斉唱は儀礼的な意味をもつにすぎず思想・良心の直接的な侵害にはあたらないとして処分は適法であるとしている（最判平成23年5月30日など）が、批判も強い。

なお、大阪府と大阪市では、それぞれ11年と12年に、府市の施設における日の丸掲揚と、行事における教職員の君が代斉唱を義務付ける条例が制定されている。

参考文献 西原博史『良心の自由と子どもたち』（2006・2 岩波書店） ［曽我部真裕］

▶ 内部告発（ないぶこくはつ）

語義 法令用語などではなく厳密な定義はないが、通常、企業の組織の社員などの関係者が、当該組織の違法ないし不正な行為の情報を外部、とりわけ監督官庁や報道機関などに提供することを指す。

組織内部の違法ないし不正な行為は表沙汰になりにくいため、内部告発のもたらす公益的な価値は時として非常に大きく重要である。

他方、組織の観点から見れば、不当な目的で内部告発がなされる場合もあり、また逆に、内部告発者は「裏切り者」と映るために告発者に不利益が生じることもあり得る。そこで、内部告発の意義に鑑み、正当な内部告発者を保護するような仕組みが必要とされることとなり、そのための法律を定める国も多い。

実例 日本では、いわゆる狂牛病問題に関する国産牛肉買い取り制度の悪用が内部告発された件で、大手食品グループであった雪印がグループ解体を余儀なくされたこともある（2002年）。この事件も1つのきっかけとなって、2003年に食品安全基本法が制定されるなど、内部告発の公益的な側面が発揮されたということができる。

こうした内部告発の公益的な機能に鑑み、04年には公益通報者保護法が制定され、内部告発を行った労働者に対する解雇・減給など不利益な取り扱いをすることが禁止された。しかし、保護の対象となるのは、国民の生命、身体、財産等に関する一定の犯罪を告発した場合に限られ、また、告発はまずは雇用先の事業者内部の関係部署に行うものとされ、告発者にとって心理的な障壁が高いものとなってしまっているとも指摘される。

なお、同法の枠外で報道機関に内部告発をした場合、取材源秘匿（ひとく）の問題となる。

参考文献 内閣府国民生活局企画課編『詳説公益通報者保護法』（2006・3 ぎょうせい）、角田邦重・小西啓文編『内部告発と公益通報者保護法』（2008・9 法律文化社） ［曽我部真裕］

▶ 内部的自由（ないぶてきじゆう）

（語義）一般に、内部的自由とは、マスメディア企業に対してそこに属するジャーナリストが要求し得る様々な精神的自由の総称として定義される。具体的には、編集・編成方針への参加権、人事参加権、編集方針拒否権（良心条項）、社外でのジャーナリズム活動権、ジャーナリスト教育を受ける権利等を指す。内部的自由は、ドイツやフランスなどの西欧諸国では、主に労使協定により追求されてきた。

市場経済を前提にする諸国では、紙面や番組の制作・編集過程を調整し、統括する統制権はメディア企業の経営側にある。この構造を前提にしつつ、内部的自由は、良心条項に代表されるように、経営側からの過度の要求を斥ける消極的な側面のみならず、企業内部の編成・編集の参加という積極的な側面をも有する。経営者側の政治的・経済的圧力に対抗して、紙面や番組の質の維持、多様性の確保について職能としてのジャーナリストがチェックする点に、内部的自由の意義がある。

しかし、日本では「編集権」という独自の概念により、内部的自由の実現が拒まれてきた。この概念は、1948年3月16日の日本新聞協会による「新聞の編集権確保に関する声明」により成立した。それによると、ニュースの取扱いに関する個別具体的な方針にまで至る、制作・編集の全過程の包括的な統制権が経営側にのみ属しており、それは編集内容を理由とした内外の一切の批判を排除する機能を有しているという。こうした独占的・排他的な統制権は、新聞のみならず、放送、しかもNHKにまで拡大して用いられてきた。

（実例）日本でも内部的自由の実現の動きがなかったわけではない。その例として、1977年12月に毎日新聞社が労使協定により策定した「毎日新聞社編集綱領」、日本新聞労働組合連合（新聞労連）が97年2月に自らの行動指針として発表した「新聞人の良心宣言」がある。放送界でも、いわゆる「発掘！あるある大事典Ⅱ」事件を受けて、関西テレビ内に設置された再生委員会は、内部的自由の確保の機能をも担わせている「放送活性化」委員会の創設を提案している。

裁判例としては、編集内容についての従業員の批判を認める山陽新聞不当解雇事件岡山地裁判決（岡山地判昭和38年12月10日）、同控訴審判決（広島高岡山支判昭和43年5月31日）、従業員側の自律に配慮したアドリブ放送事件広島地裁判決（広島地判昭和50年6月25日）がある。さらには、NHK番組改編訴訟控訴審判決（東京高判平成19年1月29日）も内部的自由の可能性を認めたものと評価できる。

（参考文献）花田達朗『メディアと公共圏のポリティクス』（1999・11　東京大学出版会）、石川明「市民社会とメディア企業」原寿雄編『市民社会とメディア』（2000・2　リベルタ出版）、花田達朗ほか編『内部的メディアの自由―研究者・石川明の遺産とその継承』（2013・8　日本評論社）　　　　［西土彰一郎］

▶ ナショナリズム（なしょなりずむ）

（語義）E・ゲルナー（2000）の定義によれば、「ナショナリズムとは第一義的には、政治的な単位とネーション（国民）の単位とが一致しなければならないと主張する一つの政治的原理」とされる。これに従えば、他のネーションの支配下にあるネーションが展開する独立運動や、国内に居住するエスニックマイノリティを排斥しようとする運動を支える政治的原理こそがナショナリズムだということになる。

しかし、より広く捉えるならばネーションにとっての利益を追求する思想や運動、およびネーションの過去、現在、未来を称える言説もまたナショナリズムと呼び得る。この場合、武力による独立闘争や排外主義はネーションの利益を損なうとする主張や、過去を美化するために不都合な出来事を歴史から消去しようとする動きもナショナリズムに含まれる。自由主義や共産主義のような他のイデオロギーとは異なり、明確な体系を欠くナショナリズムは様々なイデオロギーと接合し得るのであり、掲げる主張もまた多様なものとなり得る。そうした柔軟性にこそナショナリズムの浸透力の強さを見ることもできる。

他方で、現在のナショナリズム研究に多大な影響を与えているB・アンダーソンは、ナ

ショナリズムを上記のような政治的原理としてよりも、ネーションという巨大な集合体を支える想像力として捉える。つまり、会ったこともない無数の同胞を想像すること自体がナショナリズムなのであり、ネーションとはそのように想像された絆によって一人ひとりが結びつくことで成立する「想像の共同体」だとされる。ただし、アンダーソンはネーションの存在を虚構や幻想だと主張しているのではなく、想像力により支えられた実体ある集団としている点に注意が必要である。

〔実例〕ナショナリズムが高揚する過程でマスメディアが重要な役割を果たし得ることは、多くの論者により指摘されている。それは、独立運動を鼓舞したり、他のネーションやエスニックマイノリティへの敵意を喚起するといった役割にとどまらない。アンダーソンは、無数の人々が共通の言語を通じてほぼ同じタイミングで同じニュースに接するという「儀式」が、ネーションに対する想像力を喚起する上で重要な役割を果たしたと主張する。とりわけ、重大な出来事や国際的なスポーツイベントの際には人々の関心が飛躍的に高まり、ネーションとしての一体性も実感されやすい。

加えて、より日常的な次元でマスメディアはナショナリズムの再生産に寄与しているとの指摘もある。日々、マスメディアはネーションという枠組みを前提とした報道を行うことで、世界中の人々がネーションごとに分割されていることを当然と見なす世界観を生成、維持している。そうした「日常のナショナリズム」が、より過激なナショナリズムを根底で支えているというのである。

このようにマスメディアとナショナリズムは密接な関係にあるが、前者が後者に対して一方向的な影響を与えてきたとはいえない。ナショナリズムもまたマスメディアの組織や制度のあり方、伝える内容に影響を与えてきたからである。特に、後発的に近代化を進めてきた国家の場合、マスメディアは国民形成の手段として設立され、利用される傾向にある。したがって、マスメディアとナショナリズムとの関係を問う際には、それらの間の双方向的な影響を視野に入れるとともに、両者がいかなる政治的、社会的文脈の下にあるのかにも注意を払う必要があるだろう。

〔参考文献〕E・ゲルナー『民族とナショナリズム』(加藤節監訳、2000・12 岩波書店)、B・アンダーソン『定本 想像の共同体』(白石隆ほか訳、2007・7 書籍工房早山)、S. Mihelj. *Media Nations* (2011, Palgrave Macmillan) 〔津田正太郎〕

▶ ナチズム (なちずむ)

〔語義〕第一次世界大戦後のワイマール共和国で台頭した国民社会主義ドイツ労働者党 (Nationalsozialistische Deutsche Arbeiterpartei) のイデオロギーと運動、及び1933年、A・ヒトラーの政権掌握以後の「第三帝国」における体制を指す。ナチズムはファシズムのドイツ的形態、全体主義の急進的な形態とされるが、大衆社会におけるナショナリズム(国民主義)運動の究極形態といえる。ヒトラー自身は『わが闘争』(初版25年)で運動の目標を「大衆の国民化」と述べている。戦前はナチズムを「国民社会主義」と正しく訳される場合が多かったが、戦後は左右の全体主義を批判する立場から「国家社会主義」の訳語があてられている。しかし、ドイツ史研究者で今日ナチズムを国家社会主義と訳す者はまれである。

〔実例〕イデオロギー内容は「共同体の敵」の排除、国民主義と社会主義の結合、社会ダーウィニズムに基づいたエリート主義、「生存圏」思想の帝国主義などである。しかし、現在のナチズム研究の主流はヒトラー個人の世界観を重視する「意図派」モデルより、多頭的支配polycracyの中で諸勢力がヒトラーを軸に競い合って急進化する「機能派」モデルを採用している。反資本主義と反マルクス主義の宣伝を両立させ、様々な体制不満分子を糾合するため、社会ダーウィニズム的なアーリア人優生思想とその裏返しである反ユダヤ主義が前面に掲げられた。中間集団を解体する強制的同質化(Gleichshaltung)を推進して指導者原理に基づく一党独裁体制を確立したが、第二次世界大戦の敗戦により、「第三帝国」は1945年5月8日に崩壊した。

〔参考文献〕G・L・モッセ『大衆の国民化―ナチズムに

至る政治シンボルと大衆文化』(佐藤卓己・佐藤八寿子訳、1994・2　柏書房)、N・フライ『総統国家―ナチスの支配1933-1945年』(芝健介訳、1994・4　岩波書店)

[佐藤卓己]

▶ 軟派→硬派・軟派

に

▶ ニコニコ動画 (にこにこどうが)

(語義)　株式会社ドワンゴが開発し、その子会社のニワンゴが運営している動画共有サービス。2007年のサービス開始以来急成長を続け、13年には会員数3400万人、有料会員数200万人を擁するに至った。投稿された動画に重ねて特定のタイミングでコメントを表示するため、視聴者同士が感想を言い合いながら、一緒に動画を視聴している感覚を体験することができる。濱野智史 (2008) はこうした特性からニコニコ動画を「疑似同期型」の「動画〈視聴体験〉共有サイト」と呼び、「非同期型」の「動画共有サイト」としてのユーチューブと対比している。ユーチューブでは、動画はあくまでもコンテンツであるのに対して、ニコニコ動画では視聴者同士のコミュニケーションのための「ネタ」である。

(影響)　ある作品から派生して別の作品が創り出され (二次創作)、さらにそこからまた別の作品が創り出され (三次創作)、というように引用と改変が連鎖的に繰り返されながら、いわゆる「n次創作」が行われることが多い。こうした独自の創作文化の中から生み出されたコンテンツの中には、例えば音声合成ソフト「初音ミク」を用いたキャラクター映像のように、世界的にヒットしたものもある。投稿される動画にはアニメやゲームなど、サブカルチャー関連のものが多いが、中には著作権を侵害しているものもあり、それが問題となることもある。一方でこうしたいわばオタク向けの取組みばかりでなく、より開かれた社会的な取組みも盛んになされるようになった。ライブストリーミングの「ニコニコ生放送」では記者会見や政見放送を生中継し、そこに視聴者のコメントを重ね合わせることにより、既存のマスメディアには実現できない新たなジャーナリズムのあり方を探るという試みもなされている。

(参考文献)　濱野智史『アーキテクチャの生態系―情報環境はいかに設計されてきたか』(2008・10　NTT出版)

[伊藤昌亮]

▶ ニコン (にこん)

日本の光学機器メーカー。旧社名は日本光学工業で、光学兵器国産化を目指して三菱財閥の資本で作られた。太平洋戦争終結に伴い、民生品生産に転換。1948年、最初に作られたモデル (後にI型と呼ばれる) は撮影画面サイズがライカ判より長辺が4mm短い、いわゆるニホン判を採用。多くのコマ数が撮影できる割安感をアピールした、いかにも敗戦国製のカメラであったが、54年発売の「ニコンS2」では画面サイズを標準的なライカ判とし、ライカ、コンタックスに同じ土俵で挑んだ。ライフ誌のカメラマンだったデビッド・ダンカンが来日中に日本光学製レンズを試用してその優秀さに感心し、朝鮮戦争取材に持参したというエピソードも手伝って、次第に国際的な評価を得てゆく。「ライカM3」に対抗して「SP」を開発した後、59年に一眼レフ「ニコンF」を発売。超広角から超望遠までの交換レンズやモータードライブなども含めた膨大なアクセサリーを揃えたシステムカメラとして報道写真の可能性を大きく広げたニコンFは、ベトナム戦争後期以後、報道カメラマンが多用するカメラとなって「報道のニコン」の名を確かなものにした。(参考文献)　75年史編纂委員会編纂『光とミクロと共に―ニコン75年史』(1993・6　ニコン)

[武田徹]

▶ 日常性バイアス (にちじょうせいばいあす)

正常性バイアスともいう。身の回りに危険が生じた時、それを異常とする認識を避けたがる人間の心理的傾向を指す。普段、我々は外界の刺激に対して、ある程度の防御態勢をとっている。身の回りで生じている変化にいちいち反応していたら、日常そのものが成り

立たなくなってしまうからだ。しかし逆にこのことが、大きな災害などに直面した際、逃げ遅れなどの大きな要因になることもある。台風や豪雨などじわじわと脅威が迫ってくる場合、人は危機の存在を知りながらも、平静を取り戻そうと「多少の危機や異常は、正常の範囲内」と考えてしまう傾向にあるのだ。なお日常性バイアスは、周りが行動を起こさない限り自分も動かない「同調性バイアス」と、異常が状況の中に同化してしまって気が付けない「同化性バイアス」の2つが重なることによって、より強力に作用してしまうとされる。 参考文献 広瀬弘忠『きちんと逃げる。災害心理学に学ぶ危機との闘い方』(2011・9 アスペクト）

［加藤徹郎］

▶ **日米同盟下の報道**
（にちべいどうめいかのほうどう）

語義 日米同盟下での日本メディアの報道は、「日米同盟堅持」「日米関係重視」を基本とする論調が主流となっている。日米安保条約の廃止、改定についての本格的な論及は1960年、70年の安保改定以降、ほとんどなく、対米追従との批判も強い「日米地位協定」の改定問題についても論議はほとんど不発に終わっている。むしろ、根拠が希薄とされる在日米軍の「抑止力」の強調、対中強硬論、武器輸出三原則の撤廃をはじめ集団的自衛権や自衛隊の海外派兵や駐留・駐屯を事実上容認するなど「報道の右傾化」も指摘されている。

同盟条約とは「第三国に対する攻撃または防御のために相互に援助を約束する条約」（広辞苑）のことである。日米同盟とは、サンフランシスコ講和条約（51年9月調印、52年4月28日発効）に基づき、独立後の非武装日本の安全保障のため講和条約と同時に締結された日米安全保障条約を源流とする日米両国の相互安全保障体制を指す。安保条約締結で、講和条約発効後90日以内に撤退するはずだった連合国占領軍（進駐軍＝米軍）が、講和発効後も引き続き駐留が可能となった。

安保条約は「全土基地方式」と呼ばれる基地建設、駐留軍隊の自由な運用（駐留権）を日本はアメリカに与えるが、駐留軍は日本防衛の義務を負わないという片務的形式となっている。駐留軍の施設や地位、特権を定めた日米行政協定（52年調印）も締結された。行政協定は60年の新日米安保条約発効に伴い施設・区域の運営管理、通関、民事請求権、防衛分担金等の規定を変更し、日米地位協定と名称も変更された。地位協定は、米軍による日本全土基地方式、在日米軍基地の自由使用を許す安保条約の根幹となる協定となっている。

日米安保体制、日米地位協定、米軍基地問題、自衛隊違憲・合憲問題、集団的自衛権、武器輸出三原則、非核三原則等、日米同盟から派生する諸問題について、日本メディアの追求・論及不足が指摘されている。また「在京メディア」と総称される全国紙、テレビ・キー局と、「地方メディア」と総称される地方紙、地方テレビ・系列局との報道の「温度差」問題も浮上している。

実例 典型的な例では、日米地位協定、米軍犯罪や米軍演習被害をめぐる報道の取扱いである。基地所在地域の地方メディアで1面トップ級のニュースが、在京メディアでは「ベタ＝1段記事＝雑報」扱いか、一切報じられないというケースも散見される。背景には日米同盟に関する見解の相違も指摘され、「日米同盟重視」の在京メディアの姿勢の反映との見方もある。在京メディアが日米同盟を「最重要」とするために、「米兵犯罪や米軍の事件・事故に関する報道が弱く、扱いも悪い」という問題が沖縄の地元メディアなどからも指摘されている。

1995年から続く米軍普天間飛行場の撤去・返還・移設問題をめぐる報道でも、在京メディアと地元・地方メディアとの「温度差」が指摘されている。在京メディアの多くが「普天間飛行場の危険性の早期除去には辺野古（名護市）沖での代替基地建設の促進がベスト」（読売新聞、産経新聞など）との論調で、県内移設に反対する沖縄県民の過半の民意に背く論を主張。日米両政府の「移設推進」を後押しし、地元住民や地元メディアから「地域差別的な報道」「権力と一体となった報道」との批判を浴びている。

日米同盟の「密約」に関する在京メディア

の追求不足にも批判的な声が少なくない。70年代の「沖縄密約問題」での日米密約の追求・解明不足をはじめ、2000年に入ってからの「ウィキリークス」が暴露した日米密約についても在京メディアの追求・論及不足が指摘されている。

米軍再編合意をめぐる「日米密約」では、在沖米軍基地をめぐる06年の米軍再編合意で、「在沖米海兵隊員8000人とその家族9000人のグアム移転」が決まった。しかしその後、「ウィキリークス」が暴露した米公電で在沖米海兵隊員は実際には「1万3000人」しか駐留していないにもかかわらず、グアム移転経費の日本側への水増し要求のために駐留数を「1万8000人」に水増しし、移転経費の3分の2を日本負担とした「日米両政府の秘密交渉」の実態が明らかになった。米軍の水増し請求を日本政府（外務省・防衛省・内閣）も知りながら08年に追認し、予算措置したことも公電で明らかになった。メディアの追求は甘く、米軍のグアム移転計画は「沖縄の負担軽減」の名の下で、引き続き推進された（13年7月現在）。

日米地位協定改定問題では、「日米地位協定問題＝沖縄問題」との誤解や誤認識も在京メディアの課題とされている。地位協定の課題としては、①法の下の不平等（米軍優位、犯罪起訴率の日米格差＝日本人42％、米兵13％＝11年）、②法の空白（環境条項なし＝汚染物質の規制なし、有害物質の処理も困難）、③恣意的運用（事故ái事同捜査＝米軍優先、凶悪犯罪に対する犯罪米兵の身柄引渡しに関する米軍側の「好意的考慮」依存＝米の胸三寸）、④免法特権（米兵の日本への出入国の自由＝入国管理法の免除、低空飛行訓練の自由＝航空法の適用除外）、⑤治外法権（潜水艦の領海内「浮上掲揚」義務無視、地位協定上の納付義務のあるNHK受信料未納、爆音訴訟など敗訴による賠償金支払いの滞納・踏倒し）、⑥密約の増産（協定条文にない合意・取決め＝裏密約）等、数多くの問題が指摘されているが、在京メディアによる本格的な検証報道は遅れている。その背景にも「日米同盟重視のスタンス」が指摘されている。

13年秋には、安倍晋三内閣によって集団的自衛権の行使に向けた特定秘密保護法案の提案、日本版NSCとなる国家安全保障会議の設置、武器輸出三原則の緩和、そして憲法改正問題等が急速に浮上した。しかし、メディアの取組みは遅く、十分な国民的論議に発展する前にスピード審議で特定秘密保護法、国家安全保障会議は13年12月に成立。武器輸出三原則も同年同月に韓国軍への弾薬の供与が行われるなど事実上解禁とみなされる動きも出ているが、日米安保にかかわる事案についての各報道機関の取組みは、「迅速さと深みに欠ける」（桂敬一・元東大教授）などと指摘されている。

とりわけ、日米同盟下の報道に関しては「アメリカとの機密情報を交換するためには、国家安全保障会議と特定秘密保護法は不可欠」との主張の前に、外交、防衛、スパイ活動など特定有害活動の防止、テロ活動防止等の4分野の「情報」の秘匿については、「非開示もやむなし」「必要な措置」とする新聞メディアもあり、「国民の知る権利を侵害する」「報道規制や取材活動を委縮させる」など秘密保護法に批判的な論調が、不発に終わっている。

参考文献 沖縄大百科事典刊行事務局編『沖縄大百科事典』（1983・5　沖縄タイムス社）、前泊博盛『沖縄と米軍基地』（2011・9　角川書店）、前泊博盛編著『本当は憲法より大切な「日米地位協定入門」』（2013・3　創元社）　　　　　　　　　　[前泊博盛]

▶ **2ちゃんねる**（にちゃんねる）

語義　インターネット上の掲示板サイト。1999年に西村博之によって立ち上げられて以来、ありとあらゆる話題を扱う巨大掲示板として広く利用されている。全体は「カテゴリ」と呼ばれる大ジャンルと、「板」と呼ばれる小ジャンルに分かれ、その中に話題ごとに細かく分かれた「スレッド」が存在する。各スレッドには1000件までのメッセージを書き込むことができ、後続のスレッドを立ち上げることもできるため、時に延々と議論が続けられる。いわゆる「匿名掲示板」として、通常は「名無しさん」などの匿名で書き込みが行われるため、投稿者を区別することすらできない。ただしIPアドレスなどの記録は保存されているため、犯罪捜査などの際には投稿

者を割り出すこともできる。アスキーアートと呼ばれる絵文字や、様々な仲間言葉や隠語などを用いて独特のやりとりがなされ、独自のコミュニケーション文化が形成されている。

(影響) 書込みの多くが無意味なものであることから、「便所の落書き」などと称されることもあった。そこでは書き込む内容よりも、書き込むという行為を通じて投稿者同士が繋がることそれ自体が重視され、コミュニケーションが自己目的化されている傾向が強い。そうしたあり方を北田暁大(2005)は「繋がりの社会性」と呼んだ。そうした繋がりの中から時に創造的な表現が生み出されることもある。2004年から05年にかけて書籍化・映像化されてヒットしたラブストーリー「電車男」などがその例である。一方でそうした繋がりの中で保守的な言説が暴走・肥大化し、いわゆる「ネット右翼」として、過激な言動に走る分子が現れることもある。その創造性とともにその頽落性の面でも、日本のネット文化を牽引してきた巨大な存在である。

(参考文献) 北田暁大『嗤う日本の「ナショナリズム」』(2005・2 日本放送出版協会)　　　　[伊藤昌亮]

▶日本放送協会（NHK）
(にっぽんほうそうきょうかい（えぬえいちけー）)

(語義) 1950年の放送法制定前の日本放送協会は民法に基づく公益法人(社団法人)であり、現在の日本放送協会は放送法によって設立された特殊法人である。NHKは、日本放送協会の略称であり(日本放送協会定款第2条)、民間の事業が公共的なものとなったもので、職員は民間人でみなし公務員扱いにはならない。

(実例) 日本の放送事業は、非営利の公益法人が聴取料によって運営すべきものとする政府の方針により、1924年11月に社団法人東京放送局、25年1月に社団法人名古屋放送局、同年2月に社団法人大阪放送局が設立された。同年3月22日に芝浦の東京放送局仮送信所からラジオ放送の電波が送出されて、日本の放送が開始された。

東京、大阪、名古屋以外の地域でもラジオ放送を聞きたいとの要望が高まり、地方での放送事業の運営・聴取料負担を考慮して、既存の社団法人を合同して、26年8月、日本で唯一の全国的な放送機関として新たに社団法人日本放送協会が設立された。新しい社団法人NHKは、28年11月の昭和天皇のご大礼の放送に向けて全国中継網を完成させ、ラジオ放送の全国普及を進めた。

第二次世界大戦後、日本国憲法の精神に沿って放送の民主化を図るため、放送の自由と自律を基本理念の下に放送法が制定され、電波・放送行政は合議制の電波監理委員会が担うこととなった(2年2か月で廃止)。

放送法1条3号の放送に携わるものの職責を明らかにし、放送が健全な民主主義の発達に資するようにとの規定は、国民の代表としての経営委員による運営などのNHKの規定に強く表われている。

放送法によって設立された特殊法人NHKの公共的規制は、国会によるNHK予算の承認・受信料月額の決定(70条)、業務報告書・決算の国会提出(72条、74条)、経営委員会委員の総理大臣による任命の同意(71条)等、国会を中心に構成されている。会計の検査は会計検査院が行う(79条)など規制権限の分散を図り、行政による規制を最小限にすることが基本とされている。放送行政の所管大臣にNHKに対する一般的監督権はないが、予算に意見を付することができ、放送の普及発達に特に必要な業務の認可権限がある。

NHKの経営の財源は、NHKに徴収が認められた契約義務制の受信料(第64条)で、広告放送は禁じられている(第83条)。

2004年に発覚した経理不祥事・受信料の不払いを機に、NHKのガバナンスの強化が課題となり、07年の放送法改正により、経営委員会の監督権限の強化、監事による監査から経営委員で構成する監査委員会による監査などの経営機構の改革が行われた。

(参考文献) 鈴木秀美・山田健太・砂川浩慶編著『放送法を読みとく』(2009・7 商事法務)　　　　[山本博史]

▶ニフティサーブ事件 (にふてぃさーぶじけん)

(背景) パソコン通信「ニフティサーブ」の電子会議室で原告に対し「性格がひんまがっている」などとする書き込みが名誉毀損かど

うかが争われ、当該書き込みをした会員、会議室の管理者（システムオペレーター、通称・シスオペ）、運営会社ニフティの法的責任をめぐり司法判断が出された初期の重要事例。一審の東京地裁判決は、被告三者の法的責任を認めた（東京地判平成9年5月26日）。控訴審の東京高裁判決は、会員の書込みには名誉毀損を認めたものの、ニフティとシスオペの責任は認めなかった（東京高判平成13年9月5日）。

また、この東京高裁判決と相前後し、別のニフティサーブ上の書込みをめぐり、ニフティを相手取り、書き込んだ側の名前と住所の開示と賠償を求めた訴訟で、東京地裁判決は原告の請求を棄却した（東京地判平成13年8月27日）。これらの事件は、オンライン上で名誉を毀損する書込みがあった場合の法的責任の所在に関する問題を提起した。

「影響」両判決では、オンライン上の会議室・掲示板に書かれた場合でも公然性が認められ、オフラインと同様に名誉毀損にあたるとの判断が示された。後者の東京地裁判決は、パソコン通信では言論による対抗が可能であることを説いた。また、運営側の管理責任については、前者の東京高裁判決では、適切な対応を取っていると認められる場合は発言を削除しないからといって責任を問われることがない旨が判示された。その後に施行されたプロバイダ責任制限法では、名誉毀損をはじめ権利侵害が成立する場合、プロバイダなどネットワークの運営者が書込みを削除できず、損害賠償請求があっても免責されることになった。また、書き込まれた側が発信者の住所・氏名などを開示請求できる権利も認められている。

「参考文献」高橋和之・松井茂記・鈴木秀美編『インターネットと法〔第4版〕』（2010・1　有斐閣）、山田健太『法とジャーナリズム〔第2版〕』（2010・4　学陽書房）、松井茂記『マス・メディア法入門〔第5版〕』（2013・10　日本評論社）　　　　　　　　　　［阿部圭介］

▶ **日本国憲法**（にほんこくけんぽう）

「語義」国民主権、基本的人権の尊重、平和主義を標榜する現行の憲法。1946年11月3日に公布、47年5月3日から施行。

「背景」1945年7月26日のアメリカ、イギリス、中国による三国共同宣言（ポツダム宣言）を受諾し、9月2日、降伏文書に調印することで、日本は「国民の自由に表明した意志による平和的傾向の責任ある政府の樹立」、「民主主義的傾向の復活を強化」し、「基本的人権の尊重を確立」する義務を負ったが、このことが大日本国憲法の全面的改正を意味するという認識は乏しかった。45年秋に連合国占領軍総司令部（GHQ）から憲法改正、自由主義化を示唆された近衛文麿も、松本烝治も、天皇による統治権総覧を前提とした起草方針であったことが露見した後、国民の基本的意思に基づく天皇制、戦争の放棄、封建制度の廃止の3原則に基づく草案が46年2月13日にGHQから提示された（GHQ草案）。4月17日に日本政府はGHQ草案に基づく内閣憲法改正草案を公表し、これが大日本帝国憲法の改正手続に従って、6月から10月にかけての衆議院と貴族院の審議、枢密院の諮詢、天皇の裁可を経て日本国憲法として成立した。

なお、日本占領の最高決定機関である極東委員会FECは日本国憲法施行後に憲法を再検討と決定したが、48年に到っても国内の再検討の動きは鈍く、49年にFECは憲法改正の要求を断念した。

「特色」国民主権と象徴天皇制を組み合わせた立憲君主制、平和主義、基本的人権の尊重、議院内閣制（ウェストミンスターモデル）、最高法規性と司法審査、財政国会中心主義などがこの憲法の特徴であるが、基本的人権は、普遍的に人類が共有する価値としてほぼ全ての憲法典に共通する。統治機構の権限配分と運営の規定はそれぞれの国の歴史背景を一定程度反映するが、日本独自ではない。比較憲法的な特徴は9条にある。

「参考文献」芦部信喜（高橋和之補訂）『憲法〔第5版〕』（2011・3　岩波書店）　　　　　　［紙谷雅子］

▶ **日本書店商業組合連合会（日書連）**
（にほんしょてんしょうぎょうくみあいれんごうかい（にっしょれん））

日本で最大の書店団体。山口県を除く全国46都道府県に書店商業組合があり、その全国組織が日書連である。構成する組合員書店

は、小規模の個人書店から、紀伊國屋書店、丸善書店など大手ナショナルチェーンも含まれているが、役員の多くは個人書店で構成され、中小書店の利益代表という側面が強い。組合員数は2013年4月1日時点で4458となり、ピーク時の1985年の1万2906に比較すると、3分の1程に減少している。全国的な書店の減少傾向と軌を一にしているが、書店全体の数に対する組合員数の組織率も低下し続けており、組合離れも起きていると見られる。かつて、日書連の主要な活動は、大手書店の進出を防ぐ「出店対策」、再販制度の維持を訴える「再販護持」、書店のマージンアップを要求する「正味問題」などであったが、近年、こうした活動は難しくなっている。 参考文献 日本出版学会編『白書出版産業』(2010・9 文化通信社)

［星野渉］

▶ **日本新聞協会**（にほんしんぶんきょうかい）

語義 日本新聞協会は、1946年7月23日、民主化を進める連合国軍総司令部（GHQ）の指導の下に、自由で責任ある新聞を維持・発展させ新聞倫理の向上を目指す自主組織として、新聞倫理綱領を順守することを約束した全国の新聞・通信・放送各社によって創立された。戦前に新聞事業令に基づき設置された統制団体の日本新聞会とは性格を異にする。2014年1月現在の会員数は、新聞104、通信4、放送23の計131社。

実例 日本新聞協会は、社会・メディア状況が変化する中で、旧綱領の精神を継承し、21世紀にふさわしいものとして2000年にあらたな新聞倫理綱領を制定した。新綱領には、知る権利は民主主義を支える普遍の原理であることが明記され、そのためには高い倫理意識を備え、あらゆる権力から独立したメディアが必要であるとしている。新聞はその担い手であり続けたいと宣言している。

加盟新聞社の多くが新聞倫理綱領の精神に基づいて各社独自の倫理綱領や編集綱領をも実践している。取材・報道活動は加盟社の編集方針に沿って行われ、新聞協会が関与することはない。新聞協会は表現の自由を守るために、取材・報道活動を規制する法・社会制度に反対するほか、新聞界共通の課題について共通の考え方をまとめている。代表的なものに、編集権のあり方に関する考え方をまとめた編集権声明（1948年3月16日）、記者クラブに関する見解（2006年3月9日改定）、裁判員制度開始にあたっての取材・報道指針（08年1月16日）等がある。

新聞協会の活動は、新聞倫理の向上、教育・交流、調査・研究、新聞博物館の運営、NIEの普及推進、広報、出版活動の7つに分けられる。2000年10月には日刊新聞発祥の地・横浜に新聞博物館をオープンした。新聞に関する資料約20万点を所蔵し、新聞社の日常活動を紹介する常設展示と、報道写真展などの企画展示を行っている。

このほか、週刊「新聞協会報」、月刊「新聞研究」、『新聞年鑑』等を刊行している。

参考文献 新聞協会ウェブサイト：http://www.press-net.or.jp/

［林恭一］

▶ **日本民間放送連盟（民放連）**
（にほんみんかんほうそうれんめい（みんぽうれん））

語義 1951年に、民間としては初のラジオの予備免許を受けた16社によって設立された、放送事業者の団体（現在は一般社団法人）。広告収入をベースとした放送事業者が中心で、コミュニティFMを除く、地上波民放を網羅的に組織している。

2014年1月現在の会員社数は205社で、その内訳は地上波のテレビ・ラジオが193社、衛星放送が11社、マルチメディア放送社が1社である。歴代の会長は、在京テレビキー局の代表者が務めている。主な事業は、①放送倫理の確立とその高揚、②番組・技術・経営に関する調査・研究、③放送に関わる諸問題に関する国会・関係官庁との連絡、④テレビ中継回線の運用、⑤放送事業に関する啓蒙及び宣伝、⑥機関紙及び資料の発行、⑦会員相互の連絡と共通問題の処理など。放送倫理に関しては、「日本民間放送連盟放送基準」の制定と運用を行う。また、NHKとともに「放送倫理基本綱領」を定め、放送倫理・番組向上機構（BPO）を設置している。放送制度の改定や運用に関しては、国会、政党、総務省等への

働きかけを行っている。

このほか、民放共通で定める必要がある技術規準の制定、放送番組に関わる音楽などの著作権料に関する権利者団体との交渉などを業務としている。

（影響）放送倫理の向上を図る自主規制団体、民放の利害を政治・行政に反映するロビー団体、著作権に関する交渉団体、報道の自由を擁護する報道機関の団体等、多面的な顔をもつ。労使対立が激しかった1970年代に、民放労連から使用者側団体として労使交渉を行うよう申入れを受け、拒否した経緯もある。

（参考文献）民放連編『民間放送50年史』（2001・11　民放連）、民放連編『放送ハンドブック〔改訂版〕』（2007・4　日経BP社）　　　　　　　　　　［本橋春紀］

▶ **ニュージャーナリズム**（にゅーじゃーなりずむ）

（語義）①1855年のスタンプ税廃止以後にイギリスで大量に発刊された「軽薄」な新聞雑誌類を指して文芸評論家マシュー・アーノルドが用いた言葉。②1960年代後半のアメリカで生まれた新しいジャーナリズムの名称。73年にトム・ウルフがフリーランスの物書きたちの作品を集め、『ニュージャーナリズム』と題して刊行したことから、その呼び名が定着したと言われる。①②ともに日刊新聞よりも週刊の誌紙や日曜新聞などを主な表現の場とし、物語調の語り口を好んだことに共通性があるが、直接の影響関係は存在しない。

（実例）①は具体的にはウィリアム・トーマス・スタッドが創刊した「ペル・メル・ガゼット」と、アルフレッド・ハームスワースが1888年に創刊した週刊誌「アンサーズ」とそれに続く一連の雑誌、96年に創刊した「デイリー・メール」等、後にいわゆる「ノースクリフ王国」を形成してゆく誌紙群を指し、社会問題を煽情的に告発する「キャンペーンジャーナリズム」や犯罪報道や王室ゴシップを売りものとするスタイルを特徴とした。

②についてウルフは、その作品には4つの特徴があったとする。すなわち、(1)場面から場面へ移行する、(2)会話のディテールの記録、(3)3人称の視点、(4)生活を象徴する細部の描込みである。簡潔な文章で出来事を単発的に報じた日刊新聞中心の従来のジャーナリズムでは(1)の場面から場面への移行は描かれなかったが、主に雑誌や日曜版新聞を舞台に展開されたニュージャーナリズムの作品はより長編となり、出来事を取り上げるにしてもその発生に至る経緯を丁寧に描き出した。そのため従来のジャーナリズムでは捨象されていた細部のディテールまでこだわり((2)(4))、事件や出来事が読者の眼前で起きているような臨場感をもって描き出すために近代小説のような3人称の視点((3))を採用した。

②の代表作としては、ドラッグ体験を共有しつつアメリカ各地を移動したヒッピーたちのコミューン「プランクスターズ」を描いたウルフの『クールクールLSDテスト』、マフィアの顔役になったイタリア移民を描いたゲイ・タリーズの『汝の父を敬え』、ベトナム戦争の泥沼に引き込まれてゆくアメリカ政府の内奥を描いたデビッド・ハルバースタムの『ベスト・アンド・ブライテスト』、ウォーターゲート事件でニクソン大統領が辞任に追い詰められてゆく過程を描いたワシントン・ポスト記者のボブ・ウッドワード、カール・バーンスタインの『最後の日々』等がある。日本でも沢木耕太郎が『テロルの決算』でニュージャーナリズムのスタイルを試みている。

「ノースクリフ革命」以後、スキャンダルやゴシップ、短絡的な権力への反発を売り物にするスタイルが日曜新聞や雑誌から日刊のタブロイド新聞に移行し、アーノルド以後も一貫して批判にさらされつつもしたたかに定着してゆく。その結果、①の用法はもはやそれが「ニュー」でなくなって言葉としては消失した。一方、臨場感に溢れる小説風文体で一世を風靡（ふうび）した②は、作品化の過程で取材過程が背景に沈んで隠れてしまうため、事実関係の検証ができず信頼性に不安を残したこともあって80年代には下火になる。

（参考文献）T・ウルフ「ニュージャーナリズム論」『海』（常盤新平訳、1974・12月号）、玉木明『言語としてのニュージャーナリズム』（1992・2　学芸書林）、飯塚浩一「ノースクリフ革命の起源」『メディア史研究』31号（2012・2　ゆまに書房）　　　　［武田徹］

▶ **ニュース**（にゅーす）

語義 newsは、古フランス語のnoveles、中世ラテン語のnovaを訳したもので、最初は単に「新しいこと」「珍しいもの」を広く指す言葉として使われていた。『オックスフォード英語辞典』によれば、15世紀には「最近起こった重要な、または興味深い出来事についての報告」という意味が付け加わっている。1532年初出の用例で、「出版され広められた情報」という意味で使われるようになる。また20世紀に入ってからの用例では、「メディアで議論されまたは報道される価値のある人・物・場所」と、ニュースとマスメディアは切り離せないものと見なされるようになっている。

W・リップマンは、著書『世論』の中で、「ニュースと真実とは同一物ではなく、はっきり区別されなければならない。（中略）ニュースのはたらきは一つの事件の存在を合図することである」、「新聞はサーチライトのようなもので、休みなく動き回りながら暗闇のなかに一つまた一つとエピソードを浮かび上がらせる」としている。リップマンはニュースの役割とは、ある出来事の存在に対して社会の人々の注意を喚起することだとしている。

ガルトゥングとルーゲは、出来事がある条件を備えているほど、ニュースとして取り上げられやすいとしている（ニュース価値論）。その条件とは、①周期性、②強度、③明確さ、④意義があること（文化的近さ、関連性）、⑤調和性（出来事発生の予測可能性、出来事発生への要求）、⑥意外性、⑦継続性、⑧（紙面構成の）バランス、⑨大国であること、⑩エリートであること、⑪出来事を人格的に語れること、⑫負の内容をもっていることである。

歴史 それでは歴史的に見て何が「報告すべき新しい出来事」だったのであろうか。ヨーロッパにおける新聞の起源とされるものの1つに、16世紀アウグスブルクの富豪フッガー家の手書き定期通信文「フッガー・ツアイティング」がある。これは、当時有数の金融業者であったフッガー家が、ヨーロッパ各地に置いていた支店の社員や郵便業者に各地の政治社会情勢を書いて送らせたもので、この手書き新聞による情報収集力が、フッガー家の繁栄を支えていた。この時のニュースとは、広い意味での経済・金融情報であった。

村上直之（2010）は、16世紀から19世紀までイギリス庶民に読み物として広がったブロードサイドのニュース観を分析する。ブロードサイドは、1枚紙の片面に刷られた俗謡（バラッド）と散文、そして絵入りの印刷メディアである。のちに普及する挿し絵入りの日曜新聞、さらには大衆向けの日刊新聞の原型をなすものであった。ブロードサイドの記事の中心は、殺人、誘拐、姦通などの事件であり、犯人の生涯・裁判・処刑の様子を描いた「絞首台のバラッド」が最もよく売れた。そこで取り上げられる事件は、必ずしも直近に起こったものではなく虚構である場合もあった。だが、ブロードサイドが従来の伝承物語を扱った印刷物と違うのは、「昔々あるところに」ではなく具体的な日付と場所が明示された"時事性"を伴っていた点である。

新聞の発達史においては、戦時における戦況の速報も、非常に大きなニュースであった。日本では、大阪系新聞である大阪朝日新聞や大阪毎日新聞が、日露戦争時に戦地に大量の特派員を派遣し、逐一戦況を伝えることで発行部数を伸ばした。「東京日日新聞」などの東京系新聞は速報合戦に破れ、経営難に陥った。

参考文献 W・リップマン『世論（下）』（掛川トミ子訳、1987・12 岩波書店）、佐藤卓己『現代メディア史』（1998・9 岩波書店）、小森陽一・成田龍一編著『日露戦争スタディーズ』（2004・2 紀伊國屋書店）、村上直之『近代ジャーナリズムの誕生―イギリス犯罪報道の社会史から〔改訂版〕』（2010・12 現代人文社）

［藤田真文］

▶ **ニュースアンカー**（にゅーすあんかー）

語義 ニュースアンカーとは、ニュース番組の編集から最終的な送り出しアナウンスまで、全てに責任をもつ、ニュース報道の要として職務を果たす人物を指す。アンカーマンともいう。

実例 ニュースアンカーの草分け局はアメリカ全土をカバーするネットワークテレビ

の牽引局・CBS（Columbia Broadcasting System）が代表格。アンカーマンの先駆者にはCBSのエドワード・マロー（Edward R. Murrow, 1908-1965）がいる。マローはテレビ黎明期に活躍したニュースアンカーで、冷戦時代の米ソ対立期に、共産主義者追放の急進的な動きを主導したルイジアナ州選出のジョセフ・マッカーシー（Joseph McCarthy）上院議員を中心に全米を席巻した「マッカーシズム」に対し、論理的な矛盾を追及。放送ジャーナリズムの良心として、国家的な政治的圧力がメディアに及んだ際、言論の自由を守る立場から政治とメディアの間の距離を毅然とした報道姿勢によって守り抜いた。

マローと同じCBSニュースの記者で、アンカー後継者となったウォルター・クロンカイト（Walter Cronkite, 1916-2009）も重厚な存在感を示した。クロンカイトは、夕食時間帯に全米のテレビ視聴家庭に向け放送されていたテレビの「CBSイブニングニュース」全盛時代の看板アンカー。1962年にテキサス州への遊説中に暗殺されたケネディ大統領死去速報の際、感情を抑えられず、涙で声を詰まらせて伝えたことが、視聴者の記憶に残っている。68年には、普段、個人的なコメントをしないニュースアンカーとしては異例のベトナム戦争継続に反対する発言をし、アメリカ世論に影響を与えた。当時、政権を担っていたリンドン・ジョンソン（Lyndon Baines Johnson）大統領は、これにより再選に向けた出馬断念に至った。女性ニュースアンカーの草分けにはネットワークABCテレビのバーバラ・ウォルターズ（Barbara Walters, 1929～）がいる。ニュースアンカーは、その日のニュースを読み、番組中の記者レポートを紹介する番組進行者で、その存在自体がニュース報道を信頼する証だとも理解されている。

(参考文献) 田草川弘『ニュースキャスター』（1991・12、2000・2〔再版〕 中央公論新社）、W・クロンカイト『クロンカイトの世界』（浅野輔訳、1999・8 阪急コミュニケーションズ）、R・キャンベル＆C・マーティン＆B・ファボス『Media & Culture 5』（2006, Bedford/ST. Martin's） 〔金山勉〕

▶ **ニュース映画**（にゅーすえいが）

(語 義) 映画館で定期的に上映された劇場用のニュースのこと。「銀幕の新聞」ともいうべきこれらの映画は、大都市にあったニュース映画専門館で上映されるか、一般の映画館で劇映画などと併映された。定期的なニュース映画の元祖は、1908年にフランスで誕生した「パテ・ジュルナル」シリーズといわれる。その後、ニュース映画は世界各国で盛んに制作・上映され、アメリカの「マーチ・オブ・タイム」シリーズ（1935～51）をはじめ、国民の戦意高揚にも利用された。第二次大戦後は、速報性に勝るテレビの普及により、徐々に衰退していった。

(実 例) 戦前の日本では、主に新聞社や通信社がニュース映画を製作していた。1939年に映画法が施行されると、フィルムの不足を理由に、40年に朝日新聞社、大阪毎日新聞社、読売新聞社、同盟通信社の4社のニュース映画部が国策会社として社団法人日本ニュース映画社に統合された（その後、41年には社団法人日本映画社に改組）。同社が製作する「日本ニュース」は戦時中の日本で唯一のニュース映画となり、全国で強制上映された。テレビのない時代、国民は「日本ニュース」が伝える戦況を映画館で目の当たりにした。

45年の敗戦後、社団法人日本映画社は占領軍（GHQ）の命令で一旦解散したが、その後、株式会社日本映画社として再発足し、51年には株式会社日本映画新社に改組した（「日本ニュース」は52年に「朝日ニュース」に改題）。「日本ニュース」のうち、40年から48年までの作品については、「NHK戦争証言アーカイブス」のウェブサイトで公開されており、誰でも自由に視聴することができる（2013年7月現在）。

(参考文献) 毎日新聞社編『日本ニュース映画史―開戦前夜から終戦直後まで〔改訂版〕（一億人の昭和史 別冊 第25号）』（1980・8 毎日新聞社） 〔丹羽美之〕

▶ **ニュースキャスター**（にゅーすきゃすたー）

(語 義) ニュースキャスター（newscaster）とは、世の中の出来事をニュースとして日々伝える役割を担う放送人を指す。そもそも

「キャスター」とは、可動式の運搬台をイメージさせることから、日本では「ニュースを運ぶ人」という意味合いでこの表現を使っていると見られる。欧米ではニュースキャスターとはいわず、「ニュースアンカー(news anchor)」と一般的に表現される。

日本では、欧米のニュースアンカーの圧倒的な存在感を模範としながら、わかりやすさや親近感を加えようとするなど、日本独自のニュース報道スタイルを築き上げようとした。その中で「ニュースキャスター」が登場し、その位置付けを与えられたと考えられる。

実例 アメリカでの熟練記者をアンカーとして起用する報道色の強い番組を意識しながら誕生した、日本の「ニュースキャスター」の草分けとしては、1962年に共同通信から東京放送(TBS)に転じ「JNNニュースコープ」(62年〜90年)の初代キャスター田英夫がいる。アメリカのニュースアンカーと同様、田をはじめとするTBSの歴代ニュースキャスターは、熟練ジャーナリストで、その存在自体が視聴者に対して報道内容の信頼性を運んでいた。60年代からアメリカでは民間放送局のニュース番組が高い視聴率を維持し、ニュース番組が高い利益をもたらし、日本でも模倣する動きが見られた。ローカル放送局でもニュースキャスターが誕生。先頭に立ったのが70年4月から放送を開始した青森放送(RAB)「ニュースレーダー」である。

70年代中盤から80年代にかけて、全国的な規模でキャスターを前面に打ち出したニュース番組が次々登場し、視聴率を競うようになった。民間放送だけでなく公共放送NHKもニュースキャスターを前面に出す戦略を世に問うた。先陣を切ったのは、74年から午後9時代のニュース番組編成で圧倒的な支持を誇ったNHKの「ニュースセンター9時(NC9)」である。フランス語に堪能で複数言語を解する、豊富な海外経験をもつ磯村尚徳が登場して話題を集めた。

その後80年代に入ると、民間放送でもニュースキャスターを立てた報道スタイルが全盛となる。85年、TBS勤務を経てフリーアナウンサーとなった久米宏が、テレビ朝日で「ニュースステーション」のキャスターに、これに対抗するように当時「民放の雄」「報道のTBS」の誇りをかけた東京放送では、午後11時台で「JNNネットワーク」を編成し、その後いよいよテレビ朝日「ニュースステーション」の10時台を主な視聴率競争の場とし、同時間帯にあえて同様のニュース番組をぶつけて他局番組の視聴者を奪取しようとするカウンター編成を断行。NHKを退職してフリーとなった森本毅郎をメインキャスターにすえた「JNNニュース22プライムタイム」をスタートさせ、久米の「ニュースステーション」と真っ向勝負に出たが、視聴率は芳しくなく、その後この時間帯から撤退。続いて朝日新聞記者で『朝日ジャーナル』編集長などを歴任した筑紫哲也を迎え、89年10月から午後11時台で「筑紫哲也ニュース23」として再スタートを切った。

1990年代に入って日本ではニュースキャスターのあり方について議論が巻き起こった。アメリカでは日本のニュースキャスターに相当するニュースアンカーが軽々しく個人的にコメントしないことが前提とされる一方、日本ではむしろ常時あるニュースに対するキャスターの主観や雑感をさしはさむキャスターコメントがなされることをどう考えるかが論点となった。久米のスタジオで当意即妙に番組を「わかりやすく」砕きながら進行する洒脱なコメントスタイルの対極で、筑紫はジャーナリストとして培った識見により含意のあるコメントをすることなどが議論のポイントで、久米・筑紫の存在は、今日のキャスターのあり方や位置付け方にも影響を及ぼしている。

参考文献 NHK放送文化研究所監修『放送の20世紀』(2002・3 日本放送出版協会) ［金山勉］

▶ **ニュースサイト**(にゅーすさいと)

1995年の朝日新聞を皮切りに、新聞社・通信社が自社のホームページ上で、ニュース(記事)の提供を行っている。朝日新聞デジタル(朝日新聞)、YOMIURI ONLINE(読売新聞)、毎日jp(毎日新聞)、日本経済新聞電子版(日本経済新聞)、MSN産経ニュース(産経新聞)といった

全国紙によるもののほか、スポーツ紙や地方紙、共同・時事の両通信社も同様のサービスを行っている。また、現在では、ポータルサイト（例えば、ヤフージャパン、グーグル、MSNなど）から、これらの記事を読むことも可能になっている。ニュースサイトの利用は増加の一途をたどっているが、その一方で、新聞の発行部数・広告費は減少している（欧米でも同様の傾向が見られる）。これまでニュースサイトは、広告を主たる収入源とし、無料で提供されるものが多かったが、会員制・有料制を（一部）導入するところも現れている。〔参考文献〕浜田純一ほか編著『〔新訂〕新聞学』（2009・5 日本評論社） 〔小倉一志〕

▶ **ニュースネットワーク**（にゅーすねっとわーく）

〔語義〕地上波放送においてニュース素材の交換や全国配信を行うためのネットワーク。地上波は、原則として県域を放送の単位とするため、全国放送を行うには全国にネットワークを組織する必要がある。民放テレビのネットワークは、各地のニュースを全国に放送することを目的として発足し、現在でもテレビのネットワークはニュースネットワークを基本的な性格としている。その原点は1958年にラジオ東京（現TBS）や朝日放送などの5局によって締結された「テレビニュースに関するネットワーク協定」であるが、現在の民放テレビのニュースネットワークは、在京社をキー局として5系列ある（JNN：TBSテレビ系、NNN：日本テレビ系、FNN：フジテレビ系、ANN：テレビ朝日系、TXN：テレビ東京系）。ローカル局は原則としていずれか1つの系列に加盟しているが、クロスネットと呼ばれる複数のネットワークに属する局が全国で3局存在する。

〔実例〕テレビのネットワーク内では、ニュース素材と番組の一部がシェアされるだけでなく、ニュース・番組の共同制作、ニュース基金の運営による取材ヘリの共同運航、SNG設備の共同配備、海外支局のネットワークとしての共同運営等が行われている。また、全国的あるいは広域的に関心が高い事件・事故の報道では、キー・準キー局や近隣の系列局などから人員や資材等の援助が行われる。近年では、2011年の東日本大震災の報道にあたって、岩手、宮城、福島を中心とする被災地の系列局に対して、キー・準キーだけでなく全国の系列局から長期に渡る大規模な人員、機材、物資、災害報道のノウハウなどの面での援助が各系列で実施された。

なお、ラジオにも5つのネットワークがあるが、ラジオの場合はほぼ純然たる番組ネットワークである。また、テレビの場合はローカル局がキー・準キー局と資本上も結び付いていることが多いが、ラジオの場合は、JFN（エフエム東京系）を除いてネットワーク内での資本関係はほとんどない。 〔木村幹夫〕

▶ **ニュースの網**（にゅーすのあみ）

ジャーナリズム組織が配置する網のような取材体制のこと。新聞社や放送局は日々掲載・放送されるニュース素材を集めるため、警察署や裁判所、官公庁など情報が集中する場に多くの人員を配備している。こうした情報を収集する取材体制がきめ細やかであればあるほど多くニュースがその網にかかり、荒ければ荒いほど網にかかるニュースは少なくなる。このニュースの網の規模や細やかさはジャーナリズム組織により異なり、自社の取材体制でカバーできない穴の部分は、通信社からの情報や他社とのニュースネットワークなどによって補われる。日本のジャーナリズム組織では取材拠点に記者クラブが置かれており、効率的なニュース生産が可能となる一方、取材対象との癒着やジャーナリストの主体性の欠如など問題も指摘される。

〔参考文献〕G・タックマン『ニュース社会学』（鶴木眞・櫻内篤子訳、1991・4 三嶺書房）、大石裕・岩田温・藤田真文『現代ニュース論』（2000・11 有斐閣）
〔西田善行〕

▶ **ニュースの言説**（にゅーすのげんせつ）

〔語義〕言説は、英語のdiscourse、フランス語のdiscoursの訳語である。『オックスフォード新英英辞典』によれば、discourseは「書かれた、または話されたコミュニケーションや討論」という意味で使われる。日本語の「言説」の語義は、『大辞林』では「ものを言うこ

と。また、その言葉」とされる。まず、一般の用例として、「言説」やdiscourseが話す・書くという行為と結び付いていることを把握しておきたい。

また、『オックスフォード新英英辞典』のdiscourseの解説として、言語学では「結合された一連の発言」という意味で使われるとしている。いくつかの発言(発話)が繋がることでできあがる言語現象に注目したのが、言語学者のバンベニストであった。それまで言語学は、1つの単語の発音(音声学、音韻論)や語彙(意味論)、1つの文の中の単語の配置(統語論)を研究対象にしていた。それに対しバンベニストは、複数の文が繋がることで形成される「談話(会話)」を研究すべきだとした。言語学の中で、「談話分析」discourse analysisというと、しばしば会話の研究を意味するのはこのためである。

さらに言説を哲学や社会科学の対象とするのに貢献したのは、フランスの哲学者M・フーコーである。フーコーは、ある時代にある場所で何かについて「言われた事、現実的に発音されあるいは書かれた文」が積み重なることによって「言説」ができあがるとする。フーコーがいう「言説」とは、個々バラバラになされた発言が、同じ対象について、類似した考え方やテーマで語るようになる(規則性が明確化される)ことをいう。これをフーコーは、〈言説の形成=編成〉と呼ぶ。さらには、同じ対象について語っているはずのものが、歴史的に変化する場合もある。

(言説編成) フーコーの『狂気の歴史』では、「狂気」や「狂人」とされる人についての語り、〈言説の形成=編成〉が歴史的にどのように変化してきたかを、様々な書物=書かれた言説からたどっていく。ヨーロッパの中世末期にはそれまで放浪していた狂人を「阿呆船」に乗せ追放しようとする。この時代、狂人はキリスト教的な意味での「世界の終末」における人間の姿を表すものとして忌避されたのであった。だが18世紀になると、狂気は「病気」の一種として医学が扱う対象となる。ただ狂気を扱う医学には「何を病気としての狂気とすべきか」、境界を画定するという問題

が生じる。知的障害、躁病と憂鬱病(メランコリー)、ヒステリーとヒポコンデリー(心気症)など、様々なものが狂気に組み入れられた。狂気が病気である限り、その病因(例えば狂気をもたらす環境)、そして正常に戻すための治療法が模索されるようになる。

このように一見自明のことのように思われる「狂気とは何か」を定義付ける発言も、歴史的に様々な変遷をたどり、かつ各時代で一定のまとまり=〈言説の形成=編成〉をなしているのである。

(ニュース言説) ニュースの言説分析では、古典主義時代の「狂気」の言説編成に書物などの印刷メディアが果たした役割と同じように、新聞報道やテレビ、ニュースが、社会の中の出来事の意味を確定する役割を果たすと考えている。

ニュースの言説分析に積極的に取り組んでいるアプローチとして、「Critical Discourse Analysis(批判的談話分析、以下CDAと略す)」を挙げることができる。CDAの特徴は、言語学の方法を使いながら、言語使用と権力・イデオロギーの関連性を解明しようとする点にある。CDAは、人々がある言葉を使う時に、その言葉に固定化されたカテゴリーが必ずつきまとってくるとする(例えば、「女医」という言葉を使うと、女性の医師だけ性別がクローズアップされることになる)。そして、通常言語の使用は、社会的に正統化された知識や関係の型を安定化させ、固定化する傾向がある。

言語学を権力批判の道具として使うCDAの初期の研究では、「動作主」「受動態」が有効な言語学的カテゴリーとして使われていた。例えば、「A police shot Sam.」を「Sam was shot by a police.」と受け身形にすると撃った動作主である警察官の印象が薄まる。CDAは、新聞の見出しなどで受動態が用いられるのは動作主を曖昧にすることを意図しているとする。

さらに、CDAではニュースの言説はマスメディアの中で独立して形成されるのではなく、社会の他の場所で発せられた言説と関連した形で存在すると考える。ニュースの言説は、政府や議会の中で発言された言説、学会

の研究報告に記された言説、社会運動の担い手の集会での発言、インターネットへの書き込みなど、様々な言説に影響され、また影響を及ぼしている。

（実例）①労働争議：J・ハートレーは、公立病院のストライキを伝えるBBCのニュース番組「ナイン・オクロック・ニュース」の分析を行った。BBCのニュースでは、病院の労働組合が患者、特に子どもを置き去りにしてストに突入したことを非難するかたちで伝えられていた。そこには、次のような対立軸があった。子ども：病院の労働者／政府：ストを行う人々／穏健な組合員：無責任な少数派／我々：彼ら。ストライキを回避しようとする政府や穏健な組合員が子どもの味方であり、ストライキをする公務員は敵として表出されていた。そしてBBCのニュースでは、ニュースの視聴者にとって、政府や穏健な組合員が「我々＝仲間」であり、ストを行う人々は「彼ら＝他者」と位置付けられていた。

②ジェンダー：日本の新聞記事が、ジェンダーについてどのような言説を構成しているかを見てみる。斉藤正美は、1994年の「国際家族年」にちなんだ新聞の連載企画の中で、家族のあり方や男女の性役割がどのように表現されているかを調査した。連載記事の本文では、親の介護のために週何日かは妻子と別居する男性会社員や、家事を平等に分担するために洗濯は週に1回など家事労働の量を減らした夫婦など、多様な家族のあり方を紹介していた。にもかかわらず、記事のテーマを最も顕著に表わすはずの見出しや写真に、「記者や編集者が『常識』としてもっている固定的な家族観が頻出」していた。例えば、家事を平等に分担するために家事労働の量を減らした夫婦についての記事では、見出しに「週四回、ビーフシチュー」という表現を使い、少し変わった夫婦であるかのような印象を与えている。

また、家族の「自由で多様な新しい形」について論じた記事では、夫婦と子ども2人という「典型的家族」の写真が使用され、「家族四人の暮らしは何物にも代えがたい」というキャプションが付けられていた。一見すると様々な家族の形があると多様な価値を紹介しているはずの記事の中で、「記者やその組織の持つ固定的なジェンダー認識によって、固定的な解釈枠組みが示されて」いたのである。

（参考文献）M・フーコー『狂気の歴史―古典主義時代における』（田村俶訳、1975・2　新潮社）、M・フーコー『知の考古学』（中村雄二郎訳、1981・2　河出書房新社）、Hartley, J., *Understanding News*（1982, Methuen）、É・バンヴェニスト『一般言語学の諸問題』（河村正夫ほか訳、1983・4　みすず書房）、斉藤正美「新聞の『国際家族年』ディスコースとジェンダー」『メディアがつくるジェンダー―日独の男女・家族像を読みとく』（1998・2　新曜社）、R・ヴォダック＆M・マイヤー編著『批判的談話分析入門―クリティカル・ディスコース・アナリシスの方法』（野呂香代子監訳、2010・11　三元社）　　　　　　　　　　［藤田真文］

▶ **ニュースバリュー**（にゅーすばりゅー）

（語義）マスメディアがニュースを制作し報道する際には、どの出来事を報じるかについての判断基準が必要になる。その決定的な要素となるのが、出来事が有するニュースとしての価値、すなわちニュースバリューである。あらゆる出来事を報道することは不可能である以上、個々のジャーナリストやニュース組織はニュースバリューに従って取捨選択を行う必要がある。逆にいえば、それが乏しいと判断された出来事は報道されづらくなるのであり、その判断においてこそマスメディアは権力を行使するとの見解もある。

ただし、ニュースバリューはニュース組織の性格によって大きく変わる。しかも、客観的で固定的な基準というよりも、ニュース組織の日々の業務の中で変化しつつ再生産されていく。記者とデスクとの関係、デスク間でのやり取り、記者の配置などの取材体制、記者への社内教育などを通じて「何がニュースなのか」についての基準は形成される。

さらには、ニュースバリューをより幅広い社会的・イデオロギー的文脈の中で捉えることもできる。ジャーナリストも社会の中で成長し、活動するようになる以上、ニュースバリューに関する判断もまたその影響を強く受ける。したがって、そこには社会の支配的な

価値観や信念が反映され、別の価値観からすれば重大な出来事が「当然のこと」とされてニュースにならないまま放置され続けることもなり得る。

[実例] ニュースバリューの構成要素については、海外報道に関するJ・ガルトゥングとM・ルーゲによる研究を嚆矢として様々な見解が提示されてきた。ガルトゥングらは、①ニュース制作のスケジュールに合致するタイミングで発生すること、②重大であること、③出来事の意味が明確であること、④自国にとって関係が深いと認識されること、⑤先入観に合致すること、⑥意外性があること、⑦以前から継続する出来事であること、⑧他のニュース項目とバランスが取れること、⑨大国で発生したこと、⑩エリートが関係する出来事であること、⑪具体的な人物に関する出来事として報道できること、⑫悪い出来事であることを挙げている。これ以外にも、出来事の予定が事前にわかっていることや、テレビの場合には映像があることなどがニュースバリューを高める要因として論じられている。だが、マスメディアの商業主義化やインターネットの登場などに伴い、より娯楽的な情報に重きを置くかたちでニュースバリューが変化してきているとも指摘されている。

[参考文献] J. Gultung and M. Ruge. *The Structure of Foreign News*（1965, Journal of Peace Research, Vol. 2(1)）、G・タックマン『ニュース社会学』（鶴木眞ほか訳、1991・4 三嶺書房）、大石裕『ジャーナリズムとメディア言説』（2005・10 勁草書房）

[津田正太郎]

▶ **ニュースフレーム**（にゅーすふれーむ）

記者や制作者が提示する、ニュース価値のある出来事に対する理解の仕方のこと。フレームとは人々が状況を定義する際の枠組みのことであり、ニュースは様々な手がかりを提示することにより、ある出来事を意味あるものとして理解できるようにしている。このフレームの違いが受け手の出来事に対する理解の違いとなるため、同じ出来事でも異なるニュースフレームにより報道されれば、異なる理解を生むことになる。カペラとジェイミソンは、アメリカの政治報道の多くが、政治家の対立やキャンペーンの戦術などを強調する戦略的フレームによって作られており、それが人々に政治に対するシニシズムを生むとしている。[参考文献] J・N・カペラ＆K・H・ジェイミソン『政治報道とシニシズム―戦略型フレーミングの影響過程』（平林紀子・山田一成監訳、2005・11 ミネルヴァ書房）

[西田善行]

▶ **ニューメディア**（にゅーめでぃあ）

[語義] ニューメディアという言葉は、オールドメディアとの対比から生まれた。その点からすれば、新たに登場したメディアは、その時々で全てニューメディアと呼ぶことができる。例えば、20世紀に新たに登場したラジオやテレビをニューメディアと呼ぶことも可能ではある。しかし、ニューメディアという場合、既存のマスメディアとの対比から用いられるのが一般的である。すなわちニューメディアは、本、新聞、ラジオ、テレビといったマスメディアとは異なる、次世代メディアを指す用語として使われるようになった。しかし、その後インターネットの急速な普及により、この言葉が用いられる頻度は低下してきた。

[実例] ニューメディアという言葉が頻繁に用いられるようになったのは、日本社会では1980年代に入ってからである。この当時、ニューメディアとしては、電子郵便、パソコン通信、文字放送、衛星放送、ビデオテックス通信、双方向CATV、衛星通信、移動体通信といったメディアが挙げられていた。ここでいうニューメディアの多くは、少なくとも端末レベルでは既存メディアの機能の拡張や利便性の向上という側面に力点が置かれるものであった。

この時期のニューメディアの特徴は、各端末をネットワーク化することに主眼が置かれていたことである。また、放送・通信の融合、マスコミ系メディアとパーソナル系メディアの融合、データ・画像・音声の各機能の融合といった、各種のメディア間の融合という現象が重視されていた。加えて、従来型のマスメディアとの対比に重点が置かれていたこと

から、職場よりも家庭での利用が重視されていた。しかし他方では、通信分野の規制緩和が積極的に進められ、85年には公衆電気通信法が電気通信事業法に改正され、電電公社の民営化（その後、97年に分割）と電気通信事業の新規参入が認められるようになった。その結果、VAN（付加価値通信網）サービスが提供されるなど、新たな情報産業の展開が見られるようになり、また職場におけるニューメディアの導入も積極的に図られるようになった。

ニューメディアに関する見方が大きな変換を遂げたのが90年代である。この時期、先に掲げたニューメディアの多くが一般化し、携帯電話、パーソナルコンピュータ、そしてインターネットの普及が急速に進み、マルチメディアという言葉が使われるようになった。さらに21世紀になってからは、インターネット上でのブログ、動画共有サイト、掲示板、フェイスブック等の機能が次々と登場し、それらはソーシャルメディアと呼ばれるようになってきた。また、インターネットにも接続可能な多機能型携帯端末としてスマートフォンも開発され、急速に普及してきた。このようにニューメディアは高度情報社会の中で変化し続けている。

（参考文献）郵政省『通信白書』（各年）、総務省『情報通信白書』（各年）、遠藤薫『間メディア社会と〈世論〉形成』（2007・5　東京電機大学出版局）、橋元良明『メディアと日本人』（2011・3　岩波書店）、大石裕編『デジタルメディアと日本社会』（2013・1　学文社）

［大石裕］

▶認定放送持株会社制度
（にんていほうそうもちかぶがいしゃせいど）

同一の事業者が複数の基幹放送事業を運営できるようにするために、2008年の放送法改正により導入された制度（158条～166条）。放送法に基づくマスメディア集中排除原則では、1つの事業者が保有できる基幹放送事業の数は原則として1つに限られているが、本制度により総務大臣の認定を受けた会社は、例外的に2つ以上の放送事業を保有することができる。放送対象地域が重複しない場合は12まで保有が可能であるほか、衛星基幹放送の周波数帯域の保有制限も部分的に緩和される。地上テレビ放送のデジタル化にあたって負担が増えるローカル局を念頭に、資金調達や経営資源の効率運用などを狙って導入されたが、キー局での導入が先行している。14年4月移行予定のテレビ朝日を含め5つの民放テレビキー局が、ラジオやBSなどとともに認定放送持株会社の子会社となっている。（参考文献）鈴木秀美ほか編著『放送法を読みとく』（2009・7　商事法務）

［本橋春紀］

▶ネガティブキャンペーン
（ねがてぃぶきゃんぺーん）

（語義）広報や宣伝活動において、競合相手のイメージを落とすようなメッセージを継続的に発信すること。選挙において対立候補を貶めることで、相対的に自らのイメージアップを図るような行為がそれにあたる。しかし、直接的な誹謗中傷合戦は、逆にイメージダウンに繋がることも多く、よほど戦略的に用いない限り成功しない。

（実例）アメリカの大統領選挙においては、対立候補の主張を極論的に演繹し、ネガティブなイメージを引き出す戦略が巧妙に用いられるケースが見られる。その代表的な例としてしばしば引合いに出されるのが、1964年、ジョンソンがゴールドウォーターに対して行った「汚いひなぎく」（核戦争のイメージを煽ったCM）のキャンペーンである。映像の強さも相俟って話題を喚起し、ジョンソンに大差の勝利をもたらしたことで知られている。

しかしその多くは、ここまで作り込んだものではなく、相手の経歴や発言などの一部をクローズアップして、否定的なステレオタイプを、あるいはその時代の支配的な「気分」に乗じて攻勢状況を作り出すものである。その煽情的なコミュニケーション手法は、市民の開かれた議論や冷静な判断力を封じ、センセーショナル志向を加速させる。選挙の公正性を損ない、民主政治の基盤自体を傷つける

行為であるといえる。

　2013年7月の第23回参議院議員通常選挙では、ネット選挙の導入（公職選挙法の一部が改正され、解禁されたインターネットを利用した選挙運動）が、ネガティブキャンペーンの新たな温床となったとして問題視された。対立候補のネガティブな側面に関する直接的表現が、ソーシャルメディアの情報拡散機能を通じて広がる現象が各地で見られた。

　こうした現象が、メディアの働きによるものか、それともそれを支える新しいネガティブな心理が社会的に育っているのか、今後の分析が注目される。

（参考文献）岩崎正洋編『選挙と民主主義』（2013・10 吉田書店） ［水島久光］

▶ 捏造（ねつぞう）

（語　義）捏造とは、事実でないことをあたかも事実であるようにでっち上げることを指す。事実を正確に伝えることがジャーナリズムの仕事であるのに、新聞記者がニュースを捏造する例が見られる。マスメディアが組織的に行うのではなく、記者個人が単独で行うところに特徴がある。捏造の最大の原因は、記者の功名心だと指摘される。

　捏造された報道は、誤報・虚報の一類型と位置付けられる。一義的にその責任は記者本人に帰せられる。記者であれば報道する内容を、自ら取材して事実を確認しなければならない。しかも複数の情報源に確認をとるのが取材の原則である。捏造の場合は、こうした行為を行わず、架空の話を創作するのである。

　しかし、記者本人だけに責任があるのではない。マスメディアにおけるニュース生産の過程では、組織内で数多くのスタッフが関わる。単独で取材して書いた原稿がそのままマスメディアから流れるわけではない。まずはデスクが原稿を点検するところから始まり、複数のチェックを段階的に受ける。組織内で捏造に誰も気が付かなかったのかが問われることになる。

　ジャーナリズム史上、頻発するものではない。しかしながら、読者・視聴者の信頼を著しく失わせることになり、メディアが受けるダメージは大きい。

　テレビ業界における番組制作上の「やらせ」も、捏造の一種である。こちらはスタッフ個人ではなく、制作チーム全体が関わっている場合もある。

（実　例）ニュースの内容を全て捏造した例に、朝日新聞の伊藤律架空会見記（1950年9月27日付朝刊）が挙げられる。記事は、指名手配され逃走中だった共産党幹部の伊藤律に、神戸支局の記者が単独で会見したと報じた。一問一答を含めルポ風に生々しく描かれているが、報道後、全くの狂言だと記者本人が認めた。社内では掲載前に記事の真偽に対して様々な疑問が出されていたというが、食い止めることができなかった。

　朝日新聞のいわゆるサンゴ事件（89年4月20日付夕刊）はもっと手が込んでいる。沖縄・西表島でカメラマン自身が、サンゴを傷つけて「K・Y」という文字を描き、その写真を撮影して、記事とともに掲載した。つまり、記者自身が問題行動を起こし、それを隠してニュースを捏造したことになる。傷ついたサンゴの写真は実際に海の中で撮影されたものだけに、社内で捏造を疑う声はなかったという。

　報道の捏造は日本だけではない。アメリカの有力紙ワシントン・ポストの「ジミーの世界」はその1つ。80年9月28日に掲載された、8歳の少年が麻薬密売人の母親からヘロインを打たれ続け、中毒になっていると報じた。大きな反響を呼び、ピュリツァー賞を受賞した。しかし、新人記者によるこの記事は全てフィクションだったと判明した。

（参考文献）後藤文康『誤報』（1996・5　岩波書店）、池田龍夫『新聞の虚報・誤報——その構造的問題点に迫る』（2000・6　創樹社） ［小黒純］

▶ ネット右翼（ねっとうよく）

　ネット右翼とは、インターネット上で右翼的な発言をする人々を指す言葉。「ネトウヨ」とも呼ばれる。特に中国・韓国に対し、ネット右翼は排外主義的・人種差別的な発言をする特徴がある（ネット用語では「嫌韓・嫌中」などと呼ばれる）。近年ではその活動場所をネットに限定せず、「在特会（在日特権を許さない市民の

会）」のようにリアル空間でのデモ・集会行動に乗り出す傾向も見られる。ネット右翼にかぎらず、ネット上の集団・現象については把握がしづらく、その具体的な実態（どのような人がネット右翼なのか）や政治的な影響力の多寡については諸説ある。ただし、欧米先進諸国では都市部の貧困層が右翼（ネオナチなど）支持に回るのは珍しい現象ではない。また匿名性の高いインターネット上では、集団極性化やサイバーカスケードのような過激で偏りのある意見・主張が増幅されやすいとする見方もある。(参考文献) C・サンスティーン『インターネットは民主主義の敵か』（石川幸憲訳、2003・11　毎日新聞社）、安田浩一『ネットと愛国―在特会の「闇」を追いかけて』（2012・4　講談社）　　　　［濱野智史］

▶ **ネットの自由**（ねっとのじゆう）

インターネットを自由に利用するための権利。表現の自由（検閲が行われないこと）、オープン性（誰もが自由に接続できること）、プライバシー保護（監視が行われないこと）などの概念が含まれる。アメリカでは1990年頃から、電子フロンティア財団（EFF）などによってネットの自由のための活動が続けられてきた。2011年にSOPA（オンライン海賊行為防止法）及びPIPA（知的財産保護法案）が提案された際には、こうした組織を中心に大がかりな反対運動が起きた。またヨーロッパでは、ネットの自由を基本政策とする政党である海賊党が各国で活動している。しかし近年、産業上・安全保障上の理由から政府がネットを規制しようとする動きが各地で強まり、ネットの自由を主張する人々との間で軋轢が増している。(参考文献) 浜本隆志『海賊党の思想―フリーダウンロードと液体民主主義』（2013・7　白水社）　　　　［伊藤昌亮］

の

▶ **納本制度**（のうほんせいど）

(語義) 国内の出版社（個人を含む）に対して刊行した出版物を国立国会図書館に納入させる制度。これによって、国内の出版物をほぼ網羅的に収集することができる。日本では、「国立国会図書館法」（1948年制定）によって、「発行の日から30日以内に、最良版の完全なもの一部を国立国会図書館に納入しなければならない」（25条）と規定している。納本制度の嚆矢は、16世紀のフランスにおいて、国内で出版した者は王室図書館へ一部を納入するように定めた「モンペリエの王令」（1537年）である。

(実例) 納本制度の意義は、国内の出版物をほぼ網羅的に収集し、それを国立図書館に保存して文化の所産を後世に蓄積・継承していくことにある。納本された出版物の情報は「全国書誌」のかたちで広く国民に公開されるのが一般的であり、日本では国立国会図書館のウェブサイトにおいて「日本全国書誌」（NDL-OPAC全国書誌提供サービス）が公開されている。

納本制度の課題の1つに、納本漏れがある。特に、個人が自費出版した図書は、その個人が納本制度の存在を知らないなどの理由から納本漏れになるケースが少なくないといわれている。国立国会図書館による納本制度の広報活動は必ずしも十分ではなく、その改善が求められる。

国立国会図書館では、1999年に納本制度の改善と適正な運用に資することを目的として納本制度審議会を設けている。ここでは、増大する電子出版物の納入のあり方が中心的な検討課題となってきた。同審議会での検討を踏まえて、2013年7月1日からはインターネットを介して流通（公開）している電子書籍・電子雑誌などの国立国会図書館への納入（電子納本）が義務化されることになった（ただし、当面は、無償かつDRM（デジタル著作権管理）付きでないものに限定される）。

(参考文献) 国立国会図書館『よくわかる納本制度―5月25日は納本制度の日です』（2012・5　国立国会図書館）　　　　［野口武悟］

▶ **ノンフィクション**（のんふぃくしょん）

(語義) ノンフィクション（Nonfiction）の語が使われ始めたのは20世紀初頭であり、『世界文学大事典』の富山太佳夫の語釈によれば

米誌「パブリッシャーズウィークリー」は1912年以降、ベストセラー情報をフィクション（創作）とノンフィクション（創作以外）に分けて掲載するようになったという。こうして出版の世界で創作小説以外の分野を広く指して用いられていたノンフィクションの語だが、60年より桑原武夫、中野好夫、吉川幸次郎を選者として、刊行が始められた全50巻の『世界ノンフィクション全集』でも、古今東西の日記、紀行文、伝記等々、「フィクションではない」傑作183篇が広く網羅されて編まれている。

こうした広がりの中で用いられて来たノンフィクションという言葉が収束傾向に転じるのが70年代であった。70年に文藝春秋が「大宅壮一ノンフィクション賞」を開設、当初は評論色の強いイザヤ・ベンダサン『日本人とユダヤ人』やエッセー的な木村治美『黄昏のロンドンから』なども受賞していたが、次第に文芸的なノンフィクション作品を評価する傾向が強まってゆく。特に端的であったのは沢木耕太郎『テロルの決算』の受賞であり、ニュージャーナリズム特有の近代小説的文体で描かれる作品が評価を受けたことから、ノンフィクションを文芸的創作物の一種とみる価値観が強まる。

かつて中野重治はルポルタージュに対して文学性の高い記録報告との定義を与えていたが、文芸作品的性格を強めることでノンフィクションはルポルタージュと重なってゆく。

〔実例〕日本を代表するノンフィクションの書き手としては先に挙げた沢木以外に、例えば足立倫行、関川夏央、佐野眞一、猪瀬直樹らの名が挙げられ、主に団塊世代によって占められていることも特徴的だ。しかし文芸的大作を指向するノンフィクションは、書き手の世代的偏りもあって新しい社会の動きを描く機動力を欠き始める。それを補うかたちで専業ノンフィクション作家以外が時代を象徴するノンフィクション的作品を書く傾向が80年代以降顕著になる。例えば社会学者である宮台真司は、『制服少女の選択』で同時代の若者風俗をビビッドに描いた。佐藤俊樹の『不平等社会日本』も統計調査を縦横に駆使して日本の格差社会化の実情を浮き彫りにした。こうして大学等の研究者が同時代の社会を報告する仕事をする一方で、フィクションであるはずの小説がむしろノンフィクション的となる逆転も起きた。例えば田中康夫の処女小説『なんとなく、クリスタル』を文芸評論家・江藤淳が高く評価したのはそれがフィクションでありながら実在のブランド記号を多く使用し、記号の集積と化した高度情報化社会のリアリティを描く一種のノンフィクション作品となっていたからだ。時代を下って2000年代前半に流行したケータイ小説は、そのほとんどが作者自身の実体験と銘打って書かれていたことを真に受けるかどうかは別としても、論壇、文壇で相手取られることのなかった地方都市で寄る辺なく生きる若者たちを描いた点で優れてノンフィクション的であった。こうしてスタイル上の閉塞を破りつつ、ノンフィクションは再び多様な分野で作り事ではない世界を描くようになっている。

〔参考文献〕中野好夫ほか編『世界ノンフィクション全集』全50巻（1960・4〜1964・2　筑摩書房）、篠田一士『ノンフィクションの言語』（1985・5　集英社）、柳田邦男編『同時代ノンフィクション選集』全12巻（1992・11〜1993・8　文藝春秋）、武田徹『『ノンフィクション』の生成』『恵泉女学園大学紀要』（2011・2）

〔武田徹〕

は

▶ ハードとソフトの分離・一致
（はーどとそふとのぶんり・いっち）

[語義] 無線を使う放送局は、法律概念上、放送局内から電波を発射するまでの放送局設備（ハードウェア面）と番組の編集主体（ソフトウェア面）に分けて考えることができる。

戦後の日本の放送は、この放送局の設備と番組の編集が同一事業者に属するというハード・ソフト一致の原則で実施されてきた。ただ、放送局の免許の形態はハードに対する「施設免許」制とし、ソフトに関わる「事業免許」制はとらなかった。これは①戦前、「無線電信法」によって政府が電波利用を占有し、放送内容まで介入したことによって、戦果を過大に伝え国民に誤った情報を流した「大本営発表」が行われたことへの反省にたち、②戦後の日本国憲法21条で「表現の自由」が謳われたことで、番組内容によって再免許を判断しないことを明確化するためであった。

しかしながら、事業免許制の導入は戦後何度か提案され、1966年の第51回通常国会に提出された放送法・電波法改正案では、民放への事業免許制が盛り込まれた。この改正案は、言論介入に道を開くなどの民放業界からの反対や国会情勢で廃案となったが、免許制度を使った放送への介入という考え方は政治や行政に根強く存在する。

[影響] 1985年の通信自由化によって、民間への通信事業参入が図られ、その一環として民間参入による通信衛星（CS：Communications Satellite）事業が開始された。このCSを使った放送サービスも計画された。CSは、1つの衛星が複数のトランスポンダー（電波増幅器）を搭載し、サービスを行うもので、これを使って放送サービスを行う場合、ハード1：ソフト1対応であるハード・ソフト一致原則はシステム的に成立しない。そこで、89年の放送法・電波法改正によって、ハードとソフトを分離する委託・受託放送制度が導入され、ハードを担うCS事業者（受託放送事業者）は免許が必要、ソフトを担う番組供給者（委託放送事業者）は認定が必要という、CS放送の仕組みとなった。このハード・ソフト分離方式は、その後、BSデジタル放送でも導入された。

2006年以降の「通信・放送融合議論」の中で、総務省は通信・放送を一元化する「情報通信法」構想に着手した。結果的に一本化は断念され、放送関連4法を1つの法律とする、改正放送法（委託・受託法制度は廃止）が成立し、11年6月に施行された。この改正放送法では、放送全体の基調をハード・ソフト分離形式とし、地上放送のみに例外としてハード・ソフト一致原則を認めている。

衛星という技術的特性から導入されたハード・ソフト分離方式であるが、ソフト事業者にとっては放送内容によって行政に免許付与（認定、届出、登録の別はある）が判断されることになる。改正放送法では、ハード・ソフト分離方式の放送に対して、総務大臣が電波管理審議会への諮問などの行政手続を経ずに、3か月以内の業務停止命令を出すことを認めており、今後の運用によっては言論介入に道を開くことが可能となっている。

[参考文献] 鈴木秀美・山田健太・砂川浩慶編著『放送法を読みとく』（2009・7　商事法務）　　［砂川浩慶］

▶ 配信社サービスの法理
（はいしんしゃさーびすのほうり）

[背景] 地方新聞やスポーツ新聞は、全国に自社の記者を配置することができないため、通信社と契約し、通信社から提供された記事をそのまま紙面に掲載することで、全国のニュースを報道している。この時、通信社の配信記事が記事対象者の名誉を毀損する場合に、地方新聞社などは「定評ある通信社から配信された記事である」という事実だけで名誉毀損の責任を免れうるかが問題とされた。

[特色] 最高裁第3小法廷は、2002年1月29日、通信社からの配信記事であるというだけでは、その内容を真実と信じる相当の理由があるとはいえないと判断した。対象となった記事は社会の関心を引く私人の犯罪に関するものであったが、最高裁は、このような事件やスキャンダルに関する報道は、取材に慎重

さを欠いた真実でない内容の報道がまま見られ、通信社からの配信記事であっても、その真実性に高い信頼性が確立しているとはいえないと認定した。これにより、通信社に加盟するスポーツ新聞社の責任が認められた。

この事件では、通信社自身に、配信記事の内容を真実と信じるについて相当の理由が存在しなかった。他方、通信社にこの相当性がある場合に、最高裁第1小法廷は、11年4月28日、通信社と新聞社が報道主体としての一体性を有すると評価できる場合には、新聞社は配信記事の内容を真実と信じるについて相当の理由があるとした。新聞社は通信社の取材を自社の取材と同視できるというのがその根拠である。これにより、通信社に加盟する地方新聞社の責任は否定された。

この結果、現在では、通信社からの配信記事に地方新聞社などが名誉毀損の責任を負うか否かは、配信された記事の真実性と並んで、記事を配信した通信社に、当該記事を真実と信じるについて相当の理由が認められるかどうかによることが多い。

(参考文献) 尾島明『最高裁判所判例解説 民事篇 平成14年度』（2005・7 法曹会） ［喜田村洋一］

▶ 媒体責任（ばいたいせきにん）

(語 義) 新聞・雑誌の広告、テレビ・ラジオなどのCM、インターネット上の広告等を通じて情報を得て商品を購入したところ、広告内容が虚偽や誇大だったために、購入者が損害を被ることがある。こうした場合に、広告媒体を提供した新聞社、出版社、放送局等の媒体業者ならびに広告掲載の仲介・取次を行った広告代理店が負う損害賠償等の法的責任を、媒体責任という。

通常、広告が理由で購入者に損害が生じた時は、広告主の賠償責任が問題となる。だが実際には、広告主の倒産や無資力、所在不明等により、広告主による賠償が期待できないことも多い。媒体責任を論ずる意義は、特にこのような場面で顕著となる。

媒体責任の法的根拠としては、情報提供契約違反を理由とする債務不履行責任が主張されることもあるが、しかし一般には、広告主と同様に、媒体業者にも、虚偽等の広告により購入者に損害を与えたことにつき、共同不法行為責任があると考えられている。

(実 例) 媒体責任という考え方は比較的最近のものである。明治期以降、長らくは広告免責論が支配的であった。日本新聞協会の新聞広告倫理綱領にも、「本来、広告内容に関する責任はいっさい広告主（署名者）にある」との一文があり、その影響が見て取れる。

最高裁も、分譲マンションの青田売り広告の被害者が新聞社に媒体責任を求めたケース（日本コーポ事件）において、新聞社が真実性の調査確認に関する一般的な法的注意義務を負うことまでは認めなかった。しかし他方で、「広告内容の真実性に疑念を抱くべき特別の事情」があり「不測の損害を及ぼすおそれがあることを予見し、又は予見しえた場合」には、真実性の調査確認義務があるとして、限定的ながら、媒体責任の成立可能性を肯定している（最判平成元年9月19日）。

真実性の調査確認義務が認められる余地は、媒体の性質により異なる。広告内容に対する信頼は通常、媒体の信頼度に左右されるので、例えば、高い情報収集能力を有する新聞や情報専門誌などで広告を掲載する場合、その影響力に見合った真実調査が媒体業者には求められる。また、記事や番組に対する信頼は広告よりも格段に高いことに鑑み、広告主の依頼により媒体業者が広告的色彩を帯びた記事や番組を制作した場合には、媒体責任の範囲が拡大するとの考えが有力である。

媒体責任論の高まりを受け、多くの媒体業者は、業界の自主規制（各種媒体の倫理綱領、日本民間放送連盟放送基準等）や社内基準を整備し、その遵守に努めている。また法令レベルでも、例えば健康増進法は、虚偽誇大広告について一定の範囲で媒体責任を認めており、実際に、法令違反を理由に出版社への改善指導が実施されたりもしている。

(参考文献) 長尾治助『広告と法』（1988・9 日本評論社）、総合法律事務所編『広告の法理』（1998・9 民事法研究会） ［丸山敦裕］

▶ **ハイパーテキスト**（はいぱーてきすと）

　印刷媒体の参考文献や注釈が、本文以外の文書との関連を示しているように、電子的な文書が相互に関連する文書を参照できるようにした文書の形式を指す。もともとMIT（マサチューセッツ工科大学）のバネバー・ブッシュが、マイクロフィルムで記録された大量の文書の相互参照を自動化するために「メメックス」というシステムを考えたが実現しなかった。これをダグラス・エンゲルバートがコンピュータで実現しようと試み、テッド・ネルソンがパソコン時代にもっと一般化したシステムを夢見てこの言葉を想起した。これをネット時代に具体的に実用化して普及したのが、ティム・バーナーズ＝リーの発明したWWWである。 参考文献 J・D・ボルター『ライティング スペース』（黒崎政男・伊古田理・下野正俊訳、1994・6　産業図書）、T・ネルソン『リテラリーマシン―ハイパーテキスト原論』（ハイテクノロジー・コミュニケーションズ訳、1994・10　アスキー）　　［服部桂］

▶ **ハイビジョン**（はいびじょん）

　日本放送協会（NHK）が開発した、高精細度テレビジョンの愛称。日本のアナログテレビ（NTSC）方式と比較し、縦横比が4：3から16：9へ、走査線数も525本から1125本となり、画面密度では約4倍となった。また、音声もPCM（パルス符号変調による伝送方式）方式となり、音楽用CD並みの高音質となった。国際的にはHDTV（high definition TV）といわれているが、日本の独自規格である。その開発は1964年に開始され、89年からNHKが衛星放送を利用したアナログハイビジョン放送（1日2時間の定時実験放送）を開始し、94年からはNHKと主要民放局による実用化試験放送が1日14時間程度の実用化試験放送を実施した。2000年12月1日からスタートしたBSデジタル放送では、すべてハイビジョン化され、03年からの地上デジタル放送でもハイビジョンが採用された。アナログハイビジョン放送はBSAT-1の設計寿命が尽きる2007年に終了し、すべてデジタル方式に移行した。　　［砂川浩慶］

▶ **破壊活動防止法**（はかいかつどうぼうしほう）

　破壊活動防止法とは、暴力的破壊活動を行った団体を取り締まる法律のことである。この法律は、1952年に制定されたものであり、戦後の秩序維持を軌道に乗せようとするものであった。また、冷戦という当時の状況を踏まえて、過激な政府反覆活動を防ぐ狙いもあったと指摘されている。主な内容としては、暴力的破壊活動を行った団体を規制し、刑罰規定をもって対応することである。本法のいう暴力的破壊活動とは、内乱や外患誘致などの行為や政治的目的による騒乱や放火、殺人などを指す。公安審査委員会は暴力的破壊活動を行った団体がさらなる活動を行う危険性がある場合に一定の処分を行うことができ、場合によっては解散を指定することができることになっている。過去に数件適用された事例があり、オウム真理教への適用可能性が問題になったが、最終的に適用は見送られている。 参考文献 奥平康弘『これが破防法』（1996・2　花伝社）　　［大林啓吾］

▶ **博多駅テレビフィルム提出命令事件**（はかたえきてれびふぃるむていしゅつめいれいじけん）

　背景　1968年1月、米空母の佐世保寄港阻止闘争に参加しようとした学生集団に警察の機動隊が博多駅で暴行を加えたとの被疑事実について、付審判請求（起訴するか否かの審判をするよう裁判所に求める手続）がなされ、福岡地裁が、衝突の状況を撮影したフィルムの提出をRKB毎日放送ほか2社に命じた事件。福岡高裁も地裁の判断を支持し、69年11月26日の最大決は、以下のとおり述べて特別抗告を棄却した。①報道機関の報道は、民主主義社会において、国民が国政に関与するにつき、重要な判断材料を提供し、国民の「知る権利」に奉仕するものである。②事実の報道の自由は表現の自由を規定した憲法21条の保障のもとにあり、報道が正しい内容をもつためには、取材の自由も憲法21条の精神に照らし、十分尊重に値する。③放映のため準備されたフィルムが刑事裁判の証拠など他の目的に使用されると、報道機関の将来の取材活動の自

由を妨げるおそれがないとはいえないが、提出命令の是非は、公正な裁判の実現のための必要性と、取材報道の自由に及ぼす影響の度合い等を比較衡量して決するべきである。④本件フィルムは被疑者らの罪責の有無を決するためほとんど必須のもので、他方、将来の取材の自由が妨げられるおそれという程度の不利益は忍受されるべきであり、提出命令は憲法21条に違反しない。

(影響) 報道界などからは厳しい批判がなされたが、その後、ビデオテープの検察官による差押え(日本テレビ事件)及び司法警察職員による差押え(TBS事件)についても、これを是認する最高裁の決定が出ている。民事訴訟法には職業の秘密として取材資料の提出拒否を認める規定があるが、刑事訴訟法にはそのような規定がない。しかし、この最高裁決定は、刑事事件でも提出拒否ができる余地があることを示している。

(参考文献) 『最高裁判所判例解説 刑事篇』(1969年度号)414頁、山口いつ子「取材フィルムの提出命令と取材の自由」『別冊ジュリスト217号・憲法判例百選Ⅰ〔第6版〕』166頁(2013・11 有斐閣) 〔秋山幹男〕

▶ パソコン通信(ぱそこんつうしん)

専用ソフトなどを用い、パソコンとホスト局のサーバー間を通信回線で繋いでデータ通信を行うサービス。1980年代後半から会員間の電子メールの送受信や電子掲示板、チャットなどを利用した情報交換が盛んに行われた。アメリカでは映画「ユー・ガット・メール」のモチーフにもなったAOLやCompuServeなどが有名。日本ではニフティサーブ、PC-VANなどが大手で、それぞれ数百万人の会員を擁した他、個人やグループなどで開設した草の根BBSと呼ばれる小さなパソコン通信局も多数存在していた。会員は趣味・話題を共通にする集まり(ニフティサーブではフォーラム、PC-VANではSIG)を作り、中には漫画家のすがやみつるがシステムオペレーターを務めたニフティサーブのモータースポーツフォーラムのように関係者が多く集まって、マスメディアのジャーナリズムよりも速く、深い情報を提供しているところもあった。90年代後半にインターネットが一般ユーザーに普及すると衰退し、大手パソコン通信はインターネットプロバイダーに変わって行った。

(参考文献) 武田徹編『ネットワーク未来派宣言—10年目のニフティサーブが問う10年後の社会』(1997・7 コンピュータ・エイジ社) 〔武田徹〕

▶ ハッカー(はっかー)

ハッカー(hacker)とは、主にコンピュータやプログラミング言語などの技術について並外れて詳しい知識をもっており、難しい課題を軽々とこなしたり、改良を加えたりするような人物のこと(そうした行為を「ハックする」と動詞で表現する)。S・レビーによれば、こうした意味でのハッカーの起源は1960年代のMIT(マサチューセッツ工科大学)に遡る。以来、ハッカーはコンピュータやインターネットの発展において重要な役割を担い、「ハッカー文化」や「ハッカー倫理」と呼ばれる独自の世界を構築してきた。ハッカーの一般的なイメージに、「セキュリティを破りコンピュータに不正侵入する」というものがあるが、これは「クラッカー(cracker)」と呼ばれ区別される。また近年ではウィキリークス(WikiLeaks)やアノニマス(Anonymous)のように「ハクティヴィズム(hackとactivismを足した造語)」を標榜する集団もある。「情報の自由を守る」という大義名分の元、情報技術を駆使してハック(しばしばクラック)的な行為に及ぶ彼らは、既存の社会的価値や正義と衝突することも多く、ジャーナリズムでも無視できない存在である。(参考文献) S・レビー『ハッカーズ〔第3版〕』(古橋芳恵ほか訳、1987・3 工学社)、塚越健司『ハクティビズムとは何か—ハッカーと社会運動』(2012・8 ソフトバンククリエイティブ) 〔濱野智史〕

▶ 発掘! あるある大事典Ⅱ事件
(はっくつあるあるだいじてんつうじけん)

(背景) 2007年1月7日、関西テレビ放送が制作しフジテレビ系列で放送されていた『発掘! あるある大事典Ⅱ』は「食べてヤセる! 食材Xの新事実」と題して納豆によるダイエット効果を番組で放送したところ、視聴者が納豆を買いに走り、売り切れ品薄となる店

が続出した。1月16日に発売された「週刊朝日」は、「『発掘！あるある大事典Ⅱ』が絶賛した納豆ダイエットは本当に効くの？」とする記事で、実験データへの疑問、事実と異なる点を指摘した。すると、関西テレビは「捏造と取られても仕方がないものがあった」として謝罪し、番組を打ち切った。

　その後、外部有識者による調査委員会が設置され、原意を意図的に無視したボイスオーバー、実験データの改竄、実験などの不適切な取扱い、演出の行過ぎ等、過去放送分も含めた問題点が明らかになった。また、外部プロダクションへの発注をめぐる日本の放送界の構造上の問題点（時間的な制約や実際の現場における制作経費の貧困さ）など、制作環境が背景にあることも浮き彫りにされた。

（影響）この問題が表面化して以降、経営責任を明確にしなかった関西テレビの対応に政府も「捏造」問題を契機として放送法改正案を閣議決定し国会に提出するなどの動きを見せた。捏造された番組を放送した事業者に対して再発防止計画の提出を求め、意見を付けて公表する行政処分が新設されることとなった（2007年4月6日）。民放連は関西テレビに対して、番組に関して不祥事を起こした事案としては初めての除名処分を行った（4月19日、08年4月17日再入会）。

（参考文献）メディア総合研究所編『メディア関連資料―59「あるある大事典」ねつ造問題』（2007・8　メディア総合研究所）、山田健太『言論の自由―拡大するメディアと縮むジャーナリズム』（2012・12　ミネルヴァ書房）　　　　　　　　　　〔柳澤伸司〕

▶ **発行部数**（はっこうぶすう）

　新聞や雑誌を発行した数量（部数）を指す。発行部数は、新聞や雑誌の規模をはかる指標として捉えられており、特に広告分野では出稿計画を立てたり効果測定を行ったりするための重要な指標となっている。そのため多くの国では、新聞・雑誌部数公査機構（ABC）が広告主企業と媒体社の共同で設置されており、公表されている発行部数が適正かどうか公査・発表している。日本でも、日本ABC協会が1952年に設立され、会員社は約600社となっている（2012年現在）。また、日本雑誌協会は、同協会加盟誌を印刷証明付きで年4回（以下の3か月単位）公表する、「印刷部数公表」を行っている。新聞総発行部数（一般紙・スポーツ紙の合計部数）は、1997年の5376万5000部をピークに減少傾向にあり、2012年は4777万7913部となっている。世界的にも、新聞の発行部数は減少傾向にあるが、インドなど経済が急発展している国では増加しているケースもある。（参考文献）藤竹暁『図説 日本のマスメディア〔第2版〕』（2005・9　NHK出版）、岸志津江・田中洋・嶋村和恵『現代広告論〔新版〕』（2008・6　有斐閣）　　　　　　　　　　　　　　〔阿部圭介〕

▶ **発生もの**（はっせいもの）

　取材・報道の対象となる事件・事故の発生のことだが、発生を伝える記事を指すこともある。新聞社や通信社、放送局の記者は事件・事故の発生を速報するため、毎日担当の警察署などへ何度も電話し、事件・事故の有無を問い合わせている。「警戒電話」と呼ばれている。夜間・休日は警察などから記者クラブの幹事社へ発生の連絡があり、幹事社が各社へ伝える。各社の泊まり勤務者がいる警視庁記者クラブなどでは、一斉に広報される。発生ものでは、初動が遅れると、記事の出稿や写真・映像の撮影などに大きく影響する。

　　　　　　　　　　　　　　　〔竹田昌弘〕

▶ **バッドニュース**（ばっどにゅーす）

（語義）ニュースは社会の森羅万象を取り扱う。明るいニュースもあれば、暗いニュースもある。必ずしも二分できるわけではないが、後者の方つまり、バッドニュースが数量ともに勝っている。「新聞記者は他人の不幸でメシを食っている」と揶揄されるように、家族や家を失った人を取材し、記事を書く。

　ニュースはいくつかの基準で選択されている。事件や事故、自然災害などは、規模が大きければ大きいほど、ニュースも大きくなる傾向にある。また、出来事自体の「対立・争い」、「異常性・非日常性」のほか、「読者・視聴者への影響の大きさ」なども指標となる。これらに該当すれば、ニュース価値が高まり、

大きなニュースとなる。

（実例）例えば、大型旅客機が何百人もの乗客を乗せて墜落すれば、規模が大きい、非日常的な事故だといえ、いくつかの基準に該当することになる。その上、他国の空軍機に攻撃されたのが原因だとすれば、「対立・争い」などの要素も加わる。社会にとってはバッドニュースではあるものの、メディアがますます大きく報道することになる。

一方、本当はバッドニュースなのに、規模が大きくても、日常化した問題はニュースにならないことがある。基準の1つ「異常性・非日常性」が乏しいからである。例えば、自殺、正規雇用・非正規雇用の格差、子どもの貧困、精神障害者に対する差別などの問題は、潜在的なバッドニュースだと位置付けることができる。

（参考文献）花田達朗・ニューズラボ研究会編著『実践ジャーナリスト養成講座』（2004・2　平凡社）

［小黒純］

▶ **発表ジャーナリズム**（はっぴょうじゃーなりずむ）

（語義）記者発表に基づく内容をそのまま伝える報道、あるいは情報源を発表に過度に依存する報道を、批判的に捉えた言葉。「発表報道」とも呼ぶ。大臣や中央省庁、経済団体、企業などは頻繁に「記者発表」を実施しているが、発表ジャーナリズムが極端な形で出現した例には、第二次世界大戦中の日本の「大本営発表」報道がある。2011年3月の福島原発事故の際も、政府や東電の言い分を伝え続けた報道に対し「発表ジャーナリズムに堕している」という厳しい批判があった。

発表報道の問題点は、2つの観点から考察できる。1つは、取材過程からの考察である。報道には通常、取材のきっかけとなる「端緒」から始まり、「追加取材」→「種々の情報の確認（＝裏取り）・取捨選択」→「価値判断」→「記事執筆・番組制作」といったプロセスがある。「発表報道」は取材過程の大半を発表に依拠しているため、プロセスは「端緒」（＝発表）から一足飛びに「記事執筆・番組制作」に向かう。そこでは、独自の着眼点などが欠かせない「追加取材」、発表者の意のままに動かぬという意味で必須の「種々の情報の確認（＝裏取り）・取捨選択」という過程が抜け落ちているか、あるいは薄い場合が多い。

2つ目の観点は、「価値判断」の欠落である。取材・報道は多種多様な情報を収集し、それらを取材者の判断によって取捨選択する行為でもあり、本来的にはアジェンダ設定は報道側が担う。ところが発表に依拠した報道では、アジェンダ設定機能を報道側が放棄し、当局者に委ねてしまっている。そこでは「権力監視」「権力に対する番犬」の姿は見いだせない。

権力主体はメディアをコントロールしたいとの欲望を常に抱えている。発表が「発表した者が、発表したい時に、発表したい方式で、発表したい内容を発表する」ものである以上、それへの過度の依存は、市民社会に大きなマイナスの影響を与えかねない。

（実例）発表の類型は、①記者会見、②事務方などによる事情説明（報道界では「レクチャー」などと呼ぶ）、③資料配付などがあり、それぞれに「定例」と「非定例」がある。毎日午前と午後に首相官邸で行われる官房長官の記者会見、閣議後の大臣会見、金融・経済に関する統計数値の公表などは「定例」に入る。

日本では多くの場合、発表の場への参加は、事実上大手メディアに限られた記者クラブ加盟記者にのみ認められている。フリーランス記者などは発表に立ち会うことすらできない例が多く、「大手メディアは発表ジャーナリズム」との批判を生む背景となっている。

一方、発表行為にはカメラ撮影なども許された「オンレコ（オン・ザ・レコード）」方式による記者会見などのほか、録音やメモ、録画を認めない「オフレコ（オフ・ザ・レコード）」の場もある。オフレコは「懇談」などと呼ばれ、中央省庁や政治家などは記者クラブ加盟社・者を対象に頻繁に開催している。オフレコには、いっさいの発言を報道しないケース（＝「完全オフレコ」「完オフ」）と、情報源を明示しなければ発言を引用してもよいケースとがある。後者で得られた情報はしばしば、「政府高官によると」「外務省筋によると」といった形で報道され、当局者が欲する世論形成に一

役買うことがある。

当局発表に依存しすぎた失敗例としては、先掲した「大本営発表」のほか、イラク戦争開戦時に米紙などが陥った「イラクの大量破壊兵器の存在」に関する報道などがある。日本における発表報道の量的割合は明確ではないが、ニュース記事の8割程度は発表報道という調査もある。他方、インターネットの興隆によって発表主体が自らネットで発表を中継・速報する例も急増しており、大手メディアの発表報道自体も価値を失いつつある。

参考文献 岩瀬達哉『新聞が面白くない理由』(2001・9 講談社)、田島泰彦ほか編『調査報道がジャーナリズムを変える』(2011・6 花伝社)、小俣一平『新聞テレビは信頼を取り戻せるか』(2011・11 平凡社)
［高田昌幸］

▶ **パパラッチ**（ぱぱらっち）

有名人らを追い回すカメラマンの俗称。フェデリコ・フェリーニ監督の1960年の映画「甘い生活」に登場するカメラマンの名前が語源となった。芸能人や王族を待ち構えたり、オートバイで追跡したりして撮影し、雑誌や大衆紙に写真を発表する。強引な取材やプライバシー侵害がしばしば非難されてきた。97年、ダイアナ元英国皇太子妃がパリでパパラッチに追いかけられ、交通事故死したのは有名である。ただ、撮影される側が話題作りにパパラッチを利用するケースもあると指摘されている。日本では、80年代に登場した写真週刊誌でゴシップを競ったのが典型的といえよう。
［原真］

▶ **パブリックコメント**（ぱぶりっくこめんと）

語義 パブリックコメントは、狭義には行政手続法に規定された行政立法（政省令、規則、審査基準等）に対する意見公募手続を指すが、通常は、行政による計画や制度・政策に関する案の提示、一般からの意見募集、寄せられた意見の反映、結果の公表（応答義務）という一連の手続を指す。パブリックコメント手続は、行政適正化の手段であるとともに、特に自治体においては市民参加の手法と位置付けられている。

国の行政機関におけるパブリックコメント手続は、国会の審議を経ない行政立法に対して、行政裁量の肥大化を防ぐために2005年の行政手続法改正で義務化された。これ以外に任意のパブリックコメント手続も多く実施されている。自治体においては、行政手続条例、パブリックコメント手続条例、市民参加条例等で手続について定められているほか、規則や要綱・要領などで実施されている。

実例 パブリックコメント手続は、案の公表と意見の募集という手続の簡易さから、市民参加の手段として、また行政適正化の手段として広く普及をしている。反面、公表した案に対する意見の募集をするが、意見の採否は寄せられた意見の数などによらず、行政の裁量的判断の範疇による。

また、パブリックコメント手続は、案を公表するという手続であり、通常は、最終的な決定段階で行われ、抜本的な案の見直しなどは行うことがないため、広く一般から意見を聞いたという行政のアリバイ作りになっているとの批判もある。ただ、パブリックコメント手続の導入により、意思決定前の段階で案が公表されるようになった点は、導入以前との大きな違いである。

参考文献 行政管理研究センター編『Q&Aパブリックコメント法制』(2005・10 ぎょうせい)、宇賀克也編著『改正行政手続法とパブリック・コメント』(2006・2 第一法規)
［三木由希子］

▶ **パブリックジャーナリズム**
（ぱぶりっくじゃーなりずむ）

語義 パブリックジャーナリズム（Public Journalism：PJ）はシビックジャーナリズム（Civic Journalism：CJ）ともいい、市民ジャーナリズムと訳される。定義は定まっていないが、強いていえば、市民参加型のジャーナリズム、あるいは市民主体型のジャーナリズムといえよう。前者は1990年代のアメリカの地方紙に源流を求めることができる。政治不信や地域経済の低迷、そしてマスコミの機能不全を背景に、地域住民が地方紙の紙面作りに積極的に参加する運動が起こった。これをPJと呼称した。市民が議論を重ねる民主主義を

目指すために、ジャーナリズムがそのコミュニケーションに積極的に介在する目的があった。いわば、商業化され、特権化したジャーナリズムの再構築を求める運動なのである。

そもそもジャーナリズムは市民社会から誕生したものであり、取材報道の自由は広く一般に認められた基本的人権である。つまり、PJという言葉には既存のジャーナリズムに対する批判やアイロニーが込められている。

〘実例〙 PJの黎明期(れいめいき)には、マスメディアからPJに対する懐疑的かつ批判的な論評が目立った。これに対してPJを支えたのがジャーナリズムの教育研究に携わる大学や研究機関であったことも大きな特徴である。現在ではアメリカの新聞社の多くはPJの手法を採用しているといわれる。

一方、情報通信インフラの発達と民主化が浸透しつつあった韓国では、21世紀に入ると「市民みんなが記者」をモットーにした「オーマイニュース」など、市民が積極的に取材報道に携わるインターネット新聞が相次いで創刊された。これは市民主体型のPJといえよう。日本でも同時期にネット市民メディアが誕生した。現在、韓国と日本では、一時の大きな盛り上がりはないにせよ、一部で市民主体型のPJが脈々と継続している。

〘参考文献〙 Jay Rosen. *What are Journalists for?* (1999, Yale University Press) 〔小田光康〕

▶パブリックディプロマシー(ぱぶりっくでぃぷろましー)

パブリックディプロマシー(public diplomacy)とは政府要人同士による伝統的外交ではなく、自国の魅力を相手国世論に直接働きかける外交のこと。広報外交、対市民外交とも訳される。その手段として対外広報や人物交流、国際放送、国際イベント等が用いられてきた。反米主義への対抗策としてアメリカで広まったこの手法は、欧米や中国、韓国などで積極的に進められ、日本でも「クールジャパン」などとして進められている。プロパガンダと同一視されがちだが、プロパガンダが政府の強い関与による一元的なイメージ構築を含意するのに対し、現代のパブリックディプロマシーは政府の意を直接介さない民間交流も含め多層なネットワークを支援することで、多くの人々に自国の魅力を訴えかけ、信頼性を獲得することを含意している。

〘参考文献〙 渡辺靖『文化と外交―パブリック・ディプロマシーの時代』(2011・10 中央公論新社)

〔西田善行〕

▶パブリックフォーラム(ぱぶりっくふぉーらむ)

〘語義〙 アメリカ合衆国最高裁判所が展開してきた、表現の自由や集会の自由を擁護するための理論で、表現活動が最大限尊重される公共的な空間を指す。この法理は表現活動がなされる場所に着目し、その場所がパブリックフォーラムであれば、その施設の財産権や管理権よりも表現活動が優先されることになる。一般に、公園や道路、公会堂などがパブリックフォーラムとされている。

もしパブリックフォーラムであれば、一般に表現活動への負担が少ないとされる表現内容中立規制であるとしても、その規制が重要な政府利益を促進するために必要不可欠であり、コミュニケーションのための別の方法が十分に保障されていなければならないと考えられている。

パブリックフォーラムには二類型あり、政府所有の財産が、太古の昔から伝統的に市民の自由な意思疎通の場として使用されてきた場合と、公共の用に供するために政府が進んで意図的にその財産を市民に使用させる場合がある。逆に、政府財産がこの二類型に該当せず、パブリックフォーラムでなければ、政府は表現活動の規制について広い裁量権をもつとされる。

〘実例〙 日本では、パブリックフォーラムであることを理由に、表現活動を擁護した最高裁判例は存在しない。ただ、私鉄の駅前広場やビラやポスターを貼付するに適当な場所や物件をパブリックフォーラムと見て、表現活動のより手厚い保護の可能性を指摘する補足意見は存在する(最判昭和59年12月18日及び最判昭和62年3月3日における伊藤正己裁判官補足意見)。また最高裁調査官解説によると、泉佐野市民会館事件最高裁判決(最判平成7年3月7日)はパ

ブリックフォーラムの法理を念頭においているとされる。

この法理によると、政府所有財産の性質の分類が決定的に重要となり、表現活動の保障に資するかたちで区別されるのが望ましい。また私有地での表現活動が一定の条件のもと許容されるか否かは議論が分かれている。

参考文献　松井茂記『アメリカ憲法入門〔第7版〕』（2012・12　有斐閣）　　　　　　　　［川岸令和］

▶ **バラエティー番組**（ばらえてぃーばんぐみ）

語義　バラエティーはテレビが生み出した最もテレビらしい番組ジャンルである。もともとは歌と踊りと寸劇を取り合わせた寄席演芸（ボードビル）のスタジオ版を「バラエティーショー」と呼んだことに始まる、文字どおりの「寄せ集め」で構成する番組であった。

実例　日本でも「光子の窓」（1958年5月〜60年12月：日本テレビ）や「夢で逢いましょう」（61年4月〜66年4月：NHK）、「シャボン玉ホリデー」（61年6月〜72年10月：日本テレビ）など、テレビ初期には多くのバラエティー番組が制作された。

バラエティーは、青島幸男、永六輔、前田武彦らの放送作家を生み出し、また坂本九、クレージーキャッツら数多くのマルチタレントを育てた。また番組のホスト役がゲストを招いてトークをする形式は、それまでの対談・インタビュー番組とは異なる娯楽要素を創出し、また様々なコーナーを連携させるスタジオ設計や放送技術を発展させた。

こうしてバラエティーはエンタテイメントの一ジャンルから、様々なテレビ番組のジャンル秩序を動かし、混淆を促す「メタジャンル」へと発展していった。今日のバラエティーには、古典的なバラエティーショーの面影は乏しく、様々な情報にテレビ的加工を施すパッケージとしての意味合いが強くなっている。今日のテレビジャンルの大半はすでにバラエティーに飲み込まれているといえる。

その結果、クイズ、音楽番組、スポーツ中継ですら、今やバラエティーの手法なくしては成立せず、また「プロジェクトX」（2000年3月〜05年12月：NHK）や「ニュースステーション」（1985年10月〜2004年3月：テレビ朝日）のように報道ジャンルでもバラエティー的演出が施されるようになった。

しかし、いかにバラエティーがテレビ的視聴行動に適合した形式だったとしても、その原点は娯楽性にある。単純な「わかりやすさ」「楽しめる内容」の過度な追求が、本来報道や情報番組が果たすべき目的を損なわせた例も少なくない。多くの放送倫理上の問題が、この総バラエティー化現象とともに起こっている。

参考文献　水島久光・西兼志『窓あるいは鏡』（2008・12　慶應義塾大学出版会）　　　　［水島久光］

▶ **パロディ**（ぱろでぃ）

語義　パロディとは、特定の作家・芸術家の作品のスタイル（語、文体、調子、観念等）を滑稽さや嘲笑いを狙って巧みに誇張して模倣したものである。ここから発展して、パロディを受け取る人たちが了解できる表現対象であれば、すべての表現形態に存在するともいえる。よく知られた人、有名人、政治家はその人となりを受け手がそれなりに共通して理解しているので、そこから「転じた」ことがよくわかる。政治や社会の権力者やその行為・政策を対象とすれば、政治風刺や政治批判とも相通ずる部分がある。権力者に対する民衆の支持や不満を笑いによって表す時、パロディはそのための技術の1つとなる。

風刺とパロディが連動する時、受け手の価値の多様化によってその風刺の狙いが共有できない時には、パロディも単なる「おかしさ」によって処理されてしまうおそれがある。すなわち、パロディによる政治家批判の共有がなされないとそれ自体が批判にならず、かえってパロディを演じた主体とそれを支持する集団の「内輪受け」ひいては「狭量さ」が目立ってしまう可能性もある。

実例　日本の場合、他人の作品をパロディのために使用することにつき、公刊されている山岳写真を利用したパロディ作品が著作権侵害で訴えられた。判決では「正当な範囲内の引用」として、①著作物の表現形式上、両者の著作物を明瞭に区分して認識できる、②

引用元が主、引用先が従の関係、③引用元の著作者人格権を侵害するような態様でなされるものでない、の3条件を示している（マッドアマノ・パロディ事件：最判昭和55年3月28E）。引用には、コピー、オマージュ、パロディの段階があると考えられ、要約とパロディ以外については何らかの許諾が必要とされている。

参考文献 『ジョーク＆パロディ』（1978・5　文藝春秋）、L・ハッチオン『パロディの理論』（辻麻子訳、1993・3　未来社）、横山久芳「『パロディ』から考える著作権法入門」『法学教室』（2012・5月号）

［茨木正治］

▶ パワーエリート（ぱわーえりーと）

語義　アメリカにおける大衆社会の成立を背景に、権力バランスが一部のエリートたちによって握られているとするC・W・ミルズの議論。広義では、経済・政治・軍事の各グループの頂点に位置する者たちを指すが、彼らは権力の主権を争う関係にはなく、諸制度の構造的傾向と、それを利用しようとする意思が一致すれば、それぞれが結び付きをもって計画や行動方針を立てるようになる。したがってパワーエリートは、マルクス主義における「支配階級」のように確固たる権力主体があるわけではなく、「非人格的な事実」に基づいた集合体であるとされた。これを大衆社会との関係において論じる時、マスメディアはパワーエリートの意思を広範に浸透させる伝播装置として機能するのである。

影響　ミルズはこのように、エリート層とマスメディアとの関係を指摘したうえで、宣伝担当者・広報専門家などのいわゆるゲートキーパーを、権力の威信を高め、能率をあげ、富を確保するために世論をコントロールする存在として、エリート層の「召使い」であるとした。そもそも民主主義は理念として、人々の理性的で合理的な討論が不可欠であり、その過程こそが既存の権力機構に対する対抗の基礎であるとされている。

しかし大衆社会においては、こうした対人的かつ直接的なコミュニケーションはとりづらく、むしろメディアによって送り手と受け手の対等な関係はゆがめられる傾向にある。ミルズは以上の背景をもとに、メディア市場はパワーエリート達において、世論を製造し、権力を獲得・維持する格好の手段として利用されていると指摘したのである。

現代の双方向的なコミュニケーションを可能にするネット社会においては、その影響力は若干揺らぎつつあるように見える。しかし、だからこそ、ジャーナリズムという場における諸言説が、政治的・社会的にどのような立場や志向性をもつものであるのか、主体的に読み解く批判力がいっそう求められているともいえよう。

参考文献 C・W・ミルズ『パワー・エリート（上・下）』（鵜飼信成・綿貫譲治訳、1969・4　東京大学出版会）

［加藤徹郎］

▶ 番外（ばんがい）

共同通信社のニュース速報。長くても80字程度の原稿が読み上げられ、加盟社に一斉放送される。直後に記事が配信される。速報するのは、新聞で3段以上の見出しが立つようなニュースで、何度も番外を続けて事件・事故の状況などを伝えることもある。放送前に「ピーコ」という音を鳴らして注意喚起する。映画「クライマーズ・ハイ」には、このピーコが収録されている。号外を出すような大ニュースはチャイムを鳴らして「フラッシュ」で速報する。例えば、昭和天皇が亡くなった1989年1月7日は、午前5時40分頃から「皇太子ご夫妻が東宮御所を出発した」「天皇陛下は危篤状態」などの番外を続けた。「天皇陛下が崩御されました」というフラッシュは、発表9分前の午前7時46分だった。時事通信社も同じように「フラッシュ」「速報」でニュースを素早く伝えている。**参考文献** 仲晃編著『フラッシュは世界を走る—共同通信社の24時間』（1984・10　共同通信社）、共同通信社社会部『共同通信社社会部』（1994・11　講談社）

［竹田昌弘］

▶ 番記者（ばんきしゃ）

「番」という言葉が端的に表すように、特定の権力者を見張る記者を指し、代表的なのは政治部の記者である。国会議員の定数は衆参合わせて722人だが、影響力の大きい議員

はそれほど多くない。マンツーマンを基本に見張るのは可能である。権力中枢の首相官邸には首相番、官房長官番、官房副長官番、政権党には自民党の場合、幹事長番、政調会長番、総務会長番、国対委員長番らがいる。取材対象は、経験豊富な年長者の場合が多い。番記者は距離を保って取材しているつもりでも、情報操作に使われやすい構造にある。親密度が増すと無自覚のうちに応援団化する場合もある。番を離れてからも交流が長く続く慣習があり、権力者の回顧録などの著作に関わる番記者OBもいる。見張りではなく「代弁者」との批判がついて回る理由の1つである。警戒されたり恐れられてこそ、番の本来の意味がある。

[菅沼堅吾]

▶番組考査 (ばんぐみこうさ)

自社が定める放送(番組)基準や社内ガイドラインに照らして、放送する番組が適正かどうかをチェックすること。NHKでは、会長直属の考査室が置かれているほか、主要地方放送局には局長直属の考査セクションがある。民放では、在京テレビキー局、在阪準キー局には考査の専門セクションがあるが、ローカル局の場合、編成部などが考査を担当している。ドラマやアニメなど録画番組については、企画や台本段階のチェックや試写を行い、制作現場が放送基準との関係で疑問をもった場合の相談にも応じる。民放では、CM(放送法上は番組として扱われる)の考査も重要な業務であり、放送基準に合致しない場合は、CMを放送しないとの判断を下すこともある。 参考文献 民間放送連盟編『放送ハンドブック〔改訂版〕』(2007・4　日経BP社)、NHK放送文化研究所編『NHK年鑑2011』(2011・11　NHK出版)

[本橋春紀]

▶番組制作・演出 (ばんぐみせいさく・えんしゅつ)

語義 「番組制作」とは、テレビ・ラジオなどの個々の放送番組における企画、取材、構成、演出、収録、編集といった、番組を作る過程の全ての作業工程の総体もしくは一部をいう。「演出」は、演劇、映画、放送番組等において、台本・シナリオをもとに、制作意図や目的を達成するように演技、装置、照明、音響等の表現を統括・指揮し、また収録した素材に編集を加えるなどする作業のことをいう。一般には演劇や映像作品に限らず、イベントの開催などについても用いられる用語だが、ここではテレビ番組に限定する。

実例 番組の種類によって番組制作過程は異なるが、ニュースなどの報道番組や野球中継などのスポーツ番組を含めて、あらゆる番組は何らかの演出を施されている。それは、制作者が視聴者に見せたいと考えるものを見やすいように強調し、見せる必要がないと考えるものを極力排除して、番組を通じて制作者の意図・狙いを視聴者に明確に伝えるために行う行為である。

ドラマ制作の場合は、放送時間や放送回数などについて放送局の編成部門の決定を経て、番組のプロデューサーを中心に台本作成、スタッフ編成、キャスティング決定と、撮影に入る前の準備段階に大きな労力が使われる。実際、高視聴率を狙うドラマには人気俳優をキャスティングすることが不可欠であることから、俳優陣のスケジュール確保を先行させて、出演者に合わせて企画や台本を決定する場合も多い。脚本家によって台本が完成したら、ロケーションやスタジオ美術、撮影技術などの打合せを経て、スケジュール管理をしながらディレクター(監督)が責任者となって制作を進行させていく。撮影・収録が終われば、編集や音響効果などポストプロダクション作業を行って番組の完成となる。

バラエティー番組の場合も人気タレントをキャスティングすることが生命線であり、キャスティングに基づく企画決定を経て、プロデューサーがスタッフやスケジュールなど制作面の管理を行い、ディレクターが番組演出面の責任者となって番組制作を進行させる。収録・編集といった作業はドラマ制作と同様だが、生放送の場合はスタジオの様子をそのまま放送して視聴者に届けるかたちになる。

スポーツ番組は、試合の結果などを中心としたスポーツニュースのほか、試合や競技の生中継番組が数多く放送されている。この場合、競技場にどのようにカメラやリポーター

などを配置するか、それらをどのように切り替えながら放送するかというところに、番組演出の重要なポイントがある。

事実報道を中心としたニュース番組も、どのニュースを、どういう順番で、どれだけの時間を使って伝えるかといった点で、ニュースデスクなど編集責任者による演出が施されている。

(参考文献) 日本民間放送連盟編『放送ハンドブック〔改訂版〕』(2007・4　日経BP社)　　　　　[岩崎貞明]

▶ 番組制作会社・プロダクション
(ばんぐみせいさくがいしゃ・ぷろだくしょん)

(語義) テレビ・ラジオの番組を制作する企業。放送局などからの発注により、番組の演出を担当する制作・演出系のプロダクションと、番組制作に必要な技術や機材を提供する技術系プロダクション、撮影・録音後の素材を編集したり音響効果などを加えたりするポストプロダクションなどがあるが、全体をまとめて「制作会社」と称する。また、特に制作・演出系の企業を指す場合もある。

(実例) 制作会社はテレビ放送の初期から存在していたが、それらは人員や機材を放送局に供給するために放送局が出資して設立した局系列の技術系プロダクションや、特撮ものやアニメ、時代劇などを制作する映画会社のテレビ部門が主なものだった。ドキュメンタリーやドラマ、バラエティー番組など、様々なジャンルの番組制作のために独立系の制作会社が設立されるのは1970年のテレビマンユニオンが最初とされ、その後70年代から80年代にかけてこうした制作会社が急増していくことになる。それは、チャンネル数の増加や24時間放送の常態化によって、放送産業における番組需要が大きく伸びたことに加え、増大する人件費や放送局の労働組合対策のために制作部門を外部化するという側面もあった。

90年代のバブル経済崩壊以降、放送局は経営の効率化・コストダウンの傾向を強め、そのために番組制作の外部化をより一層推進していく。放送局外での番組制作をほとんど行ってこなかったNHKも、制作会社との共同制作や制作会社による制作協力番組を徐々に増加させていった。

制作会社・プロダクションは、番組企画を自ら提案して番組制作にあたる場合も少なくないため、発注-受注の関係における「下請け」とは様相が異なる。しかし、番組制作費の流れの下流に位置し、放送局側の困難な注文も受けざるを得ない立場に置かれることから、事実上「下請け」的存在といわれる。また、企業規模が小さいものが多く、中小企業との下請取引における大企業の「優越的地位の濫用」を規制する下請法の適用範囲になっている。

近年は、放送局と制作会社との共同制作や、制作会社からの人材派遣などによる番組制作で、ほとんど全ての番組が制作されているといえる。放送局は制作会社との関係を「イコールパートナー」として扱う姿勢が一般化しているが、中には実態として、制作会社に著作権を譲渡しなかったり低い委託金額を押しつけたりするなど、「下請け」的な扱いが問題となるケースも見られる。このため総務省は、放送事業者や番組制作会社に対して行った調査をもとに、下請法や独占禁止法上問題となり得る事例を例示した「コンテンツ取引適正化ガイドライン」を2009年に公表している。

(参考文献) メディア総合研究所編『いまさら聞けないデジタル放送用語事典2004』(2003・9　花伝社)、中川勇樹『テレビ局の裏側』(2009・12　新潮社)

[岩崎貞明]

▶ 番組調和原則 (ばんぐみちょうわげんそく)

(語義) 放送法は、基幹放送事業者に、テレビ放送の編集にあたって「特別な事業計画によるものを除くほか、教養番組又は教育番組並びに報道番組及び娯楽番組を設け、放送番組の相互の間の調和を保つ」ことを求めている(106条1項)。これを番組調和原則という。電波の有限・稀少性の下では、各番組種類が全体として調和している総合編成放送番組の提供が国民にとり最も望ましいとの趣旨から、1959年放送法改正の際に設けられたものである。

(実例) 制定当初、番組調和原則は番組編集

準則と並んで規定されており、郵政省（当時）は、同原則は精神的・倫理的規定であると説明していた。しかし、2010年放送法改正は、番組調和原則を番組編集準則から切り離して規定した上で、番組種別の公表義務を新設したことにより、番組調和原則はこの公表義務が適用される基幹放送事業者の「業務の要件」として法的拘束力をもつものへと変質したとの指摘がある。番組調和原則と番組種別の公表義務を根拠として、行政指導などにより行政が番組内容に関与しやすい環境が整ったと見ることもできよう。具体的には、放送事業者が教養に分類した番組について総務省が教養らしい内容にするよう指導したり、通販番組の過剰に対する指導を行ったりする可能性がある。たしかに、番組種別の公表義務が直接、放送事業者の放送の自由を制約することはない。しかし、その運用により番組調和の適正向上に向けた行政の関与が増大することがないのか、注視する必要が指摘されている。

多メディア化の中での番組調和原則と総合編成メディアの意味を論ずることも、重要な課題である。

参考文献 山田健太「放送概念の拡張に伴う放送法の変質」『法律時報』(2011・第2号)、鈴木秀美「新放送法における放送の自由」『企業と法創造』(2012・第3号） 〔西土彰一郎〕

▶ **番組編集準則**（ばんぐみへんしゅうじゅんそく）

語 義 放送法4条は、放送事業者は以下の各号によって番組を編集しなければならないと定めている。①公安及び善良な風俗を害しないこと、②政治的に公平であること、③報道は事実をまげないですること、④意見が対立している問題については、できるだけ多くの角度から論点を明らかにすること。以上の定めを番組編集準則といい、②④を特に公正原則と呼ぶこともある。

実 例 番組編集準則の趣旨は、国民の知る権利の実現の観点から放送事業者が番組編集に際して自律的に考慮すべき項目を挙げた点にあり、精神的・倫理的規定と解釈される。郵政省（当時）もこうした解釈を採用してきたが、1993年9月のいわゆる椿発言事件を受けて、番組編集準則の法的性格を認めるようになり、その後は番組編集準則違反を理由とする行政指導を繰り返すようになった。そして、2007年3月に、「発掘！あるある大事典Ⅱ」事件が生じ、総務省は③違反を理由として、行政指導としては最も重い「警告」を行い、再発の場合には電波法76条の適用可能性を示唆するに至っている。また、10年の放送法改正における「ハード・ソフト分離」の原則の導入に伴い、放送の業務（ソフト）を営む認定基幹放送事業者や一般放送事業者に対する総務大臣の監督手段として制度化された業務停止命令（放送法174条）も、番組編集準則違反を理由に下され得るとの説明が政府によりなされている。こうした立場に対しては、事業者の自律を強調していた放送法の趣旨に合致するのか、そもそも憲法21条の表現の自由と矛盾しないのか、との批判が強い。

参考文献 鈴木秀美・山田健太・砂川浩慶編著『放送法を読みとく』(2009・7 商事法務)、鈴木秀美「融合法性における番組編集準則と表現の自由」『阪大法学』(2010・第2号) 〔西土彰一郎〕

▶ **番組編集の自由**（ばんぐみへんしゅうのじゆう）

語 義 番組編集の自由とは、放送法3条が規定しているように、法的には以下のことを意味している。「放送番組は、法律に定める権限に基づく場合でなければ、何人からも干渉され、又は規律されることがない」。この条文は、放送法1条の目的規定、とりわけ同条2号で規定されている、放送による表現の自由を具体化したものである。憲法21条で保障されている表現の自由の趣旨からすると自明である番組編集の自由が放送法で明記されているのは、放送に関しては、免許などを通して国家権力による干渉、侵害の危険性が高いためである。

ただし、番組編集の自由は、このような消極的意味に尽きるものではない。むしろ、最高裁も認めているように、国民の知る権利に奉仕するためのものである（最判平成20年6月12日）。この観点からすると、放送法3条に続いて規定されている番組編集準則（4条）は、

国民の知る権利を保障するために、放送事業者が番組の編集にあたって遵守すべき事項を定めたのとして位置付けられる。そして、番組基準制定義務（5条）も、番組編集準則に基づいて放送事業者が自ら定めた番組基準に従って番組の編集が行われることを期待するものといえる。

以上の条文の並びからすると、「法律上、放送事業者がどのような内容の放送をするか、すなわち、どのように番組の編集をするかは、表現の自由の保障の下、公共の福祉の適合性に配慮した放送事業者の自律的判断にゆだねられている」（同上）ことになる。番組編集の自由は、放送法1条2号において表現の自由とともに放送法の目的として挙げられている「番組の自律」の観点からも考える必要がある。

実例 番組編集の自由のあり方が特に問題となるのが、番組編集準則の法的性格である。仮に、番組編集準則の法的性格を承認すると、総務大臣は、ハードとソフトの一致型である放送事業者（現行法でいう「特定地上基幹放送事業者」）に対して、同準則違反を理由として電波法76条の定める運用停止や運用制限を命ずることができることになる。それは、まさに公権力による番組編集の自由の干渉にほかならず、前述の放送法の全体構造からしても、番組編集準則は法的拘束力のない倫理的精神的規定として解釈されなければならない。実際に、郵政省（当時）もこれと似た解釈を採用してきたが、1993年9月のいわゆる椿発言事件を受けて、番組編集準則の法的性格を認めるようになり、その後は番組編集準則違反を理由とする「厳重注意」や「注意」といった行政指導が繰り返されるようになったことが指摘されている。

参考文献 鈴木秀美・山田健太・砂川浩慶編著『放送法を読みとく』（2009・7　商事法務）　［西土彰一郎］

▶ 阪神・淡路大震災 （はんしん・あわじだいしんさい）

背景 1995年1月17日に淡路島北部の明石海峡を震源に発生したマグニチュード7.3の兵庫県南部地震が引き起こした大都市直下型災害。関連死も含め犠牲者は6434人にのぼり、住まいの全半壊は約25万棟に及んだ。

廣井脩東京大学社会情報研究所教授（当時）が「関西安全神話」と名付けたように当時、在阪の報道各社は関西で大きな地震が起きるとは考えてもおらず、メディアの怠慢を責める声も多かった。確かに74年6月26日付の神戸新聞夕刊には、大阪市立大学などの調査で神戸でも直下型地震の起きるおそれが警告されていたが、関西では過去40年間に犠牲者を出した地震はなく、注意喚起には至らなかった。とはいえ、それはたまたま地震の静穏期にあたっていただけで、いかに経験則による報道が危険かという教訓を残すことにもなった。

影響 しかし、「非合理な思い込み」という十字架を背負って、がれきの中かから出発した復興報道は、防災をメインにした東京メディアとは異なり、「自助努力」を旨とする、この国の被災者支援制度の不備に異議を申し立てることになった。また、被害報道が中心だった、それまでの災害報道から、生活情報や安否情報を加えた安心・安全報道が提唱されるようにもなった。被災した神戸新聞が京都新聞の支援を受け、ページ減となったものの無休で新聞発行が続けられた災害時援助協定も注目された。

一方、同年3月20日に起きたオウム真理教の地下鉄サリン事件で、首都圏の関心は一気にカルト教団の犯罪に向かい、大震災はわずか発生2か月でローカルニュースとなってしまった。震災報道そのものについても、東京に置き換えたらどうなるかといった防災報道に変質し、被災地の不満が募る結果となった。

参考文献 神戸新聞社『神戸新聞の100日』（1999・12　角川書店）、林英夫『安心報道—大震災と神戸児童殺傷事件をめぐって』（2000・1　集英社）　［山中茂樹］

▶ 犯人視報道 （はんにんしほうどう）

語義 刑事事件の被疑者・被告人は裁判で有罪が確定するまで無罪と推定される原則があるのに、捜査機関から得た情報や周辺取材に基づき、被疑者・被告人を有罪が確定した犯人のように扱った報道のこと。

実例 マスメディア各社はかつて被害者や

市民感情に配慮するとして、逮捕された被疑者を呼捨てにしていたが、1980年代に死刑確定者4人の無罪が再審で次々確定。89年には、東京の母子殺害事件で逮捕された少年3人のアリバイが確認されて少年審判で不処分となったほか、幼女連続誘拐殺人事件の被疑者の「アジト発見」(読売新聞)やグリコ・森永事件の「犯人取調べ」(毎日新聞)という誤報も続いた。捜査情報中心の事件報道の危うさは覆うべくもなく、89年11月以降、各社は被疑者の法律上の立場を明確にするなどとして「容疑者」呼称を付けるようになった。

また84年の「週刊文春」の連載記事に端を発した「ロス疑惑」では、三浦和義(2008年死去)が犯人視報道を繰り返されたなどとして約530件の名誉毀損訴訟を起こし、判決が出た約200件のうち8割で勝訴、他の多くも実質勝訴のかたちで和解した(03年3月7日付毎日新聞朝刊)。

1990年代はじめの事件報道は質、量とも抑制され、決めつけた表現をしないなどの工夫もするようになったが、94年の松本サリン事件で通報者を犯人扱いし、各社は謝罪に追い込まれた。95年のオウム真理教事件以降、薬害エイズや神戸の連続児童殺傷、和歌山の毒カレー、大阪・池田小の児童殺傷など大きな事件が続き、80年代をしのぐ大量の報道が繰り返された。

一方、裁判員裁判制度の導入が決まると、被疑者・被告人の人権侵害のおそれに加え、裁判所や弁護士会、刑事法研究者から「犯人視報道は裁判員や裁判官に『被告人は有罪に違いない』といった予断、偏見を与える」「憲法で保障された公正な裁判が損なわれる」といった指摘が相次いだ。日本新聞協会は2008年に新たな指針を策定し、①捜査段階の供述、②被疑者のプロフィル、③事件に関する識者コメントでは、記事の表現に十分配慮することなどを申し合わせた。

各社は独自にガイドラインを設け、情報の出所の原則明示や被疑者・弁護側にも取材し「対等報道」を目指すことなどを定めたが、今なお「予断、偏見を与える犯人視報道」と批判を浴びる記事は少なくない。

(参考文献) 竹田昌弘『知る、考える裁判員制度』(2008・6 岩波書店) ［竹田昌弘］

▶ **反論権**(はんろんけん)

(語義) ジャーナリズムの文脈では、巨大化したマスメディアに対し、外部者が発言できる機会を与えられるための権利を指す。メディアに対して自らの意見などの発表の場を提供することを要求する「メディアアクセス権」の一種。一般には、少数派の視点からの市民の知る権利を指す場合が多いが、諸外国では、人格権の保護に立脚した法的根拠をもった反論権が存在する。日本では、編集権を侵害するものとして、報道機関側に強い抵抗感があるとともに、学説上も表現活動に萎縮効果を与える可能性があるとしての反対論も少なくない。

フランスで1822年に初めて法制化され、その後、欧州各国に広まった。フランスでは、活字メディアやインターネット上で書かれた者に対し、元の記事と同分量での反論文の掲載を求める権利を認めている。この場合、元の記事によって請求者に被害が発生している必要はなく、記事によって言及されていることが条件である。したがって、違法でないばかりか肯定的な記事の場合も反論権は発生する。

(実例) 日本には、反論権を保障した法令は存在しない。最高裁も、新聞社に対し政党が反論広告の掲載を求めたサンケイ新聞意見広告事件において、名誉毀損の不法行為を前提とした反論権を法令上の根拠なしに認めることはできないとした(最判昭和62年4月24日)。ただし、名誉毀損が成立した場合、民法上の「名誉を回復するのに適当な処分」として、裁判所が反論文の掲載を認める可能性はある。なお、放送法上の訂正放送は、視聴者の請求により保存された番組の視聴が可能で、しかも申し出によって放送局が事実の訂正を行うもので、反論権類似の制度といえる。この点について最高裁は、訂正放送制度は放送の真実性を確保するためのであって、個人に訂正放送を請求する権利を付与するものではないとした(生活ほっとモーニング事件：最判平成16年

11月25日)。日本では、被疑者や被告人を報ずるにあたり、警察や検察情報に立脚して一方的に犯人視する傾向が強いため、当該当事者の声を報道に反映させる工夫が必要との指摘が強い。そこで自主的な取組みとして「容疑者の言い分」を紙面化するなどの例が見られるが、反論権として位置付けるには程遠いものがある。

(参考文献) J・バロン『アクセス権』(清水英夫ほか訳、1978・6　日本評論社)、韓永學『報道被害と反論権』(2005・12　明石書店)、曽我部真裕『反論権と表現の自由』(2013・3　有斐閣)、花田達朗編『内部的メディアの自由』(2013・8　日本評論社)

〔山田健太〕

ひ

▶ ヒアリング→公聴会(ヒアリング)
▶ PL法→製造物責任法(PL法)

▶ 被害者保護(ひがいしゃほご)

　被害者保護とは、犯罪報道において、被害者についての情報開示を制限し、報道による被害者の不利益を小さくしようとすることである。殺人事件や性犯罪などの事件においては、被害の状況や被害者の素性などにも大衆の好奇の目が向きがちである。しかし、犯罪による被害に加えて、プライバシー侵害も行われることになれば、被害者への打撃は甚大なものになる。1997年の東電女性社員殺害事件の行き過ぎた被害者報道に対する批判や反省から、犯罪報道における被害者保護の必要性が認識されるようになった。さらに、プライバシーや個人情報保護の気運が高まる中で、被害者報道においては、開示する情報を最小限にとどめるようになってきた。このことは、火災や航空事故、交通事故さらには自殺などの報道でも行われるようになってきた。他面、この結果として、警察などが取材に対して被害者の住所、氏名などの情報開示すら渋るようになり、事件・事故報道においての裏付け調査が困難になるという問題も生じている。

(参考文献) 日本弁護士連合会編『人権と報道』(2000・10　明石書店)、高橋シズヱほか編『〈犯罪被害者〉が報道を変える』(2005・1　岩波書店)　〔弘中惇一郎〕

▶ 比較衡量(ひかくこうりょう)

(語義)　裁判所が具体的事件において違憲性や違法性を判断する際に、対立する諸利益を衡量すること。ジャーナリズムが関わる領域においては、報道などによる名誉・プライバシー・肖像の侵害が主張された際、被侵害者側の名誉権、プライバシー権、肖像権と報道機関側の表現の自由との衝突を調整するために両者の利益を衡量するのが典型的な場面である。

(実例)　比較衡量には、定義づけ衡量と個別的比較衡量とがある。定義づけ衡量とは、衡量すべき要件をあらかじめ定め、その要件を充たすか否かで結論が決まる衡量手法である。名誉毀損の場合における真実性・真実相当性の法理(最判昭和41年6月23日)は、この定義づけ衡量の例である。

　他方、個別的比較衡量とは、様々な個別事情を踏まえて対立利益を衡量する手法である。判例は、プライバシー侵害の不法行為の成否については「その事実を公表されない法的利益とこれを公表する理由とを比較衡量し、前者が後者に優越する場合に不法行為が成立する」とし(最判平成15年3月14日)、肖像については「ある者の容ぼう等をその承諾なく撮影することが不法行為法上違法となるかどうかは、被撮影者の社会的地位、撮影された被撮影者の活動内容、撮影の場所、撮影の目的、撮影の態様、撮影の必要性等を総合考慮して、被撮影者の(中略)人格的利益の侵害が社会生活上受忍の限度を超えるものといえるかどうかを判断して決すべきである」としているが(最判平成17年11月10日)、これらは個別的比較衡量の手法を採用したものといえる。

　表現の自由を保障する観点からすると、衡量すべき事由があらかじめ明示されている定義づけ衡量の方が個別的比較衡量よりも基準が明確で妥当であると一般にいわれる。しかし、プライバシー・肖像についての上記2つ

の最高裁判例は、衡量すべき事由を判決の中で可能な限り例示列挙しており、予測の困難性がある程度緩和されているといえる。

参考文献 芦部信喜『憲法学Ⅱ 人権総論』（1994・1 有斐閣） ［佃克彦］

▶東日本大震災（ひがしにほんだいしんさい）

背景 2011年3月11日に三陸沖を震源に発生したマグニチュード9.0の東北地方太平洋沖地震によって発生した津波・地震動による大規模災害。人的被害は13年3月11日現在の消防庁調べによると、死者1万8493人、行方不明者2683人、負傷者6217人にのぼる。さらに、東京電力福島第一原子力発電所の事故により15万人に及ぶ人たちが故郷を追われるなど、まさしく想定外の広域・複合・巨大災害となった。

影響 東北の報道各社は津波、地震動、原発事故で一時、事業継続の危機に追い込まれた。津波で沿岸部の支局や通信局が水没、福島民友の記者や河北新報の販売店主が犠牲になり、原発事故で福島県双葉郡内の支局記者が避難を強いられた。河北新報では組み版基本サーバーが転倒、茨城県でも朝日新聞水戸総局の自家発電機が故障するなどした。さらに、製紙・インク工場の被災で新聞用紙や印刷用インクの使用抑制、新聞輸送会社のトラック燃料が不足、加えて停電、高速道路の通行止め・大渋滞等で、新聞発行は上流・下流で多くの難題を抱え込んだ。この事態に各社は、阪神・淡路大震災時に始まった災害時相互援助協定をフルに活用、岩手日報は青森の東奥日報、河北新報と山形新聞は新潟日報、デーリー東北は岩手日日新聞の支援を受けるなどした。さらに減ページや、軽油を関西で手配し、東北へ緊急輸送するなど、最大限の努力で発行継続にこぎつけた。停電、さらに社屋と輪転機が水没した宮城県の石巻日日新聞は手書きの壁新聞を6日間にわたって発行、1日も休刊をしないなど、新聞人の底力を見せつけた。ただ、津波によって多数の犠牲者が出たことや原発事故による県外避難などで急激に読者が減っており、今後に課題を残した。

一方、電波メディアでは、総務省調べ（2012年3月28日現在）によると、臨時災害FM局が中継局を含め、24自治体に29局開設され、安否情報や生活情報を被災者に伝えた。

災害時におけるソーシャルメディアの活用も特筆される。既成メディアでさえホームページやブログ、ツイッター、フェイスブック等を多用、インターネットによるPDF号外や壁新聞の発行を試みた。とりわけ、グーグルが立ち上げた安否情報サービスの「パーソンファインダー」や避難所名簿共有サービスの運用では、NHKや地元紙などが協力し、メディアの枠を超えた連携の可能性を伺わせた。

東京電力福島第一発電所の炉心溶融と建屋爆発事故は世界を震撼させ、阪神・淡路大震災時のオウム事件のように紙面上、地震・津波報道を後退させるのではないかと懸念されたため、新聞各紙は1面と裏1面を原発事故と津波被害に振り分けるなどして対応した。

ただ、その後の既成メディアの原発報道については厳しい批判が出ている。

参考文献 山田健太『3・11とメディア―徹底検証 新聞・テレビ・WEBは何をどう伝えたか』（2013・3 トランスビュー） ［山中茂樹］

▶光市母子殺人事件（ひかりしぼしさつじんじけん）

背景 1999年4月14日、山口県光市の社宅アパートに住む主婦（当時23歳）とその娘の乳児（生後11か月）が殺害される事件が起き、4日後、少年（当時18歳）が逮捕された。裁判ではその残虐な事件内容がマスコミで大きく取り上げられ、被害者遺族の夫は裁判の経過中マスコミを通して死刑判決を望むとする表明を続けた。殺人や強姦致死罪などに問われた元少年の上告審判決で、2012年2月20日、最高裁は被告側の上告を棄却し、死刑が確定した。

報道各社は元少年について、少年法の趣旨を踏まえ匿名報道を続けてきたが、最高裁判決を受け、朝日・読売・日経・産経・共同・時事・NHK・民放キー局は実名報道に切り替えた。毎日・東京・西日本は、少年法の理念を尊重して匿名報道を維持した。

影響 裁判をめぐって当時弁護士として橋下徹がテレビ番組を通して被告弁護団に対して懲戒請求を呼びかけたり、被告人である元

少年の実名（旧姓）を表題にした本が出版されたりするなど過熱報道が繰り広げられた。

また、2008年4月15日、放送倫理・番組向上機構（BPO）の放送倫理検証委員会は、本事件の差戻し控訴審をめぐるテレビ報道（個別の番組ではなく一連の放送番組全般に対するものでNHK、民放33本を本件放送とするもの）が公正性・正確性・公平性の原則から逸脱し、視聴者の知る権利を大きく阻害するとして批判意見を公表した。これに対してNHKをはじめ民放各局は、再点検・話合いの機会をもつことができた点を評価しつつも内容も手法も異なる各局の33本の放送番組をまとめて「意見」として批判することに無理があるとする見解を「各局の考え方」（08年9月12日）で示した。

参考文献　現代人文社編集部『光市事件裁判を考える』（2008・1　現代人文社）、本村洋・宮崎哲弥・藤井誠二『罪と罰』（2009・4　イースト・プレス）、「『実名か匿名か』光市母子殺害事件報道」『Journalism』（2012・6月号　朝日新聞出版）
［柳澤伸司］

▶被差別部落（ひさべつぶらく）

語義　厳密に定義することは難しいが、一般の人たちから賤視されてきた人たちが暮らす地区のことを指す。賤視された人たちとは、前近代の身分制社会で士農工商以下の身分として扱われたエタ、非人と呼ばれた人たちや、皮革産業や葬儀、芸能など特定の職業に就く人たちであり、近代以後になっても結婚や就職をはじめ日常生活の様々な局面で差別されてきた。多くの被差別部落は、狭い地域に多数の人々が集住し、防災や衛生面で劣悪な住環境であった。戦後の同和対策事業によって、ハード面での環境は次第に改善されてきたが、同和地区と認定されていない地区や少数点在型の被差別部落などでは、いまだに従来のままという地区も残っている。

より大きな問題は、人々の内面にある差別意識がいまだに払拭されていないことである。水平社以来の解放運動によって、たしかに住宅設備や道路などは立派になったが、周囲の差別的な視線は変わらず残っている。結婚や就職差別、悪意に満ちた落書きなどの差別事件は今もなお全国で起きている。

ジャーナリズムとの関わりでは、差別表現と表現の自由との矛盾する関係が問題となる。もとより一切の表現の自由は認められるべきだが、プライバシーや差別を助長する表現には十分な注意が必要である。とりわけ被差別部落をめぐる記述には、いまだに差別に苦しむ人の存在があり、ともすれば人命に関わることを肝に銘じるべきである。

実例　部落差別を助長する表現として問題となった例としては、1951年に「オール・ロマンス」に掲載された小説が京都市内の被差別部落を差別的に描いているとして大きな問題となったオール・ロマンス事件や、69年「世界」3月号に掲載された東大教授大内兵衛の論文で、大学を「特殊部落」になぞらえた表現により回収となった事件がある。さらに桑原武成『報道写真家』（岩波書店、1989）は、戦争の悲惨な状況を屠場の比喩として描き、回収処分を行なった。最近では、2012年、橋下徹大阪市長の出自をめぐる「週刊朝日」（2012年10月26日号）に書かれた記事は大きな問題を残した。あたかも被差別部落がヤクザや殺人者に満ちた地区であるかの記述は、地区の人たちを深く傷つけ、部落差別を助長するものであった。朝日新聞社側は出身地区を明示したことを謝罪しているが、それは本質的な問題ではない。さらに、該当号は単なる品切れ扱いで、絶版回収処分にしなかったことは責任放棄と言わざるを得ない。

参考文献　沖浦和光・宮田登『ケガレ』（1999・12　解放出版社）、部落解放・人権研究所編『部落問題・人権事典〔新訂版〕』（2001・1　解放出版社）、川元祥一『部落差別の謎を解く』（2009・9　にんげん出版）、藤沢靖介『部落・差別の歴史』（2013・6　解放出版社）
［川上隆志］

▶非実在青少年（ひじつざいせいしょうねん）

青少年保護条例に関する、新たな規制対象の表現で、非実在犯罪規制とも呼ばれる。都は全国22番目（1964年）に制定、2010年3月に改正案を出し、年齢または服装、所持品、学年、背景その他の人の年齢を想起させる事項の表示、または音声による補足から18歳未満として表現されていると認識されるものを

非実在青少年とし、未成年の登場人物による性交類似行為にかかるその容姿を、みだりに性的対象として肯定的に描写するものを禁止しようとしたのであるが、反対論もあった。同年12月の改正により、漫画、アニメその他の画像で、刑罰法規に触れる性交もしくは性交類似行為を不当に賛美し、または誇張する描写、表現（物）を青少年に販売、頒布、貸付け、閲覧させないよう努めなければならないと、自主規制義務を具体化している（同7条2号、8条2号、9条ノニ①2号他）。

[参考文献] 松井茂記『マス・メディア法入門〔第5版〕』(2013・10 日本評論社) 　　　　　　　　　　　　　　[片山等]

▶ **被収容者（在監者）**
（ひしゅうようしゃ（ざいかんしゃ））

[語義] 逮捕・勾留された未決拘禁者や、懲役や禁錮に服する受刑者の処遇については、長く戦前に制定された監獄法が定めてきた。しかし、2006年に「刑事収容施設及び被収容者等の処遇に関する法律」（以下、「刑事収容施設法」）が成立し、収用されている者の法律上の呼称も「在監者」から「被収容者」に変わっている。

被収容者には、情報の発信・接受という点で様々な制約が課されている。まず、信書の発受については刑事施設の長に検査権があり、「刑事施設の規律及び秩序を害する結果を生ずるおそれがあるとき」などには、発受の差止、あるいは該当個所の抹消を命じることができる。死刑確定者については、さらに許可される信書の範囲が制限されている（刑事施設収容法126条〜144条）。被収容者が新聞紙や書籍を自ら購読することにも、制約がある（69〜71条）。電話などの電気通信は、特別の場合にしか認められない（146・147条）。面会にも制約があり、また、未決拘禁者が弁護人と面会するなどの場合以外には、職員が立ち会うことができる（111〜125条）。

[実例] これらの制約の合法性が問題となった事例がいくつかあるが、最高裁判決に至ったのはいずれも旧監獄法下の事例である。まず、よど号ハイジャック記事抹消事件では、拘置所長が、航空機乗っ取り事件の新聞記事を塗りつぶして購読者に配布したことの合法性が問題になった。最高裁は、新聞紙や図書などの閲読の自由も憲法21条で保護されるとしつつ、それにより監獄内の規律及び秩序の維持に障害が生じる「相当の蓋然性」がある場合には、必要かつ合理的な範囲での制約も許されると述べた。そして、当該措置を合法と認めた（最大判昭和58年6月22日）。

その後、刑務所長が受刑者からの信書の発信を認めなかったことが争われた事件において、最高裁は、発受制限のためには上記判決と同様の要件が必要だとしつつ、当該措置はこの要件を満たさないとして、受刑者側からの訴えを認めている（最判平成18年3月23日）。

[参考文献] 山田健太『法とジャーナリズム〔第2版〕』(2010・4 学陽書房)、林眞琴ほか『逐条解説 刑事収容施設法〔改訂版〕』(2013・3 有斐閣)　　[毛利透]

▶ **ビデオジャーナリスト**（びでおじゃーなりすと）

[語義] 自らビデオカメラを使って撮影を行い、編集からナレーションの挿入まで、映像リポート制作の全工程を1人で行うジャーナリストのこと。

[経緯] 単独で戦場取材を敢行するスタイルは写真報道では古くからありえたが、機材重量のかさむ動画系映像報道ではなかなか困難であった。それでもテレビ時代の幕開けと相前後してムービーカメラを携えて1人で取材する「カムジャーナリスト」と呼ばれる職業が成立している。ただしカムジャーナリストの場合、動画映像を放送局などに提供するが、自らレポートまでを行うことはなかった。

ビデオカメラが小型化されるとスモールフォーマット・ジャーナリズム（小型カメラを用いたジャーナリズム）という呼び名も現れる。これは記者が通常の取材道具である筆記具とメモに加えて家庭用のビデオカメラを持参することを指した。当初は家庭用ビデオカメラの画質が悪かったため、こうして撮影された動画映像はあくまでも記録用にとどめられることが多かった。しかし、1980年代後半になり、8ミリビデオの画質が飛躍的に向上、そうした技術的状況を背景にして、ニューヨークのコロンビア大学ジャーナリズム大学院で

教えていたマイケル・ローゼンブラムによって取材記者がカメラを操作するビデオジャーナリズムの可能性が示される。ローゼンブラムの指導の下にビデオジャーナリスト・スタイルで番組を作るニューヨーク1などの放送局が開局。日本でもコロンビア大学でローゼンブラムの後輩として学んだ神保哲生がハンディビデオカメラを使った取材・制作活動を開始し、ビデオジャーナリストの呼称を使い始めたし、東京メトロポリタンテレビジョンはビデオジャーナリストによるニュース番組制作体制を93年の開局後数年間は採っていた。ビデオジャーナリストは専門のカメラマンに委ねることなく、自身で映像コンテンツの全てをコントロールするため、取材を主体としたジャーナリズム本来のあり方を映像報道の領域で追求できるとされる。

(参考文献) 神保哲生『ビデオジャーナリストの挑戦―I am a VJ』(1995・11 ほんの木)、白石草『メディアをつくる―「小さな声」を伝えるために』(2011・11 岩波書店)

[武田徹]

▶ 人もの (ひともの)

特定の人物の人となりがわかるように書く記事。ニュースに登場したり、地域で話題になったりした人を取り上げる(事件の容疑者・被告は除く)。本人のインタビューに加え、その人を知る人への取材などで構成する。朝日新聞と毎日新聞に「ひと」、読売新聞には「顔」と題する、人ものの囲み記事が毎日掲載されている。共同通信も「時の人」と題し、同様の記事を地元紙に連日配信している。一方、人ものの連載記事もある。1949〜50年に朝日新聞夕刊に載った「人物天気図」は辛辣で、自由な筆致が評判になった。

[竹田昌弘]

▶ 1人ジャーナリズム (ひとりじゃーなりずむ)

①1人のジャーナリストが、問題発見から取材調査、コンテンツ作成、配信までの全てを担う力を持つこと。②そうした全行程的にジャーナリズムに関わる力を映像、文字、音声等の各メディア上で展開できること。この2つをジャーナリストに求めるジャーナリズムの理念型。①は映像報道におけるビデオジャーナリズムの考え方と通じる。②はフリーランスのみならず、組織所属のジャーナリストであっても所属組織の論理と相容れなくなってそこから離れざるを得なくなる場合があるので、その時点で利用可能なメディアを適宜選択できることが自らのジャーナリズムを守るために必要だという安全保障的な考え方に基づく。このように多様な環境の中でも持続可能なジャーナリズムを求めて提唱された概念であり、東京大学先端科学技術研究センターでは2004〜07年にこうした1人ジャーナリスト養成を謳うオープンスクールを実施した。(参考文献)「『基本財としての安全安心』を今、実現するジャーナリスト育成の課題」『Journalism』(2011・11月号 朝日新聞出版)

[武田徹]

▶ 日の丸・君が代 (ひのまる・きみがよ)

(語義) 通称、日の丸と呼ばれる日章旗は太陽を表したものとされ、日本人の太陽信仰に由来するとされる。その起源は、聖徳太子の「日いずる国」や文武天皇の日像幡ともいわれるが、必ずしも決定的な証拠はなく、戦国時代の武将の旗印などで使われることもあった。明治時代には、商船規則により日本船の目印には日章旗を使うことになり、それ以外の場面でも徐々に定着していった。君が代については、『古今和歌集』に詠み人知らず(作者不詳)として収められている歌がその原形とされているが、この歌の冒頭は「我君は」で始まっている点が現在と異なっている。現在の形になったのは、『和漢朗詠集』からとされる。その意味をめぐっては今なお争いがあり、特に「君」が誰のことを指すのかについては物議をかもしている。また、歌詞全体としては単に長寿を祈る意味ではないかという解釈もある。

(実例) 1999年、国旗国歌法が制定され、法的な意味で正式に日の丸と君が代が国旗及び国歌となった。ただし、教育現場では、学校側が国旗掲揚や国歌斉唱が愛国心の涵養として必要であるとする一方、教員の中には特に国歌斉唱が軍国主義や天皇崇拝を想起させるとして反発するなど、対立が起きている。そ

のため、国歌斉唱時の伴奏や起立が思想良心の自由を侵害するとして、教員側が訴訟を起こしている。2007年2月27日の最高裁判決では、入学式において君が代のピアノ伴奏を拒否した音楽教員が戒告処分を受けたことに対し教員側が取消訴訟を提起したが、最高裁はその主張を認めなかった。一方、11年5月30日の最高裁判決では国歌斉唱時に起立しなかったことを理由に再雇用を認めなかったことの違法性が問われたが、最高裁は思想良心の自由の間接的制約にとどまるとしている。ただし、12年1月16日の最高裁判決では不起立に対する処分の重さの妥当性が問われ、一部で違法判決が下されている。

(参考文献) 暉峻康隆『日の丸・君が代の成り立ち』(1991・2 岩波書店)、辻原康夫『徹底図解 世界の国旗』(2007・5 新星出版社)　　　　［大林啓吾］

▶秘密保護法制（ひみつほごほうせい）

(語義) 秘密保護法制とは、国家秘密を守るために整備される法制度のことをいう。明治憲法下の日本では、天皇が統帥権に基づき軍事を掌握していたので、軍事機密に対して厚い法的保護が与えられていた。軍事機密は天皇の管轄する領域だと見なされていたからである。関連法令として、陸軍刑法や海軍刑法、軍機保護法、軍用資源秘密保護法、国防保安法等の法律があり、第二次世界大戦が進むにつれて秘密事項の範囲が広がり、軍事機密の名の下に様々な事項が秘密にされる傾向にあった。

しかし、日本国憲法は民主主義を採用していることから、情報公開が原則であり、秘密保護が例外という構造へと転換する。そのため、秘密事項をできるだけ限定し、国民の知る権利に仕えるような法制度の仕組みが要請されることになった。したがって、秘密保護法制は秘密を保護するという観点からだけでなく、情報を秘匿しすぎないようにする対応が求められる。情報公開法が公開を原則とした上で一定事項の非開示規定を設けているのも、そうした趣旨を体現するものであるといえる。

(実例) 戦後の日本では、軍隊が姿を消したものの、駐留アメリカ軍や自衛隊に関する秘密情報をどのように守っていくかが問題となった。本来、秘密保護は外国に対して知られないためになされる性質のものであったことを考えると、秘密保護法制においてアメリカとの関係が重視される日本はやや特殊な状況にあるといえる。関係法令としては、米軍に関する機密情報の指定手続と罰則を定めた日米相互防衛援助協定等に伴う秘密保護法や刑事特別法、さらに自衛隊活動に関する機密情報の指定手続と漏洩などの場合の罰則を定めた自衛隊法などがある。しかし、いずれも特定の場面に応じた対応であり、国家秘密を守るための基本法は存在していない。そのため、基本的には国家公務員法や地方公務員法に基づく公務員の守秘義務によって対応している。

一方、公務員の守秘義務だけでは秘密保護制度としては不十分だという意見もあり、1985年にはスパイ防止法案が国会に提出された。この法案は、機密事項の漏洩だけでなく、スパイ目的の情報収集や情報探知も規制対象としていた。しかし、この法案は表現の自由を過度に制約するとの懸念があり、市民団体やマスメディア、弁護士会などが強く反対し、結局廃案となった。

しかし、2001年の同時多発テロにより、テロ対策が重要な政策課題の1つになると、同年に対テロ特措法を成立させると同時に、自衛隊法の一部を改正し、96条の2に防衛秘密の規定を設け、防衛事項に関する秘密指定制度を創設した。

また、10年の尖閣諸島沖中国漁船衝突事件に関するビデオ流出が問題になると、秘密保護法の必要性がますます指摘されるようになった。第二次安倍政権になると、法案が提出され、与野党の激しい攻防の末、13年に特定秘密保護法が制定された。これにより、秘密指定制度が整えられ、機密漏洩に対する罰則が強化されている。ただし、本法に対しては、報道の自由や知る権利を過度に制約するのではないかとの批判も強く、その運用には多くの課題が山積している。

(参考文献) 上田誠吉・坂本修編『国家機密法のすべて』

(1985・9　青木書店)、斎藤豊治『国家秘密法制の研究』(1987・7　日本評論社)　　　　　　［大林啓吾］

▶ 表現の自由→言論・出版・表現の自由

▶ 評議の秘密 (ひょうぎのひみつ)

　裁判員や裁判官が判決内容などを決めるために話し合う評議は非公開とされ、議論の経過や各裁判員・裁判官が述べた意見の内容、採決 (評決) の結果などは秘密にしなければならないとされていること。裁判員法や裁判所法には、裁判員や裁判官が評議で意見を述べる義務と守秘義務が定められている。評議の秘密を漏らすと、裁判員や裁判員経験者は懲役6か月以下または罰金50万円以下の刑が科されるが、裁判官や元裁判官に罰則はない。守秘義務を課された人から秘密を聞き出す取材は「真に報道の目的で、法の精神や社会観念上許される手段・方法であれば、違法性を欠く」(昭和53年5月31日最決要旨) とされ、読者・視聴者が知りたい評議の秘密は取材・報道したい。 参考文献 竹田昌弘『知る、考える裁判員制度』(2008・6　岩波書店)　　　　　　［竹田昌弘］

▶ 剽窃・盗用 (ひょうせつ・とうよう)

　語義　報道の世界においては、他のメディアや記者がすでに伝えた内容を、断わることなく自分が取材したニュースとして報じてしまうこと。つまり、引用したことや参照したことを明記せず、あたかも自分が取材したり、自分が独自に論考したりしたかのように装って報じることを指す。記者としてのモラルに反するだけでなく、著作権を侵害し、読者をも騙したことになる。

　語感としては盗用の方が剽窃よりも幅広い。剽窃は主に文章が対象で、考え方を盗むという場合にも用いられる。記事のほか小説やノンフィクションが問題となることもある。しかし、オリジナルの報道をどの程度まで盗んでくると剽窃・盗用となるのか。記事全体の半分程度か、それ以上なのか。判断するためのこうした基準は、古今東西、存在しなかった。ケース・バイ・ケースで判断するしかない。

　とはいえ、オリジナルの報道内容に誤りがなければ、それを丸写しして報じたとしても、誤報にはならない。問われているのは、他人のものを使っておきながら、自分のものように振る舞った点である。

　実例　デジタル編集時代に入り、メディア業界にも剽窃・盗用の"誘惑"が多くなったといえる。大学生がレポートを作成するのに、インターネットの情報をコピー・アンド・ペースト (コピペ) して、自作を装うという不正が横行するようになった。記者も同様の環境に置かれている。現に、通信社の配信記事に、同業他社の記事の文言が残っていたために、盗用が明らかになったという例が起こっている。社名だけを変えて、情報を転送しているのと同じことである。

　参考文献　B・マクネア『ジャーナリズムの社会学』(小川浩一・赤尾光史監訳、2006・3　リベルタ出版)

　　　　　　［小黒純］

▶ 評論の自由→選挙報道 (評論の自由)

▶ ビラ (びら)

　ビラとは、事実、意見、広告等の情報を伝えるために、人目につく場所に文書や図画などを貼付したり、通行人に配ったりする紙のことをいう。電子媒体のメディアが登場する前は、紙媒体のメディアが情報発信の手段として大きな役割を果たしており、中でもビラは一般人が情報や表現を伝達する手段として有効な方法であった。しかし、ビラは内容によって規制されたり、あるいは内容に関係なく美観などの観点から規制されたりすることがある。内容による規制は表現の自由を過度に制約するおそれがあるため、違法な内容などを含まない限り、内容によってビラを規制してはならない。ただし、内容に関係なく、場所や方法について規制することは認められる。公共の場所でビラを配るには、あらかじめ管理者の許可を得なければならず、また選挙関連のビラは公職選挙法上の規制を受ける。 参考文献 内田雅敏『これが犯罪？「ビラ配りで逮

捕」を考える』(2005・7　岩波書店)　　［大林啓吾］

ふ

▶ファイル共有ソフト（ウィニー）
（ふぁいるきょうゆうそふと（うぃにー））

語義　ネットワークで結ばれたパソコン間で、直接ファイルをやりとりして共有できるP2P（ピアツーピア）方式のファイル交換ソフト。日本ではウィニーが有名。当初はこのウィンドウズ用ソフトは「WinMX」と呼ばれていたが、この最後に付加されたアルファベット文字を1字ずつ後にずらして、次の段階のソフトを意味する略称としてウィニー（Winny）と呼ばれるようになった。

作者の東京大学大学院助手の金子勇が2002年5月に電子掲示板サイト「2ちゃんねる」で公開してから急激に広まり、このソフトが著作権を無視した音楽やコンピュータソフトの配布に利用されたことから、金子が著作権侵害行為幇助の疑いで逮捕されたが、裁判では無罪が確定した。

実例　ウィニーでは暗号化により、利用者が特定できない機構が組み込まれており、それを悪用してポルノや違法なコンテンツを闇で流通する事件が後を絶たず、2003年にはゲームソフトを違法に流通した少年が逮捕された。またウィニーに仕掛けられたコンピュータウイルスによって、警察や自衛隊の機密情報が流出する事件も頻発した。

P2P方式のファイル交換ソフトは、1999年にアメリカで「ナップスター」が音楽コンテンツの流通を開始してその是非が問われ、他の類似ソフトも徐々に規制を受けてサービスを停止した。しかし利用者のコンピュータに分散した情報を利用者間で自由に転送して共有でき、中央のコンピュータに負荷をかけずに情報交換ができる長所をもつため、十分なセキュリティや課金システムを導入すれば、動画などの大量のデータを配信するためには有効なソフトである。

参考文献　金子勇『Winnyの技術』(2005・10　アスキー）、湯浅顕人『ウィニー——情報流出との闘い』(2006・6　宝島社)　　［服部桂］

▶ファシズム（ふぁしずむ）

語義　過剰性を帯びたナショナリズムの思想、運動、体制の総称。1870年代イタリアで「同盟」の意味で使われたファッショ（fascio）に由来するが、その語源（fasces）は古代ローマの政務官がもった束桿であり、フランス革命期には「正義」や「主権」の表象として利用された。1919年、元イタリア社会党員B・ムッソリーニが組織した「戦闘ファッシ」によってファシズム運動は開始された。狭義のファシズムとは、43年のムッソリーニ失脚までイタリアに存在したコルポラティスト政治システムである。広義には、第一次世界大戦後の「資本主義体制の危機状況」においてヨーロッパ諸国（ドイツのナチ党やスペインのファランヘ党など）や日本（40年の大政翼賛会成立以降の「天皇制ファシズム」体制）に出現した類似の全体主義運動の総称である。今日でも反民主主義的、非自由主義的な敵対勢力に対するラベリングに広く用いられている。

実例　究極のファシズムイメージはナチズム（国民社会主義）であり、メディアによる大衆操作との関連でしばしば言及される。しかし、絶妙なプロパガンダで大衆が騙されたという俗説は、歴史研究ではほぼ否定されている。ファシズムは宣伝操作の運動ではなく、危機における合意形成の大衆運動であった。この意味で、ファシズムは大衆民主主義の一形態に他ならない。

19世紀の市民社会では、「財産と教養」を入場条件とした市民的公共圏の中で議会制民主主義が営まれた。20世紀のファシズムが、普通選挙制度に基づく大衆民主主義から生まれた事実は重ねて強調されねばならない。市民の理性的討議による合意を前提とする議会制民主主義とは別に、ヒトラー支持者には彼らなりの民主主義が存在していた。ナチ党の街頭行進や集会、ラジオ演説や国民投票は、大衆に「言語と国籍」だけを条件とする政治的公共圏への参加感覚を付与した。利益集団型民主主義（ワイマール体制）に対して参加型民主

主義（国民革命）が対置された。ヒトラーは大衆に「黙れ」といったのではなく「叫べ」といったのである。こうした政治参加の儀礼と空間は「ファシスト的公共性」と呼ぶことができる。それは情報社会の今日も新たな装いで現前している。B・グロスは戦争と福祉を食い物にする多国籍企業と「大きな政府」が結託した体制を「フレンドリーファシズム」と呼ぶ。それは超モダンで多文化主義的で「見かけだけは美しい装いを凝らし、身のこなしが巧みで、ビロードの手袋をはめた」ファシズムである。

参考文献 B・グロス『笑顔のファシズム―権力の新しい顔』（吉野壮児・鈴木健次訳、1984・4 日本放送出版協会）、佐藤卓己「ファシスト的公共性―公共性の非自由主義モデル」『岩波講座現代社会学・第24巻 民族・国家・エスニシティ』（1996・9 岩波書店）、W・ラカー『ファシズム―昨日・今日・明日』（柴田敬二訳、1997・5 刀水書房） ［佐藤卓己］

▶ **Vチップ**（ぶいちっぷ）

Vチップ（V-chip）とは、暴力（Violence）や性的描写など子どもに見せたくないテレビ映像を識別するため、放送事業者があらかじめ格付け判定した番組に識別信号を乗せて送り、各家庭で子どもに見せたくないレベルを登録することで、テレビ受像器に組み込まれた半導体（chip）で番組を機械的に遮断する仕組み。アメリカでは1996年に通信法が改正され、13インチ以上の全てのテレビにVチップを内蔵することを義務付けた。日本では98年5月、郵政省に設置された「青少年と放送に関する調査研究会」で青少年保護のための「Vチップ制度」導入の検討が行われたが、番組格付けは誰がするのか、青少年の視聴の権利を侵害しないか、Vチップ制度の実効性、青少年保護目的以外への拡大等、放送の自由との兼ね合いなどの問題点が指摘され見送られた。Vチップを回避する手段としてメディアリテラシーの必要性が求められるようになった。 参考文献 メディア総合研究所編『Vチップ―テレビ番組遮断装置は是か非か』（1998・12 花伝社） ［柳澤伸司］

▶ **VTR**（ぶいてぃーあーる）

一般にはビデオテープレコーダー（Video Tape Recorder）の略。放送業界においてはビデオテープレコーディング（Video Tape Recording）の略として、慣習的に録画映像や、それが保存された媒体までを広く意味する。バラエティーや情報番組などの司会者による「VTRをご覧ください」との表現がその一例。しかしデジタル録画技術が進み、実際にはビデオテープを使用する機会が減った現在でも、DVDなどの媒体、動画映像全般を指す言葉として流通している。NHKでは、違和感のある言葉として「なるべく言い換えるようにしている」とのこと。古い技術用語として、ハードとメディアとコンテンツが一体だった時代のいずれは消えていく語彙とも考えられる。過去のいくつかのビデオテープ押収事件においても、この録画媒体の所有が「報道の自由」を巡る攻防の焦点と見なされていた。録画が機材や媒体を選ばず、非物質的なデータとして扱われれば、この攻防は可視化されない。用語とともに消えるものは何か、改めて考えてみる必要がある。 ［水島久光］

▶ **フィルタリング**（ふぃるたりんぐ）

語義 利用者側の同意に基づき、インターネット上の特定のウェブページなどへのアクセスを遮断すること。主に青少年保護の目的で行われるほか、企業などにおいてインターネットの業務外利用の防止のためなどに用いられる。利用者側の同意のない遮断はブロッキングと呼ばれ、現在、日本では児童ポルノの閲覧防止目的で主要なプロバイダが自主的に実施している。

フィルタリングは、利用端末の種類などに応じ、ソフトウェアをインストールして行う場合や、プロバイダが行う場合などがある。携帯電話の場合には、従来、携帯電話事業者が行なってきたが、スマートフォンの場合には端末にアプリをインストールする必要がある。

フィルタリングの方式としては、ブラックリスト方式とホワイトリスト方式がある。前

者は有害と判断されたサイトへのアクセスのみを制限し、それ以外のサイトは自由に閲覧できるのに対し、後者は安全と判断されたサイト以外にはアクセスができない。

フィルタリングの前提となるサイトの評価・分類については、サイト作成者自らが行うセルフレイティング方式と、第三者が行う第三者レイティング方式とがある。

〔実例〕日本で2008年に制定された青少年インターネット環境整備法は、青少年保護のため、フィルタリング利用の普及を主な目的の1つとしている。具体的には、まず、携帯電話事業者は、契約者または利用者が青少年（18歳未満の者）である場合には、原則としてフィルタリングを行わなければならないとしている（17条）。このほか、プロバイダは、利用者の求めに応じてフィルタリングの提供義務を負い（18条）、携帯電話以外のタブレット端末やゲーム機などの製造事業者にはフィルタリングの利用を容易にする措置を講じた上で販売する義務が課されている（19条）。なお、いずれも義務違反に対する罰則はない。

フィルタリングの基準や具体的な判断については、表現の自由との関係で微妙な問題であるため、青少年インターネット環境整備法は国の関与を認めず、民間事業者に委ねることを基本理念としている（3条3項）。

そして、同法の枠組みを前提に、民間の第三者機関であるモバイルコンテンツ審査・運用監視機構（EMA）が携帯電話サイト事業者の運用管理体制を審査する自主規制の仕組みが設けられている。これにより、例えばSNSサイトは通常はフィルタリング対象となるが、EMAの認定を受けた場合には対象から除外されることになり、青少年は配慮された環境の下でSNSを利用することができる。この仕組みは従来有効に機能してきたが、スマートフォンの普及などの環境変化により、新たな対応を迫られている。

〔参考文献〕総務省「インターネット上の違法・有害情報への対応に関する検討会中間取りまとめ」（2008・4）

［曽我部真裕］

▶**風営法**（ふうえいほう）

正式名は「風俗営業等の規制及び業務の適正化等に関する法律」。1948年に風俗営業取締法として成立した法律で、その後数十回の改正を経て現在に至る。善良の風俗と清浄な風俗環境を保持するとともに、少年の健全な育成に障害を及ぼす行為を防止するため、風俗営業や性風俗関連特殊営業などの業種について、営業時間や営業区域などの制限、年少者の立ち入り等、詳細に規制する。規制対象となる営業形態に応じて、都道府県公安委員会への許可または届出を義務付けられる。なお、風営法上、ナイトクラブやダンスホールは風俗営業に該当するため許可が必要であり、また、午前零時または1時以降は営業が禁止されるが、これまで事実上黙認されてきた。しかし近年警察が取締りを強化したため、当該規制の是非が議論となっている。〔参考文献〕風俗問題研究会『最新風営適正化法ハンドブック〔全訂第3版〕』（2011・7 立花書房）

［横大道聡］

▶**風評被害**（ふうひょうひがい）

〔語義〕「風評」は世間の評判やうわさの類を指すが、「風評被害」には報道がもたらす経済的被害と捉えられる。つまり、事件や事故、自然災害、環境問題等の社会問題をメディアが報道することによって、もともと「安全」であるものを人々が疑うようになり、農水産物などの商品が売れなくなったり、観光客が減ったりするなどの経済的被害のことである。

ジャーナリズムは事実を伝えることが仕事である。しかし、「安全」かどうか明確な判断基準が存在しない問題、「安全」の基準が複数存在する問題、「安全」だと安心できるか人によって大きく分かれる問題などは、どう伝えるべきか、メディアは難しい選択を迫られる。

メディアが報道するから経済的被害が広がるのか。それとも、報道が不十分で、情報に信頼がおけないから人々が不安になり、経済的被害が起こるのか。そもそも「安全」だと繰り返し報道しても、受け止める側にとって情報が不足していたり、信頼できないものあっ

たりすると、かえって不安が増し、慎重な行動をとるようになるとも考えられる。

〔実例〕1999年2月、テレビ朝日「ニュースステーション」が、葉物野菜から高濃度のダイオキシンが検出されたと報道し、価格が大きく下落した。農家側は風評被害を受けたとして訴訟を起こした（所沢ダイオキシン報道事件）。放射能汚染に関連する風評被害は、1954年にアメリカの水爆実験で被爆した遠洋マグロ漁船「第五福竜丸」の事件に遡る。水揚げされるものが「放射能マグロ」と呼ばれ、売れなくなった。74年の原子力船むつ事故、81年の敦賀原発事故、99年の東海村JOC臨界事故等でも風評被害が起きている。2011年3月の福島第一原発事故後、福島県内では農産物を中心に風評被害が深刻化した。

〔参考文献〕関谷直也『風評被害――そのメカニズムを考える』（2011・5　光文社）、小島正美『正しいリスクの伝え方』（2011・6　エネルギーフォーラム）

［小黒純］

▶フェアコメント（公正な論評）の法理
（ふぇあこめんと（こうせいなろんぴょう）のほうり）

〔語義〕事実の指摘だけでなく、意見や論評、コメントも不法行為上の名誉毀損になる。コメントが公共性、公益性、根拠である事実の真実性または真実であるとの判断に相当な理由（相当性）があり、その意見などをその事実から合理的に推論できる場合、名誉毀損の責任を問われないと裁判所は判断する。

学説における英米法におけるフェアコメントの法理紹介は1924年に遡る。60年代になると詳細な説明とともに日本法への示唆という観点から、論評の基礎となる事実の真実性を要件とするか、真実と信じるについて相当な理由があったという相当性まで要件を広げるかが検討され、表現の自由を重視する後者を支持する傾向がある。

〔実例〕裁判所は、意見が事実の表明と同じように名誉を侵害すると1910年から認めていた（大判明治43年11月2日）。最初に裁判所が、根拠である事実の真実性、相当性について述べたのは56年の東京地裁であるが（東京地判昭和31年11月5日）、意見、論評による名誉毀損を正面から取り上げたのは72年の東京地裁で、事実の指摘に関する最高裁の判断（最判昭和41年6月23日）よりも基準を緩和したことで注目を集めた（東京地判昭和47年7月12日）。

最高裁は87年、大法廷判決（最大判昭和61年6月11日）を引用し、公共性、公益性、主要な点における真実性が証明できれば、意見は違法ではないと述べた。89年になると、事実が真実であるならば、人身攻撃などがないかぎり、違法ではないと判断し（最判平成元年12月21日）、97年の判決で、公正な論評の法理が定着した（最判平成9年9月9日）。

［紙谷雅子］

▶フェアネスドクトリン（ふぇあねすどくとりん）

〔背景〕アメリカ連邦通信委員会（FCC）が、放送事業者に対して、公共的重要性がある問題に関して、手段を問わず、対立する見解を放送する機会を与えるよう求める政策。その意図は、視聴者に多様な見解を提供することであったが、2011年、正式に廃止された。

FCCは、1949年からフェアネスドクトリンを政策としたところ、69年、連邦最高裁は、レッド・ライオン放送対FCC判決で電波の希少性と視聴者の権利を根拠に、FCCが放送された個人攻撃に対してフェアネスドクトリンを援用することを是認した。FCCは74年から規則で、放送事業者に、公共・公的争点に関する十分な報道を確保することと、その報道が異なる観点を、正直公正公平に提供することを求めた。84年、連邦最高裁は、FCC対女性有権者同盟判決で技術革新に伴う判断は議会とFCCに委ね、萎縮効果に関する問題があると述べた。FCCは、87年に、メディアにおける電波の希少性はもうなくなったので政策として放棄すると決定したが、連邦議会での反対から実施できなかった。議会は、テレビ地上波だけでなく、有線放送、衛星放送も対象とするフェアネスドクトリン立法を目指したが、成立しなかった。2011年、連邦行政機関全体に対して不要な規則の削除を命じる大統領令に基づき、FCCはその規則集からフェアネスドクトリンを削除した。

〔影響〕1974年の連邦最高裁のマイアミ・ヘラルド新聞社対トーニッロ判決は個人攻撃の

場合でも新聞に対する反論権を否定した。関連して、フェアネスドクトリンに基づいて異なる見解表明の義務化は、対立点の多い問題を避ける結果になる、表現に対する萎縮効果があると指摘された。そして、意に反する意見表明の義務化は新聞だけでなく、放送においても表現の自由を著しく侵害するという「思想の自由市場」を推進する立場が政治的に優勢となった。技術革新のおかげで電波は希少ではなくなった。今日でも、対立する論評が等しく提供されることを支持している輿論がある。

［紙谷雅子］

▶ **フェアユース**（ふぇあゆーす）

米国法などで認められる著作権法の例外規定で、一定の条件をみたした公正な利用は、著作権者の許可がなくても行えるというもの。日本法には「私的複製」、「引用」のように利用の目的と条件を詳細に限定した個別の例外規定がある。アメリカなどにはこのほかに、目的・タイプを限定せず、「原作者に市場で悪影響がない」といった抽象的な条件をみたせばおしなべて利用を許す一般規定があり、柔軟性ゆえに新ビジネスや新たな創作表現との相性がよいとされる。こうしたフェアユースのない日本では、パロディその他の二次創作や新ビジネスは、しばしば権利者の「黙認」によるグレー領域で花開く。日本でもフェアユース導入論が根強い反面、条件が抽象的で意見が相違した場合には事後の裁判での決着を志向する一般規定は日本人には不向きという指摘もある。 参考文献 山本隆司・奥邨弘司『フェア・ユースの考え方』（2010・8 太田出版） ［福井健策］

▶ **フェイスブック**（ふぇいすぶっく）

フェイスブック（Facebook）は、アメリカに本拠を置くSNS（ソーシャル・ネットワーキング・サービス）会社。2004年の設立当初は、アメリカの大学生向け社交サービスとしてスタートしたが、2000年代後半にオープンプラットフォーム戦略を展開。同サイト上のソーシャルグラフ（人間関係データ）を用いて第三者がアプリを開発できる環境を提供し、利用者を増やしてきた。13年には、ユーザー数が10億人を突破。これはSNSとして世界最大規模であり、フェイスブックはグーグルなどと並ぶ巨大インターネット企業に名を連ねている。フェイスブックの特徴は、実名登録制を徹底し、ユーザー同士の行動情報（例えば何にLike＝「いいね！」ボタンをクリックしたかなど）を可視化・共有する仕組みにある。しかしこうした「ソーシャル」化の推進は、しばしばプライバシー保護を重視する立場からは批判されている。また利用者の間でも、ユーザー同士が相互監視の状態になり「フェイスブック疲れ」を起こすとの声もあがっている。 参考文献 D・カークパトリック『フェイスブック 若き天才の野望』（滑川海彦・高橋信夫訳、2011・1 日経BP社）

［濱野智史］

▶ **フェミニズム**（ふぇみにずむ）

語義 女性の権利運動や男女平等を目指す理論や思想を指す。19世紀末から20世紀初頭にかけて欧米を中心として発揚した女性参政権運動を第1波フェミニズム、1960年代後半から70年代前半にかけて公民権運動や反戦運動などの新しい社会運動の流れの中で女性への抑圧や性別役割分業、社会規範に対して異議を唱えた女性解放運動を第2波フェミニズムと呼ぶ。また、90年代頃から男女平等を目指す運動において男／女二元論が前提とされていたことを自省的に問い、再考・脱構築をはかろうとする思想的・理論的な流れを第3波フェミニズムと呼ぶこともある。

日本においては、明治以降、男女同権思想や女性参政権運動、母性保護論争など"婦人解放論"が展開されてきたが、フェミニズムという言葉が広く用いられるようになったのは、日本における第2波フェミニズムの端緒となったウーマンリブ運動の収束後、80年代以降である。

実例 フェミニズムの立場からジャーナリズムに対して、いくつかの問題提起がある。1つは、ジャーナリズムにおける画一的な女性描写についてである。例えば、小玉美意子（1991）は、ジャーナリズムにおける女性の扱われ方を、①人類の亜種としての女性、②客体としての女性、③従属的存在としての女

性、④低能力者としての女性、⑤家に閉じ込められる女性と5つに類型化し、記事の選択、表現方法いずれも男性が主体として描かれ、女性はその性的対象（客体）であり、ジャーナリズムの根底には男性的価値観が存在していると指摘した。これはジャーナリズムが伝える女性像に対する批判であり、女性表現それ自体と、それが伝えられることにより性別役割分業が固定化されるという2つの問題を含んでいる。

2つ目は、女性に関する問題が男性一般のそれに比べて取り上げられることが圧倒的に少ないことである。斉藤慎一（2012）は、女性に関わりの深い社会問題が、マスメディア・ジャーナリズムにより十分に議題設定されてこなかったとする。仮に一定の閾値を超えて取り上げられても扱いが軽い（強調度が小さい）場合、人々の意識の中でも大きな問題としては認識されないという。さらに、女性に関する問題が伝えられないことの背景に、ジャーナリズムの担い手に女性が少ないというメディア企業の構造的問題があると指摘されている。女性のジャーナリストが増えることが果たしてこうした問題の解決になるのかという議論があるが、当事者性という観点から、報道する側に女性が存在することは状況の改善に繋がると考えられている。

(参考文献) 小玉美意子『新訂版 ジャーナリズムの女性観』（1991・10　学文社）、天野正子ほか編『新編 日本のフェミニズム（7）表現とメディア』（2009・3　岩波書店）、斉藤慎一「ニュース報道とジェンダー研究」国広陽子・東京女子大学女性学研究所編『メディアとジェンダー』（2012・1　勁草書房）　　　［四方由美］

▶「FOCUS」（ふぉーかす）

「FOCUS」は、1981年に新潮社より創刊された写真週刊誌。記事だけではなく写真を前面に押し出した誌面構成で、新たなジャーナリズムのスタイルを提示した。それまでの新聞社系のグラフ雑誌とは異なり、主として芸能人や政治家のスキャンダルを取り上げ、ゴシップ誌と批判されながらも、販売部数を急速に伸ばしていった。その後『FRIDAY』（講談社）、『FLASH』（光文社）、『TOUCH』（小学館）、『Emma』（文藝春秋）等、類似誌も次々と創刊された。だがこれら写真週刊誌の行き過ぎた取材攻勢や、取材対象者の人権無視ともなりかねないスキャンダル暴露などへの批判も強まっていく。そして「TOUCH」「Emma」は早期に休刊するなど、90年代にブームは沈静化していった。「FOCUS」も2001年に休刊を迎え、20年の歴史に幕を閉じた。(参考文献) フォーカス編集部編『FOCUS—スクープの裏側』（2001・10 新潮社）　　　［難波功士］

▶ 複製（コピー）（ふくせい（こぴー））

著作権法での複製とは、コピー機でコピーする行為ばかりでなく、録音、録画、写真撮影、印刷、模写等を幅広く含み、書籍や画像のスキャンといったデジタル化も複製である。著作権（copyright）はその英語名称通り、かつては概ね複製にのみ及ぶ権利であった。それは写真、印刷、映像、録音等、複製技術の花開いた20世紀に、コンテンツ産業の拡大とともに最重要の知的財産権の地位を占めるようになる。他方、デジタル化・ネットワーク化の時代には、複製・流通コストは限りなく低下し、コンテンツの「フリー」化や価格破壊が世界的規模で進行する。それは同時に、「コピーを売った対価を次の創作原資にする」という従来のビジネスモデルと不可分に結び付いた著作権制度にも大きな見直しを迫っている。(参考文献) 岡田斗司夫・福井健策『なんでコンテンツにカネを払うのさ？』（2011・12　阪急コミュニケーションズ）　　　［福井健策］

▶ 複本（ふくほん）

図書館において同じ図書を2冊以上所蔵していること。同じ図書とは、同一著者、同一タイトル、同一の版、同一出版社のものを指す。したがって、図書館が同一著者、同一タイトルの図書を2冊以上所蔵していたとしても、版や出版社が異なる場合は、複本とはいわない。利用者の多い図書は、常に貸出状態になってしまい、図書館内での利用可能性（アベイラビリティ）は大きく低下してしまう。こうした状態を防ぐために、図書館は複本を購入することがある。しかし、図書館が複本を

購入し、貸出すことに対しては、当該図書の書店などでの売上げを阻害するのではないかという批判的な意見も聞かれる。また、図書館にとっても、複本の購入によって、他の図書の購入にあてる予算が減ずることになりかねない。複本の購入にあたっては、各図書館での慎重な見極めが重要である。 参考文献 馬場俊明編著『図書館情報資源概論』（2012・12　日本図書館協会） ［野口武悟］

▶ 覆面取材・潜入取材
（ふくめんしゅざい・せんにゅうしゅざい）

語義　取材相手に対し、記者の身分を隠したり偽ったり、あるいは取材目的を明確に告げたりせずに取材を行い、取材終了後に報道することを指す。記者が属する会社組織においても取材目的や行動を直属の上司など一部にしか明らかにしない場合がある。

ただし日本では、身分を偽っての取材などは「社内規則違反」として認めない報道機関が大半だ。仮に覆面・潜入取材などが明るみに出て、取材対象がそれによって何らかの損害を被った場合、民事で損害賠償を請求されたり、刑事で偽計業務妨害罪に問われたりするおそれもある。テレビ番組などで「潜入取材」を謳っている場合も、実際は取材相手の了解を得ているケースがほとんどである。

実例　諸外国では、「覆面」「潜入」は真実を知る上でやむを得ない手段と考えられているケースが少なくない。特にイギリスではその傾向が顕著だ。例えば、イギリスBBC放送は50年以上の歴史をもつ調査報道番組「パノラマ」の中で、2003年、警察学校に記者が身分を隠して入校し、隠しカメラを使うなどして警察内部で日常的に人種差別が行われている実態を暴いた。番組放送後、BBCは記者が得た警察官としての給与は返還したものの、潜入取材は「調査報道に必要だった」との見解を示している。それに対し、イギリス当局は当初、BBCの行為を厳しく批判したが、それ以上に世論が警察内部の人種差別に厳しい目を向けた。このほかにも「パノラマ」は、学生と身分を偽って北朝鮮に記者が潜入する（13年）などの取材を続けている。

同様にイギリスでは、日刊紙記者が王室の召使いとして潜入したり、極右政党の組織に入り込んだり、テロリストと同じ名前を使って五輪会場に潜り込んだりといった実例が数多くある。こうした報道はいずれも警備の甘さや、極右政党の非民主的な様子を伝える目的だった、などと説明されてきた。「覆面」「潜入」をめぐっては、その都度、大きな議論を巻き起こし、虚偽申請などの罪に問われ、記者が逮捕された例もある。いずれにしてもこの取材手法は常に、「国民の知る権利のために違法・脱法、非倫理的取材は許されるか」という問いをはらんでいる。

日本では、大手メディア所属の記者ではなく、フリー記者が「覆面」「潜入」を手がけてきた。著名な先例には、非人間的な大量生産の現場を告発した鎌田慧の『自動車絶望工場』がある。この著作は労働現場の実態をよく示したと絶賛された半面、「倫理に反する」「盗撮と同じ」といった批判も浴びた。日本社会における「覆面」「潜入」批判の視座は、当時も今も変わっていない。

参考文献　鎌田慧『自動車絶望工場―ある季節工の日記』（1973・12　現代史出版会、1983・9　講談社）、大石泰彦『メディアの法と倫理』（2004・3　嵯峨野書院）、澤康臣『英国式事件報道―なぜ実名にこだわるのか』（2010・9　文藝春秋） ［高田昌幸］

▶ 不敬罪 （ふけいざい）

天皇及び皇族、皇室、また皇陵・神宮に対し、その尊厳を冒涜する不敬な行為により成立する罪。1880年公布の旧刑法で明文化され、1907年公布の現行刑法に継承され、47年の刑法一部改正により削除された。先行した讒謗律や新聞紙条例などによる罰則を含めて、不敬事件を論ずる時もある。大逆罪ほど重くないが、1889年、宮武外骨編「頓智協会雑誌」のパロディが不敬罪で重禁固3年罰金100円に処されるなど、言論や表現を圧迫したほか、大本事件のように、国家神道に反する宗教団体の弾圧の際に用いられた。大正末頃から政治制度に対する疑惑の表明さえ国体に反する不敬と見なす傾向が強まり、天皇機関説事件では美濃部達吉が不敬罪で告発さ

れたが、実際に有罪になる者は少なかった。1946年5月の食糧メーデーにおけるプラカード事件が最後の不敬罪事件であるが、それ以降も風流夢譚(むたん)事件など、不敬を問題視する意識は残存する。〔参考文献〕横山晃一郎「天皇制と不敬罪」『法律時報』(1976・4月号)、小股憲明『明治期における不敬事件の研究』(2010・2　思文閣出版)、

[土屋礼子]

▶侮辱表現(ぶじょくひょうげん)

　事実を指摘しないで、公然と人を侮辱して社会的な評価が低下すると、刑法231条の「侮辱罪」になる。公然と人の社会的評価を低下させる刑法230条1項の「名誉毀損罪」と違うのは、事実の指摘がいらないので、事実に基づく免責の規定（刑法230条の2）が適用されない点である。また、民法709条の「不法行為」として低下した社会的評価という被害に対して損害賠償を求めることができる。不法行為訴訟の例として、対立する組合員を「チビ・ブス」というと表現したコラムを機関誌に掲載したことに対して、1985年、東京地裁が、事実について具体的に判断しないで人格的評価に対する侮蔑の意味をもって使用していることが名誉を毀損すると述べ、人格的非難、中傷、揶揄に終始し、相応の節度のある合理的主張の範囲を逸脱していると、謝罪文の掲載と慰謝料支払いを命じた。　　　[紙谷雅子]

▶不正アクセス禁止法
（ふせいあくせすきんしほう）

　〔語義〕正式名は「不正アクセス行為の禁止等に関する法律」。①不正アクセスを禁止・処罰し、②その防止のためにアクセス管理者に対して防御措置を求め、③都道府県公安委員会などが防御措置に対して援助などをすることで、不正アクセス行為の防止を図り、「高度情報通信社会の健全な発展に寄与することを目的とする」法律である（1条）。

　同法にいう「不正アクセス行為」とは、簡単にいえば、電気通信回線を通じて、IDやパスワードなどの「識別符号」が入力された場合にのみ利用を認めるというコンピュータの「アクセス制御機能」による制限を免れて、その制限されている利用をできる状態にさせる行為、具体的には、不正ログイン、セキュリティーホール攻撃のことである。同法は、この不正アクセス行為とその助長行為を禁止し、違反者に刑事罰を科すために2000年に制定されたものであるが、その後のサイバー犯罪情勢の深刻化、フィッシング行為の急増、連続自動入力プログラムによる不正ログイン攻撃の認知、アクセス管理者による防御措置が不十分な状況等に鑑み、より実効性をもたせるために、12年に改正された。改正により、不正アクセス行為の助長行為の規制強化、他人の識別符号を不正に保管する行為及びフィッシング行為の禁止、罰則の強化、都道府県公安委員会による啓発及び知識の普及、アクセス管理者による防御措置を支援する団体への援助等が規定された。

　〔実例〕不正アクセス禁止法上、国家公安委員会、総務大臣及び経済産業大臣は、不正アクセス行為の発生状況及びアクセス制御機能に関する技術の研究開発の状況を、毎年少なくとも1回、公表しなければならない。これによって公表された各種資料や『犯罪白書』などによると、同法違反の検挙数は、制定年の2000年の67件から増加し続け、07年に703件となった。翌年には急増して1442件となり、09年には制定後最多の2534件を記録した。しかし11年は激減して248件、翌年は543件となっている。

　検挙件数を不正アクセス行為別に見ると、そのほとんどが、アクセス制御されているサーバにネットワークを通じて他人の識別符号を入力して不正に利用する行為であった。12年度に検挙した不正アクセス行為の手口は、言葉巧みに利用権者から聞き出した、またはのぞき見たものが最も多く（229件）、次いで、利用権者のパスワードの設定・管理の甘さにつけ込んだもの（122件）、識別符号を知り得る立場にあった元従業員や知人などによるもの（101件）となっており、ID・パスワードなどの適切な管理による自己防衛が、不正アクセス防止に効果的であるといえよう。

　〔参考文献〕不正アクセス対策法制研究会編著『逐条不正アクセス行為の禁止等に関する法律〔第2版〕』

▶ プッシュメディア（ぷっしゅめでぃあ）

　送り手側が受け手側に情報を送り付けるタイプのメディア。テレビがその代表とされる。それに対して受け手側が送り手側に情報を取りに行くタイプのメディアを「プルメディア」と呼ぶ。インターネットがその代表とされる。プッシュメディアでは受け手は受動的な存在となり、情報は画一的なもの、時に操作的なものにさえなる。それに対してプルメディアでは受け手は能動的な存在となるが、自分が好む情報だけを取りに行く傾向が強まると、情報は広がりを欠くもの、時に偏向したものになる。さらに受け手のメディアリテラシーに応じて、受け取る情報の質と量に大きな違いが生じるため、いわゆる情報格差が拡大することにもなる。どちらのタイプのメディアが情報の多様性を育み、民主主義的なメディア環境の構築に繋がるかという点は、実は簡単な問題ではない。 参考文献 C・サンスティーン『インターネットは民主主義の敵か』（石川幸憲訳、2003・11　毎日新聞社）　　［伊藤昌亮］

▶ 部分規制論（ぶぶんきせいろん）

　部分規制論とは、マスメディアのうち、プリントメディアには規制を加えず市場におけるメディアの自由な競争に委ね、放送には社会の中の多様な意見が番組内容に反映されるように規制を加えることにより、両者の微妙なバランスによって充実した思想の自由市場が確保されるという考え方のことである。プリントメディアは市場における競争の結果、少数の企業へと寡占化する傾向が見られるが、その結果、多様な意見が取り上げられなくなったとしても、放送に対する規制により意見多様性は確保される。また、放送に対する規制の行き過ぎは、規制を受けないプリントメディアが批判することで抑制される。この理論はアメリカでリー・ボリンジャーによって説かれたもので、日本でも1つの有力説となっている。 参考文献 長谷部恭男『テレビの憲法理論』（1992・12　弘文堂）　［鈴木秀美］

（2012・7　立花書房）　　　　　　［横大道聡］

▶ 不偏不党（ふへんふとう）

語義　不偏不党とは、特定の考え方に偏らない報道姿勢のこと。ただし、日本の言論機関が掲げる「不偏不党」の考え方には、欧米諸国の「公正」「中立」「独立」などと異なり、1918年の「白虹事件」やその後の歴史経緯が投影されている。

実例　米騒動の報道を禁止した寺内正毅内閣による言論弾圧を弾劾する、関西新聞社通信社大会の模様を伝える雑感記事を、1918年8月26日付大阪朝日新聞夕刊が掲載し、内乱の天象を指す「白虹日を貫けり」という文言が、不敬罪、内乱教唆などの罪に問われた。事件後、大阪朝日新聞は、社長の村山龍平が暴漢に襲われ、右翼の妨害、不買運動に見舞われた。村山社長は辞任、鳥居素川や長谷川如是閑などが去った。同紙は12月11日に編集綱領「「本領宣明」を掲載、「我社創刊以来慈に四〇年を閲し、常に公室を尊崇して国民忠愛の精神を鼓励し、言を立て事を議するは、不偏不党公平無私の八字を以て信条となし（後略）」と書かれた。

　日本の新聞界は大正から昭和にかけて、報道第一主義をとって成長を遂げ、第二次大戦後のGHQ改革を経ても、不偏不党の思想は継承されていった。52年に制定された朝日新聞綱領にも「不偏不党の地に立って言論の自由を貫き、民主国家の完成と世界平和の確立に寄与す。」とある。

　新聞経営から見ると不偏不党の思想は、幅広い指向の読者を獲得し発行部数を増加させるという新聞産業の拡大に貢献した。産経新聞は73年以降、社説「主張」に加えオピニオン欄「正論」を常設していたが、読売新聞は94年に発表した「憲法改正試案」を端緒に、社会的イシューに対する自社の見解を前面に打ち出す特集記事を組む「提言報道」を本格化し、不偏不党の立場と一線を画すようになった。

参考文献　有山輝雄『近代日本ジャーナリズムの構造―大阪朝日新聞白虹事件前後』（1995・4　東京出版）、読売新聞社調査研究本部編『提言報道―読売新聞の挑戦』（2002・2　中央公論新社）　　［清水真］

▶ **不法行為**（ふほうこうい）

　故意または過失によって、他人の権利または法律上保護された利益を侵害し、これにより他人に損害を生じさせる行為。民法上、不法行為は、一般不法行為（709条）と特殊不法行為（715〜718条）とに分けられる。それらの成立要件については、一般不法行為の場合、①加害者に故意または過失があること、②権利侵害または法律上保護された利益の侵害があること、③加害行為と損害との間に因果関係があること、④損害の発生、⑤加害者に責任能力があることが挙げられる。これに対し、特殊不法行為の場合には、一般不法行為の要件が何らかの形で修正される（過失の立証責任を転換する、無過失責任を課すなど）。他方、法律効果に関しては、一般不法行為、特殊不法行為ともに、原則として損害賠償である（722条1項、417条）。なお、名誉毀損については特別の規定があり、裁判所は、名誉毀損を行った者に対し、新聞紙上に謝罪広告を掲載するなど「名誉を回復するに適当な処分」を命ずることができる（723条）。 参考文献 内田貴『民法 II 債権各論〔第3版〕』（2011・2　東京大学出版会）

〔駒村圭吾〕

▶ **プライバシー侵害**（ぷらいばしーしんがい）

語義　人が通常公開を欲しない情報を公表したり特定人に開示したりすること、またはそのような情報を収集すること。

　「プライバシー」概念は多義的であるため、いかなる行為が「プライバシー侵害」にあたるかについてはいくつもの見解がある。伝統的な見解によれば、プライバシー権は、一人でそっとしておいてもらう権利と捉えられている。この見解はもともと、マスコミがスキャンダルばかりを追っている社会状況において個人の私的領域を保護する観点から唱えられたものである。このため、報道・ジャーナリズムの関わる領域では、この伝統的なプライバシー概念を前提として議論する場合が多い。冒頭の定義は、この伝統的な見解の問題意識に基づいたものである。

　なお、プライバシーの捉え方に関する見解としては他に、プライバシー権を自己に関する情報をコントロールする権利であると捉える見解（情報コントロール権説）、プライバシー保護の内実につき社会の評価から自由な領域を確保する点に求める見解（社会的評価からの自由説）などがある。

実例　例えばAについて報じた記事で「Aには傷害罪の前科がある」「Aには離婚歴がある」などと書けば、前科や離婚歴は通常公開を欲しない事項であるからプライバシー侵害にあたる。また、情報収集型のプライバシー侵害の例としては、人が自宅でくつろいでいる姿や病院に入院している姿を無断で撮影した場合などがこれにあたる。

　プライバシー侵害行為は不法行為（民法709条）にあたるので、被侵害者は加害者に対して損害賠償請求ができる。プライバシー侵害の場合、名誉毀損における民法723条のような回復処分を認める規定はない。訴訟実務上、被侵害者である原告が同条を類推適用してプライバシー侵害の場合にも被告に謝罪広告を求めるケースが見られるが、裁判所がこれを認めた例はほとんどない。プライバシー侵害は、不法行為にあたるのみならず、人格権としてのプライバシー権を侵害するものでもあるため、人格権に基づいてプライバシー侵害行為の差止を求めることもできる（最判平成14年9月24日）。

　プライバシー侵害にあたる言論も、表現の自由（憲法21条1項）との調整の観点から、一定の場合には許容される。判例はその調整の手法として「プライバシーの侵害については、その事実を公表されない法的利益とこれを公表する理由とを比較衡量し、前者が後者に優越する場合に不法行為が成立する」という（最判平成15年3月14日）。つまり、前者が優越しない限り不法行為は成立しないというかたちで表現の自由との調整を図っている。しかしこのような個別的比較衡量のアプローチに対しては、いかなる事情がどの程度衡量されるかについてわかりにくいため、表現の自由に対する配慮が十分でないとの批判がある。

　プライバシー侵害に関する伝統的な見解を前提とすると、例えば人の前科を公表するこ

とは名誉毀損にあたるとともにプライバシー侵害にもあたるため、両者には重なり合う部分があることになる。他方、社会的評価からの自由説の立場を前提にすると、社会的評価にとり重要なものは名誉毀損、重要でないものはプライバシー侵害と分けられることになるので、両者が重なり合うことはない。

(参考文献) 竹田稔『プライバシー侵害と民事責任〔増補改訂版〕』(1998・3　判例時報社)、佃克彦『プライバシー権・肖像権の法律実務〔第2版〕』(2010・11　弘文堂)
［佃克彦］

▶ プライミング（ぷらいみんぐ）

もともとは、人が何かを経験したことで生まれるある認識が、それ以前にその人自身が持ち合わせていた諸概念の関係の中に接合され、活性化していくことを指す、認知心理学の用語である。「点火」という意味で、1980年代以降、マスメディア研究の中にも取り入れられた。アイエンガーとキンダーは、人々が大統領の仕事を評価する際、マスメディアがある政治的争点を特に強調して報道すると、大統領の他の仕事に関してもその争点に対する評価をあてはめて考える傾向があることを示した。つまりここでは、マスメディアが何らかの出来事や争点に対してある一定の評価を与えてしまうと、それがプライミングの要素となり、人々は他の関連する事柄に対してもその基準を用いていくような現象を指しているのである。

(参考文献) 竹下俊郎『増補版 メディアの議題設定機能──マスコミ効果研究における理論と実証』(2008・9　学文社)
［加藤徹郎］

▶ ぶら下がり取材（ぶらさがりしゅざい）

立ち止まった対象者を記者が取り囲むなどして取材する方式。急に取材が必要となった時や記者会見の時間、場所がない時などに行われる。スポーツ選手や芸能人などの取材に多い。小泉純一郎元首相（2001年4月〜06年9月）は、それまでのように記者が横を歩きながら録音せず、メモも取らずに話を聞く方式ではなく、カメラの前に立ち、ぶら下がり取材に応じた。次の首相以降もこの方式を踏襲したが、菅直人元首相（10年6月〜11年9月）が東日本大震災後、多忙を理由に中止した。［竹田昌弘］

▶ ブラックジャーナリズム（ぶらっくじゃーなりずむ）

大手メディアに先駆けて、政財界の人脈を駆使して金権問題をはじめとする闇情報を取材報道したり、有名人や公人のスキャンダルを暴露したりするジャーナリズム。取材対象との交渉で金品授受により報道を差し控えたり、記事を変更したり、出稿料や広告料を要求したりすることもあるほか、中央・地方を問わず、政財界のフィクサーとして暗躍することもある。小規模な紙媒体が発行されることが多かったが、近年はインターネットの活用が広がっており、著名人や大企業組織だけでなく、無名の個人の氏名や住所、私生活が狙われる場合もある。

(参考文献) 大下英治『謀略──昭和闇の支配者』(2006・10　大和書房)
［清水真］

▶ フラッシュ［通信社］（ふらっしゅ［つうしんしゃ］）

通信社による、大事件、大事故、大災害等のニュース速報のこと。最大級のニュースとして、新聞の号外発行や1面トップ候補、テレビのテロップによる速報などを想定している。また、新聞の1面トップの記事を締め切り間際に大幅に修正しなければならない場合にも、フラッシュとして流す。共同通信の場合は、加盟社に対する放送でチャイムを鳴らして注意を喚起し、ごく簡潔に情報を伝える。文字数は20文字前後、原則として、日付・場所は不要、見出しは付けないなど、速報に徹したルールがある。的確な速報は通信社の生命線である。情報の確度を伝えるため、当該情報がどこから、どういう形でもたらされたかという、情報源の明示が不可欠となる。

(参考文献) 仲晃編著『フラッシュは世界を走る──共同通信の24時間』(1984・10　共同通信社)
［小黒純］

▶ プラットフォーム（ぷらっとふぉーむ）

(語義) 語源的には「平らな台」を意味し、そこから荷役を行う積下し場、乗降場、土台等のイメージに広がり、基盤や基本構造など多義に広がっていった言葉である。

2001年の「e-japan」戦略以降、09年の政権交代によって廃案になるまで検討された「通信・放送の総合的な法体系（「情報通信法」）の構想」の中で、主要概念として検討された。「情報通信法」は、これまで多くの法制度によって縦割りにされていた通信・放送分野を、デジタル化の進展による事業構造の変化を踏まえて統合し、レイヤー（層）別に規律を分ける構想をもっていた。「プラットフォーム」はそこで「伝送インフラ」と「コンテンツ」を結ぶ中間層として位置付けられている。

(影響) そもそもこの発想は、コンピュータの設計理論から援用されたものである。主に、オペレーティングシステム（OS）やハードウェアといった基盤部分、また場合によっては、それらの組合せや環境などの総体（ミドルウェアを含む）を指す。ソフトウエアやアプリケーションの稼働を支える部分といったやや曖昧で、幅のある概念である。

「情報通信法」の狙いは、コンテンツ流通の自由化の促進であり、その意味ではビジネスニーズに従った法体系であった。最終的に廃案となった理由もそこにある。旧来の電波法や放送法が支えとしていた表現の自由や、公共性といった受益者の権利概念との折合いがつかなかったのだ。メディアを流通可能なコンテンツ（メディアサービス）とそれを支えるプラットフォーム・伝送インフラに分解しようとするこの解釈に、放送事業者は一斉に反対した。

しかし実態としては、デジタル化で放送をはじめとする旧来のメディアの自律性・完結性は技術的にはなくなってしまった。すなわち課題は先送りにされた格好であり、新たな技術環境と産業、そして社会的なコミュニケーション基盤としての機能定義を、法的にどのように矛盾なく保証するかの解はいまだ見えていない。

(参考文献) 山口いつ子『情報法の構造』（2010・7 東京大学出版会） ［水島久光］

▶ **フリーペーパー**（ふりーぺーぱー）

(語義) 広告費を主要な収入源として無料で発行される印刷媒体の総称。フリーペーパーの業界団体である日本生活情報紙協会（JAFNA）はフリーペーパーを「特定の読者を狙い、無料で配布するか到達させる定期発行の地域生活情報紙誌で、イベント、タウン、ショップ、求人求職、住宅・不動産、グルメ・飲食店など多岐にわたる生活情報を記事と広告で伝える」と定義する。新聞型だけでなく、「R25」に代表されるマガジン型の媒体も含まれる。

(実例) 1940年創刊の芦屋倶楽部が最古のフリーペーパーとされる。戦後、新聞販売店系の小規模なフリーペーパーが存在していたが、70年代には新聞社系のマスフリーペーが出現した。90年代に入ってDTP（Desk Top Publishing）の普及が始まるとともにフリーマガジンが急速に成長した。

フリーペーパー、フリーマガジンとも紙面内容は生活情報が中心だが、フリーマガジンは特定層をターゲットにしたものも多い。95年にスウェーデンで誕生したメトロのように一般ニュースをメーンとした日刊フリーペーパーは日本では少ない。発行頻度はフリーペーパーは週刊、月刊が多く、マガジンは月刊が多い。フリーペーパーは新聞折込みの割合が高い（6割）一方、フリーマガジンは店頭設置が多い。2012年の事業者数は1466。総発行部数は2億6760万部で、59％がペーパー型、39％がマガジン型。フリーペーパーの広告費は791億円、フリーマガジンは1576億円で計2367億円。2007年の3684億円をピークに減少を続けている。

海外では、都市型の通勤客をターゲットに一般紙並みにニュースを充実させたメトロが急速に拡大し、世界23か国・地域の約150都市で約850万部が発行されている。欧州では同タイプのフリーペーパーが相次いで創刊され、07年には2700万部の発行部数を記録した。しかし、過当競争とモバイル端末の普及でこの年をピークに部数の減少が続き、12年の発行部数は前年比9％減の1580万部となった。

(参考文献) 「日本の広告費2012」（電通）、「2012年フリーペーパー・フリーマガジン広告費調査」（電通総研）、「フリーペーパーの今」（早稲田大学文化研究所編） ［林恭一］

▶ フリーランス（フリージャーナリスト）
（ふりーらんす（ふりーじゃーなりすと））

語義 もともと中世で王や封建領主から報酬を得る軍事的冒険家や傭兵を指す用語。現在は独立した個人事業主が企業と個別に契約を結び、単発または継続の仕事を請け負う労働形態を指す意味に変化した。

日本では1950年代からの週刊誌ブームの中で、巻頭を飾るトップ記事をスクープし、雑誌に売り込み生計をたてるフリーランスがトップ屋と呼ばれていた。一部は社外専属記者という身分だが、非正規労働者であることに変わりはない。その代表人物に草柳大蔵、梶山季之、竹中労、大下英治がいる。また、セレブや有名人のプライバシーを暴露する写真を売り込むパパラッチというフリーランスもおり、過激な取材手法とセンセーショナルな内容は多くの批判を招いている。他方、フリージャーナリストやルポライターと呼ばれ、主流メディアとは異なる視点から事件の核心を追う姿勢を見せ、地道に現場での取材を行う人々もいる。代表的人物に鎌田慧や吉田敏浩らがいる。彼らの存在は、とりわけ言論・意見の多様化という点において重要である。

日本の番組制作の現場では常勤・正社員のテレビ局員のほかに、フリージャーナリスト、非正規雇用の契約社員、制作会社の派遣スタッフがおり、彼らは経済不況が続く中で番組制作予算の大幅なカットから最も影響を受けやすく、生涯賃金においても正規労働者である企業内ジャーナリストとは大きな格差がある。大手メディア組織に制作資金と放送資源のほとんどが集中している現状の中で、フリージャーナリストは下請けまたは「常駐フリー」という補完的、補充的な立場に立たされることが多い。

実例 ジャーナリストの国際的職能ユニオンである国際ジャーナリスト連盟（IFJ）（International Federation of Journalists）の2006年国際調査の結果では、フリージャーナリストは賃金水準のみならず、産休や病気休暇を含めた福利厚生が未整備のケースが多いことから、フリージャーナリストをめぐる労働環境の悪化は、世界共通の問題であることが明らかになっている。また、肩書き重視の日本社会では、社名ではなく個人名を名乗る取材活動には多くの障害と困難が伴う。主流メディアが撤退した戦場、紛争地域、放射線危険区域で危険と隣り合わせながら、「誰かが行って、誰かが伝えなければならない」という使命感で取材し続けるフリージャーナリストの存在は、報道の平準化、画一化、硬直化が問題視されるメディア企業に大きな刺激をもたらしている。

メディア企業という組織のしがらみから自由になり、独自の視点から個人単位で取材と創作活動に取り組むフリージャーナリストが連帯を図るためのネットワークや互助組織も存在する。代表的なものはアジアプレス・インターナショナル、日本ビジュアル・ジャーナリスト協会であり、後者はオンラインマガジンの「フォトガゼット」を発行し、写真報道誌「Days Japan」とともに国内外のフリージャーナリストに発表の場を提供している。

参考文献 日本ビジュアル・ジャーナリスト協会編『フォトジャーナリスト13人の眼』（2005・8　集英社）、林香里「メディア産業の非典型雇用労働」『〈オンナ・コドモ〉のジャーナリズム―ケアの倫理とともに』（2011・1　岩波書店）、野中章弘「『山本美香の死』を機に考える―フリージャーナリストと紛争取材」『Journalism』（2012・11　朝日新聞出版）　［林怡蕿］

▶ プレスカウンシル（ぷれすかうんしる）

語義「報道評議会」「メディア評議会」ともいわれるが、世界的に見て、それらの態様は実に様々である。一般的に、新聞、雑誌、放送等のマスメディアの記事・番組内容に対する読者・視聴者からの苦情を受け付け、審理し、裁定を下す合議制の苦情処理機関で、民主主義国家では、政府やマスメディアから独立した第三者による自主規制機関のかたちをとることが多い。その目的は、①マスメディアにおける表現の自由（「プレスの自由」ともいう）に対する国家権力からの擁護、②倫理綱領の制定・運用によるマスメディアの倫理水準の維持・向上、③苦情処理活動による読

者・視聴者の基本的人権の擁護である。

(実例) 世界で最初のプレスカウンシル（Press Council）は、スウェーデンの「報道評議会」で、1916年に創設されている。53年には、イギリスにも「プレス総評議会」が創設され、その後のプレスカウンシルの世界的なモデルになったといわれている。世界各地に少なくとも40以上のプレスカウンシルが存在しており（2003年2月時点）、1999年には、「ヨーロッパ独立プレスカウンシル連合（AIPCE）」が設立され、イギリス、スウェーデンのほか、ドイツ、フランス、イタリアなど28か国のプレスカウンシルが加盟している（2013年現在）。

世界的モデルともなったイギリスでは、プレスによるプライバシー侵害など、メディア倫理を逸脱した報道に対して有効に機能していないとして、2度の改組（「プレス評議会」に改称）を経たのち、1990年に解散し、翌年、「プレス苦情処理委員会（PCC）」として再出発した。PCCの役割は、イギリス国内の新聞・雑誌（ウェブサイト版含む）の記事内容に対する苦情が「正確性」「反論の機会」「プライバシー」「ハラスメント」等の16項目を定めた「編集者実践綱領」に違反していないか審理し、裁定を下す。裁定結果はPCCのウェブサイト上で公表されるとともに、当該紙・誌上にも掲載される。PCCのメンバーは、プレスとは利害関係のないメンバー（委員長を含む）と編集者から構成され、運営資金は、プレス業界による基金団体が出資している。しかし、現在、大衆紙による大規模な電話盗聴事件に対してPCCが有効に機能しなかったとして、再び、その存在意義が問われ、将来的な解散が決定し、代替の組織の模索が続けられている。

一般的に、裁判などの法的救済措置と比較して、審理の迅速性、手続きの簡素化、費用負担の軽減がプレスカウンシルのメリットとされるが、他方、自主規制制度であるがゆえに、財源や裁定結果に対するメディアからの協力を得にくいこと、読者・視聴者からの認知度や信頼性が低いことなどがデメリットとしてあげられている。また、結果的に国家権力によるメディア規制の代行機関となる危険性も指摘され、プレスカウンシルのすべてが十分に機能しているわけではなく、自主規制の理念を実現するうえで課題は山積しているといえよう。

(参考文献) C・J・ベルトラン編著『世界のメディア・アカウンタビリティ制度―デモクラシーを守る七つの道具』（前沢猛訳、2003・5　明石書店）、鈴木秀美・山田健太編著『よくわかるメディア法』（2011・7　ミネルヴァ書房）、AIPCEウェブサイト：http://www.aipce.net/、PCCウェブサイト：http://www.pcc.org.uk/

[後藤登]

▶プレスの自由に関する四理論
（ぷれすのじゆうにかんするよんりろん）

(語義) プレス（新聞・出版）と国家権力の関係についての4つの理念型を意味する。シーバートらは、歴史的な推移また国家体制によって、4つの理念型があるとした。

①「権威主義理論」では、新聞・出版は政府の許可制の下に置かれ、君主とその政府の政策を支持することを強制される。②「自由主義理論」では、自由に設立された新聞・出版は、君主の権力行使を監視して国民に奉仕すべきだとする。また情報と思想の自由な流通が確保されれば、「神の見えざる手」に導かれて、社会は真理に到達できると考える。③「ソビエト共産主義理論」では、新聞・出版は共産党の指導の下に置かれ、国によって所有管理される。社会主義の実現と共産党の独裁に奉仕することを求められる。④「社会的責任論」は、自由主義理論は万能ではない。市場の動向ばかりでなく、社会の必要に応えることが、新聞・出版の使命だとする。ジャーナリストの相互批判、ジャーナリストと市民との対話、そして世論の動向へのたゆまぬ注視こそ、ジャーナリズムが社会の必要を的確に捉えるための条件だと考える。

(実例) 今日的な意義が最も大きいのは、西欧型民主主義国家における「自由主義理論」と「社会的責任論」の対立であろう。社会的責任論は、市場の自由に任せておくとマスメディアが企業としての利益のみを追求し、権力を監視したり、国民的議論に奉仕する責務を軽視したりする傾向に警鐘を鳴らす。第4権力といわれるまでに社会的影響力を増した

マスメディアに、権力監視などの本来的役割を果たさせる制度設計を求めているのである。
参考文献 F・S・シーバート&T・A・ピータスン&W・シュラム『マス・コミの自由に関する四理論』（内川芳美訳、1953・11　東京創元社）、米国プレスの自由調査委員会『自由で責任あるメディア―マスメディア（新聞・ラジオ・映画・雑誌・書籍）に関する一般報告書』（渡辺武達訳、2008・10　論創社）　［藤田真文］

▶ **フロー**（ふろー）

経済学では一般に、ある一定期間に行われた取引額の量を指す。これを情報学的な知見から解釈すれば、事物の存在や関係のあり方を示す記号－情報の流れとして捉えることができる。例えば今日、SNSなどにおいて、過去に多くの人々によって相互参照され共有された知識（ストック）も、時間が経ったのちに新たなトピックとして取り上げられ、更新される場合がある。公文俊平はこれを「ストックされた知識のフロー化」と呼んだ。なお異なる知見としては、かつてレイモンド・ウィリアムズが、始まりも終わりもなく日常的に視聴者に届くテレビプログラムのありようを、「フロー」と呼んだ。そこでは人々の生活実践との間で、テレビは社会的リアリティに対して、どのように影響を与えるのかが考察されている。参考文献 公文俊平『情報社会のいま―あたらしい智民たちへ』（2011・5　NTT出版）、Williams, R　Television : *Technology and Cultural Form*（1974, London Fontana）　［加藤徹郎］

▶ **ブロードサイドバラッド**（ぶろーどさいどばらっど）

16～19世紀にイギリスで読まれていた、新聞の原型。ブロードサイドとは通常、1枚の紙の片面に、バラッド（俗謡）と散文、そして粗末な絵の入った読み物のことを指す。なかでも殺人などの犯罪事件を扱ったものは「絞首台のバラッド」と呼ばれ人気を集めた。書き手が居酒屋にたむろするハックライター（三文文士）であったとされることなどから、ブロードサイドは、17世紀初頭に登場したニュースブックやニュースレターなどの、いわゆる通説としての「新聞の原型」からは亜流の系譜に位置付けられる。しかしブロードサイド登場以前のフォークロア的な口承のバラッドに比べ、当初から利益追求を目的に作成されていたこと、国家の検閲ないし出版者の自主規制があったこと、都市に流通し時事性を備えていたことなどから、大衆新聞の先行形態として考えられている。参考文献 村上直之『改訂版 近代ジャーナリズムの誕生　イギリス犯罪報道の社会史から』（2010・12　現代人文館）　［加藤徹郎］

▶ **ブログ**（ぶろぐ）

語義 ブログ（blog）とは、容易にウェブサイトを更新できるツール（こうしたツールは別に「CMS：コンテンツ・マネジメント・システム」と総称される）、ないしはそのツールを使って構築されるウェブサイトのことを指す。ブログの登場以前は、ウェブサイトを更新するにはHTMLなどのウェブサイト構築用の人工言語を記述したり、サーバにHTMLをアップロードしたりする作業が求められ、ある程度の知識やスキルが必要だったが、ブログはそれを不要にした。

ただし、ブログなるものが1990年代後半にアメリカで登場した当初は、そうした意味はもっていなかった。ブログの語源は「Web-Log（ウェブログ）」つまりWebを見て回って興味深かったものをLog（記録）する「備忘録」ないしは「スクラップブック」したサイト、という狭い意味合いで使われていた。初めてWeblogという言葉を使ったとされるJ・バーガーの個人サイト「Robot Wisdom Weblog」はまさにそうしたサイトであった。後にブロガー（Blogger）のようなASP（アプリケーション・サービス・プロバイダ）やムーバブルタイプ（Movable Type）のようなブログ作成ツールの登場にともない、ブログは2000年代前半に利用者を急速に拡大し、その定義や用途を広げた。

このように、ブログは誰もが簡単に利用して情報発信できることから、後のCGMやソーシャルメディアの隆盛の先駆的存在であった。

実例 ジャーナリズムの観点からいえば、ブログは市民参加型の「草の根のジャーナリズム」の担い手の1つである。例えばイラク戦

争の際には、イラク人女性のブログ「Baghdad Burning」がバグダッドから現地の状況を伝え、世界的に注目を集めた。著名なブログは大手マスメディア企業のニュースサイトなどと遜色ない存在感・発信力を発揮することもあり、その書き手たちは「ブロガー」などと呼ばれ世界各国に存在する。日本ではそうしたブロガーたちが形成する言論空間を「ブログ論壇」などと呼ぶこともある。

参考文献 D・ギルモア『ブログ 世界を変える個人メディア』(平和博訳、2005・8 朝日新聞社)、佐々木俊尚『ブログ論壇の誕生』(2008・9 文藝春秋)
[濱野智史]

▶ プロダクション→番組制作会社・プロダクション

▶ **プロダクトプレイスメント**
(ぷろだくとぷれいすめんと)

語義 映画やテレビドラマ、ゲーム内で企業名や商品を紹介して認知を高める広告手法。アメリカで発達してきたが、日本国内でも広がりを見せている。配給収入に加えて広告費も得られることで高騰する映画の制作費を補いたい制作側と、効果的に広告を行いたい企業側の思惑が一致して始まった。CMよりもブランド認知効果が高いことやCMカット機能の影響を受けにくいことがある。また、実在の企業名や商品を登場させることでストーリーにリアリティをもたせることもできる。

具体的には映画「E.T.」のお菓子、「マイノリティ・リポート」の自動車、「マトリックス」の携帯電話などがある。日本国内では、ドラマやアニメ作品、さらには音楽ビデオ内やゲームソフト内にも導入が進んでいる。ソーシャルメディアで話題になりやすい傾向がある。

実例 映画「トゥルーマン・ショー」にはプロダクトプレイスメントへの風刺が込められている。この映画では、登場人物が缶ビールや芝刈り機を不自然に紹介し、主人公が不信感を抱くきっかけとなった。効果を高めるためには映画やドラマの世界観との共通性が必要となるが、広告効果を高めようと不自然な露出が視聴者の不信感に繋がることもある。

映画「007」は多くの企業協賛を得ていることで知られるが、「ダイ・アナザー・デイ」では20種類も配置され「BUY another day」に改題した方がよいといわれたほどであった。

日本国内ではそれほど大きな問題となっていないが、広告と明示しない手法は、放送法12条の広告放送の識別のための措置に触れる可能性もある。口コミを装った広告であるステルスマーケティングの問題が表面化したこともあり、コンテンツと広告をどのように区分し、視聴者に提示するか十分な議論が必要といえる。

参考文献 Jean-Marc Lehu. *Branded Entertainment* (2009, Kogan Page Ltd)
[藤代裕之]

▶ **ブロック紙**(ぶろっくし)

特定の地域を発行地域とする新聞のうち、複数の県にまたがるなど広い発行地域をもち、部数の多い新聞を指す。ブロック紙という呼び名は、日本独特のものである。東京や海外にも取材網を展開し、全国ニュースや国際ニュースでも通信社の配信記事だけでなく、独自の記事を掲載している。また、ブロック紙と一部の地方紙で記事の交換や、囲碁・将棋の棋戦の共同主催、紙面掲載用の漫画や小説の共有などを行い、結び付きが強い。通常、ブロック紙は北海道新聞(北海道)、中日新聞(愛知県と三重県、岐阜県など中部地方)、西日本新聞(福岡県など九州地方)の3紙を指し、これに東京新聞(東京都など関東地方、中日新聞社発行)を加えることもある。また、ブロック紙に準じた存在として、河北新報(宮城県)や中国新聞(広島県)などを挙げる説もある。地方紙と同様、第二次世界大戦時の戦時体制下、用紙統制と言論統制を目的に行われた新聞の整理統合政策によって形成された。参考文献 稲葉三千男・新井直之・桂敬一編『新聞学〔第3版〕』(1995・4 日本評論社)、浜田純一・田島泰彦・桂敬一編『新訂 新聞学』(2009・5 日本評論社)
[阿部圭介]

▶ **プロバイダ責任(制限)法**
(ぷろばいだせきにん(せいげん)ほう)

語義 2002年5月に施行されたプロバイダ責任(制限)法(特定電気通信役務提供者の損害賠償

責任の制限及び発信者情報の開示に関する法律）は、プロバイダ等（インターネットサービスプロバイダ・サーバの管理者・インターネット掲示板の運営者や管理者など）の損害賠償責任の制限、プロバイダ等に対する発信者情報（発信者の氏名又は名称・住所・メールアドレス、侵害情報に係わるIPアドレス・日時など）の開示請求について規定している。

より具体的には、第1にプロバイダ等が①名誉権・プライバシーの権利・著作権などを侵害されたとする者に対して免責されるのは、情報の削除等の送信防止措置をとることが技術的に可能であるとともに、(a)プロバイダ等が情報の流通により他人の権利を侵害していることを知っていたとき、あるいは、(b)情報の流通を知っており、他人の権利を侵害していることを知ることができたと認めるに足りる相当の理由があるときに該当しない場合とされ、②発信者に対して免責されるのは、送信防止措置が必要な限度で行われたものであるとともに、(a)プロバイダ等が情報の流通によって他人の権利が不当に侵害されると信ずるに足りる相当の理由があった場合、あるいは、(b)権利を侵害されたとする者から送信防止措置の申出があったことを発信者に通知し、7日を経過しても送信防止措置に同意しない旨の応答がなかった場合としている。なお、インターネットを利用した選挙運動の解禁に伴い、公職の候補者に関する名誉毀損的表現（名誉侵害情報）については、2日に応答期間を短縮するとともに、発信者のメールアドレス等が正しく表示されていない場合の送信防止措置についても、免責されることになった。

第2にプロバイダ等が発信者情報を開示するのは、(a)情報の流通によって開示を請求する者の権利が侵害されたことが明らかな場合であり、かつ、(b)損害賠償責任を追及するなどの正当な理由がある場合とされているが、プロバイダ等に故意又は重大な過失がない限り、開示を拒否したとしても免責されることになっている。

(影響)　プロバイダ等の損害賠償責任に関する従来の判例は、発信者の損害賠償責任を認める一方で、プロバイダ等の責任については慎重な立場をとる傾向にあったが、2ちゃんねる・動物病院事件東京地裁判決（東京地判平成14年6月26日）以降においては、名誉毀損的表現の存在を知り、又は知り得た場合に削除する義務を負うとしている（その削除義務にもかかわらず、措置を講じなかった場合に損害賠償責任が生じる）。また、発信者情報の開示請求に関する従来の運用は、プロバイダ等にも通信の秘密を守ることが要求されてきたために、発信者情報の開示は一般的ではなかったが、法施行後はプロバイダ等に対する開示請求のみならず、裁判所に対して行うことも可能になった。

(参考文献)　飯田耕一郎編著『プロバイダ責任制限法解説』(2002・9　三省堂)、鈴木秀美・山田健太編著『よくわかるメディア法』(2011・7　ミネルヴァ書房)、堀部政男監修『プロバイダ責任制限法 実務と理論』(2012・7　商事法務)　　　　　　　　　　[小倉一志]

▶プロパガンダ（ぷろぱがんだ）

(語義)　特定の目的に向けて個人あるいは集団の態度と思考に影響を与え、意図した方向に行動を誘う説得コミュニケーション活動の総称。組織的なシンボル操作によって宣伝主体の意図を宣伝客体の自律性において実現することを究極目標とする。今日では否定的な含意で使われることが一般的である。

語源であるラテン語propagare（伸ばす・接ぎ木する）は、キリスト教伝道の初期から布教活動で使用されていた。1622年、ローマ法王グレゴリウス15世は反宗教改革のため布教聖省（Sacra Congregatio de propaganda fide）を創設した。プロパガンダは、布教伝道に伴う使命感を帯びた宗教用語として成立した。フランス革命以後、政治用語に転用され、19世紀後半ドイツの社会民主主義運動ではエリート主義的なニュアンスで使われた。こうした「プロパガンダ／アジテーション」の用語法における「密教／顕教」の伝統は、I・レーニンにも引き継がれた。「宣伝家は、主として、印刷された言葉によって、煽動家は生きた言葉によって、活動する」。

つまり、プロパガンダとは論理的な内容を

科学的に教育する方法であり、アジテーションとは一般大衆向けに情緒的なスローガンを叩き込む方法である。このプロパガンダ観は、第一次大戦中のソビエト革命以後、国際共産主義運動とともに広まった。

[実例] こうした社会主義プロパガンダは、国民社会主義ドイツ労働者党の組織原理にも引き継がれた。A・ヒトラーは、1933年「ナチ党左派」のJ・ゲッベルスを大臣に国民啓蒙宣伝省を新設した。重要なことは、今日のプロパガンダイメージを決定付けた共産主義宣伝もナチ宣伝も、史上初の総力戦、第一次世界大戦の衝撃が生み出した産物であるということである。それは、労働者や女性、青年を排除した19世紀的な市民的公共性との対抗の中で、その外延で発達した公共操作の技術であった。教養なき民衆を組織化する方法としてプロレタリア的公共圏で採用された宣伝技術は、第一次世界大戦の戦争プロパガンダにおいて国家規模で組織化された。

この戦時宣伝を土台としてヒトラーが自らの総力戦体験から引き出して加えた要素は、プロパガンダの徹底した民主化である。すなわち、レーニンが前衛的知識人向けの理論教育と考えたプロパガンダを、アジテーションレベルまで引き下げることで、宣伝を大衆化した。第二次世界大戦中、アメリカでナチプロパガンダに対抗する宣伝研究の中で、自らのプロパガンダの呼称として「マスコミュニケーション」という新語が造られた。

[参考文献] I・レーニン『レーニン 宣伝・煽動 I』(日本共産党中央委員会宣伝部編集、1969・3 大月書店)、A・ヒトラー『わが闘争(上)』(平野一郎・将積茂訳、1973・10 角川書店)、佐藤卓己『現代メディア史』(1998・9 岩波書店)　　　　　　　[佐藤卓己]

▶ **プロパガンダモデル**(ぷろぱがんだもでる)

ノーム・チョムスキーとエドワード・S・ハーマン (2007) が提起した、アメリカのマスメディア制度の分析枠組である。チョムスキーらは、資金と権力をもつ者のみが、ニュースをフィルターにかけて活字にするにふさわしいものだけを残し、反対意見を故意に小さく見せることで、政府や大手民間企業のメッセージを一般民衆に浸透させることができるとする。チョムスキーらによれば、ニュースとなる出来事を濾過するフィルターとは、①マスメディアの有力企業の規模、所有権の集中、所有者の利益志向性、②メディアの主要収入源である広告、③政府や企業、またそれを支持する専門家へのメディアの依存、④メディアを統制するための「集中砲火」(メディアの発言や番組対する否定的な反応)、⑤制御メカニズムとしての反共思想である。彼らは、このモデルを使い、アメリカのベトナム戦争報道などを検証する。[参考文献] N・チョムスキー&E・S・ハーマン『マニュファクチャリング・コンセント (I・II)』(中野真紀子訳、2007・2 トランスビュー)　　　　　　　[藤田真文]

▶ **プロパブリカ**(ぷろぱぶりか)

調査報道を専門とするアメリカの非営利組織 (NPO)。サンドラー財団の資金提供により2007年ニューヨーク市に設立。元ウォールストリート・ジャーナル編集局長ポール・スタイガーを筆頭に、約30人のジャーナリストで構成される。既存の商業メディアにニュースを提供し、自らのホームページにも掲載する。10年と11年にピュリツァー賞(調査報道部門)を連続受賞して、注目を集めた。

設立のきっかけは、新聞の休廃刊が相次ぎ、調査報道が縮小しつつあることを懸念したサンドラー財団創設者が、市場の影響を受けにくい報道組織を構想したことである。組織名はラテン語の「公共のため」の意。他のNPO同様、安定的な資金調達が課題とされる。[参考文献] 大治朋子『アメリカ・メディア・ウォーズ——ジャーナリズムの現在地』(2013・9 講談社)、'About Us'(www.propublica.org/about)、'Non-profit Groups Financing Independent Journalism'(www.pbs.org/newshour/bb/media/jan-june08/mediamodel_06-24.html)　　　　　　　[畑仲哲雄]

▶ **プロフェッショナリズム**(ぷろふぇっしょなりずむ)

[語義] ジャーナリズムにおけるプロフェッショナリズムは、ジャーナリズムの歴史において「プロフェッション(知的専門職)」対「職業」の問題を中心に展開されてきた。単なる

職業であれば、担い手の養成は職業教育や職業現場での(on-the-job)訓練を通じてなされるが、プロフェッションはそれとは異なるキャリア要請を必要とする。こうして「プロフェッショナリズム」の問題は、高等教育としてのジャーナリズムと密接な関係をもつことになる。

ジャーナリズムがプロフェッショナル化の運動にその範として仰いだのは、医学、法学などの古典的プロフェッションであり、工学のような新興のそれであった。これらの専門職は、①高等教育に基づく一連の専門的知識、②資格や試験などの参入規制のシステム、③職業倫理のコード化、及び④以上を統制する固有の職業団体を通じてプロフェッショナル化を達成した。

[実例] 範とするプロフェッションが客観性の理想を達成する方法として科学的な実証哲学を利用したこともジャーナリズムのプロフェッショナル化に大きな影響を与えた。しかし、ジャーナリズムは必ずしも範としたプロフェッションの要件を満たすわけではなく、とりわけプロフェッションのもつ特権や試験制度や免許制を基礎とする参入規制は、ジャーナリズム内部からも多くの批判を生み出してきた。

現代的には、デジタル/オンラインジャーナリズムの勃興が、「誰がジャーナリストか」の問題を生み出し、ジャーナリズムは「何の」プロフェッションなのか、ジャーナリズムのプロフェッショナリズムの内実が改めて問われる状況を生み出している。

[参考文献] 大井眞二「米ジャーナリズム文化とプロフェッショナリズム―客観性を巡って」『政経研究』46巻2号（2009）　　　　　　　　[大井眞二]

▶ 文化部・文化面（ぶんかぶ・ぶんかめん）

「文化」という言葉が表すように、新聞社の中で社会部と並び多彩な取材分野を誇る部署を指す。「学芸部」とも呼ばれる。例えば文芸、美術、音楽、学術、論壇、演劇、歴史、漫画、囲碁・将棋、バレエ等で、視野は古今東西、街角の話題から世界の潮流まで広がる。各新聞社は事業も絡めて得意な分野をもち、専門の知識や見識をもつ記者も輩出している。取材をして記事を書くだけでなく、作家や評論家ら有識者への原稿依頼という出版社の編集者と同様の役割を担うのも特徴である。意見が対立する政治などの課題では、依頼する有識者の人選で各社の意見がわかることがある。数々の名作を世に送り出してきた新聞小説や、書籍を紹介・批評する「読書面」も担当しており、活字文化の守り手ともいえる。文化面は総じて心を豊かにする記事の「集積地」で、内容の充実は新聞の魅力を高める有力な方策である。

[菅沼堅吾]

へ

▶ ベトナム戦争（べとなむせんそう）

[語義] ベトナム戦争は宣戦布告なき戦争であり、米ソの冷戦を背景に南北ベトナム民族統一の闘争として、1960年12月に始まり、南ベトナムの首都サイゴン（現ホーチミン市）が陥落した75年4月に終わった。ジョンソン大統領時代にアメリカが積極的に介入したベトナム戦争は、テレビ放送が普及したのちの最初の大規模な戦争だったので、戦争とメディア報道のあり方に大きな問題を提起した。戦争の初期、アメリカ国民にとって「遠くの戦争」であり、多くの関心を呼ぶものではなかった。しかし戦争が泥沼化し、戦況が連日テレビで報道され、その現実がテレビを通じてアメリカの家庭に直接届くようになると、徐々に戦争目的に疑問が付されることになった。

[実例] 米軍は、当初から軍事検閲を不可能と考え、広範な記者会見・発表で対応した。1968年以前、アメリカのメディアは政府の政策を支持したが、政府の会見・発表は、現地の特派員の取材としばしば食い違い、徐々に信頼性のギャップを生み出していった。

こうした中で国民の大きな信頼を得ているCBSニュースアンカーのW・クロンカイトは自ら現地取材を敢行し、戦争の不毛さを国民の前に明らかにした。しかしR・M・ニクソン大統領は、撤退を公言しつつ、秘密裏に戦

闘を継続し、他方でメディアのバイアスを非難し、政敵のリストの中に批判的なジャーナリストを加えた。しかし71年、ベトナムの真実を暴く秘密文書「ペンタゴン・ペーパーズ」が政府の圧力に抗して新聞に掲載されると、行き詰まりを示したベトナム情勢に、ニクソンは名誉ある和平を選び、撤退を始めた。後ろ盾を失ったサイゴンの南ベトナム政府は、75年4月に陥落した。

アメリカのメディアは戦争の終結に大きく貢献したが、政府にとってもメディアにとっても、国家安全保障とジャーナリズムに関わる多くの教訓を残した。この教訓は、グレナダからイラク戦争に至るまでの紛争と対立のメディア報道に大きな影響を与えることになった。

(参考文献) D・ハルバスタム『ベトナムの泥沼から』(泉鴻之・林雄一郎訳、1987・6 みすず書房)、H・ソールズベリー『メディアの戦場――ニューヨーク・タイムズと記者ニール・シーハンたちの物語』(小川水路訳、1992・7 集英社) [大井眞二]

▶ ペニープレス (ぺにーぷれす)

(語義) ペニープレスは1ペニー(1セント)で購読できる安価な大衆向けの新聞である。1830年代に生まれたペニープレスは、通説によれば、アメリカのジャーナリズムに革命をおこし、それ以前の党派的な新聞を現代の「客観的」な消費者志向のあらゆる種類の実際的な情報を掲載する新聞へと変化させた。ペニープレスは、最初の①商業的新聞、②大衆新聞、③政治的独立の新聞、そして④「ニュース」新聞であり、現代アメリカ新聞の祖先であったということになる。また、①流通の革命(大衆に安価な新聞を提供)、②内容の革命(政党から独立し、意見よりもニュースを重視)、③ビジネスの革命(新しい技術、新しい職業としての[記者]、新しい収入源である[広告]を導入)を引き起こしたとされる。しかし今日こうした説明に多くの疑問が付される。

(実例) 例えば、安価が売り物の1つであるペニープレスは、当初こそ1ペニーで売られたが、成功すると直ぐに値上げをし、徐々にエリート新聞となっていく。またペニープレスは、予約購読販売よりむしろ街頭販売されたとされるが、具体的な証拠に欠けるのである。

特に通説の大きな問題は、ペニープレスの政治的独立と客観性を結び付ける議論である。ペニープレスは、ニュースの商品化と、収入源としての広告の開拓によって商業的に成功し、政治的な独立を達成することができた。しかし、通説とは異なり、この政治的独立は、政治的中立を意味するものではなく、また報道の客観性の起源となるものではなかった。実際ペニープレスの党派性は、性格を変えて19世紀末まで続くのである。ペニープレスのスタイルと現代の客観性はほとんど関係がなく、あっても極めて間接的であった。しかし通説=神話は、今なお大きな影響を及ぼしている。

(参考文献) 大井眞二「客観報道の起源を巡って」鶴木眞編著『客観報道』(1999・5 成文堂)、大井眞二「リベラル・ジャーナリズムの思想史――アングロ・アメリカンの系譜」小川浩一編著『マス・コミュニケーションへの接近』(2005・1 八千代出版) [大井眞二]

▶ 便宜供与 (べんぎきょうよ)

(語義) 「便宜供与」という言葉は、報道との関係では、行政機関や政治家の取材対応について論じる中で言及される。行政機関や政治家は、国民に対して広く情報を開示し、国民からチェックされる必要がある。国民の「知る権利」を代表して取材、報道する記者に対しては、彼らは取材を受け、情報を提供する義務がある。これが記者の側の論理である。しかし、権力者側の論理は、取材を受けるのは便宜供与、つまりサービスであって義務ではない、というものである。便宜供与であるから、情報公開制度などを通じて要求された場合を除いては、どういう情報を出すか、誰の取材を受けるかといった点については、取材を受ける側の裁量に任されている。

(実例) どの程度の便宜供与が、行政機関としての正当な行為と見なされるかについては議論がある。「記者室」で利用される電話料金や、記者クラブの記者との懇親会費を市が負担していることは違法な公金の支出にあたるとして京都市が訴えられたことがあった。そ

の際の判決では、記者との懇親会に出費したことは違法ではないとされた（京都地判平成7年4月5日）。

　フリーの記者が、記者クラブ加盟の記者と差別的に対応されていることについて、表現の自由を保障した憲法21条と、差別を禁じる憲法14条に違反するとして、裁判所を訴えたことがあった。札幌地裁が訴えられたケースでは、裁判は東京で行われた。東京地裁は、札幌地裁が記者クラブ加盟の報道機関の記者に対して傍聴席を確保したり、判決要旨を交付したりしていることについて「司法行政上の便宜供与として行われているにすぎない」と述べて、「報道機関が、裁判所に対して、傍聴席の確保や判決要旨の交付を請求する権利を有しているということはできない」と述べている（東京地判平成18年1月25日）。

(参考文献) 岩瀬達哉『新聞が面白くない理由』（1998・6　講談社）　　　　　　　　　　　　　［伊藤高史］

▶ 偏向報道（へんこうほうどう）

(語義)「偏向報道」とは、偏った立場から現実を歪めるような報道のことを意味する。報道を批判する言葉として使われるが、何をもって「偏向」と考えるかは立場によって異なる。報道が事実を報道する時も、一定の価値判断に則って特定の視点から事実を選択しているので、多かれ少なかれ全ての報道は偏向しているともいえる。

　表現の自由という観点から見た場合、多様な意見をもったメディアが存在するということは健全なことである。しかし、放送局の場合、放送の影響力と電波の希少性を根拠として、放送法によって「政治的に公平であること」「意見が対立している問題については、できるだけ多くの角度から論点を明らかにすること」などが義務付けられている。このため、放送局の場合は「偏向報道」があってはならないことになり、このことが政治問題に発展することもある。また、公平性を保つとしても、1つの番組内で保つべきなのか、様々な番組全体の中で保たれていればよいのか、という問題もある。NHKの「放送ガイドライン2011」は、「意見が対立する問題を取り扱う場合には、原則として個々のニュースや番組の中で双方の意見を伝える。仮に双方の意見を紹介できない時でも、異なる意見があることを伝え、同一のシリーズ内で紹介するなど、放送全体で公平性を確保するように努める」と述べている。

(実例) 偏向の有無が政治的問題となったのが、1993年に起きた「椿発言事件」である。政治改革が叫ばれた同年7月の総選挙の結果、自民党は過半数を割って野党転落、非自民で構成される細川連立政権が誕生した。自民党では、当時の報道が偏向していたことが敗北を招いたとの不満がくすぶる中、テレビ朝日の椿貞良取締役報道局長（当時）が、同年9月、非公開で行われた日本民間放送連盟の会合で、「今は自民党政権の存続を絶対に阻止して、何でもよいから反自民の連立政権を成立させる手助けになるような報道をしようではないか」というかたちで報道をまとめていた、と発言した。このことを産経新聞がスクープすると、自民党の国会議員などから批判が高まり、椿は局長を解任された後、国会に招致された。椿は国会では、発言は「暴言」であり、自分やテレビが頑張ったような「錯覚」に陥った結果の発言だったと釈明した。郵政省放送行政局長は記者会見で、放送法に違反する事実があれば電波法76条に基づく無線局運用停止もありうることを示唆したが、94年9月、テレビ朝日から偏向報道はなかったとの報告を受け、厳重注意で済ませた。

(参考文献) 鈴木秀美ほか『放送法を読みとく』（2009・7　商事法務）　　　　　　　　　　　［伊藤高史］

▶ 編集（へんしゅう）

(語義) 新聞、雑誌、書籍、テレビ、映画等のコンテンツを制作する際に、いったん出来上がった素材を一定の方針のもとで、取捨選択、修正、構成するなどして、最終形に仕上げる過程をいう。新聞社であれば編集局内のデスク、出版社であれば編集者の仕事を指す。取材して記事を書くジャーナリストや原稿を書く作家の仕事を完成形へと導く、重要な役割を担う。各種メディアのコンテンツの

制作・編集という過程においては、書き手とともに、デスクや編集者がその〈両輪〉をなしているといえる。ベストセラー作家であっても、"黒子"役の編集者の存在が大きいといわれるのは、このことを指している。

ニュースの生産過程を見てみると、記者とデスクが〈両輪〉となっている。取材記者はニュースの現場で取材し、原稿や写真、映像などをデスクに送る。それが素材となり、本格的な編集作業が始まる。しかし、取材記者がたまたま事件や事故の発生現場に居合わせた場合は別だが、通常は取材前からデスクがすでに関与している。つまり、記事の種類や分量、締め切り時間などをあらかじめデスク側が決め、記者を現場に赴かせる。大きなニュースになれば、記者に可能な限り事前取材させ、予定稿を書いておくように指示する場合もある。

記者が原稿を執筆する際、デスクの指示通り分量や形式、締め切りを守るのは必須条件である。それ以上に重要なのは、何に焦点をあてるか、何をニュースと捉えるかにかかっている。取材前に両者が十分話し合っていたとしても、いざ取材が始まると、ニュースのポイントを変更した方がよい事態がしばしば起こる。それに記者が気づくのか、デスクが気づくのか。〈両輪〉がともに動く必要がある。

現場から原稿が届くと、デスクの仕事は慌ただしくなる。誤字・脱字、固有名詞のチェックから始まり、意図した内容が盛り込まれているか、内容に過不足がないか、わかりやすいか、読者が誤解を招く表現はないか等の観点まで、瞬時にチェックしていく。若手かベテランかを問わず、記者の原稿は、公正で正確なものでなければならない。ときには記者の癖を見抜きながら、記事の質を高めていく。

〈両輪〉でありながらも、両者の対立は避けられない面もある。例えば、ニュースの現場には独特の高揚感がある。現場の記者とオフィス内にいるデスクとでは、いわゆる"温度差"が生まれる。現場記者がいくら原稿を書いても、デスクによって大幅に削られるか、ボツにされるのは、編集局内ではそれほど珍しいことではない。

ニュースを冷静に受け止め、現場記者に一種のブレーキをかけるのは、デスクの大切な仕事だといえる。逆に、現場の記者を刺激し、ルーティンの仕事で終わるはずだったところを、別の観点からしつこく独自取材させ、スクープ記事に引き上げるのも、デスクの仕事だ。記者とともに走る。ブレーキを踏むか、アクセルを踏むか。デスクの仕事次第で、ニュースは大きく変わり得る。

〔実例〕 ニュース記事には、いくつかの種類がある。デスクはニュースの価値を判断し、どの種類の記事を、どの記者に書かせるかを決めていく。ニュースの中核となるのは、5W1Hの事実を押さえた「本記」だが、各紙の内容はだいたい一緒になる傾向が強い。会見などで当局の発表を基に記事を書くことが多いからだ。

関係者の表情、感情をいきいきと伝えるのが「雑観」(雑感ともいう)で、新聞では通常社会面に掲載される。喜怒哀楽をどう切り取って記事にするかは、力量が問われる。現場に記者が2人以上いれば、デスクは経験豊かな記者に「雑観」を任せることになる。

その他、取材と編集の実力が現れるのは、「サイド」と呼ばれる、事件や事故の特徴や性格を読者に印象付ける記事である。例えば、飛行機事故であれば、操縦していたパイロットの経験だけに焦点をあてたり、飛行機会社の経費削減問題に注目したり、ポイントを1つだけ取り上げ、掘り下げる。「サイド」の出来具合は、デスクの専門知識や経験が大きく左右する。

〔参考文献〕 花田達朗・ニューズラボ研究会編著『実践ジャーナリスト養成講座』(2004・2 平凡社)

[小黒純]

▶ **編集委員**(へんしゅういいん)

新聞社や通信社で、政治・経済・社会・外信部などで豊富な経験を積んだベテラン記者が就くポスト。学者顔負けの知識で解説記事を書いたり、得意分野に関する連載を担当したりと、その職務は一様ではない。特定テーマを決めた調査報道チームで後輩記者の指導やデ

スク役を務めるケースや、新聞社の「顔」としてテレビ番組に出演する場合もある。社説執筆が本業の論説委員から、比較的自由な立場で執筆できる編集委員に"横滑り"するケースもある。格段の業績をもつ記者は、専門編集委員や特別編集委員などと呼ばれ、大きなコラムを担当することが多い。外部の専門家が客員編集委員として執筆する場合もある。

参考文献 読売新聞東京本社教育支援部編『ジャーナリストという仕事』(2008・3　中央公論新社)［高橋弘己］

▶編集権（へんしゅうけん）

語義 メディアの編集方針や内容を決める権能。「編集権」という呼称は、日本新聞協会が労働運動を抑えることを意図して1948年に発表した〈編集権声明〉で使われた。それによれば「編集権」は経営・編集管理者に帰属する「特殊な権能」で、「外部たると、内部たるとを問わずあらゆるものに対し」守る義務があるとしている。方針に従わない企業内ジャーナリストの排除を正当化し、レッドパージに利用された。

他方、近代市民革命の中で表現の自由を確立した欧米で、editorial rightという概念はほとんど使われない。むしろ、プレスの自由をめぐる議論の中で語られてきた。その背景には①ジャーナリズムに公共的な使命を求める政治文化があり、②ジャーナリストたちの職能的な自律が醸成され、③所有・経営・編集の分離が進行したという事情があると考えられる。

実例 ワイマール期の1926年に編集の職能団体と使用者団体が労働協約を結び、新聞に公益追求義務があるとの認識が共有されていたドイツでは、60年代末からジャーナリストが勤務先企業に「編集綱領」の締結を求める運動を展開した。彼らが求めたのは編集上の決定に参加したり、良心・信条に反する記事を書くよう強要されたりしない自由（プレスの内部的自由）である。綱領を結んだ新聞・雑誌社は計11にのぼり、公共放送局では編集綱領条項を組み込む法改正もなされた。

フランスでは、ジャーナリストが不当な扱いを受けないよう規定した「良心条項」が35年に立法化されるなど、プレスの自由が立法府で早くから議論されていた。高級紙ル・モンドでは51年から約60年間、記者会が筆頭株主として経営側と対峙した。

また、アメリカのケーブルテレビをはじめ、世界各地で、市民の番組作りを促すパブリックアクセス番組の制度化も広がりつつあり、番組作りの権限が市民社会に一部開放されている。

日本でも〈声明〉を超える例はある。例えば毎日新聞社は経営危機に陥った77年、"編集の独立"や"記者の良心"など6項目からなる「編集綱領」を策定し、再出発を期した。地域紙では、新潟県の上越タイムス社が99年から、NPOに紙面を一部委譲し、編集の権限を市民社会と分有している。

こうした潮流と逆行する現象もある。NHKの報道番組が政治家の圧力で改編されたとする朝日新聞の報道（2005年1月12日付）をめぐる一連の論争で、NHKは「編集権」が現場スタッフにはないと主張し、訴訟でNHKと異なる証言をした社員プロデューサーが後に配置転換されている。

参考文献 内川芳美ほか編『講座現代の社会とコミュニケーション(3) 言論の自由』(1974・2　東京大学出版会)、第八次新聞法制研究会編著『新聞の編集権─欧米と日本にみる構造と実態』(1986・1　日本新聞協会)、浜田純一『メディアの法理』(1990・5　日本評論社)、花田達朗編『内部的メディアの自由─研究者・石川明の遺産とその継承』(2013・8　日本評論社)

［畑仲哲雄］

▶編集権声明（へんしゅうけんせいめい）

語義 日本新聞協会が1948年3月16日付で公表した文書。編集権を「新聞の編集方針を決定施行し報道の真実、評論の公正並びに公表方法の適正を維持するなど新聞編集に必要な一切の管理を行う権能」と定義し、行使者を新聞の経営・編集管理者に限定した。声明は、編集権を侵害し得る主体を新聞社の「外部」と「内部」に分けて検討している。このうち内部については「定められた編集方針に従わぬものは何人といえども編集権を侵害し

たものとしてこれを排除する」と明記された。
　こうした編集権の考え方は連合国軍最高司令官総司令部（GHQ/SCAP）からもたらされた。例えばGHQ民間情報教育局プレス課長のダニエル・インボデンは1946年6月にプレスコードに違反した読売新聞社で講演し、編集方針（editorial policy）を決定する権利は所有者・経営者にあり、編集に介入する権利は従業員にないと教示した。さらにGHQ経済科学局労働課は48年3月3日に「編集権に関する侵害は労働法外」という判断を文書で示した。編集権声明はこうした考えを忠実に映している。
　当時高揚していた労働運動を抑えたい経営者や、台頭するソ連を警戒し始めたアメリカや日本政府の思惑が複雑に絡み合うなか作られた政治的な産物との批判が強い。しかし新聞協会は、編集権が所有権に由来し、経営管理者に帰属するという考えを現在も堅持している。

(実例)「編集権」の正当性が真正面から法廷で争われた訴訟としては、山陽新聞社事件が挙げられる。山陽新聞社の内部事情を告発するビラを市民に配布したことで懲戒解雇となった労働組合員5人が、解雇無効を求めたもので、1・2審とも原告勝訴で判決が確定した（広島高岡山支判昭和43年5月31日）。これにより「編集権の侵害」を根拠とした不当な解雇には歯止めがかけられた。

(参考文献) 山本明「新聞の自由と山陽新聞事件裁判―真実の報道とプレス・キャンペーンとの関連を中心に」『人文学』73号（1964・5　同志社大学人文学会）、塚本三夫『現代のコミュニケーション―ジャーナリスト労働とマス・メディアの構造』（1976・4　青木書店）、山本武利『占領期メディア分析』（1996・3　法政大学出版局）　　　　　　　　　　　　　　　[畑仲哲雄]

▶ **編集後記**（へんしゅうこうき）

　雑誌などの巻末に編集者が記す文章のこと。多くの場合、編集責任者が執筆するが、複数の編集者がそれぞれ執筆するケースもある。編集後記は主として雑誌に見られる記事形態であり、書籍ではほとんど例を見ない。このことは両者間で編集者の位置付けが異なることを示している。一般に、書籍は特定の著者によって統率されたテクスト空間をなしていると考えられているのに対し、雑誌は多様な記事群を束ねたものであり、それは編集者によって主導されていると考えられている。しかし雑誌においても書籍と同様、編集者は裏方に徹するという建前になっているため、その思想は各記事のテクストに明示されているのではなく、雑誌の構成というメタレベルにおいて表現されることになる。その中にあって編集後記は、例外的に、編集者が自らの思想・意見・感想を直接的に開陳する場となっている。(参考文献) 吉野源三郎『平和への意志―『世界』編集後記1946-55年』（1995・2　岩波書店）　　　　　　　　　　　　　　　[長谷川一]

▶ **編集者**（へんしゅうしゃ）

(語義)　書籍や雑誌、新聞、あるいは映像等の作品製作において、種々の素材を手配・収集・整理・配置し、全体として1つのまとまりとして形を与えてゆくのにあたり、主導的な役割を果たす立場、職種、もしくは人物をいう。
　16世紀には出版者（publisher）と同義であった英語のeditorは、著作物の成立に関する諸過程において、それらを決定付ける重要な権限を明確に保持する立場であることを含意するようになり、またコンピュータのプログラムを編集するソフトウエアという意味までを含むようになった。これに対し日本語の「編集者」は、意味の範囲が相対的に曖昧であり、また立場・職種・人物に対してのみ用いられる。なお専門的職能としての編集者が登場するのは19世紀である。

(影響)　今日この言葉は主に4つの意味で用いられる。第1は、「編者」や「編纂者」と呼ばれるような場合である。これは、論集や辞書事典など、複数の執筆者によるテクスト群の複合体として成立する編集著作物に対し、それを編み、統括する主体を指す用法である。編集著作物は、素材の選択や配列にも創作性があると考えられているため、編者は著作権を有し、クレジットされる。その意味で、著者に準じる立場であるといえる。

第2は、著作物の成立にあたって、主として内容面に責任をもつ著者に対し、その商品化の諸過程の決定に関わるような立場をいう場合である。企画の立案、執筆者の選定や依頼にはじまる種々の調整、造本、営業、宣伝や販売といった諸過程に深く関与し、著作物として形をなして世に出るにあたって決定的な役割を果たす。アメリカの大学出版局のように、企画立案など著作物の成立に責任ある立場として関与する権限をもつ企画編集者と、より限定された範囲での作業に主軸をおく実務編集者とを区別するケースもある。いずれにおいても一般に、編集者が直接に出版権や著作隣接権などを有することはなく、クレジットされることもない。

第3は、第2の意味とも重なりながらも、同時に取材や記事の執筆といった著者的な作業をも行うような場合である。雑誌編集においてはさまざまなかたちで広く見られる様態であるが、書籍では限定的である。

第4は、映画など映像作品における編集者である。撮影された映像群を素材として、それらを取捨選択し、ショットを繋げてシークエンスを構成し、フィルムを具体的に組み立ててゆく実務的な専門家であり、作品世界の構築に決定的に重要な役割を果たす。

(参考文献) 外山滋比古『エディターシップ』(1975・2 みすず書房)、吉野源三郎『職業としての編集者』(1989・3 岩波書店)、長谷川一『出版と知のメディア論』(2003・5 みすず書房)、W・マーチ『映画の瞬き―映像編集という仕事』(吉田俊太郎訳、2008・8 フィルムアート社)　　　　　　　　　[長谷川一]

▶ **編集著作物**（へんしゅうちょさくぶつ）

編集物で、素材の選択・配列に創作性の認められる著作物の形態で、新聞や百科事典などがその例。編集物を構成する個々の記事や画像などは、それ自体も著作物である場合があり、原則として各素材を創作した著作者が著作権をもつ。他方、職業別電話帳のように、編集物を構成する個々のデータは特に著作物ではないケースもある。いずれの場合も、編集著作物は個々の素材の保護とは別個独立に、その選択や配列に対して独立の保護が生じるものであって、創作者である編集者や出版社は、素材の選択・配列に対して権利を主張できる。つまり、個々の素材が第三者などによって流用されても編集著作物の権利者はクレームできないが、全体の配列・構成が真似された場合には差止や損害賠償の請求ができる。「データベースの著作物」はこれとは異なるが、似た論理によって情報の選択や体系的な構成に権利が生まれる。(参考文献) 中山信弘『著作権法』(2007・10 有斐閣)　　[福井健策]

▶ **ペンタゴン・ペーパーズ**
（ぺんたごん・ぺーぱーず）

(語義) ベトナム戦争の経緯をまとめた米国防総省の報告書。正式名は「History of U.S. Decision-Making Process on Viet Nam Policy, 1945-1968（ベトナムにおける政策決定の歴史、1945年-1968年）」。国防総省国際安全保障問題担当次官補だったジョン・セオドア・マクノートンがレスリー・ハワード・ゲルブ（後に国務省軍政局長）にまとめさせた。47巻構成（資料を含め約100万語）で、ルーズベルト大統領時代以来のアメリカのインドシナ政策を網羅、戦略決定の誤りも含む詳細な記述となっていたため機密文書指定を受けていたが、71年に流出、ニクソン政権を揺るがすペンタゴン・ペーパーズ事件に発展する。なお、2011年に機密指定は解除されている。

(経緯) ランド研究所でベトナム戦争戦略策定に関わったダニエル・エルズバーグは、撤退こそ最良の戦略と考えるようになり、ニクソン政権の大量増派を止めるためにペンタゴン・ペーパーズの公開を企てた。そしてその全文を密かにコピーしてロバート・ケネディ議員らに接触を試みる。しかし政治家は自らが矢面に立つことに難色を示したため、ベトナム戦争反対の論陣を張っていたニューヨーク・タイムズ記者のニール・シーハンに連絡を取り、1971年2月28日に面会、文書の内容を伝える。衝撃を受けたシーハンは社に戻り、副社長のジェームス・レストンに記事掲載の承諾を得た上で特別チームを作り、文書内容を精査、同年6月13日から連載記事として報道を開始した。

当時のニクソン大統領は事態を重視、ペンタゴン・ペーパーズの新聞への掲載は国家を危険に晒すとし、司法省を通じて記事差止を連邦地方裁判所に提訴したが却下される。控訴審のワシントン連邦高等裁判所では政府の訴えが認められたが、連邦最高裁判所での上告審では「政府は証明責任を果たしていない」という理由で再び却下された。この裁判は憲法修正1条（言論の自由）をめぐる、以後の判例や政府活動に大きな影響を与えた。

参考文献 H・E・ソールズベリー『メディアの戦場──ニューヨーク・タイムズと記者ニール・シーハンたちの物語』（小川水路訳、1992・7　集英社）　〔武田徹〕

▶ **ペン部隊**（ぺんぶたい）

日中戦争勃発後の1938年8月、内閣直属の「情報部」は戦線への文学者従軍を計画、仲介した文藝春秋社長菊池寛の呼びかけに応じた20名を超える作家が陸軍・海軍に従軍し、同年9月から10月の約1か月間中国大陸戦線に従軍した。吉川英治（東京日日新聞）、岸田國士（文藝春秋）、尾崎士郎（中央公論社）ほか、著名作家多数がいる。林芙美子（毎日新聞）は漢口一番乗りを果たすなど脚光を浴びた。従軍作家の見聞は、記者中心だった戦争報道に、報告文学（ルポルタージュ）を加え新聞各紙に掲載され、戦場と読者を繋ぐ役割を果たした。なお、派遣以前に石川達三は『生きてゐる兵隊』で発禁処分を受けた。陸軍報道部員として従軍していた芥川賞作家の火野葦平の戦闘体験を記した『麦と兵隊』はベストセラーとなった。参考文献 荒井とみよ『中国戦線はどう描かれたか──従軍記を読む』（2007・5　岩波書店）

〔清水真〕

ほ

▶ **法人著作物**（ほうじんちょさくぶつ）

例外的に法人などの「使用者」が従業者の著作した作品の著作者となる場合を指し、「職務著作物」とも呼ばれる。著作権法では、作品を創作した自然人が著作者となり、著作権を原始的に取得するのが大原則。しかし、①法人その他使用者の業務に従事する者が、②法人等の発意（イニシアチブ）に基づき、③職務上作成した著作物で、④法人等の著作名義で公表されるものは、⑤別段の契約等がない限り、法人等が当初から著作者となり、当然に著作権を取得する。これは、就業規則などの規定により、法人が従業者の著作物の権利譲渡を受けるのとは異なり、法人などがそもそも著作者になる制度。日本は米国法と異なり「従業者」がより厳格に解釈され、通常の外注スタッフとの間で法人著作が成立することは相当に困難である。参考文献 半田正夫・松田政行『著作権法コンメンタール（1）』（2009・1　勁草書房）

〔福井健策〕

▶ **放送**（ほうそう）

語義　電気通信により、不特定多数に情報を伝達する営み。新聞などと並んで、代表的なマスコミュニケーションの一形態であり、マスメディアでもある。日本の放送法では、「公衆によつて直接受信されることを目的とする電気通信」（2条1号）と定義される。この規定は、2011年の放送法改正までは、「無線通信の送信」とされており、無線通信が放送の条件とされていた。現在でも、メディアとしての放送は、電波を利用するものが中心的役割を担っている。音声を伝達するラジオ、映像・音声を伝達するテレビのほか、文字・図形等を伝達するデータ放送など、技術の発展により伝達内容は多様化している。伝送路に関しても、地上波や衛星波などの電波だけでなく、ケーブルテレビやIP通信網といった有線を利用した伝送も普及している。

日本語の「放送」は、発信人不明の無線電信を指して、1917年に最初に公文書に用いられたという。英語ではbroadcasting、中国語では「廣播」という語が用いられ、いずれも不確かな対象に広くばら撒くというコミュニケーションの形態を表している。

影響　有線電話網を用いた劇場中継などが19世紀末のヨーロッパなどで行われ、これが放送の原型となった。その後、1895年にマルコーニにより無線通信が実用化される。無

線通信はその特性上、1対1通信であっても他者が傍受できるため、最初から「1対多」の通信が可能であった。その中から「放送」がメディアとして析出されたのは、不特定多数に向けて、定時に一定のテーマに沿った番組が無線通信されるようになった時と考えられる。その意味で、1920年にアメリカ・ペンシルバニア州で始まったKDKAが最初のラジオ局といわれ、ラジオは第二次世界大戦以前に多くの国で大衆化する。テレビ放送は、35年にドイツとイギリスで始まったが、世界的に普及していくのは戦後となる。

日本における放送は、24年3月22日に社団法人東京放送局が開始したラジオから始まる。戦前は、初期のごく一時期を除くと、日本放送協会により独占され政府による厳しい統制下に置かれた。戦後、GHQの指導の下、民間に開放され、NHKと民間放送（商業放送）の併存体制により、多元性の確保が図られることになる。テレビ放送は53年2月にNHK、同年8月に日本テレビにより開始される。その後、ラジオFM放送や衛星放送の開始、テレビ放送のデジタル化などを経て、市民の生活に深く浸透している。

放送は、先行する印刷メディアと比較すると、遠隔地の出来事を、広範囲かつ同時に、また視聴覚に直接訴えて伝達できる点に特徴がある。文字によるコミュニケーションが、言語を介するがゆえに理性的と考えられるのに対して、放送はより感性的なメディアとされている。放送が、ジャーナリズムの領域で最も力を発揮するものの1つは実況である。ラジオでは、放送ジャーナリストの草分けであるエドワード・マローが、第二次世界大戦時のロンドン空襲をアメリカに中継したのが最も早い事例の1つである。この実況は、アメリカを対独戦争に導く1つの動因になったといわれる。最近でも、2001年9月11日に世界貿易センタービルに衝突する航空機を捉えた映像、11年3月の福島第一原発の爆発の瞬間を捉えた福島中央テレビの映像など、テレビによる実況がその後の社会に大きな影響を与えた事件が数多くある。

逆に、説明と裏付けなしに伝えられる実況映像がミスリードをする場合もある。例えば、湾岸戦争時に伝えられた油まみれの水鳥の映像は、のちにイラクの攻撃によるものではなかったことが明らかになった。感性メディアゆえの強みと弱みを併せもつのが放送といえるだろう。

(参考文献) 日本放送協会編『放送五十年史』(1977・3　日本放送出版協会)、水越伸『メディアの生成』(1993・2　同文館出版)、原寿雄『ジャーナリズムの思想』(1997・4　岩波書店)　　　　［本橋春紀］

▶ 放送規制機関（ほうそうきせいきかん）

放送の監督を所管する行政機関の総称。放送規制という表現の自由に関わる権限を行使するため、通常の行政機関ではなく、大統領や内閣から一定の独立性を保障された独立行政委員会の形態をとっている国が多い（アメリカの連邦通信委員会（FCC）、フランスの視聴覚高等評議会（CSA）、韓国の放送通信委員会（KCC）など）。主な権限に、放送免許の付与、放送内容の監督、視聴者からの苦情の処理等があり、国によっては放送政策の積極的な企画立案を所管している場合もある。また、放送と通信の融合の進展に伴い、放送と通信の両者を所管する制度改革が行われる例も見られる（韓国のKCCや、イギリスの通信庁（Ofcom）など）。日本では、独立行政委員会の電波監理委員会があったが、現在は、総務大臣（総務省）が放送・通信の監督や政策の企画立案を所管している。(参考文献) 鈴木秀美ほか編著『放送法を読みとく』(2009・7　商事法務)　　　　　　　　　　　　［曽我部真裕］

▶ 放送局（放送産業）
（ほうそうきょく（ほうそうんさんぎょう））

(語義) 産業としての放送局は、広告収入を基盤とする無料放送と、受信契約料を基盤とする有料放送の2つに大別される。無料放送事業者は、番組とともに放送するCM時間枠を企業などの広告主に販売することによって収入を得ている。広告主は広告に関する費用を最終的には消費財の価格に転化しており、視聴者は番組に関する対価を間接的に負担していることになる。電波による放送は、その特性上、視聴者を限定することが困難なため、

視聴者から直接料金を徴収することが困難であり、広告放送モデルが先行して発展した。一方、有料放送事業は、受信者を特定することが可能な有線放送を中心に発達した。その後、暗号化して送信し、受信機を特定して復号する鍵を送信できるようになり、電波による放送でも有料放送を基盤とする放送局が登場した。

（影響）広告放送モデルが最初に確立したのは1920年代のアメリカである。フォードシステムの登場による大量生産と、それを支える大量消費という産業的循環を支える役割を担った。水越伸（1993）によると、この時期のラジオ広告に登場する商品は「大量生産され、低価格で継続的に消費される日用必需品」であり、「ブランドやメーカー・イメージなどの付加価値によって選択されやすい」ものであった。こうした放送広告の基本的特性は現在においても変わらない。

『情報通信白書』によれば、2011年度の放送事業の売上は3兆2169億円（NHKの収入6946億円を除く）。このうち広告放送モデルをとる地上波の民放テレビ・ラジオの売上は約2兆2502億円で、全体の6割以上を占める。民放テレビ・ラジオの中では、テレビキー5局の規模が圧倒的に大きく、多くのローカル局は従業員数十人から200人程度の中小企業である。また、電通の「日本の広告費2012」によれば、12年のテレビ広告費は1兆7757億円、ラジオは1246億円、衛星メディア関連は1013億円で、放送広告費計で2兆円程度と推計されている。日本の総広告費5兆8913億円のおよそ3分の1にあたる。インターネット広告の進展により、広告市場全体に占めるシェアは低下しているものの、テレビは最大のメディアとしての地位を保っている。ラジオは2001年以来の減少傾向に歯止めがかかっていない。

一方、有料放送に関わる主な事業者の売り上げを概観すると、ケーブルテレビ事業者の売り上げは5177億円（11年度）、CS放送事業者は3191億円（同）である。有料衛星放送局であるWOWOWの売上は665億円（12年度）となっている。また、有料衛星放送のプラットフォーム事業者であるスカパーJSATの有料多チャンネル事業の売上は1196億円（12年度）である。

（参考文献）水越伸『メディアの生成』(1993・2　同文館出版)、電通総研編『情報メディア白書2013』(2013・1　ダイヤモンド社)　［本橋春紀］

▶ **放送ジャーナリズム**（ほうそうじゃーなりずむ）

（語義）放送ジャーナリズムは、ジャーナリズムの下位概念であり、新聞ジャーナリズム、雑誌ジャーナリズムなど媒体別にジャーナリズムの表れ方を示したものである。ジャーナリズムが成立する必要条件として、伝達される内容がその日の出来事と関係していて、これが翌日、または一定の時間をかけて多数の人々に伝達されること、との指摘がある。しかし、これは新聞が報道・ジャーナリズムの基幹として機能していた時代の考えであり、この後登場した電波メディアによる放送が報道・ジャーナリズム機能を果たし始めたことを、新聞ジャーナリズムと区別する意味で放送ジャーナリズムと呼んでいる。

（実例）大衆（マス）への情報流通を可能にした印刷技術に支えられた新聞ジャーナリズムは、有限な資源である電波を利用した放送という、新たなマス伝達手段、いわゆるコミュニケーション回路の社会的浸透により新たな挑戦を受けることとなった。

日本では1925年にラジオ放送が開始されたが、戦前の日本にとってラジオは、ニュース映画とともに、国家の統一的なメッセージを国民及び占領した植民地各地の人々に効果的に伝える情報宣伝プロパガンダ戦略のツールとして活用された。しかし、戦後の民主化、復興・高度成長期に公共放送と民間放送が並びたつ放送産業モデルである並存放送体制が確立し、ラジオ放送に加え、53年から開始されたテレビ放送を軸とする放送ジャーナリズムが急成長をとげた。

日々世の中で起きている出来事を、新聞または放送を通じて伝える際、媒体の違いがジャーナリズム活動にそれぞれの媒体特性として反映されることも、明確に意識されるようになった。マスコミの報道機能については、速報性、詳報性、解説性の3つがあるが、放

送ジャーナリズムは、新聞ジャーナリズムに対して、速報性で上回っている。

また、新聞と比べて、放送は電波法や放送法の枠組の中で事業活動を行っており、監督官庁である総務省、ひいては政府に対して弱いと見られている。また、放送の方が新聞と比べて視聴者獲得のために、より商業主義及び大衆迎合的傾向が強い点も特徴として指摘される。

新聞は、編集・加工されたニュース記事を最終的には輪転機にかけて印刷し、それをトラック輸送などによって物理的に全国各地の販売店を通じた宅配、または店頭・売店売りという販売・流通ルートに乗せるのである。これに対して放送は、公共放送NHKでは全国各地のラジオ聴取またはテレビ視聴対象者を「あまねく」カバーすることを求められた。また民間放送では、東京のキー局を中心にニュースネットワークを形成し、全国各地で発生するニュースを放送電波に乗せて速報できる。

速報性において新聞を上回る放送ジャーナリズムだが、総合的な番組編成を行う基幹的な地上放送においては日々の出来事を伝える報道・ジャーナリズムに割くことができる時間がある程度限定されることから、詳報性および解説性においては新聞ジャーナリズムが勝ると考えられる。95年から日本に本格的に到来したインターネット時代の中でウェブ上のマルチメディア環境におけるオンラインジャーナリズムが台頭してきており、新聞・放送の両ジャーナリズムの形態変容を迫っている。

参考文献 田村紀雄・林利隆・大井眞二編『現代ジャーナリズムを学ぶ人のために』(2004・5 世界思想社)、山田健太『ジャーナリズムの行方』(2011・8 三省堂)
〔金山勉〕

▶放送大学 (ほうそうだいがく)

イギリスのオープンユニバーシティ(1969年設立)を手本に、生涯学習機関として広く社会人に大学教育の機会を提供するため、放送大学学園法(81年制定)に基づいて、1983年に設置された。85年から、学生の受入れ、授業のための放送を開始し、2001年には、修士課程(学術)の大学院も設置された。放送大学では、放送による授業と全国57か所の学習センターでの面接による授業などを行っており、全科履修した卒業生には教養学士号が与えられる。国の補助金と授業料で運営され、約9万人が在籍している。授業のための放送は、テレビ放送とラジオ放送で行われ、当初は関東広域圏のみの地上放送であったが、衛星放送でも1998年1月からはCS放送のスカパー!で、2011年10月からはスカパー!に替わってBS放送で放送されている。現在では、インターネットを通じてパソコンで視聴できるほか、携帯端末でも聴くことができる(radiko.jp)。

参考文献 鈴木秀美・山田健太・砂川浩慶編著『放送法を読みとく』(2009・7 商事法務)
〔山本博史〕

▶放送法 (ほうそうほう)

語義 日本における通信・放送メディアに関する総合的な言論立法で、番組内容についての基準などを定める。各種メディアの中で放送だけは伝統的に包括的な法の規制の下にあり、その代表が事業を縛る電波法と内容を縛る放送法である。ただしその法目的は、「放送の不偏不党、真実及び自律を保障することによって、放送による表現の自由を確保すること」(1条2号)であって、自由のための規律であることが特徴である。さらに「放送が健全な民主主義の発達に資すること」(同条3号)と、法目的に〈民主主義〉を明記する珍しい法律でもある。

1951年制定以来、60年ぶりの2011年の大改正によって、従来の「公衆によって直接受信されることを目的とする無線通信の送信」である、いわゆる〈放送〉から、対象を「電気通信の送信」に拡大した。法構成としては、公共放送NHKと、民間放送個別の規定と、両方にかかる総則的な条文に分かれる。また従来は、放送設備をもつ者と放送番組を制作し送り出す者は同一であるのが一般的であったが、衛星放送の普及をきっかけに、両者が異なることが生じ、改正によって「ハード(頒布者)とソフト(表現者)の分離」を定めることとなった。

法の中核は、放送番組の自由と規律を定めているところにある。それは、放送が希少性をもった免許制度に基づく「特別なメディア」であることの証である。ただし、法が内容(コンテンツ)に関する規定をもっているがために、公権力による放送内容への介入の可能性を包含することになっている。とりわけ日本の場合、放送局の許認可権を総務省がもっているとともに、日常的な放送行政を担っているのも同省であって、いわば監督官庁として放送局に対し絶対的でかつ強力な指導力を発揮できる立場にあることが運用上大きな意味をもつことになる。

実例　放送法は、放送番組編集の自由を謳った上で(3条)、公序良俗、政治的公平、事実報道、多角的論点の呈示の4つを放送番組準則として挙げている(4条)。これらは従来、政府自身も「放送局の法的義務」ではなく精神的規定と解釈・運用されてきた。いわば「放送局が視聴者に対する約束」として定められたものとの考え方である。しかし近年の政府解釈は、法的遵守義務であってその違反かどうかの判断は監督官庁である総務省が行うものとしている。そして、個別番組内容について、総務省が行政指導により、放送局に対し報告書の提出を求めたり業務改善命令を出したりする事例が続いている。

このほかの内容規律としては、放送局は局ごとに放送番組基準を策定し、公表することが定められている(5条)。また、視聴者からなる番組審議機関を組織し、放送内容に視聴者の声を反映することを求めている(6条)。また、放送した番組を一定期間保存し、求めがあれば視聴させることを義務化し、誤りがあった場合は速やかに「訂正放送」を行うことが決まっているのも、放送メディアならではの大きな特徴である(9・10条)。これらはすべての放送に共通して求められているルールであるが、基幹放送と呼ばれる社会的影響力が大きいとされる主だった放送局に対しては、番組調和原則と呼ばれる番組総合編成が求められ、その放送実績の公表が義務付けられている。具体的には、報道、娯楽、教養、教育の4種類の番組をバランスよく放送することが必要とされる(106条)。また、(事実上の)放送義務としては、災害放送やNHK国際放送に関して政府による要請放送の規定がある。

主として民間放送の運営に関しては、外国人持株規制のほか、マスメディア集中排除原則と呼ばれる異業種もしくは同業種マスメディア間の地域独占・寡占の禁止や、認定放送持株株式会社(放送局のグループ化)の規定があり、放送の多様性を維持するとともに、地方局の存続のための措置が図られている。とりわけテレビ・ラジオ・新聞社間の株式や役員の相互乗り入れによる3事業兼営禁止規定は伝統的なもので、多様性維持の根幹をなす制度であるが、実態としては多くの地方で、新聞と放送を同一企業が経営している例が見られ空洞化している。

参考文献　片岡俊夫『新・放送概論』(2001・12　日本放送出版協会)、日本民間放送連盟『放送ハンドブック[改訂版]』(2007・4　日経BP社)、鈴木秀美ほか編著『放送法を読みとく』(2009・7　商事法務)

［山田健太］

▶ **法廷内カメラ取材**(ほうていないかめらしゅざい)

語義　裁判所においてカメラ取材(撮影、録画、放送等)を行う場合、刑事事件及び民事事件ともに、裁判所または裁判長の許可を得なければならない。戦後間もない頃、カメラ撮影が許されていた時期があったが、撮影者のマナーの問題もあり、カメラマンの法廷秩序維持の妨害が問題となった北海タイムス事件(最大判昭和33年2月17日)を機に写真撮影禁止が原則となった。刑事事件については刑事訴訟規則215条、民事事件については民事訴訟規則77条によって、その旨が規定されている。

現在では、開廷前の数分間だけ撮影が認められる運用になっている。この規制は裁判の公開を定める憲法82条との関係で問題になり得るが、その根拠は必ずしも明らかではなく、当事者のプライバシー保護や法廷内秩序の維持などが想定されている。

実例　法廷内カメラ撮影の是非が正面から争われた事案はないが、それに関連するケース(最判平成17年11月10日)はある。写真週刊誌のカメラマンが小型カメラを法廷に隠して持

ち込み、和歌山カレー事件の被告人の様子を報道する目的で、閉廷直後の時間帯に無断で傍聴席から被告人の容貌などを写真撮影した事件である。そのイラスト画が週刊誌に掲載され、その中には被告人が手錠をされ腰縄を付けられている状態を示すものがあった。これについて最高裁は、本人に無断で、かつ裁判所の許可を受けることなく被告人を隠し撮りした本件撮影行為は違法であるとし、さらに手錠をされ腰縄を付けられている状態のイラスト画の公表は社会生活上受忍の限度を超えて違法だと判断している。

参考文献 別所宗郎「法廷のカメラ取材」『法学セミナー増刊 マス・メディアの現在』(1986・10 日本評論社)、山田健太『法とジャーナリズム〔第2版〕』(2010・4 学陽書房) 〔大林啓吾〕

▶ 法廷侮辱 (ほうていぶじょく)

裁判所の審理などにおいて、裁判所の命令を無視し、審理を妨害し、公平な裁判を脅かすなど、裁判所に対する機能妨害に対抗して、裁判官が裁量権を行使して制裁を科すことをいう。伝統的に、イギリス法の影響が強い国や地域では裁判所に内在する権限の行使として刑事侮辱と民事侮辱、直接侮辱と間接侮辱を想定し、当該妨害行為の当事者である裁判官自身が罰金、刑務所への収監を命じることができたが、20世紀後半からは制定法による限定を設けた法域が多い。フランス、ドイツなど日本の裁判制度に影響のあった国々では、裁判所に対する機能妨害に対抗する裁判官の権限が制定法により認められているのが通例であり、日本では法廷などの秩序維持に関する法律(法廷秩序維持法)と法廷等の秩序維持に関する最高裁規則、裁判所法73条の審判妨害罪がほぼ同様の機能を果たす。最高裁は、法廷秩序維持法の仕組みに関し、裁判所の面前等における現行犯的行為であるので憲法上の手続が適用されない特殊な刑罰であると説明している。 〔紙谷雅子〕

▶ 法廷メモ訴訟 (ほうていめもそしょう)

背景 憲法82条1項は裁判の公開を規定し、その中には傍聴の自由が含まれるとされていたが、この自由はメモの自由まで含むものではないと解されていた。このため多くの裁判所が傍聴人のメモについて、許可制を採用していた。他方、裁判所の司法記者クラブに所属する報道機関の記者は、自由にメモを取れる扱いとされていた。

アメリカ・ワシントン州の弁護士・レペタは、国際交流基金の研究員として日本の証券市場などを研究する中で、所得税法違反の刑事事件を傍聴した。レペタは、公判期日に先立ってメモの許可を求めたが、裁判長が認めなかったため、この裁判長の不許可処分が違憲であるとして国家賠償を求めて提訴した。

特色 最高裁大法廷は、1989年3月8日、レペタの訴えは棄却したが、「傍聴人が法廷においてメモを取ることは、その見聞する裁判を認識、記憶するためになされるものである限り、尊重に値し、故なく妨げられてはならない」、「裁判長は傍聴人がメモを取ることをその自由に任せるべきであり、それが憲法21条1項の規定の精神に合致する」と判示し、メモの原則的自由を認めた。また、「裁判所としては、今日においては、傍聴人のメモに関し配慮を欠くに至つていることを率直に認め(中略)なければならない」と付言した。

この判決は、直ちに全国の裁判所に伝達され、同日午後からは、多くの法廷の外に掲示されていた「許可を得ないでメモを取らないこと」との文言が抹消され、傍聴人のメモが事実上全面的に解禁された。

その後、この判決は、刑事確定記録閲覧の権利性や、フリージャーナリストが法廷や市議会委員会の傍聴で、報道機関所属記者と異なった扱いをされたことの是非が問題とされた事案などで、先例として参照されている。

参考文献 L・レペタほか『MEMOがとれない——最高裁に挑んだ男たち』(浜田純一訳、1991・10 有斐閣)、門口正人『最高裁判所判例解説 民事篇 平成元年度』(1991・11 法曹会) 〔喜田村洋一〕

▶ 報道 (ほうどう)

語義 日本語の「報道」は、一般的にはマスメディアが不特定多数の読者や視聴者に伝えるニュース、及びニュースを伝える行為の

ことを指す。また、報道を担うマスメディアを、「報道機関」と総称することがある。

「報道」は、英語の「ジャーナリズム」に近い言葉であるが、マスメディア企業によるもの、そして、政治経済、あるいは社会的に重要な、いわゆるハードニュースに関するものに限定される傾向があり、行為主体、テーマともに「ジャーナリズム」概念よりも狭い。

しかし、NHK放送文化研究所によると、「報道」という言葉は、マスメディアが成立するよりもずっと以前の、中国の唐の時代にまで遡り、「知らせる」の雅語であったとされる。「道」という言葉には「言う」という意味があり、そこから「報道」に関連する意味が派生してきたと考えられる。現在のように、マスメディアが不特定多数にニュースを伝えるという意味では、1899年の「尚ほ新聞紙上に同盟罷工の報道は見えたり」（横山源之助）が最初の例であったとされる。

一般的に、今日、報道には、次の3つの要件が満たされることが期待されている。①時事性（actuality）、②正確性（accuracy）、③社会的重要性（social relevance）である。

(実例) 報道という営為は、19世紀後半までの国民国家の成立、及び新聞・印刷産業の成長に追い風を受けて、各国で発達し、制度化されていった。こうして欧米を中心にマスメディア・ジャーナリズムが成立していく中で、20世紀に入ると報道機関が国家のプロパガンダ機関と化したり、興味本位の商業主義に陥ってしまったりする事例が現れた。したがって、今日、自由主義国では、マスメディア業界、及びジャーナリズム職能団体が自主的に「編集倫理綱領」や報道の自主規制ルールなどを定めて社会全般の公益と公共性に配慮する努力をしている。また、多くの国の高等教育機関では、質の高い報道を目指して、専門職としてのジャーナリスト養成コースが置かれている。

ところで、メディアの倫理的あり方を追求する声の中に、「客観報道を心がけよ」というものがある。これは、19世紀終わりから20世紀初めにかけて、主に米国で培われた考え方であるが、日本では今日も報道の重要な規範と見なされている。しかしながら、上記に述べたとおり、報道には「社会的重要性」が要件となっており、いかなる報道にも、記者個人及びメディア組織の価値判断が入り込まざるを得ない。むしろ、通俗的な理解の「客観報道」は、記者やメディアが主体的に価値判断を下す必要のない、当たり障りのない内容か、政府や大企業からの情報をそのまま流す、いわゆる「発表ジャーナリズム」となっている可能性も高い。

さらに、近年の傾向として特筆すべきは、デジタルテクノロジーの発達によって、マスメディア組織に属する者でなくても、不特定多数に向けて情報を送信することができるようになったことであろう。しかし、このようなデジタル化時代の市民による情報発信活動は、従来のマスメディアによる報道を完全に代替するとまでは言い難い。他方で、市民による情報発信がプロの報道を凌駕する事態も起こっている。2011年3月に起きた東日本大震災後の福島第一原発事故では、テレビや新聞は、「パニックが起こらないように」配慮するあまり、政府や東京電力が発表した情報や公式見解をそのまま流した。これに対して、インターネットでは、いわゆる「市民メディア」が、原子力資料情報室をはじめ多様な情報源によって提供された科学的データをもとに、事故の危機的な状況を分析し、重要な情報を市民に報道し続けた。

(参考文献) 林香里『〈オンナ・コドモ〉のジャーナリズム』（2011・1　岩波書店）、伊藤守『テレビは原発事故をどう伝えたのか』（2012・3　平凡社）　［林香里］

▶ **報道機関**（ほうどうきかん）

(語義) 「報道機関」とは、報道事業に携わる組織のことであり、具体的には新聞、テレビ、あるいは雑誌を発行する出版社を意味する。報道機関は受け手の「知る権利」にこたえるなど、公共的な役割を果たすことが期待される。報道機関はNHKのように法律に基づく公益法人として運営されているものもあるが、一般的には営利目的の企業である。このため、報道機関としての公共的役割の実現と、営利企業としての利益の追求という矛盾

に直面することになる。NHKの場合は法律に基づく公益法人であるがゆえに、組織防衛のため政治家に過剰に配慮してしまう可能性が指摘されている。近年では、インターネットのみで活動する報道機関も存在する。アメリカでは、インターネットの普及により、多くの新聞が廃刊に追い込まれている。それに代わって、非営利のNPO法人として活動する報道機関が注目を集めている。

実例 世界最初の日刊紙は、1660年にドイツ・ライプチッヒで創刊されたライプチガー・ツァイトゥングとされている。18世紀にはイギリスで最初の日刊紙デイリー・クーラントが創刊され、アメリカでも1704年に定期刊行新聞のボストン・ニューズレターが創刊された。日本では明治維新前後に新聞らしきものが誕生し、1870年に創刊された横浜新聞（翌年「横浜毎日新聞」と改題）が最初の日刊紙である。また67年には日本初の雑誌・西洋雑誌が月刊誌として発行された。ラジオは1920年にアメリカで最初の定時放送局KDKAが放送を開始した。日本では25年に放送が開始されている。ドイツでは35年に、世界初のテレビの定期放送が開始された。しかし実際にテレビが普及するのは第二次世界大戦後である。アメリカでは44年7月、NBC、CBSがテレビ放送を開始し、翌年以降、フランス、ソ連（当時）、イギリス等で続々とテレビ放送が始まっている。日本でのテレビ放送の開始は53年である。

記者は、一人ひとりがそれぞれの関心や信念をもって報道を行う。しかし、記者が報道機関に属する時、記者は報道機関という組織の一部として働く。報道機関の活動はしばしば「組織ジャーナリズム」という言葉で表現される。「組織ジャーナリズム」によって記者一人ひとりの力では与えられないような大きな影響を報道はもつことができる。その一方で、記者個人の論理と、組織ジャーナリズムとしての論理が矛盾するようなこともある。その場合、組織の一員として組織の論理に従って活動すべきか、1人の記者として自らの信念や良心に従うべきか、記者は判断の岐路に立たされることになる。

表現の自由を享受する主体として報道機関を捉えるべきかとの論争もある。

長谷部恭男（2001）によれば、報道機関（マスメディア）は個人ではない以上、個人と同様の意味における表現の自由を享受しない。その一方で、報道機関の表現の自由は社会全体の情報の受け手の利益を根拠としているため、報道や取材などの活動において個人には認められない特権を報道機関に与えることが可能になる。このことは、社会全体の利益に鑑みて、個人に対しては認められないような特別な制約を加える余地を生じさせる。

これに対して、田島泰彦（1998）は、報道機関には、言論・情報活動のために個人が集団化した結社という側面もあり、送り手としての固有の自由も享有していると述べる。こうした自由の余地を認めず、受け手の利益という観点のみから報道機関の表現の自由を把握することは、報道機関の自由を不当に狭めることになると警告している。

参考文献 田島泰彦・右崎正博・服部孝章『現代メディアと法』（1998・3　三省堂）、長谷部恭男『憲法〔第2版〕』（2001・2　新世社）、柏倉康夫・佐藤卓己・小室広佐子『日本のマスメディア』（2007・4　放送大学教育振興会）　　　　　　　　　　　　　　［伊藤高史］

▶報道協定（ほうどうきょうてい）

語義 取材・報道の混乱を避けることを名目にして、主に行政・警察当局から取材の便宜供与を受ける見返りに、報道機関が一定の取材自粛・規制を受け入れる協定。「検閲」「自主規制」に繋がりかねず、本来的にはジャーナリズムの自由の原則と相反する。

最も一般的な報道協定は、誘拐事件の発生に際して都道府県警察と報道機関との間で結ばれる「誘拐報道協定」である。誘拐報道協定は、1960年、激しい報道合戦の中で人質の男児が殺害された東京の事件を契機として必要性の議論が始まり、70年に日本新聞協会が「方針」をまとめ、警察庁の了解も得て正式に制度としてスタートした。

この制度下では、誘拐事件が発生すると、都道府県警察側はただちに記者クラブに協定締結を申し入れる。協定発効後、報道機関は

事件に関する取材・報道を控える代わりに、警察側は捜査状況を定期的に記者クラブ側に説明する義務を負う。事件現場や周辺での取材活動や報道によって人質に危害が及ぶのを防ぐことが協定の目的であり、人質の安全確認か死亡確認、容疑者の逮捕などを機に解除される。84年の江崎グリコ社長の誘拐事件など多くの事件で実際に締結された。

(実例)「誘拐報道協定」に限らず、日本では有形無形の協定が存在する。代表的なものに、記者クラブの慣習「黒板協定」がある。記者クラブ内の黒板にいったん書き込まれた内容は、加盟社を拘束するという紳士協定を指す。例えば、記者発表の予定が書き込まれると、発表後までその関連報道もできない（＝「縛り」と呼ぶ）といったルールが存在しており、違反者には記者クラブ側が資格停止や除名などの処分を下すこともある。

当局との間で結ばれた「協定」には、2004年に日本新聞協会及び日本民間放送連盟が防衛省との間で交わした、自衛隊のイラク派遣の取材に関する「申し合わせ」がある。防衛省は、現地での取材機会を適切に設けるなど報道機関に便宜を図る一方、現地での取材活動に事実上制約を加える内容だったため、「報道の自主性を損なう」との批判があった。1992年には、皇太子妃が誰になるかをめぐる報道において宮内庁の要請を受け入れ、宮内庁記者クラブが正式決定までの報道自粛を申し合わせたが、米紙が「雅子妃決定」を先行して報じたため、申し合わせは瓦解した。

近年は、世間の耳目を集める事件事故などの現場で頻繁に生じる「メディアスクラム（集団的過熱取材）」をめぐり、報道被害への懸念などから報道機関が自主的に協定を結び、節度ある取材を行うべきだとの議論が広がっている。実際に現場の地元の記者クラブなどが軸になった運用例も出ているが、報道の自由を阻害するとの意見も根強く、定着したとは言い難い状況にある。

(参考文献) 朝日新聞大阪社会部『緊急報告 グリコ・森永事件』(1985・3　朝日新聞社)、大石泰彦『メディアの法と倫理』(1992・6　嵯峨野書院)、丸山昇『報道協定―日本マスコミの緩慢な自死』(1992・6　第三書館)　　　　　　　　　　　　　［高田昌幸］

▶ 報道人ストレス（ほうどうじんすとれす）

(語義) 記者やカメラマンといった「報道人」は自然災害や事件、事故の取材を通じて、様々な悲惨な現場に立ち会う。そこで見たものは強いストレスとなって彼らの精神にのしかかわり、ときには体調不良などを引き起こす。筑波大学の松井豊らが、そうした記者やカメラマンたちの「惨事ストレス」を研究する「報道人ストレス研究会」を立ち上げ、2004年から、研究、啓発などの活動を行っている。

同研究会によれば、「惨事ストレス」とは「災害や事故などの悲惨な現場で活動したり、目撃した後に生じる外傷性のストレス反応」のことである。消防職員や自衛隊員、警察官などの「災害救援者」に関して議論がなされてきたが、報道人にも惨事ストレスが起きる。

(実例) 報道人ストレス研究会が2006年に放送局に対して行った調査では、惨事の取材・報道を体験したジャーナリストの半数近くが、「食欲不振」「睡眠障害」などの身体症状を示した。また4割前後の報道人が、「取材活動中、見た情景が現実のものと思えなかった」という現実感の喪失や、「現場から圧倒される感じを受けた」という現場の威圧感を感じていた。またこの調査に08年の新聞社を対象にした調査を加えた結果では、惨事を体験した後のストレス症状が1か月以上持続して日常生活に支障をきたす心的外傷ストレス障害（PTSD）症状を示していたジャーナリストは8割程度であった。

新聞社やテレビ局では一部対策も行われているが、十分とはいえないようだ。同研究会は、発災時に組織や職場がとりうる惨事ストレス対策として、①発災直後には、社内の上層部からの支援表明、②取材・報道活動中のサポート、③職場内の支え合いの促進、④健康診断や専門家による相談、⑤休暇の付与、⑥振り返りの会、⑦長期報道などを挙げている。

(参考文献) 報道人ストレス研究会『ジャーナリストの惨事ストレス』(2011・12　現代人文社)　［伊藤高史］

▶報道適用除外（ほうどうてきようじょがい）

語義 言論報道機関に与えられた編集上の特恵的待遇の1つ。特定の法律において適用を回避するための特例を明文で明らかにする場合を呼ぶ。一般には取材・報道の自由を守るため、他の私企業と同様の法適用を受けないような措置をとる。似たような規定としては、報道機関もしくは報道の自由に対する配慮条項がある。一般的に、法の適用にあたり、憲法の表現の自由の保障に鑑み、注意をして運用することを求めるものである。

実例 個人情報保護法では、個人情報取扱事業者の法的義務を負うと、個人から収集の有無や訂正・削除請求を受けることになる。しかし報道機関にとっては、取材先からその収集情報の開示を求められることは、その後の取材や報道の妨げになる可能性が高く、とりわけ政治家などの権力犯罪を先行取材していた場合に、当該政治家から収集の有無や収集した情報の削除を求められることは、公権力監視を不可能にすることと同義である。したがって、法的義務を免除するための特別規定（50条）を設けることになった。そこでは「放送機関、新聞社、通信社その他の報道機関（報道を業として行う個人を含む。）　報道の用に供する目的」「著述を業として行う者　著述の用に供する目的」と対象を定める。他に、探偵業法でも、つきまとい取材が規制対象になることを除外する目的で、同様の規定を有する。どのような対象で線引きをするかについては、誰もがジャーナリズム活動を行える環境にあることから、特定の報道機関に「特権」を与えることに繋がるとして、問題指摘の声もある。

　配慮条項の例としては、特定秘密保護法やMSA秘密保護法、破壊活動防止法や団体規制法などの治安を目的とした法律に見られる傾向にある。ただし、義務規定ではなく、抽象的な配慮を求めるにすぎないものであるだけに、法的効力に対しては疑問が呈される場合も少なくない。

参考文献 山田健太『言論の自由』（2012・12　ミネルヴァ書房）　　　　　　　　　　　　　[山田健太]

▶報道の自由→取材・報道の自由

▶報道被害（ほうどうひがい）

語義 1990年代半ば以降、一般化した言い方で、メディアの表現行為によって引き起こされる問題のうち、とりわけ新聞やテレビなどのマスメディア（マスコミ）の事件・事故を伝える取材・報道によって、一般市民の名誉・プライバシー侵害や、公正さに欠けることで生ずる被害を総称する。ただし、同様の内容を指すものとしては、70年代よりすでに、一部の弁護士や研究者の間で、主として活字メディア、とりわけ新聞による人権侵害が、紙上裁判（ペーパートライアル）として問題視されていた。

　さらに80年代に入ってからは、「人権」と「報道」が対抗的概念として捉えられ、マスメディアの取材や報道の態様が社会的問題として広く議論されてきた経緯がある。その要因としては、①メディアの量が増えたこと、②大きな事件・事故が続いたこと、③それに伴い、法律実務家や研究者が正面から問題を取り上げるようになったこと等が挙げられる。

　具体的には、3FETと総称される「FOCUS」をはじめとする写真週刊誌が創刊され、100万部を超える発行部数を誇った。これらの週刊誌では毎号、有名人や事件・事故の当事者を中心として盗撮を含めた多くの写真が掲載され、読者の覗き見趣向を満たす一方、報道によるプライバシーの侵害が日常的に大きな関心事となった。

　また、テレビのワイドショーが高い視聴率を稼ぐようになり、多くのテレビクルー（カメラや音声などの取材スタッフ）が事件現場に集まるようになった。この背景には、テレビ局でENGと呼ばれる小型カメラの導入が進み、従来はスタジオに限定されていた撮影が、自由にどこにでも行けるようになったことがある。これによって、芸能人などの記者会見に常時100人以上の取材陣が集まるようになった。

　従来は、新聞・通信社のほか放送局の記者という限定された数の、しかも一定の継続的

な事件・事故報道の経験をもったジャーナリストによって取材現場が構成されていた。それが、一気に様々な所属・バックグランドをもち、多様な報道目的をもつ取材陣が大量に取材し、報道する時代が到来することによって、それまではあまり気にされなかった傍若無人な振るまいや書きぶりが、大きな社会問題として一気に顕在化した。

ただし、それらの問題の根底にあるのが、警察発表に依拠しがちな取材・報道スタイルや、スタンピード現象と称されるような一定の方向に全てのメディアが向く状況、自分だけが書かないこと（特落ち）を嫌って横並びでの取材・報道になりがちなこと、逮捕をピークとした人に焦点をあてた事件報道で、特定時期・特定者に取材・報道が集中する報道スタイルであることなどを挙げることができる。これらは一貫して変わらない、日本のマスメディアが有する特徴でもある。

本格的なインターネット時代を迎え、ネット上の書き込みによる被害もまた、報道被害と呼ばれる場合があり、その主体もマスメディアに限定することなく、メディア上の情報発信に伴う人権侵害全般を指すこともある。

〔実例〕時代区分に沿って、どのような議論がなされてきたかを振り返ると、1980年代前半は報道批判とそれに対応した基準作りの時期であり、80年代後半は世間の耳目を集める事件・事故をめぐっての取材活動批判と既存報道ルールの見直しの時期であった。その1つは日航ジャンボ機墜落事故で、生存者や犠牲者遺族の追跡取材や報道が問題になった。また、一種のねずみ講で騒がれた豊田商事事件では、同社社長が報道陣の前で惨殺されたことで、報道陣はなぜ止めなかったのかが問題視され、取材のあり方が議論された。

そして、その後に多くの対メディア訴訟が提起されることになったロス疑惑事件も80年代に起きた。ロサンゼルスで起きた殺人事件を契機に、その保険金の受取り者であった被害者の夫をめぐり、長期間にわたり多くの報道陣が張り付き、逮捕後も引き続き、様々なプライベートな事項を含む大量の報道がなされた。こうした状況の中で、事件当事者が弁護士とともに法的問題を指摘するようになり、弁護士の全国組織である日本弁護士連合会の全国集会で、「人権と報道」がメインテーマとなったり、関連本が数多く刊行されたりした。提起された見直しの1つが、事件・事故当事者の人権侵害の元凶は、被疑者・被告人の実名報道にあるとし、そのアンチテーゼとしての「匿名報道」主義であった。

さらには、誤報（朝日新聞＝サンゴ落書き捏造事件、毎日新聞＝グリコ・森永事件犯人逮捕、読売新聞＝連続誘拐殺人事件アジト発見の89年三大誤報事件）や冤罪（首都圏連続女性殺害事件無罪判決など）が明らかになり、取材報道ルールの抜本的改革がなされた。具体的には、被疑者の呼捨てを止めて「容疑者」呼称をつける、微罪を報道するのをやめる、匿名・仮名の場合を増やす、顔写真・連行写真を抑制的に使用する、警察発表であることを明示する等の記事・番組スタイルを変える動きである。90年代前半はその意味では、最もメディア界で報道被害に対する意識が高まり、それが番組や紙誌面に反映されていた時期ということができる。その後、中心課題は少しずつ変わってきているものの、今日議論されてきている報道被害の課題は、おおよそ80年代に提起されたものといえる。

90年代後半にかけては社会的大事件（オウム真理教事件、神戸少年連続殺傷事件、和歌山カレー事件、電力会社女子社員殺害事件）が続き、被害者のプライバシーを暴き立てたり被疑者を犯人視する報道が復活し、「報道被害」という用語が市民権を得るに至った。それが、自民党「報道と人権等のあり方に関する検討会」報告書を経て、2000年代前半の裁判における損害賠償額の高額化やメディア規制立法化の動きと、これに対抗しての自主規制制度の発足を生むことになる。放送界のBRC（現在のBPO＝放送番組・倫理向上機構）、新聞界の各社に設けられた苦情申立て制度や紙面検証組織、雑誌界の雑誌人権ボックス等がこれにあたる。そして2000年代後半には、裁判員裁判開始に伴う事件報道の見直しがあった。また、05年の犯罪被害者等基本計画などの整備によって、とりわけ被害者の取材・報道対応が厳しく問

われたのもこの時期の特徴である（山口県光市母子殺害事件など）。

　大きな流れとしては、事件・事故報道を中心とする取材・報道過程における人権侵害の問題は、被疑者だけでなく被害者を含めた議論に広がり、報道過程と同時に取材過程も重視され、1社の問題ではなくメディア全体の問題として捉えられる傾向が強まっている。その1つの具体例が一極集中の集団的過熱取材で、被疑者の自宅に多数の取材人が押しかけ、昼夜を問わず追いかけ回す事態を「メディアスクラム」と呼称し、その解消のための自主規制ルールが新聞・放送・出版界共通にできあがり、運用されてきている。ただし、2000年代以降は、報道被害からマスメディア全般の取材・報道のありようを広く問題にする傾向が強まり、「マスゴミ」という蔑称に代表される通り、メディアの報道の中身を問題にするというよりはマスコミの存在自体を否定する風潮が強まっている。例えば、11年の東日本大震災においても、部分的に古典的な報道被害が問題にはされたものの、メディア批判の中心はマスコミが政府と一体となって情報隠しに加担しているのではないかといった取材・報道姿勢そのものであって、それが報道機関に対する信頼感の失墜とマスコミ離れを加速させているといえる。

（参考文献）日本弁護士連合会編『人権と報道』（1976・11　日本評論社）、喜田村洋一『報道被害者と報道の自由』（1999・5　白水社）、梓澤和幸『報道被害』（2007・1　岩波書店）　　　　　　　　　　［山田健太］

▶ **報道倫理**（ほうどうりんり）

（語義）ジャーナリスト個人または報道機関などが、取材・報道活動にあたり職業的規範に基づき明示もしくは黙示によって有する倫理的ルールをいう。通常は、マスメディアの報道の自由を規律する倫理規範を指すことが多い。その条件としては、ジャーナリズム活動（組織）に関わるもので、自律的であって、自らの活動（報道）を制御するものであることが必要である。自律的であることが求められているので、原則は、それに拘束される者が制定者であることが求められるが、当事者によって委託された第三者（もしくはその組織に属する者）が定める場合もありうる。一方で他律的な社会規範として存在する法とともに、ジャーナリズム活動を後押ししたり押しとどめたりする働きをもつことになる。

　一般に倫理が強く求められる職業としては医者や弁護士があり、その共通点はプロフェッショナル（専門職業人）であることに起因するとされる。報道倫理の代表例として、取材源の秘匿が挙げられることが多いが、これは法では必ずしも保護されているものではなく、場合によっては法に反することにになっても、それに優先する倫理規範であるという意味で、最も象徴的なものといえる。なお、訴訟手続法では弁護士、医師、宗教者の三類型に法廷における証言拒絶権を与えているが、最高裁はこれに加え、ジャーナリスト（記者・編集者）を加えている（NHK記者証言拒否事件：最決平成18年10月3日）。そしてもう1つの報道倫理が求められる理由は、権力監視を本義とするジャーナリズム活動においては、法を超えて守るべき崇高な使命があるとされているからである。現実的には、報道してよいか悪いかの線引きを、全て法や判例に委ねることは、判断を全面的に国家権力に委ねることにほかならず、好ましくないと考えているからである。

（実例）制定者別に分類すると、業界団体、職能団体、労働組合、各報道機関が定めるものがあり、これらは一般に明文の報道倫理綱領もしくは類似のルールを有する。具体的には主な倫理綱領としては、日本新聞協会＝新聞倫理綱領（1946、2000全面改訂）・新聞広告倫理綱領（1958）、日本書籍出版協会・日本雑誌協会＝出版倫理綱領（57）、日本雑誌協会＝雑誌編集倫理綱領（63）、日本雑誌広告協会＝雑誌広告倫理綱領（58）、日本出版取次協会＝出版物取次倫理綱領（62）、日本出版物小売業組合全国連合会＝出版販売倫理綱領（63）、NHK・日本民間放送連盟＝放送倫理基本綱領（96）、日本民間放送連盟＝日本民間放送連盟放送基準・日本民間放送連盟ラジオ放送基準・日本民間放送連盟報道指針（97、2003追加）、NHK＝日本放送協会放送基準・日本放送協会国内

番組基準、日本図書館協会＝図書館の自由に関する宣言（1954、79改訂）・図書館員の倫理綱領（80）、日本広告アドバタイザーズ協会＝倫理綱領（2007）、日本広告業協会＝広告倫理綱領（1951）がある。なお、放送番組基準は放送法に策定・公開が定められているものであるため、若干性格が異なるともいえる。また、旧新聞倫理綱領時代には別途、販売倫理綱領（54）があったが、改訂時になくし、公正競争規約などによる規制に移行している。

　日本の場合は、業界（すなわち経営者）が制定した倫理綱領が主流であって、報道倫理は業界倫理であるといって過言ではない。しかも、その規範（綱領）を網羅的で拘束力をもつ業界団体が、経営者を通じて加盟各社に対して守らせているという構図がある。それは、日本新聞協会により出されている編集権声明（48）を見るとより如実である。すなわち、編集権が経営者に属することが明文化されており、こうした編集権の独立を定めたいわば報道倫理の中核的なルールが、経営者のための経営者による経営者の規範であることがわかる。

　なお、各社においても多くの倫理綱領や報道ハンドブックが策定・運用されている。公開されている朝日新聞「事件の取材と報道」や関西テレビ「番組制作ガイドライン」のほか、共同通信「社会記事を書くための基準集」、読売新聞「記者行動規範」、TBS「報道倫理ガイドライン」などが知られている。海外では、職能団体が制定する事例も少なくないが、日本では新聞労連（新聞社系労働組合の全国組織）が「新聞人の良心宣言」（97）を制定している。

　一般的な報道倫理としては、先に挙げた事例以外に、人権配慮、有罪視報道はしないことなどを挙げることができる。ほかに、オフレコ取材ルールや、誘拐報道、航空取材などのルールも決められている。ただし、これらは倫理ではなく取材の相手方との間のルールであって、倫理とは異なるものとの考え方もある。モラル（Moral）、倫理（Ethics）、規範（Norm）、行動準則（Code）、ルール（Rule）、法（Law）といった分類も可能ではあるが、その規範力の差や境界線が必ずしも明確なわけではない。

　特定秘密保護法の解釈では、違法となる不当な取材方法の判断基準として、取材先の人格を著しく蹂躙しないことと説明されており、それは社会観念上是認し得るかどうかで判断されるという。判例で、社会観念や社会通念と称されるものは一般の「良識」におき替えることが可能とされているため、これらの分野では相当程度、報道における倫理と法の混在が見られており、この点においても報道倫理が何であるのか、倫理違反を違法行為として罰してよいのか、そもそも倫理に反することとは何なのか、大きな課題を抱えているといえる。

〖参考文献〗 大石泰彦『メディアの法と倫理』（2004・3 嵯峨野書院）、日本新聞協会『取材と報道〔改訂4版〕』（2009・10 日本新聞協会）、山田健太『法とジャーナリズム〔第2版〕』（2010・4 学陽書房）　［山田健太］

▶泡沫候補（扱い）（ほうまつこうほ（あつかい））

〖語義〗 泡沫候補とは、選挙において当選可能性が著しく低い立候補者をいう。法令上の用語ではないが、これに関連する法制度として、選挙に立候補する際に立候補者は一定額を供託しなければならないという供託金制度がある（公選法92条。ただし町村の議会の議員の選挙は対象外）。納めた供託金は、候補者の得票が有効投票の一定割合に達しなければ没収され（公選法93条）、また、供託金を没収される候補者に対しては選挙費用の一部を公費が負担する制度の適用対象から外される（141条7項但書等）。これら規定の趣旨は、泡沫候補の乱立の防止、選挙以外の目的での選挙利用の防止などであるとされる。

〖実例〗 放送局は、政見放送、経歴放送を行うに際して、すべての立候補者に対して同等の利便を与えなければならない（公選法150、151条、放送法13条）。他方で、表現の自由を濫用して選挙の公正を害しない限り、放送法の規定に従って選挙に関する報道・論評を行う自由が保障されている（公選法151条の3、放送法1条2号、4条1項）。そのため、視聴者の関心の動向に応じて選挙報道の内容を編集した結果、

泡沫候補を番組内で扱わないことになっても直ちに違法とはならない。

裁判例では、候補者11名のうち、有力候補者2名のみを取り上げた選挙報道につき公選法に違反しないとした事例（東京高判昭和60年7月25日）や、候補者34名のうち、全候補者の氏名を文字で紹介した後、有力候補者6名のみ現地報告の形式でその動向を報じた放送につき、「放送法の公平原則は、それが選挙に関する報道又は評論について、政見放送や経歴放送と同じレベルにおける形式的な平等取扱を要求しているとは解し得ない」と述べ、公選法及び放送法に違反しないとした事例（東京高判昭和61年2月12日）などがある。

参考文献　稲葉一将「判批」堀部政男ほか編『メディア判例百選』（2005・12　有斐閣）　　　［横大道聡］

▶ 暴力団排除条例（ぼうりょくだんはいじょじょうれい）

語義　暴力団排除条例（以下、「暴排条例」）とは、暴力団と社会との繋がりを断ち暴力団を社会から締め出すことによって、住民の平穏な生活と事業などの健全な発展を目指すために制定された条例のことをいう。

2004年頃から各地方自治体でこうした条例が制定され始め、11年には全都道府県で制定されるに至っている。法律レベルでは暴力団対策法が存在しており、暴力団による不当な要求から市民を守る仕組みが整えられている。この法律は暴力団の不当な行為を主な規制対象とするものであったが、暴排条例はさらに一歩踏み込んで、暴力団自体を社会から排除しようとしている点が特徴的である。ただし、市民にも暴力団との関係の断絶を迫る内容となっているため、場合によっては市民の営業活動や表現活動に影響が生じる可能性もある。

実例　各都道府県によって条例の内容には違いがあるが、例えば東京都の暴排条例では、暴力団と交際しないこと、暴力団を恐れないこと、暴力団に資金を提供しないこと及び暴力団を利用しないことを基本理念に掲げ、それを実現するための施策を打ち出している。規律の対象となるのは、都、住民、事業者、暴力団員である。都は暴力団追放運動推進都民センターと連携して、公共事業からの暴力団の排除、暴排関連情報の広報、暴排活動の支援等を行う。住民は、暴排活動に協力するように努め、特に事業者として活動する時は相手方が暴力団関係者でないことを確認しなければならず、不動産を譲渡したり貸与したりする時も確認が求められる。

また、地方によっては暴力団に関する書籍の陳列にも規制の網をかぶせようとする自治体もあり、実際、福岡では警察がコンビニに対して暴力団を取り上げた雑誌の陳列を止めるように要望を出しており、著者の1人が表現の自由の侵害であるとして訴訟を提起している（福岡地判平成24年6月13日）。

参考文献　溝口敦『続・暴力団』（2012・10　新潮社）　　　［大林啓吾］

▶ ポータルサイト（ぽーたるさいと）

語義　一般的にはインターネット（WWW）にアクセスする際の「入口」としての機能を果たすサイトを意味する。ネット広告やEコマース（電子商取引）の可能性が市場を賑わすようになった1996年頃から使われだした。

初期のインターネットでは、ロボット型サーチエンジンとヤフーに代表されるディレクトリサービスに、増殖するウェブページへのナビゲータ（案内）役の期待が集まっていた。しかしキーワードを適切に入力することやカテゴリーを選ぶ行為は比較的ハードルが高く、マッチング技術や分類精度も低かったために、必ずしも使いやすいサービスとはいえなかった。

一方、バナーが主流だった広告ビジネスにおいては、サイトの総アクセス数がそのまま「広告掲出可能数」と見なされたため、外部サイトにリンクする検索サービスはサイトの規模拡大には不利であり、次第にサイト内に滞在させるようなサービスが求められる傾向が生じた。その結果、検索サイトはこぞって「ニュース」「コンテンツ」「コミュニティ」サービス等を導入し、囲込み戦略を強化した。ポータルサイトという呼び名は、そうした拡張ラッシュの中で定着していったのだ。すなわちそれはもはや単純な「入口」ではなく、

ユーザーにワンストップで様々な情報を提供する総合サービスサイトだったのである。

このことによってポータル戦略は、ナビゲーションではなく、物理的にスタートページを占めることに変わった。そこにプロバイダーやパソコンメーカーも参入し、利用者のブラウザの「HOME」設定競争は激化。また、そこから転じて頻繁に利用しブックマークされるような「総合情報サイト」にもこの語が用いられるようになる（「旅行ポータル」「金融ポータル」など）。

(影響) このポータルサイトの語義変化は、ネット市場の拡大に対応したものといえよう。その中でポータルサイトはマスメディア化し、徐々に淘汰が進む。その後Web2.0のムーブメントを受け、2005年頃からはグーグルとショッピング分野で圧倒的な支配力を築いたアマゾンが覇権を握る時代となる。

Web2.0において理想とされた機能は、情報の最適化であり、それはユーザーの嗜好や利用履歴をもとに人工知能的に提供されるとされた。しかしそれは一方で、ユーザーの主体性がシステムに依存し、限定的に働く環境ともいえ、またそのシステムの多くが商業ベースで提供されていることも合わせ、パノプティコン（監視社会）的状況が進んでいるとの指摘も少なくない。

しかし10年以降スマートフォンやタブレットPCが普及した結果、各種情報サービスは、統合的なポータルサイトではなく、機能が細分化された「アプリ」ベースに移行し、情報環境の島宇宙化が進行している。「ポストポータル」社会が、「ユーザーの自由」にどのように制限を加えているかは厳しく検証されねばならないだろう。

(参考文献) 森健『グーグル・アマゾン化する社会』（2006・9 光文社） ［水島久光］

▶ ボーンインデックス方式（ぼーんいんでっくすほうしき）

情報公開制度では、非公開などの決定に対する不服申立てを審査するため、情報公開審査会が設置されている。情報公開審査会の会議は非公開で行われ、非公開等文書の提出を受けて実際に見聞して審査を行い、非公開の妥当性を判断する。しかし、非公開となった文書の分量が多い場合や、非公開内容が多岐にわたり複数の非公開理由が適用されている場合などは、審査会の指定する方法で非公開箇所とその理由を分類・整理した書類の作成を行政機関に求めることができる。この書類をボーンインデックスという。もともとは、アメリカの情報自由法による非公開などの決定に対する訴訟で、ワシントンDC巡回裁判所が作り出した。原告の名前から、「ボーンインデックス」と名付けられ、アメリカでは裁判手続として普及している。日本では行政救済である情報公開審査会の手続として制度化されているが、裁判手続としては採用されていない。(参考文献) 日本弁護士連合会編『アメリカ情報公開の現場から』（1997・10 花伝社）、松井茂記『情報公開法』（2001・3 有斐閣） ［三木由希子］

▶ 僕パパ事件（ぼくぱぱじけん）

(背景) 2006年6月20日、奈良県の医師宅が全焼し、不在だった父親を除く継母と妹、弟の遺体が見つかった。奈良県警は高校1年の長男（16歳）を殺人と放火の容疑で逮捕し、奈良地方検察庁は「刑事処分相当」の意見を付し、奈良家庭裁判所に送致した。

07年5月、法務省東京少年鑑別所の元法務教官でフリージャーナリストが、供述調書をほぼ原文のまま引用するかたちで『僕はパパを殺すことに決めた──奈良エリート少年自宅放火事件の真実』（講談社）を出版した。すると、東京法務局は、本の販売中止を求める勧告を行い、少年の精神鑑定を担当した医師が、刑法の秘密漏示容疑で逮捕（10月15日）、起訴された（11月2日）。著者については嫌疑不十分で不起訴処分となった。

(影響) 講談社は外部有識者による調査委員会を設置し（2007年12月6日）、2008年4月9日に調査報告書を公表した。報告書は、①情報源へのアクセス、②取材源との約束事、③取材源の秘匿、④表現方法の問題、⑤名誉毀損・プライバシー侵害、⑥社内チェック体制といった法・倫理上の問題点を挙げた。そして著者の資質や能力の問題が要因の1つとしつつも

「結局、編集者及び製作者の意義、資質、力量という個人の問題と、出版過程に関する講談社の組織的・構造的な問題に帰着する」とした。さらに「公権力の介入による出版の自由の危機」を招いた問題を指摘した。この事件では著者や出版社従業員に対して事情聴取が求められ、共謀共同正犯の可能性の示唆、情報漏示元として鑑定人の逮捕と刑法の秘密漏示罪で有罪となるなど取材に応じた側に対して刑事罰が適用された。それにより、情報提供（告発）や取材活動の制約など言論活動の萎縮という問題を残した。

(参考文献)「総合ジャーナリズム研究」（2008・7　東京社）、山田健太『ジャーナリズムの行方』（2011・8　三省堂）　　　　　　　　　　　　　［柳澤伸司］

▶ 保守とリベラル（ほしゅとりべらる）

(語義)「保守」と「リベラル」の定義は難しいが、欧州とアメリカでは文脈が違うといわれる。

　図式的にいえば、欧州の「保守」は、王朝や貴族を頂点とした身分制秩序を尊重する立場である。それに対し「リベラル」は、そうした秩序からの介入や規制を嫌い、商業活動や表現活動の自由を擁護した18世紀から19世紀の新興市民層の立場である。これより後に台頭した社会民主主義は、この分類には入らないか、広義の社会主義に分類される。

　しかしアメリカには、王朝や貴族が存在しなかった。そのため、欧州での「リベラル」にあたる自由放任要求が、現在の「保守」の立場になった。一方で「リベラル」の起源は、自由を確保するには独占や不公正の是正が必要だと主張した、20世紀初頭の社会改良運動だといわれる。とはいえ両者は「自由民主主義」の解釈を争うものであり、身分制や共産主義を否定する点では共通していた。政党としては、「ニューディール連合」を基盤とした民主党が後者を代弁し、対抗的に共和党が前者を代弁したが、対立的な図式が鮮明になったのは1960年代になってからである。

　注意すべきことは、こうしたアメリカの「保守」と「リベラル」が、平和主義を分類軸とする日本の分類には適合しないことである。アメリカの「保守」は、個人に介入しない小さな政府を志向し、政府の膨張や増税を招きやすい戦争や海外拡張には批判的であった。共和党保守派は、「アメリカファースト」（アメリカ国外のことに関わらない）を掲げ、孤立主義を標榜する傾向があった。アメリカは石油も食料も自給できる国であるから、孤立しても問題ないというのがその前提だった。むしろ第一次・第二次大戦や朝鮮戦争、ベトナム戦争などを主導したのは、アメリカが世界を圧制や貧困から救うという主張を包含していた民主党政権の方であった。

　ところが70年代から80年代以降は、こうしたアメリカの「保守」「リベラル」の対立軸は変化した。アメリカ企業の利害は国際的に拡張し、中東の石油への依存度も増え、孤立主義では国益を守れなくなった。この時期になると、中絶や同性愛、宗教といった文化面では保守的だが、アメリカの国際的権益のためには連邦軍の海外派遣も辞さないという勢力が台頭した。これは従来の「保守」「リベラル」の分類にあてはまらないため、「ネオリベラル」ないし「ネオコンサバティブ」と呼ばれ、共和党の支持層を形成した。これに対し、「ニューディール連合」以来、マイノリティ層に支持を広げていた民主党は、差別撤廃や公民権運動に肯定的で、同性愛、中絶、宗教などにも寛容な姿勢をとった。70年代以降は国内格差も広がり、マイノリティなどの貧困層を支持層にもつ民主党は、軍事予算膨張よりも社会保障充実を唱えるようになった。一方で共和党は、経済活動の自由を主張する富裕層だけでなく、宗教や家族の規範において保守的なプアホワイト層に支持を広げた。

　こうして、80年代以降のアメリカでは、旧来とは異なる「保守」と「リベラル」の対立軸が成立した。「保守」は規制緩和を中心とする経済自由主義と、家族、宗教、性など文化面における保守的価値観を掲げる。一方で「リベラル」は、文化面における寛容、差別の撤廃、貧困層への社会保障などを掲げる。両者とも絶対平和主義ではないが、民主党の方が内政重視の傾向があり、90年代以降の湾岸戦争とアフガン・イラク戦争を主導したのは

共和党政権であった。

経緯 日本においては、「保守」はともかく、「リベラル」は政治的立場を意味する言葉としては定着していなかった。戦後日本の対立軸は、社会主義と平和主義を分類基準とする「保守」と「革新」であった。「革新」からすれば、経済自由主義も身分制擁護も「保守」でしかなかった。

とはいえ、敗戦直後から「リベラル」と称された人々はいた。それは、軍部には抵抗したがマルクス主義者ではなかった知識人、例えば田中耕太郎や天野貞祐など吉田茂政権に登用された人々や、津田左右吉や和辻哲郎といった象徴天皇制支持者である。彼らは戦前社会の特権層で、天皇への愛着が深く、軍部を無教養と見なし軽蔑していた。彼らの考えでは、自分たちと同じく西洋的教養のあるエリートが統治していた1920年代以前が正常な時代であり、その秩序を乱した軍部（特に陸軍）と共産党を排除すれば、それ以上の民主化は不要であった。軍部が行った統制経済に批判的だったという意味では経済自由主義的な傾向もあったが、親近感を抱いていたのはイギリスなど欧州の身分制的な保守主義だった。こうした人々は、より徹底した民主化を志向していた若手知識人（非マルクス主義者を含む）たちから、「オールドリベラリスト」と呼ばれた。「オールド」と呼ばれたのは、明治大正期を懐かしむ年長者であったこと、貴族的姿勢や天皇擁護が旧時代の産物に見えたことなどによる。軍部に抵抗した点では「リベラリスト」と評されたが、「保守」と対立する存在だとは考えられていなかった。

実例 その後、1960年代に宮澤喜一ら自民党の若手改革派が「ニューライト」と呼ばれたり、76年結成の「新自由クラブ」などがあったりしたものの、あくまで「保守」の一部とみなされていた。つまり、「革新」が健在な間は、「リベラル」が政界で「保守」と対立的な政治勢力、ないし理念としての位置を占める余地はなかった。

日本で「保守とリベラル」という図式が定着したのは、社会主義と「革新」が衰退した90年代だと考えられる。並行して、アメリカで再編成された「保守」「リベラル」という言葉が流入した。こうして、「リベラル」とは家族、性、宗教など文化面において寛容であり、若干平和主義的な傾向をもつ、非マルクス主義系の政治的立場であるという漠然とした分類が定着したと考えられる。政界における定着を示したのは、96年の社会党分裂と民主党結成に伴い、「社民・リベラル」や「民主・リベラル」という言葉が、新たな結集軸を示す言葉として用いられたことだった。

自由民主党に象徴される戦後日本の「保守」は欧州ともアメリカとも異なる。欧州の「保守」のような貴族的性格をもたないし、政府による再配分を重視する点でアメリカの「保守」とも異なる。その意味で自民党は「社民的」と評されることもあるが、特定利益団体への恩顧主義（クライエンテリズム）であって社会民主主義ではないという評価も多い。

90年代以降にそれに対抗する立場と見なされるようになった日本の「リベラル」も、日本独自の文脈で形成された分類枠である。文化規範での寛容、社会保障の重視など、アメリカの「リベラル」に近い要素もあるが、憲法擁護や対アジア協調といった日本独自の要素もある。それらに限らず、日本型の「保守」に対抗するものであれば、公共事業削減を唱える市場自由主義的改革派や、「郷土」を掲げて国家を相対化しようとするコミュニティ重視派、鳩山由紀夫や細川護熙に象徴される貴族的理想主義も「リベラル」に入れられることがある。

総じて現代日本語の「保守とリベラル」は、90年代以降の日本の文脈に即した分類軸である。明治大正期の運動や知識人などに、現代日本の「リベラル」と共通の要素を探し出すことは不可能ではないが、安易な「起源探し」は慎まれるべきだろう。

参考文献 アロンゾ・L・ハンビー「二〇世紀アメリカの戦争と社会」小川晃一・石垣博美編『戦争とアメリカ社会』（1985・1　木鐸社）、佐々木毅『アメリカの保守とリベラル』（1993・5　講談社）、小熊英二『〈民主〉と〈愛国〉』（2002・10　新曜社）　　［小熊英二］

▶ **ポッドキャスティング**（ぽっどきゃすてぃんぐ）

　サーバ上に音声データ・動画データなどのマルチメディアデータファイルをアップし、インターネットで公開すること。映像・音声版のブログとして位置付けられ、疑似放送的に利用されてきた。アップルのプレイヤー「iPod」と「ブロードキャスト（broadcast）」からの造語。2004年のアメリカ大統領選挙で、ラジオキャスターが自身のブログで用いたことから注目され、05年から多くのブログサイトが一般ユーザー向けのポッドキャスト配信サービスを開始。アップルも「iTunes」で視聴用アプリケーションの提供を始め、ユーザーを増やした。Web2.0のブームにも乗り、市民的情報発信のツールの1つとして位置付けられるようになった。しかし、ストリーミング方式のインターネットラジオや動画配信サービス、ソーシャルメディアが台頭するにつれ、独立したサービスイメージは失われ、今は要素技術の1つとして認識されているにすぎない。 参考文献 J・D・ハリントン『Podcasting Hacks』（株式会社クイープ訳、2005・12　オライリージャパン）　　　　　　　　　　　　　　　［水島久光］

▶ **ホワイトリスト**（ほわいとりすと）

　一般にはブラックリストの対義語として「好ましいもののリスト」を意味するが、インターネットにおける青少年保護のためのフィルタリングの文脈では、青少年にとって安全なサイトに限って接続を可能とするフィルタリング方式のことをホワイトリスト方式という。携帯電話の場合、「公式サイト」など携帯電話事業者の指定するサイトにのみ接続できるサービスが提供されており、「携帯事業者提供リスト方式」と呼ばれる。安全と判断されたサイトにしか接続できないため、安全性の確保について優れているが、多様な情報に自由にアクセスできるというインターネットのメリットを享受できないという短所もあり、携帯電話事業者は、主に小学生以下を対象としてこの方式を推奨している。 参考文献 総務省「インターネット上の違法・有害情報への対応に関する検討会中間取りまとめ」（2008・4）［曽我部真裕］

ま

▶ **マイナンバー法**→共通番号法（マイナンバー法）

▶ **マグナム**（まぐなむ）

　写真報道界を代表する国際的写真家集団。2013年現在、事務所をニューヨーク、パリ、ロンドン、そして東京に構え、約50名のフォトジャーナリストが在籍している。新聞社の注文する写真を撮影して納品するのではなく、写真家自身が自らの意思で取材に赴き、写真のネガと著作権を所有して発表の仕方を自らコントロールする。そうした活動を下支えする写真家の協同組合を作る夢を早くから抱いていたロバート・キャパが旧知のアンリ・カルティエ・ブレッソン、デビッド・シーモア、ジョージ・ロジャーに声を掛け、1947年にニューヨークで結成される。所属写真家は徐々に増え、エルンスト・ハース、ユージン・スミス、ヨゼフ・クーデルから加わり、それぞれに歴史的傑作を報道史に残してフォトジャーナリズムの自立と隆盛に貢献した。マグナムの名が名称となった理由は諸説あるが、パリを拠点としていた時期のキャパが大型ボトル（マグナム）でワインを愛飲したこともその1つとされる。**参考文献** W・マンチェスターほか『IN OUR TIME―写真集マグナムの40年』（鈴木主税訳、1990・9　文藝春秋）、R・ミラー『マグナム―報道写真半世紀の証言』（木下哲夫訳、1999・6　白水社）

［武田徹］

▶ **マスコミ**（ますこみ）

　新聞・放送による大量（大衆）伝達を意味する「マスコミュニケーション」を短縮した和製英語。マスコミュニケーションは、新聞・放送を通じた情報伝達という行為（または伝達される情報）を意味する。それに対し、和製英語の「マスコミ」は、新聞、ラジオ、テレビといったメディア（媒体）や、それらを発行・運営する企業・組織体を指す言葉として使われる。英語ではマスメディアの方が語義的に重なる。広告業界では、電通「日本の広告費」などで主要な広告メディアとして、新聞・ラジオ・テレビ・雑誌を「マスコミ4媒体（またはマス4媒体）」と括っている。なお、インターネットのスラングで、マスコミを批判揶揄する場合に「マスゴミ」と表現されることがある。

［藤田真文］

▶ **マスメディア集中排除原則**
（ますめでぃあしゅうちゅうはいじょげんそく）

　語義　マスメディア集中排除原則はメディア放送事業における独占・寡占を防ぐための法原則で、ひと言でいえば「一の者（1つの企業・団体など）が支配できる民放局を1局に限る」ということである。一般企業、新聞社などのメディア企業、自治体、個人等、いずれの者であれ、民放1局は支配してもいいが、2局以上は支配できない。放送法で「基幹放送」と位置付けられる地上放送や衛星放送に同原則が適用される一方、NHKや、「一般放送」に区分されるケーブルテレビなどは適用されない。

　制度の仕組みは、放送法93条で複数局支配の禁止を定め、「支配」の基準を示している。ここでいう「支配」は議決権（株式）の保有、または役員の兼務で定義される。民放事業者は自局を支配しているので、放送対象地域が重複する他の民放局の議決権は10％を超えて保有できず、放送対象地域が重複しない他の民放局の議決権は33.33333％を超えて保有できない。この規制は県域や広域の民放局だけでなく、市町村単位のコミュニティ放送局（FM局）にも適用される。

　なぜ、複数の放送局の支配を禁じるのか。放送法は1条（目的）で「放送が健全な民主主義の発達に資するようにすること」、「放送が国民に最大限に普及されて、その効用をもたらすことを保障すること」などと定めており、これを受けて91条（基幹放送普及計画）には、「基幹放送をすることができる機会をできるだけ多くの者に対し確保することにより、基幹放送による表現の自由ができるだけ多くの者によって享有されるようにする」とある。一の者が支配する放送局の数を制限することで、放送の「多様性」、「多元性」、「地域性」を実

現することがマスメディア集中排除原則の政策目的である。

複数局支配の禁止を原則としつつ、例外を認めていることが制度を複雑にしている。例えばテレビ局はラジオ局が母体となって設立されることが多かったため、テレビ放送の開始当初から同じ放送対象地域であれば中波ラジオとテレビの兼営は認められていた。新聞、ラジオ、テレビの3事業の支配は禁止が原則だが、当該放送対象地域でニュースや情報の独占となるおそれがなければ例外として認められてきた。新聞のテレビ支配を追認する制度との批判も根強くある。

（影響）多メディア・多チャンネル化の進展といったメディア環境の変化を踏まえ、地上放送や衛星放送に関するマスメディア集中排除原則の緩和が行われてきた。2007年の放送法改正において、複数の放送局を子会社にできる認定放送持株会社が制度化された。在京キー5局はフジテレビを皮切りにそれぞれ認定放送持株会社を設立。また、10年の放送法改正を契機に、一の者がラジオを4局まで支配できるようになった。

（参考文献）鈴木秀美・山田健太・砂川浩慶『放送法を読みとく』（2009・7　商事法務）
［堀木卓也］

▶街ダネ（まちだね）

身の回りの話題や街の変化、地域で問題になっていることなど、記事のネタになることだが、それらを取り上げた記事自体を指すこともある。記者が街を歩き、人と会って話を聞くなどしてネタを探す。記者クラブで役所などの発表文を読み、電話取材で補って記事を書くのとは対極にある。朝日新聞記者の西村隆次は「まずは園（動物園や植物園、公園、農園など）と館（図書館や博物館、美術館、公民館など）から」「普通であり続ける」「立ち止まる」「違うことをする」などと極意を伝えている。日本新聞協会が読者から心温まる記事を毎年募集している「HAPPY NEWS」には、街ダネの秀作が並ぶ。これまでに東京都心の勤務先と企業内保育園に毎朝同じ満員電車で通う母子と乗客との交流を伝える記事や、難病で視力と聴力を失った女性大学生が復学して新たな人間関係を築く姿を追った記事などが選ばれている。（参考文献）西村隆次『報道記者のための取材基礎ハンドブック』（2012・11　リーダーズノート出版）、日本新聞協会「HAPPY NEWS」ホームページ：http://www.readme-press.com/happynews/
［竹田昌弘］

▶松本サリン事件（まつもとさりんじけん）

（語義）1994年6月27日夜、長野県松本市の住宅街で猛毒ガスのサリンがまかれ、8人が死亡、100人以上が重軽症になった事件。オウム真理教の幹部らが、教団の松本支部開設などをめぐる民事訴訟に絡み、サリンの効果を試したとされる。

長野県警は事件翌日に、被疑者不詳としながら第一通報者の河野義行宅を殺人の疑いで家宅捜索し、マスメディアも事実上、犯人扱いした。河野は弁護士とともに記者会見して無実を主張したが、本人に対する捜査、報道は続いた。95年3月20日、東京で地下鉄サリン事件が起き、オウム真理教の関与が濃厚となって初めて、警察やメディアは誤りを認め、河野に謝罪した。新聞・通信・放送各社は特集記事や番組で自らの報道を検証、反省を示す異例の事態となった。警察依存の事件報道の弊害が露呈した典型である。

（影響）その後、河野は各地で講演を重ね、無罪推定の原則を報道でも徹底するよう求めてきた。また、地元の松本美須々ヶ丘高校放送部がテレビ局の担当記者らに取材し、誤報の原因などをビデオドキュメンタリーや本にまとめ、話題になった。さらに、この高校生らの活動が東京芸術座の劇「NEWS NEWS—テレビは何を伝えたか」、熊井啓監督の映画「日本の黒い夏」として作品化された。松本サリン事件は、メディアリテラシー（メディアを批判的に読み解き、自分で情報を発信する能力、またはそれを育てる教育）が広がる1つの契機にもなった。

（参考文献）河野義行『「疑惑」は晴れようとも』（1995・11　文藝春秋）、テレビ信州編『検証 松本サリン事件報道』（2001・3　龍鳳書房）、林直哉・松本美須々ヶ丘高校放送部『ニュースがまちがった日』（2004・7　太郎次郎社エディタス）
［原真］

街ダネ──漫画

▶ **マニフェスト**（まにふぇすと）

　選挙運動で配布される公約集。有権者が政策本意で投票することを期待して、数値目標や達成期限などが記される。しかし、政治家や政党ごとの公約集を熟読して投票する有権者がどれくらい存在するのか不明な点も多い。19世紀のイギリスが発祥。1980年代のサッチャー政権下に保守党がパンフレットを作成し、やがて書店でも販売されるようになった。日本では元三重県知事の北川正恭が2003年4月の統一地方選で導入を提唱し、流行語となった。同年11月の衆院選挙でマニフェストを掲げて注目を集めた民主党が躍進した。国政選挙では二大政党制を意識して「政権公約」の訳語があてられるが、地方選挙では単に「公約集」と訳される。　参考文献　小川恒夫『政治メディアの「熟慮誘発機能」』（2006・10　八千代出版）、小林良彰「マニフェスト選挙以降の争点態度投票」『選挙研究』21号（2006　日本選挙学会）
　　　　　　　　　　　　　　　　　　[畑仲哲雄]

▶ **マルチメディア放送**（まるちめでぃあほうそう）

　語義　アナログテレビ放送が終了した空き地のVHF帯を使って始まった、新たな放送サービス。家庭などのテレビ受像機向けのテレビ放送と異なり、携帯端末に向けて映像や音声、データなどを送り込むところが特徴である。マルチメディア放送用の周波数は、VHF帯のハイバンド（207.5～222MHz、通称：V-High）とローバンド（90～108MHz、通称：V-Low）である。
　実例　V-Highでは2014年4月までにNTTドコモ系のmmbi（サービス名：NOTTV［ノッティービー］）だけがマルチメディア放送を開始している。スマートフォン向けの放送で、12年4月にサービスを開始した。①従来のテレビ放送のように放送を受信しながらライブ映像が受信できるリアルタイム型サービス、②映像ファイルなどをいったん受信機に蓄積して視聴できる蓄積型サービス、③通信ネットワークとの連携サービスを提供する。動画や音楽のほか、新聞、雑誌、電子書籍、ゲーム等の様々な形式のコンテンツを提供、配信する。NOTTVは有料放送で、13年9月末時点で月額料金は420円、契約件数は約147万件となっている。
　一方、V-Lowにおけるマルチメディア放送は、全国を7つの地区に分けたブロック放送とされ、エフエム東京系列のFM局が中心となって実用化を目指している。総務省は13年末に、送信設備を全国的に構築するハード事業者や、放送番組やサービスを提供するソフト事業者の選定を経て、14年度にV-Lowマルチメディア放送のサービスを開始する計画を発表した。
　なお、マルチメディア放送は09年の電波法及び放送法の改正で制度化された。
　参考文献　鈴木秀美・山田健太・砂川浩慶『放送法を読みとく』（2009・7　商事法務）
　　　　　　　　　　　　　　　　　　[堀木卓也]

▶ **マルチユース**（まるちゆーす）

　1つのデータや情報を複数の目的やメディアで利用すること。コンテンツビジネスで用いられ、収益機会を増やすといったケースがこれにあたる。ワンソースマルチユースともいう。背景には、デジタル技術によるデータの複製、編集の簡易化があり、情報を細切れにしてパッチワーク的に扱うハードルは低くなった。マルチユース化傾向は、単一のメディアの中でも生じている。テレビ番組で1つの取材映像を複数の番組で使用することも、その一例である。これが問題を生むことがある。ニュース映像として撮影されたものが、情報バラエティーで用いられた場合、そのジャンルが視聴者との間に取り交わした文脈が崩れ、暗黙の了解や倫理的な妥当性に抵触するケースも起こり得るのだ。メッセージとメディアの技術やジャンル的規律との間には、深い関係がある。合理性、コストパフォーマンスのみを追求したマルチユース化傾向には大きなリスクがあるといえる。　[水島久光]

▶ **漫画**（まんが）

　語義　1枚絵や短いコマで風刺や娯楽を目的とした画。1枚絵をカートゥーン、コマを多用したものをコミックと分けられる。複製芸術の登場が可能になった近代以降、漫画は新

聞や雑誌と密着して成長してきた。特にカートゥーンによって、政治や社会の権力者を戯画して描き、笑い飛ばすことは、世の東西を問わず行われてきた。日本では、1891年4月時事新報第3002号の今泉一瓢(いっぴょう)の作品に、「漫画」という言葉が新聞紙上に初めて登場した。これは、日本の新聞が論説から報道に変化した時代であった。このような、政治を風刺する「政治漫画」は、記事や論説と相俟って、識字力のない一般庶民にとっても政治現象の「解説」と「論評」をする素材を提供して、「環境の監視」や「意見の形成」に一役買った。

(影響) 政治漫画の研究史の端緒は20世紀後半からと遅く、皮肉にも、政治漫画の衰退が同じ頃論じられた。社会の多元化が進行し、多様な価値の均衡の上に政治現象が生ずることが明らかになると、風刺をするとしてもその対象が定まらない。また、風刺を認知する読者・大衆も一様ではないから、風刺対象に共感する読者は減少する。日本の場合、新聞・雑誌の大衆化が進む(誰にでも読まれる)。それにつれて政治漫画は個別化・先鋭化するか、誰にでも好まれるよう政治や世相をやさしく、秩序を崩さず「解説する」か、二者択一を迫られ、政治漫画はその輝きを失っていった。1950年末の少年マンガ週刊誌の創刊、アニメーションなどの多様なメディアとの接合が、「マンガ文化」として多様な価値とそれに基づく要求を満たしていった。それに対して、70年代に政治漫画専門雑誌が消失すると、「政治漫画」の表現の場は一層失われた。しかし、21世紀に入って、インターネットメディアが台頭し多メディア状況になると、1コマという形式面でも、風刺を使って「異論」を提起するという実質面でも、政治漫画の機能を再認識する契機が登場した。

(参考文献) 茨木正治『メディアのなかのマンガ』(2007・7　臨川書店)、夏目房之介・竹内オサム『マンガ学入門』(2009・4　ミネルヴァ書房)、清水勲『四コマ漫画』(2009・8　岩波書店)　　［茨木正治］

み

▶ 見出し(みだし)

(語義) 記事の内容を短い字数で端的に表した文章。本文への「案内役」といえる。数文字から長くとも十数文字以内で表現することが多い。新聞の見出しは大、小でニュースバリューを位置付けており、「一目見ただけで、何が今日の大事なニュースかがわかる」という新聞の特性に繋がる重要な要素だ。

(実例) 見出しには通常、記事を構成する6要素(「いつ、どこで、誰が、何を、なぜ、どのように」5W1H)のうち少なくとも2要素が含まれ、読者にその記事を読むか読まないかを判断させる役割をもつ。記事の本筋をアピールする「主見出し(メーン見出し)」、補完的に説明を加える「わき見出し(サブ見出し)」、長文の原稿の場合、内容や段落の区切りごとに付ける「小見出し」等がある。一般的に、横見出しは縦見出しよりもニュース価値が高い場合に使う。歴史的大ニュースの際には、左右ぶち抜きの横見出しが紙面を飾る。また、縦見出しの場合は、何段分を占めるかでニュースの軽重を決める。

日本の新聞の黎明期(れいめい)にあたる明治時代初期には記事に見出しは付いておらず、記事ごとに冒頭に○を付け、区別していた。新聞に見出しが出現するのは、東京日日新聞(毎日新聞の前身)が1881年から、読売新聞が84年から、朝日新聞(大阪)が85年からとされ、新聞が広く普及し、増ページする中で、記事を探しやすいように見出しを付けた工夫がその後、定着した。

近年の人権意識の高まりを受け、見出しをめぐる名誉毀損(きそん)訴訟が後を絶たない。ロス疑惑事件など報道合戦が激化した結果、十分な裏付けのないまま断定的な見出しで読者を引きつける事例が問題化、多数の新聞社が名誉毀損罪で提訴され、一部判決は原告があたかも犯人であるとの印象を与えるとして名誉毀損の成立を認めた。

(参考文献) 日本新聞協会新聞編集整理研究会編『新編

新聞整理の研究』(1994・1　日本新聞協会)、静岡県弁護士会編『情報化時代の名誉毀損・プライバシー侵害をめぐる法律と実務』(2000・7　ぎょうせい)

[高橋弘司]

▶ ミニコミ(誌)(みにこみ(し))

(語義)　産業化された出版流通のルートに乗らず、その外側において制作・流通・受容される出版物及び出版活動を指す。媒体の主要形態は雑誌である。同人誌や自費出版物を含める場合もあるが、単に通常の商業出版との出版形態の相違というだけでなく、既存の主流媒体では扱いにくい、もしくは排除される傾向にあったような性質の主題群を扱うという点においても特徴付けられる。

(影響)　「ミニコミ」という言葉は、テレビや新聞といった既存のマスメディア産業を漠然と指す「マスコミ」という日本語に対置されるものとして、1960年代から使われ出した造語である。産業化したマスコミが制度化・巨大化・硬直化していったとの認識のもと、それらが独占的に支配している言論空間に対する異議申立てという、対抗的な活動と位置付けられる。その活動を担ってきたのは、職業的専門家ではなく、主に一般の市民である。マスメディア批判を志向する市民によるメディア実践という点において、パブリックアクセスや地域メディア実践といった、草の根民主主義的な諸運動とも通底する面をもっている。

技術的な観点からいえば、マスコミによる独占は、大量伝達を可能にするような大規模な技術や装置の独占でもあった。これに対してミニコミは、「ガリ版」と呼ばれる簡易な印刷技術や手作業によって支えられていた。これらの技術やノウハウは、学校や地域活動における各種の印刷物にも通有されるものであり、ミニコミをそれらとの連続性において再把握し得る可能性を示している。

70年代になると、情報誌「ぴあ」や椎名誠・目黒考二らによる書評誌「本の雑誌」のように、ミニコミから出発しながら商業的な成功を得る例も見られるようになった。また森まゆみらによる地域誌「谷根千(やねせん)」のように地域共同体のアイデンティティの再構築に大きな役割を果たした例も見られる。

しかし20世紀末葉以降、コンピュータやインターネットの発達・普及に伴って、市民による表現やその公表に対する技術的・制度的な制約は大幅に縮減しており、マスメディアによる独占を軸とした対立図式も相対化されてきた。今日では、「ミニコミ」という言葉はほぼ歴史的用語となっている。

近年で重要な現象は、いわゆるオタク文化において同人誌の出版・流通・需要が一大マーケットを形成していることである。その作品群の多くが二次創作物であるため、既存のマスメディア産業と利害の対立する側面ばかりが強調されがちであるが、両者はむしろ相補的な関係をなしていると理解されるべきである。

(参考文献)　津野海太郎『小さなメディアの必要』(1981・3　晶文社)、丸山尚『ミニコミ戦後史』(1985・7　三一書房)、志村章子『ガリ版文化を歩く』(1995・1　新宿書房)、串間努編『ミニコミ魂』(1999・8　晶文社)

[長谷川一]

▶ 民間放送(民放)(みんかんほうそう(みんぽう))

(語義)　広告放送収入などを財源に、民間によって営まれる放送局のこと。義務的に徴収される受信料や税金などによって運営される公共放送の対義語。

戦前の放送は、政府による電波専掌の下、その監督を受ける日本放送協会によって独占されていた。終戦直後から、政府の統制に服さない"フリーラジオ"の設立を求める動きが続き、1950年の電波3法成立により、民間による放送局開設の道が開かれた。51年にラジオの予備免許を交付された16社が、日本民間放送連盟(民放連)を結成することにより、「民間放送」という日本独特の用語が定着した。英語では、commercial broadcaster(商業放送)となり、ニュアンスが異なる。放送法上の用語ではないため、制度上の区分とは一致せず、ケーブルテレビやコミュニティ放送、衛星放送の専門チャンネルを指して用いられることは少ない。総合編成を行うテレビ・ラジオ放送局に主に用いられる。

(影響)　私企業としての自由な判断により事

業を行う民放が、NHKと競争することにより、放送の多元性が確保されてきた。視聴率の増減が利益に直結するため、民放テレビはセンセーショナリズムに流れがちであるとの批判をこうむってきたが、ニュースへのキャスターの起用など"官報的な"NHKニュースへのアンチテーゼとして機能してきた。

放送制度的には、経済基盤での違いのみならず、全国を放送エリアとするNHKと、都道府県などをエリアとするローカル民放が並立することで、放送を多様なものとするよう設計されている。在京キー局を中心にネットワークが形成され、ローカル民放テレビの自主番組制作比率は5〜20％程度にすぎないが、地域に密着して問題を掘り起こすドキュメンタリーを制作し、各種番組コンクールで数多く受賞するなど、優れたジャーナリズム活動を行っているケースもある。

[参考文献] 中部日本放送編『民間放送史』(1959・12 四季社)、日本民間放送連盟編『放送ハンドブック[改訂版]』(2007・4 日経BP社)　　　[本橋春紀]

▶ 民主主義 (みんしゅしゅぎ)

[語　義] 社会を構成する人々の利害や価値観は多様である。それゆえに、各個人や集団が自らの価値観に基づいて利害を追求しようとすると、対立や紛争が必然的に生じることになる。そうした対立や紛争を抑止する、あるいは対立や紛争が生じた場合でもその深刻度を低下させるための手段が必要となる。すなわち、社会を統治するための手段と、その手段を活用する能力を有する統治者（支配者）ないしは指導者、そして統治を行うための組織やシステムが必要となる。

近代社会では統治の最も重要かつ基本的な単位は国家である。国家の諸組織、すなわち国家機構に属する政治エリートは、暴力装置（軍や警察など）、金銭（税金など）、そして専門知識や情報などの資源を相対的に豊富に所有することで、国民を支配し、国家を統治する。それと同時に、様々な公的サービスを提供することで、国民生活を保障する。それに比べ、一般に個々の国民の資源は相対的に乏しく、国家機構に対する影響力も限定されている。

しかしその一方で、国民が様々な形態で国家機構や政治エリートに対して影響力をもち得る、すなわち権力を行使することが可能な政治体制、それが民主主義である。こうした意味で民主主義とは、一般市民である国民が社会を統治するという理念であり、それを実現するための仕組みと実践ということになる。

[実　例] 民主主義は、直接民主主義（一般市民による直接統治）と間接民主主義（一般市民の代表による代議制）に分類されることが多い。代表を選出する手法として選挙が実施される。前述したように民主主義の単位を国家とすると、人口や地理的範囲の面からして間接民主主義が採用される方が一般的である。また民主主義社会でも、政治エリートの専横が常に問題となることから、立法、行政、司法の三権分立制度が不可欠であり、通常は政治エリート間の相互監視が法制度化されている。

民主主義の要件としては、以下の項目を掲げられたことがある（ダール、2012）。①政府の政策決定についての決定権は、憲法上、選出された公職者に与えられる。②選出された公職者は、頻繁に行われる公正で自由な選挙によって任命され、また平和的に排除される。③実質的に全ての成人は、選挙での投票権をもつ。④ほぼ全ての成人はまた、選挙で公職に立候補する権利をもつ。⑤市民は表現の自由の権利をもつ。それは現職の指導者や政権党への批判や異議申立てを含み、司法・行政官僚によって実質的に擁護されていなければならない。⑥市民は情報へのアクセス権をもつ。情報は、政府その他の単一組織によって独占されてはならず、またそれへのアクセスは、実質的に擁護されていなければならない。⑦市民は政党や利益集団を初めとする政治集団を設立し、またそれに加入する権利をもつ。

これらの要件を参照しながら、民主主義社会において、一般市民としての国民が、政治エリートや国家機構に対して権力を行使する手法、すなわち政治参加について整理してみる。第1は選挙である。民主主義社会では、有権者である国民は立法府の構成員である議員、そして行政府の指導者を直接、あるいは間接に選出している。これは選挙という制度を

通した非日常的な政治参加といえる。ジャーナリズムは、立候補者や政党の政策、そして選挙予測などの報道を通じて選挙と深く関わることになる。第2は選挙とは異なり、日常的に政治エリートや国家機構に対し様々な要求を行う集団(団体)によって担われる政治参加である。これらの集団は、一般に圧力団体や利益集団と呼ばれる。これらの団体や集団は組織化の程度が高く、概して政治エリートとの関係も強く、その点では両者の関係は制度化される。この場合、ジャーナリズムは一連の政策過程や世論動向を報道することで大きな力を発揮することがある。第3は社会運動と呼ばれる政治参加である。社会運動組織とその構成員は、圧力団体や利益集団と比べ、金銭、時間、社会的地位、情報等、活用できる資源が乏しい場合が多く、したがって一般に政治エリートと日常的に交流する機会は少ない。社会運動は単一の争点や問題をめぐって意見を表明し、時にはジャーナリズムや世論と連携しつつ、自らの主張の実現を図ろうとすることが多い。これらの政治参加が、民主主義にとっては極めて重要な局面だといえる。

(参考文献) 大石裕『政治コミュニケーション』(1998・11 勁草書房)、千葉眞『デモクラシー』(2000・3 岩波書店)、R・ダール『現代政治分析』(高畠通敏訳、2012・9 岩波書店) 〔大石裕〕

▶ 民放連→日本民間放送連盟 (民放連)

む

▶ **無罪推定の原則**(むざいすいていのげんそく)

(語義) 刑事裁判において、裁判所は、検察側の証拠と弁護側の証拠を総合判断した結果、有罪とするには合理的な疑いが残る場合には犯罪の証明がないものとして無罪の判決を下さなければならない。これが無罪推定の原則である。無罪推定は刑事裁判上の原則であり、犯罪報道に直接適用がある原則ではない。メディアは捜査機関でも裁判機関でもな

く、国民の知る権利に応えて報道を行うものであるから、何をいかに報道すべきかの基準はあくまでも真実性、公共性、公益目的性等にある。しかし、メディアもこの無罪推定原則の存在を尊重する必要があり、被疑者を一方的に犯人視するような報道は慎むべきとされている。

(影響) 犯罪報道においては、メディアは捜査機関の情報提供を最大のニュースソースとする場合が多いが、そこで提供される情報は弁護側のチェックを受けておらず、弁護側からの反対証拠との比較もできないレベルのものである。また、メディアの取材は、個別の捜査官から提供される断片的な情報に依拠することが多いが、そのようなものを集めて検討しても、裁判所における総合的かつ慎重な判断の域に達するはずがない。しかし、断定的な犯人視報道をされた被疑者が受ける社会的打撃は甚大なものであり、後日の裁判で別個の判断を得たとしても、回復できない損害を被る危険がある。このため、一方的な犯人視報道は許されないのである。

別個の問題として、リーク報道がある。捜査官は行きすぎた正義感や世論誘導などのために、捜査情報を不当にメディアにリークする危険がある。しかし捜査官については、無罪推定の原則が適用されるべきは当然であり、違法なリーク情報に基づく報道は慎むべきである。

(参考文献) 団藤重光『新刑事訴訟法綱要〔7訂版〕』(1967・10 創文社)、日弁連編『人権と報道』(1976・11 日本評論社)、田島泰彦「犯罪報道における"自由と人権"」飯室勝彦ほか編『新版 報道される側の人権』(1999・6 明石書店) 〔弘中惇一郎〕

め

▶ **明治期の新聞**(めいじきのしんぶん)

(維新期) 徳川幕府の下では時事報道が禁じられ、国内のニュースメディアとしては非公認のかわら版が出されていた程度だった。19世紀、幕府の洋書調所は長崎出島を通じて西

洋人が発行する新聞を入手し、アメリカ人宣教師マクガヴァンが中国・上海で発行した華字新聞・六合叢談から宗教関係の記事を除いて翻刻した官板六合叢談と、バタビヤのオランダ政庁の機関紙・ヤバッシェ・クーラント（Javache Courant）を抄訳した官板バタビヤ新聞を、文久年間（1861~63）に発行した。これらの翻刻・翻訳新聞と同時期に、居留地で外国人が発行する新聞も現れた。長崎でイギリス人ハンサードが、1862年に創刊したナガサキ・シッピング・リスト・アンド・アドバタイザー（The Nagasaki Shipping List and Advertiser）がその最初で、横浜ではジャパン・ヘラルドやジャパン・タイムスなどの英字紙が発行され、知識人に影響を与えた。ついでアメリカの通訳官ジョセフ・ヒコ（浜田彦蔵）が、横浜で海外新聞を65年に発行、これが日本語新聞の祖となる。

他にも萬国新聞紙など外国人経営による日本語新聞が居留地で発行されたが、本格的に日本人による日本語新聞が発行されたのは戊辰戦争の時である。68年、柳河春三の中外新聞、福地源一郎の江湖新聞などが佐幕派、太政官日誌や都鄙新聞などが倒幕派の新聞として発行され、双方の主張と戦況を報じた。しかし、新政府樹立とともに佐幕派新聞は弾圧され、横浜で岸田吟香が発行した「もしほ草」以外は全て廃刊となった。

(明治初期) 新政府は、1869年に新聞紙印行条例を発布し、新国家建設に必要な知識の普及と啓蒙のために新聞発行を奨励し、70年、鉛活字による洋紙一枚刷りという近代的形態で初の日刊紙の横浜毎日新聞が誕生した。72年には東京で東京日日新聞、日新真事誌、郵便報知新聞、朝野新聞、東京曙新聞等の日刊紙が創刊され、各地でも新聞が生まれた。74年、民撰議院設立建白書の掲載により民権派の言論が新聞を活性化する一方、同年読売新聞が創刊され、小新聞の先頭を切り、非知識人読者を拡大し一万部を超えた。翌年、新聞紙条例と讒謗律を公布して政府が言論取締りに転ずると、末広鉄腸をはじめとして記者が禁固・罰金刑を受ける筆禍が続出し、国会開設時まで政府と新聞の苛烈な闘いが繰り広げられた。

77年に西南戦争が起きると政府は報道管制を敷き、東京各紙に内務省による事前検閲を強いたが、一方で各紙の発行部数は飛躍的に伸び新聞の経営基盤が築かれた。81年の政変後に政党が結成されると、大新聞は政党機関紙化し、激しい論戦を展開、自由党機関紙・自由新聞など発禁処分で廃刊に追い込まれる新聞も相次いだ。政府はさらに83年に新聞紙条例を改正し、保証金制度を導入して統制を強め、「官報」を創刊した。これに対し、慶應義塾門下による時事新報や大阪の朝日新聞は不偏不党を掲げ、部数を拡大した。

(明治中期) 大新聞は次第に没落し、政治的に中立な報道を中心とした商業新聞が台頭するという傾向が明治十年代末から顕著になった。1886年、郵便報知新聞で矢野文雄が断行した、定価引き下げ、総振仮名の採用、挿絵入り小説の掲載など小新聞の要素を取り入れる改革がその象徴である。翌年の暮れに保安条例が発布され、尾崎行雄、星亨、中江兆民らの言論人が東京からの退去命令を受けて大阪に拠点を移したのも、民権派新聞の没落を促進した。明治二十年代の東京では、陸羯南の「日本」（89年）、徳富蘇峰の国民新聞（90年）、黒岩周六の萬朝報（92年）、秋山定輔の二六新報（93年）等の政党から独立した独立新聞が次々と創刊され、主筆の主張や個性的な紙面が読者を引きつけるパーソナルジャーナリズムが花開いた。

一方、大阪では朝日新聞が88年にめさまし新聞を買収して東京朝日新聞と改題して東京に進出したため、大阪の方を大阪朝日新聞と改題、これに対抗して大阪の実業界が大阪日報を大阪毎日新聞と改題発行し、以後昭和期まで大阪二大紙の覇権争いが展開した。日清戦争に際しては、東京日日が反戦を唱え発行停止にあったものの、多くの硬派記者が大会を開いて戦争支持の決議を行い、開戦後は戦況の速報を競い、号外が多数発行され、発行部数も増大し、上位紙は5～9万部に達した。またこの時に初めて正式な従軍記者制度が定められ、100名以上の記者が従軍取材に派遣され、また記者初の戦病死者を出した。

(明治後期) 明治三十年代には、大新聞と小新聞

の区別が縮小する中新聞化が進行し、通信や外電の強化による報道中心の紙面となり、商業的利益を追求する傾向が強まった。また地方紙が増大し、中でも福岡日日新聞はいち早く輪転機を購入し合資会社となった。1900年の北清事変では、各紙が従軍記者を特派し、朝日の北京通信員の村井啓太郎による「北京籠城日記」が反響を呼んだ。ロシアの撤兵問題で、03年に、新聞は主戦論の萬朝報、毎日新聞、東京日日と、非戦論の大阪朝日、東京朝日、大阪毎日、時事新報等に分かれて論争を展開した。しかし、萬朝報は同年6月主戦論に転じ、内村鑑三、幸徳秋水、堺利彦は同紙を辞め、後者2人は平民社を創立した。同年11月初の社会主義新聞・平民新聞を創刊、反戦を訴え、マルクスの「共産党宣言」翻訳を掲載し、何度も発禁を受けながら1年半ほど刊行を続けた。結局、毎日新聞、東京日日などが次々と主戦論に転換し、翌年2月開戦に至り、各紙は日清戦争時の数倍に及ぶ従軍記者を送り、速報のため膨大な通信費をかけ、号外合戦を繰り広げた。発行部数は上位紙で10〜15万部に達した。大阪毎日と「国民」が講和全文をスクープしたが、「国民」と中央新聞以外の新聞は条件を不満とする講和反対運動を展開した。05年9月の日比谷焼打事件では、講和成立を支持した「国民」の社屋も襲撃され、翌日戒厳令が敷かれ、緊急勅令により各紙が発行停止となった。しかし、記者たちは遊説班を組織して政府を攻撃し、東京各紙は新聞同盟会を組織して対抗したため、政府は緊急勅令を廃止した。すでに新聞は大衆的運動を組織し世論を動かす一大勢力に成長していた。

(日露戦争以降) 新聞は、本格的に企業化し始めた。1906年、報知新聞の夕刊発行が成功すると、各紙も朝夕刊発行を始めた。同年、本山彦一率いる大阪毎日が電報新聞を買収して東京に進出し、11年に東京日日が大阪毎日の経営下に入り、東京でも大阪系2紙の争いが始まった。勢力を失墜した「国民」は、東京近県向けに地方版を開発して挽回を図った。また、やまと新聞が活動写真の巡回を行うなど様々な試みが行われ、新聞の発行部数はトップの大阪朝日や報知が20万部、萬朝報、「国民」、「やまと」が17万部に達する程増加した。

他方09年、新聞紙条例が廃され、新聞紙法が公布されたが、当初の改正案の趣旨に反して、言論に対する取締りが強化された。大阪平民新聞や社会新聞などの社会主義運動の機関紙も、翌年の大逆事件以後は取締りが一層厳しくなり、完全に消滅した。

(参考文献) 小野秀雄『日本新聞発達史』(1922・8 大阪毎日新聞社・東京日日新聞社)、山本文雄『日本新聞発達史』(1944・2 伊藤書店)、西田長寿『明治時代の新聞と雑誌〔増補版〕』(1966・11 至文堂)、山本武利『近代日本の新聞読者層』(1981・6 法政大学出版局)、土屋礼子『大衆紙の源流』(2002・12 世界思想社)
〔土屋礼子〕

▶明治憲法(大日本帝国憲法)
(めいじけんぽう(だいにほんていこくけんぽう))

(語義) 1889年2月11日公布、90年11月29日に施行された、外見上は近代立憲主義に基づく憲法で、1947年5月3日に日本国憲法が施行されるまで存続した。

(背景) 1867年の大政奉還勅許と68年の王政復古により、天皇に統治権が「返還」され、69年の版籍奉還と71年の廃藩置県により、形式上は天皇が直接に統治する体制が整い、複合的封建体制から統一国家への転換が実現した。

68年の「五箇条の御誓文」と「政體書」や75年の「立憲政体の詔書」を見る限り、当初から議会制度と立法・行政・司法の権力分立を前提とする立憲君主制を念頭においていたように読める。76年の「國憲起草を命ずる勅語」に対し、元老院は80年に議会に強い権限を定めた「日本國憲按(第三次草案)」を提出したが、近代立憲主義思想を反映した内容から、岩倉具視や伊藤博文らの強い反対にあった。81年の「國會開設の勅諭」は、国会開設という目標を90年に設定し、政府主導の憲法制定方針を明らかにした。実際の起草作業は、ヘルマン・ロェスラー(ロエスレル)の草案に基づき、伊藤博文を中心に、87年に井上毅が、88年にさらに伊東巳代治、金子堅太郎らが加わって作成され、「欽定憲法主義、大権内閣制、両院制議会」の原則に基づく案が天皇に

奉呈された。原案は新たに設置された枢密院において審議され、89年、天皇に上奏されるという過程を経て、発布され、「議會開會ノ時ヲ以テ此ノ憲法ヲシテ有效ナラシムルノ期トスヘシ」との勅語に基づき、90年、帝国議会の開会を期に、大日本帝国憲法が施行された。

(特色) 1876年の勅語以来の課題として、大日本国憲法は特殊日本的な要素を象徴する概念「建國ノ體」と「海外各國ノ成法」の基礎となっている普遍的な近代憲法思想との均衡と調和をめざすものとして起草されたが、その後の解釈運用においても、憲法は「固有ノ国体、政体ノ大法」であり、「独立ノ解釈」により、「一切外国ノ事例オヨビ学説ニ拘泥」すべきではないという君権(神権)学派と、「近代立憲制度ノ基礎精神ヲ知ルニハ外国憲法トノ比較ハ」欠かせず、憲法は「大体において西洋の諸国に共通する立憲主義の原則を採用」しているという立憲学派との対立は継続し、1910年代には立憲学派が優位にあったが、30年代以降は君権学派が支配的であった。

憲法の特徴は学派によって説明が違う。憲政の本義が天皇親政ならば、大権は国家統治の主権として憲法に超越し、あらゆる権限は天皇大権と推定されるが、君主の統治権行使制限を立憲主義の出発点とするならば、絶対君主制的解釈は否定される。「国体」を統治主権の所在とするならばその変更は天皇だけの権限だが、国家の歴史的倫理的特性であるならば、憲法の中に取り込まれたので、憲法改正手続によって改正され得る。

大日本帝国憲法は単独の法典ではなく、皇室典範、議院法、衆議院議員選挙法、会計法、貴族院令が同時に(1989年)公布された。会計監査院法(89年)、内閣官制(89年)、裁判所構成法(90年)、行政裁判法(90年)など、統治機構の基本的な仕組み全てが、議会の関与なく、ときの政府の一存で実現したことは重要である。　　　　　　　　　　〔紙谷雅子〕

▶ **名誉毀損・信用毀損**
(めいよきそん・しんようきそん)

(語義) 名誉毀損とは人の社会的評価を低下させることをいい、信用毀損とは人の評価のうち特にその経済的側面に関する評価を低下させることをいう。人の評価を下げるという事柄の性質上、どちらもその行為は言論によることが想定されている。

(実例) 刑法上、名誉毀損行為は名誉毀損罪(230条1項)にあたる可能性がある。名誉毀損罪が成立するには、人の社会的評価を低下させる言論が「公然」と「事実」を摘示してなされる必要がある。「公然」とは不特定または多数人が認識し得る状態をいう。また、「事実」の摘示を要するので、否定的な価値判断や論評によって他人の評価を下げても名誉毀損罪にはあたらない(ただし、231条の侮辱罪にはあたり得る)。他方、「事実」を摘示するものである限り、「その事実の有無にかかわらず」、つまりそれが真実であっても虚偽であっても名誉毀損にあたる。名誉毀損罪は親告罪である(232条)。信用毀損行為は、刑法上は信用毀損罪(233条)にあたる可能性がある。信用毀損罪の場合、名誉毀損罪と異なり、流布される事実は「虚偽」のものでなければならない。信用毀損罪は親告罪ではない。

民事法上は、名誉毀損や信用毀損の行為は不法行為(民法709条)にあたるので、どちらも損害賠償などの請求の根拠とされる。このように双方とも不法行為にあたることに変わりがないので、民事法上の議論においては、名誉毀損と信用毀損につききちんと区別して論じられることが少なく、雑駁に「名誉・信用の毀損」といいながら名誉毀損に関する議論をしていることが多い。民事不法行為法上の名誉毀損は、刑事の場合とは異なり、事実の摘示による場合のみならず、意見や論評による場合も成立し得る(最判平成9年9月9日)。例えば「Aは取引先から毎月リベートを受け取っている」というのが事実摘示による名誉毀損であり、「Aは部下に対して冷酷だ」「Aは独裁者だ」というのが論評による名誉毀損である。事実摘示による名誉毀損にあたる場合でも、事実の公共性・目的の公益性・摘示事実の真実性ないし真実相当性がある場合には名誉毀損は成立しない(最判昭和41年6月23日、真実性・真実相当性の法理)。また論評による名誉毀損の場合、事実の公共性・目的の公益性・

論評の前提事実の真実性ないし真実相当性をみたす場合は、論評としての域を逸脱したものでない限り名誉毀損は成立しない（最判平成9年9月9日、公正な論評の法理）。

民法723条は、名誉毀損の不法行為が成立する場合に特に「名誉を回復するのに適当な処分」（回復処分）を認めている。この回復処分として実務上多く用いられているのは謝罪広告であり、実際上命じられる謝罪広告として多い類型は、名誉毀損をした媒体（新聞や雑誌など）と同じ媒体への掲載を命ずるものである。民法723条の回復処分の規定に基づいて判決で謝罪広告を命じることについては、学説上、広告を命じられる者の思想良心の自由（憲法19条）を侵害し違憲であるという見解が多い。しかし最高裁は、「単に事態の真相を告白し陳謝の意を表明するに止まる程度のもの」であればこれを強制しても憲法19条に違反しないとしている（最大判昭和31年7月4日）。

名誉毀損は、不法行為にあたるのみならず、人格権としての名誉権を侵害するものでもあるため、人格権に基づいて名誉毀損行為の差止を求めることもできる（最大判昭和61年6月11日）。具体的には、名誉を毀損する書籍や雑誌の出版の差止、テレビ番組や映画の放送・放映の差止などがこれにあたる。ただし、この種の差止は表現者側の表現の自由（憲法21条）を直接に制約するものであるためそれとの調整がなされるので、差止請求が認容されるケースは、実際上はかなり限定される。

(参考文献) 竹田稔ほか編『新・裁判実務大系（9）名誉・プライバシー保護関係訴訟法』（2001・1　青林書院）、佃克彦『名誉毀損の法律実務〔第2版〕』（2008・10　弘文堂）　　　　　　　　　　［佃克彦］

▶ 迷惑メール防止法 (めいわくめーるぼうしほう)

正式名は「特定電子メールの送信の適正化等に関する法律」。広告宣伝のための電子メールが、一方的・無差別かつ大量に送信されることで電子メールの送受信上の支障が生じていたという社会状況を背景に、2002年に制定された。主な内容は、広告宣伝のための電子メール（特定電子メール）の送信者などを対象に、あらかじめ同意した者以外への送信の禁止、送信者情報の表示及び受信拒否ができる旨の通知を受信者から受けるためのアドレスなどの表示の義務付け、プログラムにより自動的に作成された利用者がいない架空電子メールアドレスを宛先とするメール送信の禁止等を定める。これに違反した場合には、総務大臣等は措置命令を発することができ、措置命令に従わなかった場合には罰則もある。

(参考文献) 総務省・消費者庁・（財）日本データ通信協会「特定電子メールの送信の適正化等に関する法律のポイント」（2009・10）　　　　　　　　　［横大道聡］

▶ メディア (めでぃあ)

(語義) メディア（media）はmediumの複数形で、「中間の」という意味のラテン語（medius）を語源とする。「中央の（middle）」などと語幹を同じくする。mediumは、2つ以上の物や人の間を仲立ちする物や人を意味する。例えば、音が伝わるために必要な空気や光が伝わる空間は「媒質」と訳されるmediumである。なお、mediumには現世と死者を結びコミュニケーションを仲立ちする「巫女」の意味もあり、「媒質」よりもメディアのイメージに近い。

英語でmediaと複数形になる場合には、現在ほとんど新聞、ラジオ、テレビ等のマスメディアと同義で使われている。『オックスフォード英語辞典』では、マスメディアという用例の初出を、1923年に「広告と販売」という雑誌に掲載された「Class appeal in mass media」という題名の記事だとしている。メディアという言葉は、送り手と受け手を仲立ちして、情報を伝える役割を強調したものといえる。

なお、コンピュータ用語では、ディスクや磁気テープのような情報の記録媒体を指す言葉として、メディアが使われる。

(歴史) ここでは、コミュニケーションメディア、マスメディアという意味でのメディアの歴史を概観する。メディア史研究者のマクルーハンによれば、電信以前は道路を通じて伝えられる手紙など「書かれた言葉」の遠隔地への「輸送」がコミュニケーションの手

段であった。もちろんそれ以外にも、のろしや腕木のような視覚による「高速通信」もあったが、より大量情報を伝達するマスメディアの発達史としては、マクルーハンのいうように道路網を通じた手紙の伝達を起源とするのが妥当である。特に、近代までの国家では、王や皇帝から自分の支配地域に向けてのお触れである「官報」が道路網を通じて伝達された。多くのメディア史では、ローマ帝国時代のカエサルによる「アクタ・ディウルナ」や唐の「邸報」を、「前」新聞的なメディアと位置付けている。

グーテンベルクなどによる活字印刷の普及によって、書籍の大量印刷・頒布が可能になった。発行が定期的で、直近の出来事を伝えるという時事性があり、広く読まれるために発行される印刷物である新聞は、17世紀初頭のドイツにその原型が見られ、18世紀イギリスでは広告を収入源とする商業新聞が発行されるようになった。1788年に創刊されたタイムズはその代表例である。

19世紀後半から20世紀初頭にかけてイギリス（デイリー・メール、デイリー・ミラーなど）やアメリカ（ニューヨーク・ワールド、ニューヨーク・ジャーナルなど）において、発行部数が100万部を超える大衆新聞が出現した。日本で近代新聞が発刊されたのはこの時期に重なり、自由民権運動期の政党新聞からはじまり、大阪朝日新聞と大阪毎日新聞が100万部を超える全国紙となったのが、1923年の関東大震災の翌年である。

放送メディアは、19世紀末にマルコーニが実用化した無線通信技術を基盤としている。大衆に音楽などの番組を送り届ける受信（専用）機としてのラジオが構想されたのが1920年代のアメリカであった。同年にピッツバーグで運営を開始したKDKA局は、世界で最初の本格的な商業ラジオ局である。22年にはイギリスでB.B.Company（のちのBBC）が、25年には日本で東京放送局（のちに日本放送協会に統合される）が創設され、ラジオ放送が始まっていた。

テレビは30年代に実用化に向けた技術開発が進み、35年ドイツ、翌年イギリスで定時放送が始まった。アメリカでテレビ放送が開始されたのは39年、日本では第二次世界大戦後の53年2月のNHK東京放送局が最初だった。同年には、初の民間放送テレビ局として日本テレビ放送網が定時放送を始めている。

参考文献 M・マクルーハン『メディア論』（栗原裕・河本仲聖訳、1987・6 みすず書房）、佐藤卓己『現代メディア史』（1998・9 岩波書店） ［藤田真文］

▶ **メディアイベント**（めでぃあいべんと）

語義 テレビが生放送で伝え、国民全体や世界中を引きつける歴史的行事をいう。メディアイベント論の古典であるダーヤンとカッツの著書では、メディアイベントの成立にはテレビの影響力が欠かせないとする。メディアイベントは、非日常的な出来事であり、その出来事が起こっている時にリアルタイムで中継される。こうしたイベントは、あらかじめ計画され、発生が予告され宣伝される。さらにメディアイベントは、うやうやしさを感じさせるセレモニー的な演出を伴う。そして、このような式典は、国民全体や世界に広がる視聴者の心を大きく揺り動かす。

なお、ダーヤンらよりもメディアイベントを広く捉え、新聞などの活字メディアが出来事の経過を伝えた国民的イベントを含める研究もある。

実例 ダーヤンとカッツは、メディアイベントには、「競技型」「戴冠型」「制覇型」という、3つの基本的なシナリオがあるとする。

競技型とは、厳密なルールに従って個人やチームを競わせるものである。オリンピックやワールドカップなどのスポーツイベント、さらにアメリカ大統領選挙のテレビ討論も競技型とされる。戴冠型は、伝統に基づいたセレモニーのルールによって行われる。ロイヤルウエディングや国家元首の国葬などが戴冠型である。制覇型とは、英雄的な人物が前例のない偉業を成し遂げる瞬間を伝えるイベントである。アポロの月面着陸や政治家が国交がなかった国を突如訪問し外交交渉をすることなどが、制覇型のイベントである。

参考文献 D・ダーヤン＆E・カッツ『メディア・イベント――歴史をつくるメディア・セレモニー』（浅見克彦

訳、1996・2　青弓社)、津金澤聡廣編著『戦後日本のメディア・イベント―1945-1960年』(2002・3　世界思想社)

[藤田真文]

▶ メディアウォッチ (めでぃあうぉっち)

大手メディアを継続的に観測し、様々な角度からその報道活動をチェックし評価するジャーナリズム活動。①外国メディアの報道を国内に紹介する活動、②国内大手メディアの報じない事件・出来事などを取り上げる活動、③内外のメディア業界の動向を予測・紹介する活動等がある。国外ラジオ短波放送の継続的なモニタリングをする元外務省所管の一般財団法人ラヂオプレスの活動とは異なる。国内大手メディアの信頼低下を憂い、ジャーナリズムを再活性化しようとするオルタナティブな試みといえる。メディアウォッチの主体は、報道関係OB、メディア労組関連組織、フリージャーナリスト、研究者など様々である。小規模な冊子やリーフレットで展開されることが多かったが、近年はインターネットに移行している。(参考文献) 鈴木みどり編『メディア・リテラシーの現在と未来』(2001・10　世界思想社)

[清水真]

▶ メディアコングロマリット
(めでぃあこんぐろまりっと)

(語義) メディアコングロマリット (Media Conglomerate) とは、映画会社 (映画スタジオなどを含む)、放送事業者 (衛星放送事業者、ケーブルテレビ事業者などを含む)、電気通信事業者 (ISP事業者、ネット広告事業者などを含む)、出版社、音楽ソフト会社等、様々なメディア企業を傘下に収める複合・寡占企業のことである。メディアコングロマリットは、「トランスナショナルメディア企業 (transnational media corporations)」「グローバルメディアコングロマリット (global media Conglomerate)」「メガメディア (magamedia)」などと呼ばれることもある。

コングロマリットは、買収や合併などの手法を用いて事業の多角化を行い、対象とする市場やビジネスモデル、コアコンピタンス (競合他社を圧倒的に上回る核となる能力) に直接関連性のない事業を複数抱えた複合企業体のことである。現在の企業経営におけるコングロマリットは、長年の事業経営による資本蓄積や株式上場での上場益などで得られた豊富な資金力をもって、急速に事業の多角化を行い、主に資本関係を通じた企業支配を行うことで傘下の事業会社の支配 (コーポレートガバナンス) を行う経営形態のことである。

1960年代のアメリカで企業のコングロマリット化が促進された背景には、当時の株価上昇の評価基準が「1株当たり利益 (EPS) を高める」ことであり、各企業は収益拡大のために積極的なM&A (企業買収・合併) を行った。しかしその際、同業種や直接的に取引関係の深い企業を買収すると独占禁止法に抵触する可能性があるため、あえて本業と直接的に関係の薄い事業モデルを展開する企業を買収・合併対象とした。メディアコングロマリットに関する特有の事象としては、独占禁止法に抵触する可能性に加え、新聞と放送局の間のクロスオーナーシップ規制など、メディア間での所有規制なども考慮する必要がある。

(実例) メディアコングロマリットを構成するメディア事業は多種多様であるが、中核となるのは劇映画事業 (スタジオ) とテレビ放送事業、新聞や出版などの印刷メディア事業である。現在メディアコングロマリットを形成する企業は、タイム・ワーナー (アメリカ) やウォルト・ディズニー (同)、ニューズ・コーポレーション (同)、コムキャスト・NBCユニバーサル (同)、バイアコム・CBSコーポレーション (同)、ベルテルスマン (ドイツ) 等が挙げられる。これら企業の多くは、アメリカや欧州を事業の中核としている。

メディアコングロマリットの多くは、「コンテンツ―ネットワーク (伝送路) ―顧客」という一連のサプライチェーンの中でメディアビジネスを確立する垂直統合モデルを意図したものである。

垂直統合モデルのメリットを生かしつつ、メディアのデジタル化に伴う多メディア化と、世界的な情報通信分野の規制緩和の促進がメディアコングロマリットの誕生に大きく寄与した。

1989年5月に欧州評議会で採択された「国

境を越えるテレビジョンに関する欧州協約」や、アメリカにおける「1996年電気通信法」の成立など、80年代末から90年代にかけて、欧米各国でテレビ放送を含む電気通信分野の規制緩和政策が促進された。これに伴い、欧米各国で衛星放送やケーブルテレビなどを利用したテレビ放送の有料多チャンネル化が進んだ。90年代半ばからのインターネットの普及は、劇映画やテレビ番組などの映像コンテンツの需要を呼び起こした。

さらに欧米諸国での金融分野の規制緩和に伴い、巨大メディア企業の資金調達方法も多様化したことでM&Aを行うための資金調達が容易になり、メディアコングロマリット化を促進する要因となった。

80年代以降、様々な産業分野で進められてきたグローバル化は、メディア産業においても、「規模の経済」拡大を目指した経営の多角化を企業戦略として進める数社の巨大メディア企業によるビジネスが世界的な規模で拡大することで進められてきている。

メディア企業のグローバル化は、世界最大のメディア市場を有するアメリカや旧西側の欧州諸国から進められてきたケースが多い。ただアメリカや欧州のメディア市場が飽和状態に近づくにつれ、アジア（東南アジアや中東）や中南米、東欧・ロシア、アフリカ等の新たな市場が重要になりつつあり、メディアコングロマリット各社もこうした市場の開拓に向けた戦略を取りつつある。メディアのグローバル化は、特定国（地域）における損失リスクを他国（地域）でカバーすることができるというメリットを生かし、当該メディアコングロマリットの経営を安定させるというメリットに繋がっている。

近年、規制緩和の促進やメディアの多様化に伴い、アジア諸国でも新たなメディアコングロマリットが誕生している。日本では、在京キー局のフジテレビジョンを中核としたフジ・メディア・ホールディングスが、ニッポン放送（ラジオ）、産経新聞（新聞）、ポニーキャニオン（音楽・映像ソフト）、扶桑社（出版）、セシール（通販）などの企業を子会社や関係会社としている。中国では、上海メディアグループ（上海文化広播新聞伝媒集団：SMG）が放送事業を中核に新聞、雑誌などの出版事業や芸能エンタテインメント事業などに進出している。またシンガポールのメディアコングロマリットであるメディアコープ（テレビ、ラジオ、新聞、出版、インターネット事業などで構成）は、ベトナムやマレーシアなど東南アジア諸国にも進出を始めている。

ジャーナリズムの観点でメディアコングロマリットを見ると、実質的にグループを支配する経営責任者（メディアバロンなどとも呼ばれる）の政治的主義・主張などがグループ全体の報道姿勢に大きな影響を与える点が見られる。メディア企業の買収・合併にあたり、それまでの伝統的なジャーナリズムのあり方を継承しようとする編集責任者との間に深刻な対立を生むケースも少なくない。

またメディアコングロマリットの大きな存在意義として収益の拡大があることから、必然的に中立・公正を指向するジャーナリズムよりも、よりセンセーショナリズムな言論を指向する傾向が強く見られることで、結果的に政治的・社会的対立を煽るケースもある。

メディアコングロマリットによる世界のメディア市場の支配は、一方で、支配された国（地域）の伝統や文化を体現する地元メディアの存在を脅かし、結果的にはメディアの多様性を損なう可能性が高いことが挙げられる。当然メディアコングロマリットの支配下には言論・報道機能を担うニュースチャンネルや新聞・出版なども含まれているため、結果的には、アメリカなど超大国の論理が優先され、相対的に当該国（地域）における言論の多様性を脅かすともいわれている。

(参考文献) P・ビブ『テッド・ターナー──CNNを創った男』（久坂翠訳、1996・2　アスキー）、W・ショークロス『マードック──世界のメディアを支配する男』（仙名紀訳、1998・11　文藝春秋）、M・タンゲート『世界を制した20のメディア』（氷上春奈訳、2005・5　トランスワールドジャパン）、大場吾郎『アメリカ巨大メディアの戦略』（2009・9　ミネルヴァ書房）、奥村皓一『国際メガメディア資本［第3版］──M&Aの戦略と構造』（2010・7　文眞堂）　　　　［浅利光昭］

▶ メディアと権力 (めでぃあとけんりょく)

語義 権力とは一般に、個人間、あるいは集団間で行使される影響力と見なしうる。すなわち権力とは、一定の社会関係の中で、ある個人から他者、ないしはある集団から他の集団に対して行使されるものと見なしうる。また、社会に対して影響力を行使できる個人や組織が、権力（者）、あるいは権力機関などと呼ばれる。これらの権力（者）や権力機関は、一般の人々と比べ、暴力装置（軍隊や警察など）、金銭、情報といった権力資源を相対的に多く有するか、あるいはそれらを動員できることから、社会の中で権力を行使する機会と可能性が高くなる。メディアと権力という問題を扱う場合、通常は情報という権力資源が中心となる。

この研究課題に関しては、相互に関連する以下の3つの問題に分類することができる。第1は、メディア以外の権力者や権力機関が、特に法制度的な手段を用いて、個々のジャーナリストとメディア組織に対して、どのように権力を行使するかという問題である。第2は、個々のジャーナリスト、あるいはメディア組織における情報生産過程において作用する権力の問題である。第3は、メディア組織とジャーナリストを、権力機関あるいは権力者として捉えるという問題である。この場合、後に見るように、ジャーナリズムとそれを取り巻く社会との共同作業という視点が重要になる。

実例 ①メディアに対する法制度的な制約：メディアは様々な法制度に基づいて権力を行使される。放送メディアは社会的影響力の大きさと電波の希少性を主たる根拠として国家機関の規制を受ける。民間放送もむろん様々な規制を受けるが、国営放送や公共放送の場合には、その程度は著しく高まる。

法制度による規制としては、国家機構によって立案・審議・執行される放送をはじめとする種々のメディアに関わる法律や政策、例えば周波数割当や様々な情報通信基盤の整備などを挙げることができ、それらはメディアの経営や実際の活動に大きな影響を及ぼす。それとは別に、メディアを通して伝達される内容が、国家機関によって規制されることもある。例えば、国家機密に関する取材制限、そして検閲に象徴される言論・表現の自由に対する規制が行われることもある。

②情報生産過程に対する権力行使：これは、メディア組織に対する外部からの権力行使とメディア内部での権力行使という2つの視点からの検討が可能である。

外部からの権力行使には、いくつかの局面が存在する。第1は、前述した法制度、政策などを通した国家権力からの権力行使である。第2は、財政あるいは経営など経済的側面における権力行使である。先進国では明確な形で行使される例は少ないが、特に放送メディアに対するスポンサーからの圧力という問題は様々な場面で指摘されている。第3は、情報源からの権力行使である。ジャーナリストの日常業務にとって重要な情報源は、政治家、官僚、警察（あるいは軍隊）等の権力者や権力機関である。これらの情報源からの情報入手は、（日本の場合には記者クラブでの質疑応答やオフレコ取材も含め）様々な取材活動によって行われる。その際に、情報源からの情報操作、あるいは情報操作を通じた世論操作が行われることがある。第4は、意図的か否かは別として、読者、視聴者、聴取者からの権力行使が挙げられる。例えば、かつては投書や電話など、そして現在ではソーシャルメディアを通じて寄せられる意見や反応・反響がそれにあたる。あるいは、発行部数、視聴率、聴取率といった数値もそうした反応に組み入れることもできよう。これらの要因は情報生産過程に対して一定の影響をもっている。

次に、メディア組織内部での権力行使について考えてみる。第1は、情報生産を行うメディアが組織であることから、そこには階層とそれに伴う役割分担が存在し、それがジャーナリストに対して権力を行使するという問題がある。すなわち、ニュースが組織的な活動の産物である以上、出来事の選択・取材、収集したニュースの素材の編集・整理、各々の局面において、種々の権力が作用するのである。第2は、ジャーナリズムという業

界や組織の中で培われてきた慣例や規範が権力として作用し、ジャーナリストの思考や活動を制約するという問題がある。もちろん、情報生産を行う専門職業人として教育される過程で、ジャーナリストがこうした慣例、規範、価値を習得するという側面は押さえておく必要がある。ジャーナリストは自らが属する業界や組織によって社会化され、専門職業人となるからである。こうした慣例、規範、価値として、客観報道、公正・公平な報道といった近代ジャーナリズムが掲げる志向性を挙げることができる。また、ジャーナリズムの中で共有されている、出来事の重要度を測る基準としてのニュースバリューもその中の極めて重要な価値だといえる。

③権力者、権力機関としてのジャーナリストとメディア組織：ジャーナリズムはニュースバリューに基づいて、報道、解説、論評を行い、取り上げた出来事の重要性を社会に知らせ、問題提起を行い、世論を喚起するという重要な役割を担っている。

それに加えて、ジャーナリズムの活動は、人々が頭の中に描く世界としての「現実」を作り上げるという力を有している。それゆえ、ジャーナリストとメディア組織を、権力者、権力機関として捉えることができる。逆から見れば、報道されない出来事は、社会で認知されないがゆえに、社会にとっては「現実」と見なされない。しかも、報道は必ずや一定の価値に基づいて行われ、その中で出来事の問題性やそれに関わる当事者に関する評価が示される。そうした評価は、解説や論評によって一層明確になることもある。すなわち、ジャーナリズムは出来事を構成する多数の事実の中からいくつかを取り出し、それらの事実を編集することで出来事を説明し、そして名付け、意味付けるのである。その過程では、他の問題や争点との関連付けという作業も行われる。ジャーナリズムは、これらの作業を通じて「現実」を構築するが、それは社会に対して一定の価値観を提示するという意味を有している。

ジャーナリストとメディア組織による社会に対するこうした権力行使は、短期的なものにとどまらず、集合的記憶の形成といった長期的な影響力を有することもある。集合的記憶が国家レベルで形成される場合、それは国民的記憶となる。そうした国民的記憶が、国民のナショナリズム意識や国民的アイデンティティに影響を及ぼす例は数多く見られる。このように日々のジャーナリズムの活動は、長期的に見て、社会の価値（観）の形成や再生産に寄与するのであり、あるいはときにはそれらの変化を促すこともある。

ただし、この種の権力行使が、ジャーナリズムだけでなく、それを取り巻く社会との共同作業で進められると見ることも可能である。というのも、個々のジャーナリストも社会の集合的記憶を共有しているからであり、それに基づいて出来事の名付けや意味付け、すなわち「現実」の構築を行うと捉えられるからである。この視点は、メディア（あるいはジャーナリズム）と権力を考える上で非常に重要だといえる。

参考文献 大石裕・岩田温・藤田真文『現代ニュース論』（2000・11　有斐閣）、大石裕『ジャーナリズムとメディア言説』（2005・10　勁草書房）、D・マクウェール『マス・コミュニケーション研究』（大石裕監訳、2010・4　慶應義塾大学出版会）　　　　［大石裕］

▶ **メディアリテラシー**（めでぃありてらしー）

語義　コミュニケーションは人間にとって不可欠な営みであり、日常的な実践である。そのコミュニケーションを媒するのがメディアである。媒はコミュニケーションを成立もさせるし、断絶もする。私たちはともすればコミュニケーションを当たり前のできごととみなし、それを媒介するメディアの存在に注意を払うことはない。

　メディアリテラシーとは、そのようなメディアを意識的に捉え、批判的に吟味し、自律的に展開する営み、及びそれを支える術や素養のことである。端的にはメディアの読み書き能力とも説明されるが、能力・学力を個別の人間に実体的に備わった資質と捉えるのではなく、共同体における学習コミュニケーションによって個人の中に構築される思考と行動の様態だとする批判的検討が、学習理論

などにおいて展開されてきており、ここでもリテラシーを能力ではなく営みとして位置付けておく。

イギリスでよく使われるメディア教育と同義だが、教育（education）という言葉が含む、厳格で教条的なニュアンスを嫌う国や地域では、リテラシーが用いられることが多い。中国語では、媒体素養（媒体教育）という。

そもそも文字の読み書き能力（識字力）がリテラシー（literacy）であり、この言葉は文字（letter）や文学（literature）と類縁関係にある。メディアリテラシーは、文字の読み書きのようにメディアの読み書きを捉える比喩的な言葉だといえる。逆にいえば、文字という記号体系をメディアの1つとして捉えることもできる。

メディアリテラシーは、かつては青少年がテレビなどマスメディアを鵜呑みにしないための営みなどと捉えられてきたが、現在はあらゆる世代が書物からモバイルメディアにいたる多様なメディアとの関わりにおいて必要とする術や素養と捉えるべきである。

メディアリテラシーは、メディアの技術的活用、批判的受容、そして能動的表現という3つの営みから成り立っているとみなすことができる。技術的活用とはネットやモバイルの操作だけではなく、筆や紙の使い方も含まれる。ソーシャルメディアで発言したりミニコミを出版するような能動的表現は、他人の発言や雑誌など様々な情報を注意深く読み解く批判的受容と不可分の関係にある。すなわち技術的活用、批判的受容、能動的表現は互いに密接に関わりあっている。

[歴史] 文字を含むあらゆるものごとをメディアと捉えれば、メディアリテラシーの歴史は人類史とともに古い。しかし私たちのコミュニケーションを媒するメディアがことさら意識され、議論の対象になったのは、第二次世界大戦以降のことである。ここではその歴史を、2つの系譜として跡付けておきたい。1つはメディア文化批判の流れ、もう1つは学校教育の流れである。

メディア文化批判の流れは古く、第二次世界大戦において映画やラジオなどのマスメディアが戦争宣伝に用いられたあたりにまで遡ることができる。メディアリテラシーは、人々が戦争宣伝を鵜呑みにすることなく、どのようなからくりなのかを理解し、批判的に捉えることを促す活動として始まった。戦後になると、アメリカの映画、コミック、テレビドラマ等が世界各国に文化帝国主義的に拡がった際、特にイギリスでは青少年がアメリカ文化に染まらず、よきイギリス文化を学ぶべきだと唱えるスクルーティニー学派らの知識人のもとで、いわば保護主義的なメディア教育が立ち上がった。

しかし1970年代にカルチュラルスタディーズが台頭してくると状況が変わった。カルチュラルスタディーズのメディア研究は、労働者階級の日常生活に新たなメディア文化が受容される過程を、人々に内在する観点で読み解き、その生産から消費にいたるプロセスが文化の再生産とどのように結び付いているかをあきらかにした。すなわち文化に内在したそれらの研究は、外側からメディア文化を低俗なものと決めつけるのではなく、内側からその意味やメカニズムに気づくことを促したのである。

この動きはカナダやオーストラリア、北欧諸国などにおいて拡がりをもった。中でもカナダは、アメリカと地続きで同じ英語を使用するため、アメリカのメディア文化が大量に流入してきており、またマーシャル・マクルーハンらがメディア論を展開する初期においてメディア教育に積極的に関わっていた経緯もあり、公教育において世界的に評価されるメディアリテラシーのカリキュラム体系を構築し、各地に影響を与えた。

戦後、もう一方の視聴覚教育、放送教育の流れが、主に学校教育におけるニューメディアの利活用をめぐる実践と研究として発展した。映画やラジオを教室に採り入れて、教授方法と学習活動に革新をもたらそうとしたのである。その動きはコンピュータやインターネットにまで続いていき、情報教育や教育工学などの領域で発展する。メディア文化批判が、市民社会における「メディアを学ぶ」活動だったとするならば、こちらは学校におけ

る「メディアで学ぶ」活動だったということができるだろう。

　残念ながら2つの流れは十分に結び付いてきてはおらず、今後の総合的発展が望まれる。ただし2000年代に入ると、メディア融合が本格化し、香港、台湾、韓国、日本等の東アジア諸国でも様々な実践や研究の蓄積、カリキュラム開発などが進んだ。特にケータイやモバイル、ソーシャルメディアをめぐるリテラシーについては、ユニークな活動が展開されつつある。日本のメディアリテラシーは、公教育に体系的に導入はされていないが、国語、社会、情報等いくつかの科目に関連する教育が定着しているほか、生涯学習でも拡がりつつあり、放送、テレコムなどの事業体が積極的に関わっている点に特色がある。

　ネットとモバイルが世界を覆う一方でマスメディアやジャーナリズムの衰退が叫ばれる中、国際紛争や巨大災害をめぐる報道や情報流通の現状を見れば、メディアリテラシーが単に受け手だけではなく送り手にも必要であること、メディアリテラシーが優れたジャーナリズムの土壌を生みだす営みであることがわかってくる。

　メディアリテラシーは、青少年を悪いメディアから遠ざけようというテレビやマンガ、ケータイの禁止などの保守的な反メディア運動とは別物だが、よく混同される。メディアリテラシーが唱えるクリティカル（批判的）であるとは、メディアの特性やそこに込められた意図、メディア表象のステレオタイプなどに気づくこと、自分が情報の消費者であるとともに生産者にもなり得ることに覚醒すること、そして現代のメディア文化がはらんでいる多様性の喪失や情報格差の拡大に対抗していこうという意志を意味している。

(参考文献) 菅谷明子『メディア・リテラシー―世界の現場から』(2000・8　岩波書店)、D・バッキンガム『メディア・リテラシー教育―学びと現代文化』(鈴木みどり監訳、2006・12　世界思想社)、水越伸・東京大学情報学環メルプロジェクト編『メディアリテラシー・ワークショップ―情報社会を学ぶ・遊ぶ・表現する』(2009・12　東京大学出版会)、鈴木みどり編『最新Study Guideメディア・リテラシー 入門編』(2013・

4　リベルタ出版)　　　　　　　　　［水越伸］

▶ **メモ合わせ**(めもあわせ)

　メモを取らないオフレコ前提の取材で、所属する組織の異なる記者が協力して、上司や同僚に報告する内容を擦り合わせる作業を指す。得てして年長の記者の判断に引きずられる。情報をもつ為政者には大勢の記者が密着しており、1対1という本来の姿で取材するには困難を伴う。この結果、記者クラブを舞台に「懇談」と称する集団でのオフレコ取材が一般化し、懇談後のメモ合わせも見慣れた風景になってきたという。核心部分の言葉遣いや固有名詞、数字に自信を持てないことや、強い横並び意識に基づく「互助取材」である。メモ合わせは「夜討ち朝駆け」と呼ばれる自宅などでの取材後も、多くの現場で見受けられる。記者クラブでの慣習が、自由競争の非公式な現場にまで拡大した。取材していない記者が後でメモを入手することも可能である。取材力の劣化に繋がるのは間違いない。［菅沼堅吾］

▶ **免許**(めんきょ)

(語義) 禁止されている行為を特定の者が行えるようにするための行政処分のこと。法律における「免許」の語は、国民が本来有する自由の禁止を解除する講学上の「許可」の意味で用いられる場合（自動車運転の免許）や、国民が本来有しないといわれる権利・能力を設定する「特許」の意味で用いられる場合（公有水面埋立ての免許）があり、一口に「免許」といっても、その行為の性質は多様である。どのような性質を有するものであれ、「免許」は、国民生活に多大な影響を及ぼす行政処分であるから、このような行政処分については、行政手続法、行政不服審査法及び行政事件訴訟法が「処分」についての行政手続や行政争訟の制度を定めており、これらの法制度によって国民の権利利益の保護及び救済が図られている。

(実例) ジャーナリズムに関連する免許の一例として、基幹放送局の「免許」がある（電波法6条2項、7条2項）。免許申請に対して、総務

大臣は、①工事設計が技術基準に適合すること、②周波数の割当てが可能であること、③業務を維持するに足りる経理的基礎及び技術的能力があることなどについて審査しなければならない。

　放送「業務」の開始に関する行政処分については、電波法ではなく放送法が、基幹放送業務の「認定」及び一般放送業務の「登録」の法制度を定めている。前者は、総務大臣が定める基幹放送普及計画に適合すること「その他放送の普及及び健全な発達のために適切であること」という要件があり（放送法93条1項5号）、行政の判断余地が広い。したがって、総務大臣自らが、審査の具体的な内容を「放送法関係審査基準」において詳細に定めている。これとは対照的に、後者は、総務大臣が申請者が技術的能力を有しない者に該当するなどの場合に登録を拒否しなければならないが、登録拒否の場合を除き登録しなければならないので、行政の判断余地がほとんどない。

　行政の判断余地が広い基幹放送業務の認定制度の認識や評価については、基幹放送業務が社会的影響力を有するので、国家の行政が業務の適格性を判断するべきであるという考え方、こうした考え方に立脚する認定制度の合憲性に懐疑的な考え方、社会的影響を受ける個々の利益が業務の適格性の判断過程において反映されるように認定制度の解釈を試みる考え方があり得る。

(参考文献) 塩野宏『放送法制の課題』(1989・11　有斐閣)、「小特集 新放送法の課題」『法律時報』1031号(2011・2　日本評論社)、金澤薫『放送法逐条解説〔改訂版〕』(2012・1　情報通信振興会)、芝池義一『行政法読本〔第3版〕』(2013・3　有斐閣)　　〔稲葉一将〕

▶ **免責要件**（めんせきようけん）

　名誉毀損の民事訴訟において、原告側が名誉毀損の成立を主張したのに対し、被告側から抗弁として主張される事由。真実性・真実相当性の法理（最判昭和41年6月23日）、公正な論評の法理（最判平成9年9月9日）、自己の正当な利益を擁護するためやむを得ずなした行為（最判昭和38年4月16日）等がこれにあたる。名誉毀損が成立してもなお、これらの抗弁が成立すれば民事責任を免れることができることから「免責要件」といわれることが多いが、免責要件として挙げられるものの中には、厳密には「責任」阻却事由ではなく「違法性」阻却事由もある。しかし民事責任の場合、特に実務的観点からすると違法性と責任との区別を厳密に論ずる実益はあまりないので、論者により「免責要件」といったり「違法性阻却事由」といったり、様々である。(参考文献) 佃克彦『名誉毀損の法律実務〔第2版〕』(2008・10　弘文堂)
　　〔佃克彦〕

も

▶ **モザイク**（もざいく）

　写真や動画において表示させたくない部分をぼかすために使用される映像処理方法のこと。格子状に画像を分割してランダムに入れ替えて元の画像がわからないようにした結果が、タイルや貝などの小片を寄せ合わせ埋め込んだモザイク装飾に似て見えることより、その名が付けられた。格子状の入替えに限らず、「ボカシ」も含めてモザイクと呼ばれることもある。モザイク処理を施す理由としては、画像に登場する人物の肖像権や個人情報の保護、証言者が報復を受けないようにするための配慮、性的な画像をわいせつ物頒布罪などに抵触しないように隠す必要などがある。特にインターネットの普及後は画像が一度公開されるとネット上で拡散し、削除が難しくなることから、取材を受ける側が顔などのモザイク処理を求めることが増え、報道側もリスクを恐れてモザイクを多用しがちとなっている。しかし、モザイク処理が前提となって得られる貴重な証言もあるが、一方で証言者が誰か特定できないことが無責任な証言や、その安易な使用を誘発しがちな傾向も指摘されており、どのようなケースでどのようにモザイクを用いるか、改めて検討が必要となっている。(参考文献) 水島宏明「『安易』と批判されたボカシ・モザイク」『GALAC』(2011・4月号)　〔武田徹〕

▶ **モデル小説**（もでるしょうせつ）

　実存する（した）人物をもとに書かれた文芸作品をいう。一般読者にはモデルを特定できないように、属性をあえて変えて書くなどの工夫をすることが多い。モデルとされた登場人物や関係者（遺族など）から名誉毀損やプライバシー侵害で訴えられるリスクを負う。裁判ではとりわけ同定の基準が問題となり、たとえば「石に泳ぐ魚事件」（最判平成14年9月24日）で最高裁が示した「本人を知る人」と近い関係者を判断基準にしたことに対しては、私小説が書けなくなるとの強い批判が作家などから出された。ほかにも、捜査一課長事件（最判平成11年2月4日）や「落日燃ゆ事件」（東京高判昭和54年3月14日）など、有名作家作品も含め裁判事例は少なくない。後者判決では「年月を経るに従い、歴史的事実探求の自由あるいは表現の自由への配慮が優位に立つに至ると考えるべきである」とされ、時の経過によって対象が歴史的人物に近づくことで、書ける範囲が拡大することが示された。　参考文献　山田健太『法とジャーナリズム〔第2版〕』（2010・4　学陽書房）
〔山田健太〕

▶ **モラルパニック**（もらるぱにっく）

　語義　特定の若者集団や社会的・民族的マイノリティを、社会的秩序を脅かす存在と見なし、彼らを取り締まるべき、教化すべき（若者の場合）、あるいは排除すべき（民族的マイノリティの場合）とする激しい感情が社会の多数の人々に巻き起こることをいう。このときマスメディアは、モラルパニックの対象となる集団の負のイメージを誇張して報道することで、社会の人々の感情を増幅する役割を果たすとされる。

　モラルパニックが単なる差別やパニックと異なるのは、感情が向けられる集団が「道徳や常識から外れている」という倫理観が根拠となっている点である。自分たちの信念・使命感に基づいて、特定集団を非難する運動を展開する人々を、ハーワード・S・ベッカーは「道徳的企業家」と呼ぶ。

　実例　モラルパニック論の嚆矢（こうし）とされるのは、S・コーエンの『Folk Devils and Moral Panics（民衆の敵とモラルパニック）』である。この本の中でコーエンは、モッズやロッカーズといった1960年代イギリスの若者集団が、マスメディア報道によって「社会の敵」と見なされるようになった過程を検証した。モッズやロッカーズなどの若者集団は、急速な社会変動が起きていた当時のイギリス国民の社会不安を解消するためのスケープゴートにされたとする。

　日本では、犯罪社会学の領域でモラルパニックが論じられることが多い。特に、少年犯罪の「著しい増加」「凶悪化」などといったイメージがマスメディアで伝えられ、結果的に少年法の厳罰化を導く過程が検証される。ところが「著しい増加」「凶悪化」といった要素が、犯罪統計の取り方や警察による取り締まり強化を反映したものにすぎない場合には、マスメディアはいたずらに社会不安を煽っていると批判される。

　参考文献　瀬川晃「イギリス犯罪学の現代的課題――モラル・パニック論と危険性論」『犯罪社会学研究』（1982・10月号）、H・S・ベッカー『完訳アウトサイダーズ』（村上直之訳、2011・11　現代人文社）
〔藤田真文〕

や

▶ ヤフー (やふー)

語義 ヤフー(Yahoo!)は、アメリカに本社を置くインターネット関連企業で、同名のポータルサイト(インターネットにアクセスする際の「入口」となるウェブサイト)を運営していることで広く名を知られている。同社は1996年の株式公開時から日本のソフトバンク社から出資を受けており、ヤフーの日本版サイト「ヤフージャパン(Yahoo! Japan)」は日本では強いブランドとして定着している。実際、世界各国に比べて日本ではグーグルよりもヤフーの利用率が高いとされる。

1995年の創業当時、ヤフーは人力で作成された「ウェブディレクトリ(電話帳のようにウェブサイトをある分類に従ってツリー状に整理した索引集)」を主要なサービスとしていた。グーグルのような「ロボット型検索エンジン(ボットと呼ばれるプログラムが自動的にインターネットを巡回して検索用のインデックスを作成する検索エンジン)」が登場する以前は、こうした人力のディレクトリサービスが主だった。その後ヤフーは次第にニュースやオークション、ウェブメールサービスなどの様々なサービスを提供し、ユーザーがインターネットを利用する際必ず立ち寄るポータルサイトの地位を確立。90年代から2000年代前半にかけての「Web1.0」の時代には、ヤフーも含め大手ポータルサイト間のユーザー獲得競争が激しかった。

実例 ジャーナリズムの観点から見たとき、特にヤフーの利用者数の多い日本では、「ヤフーニュース」は無視できない巨大な存在である。新聞の購読者が減少し、テレビ離れも進む中、ヤフージャパンのトップページに掲載されるヤフーニュースのヘッドラインは、ニュースに接する主要な「入口」の1つとなっている。ヤフーニュースは主に新聞社や通信社、出版社、テレビ局、ネットニュースサイトなどから記事の配信を受けて運営されており、同サービスがどのような記事をヘッドラインに選ぶかは、日本社会においては少なくないアジェンダ設定効果をもちつつある。

参考文献 奥村倫弘『ヤフー・トピックスの作り方』(2010・4 光文社) [濱野智史]

▶ やらせ (やらせ)

「やらせ」とは、あらかじめ打ち合わせた内容に沿って再現したり演じたりしたものを、あたかも演出のない事実のように提示することである。1985年、ワイドショー番組「アフタヌーンショー」のディレクターが元暴走族メンバーを使って女子中学生のリンチ場面を撮影し、「激写! 中学女番長!! セックスリンチ全告白」と題して報道し、ディレクターが逮捕、起訴された。92年に放送されたNHKスペシャル「禁断の王国・ムスタン」では、スタッフに高山病にかかったように演技させたり、がれきが転げ落ちる流砂現象を故意に起こしたりしていたことが発覚した。報道でどの程度の「演出」が許容されるべきかについては議論がある。NHKの「放送ガイドライン2011」では、「事実の再現の枠をはみ出して、事実のねつ造につながるいわゆる『やらせ』などは行わない」としている。

参考文献 田原茂行「テレビドキュメンタリーの輝きとその未来」松岡新兒・向後英紀編著『新 現場からみた放送学』(2004・4 学文社)、本橋春紀「放送倫理・人権」向後英紀・古田尚輝『放送十五講』(2011・3 学文社) [伊藤高史]

ゆ

▶ 有害情報 (図書) (ゆうがいじょうほう (としょ))

語義 有害情報(図書)とは、刑法175条の禁ずる「わいせつ」表現に至らない性表現でも、性や暴力に関して興味本位な取上げ方をして、青少年に有害である可能性があるために、公的機関によって指定される出版物などのことをいい、青少年保護(育成)条例で規制されている。

東京都条例では、18歳未満の者を青少年とし(2条1号)「不健全な図書類等」として、「販売され、もしくは頒布され、又は閲覧若

しくは観覧に供されている図書類または映画等で、その内容が、青少年に対し、著しく性的感情を刺激し、甚だしく残虐性を助長し、又は著しく自殺若しくは犯罪を誘発するものとして、東京都規則で定める基準に該当し、青少年の健全な成長を阻害する恐れがあると認められるもの」（8条①1号）、「図書類又は映画等で、その内容が、第7条第2号に該当するもののうち、強姦等の著しく社会規範に反する性交又は性交類似行為を、著しく不当に賛美し誇張するように描写し又は表現することにより、青少年の性に関する健全な判断能力の形成を著しく妨げるもの」（同2号）としている。

上記7条2号は2010年に改正され、「漫画・アニメーションその他の画像（実写を除く）で刑罰法規に触れる性交若しくは性交類似行為又は婚姻を禁止されている近親者間における性交若しくは性交類似行為を、不当に賛美し又は誇張するように、描写し又は表現することにより、青少年の性に関する健全な判断能力の形成を妨げ、青少年の健全な成長を阻害するおそれがあるもの」となった。同条例は、「青少年の環境の整備を助長する」ことも目的としているところから、いわゆる漫画、アニメ、ゲーム等の非実在青少年の性描写も規制対象に取り込んでいる。実在の青少年保護から、青少年を取り巻く環境の整備という、ここでも抽象的危険防止のためとする社会的法益を保護法益としている。この延長上に、全国一律の青少年対策基本法の制定が企図されている。

（実例）有害図書の規制は、1955年頃の青少年保護条例により始まり、70年代半ばには日本PTA全国協議会などによる不良図書追放運動を経て全国に広まった。青少年にとり有害と思われる図書などを個別に指定しその販売を禁止する方式と、特に卑わいな姿態もしくは性行為を被写体とした写真またはこれらの写真を掲載した紙面が編集紙面の過半を占めるなどと認められる刊行物についてあらかじめ規則で定めて指定する包括指定方式とがある。

岐阜県青少年保護育成条例は、県青少年保護育成審議会の意見を聴いた上での個別指定方式と、「緊急を要する場合」の一般的（包括的）指定方式（9条①）とを定めている。こうして指定された図書などの頒布、販売、自動販売機への収納が禁じられている（6条の2②、6条の3①、6条の6①）。なお、上記方法の他に映倫などの各業界の自主規制団体に、図書、雑誌や映像、ゲーム等の制作品の審査を都道府県単位で委ねる団体指定の方式もある。

最高裁は、有害図書が「性的な逸脱行為や残虐な行為を容認する風潮の助長につながるものであって、青少年の健全な育成に有害であることは、既に社会共通の認識になっている」として指定制度を容認し、包括指定方式についても個別指定がなされるまでの間に販売しようとする脱法的行為を防止するためには必要かつ合理的とした（最判平成元年9月19日）。青少年には、成人の場合と異なり、違憲性判断には緩和されたかたちで良しとする伊藤正己裁判官補足意見がある。

参考文献　芹沢斉ほか編『新基本法コメンタール 憲法』（2011・10　日本評論社）、松井茂記「『有害図書』指定と表現の自由」長谷部恭男ほか編『憲法判例百選Ⅰ〔第6版〕』（2013・11　有斐閣）　　　［片山等］

▶ **夕刊紙**（ゆうかんし）

語義　午後時間帯に発行する新聞。現代の日本では、都市圏において発行されている夕刊紙と、一部の地域紙の夕刊紙2種類に大別できる。

都市圏において発行されている夕刊紙は、当日の午前のニュースや、政治、経済、社会、スポーツ等のゴシップ記事、競馬など公営ギャンブルの情報、娯楽読み物等で構成されている。電車で通勤している男性を主な読者と想定している。大半が駅売店とコンビニエンスストアでの即売が中心となっており、宅配は一部にとどまっている。一般紙の半分のサイズのタブロイド判で発行されている新聞もあり、また、海外の大衆紙（多くがタブロイド判）に相当する位置付けと目されることから、「タブロイド紙」と称されることもある。

一方、地域紙の場合は、地域のライフスタイルや、全国紙や地方紙の夕刊が販売されて

いないなどの地域特性に応じて、発行されている。ライフスタイルや情報環境の変化から、世界的には夕刊紙は減少する傾向にある。そのため、例えばイギリス・ロンドンで発行されているロンドン・イブニング・スタンダードが2009年に有料から無料に転換するなど、発行継続のための模索が続く。

(実例) 日本の都市圏では夕刊フジと日刊ゲンダイを指すことが多く、両紙はタブロイド判。これにスポーツ紙でブランケット判の東京スポーツ（大阪スポーツ、中京スポーツ）を加えることもある。地域紙では、十勝毎日新聞（帯広市）、夕刊三重（松阪市）、夕刊デイリー（延岡市）等が発行されている。戦前の東京毎夕新聞が、日本最初の夕刊紙とされる。一般紙でも、東京新聞はかつて夕刊紙だった。また、東京以外の都市圏においても、名古屋では名古屋タイムズ、大阪では大阪新聞と大阪日日新聞が発行されていたが、名古屋タイムズは休刊、大阪新聞は産経新聞大阪本社版の夕刊と統合、大阪日日新聞は朝刊紙に転換され、それぞれ地元の夕刊紙は消滅した。

(参考文献) 稲葉三千男・新井直之・桂敬一編『新聞学［第3版］』（1995・4 日本評論社） ［阿部圭介］

▶ 遊軍 （ゆうぐん）

戦列を離れて待機し、戦況によって敵を攻撃したり、味方を援護したりする部隊のこと。転じて新聞社や通信社、放送局で役所や警察などの記者クラブには所属せず、本社で勤務している記者のことを「遊軍記者」という。軍隊用語を嫌い「フリー」「無任所」などと呼んでいる会社もある。ある程度経験を積んだベテランの場合が多い。関心のあるテーマやキャンペーン報道の取材にあたるほか、事件・事故や災害の現場に駆け付けたり、忙しい記者の仕事を手伝ったり、急きょ設定された記者会見に出たりする。社会部だけでなく、政治部や経済部などにも遊軍記者はいる。近年、記者クラブ所属の記者を減らし、遊軍を増やしている新聞社もある。 ［竹田昌弘］

▶ 有識者 （ゆうしきしゃ）

専門的な知識があり、見識が高い人を指し、ジャーナリズムの世界にとっては不可欠な存在である。ニュース対応では、事件や事故など突発的な出来事に対する分析・評価のコメント役を務め、シンポジウムや座談会など報道機関が「議論の場」を設ける場合は、論者の役を務める。科学や技術など専門家が少ない分野では、独占的に起用するための「囲い込み競争」もある。有識者への評価が、起用した報道機関の評価に直結するからである。報道機関が自分たちの「代弁者」となる有識者を起用する傾向も時折、見受けられる。政治や経済など意見が対立しやすい分野では、「権威」に頼るのである。特に言論機関の新聞社の場合、社説に代表される社論があるため、その傾向が顕著になる場合がある。反対意見も含めて多様な視点や考える材料を提示しないと、ジャーナリズムの使命は果たせない。 ［菅沼堅吾］

▶ 有事法制 （ゆうじほうせい）

(語義) 有事法制とは、戦争や災害などの非常事態に対応するための法制度のことをいう。有事という言葉は、戦争や災害など広く非常事態または緊急事態を指すこともあれば、外国からの武力攻撃など戦時の意味で用いる場合もある。一般には、有事は後者の意味で使われることが多く、実際、日本の有事法制は戦時を想定して制定されている。

「必要は法に勝る」という法諺があるように、従来、緊急時において国家は法の枠にとらわれない対応をしてきた。しかし、近代以降、法の支配が原則になると、緊急時といえども法の枠組に沿って対応しなければならないという要請が強まっていった。とはいえ、緊急時に逐一法手続に則って対応していては間に合わない場合がある。そこで、少なくとも大綱や指針だけでも法整備を行っておこうとする流れが出てきた。ただし、その態様は様々であり、憲法が緊急事態について規定していることもあれば、法律で整備していることもあり、場合によっては法令による定めを置かないこともある。有事法制は国を守るという意味で重要であるが、それは自由を制約するおそれもある。特に、軍事機密に関する

規制は平時においても情報秘匿などが行われることから、表現の自由に影響をもたらすおそれがある。

(実例) 日本国憲法は緊急事態に関する規定を設けていない(参議院の緊急集会を除く)。また、憲法9条の存在や第二次世界大戦の反省から、有事法制を作成することに対する一種のアレルギーがあり、有事法制が整備されるようになったのは21世紀に入ってからのことである。有事法制が話題になったのは、いわゆる「三矢研究」が暴露されたことに端を発する。これは、1963年に防衛庁と自衛隊が日本の戦時対応を極秘に検討したもので、65年に国会でその存在が暴露された。その後、政府によって有事法制研究が行われたこともあったが、法律として成立することはなかった。

ところが、2001年にアメリカで同時多発テロが起き、日本周辺でも北朝鮮の核開発疑惑や不審船の出没などの懸念材料が浮上し始めると、有事法制の必要性が叫ばれるようになった。同年には、対テロ特措法に加えて、自衛隊法の一部改正が行われ、防衛秘密条項が追加されている。これにより秘密指定制度が設けられ、防衛関連の情報が秘匿されるようになった。

そして03年に制定されたのが、いわゆる有事3法である。これは、武力攻撃事態法、安保会議設置法一部改正、自衛隊法一部改正の3法からなる。特に、武力攻撃事態法は、有事法制の中核となる法律であり、武力攻撃事態に対応する基本理念、政府機関の責務、国民の協力等に関する事項を定めている。武力攻撃事態法は、武力攻撃が発生した事態、または武力攻撃が発生する明白な危険が切迫していると認められる事態に至った場合を武力攻撃事態とし、政府が対処基本方針を定め、内閣総理大臣を長とする対策本部が対応措置を推進することになっている。また、本法には、指定公共機関に関する規定が設けられ、その中には報道機関も含まれるような内容となっている。指定公共機関には武力攻撃対処に関する協力義務があるとされているため、報道の自由に影響を及ぼすのではないかとの懸念がある。

なお、本法には、対処に必要な個別法制を速やかに整備することが規定されており、04年に7法案3条約が成立・承認された。7法案とは、国民保護法、米軍行動円滑化法、特定公共施設利用法、国際人道法違反処罰法、外国軍用品等海上輸送規制法、捕虜取扱法、自衛隊法の一部改正のことをいう。また、3条約とは、日米物品役務相互提供協定の改正、ジュネーブ条約第1追加議定書(国際的武力紛争の犠牲者の保護)、ジュネーブ条約第2追加議定書(非国際的武力紛争の犠牲者の保護)のことである。

(参考文献) 前田哲男『有事法制』(2002・6　岩波書店)、小森陽一・辻村みよ子『有事法制と憲法』(2002・12　岩波書店)、初川満編『緊急事態の法的コントロール—大震災を例として』(2013・7　信山社)　[大林啓吾]

▶ ユーストリーム (ゆーすとりーむ)

(語義) ユーストリーム (Ustream) は、アメリカに本社をもつ動画共有サービス会社。2007年設立。サービス名が表すとおり、動画のストリーミング(動画のリアルタイム配信)機能がサービスの中核となっている。

個人がウェブカムという簡易的なカメラを繋いだパソコンやスマートフォンなどから基本的には無料で、放送時間や視聴ユーザー数の制限もなく動画のライブ配信ができることから、大きく利用者を拡大。ツイッター(Twitter)などとの連携機能で、放送中の動画を視聴しているユーザー同士で気軽にチャットができる点も人気を博した理由の1つである。日本での人気も高く、2010年にはソフトバンク社の出資を受けて日本語版の提供を開始した。

(実例) 特にジャーナリズムの観点からは、2010年に当時の民主党政権が行った「事業仕分け」の一部始終が、ユーストリームなどのサイトで実況中継され注目を集めた。従来、こうした会議にテレビ局などの映像メディアが取材に入っても、テレビで放送される際には重要と判断されたシーンだけが編集されていた(生放送するだけのチャネルがなかった)。しかしユーストリームであれば、収益性を気にかけることなく、編集なしでそのまま中継可能になる。こうしたユーストリームの特性は

「ダダ漏れ」と呼ばれ、ネット上の流行語ともなった。　　　　　　　　　　　　［濱野智史］

▶ **ユーチューブ**（ゆーちゅーぶ）

（語義）ユーチューブ（YouTube）は、アメリカに本社をもつ世界最大の動画共有サイト。2005年に設立された同サイトは、瞬く間に動画共有サイトのトップシェアの座に上り詰め、06年にはグーグルに買収され現在に至る。その登場以前も、動画をインターネット経由で配信するサービスはないではなかったが、利用者は例えばWindows Media PlayerやQuickTimeのように、動画再生ソフトウェアを立ち上げる必要があった。これに対しユーチューブは、フラッシュ（Flash）という広く普及していたウェブブラウザのプラグインを利用し、ブラウザ内で手軽に動画を再生できるようにした点が支持を集めた。

またユーチューブは設立当初から動画の再生もアップロードも無制限かつ無料であり、その利用の手軽さから、サービス開始当初から不正な著作物のアップロード先として活用され、数々の団体からの抗議を受けてきた。現在では世界各国の権利者団体との協議が進み、アップロードされた動画の監視もスムーズに行われている。

（実例）日本では、2010年11月に起きた尖閣列島中国漁船衝突事件の映像がユーチューブにアップされ、大きな衝撃を与えた。これは日本政府が公開を避けていた映像だったが、sengoku38を名乗る海上保安庁の保安官（当時）がネットカフェから動画を密かにアップロードしたものだった（後に特定され逮捕）。

いわゆるテレビ局への垂れ込み（情報提供）を経ることなく、国家の機密情報（しかも誰にもひと目で分かる衝撃的な映像）がネット経由で流出したこの事件は、ジャーナリズムや内部告発、そして国家の危機管理などの観点から様々な議論を巻き起こした。　　［濱野智史］

▶ **有料放送**（ゆうりょうほうそう）

（語義）有料放送とは、広告主が番組制作費及び電波料を支払う広告放送（無料放送）と異なり、視聴者が当該チャンネル（放送局）な

どと契約し視聴料などを支払うことで、当該チャンネルを視聴できるビジネスモデルによる放送である。放送法147条において、有料放送は、契約によりその放送を受信することができる受信設備を設置し、当該受信設備による受信に関し料金を支払う者によって受信されることを目的とし、当該受信設備によらなければ受信することができないようにして行われる放送とされている。

そのため、NHKの放送が受信できる装置に対して課される受信料とは異なるため、NHKによる放送は、有料放送にはあたらない。

（実例）日本における有料放送は、衛星放送（BS放送、CS放送）、ケーブルテレビ、IPTVなどの伝送路を通じて提供されている。一方で、日本では地上放送では有料放送サービスは行われていない。有料放送サービスの受信には、チューナー内蔵の受信機またはセット・トップ・ボックス（STB）と呼ばれる専用チューナーが必要である。STBはケーブルテレビやプラットフォーム事業者などから貸与される場合や、視聴者自身が購入する場合などがある。

CS放送による有料放送は、スカパー！JSAT社が複数の有料放送チャンネルに関する顧客管理業務などを行うプラットフォーム事業（有料放送管理業務）を行っている。放送法152条において、プラットフォーム事業は、有料放送の役務の提供に関し、契約の締結の媒介、取次ぎ又は代理を行うとともに、当該契約により設置された受信設備によらなければ当該有料放送の受信ができないようにすることを行う業務とされている。

（参考文献）日本民間放送連盟編『放送ハンドブック［改訂版］』（2007・4　日経BP社）　　［浅利光昭］

よ

▶ **容疑者呼称**（ようぎしゃこしょう）

（語義）刑事事件の報道で、被疑者の氏名の後に付ける呼称。「○署は×の疑いで△容疑者を逮捕した」といった形で用いられている。

背景 マスメディアは長く、被疑者を呼捨てにしてきたが、無罪推定の法理に反して逮捕時点で断罪するものだと批判された。被告人も呼捨てにしていたNHKは1984年、「人権尊重の立場を重視し、放送が視聴者の感性に強く訴える特性を十分考慮」して、被疑者は「容疑者」、被告人は「被告」との呼称か、「○○元社長」などの肩書を付け始めた。「被疑者」「被告人」という法律用語は、なじみにくいことなどから、そのまま使うのは避けたようだ。当時、ロッキード事件の被告だった田中角栄首相をテレビが呼捨てにし、政府・自民党が反発していたため、NHKの呼捨て廃止は政治的配慮ともいわれた。しかし、局内の放送用語委員会で以前から問題になっており、再審無罪が続いたこともあって、容疑者呼称導入に踏み切ったという。グリコ・森永事件の誤報などにより報道批判が高まった89年、毎日新聞も容疑者呼称を採用し、理由の1つとして無罪推定を社告に明記した。その後、他紙や放送局も追随して、呼捨ては姿を消した。

　容疑者呼称をめぐっては、細かな表現の変更にとどまり、読者・視聴者の受け止め方は変わっていないとの指摘もある。だが、呼捨てはそれ自体、被疑者を犯人扱いしていることに他ならないのに対し、「容疑者」を付けるのは、被疑者をあくまで「疑われているにすぎない人」と捉え直すことを意味する。つまり、有罪推定から無罪推定への、報道姿勢の180度の転換であり、事件報道の改善に向けた大きな一歩と評価できる。ただ現実には、記者やデスクの意識改革が十分だったとはいえず、呼称付きでも犯人視しているような報道はなくなっていない。

参考文献 浅野健一『犯罪報道の犯罪』（1984・9　学陽書房）、日本放送協会編『20世紀放送史』（2001・3　同協会）　　　　　　　　　　　　［原真］

▶用紙統制（ようしとうせい）

　日中戦争が長期化すると、新聞出版用紙の生産量は減少していった。政府は、各新聞社・出版社に使用節約を求める一方で、用紙配給を言論対策のテコとして活用した。1940年5月22日、内閣書記官長（のち情報局総裁）を委員長とする新聞雑誌用紙統制委員会を設置し、用紙配給をテコとして、新聞社・出版社の国策への協力を引き出していった。さらに新聞界では新聞統合が進められ、一県一紙体制が確立した。戦後も、すぐには用紙生産量の回復が見込めず、新たに新聞出版用紙割当委員会が設置された。同委員会はGHQの民間情報教育局の指導により、初期には新興紙を優遇する割当を行った。また、49年には日本共産党機関紙アカハタへの割当を削減するなど、言論統制としての側面ももっていた。51年5月1日、新聞出版用紙の割当制度は全面的に撤廃された。**参考文献** 井川充雄『戦後新興紙とGHQ―新聞用紙をめぐる攻防』（2008・11　世界思想社）　　　　　　　　　　　　［井川充雄］

▶要請放送・命令放送
（ようせいほうそう・めいれいほうそう）

語義 要請放送とは、NHKが本来業務として行う自主放送たる国際放送などとは別に、総務大臣がNHKに対してその実施を要請して行われる国際放送である。要請放送は自主放送たる国際放送などと一体的に実施されるため、番組上、両者は区別できない。他方、命令放送は、要請放送の前身とされるもので、「専ら日本の国策的要請に基づき実施される、日本の国家としての対外情報発信のみちを確保するため」（大阪地判平成21年3月31日）のものである。この趣旨は要請放送でも同様である。なお、いずれも財源は国費である。

実例 旧放送法33条は、命令放送に際し、総務大臣が放送区域、放送事項、その他必要な事項を指定して放送を命ずることを認めていた。そして政府は長い間、放送事項として「時事、国の重要な政策、国際問題に関する政府の見解、について報道、解説すること」を一般的に指定するのみであった。

　ところが2006年、第一次安倍政権の下、当時の総務大臣（菅義偉）は上記の指定に追加して、「北朝鮮による拉致被害問題に特に留意すること」を具体的に命じた。この事項指定に対しては、放送の自由の観点から批判が噴出し、これを機に、08年施行の放送法改正で、

命令放送は要請放送へと改められた。その結果、NHKへの強制力は緩和され、命令に対する応諾義務は努力義務へと変更された。また放送事項の指定についても、「邦人の生命、身体及び財産の保護に係る事項、国の重要な政策に係る事項、国の文化、伝統及び社会経済に係る重要事項その他の国の重要事項に係る事項」に限定され、要請に際して、NHKの編集の自由に配慮することが義務付けられるに至っている。
参考文献 鈴木秀美ほか編著『放送法を読みとく』(2009・7 商事法務)、金澤薫『放送法逐条解説〔改訂版〕』(2012・1 情報通信振興会)　　　　　　　　　　　　　　　　　　　　　　　　　[丸山敦裕]

▶ **横並び**(よこならび)

　政治的指向性を明確にしたり、支持政党を明示したりする諸外国の新聞に較べて、日本のメディアは、日々取り上げる記事の取捨選択、見出しの付け方などにおいて「横並び」の傾向が強いと批判される。日本で報道が「横並び」になる要因とされるのが「記者クラブ」の存在である。主に日本新聞協会所属メディアによって構成される記者クラブを中心とする取材態勢は、調査報道によるスクープを社会に提供するよりも特落ちの回避に有利と考えられている。日本新聞協会研究所による現場記者への意識調査(「新聞記者アンケート」1973年、94年)の中でも、記者クラブの存在が画一的な報道をもたらしているとの結果が表れている。記者クラブに起因する発表ジャーナリズム、そして横並びには、ジャーナリズムの弱体化、記者の報道感覚と市民意識との乖離が問われている。参考文献 山田健太『言論の自由─拡大するメディアと縮むジャーナリズム』(2012・12 ミネルヴァ書房)　　　　　　　　　　[清水真]

▶ **予定稿**(よていこう)

　選挙や事件捜査、スポーツ、公人・著名人の死去等、今後想定されるニュースを速報するため、新聞社や通信社、放送局があらかじめ用意している原稿のこと。例えば、検察側が死刑を求刑、弁護側は無罪を主張している裁判の判決だと、「死刑」「無期懲役」「無罪」の3通りといったように、結果に応じて複数の予定稿を準備することが多い。通信社が「優勝」「無罪」などの予定稿を誤って配信し、取り消したケースがある。　　　　　　　[竹田昌弘]

▶ 世論→世論(せろん)
▶ 世論操作→世論(せろん)操作

▶ **世論調査**(よろん／せろんちょうさ)

語義 政治や社会への意識を主に量的に把握するために、統計的手法を用いて行う調査。1920年代にアメリカで調査方法の研究が進み、日本では第二次大戦後の民主化政策の一環として全国紙各社に専門部署が設けられ、調査を行うようになった。調査員が対象者に会って聴取する面接方式の他、郵送、電話などの方式がある。

　世論調査は対象者が国民や有権者の縮図となっていることが必要で、たまたま通りかかった人に調査する街角アンケートや、利用層に偏りがあるインターネット調査は、どれだけ多くの回答を得ても世論調査とはいえない。対象者は選挙人名簿や住民基本台帳から無作為抽出で選ぶのが基本だが、近年は費用や速報性の面から、名簿を用いずにコンピュータで無作為に番号を作って電話するRDD(Random Digit Dialing)方式が中心になっている。

実例 マスコミ各社はほぼ毎月、内閣支持率などの調査結果を報道しているが、社によって質問の仕方や調査のノウハウが微妙に異なるので、各社の結果を細かく比較するのは意味がない。また調査結果は統計的誤差を含んでいるので、1、2ポイントの違いで「賛成が多い」「支持が下がった」と断定することは適切でない。

　RDD方式の普及により、内閣発足や政治的事件に即応した「緊急調査」がしばしば行われるようになったが、世論調査結果を頻繁に大きく報道することで政治家が人気取り政策に腐心する「世論調査政治」に繋がるという批判がある。また、事件直後の調査や専門的な政策への質問は、回答者が十分理解しないまま雰囲気で答えることになり、世論という

よりも反応にすぎないともいわれる。難しいテーマについては、対象者が熟考して回答できる郵送調査で行うのが望ましいとする見方もある。

(参考文献) 西平重喜『世論をさがし求めて―陶片追放から選挙予測まで』(2009・12　ミネルヴァ書房)、「特集・曲がり角の世論調査」『Journalism』(2011・1月号　朝日新聞出版) ［川本俊三］

ら

▶ ライカ（らいか）

　顕微鏡メーカーのエルンスト・ライツ社に勤めていたオスカー・バルナックが1914年に試作した、35mm映画用フィルム2駒分を使用する小型カメラを元に1925年に製品化。広角から望遠まで各種レンズを交換して様々な撮影状況に対応するシステムカメラに発展する。特に54年発表のライカM3は、等倍式の光学ファインダーに精確な距離計を組み込む高度の技術力で一世を風靡（ふうび）した。銀塩フィルムの高感度化と相俟って手持ち撮影領域の拡大に貢献、特に機動性、速写性が要求される戦争取材で多用され、第二次世界大戦、朝鮮戦争、ベトナム戦争で多く報道写真が撮影された。やがて日本製一眼レフカメラに主役の座を譲るが、カルティエ・ブレッソンやセバスチャン・サルガドのように、携行性やレンズ性能の高さを評価してライカを愛用し続けた報道写真家も存在する。（参考文献）中川一夫『ライカの歴史』（1994・11　写真工業出版社）　［武田徹］

▶ ラジオ放送（らじおほうそう）

　（語義）不特定多数の人々に向けて、音声を電波に乗せてまき散らすメディアのこと。周波数の活用の仕方によって、中波放送（AM）、超短波放送（FM）などがある。

　20世紀初頭に無線による音声の送受信が可能になり、無線（電話）と呼ばれ、アマチュアの若者に愛好された。1920年代に音声を一般大衆がもつ受信機に一定周波数で送る放送という様式が生みだされた。日本では、関東大震災（23年）直後の大正末から昭和にかけて市民的なラジオ局が立ち上がった。それらはすぐに全国一律の国家的な放送システム、すなわち戦前の日本放送協会へと回収されたが、戦時期に国家の宣伝機関同然のものとなった。戦後は、公共放送（戦後のNHK）とアメリカから持ち込まれた商業放送（民放）の併存体制となり、ラジオは1960年前後までナンバーワン・メディアの地位を誇った。その後、テレビの普及に伴い地域密着型メディアへと変化し、日中のワイド番組や、深夜の若者向け番組などを新たに開拓し、80年代半ばまでは存在感を示すことができた。

　（実例）日本には約100の民放ラジオと公共放送NHKのラジオに加え、市町村レベルには300近くのコミュニティFMがある。1980年代半ば以降、業界としては長期的に低落してきており、2012年のラジオ広告費は1200億円で総広告費の2％程度（電通調べ）。東日本大震災で災害時の重要性があらためて認識されたにもかかわらず、厳しい状態に置かれている。背景には、ネットやモバイルの台頭によるメディア環境の激変、マンション住まいや地下鉄利用の増加による難聴取の増加、長寿番組依存によるマンネリ化の進行など複数の要因が絡み合っている。

　今後のラジオについては、radiko.jp、モバイルとの連携など技術的構想はいろいろある。マスメディアの集中排除原則の緩和、AMラジオのFM化などの政策も打たれている。しかし肝心なのはラジオをめぐる文化とリテラシーだ。日々の暮らしでラジオに触れる文化的習慣と、番組を楽しむ素養としてのリテラシー。問題はこれらが失われつつある点にある。

　ラジオは、海水と淡水が入り交じる汽水域のように、プロとアマが、マスとコミュナルが、デジタルとアナログが入り交じる領域に生息圏を見出していくべきだろう。また「ながら聴取」とは、手作業しながら、あるいは運転しながら聴くことを意味するが、今後はネットやモバイルなど他のメディアにアクセスしながら聴く行為に対応していく必要がある。ラジオがその日、その地域で生じた出来事を俯瞰（ふかん）的に捉えるトークを展開し、個別部分ではリスナーがソーシャルメディアなどをチェックしながら聴いていく。そんなマルチメディア戦略に取り組むべきだろう。

（参考文献）加藤晴明「〈ラジオの個性〉を再考する—ラジオは過去のメディアなのか」『マス・コミュニケーション研究』74号（2009・1）　［水越伸］

▶ ラジオ・テレビ面（らじお・てれびめん）

新聞業界で長年、「一番読まれている」面と自虐的に語られてきた。ラジオとテレビの番組を、表形式で案内した面をいう（略して、ラ・テ面）。多くの新聞で、目に留まりやすい最終面という「特等席」を占有している。報道ではライバルとして登場したラジオとテレビを、娯楽情報の新たな「呼び物」として紙面に取り込んだのである。1990年代以降、地上波放送に加えて2種の衛星放送が本格化するなど多チャンネル化が進むと、ラ・テ面は複数の面での掲載が一般的になった。経営的に増ページが厳しい時代に、ラ・テ面の比重は高まった。その一方で皮肉なことに、需要が一番あった地上波放送の番組案内は読者の視聴習慣の多様化によって、往年のように読まれなくなった。番組案内の競争相手も、雑誌などの紙媒体からテレビ画面や電子媒体に拡大している。ラ・テ面は存在価値を問われる環境下にある。　　　　　　　　［菅沼堅吾］

り

▶ リーク（りーく）

（語義）組織内情報などを、非公式に外部に漏らすこと。報道機関だけでなく、監督官庁や捜査機関なども受け皿になる。不正などに関する「内部告発型」、当局側が都合のよい情報を拡散させる目的の「情報操作型」に大別できる。

内部告発型の場合、告発者が特定されると、当人が著しい不利益を被るおそれがあり、報道機関は情報源秘匿を貫く義務がある。日本には公益通報者保護法があり、内部告発者に不利益を与えてはならないと定めている。

情報操作型は当局と記者側の「懇談」のほか、個別取材などの場で行われる。日本では記者側と当局の親和性が極めて高いことを背景に、「あなただけに教える」といったかたちで行われることが多い。家宅捜索に入る捜査員の列を多数の報道陣が待ち構えて取材している事例は、捜査機関側が事前に捜索の日時などをリークしている典型といえよう。

（実例）公務員や警察官、医師などは法律によって秘密保持が義務付けられている。国民の知る権利に奉仕する内容であっても、情報提供者は常に守秘義務違反に問われる可能性がある。1972年の沖縄密約事件では、外務省の機密文書を入手した毎日新聞政治部記者の西山太吉と、文書を提供した女性事務官が国家公務員法（守秘義務）違反に問われた。中国潜水艦の動向に関する2005年5月の読売新聞報道に関しては、自衛隊警務隊が情報提供者を一等空佐と特定し、自衛隊法違反で書類送検した（後に起訴猶予）。いずれも国民の知る権利にこたえる報道だったが、当局は刑事事件として立件し、法曹界などから強い批判を浴びた。リーク元を特定し、組織から断ち切ろうとする当局の動きは連綿と続いている。

他方、既存メディアの凋落が続く中、ウィキリークスに代表されるインターネット上の内部告発サイトが影響力をもち始めるなどの潮流も生まれている。

（参考文献）西山武典『「ザ・リーク」新聞報道のウラオモテ』（1992・1　講談社）、澤地久枝『密約 外務省機密漏洩事件』（2006・8　岩波書店）　　　［高田昌幸］

▶ リード（りーど）

（語義）ニュース記事の冒頭で、情報の中核部分を簡潔に盛り込んだ部分を指す。「前文」とも呼ぶ。ニュース記事は、いわゆる「逆三角形」（逆ピラミッド）の構造をなし、重要な部分が先に置かれるのが原則である。数行の見出しに続いて、文章の最も前方、つまり第1段落に位置するため、「リード（Lead）」と呼ばれるようになった。新聞紙面の上では、リードと残りの段落で、文字のサイズや種類が異なるわけではない。しかし、内容としては、ニュースの大切な要素が凝縮された、別格の部分といえる。

（実例）「逆三角形」の記事は、見出し、リード、本文（リードを除いた本文）で構成されている。見出しを文章化するとともに、ニュース全体を要約したものがリードである。リードに続く段落があったとしても、内容としては

リードでいったん完結しているはずである。逆に、見出しは、リードに登場するキーワードで作られているはずである。

これに対して本文、つまりリードに続く段落は、リードを受けて、より具体的に補足説明した内容となる。例えば、リードに「3か国が参加した」とある場合、本文には、これらの3か国の国名が書かれる。

新聞の1面トップの記事は、レイアウト上、縦長の見出しが付き、その左脇に添うように、数段にわたってひとかたまりの文章が置かれていることが多い。関連記事が他の面に掲載されている場合は、文章のかたまりの最後に、その紹介が来ている。これが典型的なリードである。外形上わかりやすい。一方、新聞記事の中には、このようにひとかたまりになっていない記事もある。しかし、第1パラグラフがリードであることには変わりない。

〔参考文献〕花田達朗・ニューズラボ研究会編著『実践ジャーナリスト養成講座』(2004・2 平凡社)

［小黒純］

▶ **流通規制**(りゅうつうきせい)

〔語義〕表現物や表現に資する物品などの流通過程において、何らかの規制を施すことで、表現の自由に対して制約を及ぼすこと。表現の自由自体を直接対象とした規制でないので、一見すると、表現の自由への侵害と理解されにくいかもしれないが、表現の自由に多大な影響を及ぼすこともあり、慎重な検討が必要である。なぜなら、表現の自由は単に表現することだけを対象としているわけではなく、情報の収集、分析加工、集積、伝達、受領という一連の過程を保障しようとするものだからである。したがって、表現の自由の観点からは、付随的規制・内容中立規制と思われる流通規制であっても、それは当然に合憲となるわけでない。表現の自由への負担を実質的に捉え、その正当化が可能かどうかの判断が求められる。

〔実例〕例えば、政府の政策により、紙とインクに対しては他の物品とは異なり非常に高い割合の税金を課すことになったというケースを考えてみよう。形式的には、紙とインクという物品に対する課税であり、課税後はそれらの物品の流通が以前とは変わると予想される。しかし紙とインクに重税が課されると、印刷メディアに負の影響が及ぶことになり、出版量の低減が予想されるが故に、実質的に考えれば、表現の自由の問題でもある。実際、アメリカ合衆国最高裁判所は、紙とインクだけに税を課す州法につき、検閲や他の許されない動機に基づいて制定されていなくても、州が他の手段では達成できない必要やむを得ない重要な利益が存在していることを示して正当化できない場合には、当該州法は表現の自由に抵触するとし、実際に違憲と判断した(1983年のミネアポリススター&トリビューン事件判決)。

日本でも、例えば、青少年保護育成条例において、「有害図書」の指定手続とその自動販売機での販売の禁止が表現の自由に抵触するとして争われた事件がある。最高裁判所は、表現の自由に深い配慮を示すことなく、有害図書の自動販売機への収納の禁止は、「成人に対する関係においても、有害図書の流通を幾分制約することにはなるものの、青少年の健全な育成を阻害する有害環境を浄化するための規制に伴う必要やむをえない制約であるから」違憲ではないとした(岐阜県青少年保護育成条例事件：最判平成元年9月19日)。

〔参考文献〕長谷部恭男「表現活動の間接的・付随的制約」戸松秀典・野坂泰司編『憲法訴訟の現状分析』(2012・3 有斐閣)

［川岸令和］

▶ **留保**(りゅうほ)

権利義務の移転などにおいて、一定の条件を付すことで効力の一部を制限したり、その権利義務の一部を保存させたりすること。例えば、雇用契約における使用期間の設定は特約による解約権の留保とされる(三菱樹脂本採用拒否事件：最大判昭和48年12月12日)。国際法上は、国家が、条約の特定条項が自国に適用される場合、その法的効果を変更または排除することを目的として、条約への署名に際し単独で行う声明のことを指す。他の当事国の同意が原則として必要とされる。条約の適用関係を複雑化するが、条約への参加を容易にす

るという面もある。類似のものとして、解釈宣言がある。それは、国家が条約への署名などに際し、条約の特定の条項や文言などについて複数の解釈が可能である場合に、解釈を特定するために行う一方的宣言のことである。日本国は、表現の自由との抵触の懸念から、人種差別撤廃条約第4条(a)及び(b)に留保を付しているが、社会権規約第13条2(b)及び(c)の「特に、無償教育の漸進的な導入により」についての留保を撤回した（2012年9月11日）。 参考文献 阿部浩己・今井直・藤本俊明『テキストブック国際人権法〔第3版〕』(2009・3 日本評論社)

［川岸令和］

▶ 良心条項（りょうしんじょうこう）

語義 フランスで1935年の法律によって労働法典に規定されたジャーナリストの精神的自由権（1974年修正）。「良心条項（clause de conscience）」は職業ジャーナリストが自らの所属するマスメディア企業で生じた「新聞あるいは定期刊行物の譲渡、発行停止、性格あるいは方針の著しい変化」等の変動によって、自らのジャーナリストとしての「良心」が脅かされるような状況に至った場合、解雇手当の支払いを請求できる。フランスでは法的に職業ジャーナリストの良心を保護する規定があるが、日本では企業内ジャーナリストの精神的自由の問題は「編集権」と「内部的自由」の問題として議論されてきた。

実例 1948年に日本新聞協会が発表した「編集権声明」で、編集権は「新聞編集に必要な一切の権利を行う権限である」と規定され、編集権の行使者は「経営管理者およびその委託を受けた編集管理者に限られる」とする。その考え方はジャーナリストの精神的活動における「内部的自由」の思想とは対極にあるとされてきた。

毎日新聞社は77年12月、「記者は、編集方針にのっとって取材、執筆、紙面製作にあたり、何人からも、編集方針に反することを強制されない」とする「記者の良心」を明記した編集綱領を制定し、記者の意見が編集に反映できる仕組みを作った。

また、新聞労連は97年「自らの良心に反する取材・報道の指示を受けた場合、拒否する権利がある」とする「新聞人の良心宣言」を採択し、「仮に上司が人事権でも持ち出して強要するようなことがあれば、新聞労連はその記者を断固として守り抜く」姿勢を示した。

参考文献 新聞労連・現代ジャーナリズム研究会編『新聞報道〔検証〕SERIES 新聞人の良心宣言─言論・報道の自由をまもり、市民の知る権利に応えるために』(1997・4 新聞労連・現代ジャーナリズム研究会)、大石泰彦『フランスのマス・メディア法』(1999・9 現代人文社)

［柳澤伸司］

▶ 両論併記（りょうろんへいき）

公平・公正性は、真実・正確性や、人権の尊重とともに報道倫理上の基本要件として位置付けられているが、両論併記はそれを担保する方法として見なされている。しかし例えば放送倫理基本綱領では、「意見の分かれている問題については、できる限り多くの角度から論点を明らかにし」としているように、併記は本来意見が対立し、立場の選択が困難な場合にのみ消極的に用いられるべき手段であり、その場合も論議の活発化に資するために対立点を明確にしなくてはならないとしている。昨今の両論併記の多用は、形式的に公平・公正原則の遵守の態度を示しているように見えて、実際はただ「偏向」批判をかわすもので、真実の追求や権力の監視といった使命の放棄だとの批判も少なくない。取材力の低下、過剰なバランス意識、国民の知る権利に対する意識の低さなどの複合的な要因、あるいは戦前から続く政策を「非決定」に委ねる主体性のなさの表れを指摘する声もある。

参考文献 森山優『日本はなぜ開戦に踏み切ったか─「両論併記」と「非決定」』(2012・6 新潮社)

［水島久光］

▶ 倫理綱領（りんりこうりょう）

語義 ジャーナリズムに携わる人々の職業倫理の基本原則（規範）を明文化したもので、多くの場合、自主規制制度の一環として制定されている。制定主体は、経営者などで組織される業界団体や、編集者、労働組合などの職能団体、個々のメディア企業、業界団体に

よって設立された第三者機関等がある。一般的に、新聞、出版、放送、映画等、メディア特性も踏まえて、媒体別に制定されており、また、取材・編集・報道をはじめ、制作、広告、販売等、各業務ごとに個別に制定される場合が多い。

（実例）日本の新聞界では、第二次世界大戦直後の1946年、新聞発行者・編集者などで組織される日本新聞協会が「新聞倫理綱領」を制定し、その後、2000年の改定を経て、現在に至っている。「編集、制作、広告、販売などすべての新聞人」（同綱領）を対象としており、「自由と責任」「正確と公正」「独立と寛容」「人権の尊重」「品格と節度」の5項目から構成される。また、同協会では、「新聞販売綱領」「新聞広告倫理綱領」「新聞広告掲載基準」も制定している。産業別労働組合である「日本新聞労働組合連合」は、1997年、「新聞人の良心宣言」と題する倫理綱領を作成しているが、「自らの良心に反する取材・報道の指示を受けた場合、拒否する権利がある」（同宣言「Ⅰ　権力・圧力からの独立」）とする、いわゆる「良心条項」を規定している点に特徴がある。また、各新聞社にも、「綱領」「信条」「行動規範」等、各社の経営理念や新聞人としての倫理規範が制定されている。

出版界では、第二次世界大戦直後の言論・出版・表現の自由化の中で、「エロ・グロ」を中心とした、扇情的な大衆向け娯楽雑誌が登場し、しばしば警察に摘発されるようになった。このような時代背景のもと、57年の「出版倫理綱領」（日本雑誌協会・日本書籍出版協会）の制定をはじめ、「雑誌編集倫理綱領」（日本雑誌協会、63年）、「出版物取次倫理綱領」（日本出版取次協会、62年）、「出版販売倫理綱領」（日本書店商業組合連合会、63年）等が制定されている。

放送界では、放送法第5条の規定（「番組基準」の制定と公開）をもとに、日本放送協会（NHK）には「日本放送協会番組基準」が存在し、民放各局には、日本民間放送連盟（民放連）の制定した「日本民間放送連盟放送基準」に準拠した番組基準が存在する。しかし、これらとは別に、郵政省（当時）の懇談会による放送の苦情対応機関の設置提言の動きなどを背景に、

96年、「各放送局の放送基準の根本にある理念を確認し、放送に期待されている使命を達成する決意を新たにするため」、NHKと民放連が共同で「放送倫理基本綱領」を制定し、基本的人権の尊重と表現の自由の擁護、社会的影響力の大きさに鑑みた児童・青少年・家庭など国民生活への配慮、論点の多角的・公正提示、客観・正確・公平な報道や品位ある表現等、放送倫理の基本原則を規定している。

日本のジャーナリズム界では、これまで、「業界倫理」、「企業倫理」としての倫理綱領の性格が強かったため、今後、ジャーナリスト個々人の「職業倫理」としての倫理綱領の制定が課題となっている。

（参考文献）清水英夫監修、飯野守・大石泰彦・後藤登・三浦正広・山田健太編著『マスコミ判例六法』（1999・10　現代人文社）、原田三朗・日笠完治・鳥居壮行『新・情報の法と倫理』（2003・4　北樹出版）、『50年史』編集委員会編『日本雑誌協会　日本書籍出版協会50年史 1956→2007』（2007・11　日本雑誌協会）　［後藤登］

る

▶ **ルーティン**（るーてぃん）

「繰り返される」、「型にはまった」行動、あるいはルーティンワーク（日常業務）の略語として理解されている。また、コンピュータのひとまとまりの命令群との意味もある。そこには基幹をなすメインルーティンと、派生するサブルーティンとがあり、組織労働の設計理論で用いられるケースもある。ジャーナリストの業務とルーティン性はイメージ的には対極にあるが実は密接な関係がある。第1には、基礎技能のルーティン性。不定形な業務であるからこそ、その倫理的あるいは手続的な妥当性は、現場における行為反復によって獲得され、また毎日こつこつと繰り返される業務が新たな発見の契機になる。第2にはリスクとしてのルーティン性。分業による取材対象の固定化や癒着、記事・映像の常套句化・パターン化、センセーショナリズムに陥るこ

となどが危惧される。すなわちジャーナリスト教育においても、ルーティンに埋没しない職業意識の育成が重要な課題となっている。

参考文献 読売新聞東京本社教育支援部編『ジャーナリストという仕事』(2008・3 中央公論新社)

[水島久光]

▶ **ルポルタージュ**(るぽるたーじゅ)

語義 フランス語で「探訪」を意味していた語(reportage)より派生し、新聞、雑誌、放送メディア等における現地探訪報告のこと。「ルポ」と略されることもある。日本でルポルタージュが書かれた始めた時期に中野重治(1937)はその言葉について「『報告』乃至『報告を作ること』の意味で使はれてゐる。(中略)いわゆる通信文学、報告文学、記録文学などに関係がある言葉」と説明している。後には「ノンフィクション」とも呼ばれるようにもなり、両者が明確に使い分けられているわけではない。

松浦総三(1984)によれば、ルポルタージュは一般的な5W1H報道の範疇に入るが、中でも「なぜ、いかに」を強調することが特徴となると考えられている。つまり事実関係を端的に報じるだけでなく、出来事が発生する経緯、発生理由や発生後の経過、それによる状況変化等々を浮き彫りにすることを目指す報道形式であり、結果的にストレートニュースよりも多くの記事分量や放送時間を必要とする。

実例 松浦によれば、ルポルタージュはベールに覆われて広く知られることのなかった第一次大戦敗戦後のドイツやロシア革命後のソ連の状況を報じる必要性から生まれたとされる。ソビエト成立後2年目に現地入りして書かれたジョン・リードの『世界を震撼させた10日間』がその嚆矢となる。日本では「中央公論」1937年1月号にアンドレ・ジイドの「ソビエト旅行記」をルポルタージュとして掲載したことから、表現ジャンルとしてルポルタージュの名称が定着した。また「中公」は同年6月号に「ルポルタージュ『嵐のスペイン』」特集を掲載、7月号に大宅壮一がルポ「水底の小河内村」を寄稿している。この時期には日中戦争の激化があって従軍取材報告が多く書かれ、例えば「改造」も同年10月号に「全支戦線ルポルタージュ」を載せている。漢口陥落作戦に同行取材し、朝日新聞に掲載されて人気を博した林芙美子の「戦線」は従軍報告ルポルタージュの代表作だといえる。

戦後には扇谷正造編集の「週刊朝日」が巻頭ルポ記事で部数を伸ばしているし、「日本評論」「朝日評論」に掲載された調査報告記事がルポルタージュの代表作となる。軍国主義に協力した戦前の従軍ルポと対照的に、これらは民主化の進捗状況を描き、遅れがあれば厳しく断罪する性格を担っており、戦後報道の中でも相対的に中立公正原則に縛られず、書き手側の主張が込められることが多かった。

先に引いた中野は「報告や記録にして文学であるという両立が重要だ」としており、文学との繋がりに注目していたが、こうしたルポルタージュ観は戦後にも受け継がれ、佐々木基一(1959)は「ルポルタージュは文学の様式の一つであり、それらの諸様式中、最重要な一つである」としている。

このように当初は歴史読物、通俗科学書、地理的探検紀行等いわゆるノンフィクション(創作以外)の広がりの中に、文学性の強い取材報告としてのルポルタージュがあったが、大宅壮一ノンフィクション賞が設けられ、沢木耕太郎の『テロルの決算』などの文学性の高い作品を「ノンフィクションの傑作」として評価するようになると、ノンフィクションとルポルタージュの違いは徐々に消え、区別なしに両方の呼び名が用いられるようになった。

参考文献 中野重治「ルポルタージュについて」『文藝春秋』(1937・11月号)、中野好夫「ルポルタージュ文学について」『中央公論 臨時増刊号』(1952・10)、佐々木基一「ルポルタージュをめぐって」『文学』(1959・8月号)、松浦総三『ジャーナリストとマスコミ』(1985・1 大月書店)

[武田徹]

れ

▶ レイヤー（れいやー）

　階層のこと。アドビ社製のフォトショップのような映像処理ソフトウェアでは、画像を重ねて使う機能を指す。この種のソフトでは1枚の画像レイヤーの上に別のレイヤーを設定し、そこに別の画像を置くと2つの画像が合成されるが、それぞれを別に加工編集できる。レイヤー構造は社会の中でも見られる。自然環境というレイヤーの上に国家や経済、文化といったレイヤーが乗る重層構造が社会を形成している。国家に属する人はそのレイヤー上で国別に区切られて生活している。かつては経済や文化のレイヤーも同じく国別に区切られていたが、グローバル経済化が進んで経済のレイヤーでは国の境界線が消えつつある。そうした状況を思えば、経済記事で国内の雇用状況などが意識されるのは当然だが、一方でそれが国際的にいかなる利害をもたらすか、さらに環境負荷はどうかなど国家のレイヤーとは別のレイヤーの中に問題を再定位して検討すべきであり、ジャーナリズムはレイヤーの全体構造を常に意識し、相手取る必要がある。（参考文献）佐々木俊尚『レイヤー化する世界』（2013・6　NHK出版）
　　　　　　　　　　　　　　　　　［武田徹］

▶ レッドパージ（れっどぱーじ）

（背　景）アメリカでは、1948年から50年代前半にかけて、共産主義者とその支持者に対する攻撃（赤狩り＝レッドパージ）が行われた。これは、それを主導した上院議員の名前をとって、マッカーシズムと呼ばれた。日本では、第二次世界大戦後、連合国軍最高司令官総司令部（GHQ/SCAP）が日本の民主化を推進し、日本共産党は合法的な活動を開始、労働運動も高揚していった。しかし、米ソ対立の鮮明化、49年の中華人民共和国の成立など冷戦が進む中で、GHQは日本国内の左翼運動を弾圧する方針に転じた（いわゆる「逆コース」）。

（特　色）1950年6月25日未明に北朝鮮（朝鮮民主主義人民共和国）軍が南下を開始し、朝鮮戦争が勃発すると、GHQは日本国内の左翼勢力の弾圧に乗り出した。翌日、GHQは共産党の機関紙アカハタの30日間発行停止を指令し、7月15日には日本放送協会の大阪中央放送局の職員5人の局舎立入りを禁止した（24日に解雇通知）。これを皮切りに日本共産党員やそのシンパ（支持者）と目された人々が、同年末にかけて次々に官庁や民間企業から退職させられ、全国で1万人以上が職を失った。世論への影響が強いマスコミにはレッドパージの対象者も多く、日本放送協会では全国で119人、朝日新聞社では104人が解雇された。新聞・通信・放送の50社で解雇された者の合計は700人以上にのぼった。レッドパージは52年のサンフランシスコ平和条約の発効とともに失効したものの、職場に復帰できた人はほとんどいなかった。

（参考文献）梶谷善久編『レッドパージ』（1980・7　図書出版社）、朝日新聞社レッドパージ証言録刊行委員会編『一九五〇年七月二八日──朝日新聞社のレッドパージ証言録』（1981・7　晩聲社）、新藤兼人『追放者たち　映画のレッドパージ』（1983・1　岩波書店）、三宅明正『レッド・パージとは何か──日本占領の影』（1994・9　大月書店）
　　　　　　　　　　　　　　　　　［井川充雄］

▶ 連合赤軍事件（れんごうせきぐんじけん）

（語　義）連合赤軍は、共産主義者同盟赤軍派と京浜安保共闘が統合して生まれた新左翼党派。1972年2月半ばに群馬県・榛名山などのアジトが警察に見つかり、周辺で幹部の森恒夫被告（大阪市立大生、73年に自殺）や永田洋子死刑囚（共立薬科大生、2011年に病死）らが逮捕された。その後の捜査で、組織内の対立から計14人が森元被告らに「総括」を求められ、集団暴行を受けて殺害されたことがわかった。

　一方、逃げた坂口弘死刑囚（東京水産大生）ら5人は2月19日、長野県軽井沢町の「あさま山荘」に管理人の妻を人質に立てこもった。同月28日に警官隊が突入し、銃撃戦の末、5人は逮捕された。このうち坂東国男容疑者（元京大生、75年にクアラルンプール米大使館占拠事件の人質交換で出国）の父は、同日「死んでおわびする」と書き残して自殺した。

（背　景）1960年代はベトナム戦争反対運動

が世界に広がり、68年のフランス5月革命で各国の学生運動が盛り上がった。日本の全共闘運動は東大安田講堂占拠（68〜69年）などに発展した。当時東大に残された「連帯を求めて孤立を恐れず」という落書きが有名だが、孤独な若者の心が先鋭化して連合赤軍事件を起こさせたのかもしれない。一方で政治から距離を置き、高度経済成長の日本社会を享受した若者も多かった。

逮捕後、永田元死刑囚は「（連合赤軍事件を）人間的な社会を創る負の遺産に」と述べ、坂口死刑囚も「精神の虚弱、保身の罪を恥じる」と反省の気持ちを示した。ただ報道的には、連合赤軍事件は三島由紀夫の割腹自殺（70年11月25日）とともに、豊かになる時代に見たくない、おぞましい出来事のように扱われてきたともいえる。

[参考文献] 朝日新聞社『朝日ジャーナルの時代1959→1992』（1993・4　朝日新聞社）、毎日新聞社『戦後50年』（1995・3　毎日新聞社）　　［竹田昌弘］

ろ

▶労働組合・労働争議
（ろうどうくみあい・ろうどうそうぎ）

[語義] 「労働組合」は略して「労組」ともいい、自らの労働をもって生活を営んでいる勤労者が賃金や労働条件の向上などを目的として同じ立場の者たちと結成する組織のこと。憲法・労働組合法などで規定されている。労働争議とは、勤労者が雇用されている企業などに対して、自らの要求解決を求めて実力をもって行う行為をいう。

[実例] 日本のメディア業界における労働組合は、1919年に東京の新聞印刷労働者によって結成された「新聞印刷工組合革新会」が初めてとされる。戦後まもなく46年2月に結成された「日本新聞通信放送労働組合（新聞単一）」は、新聞社、通信社、放送局（NHK）、出版社、映画会社で働く労働者が企業の枠を超えて産業別に結集した職能的労働組合だった。しかし、同年10月に読売新聞争議の支援で計画された「新聞ゼネスト」に参加できない支部（各新聞社など企業ごとに組織した下部団体）が続出し、ストライキに入ったのはNHKの労働者が作る「放送単一」だけだった。

その後、NHK内部でも労働者組織の分裂が起きて、新聞・放送・出版の労働組合は、産別組織としてはそれぞれ「日本新聞労働組合連合（新聞労連）」「日本放送労働組合（日放労）」「日本出版労働組合連合会（出版労連）」と、企業別労組の連合体として再出発し、今日に至っている。戦後スタートした民間放送（商業放送）でも、企業別労組の連合体である「日本民間放送労働組合連合会（民放労連）」が53年に発足した。このほか、メディア業界の産別組織としては、映画産業では「映画演劇労働組合連合会（映演労連）」など、広告業界では「全国広告関連労働組合協議会（広告労協）」などがある。

労働争議には、いわゆるストライキのほか、労働委員会での調停や裁判なども含まれる。戦前の「革新会」は8時間労働制などを要求して新聞発行停止を伴うストライキを決行した。46年10月、20日間に及んだ戦後最大規模の「新聞ゼネスト」では、放送単一がストライキに入るとNHKのラジオ放送は中断し、政府は急きょ放送の国家管理に乗り出してNHKを占拠し、放送を継続した。新聞労連・民放労連も50年代頃には新聞発行停止・放送休止（停波）ストライキを各地で決行していたが、経済成長による賃金水準の向上などで大規模ストライキは減少した。また、新聞印刷の別会社化、放送番組制作の外部化などにより労働組合の組織率も低下している。

[参考文献] 日本新聞労働組合連合編『新聞労働運動の歴史』（1980・8　大月書店）、日放労史編纂委員会編『日放労史』（1981・3　日本放送労働組合）、日本民間放送労働組合編『民放労働運動の歴史』全7巻（1988〜2003　日本民間放送労働組合連合会）　［岩崎貞明］

▶ロス疑惑事件報道（ろすぎわくじけんほうどう）

[語義] 1984年1月に「週刊文春」が「疑惑の銃弾」と題して、貿易商の三浦和義について妻をアメリカ・ロサンゼルスに連れ出して、保険金目当てに銃撃殺害した疑いがあるとし

て報道した。これをきっかけに、多数のテレビ、新聞、雑誌が連日、保険金殺人疑惑、あるいはSさんという別の女性がロサンゼルスで不審死を遂げたことについて、三浦の関与の疑いなど、2年近くもの間、大量の報道を行った。警察発表と無関係に、一市民の刑事事件について、このような集中豪雨のようにセンセーショナルな報道が繰り広げられたのは前代未聞のことであった。この報道の結果、警視庁は85年9月に別の殺人未遂事件で三浦を逮捕し、さらに88年10月にこの銃撃殺人事件で同人を逮捕した。しかしその後、同人は銃撃殺人事件では無罪の判決を得た。その間、三浦は、約500件の名誉毀損訴訟を提起して、その大部分で勝訴し、また、最高裁での名誉毀損に関する重要判例を産み出すこととなった。

(実 例)　三浦が逮捕された1985年は、豊田商事事件や日航機墜落事件などの社会的大事件が多発し、同時に、写真週刊誌が次々とデビューした年である。ロス疑惑事件報道の報道姿勢は、犯罪や事故を興味本位の視線で大々的に報道することを頻発させた。この結果、「報道による人権侵害」との問題意識が強まり、87年の日弁連人権大会で取り上げられるなど、各方面で報道のあり方を見直す動きが強まった。最高裁での重要判例の筆頭は、通信社から配信された記事をそのまま採用して掲載した場合でも名誉毀損の責任が生じ得るというものであり、いわゆる通信社免責を認めないという法理であった。さらに、逮捕時の手錠姿での引き回し報道について、東京地裁が判決でその違法性を指摘したことから、実務のあり方が一変するなど、報道に関する被疑者の人権確立にも影響を与えた。

(参考文献)　三浦和義『情報の銃弾』(1989・3　日本評論社)、喜田村洋一『報道被害者と報道の自由』(1999・5　白水社)　　　　　　　　　　　　　　［弘中惇一郎］

▶ **ロビイスト**（ろびいすと）

　ロビー活動とは特定の主張に基づき、政府の政策に影響を及ぼすことを目的に行う政治的行為。それを行う個人、あるいは集団がロビイスト（集団）である。アメリカのグラント大統領がホテルのロビーで喫煙中に多くの陳情を受けたことが由来とされている。欧州連合やアメリカでは、政策に密接な関係がある企業や団体は多くのロビイストを抱える。その一方で、政治腐敗を避けるために登録が義務付けられている（欧州連合で約1万人、アメリカで3万5000人が登録）。活動は多岐にわたる。政治家に対する直接的な接触・情報提供以外にも、主張やリサーチの結果を定期的に発表する広報活動、世論の変化を促す草の根的な活動など様々な方法を用いて政策への影響を行使しようとする。政治献金にも積極的である。日本では、政治家が特定の企業や個人の利益代表と見られることを忌避し、ロビー活動は表立って行われてはいない。その代わりアンダーグラウンドな利益誘導の土壌があるともいわれている。(参考文献)　K・ヨースほか『EUにおけるロビー活動』(平島健司監訳、2005・5　日本経済評論社)　　　　　　　　　　　　　　［水島久光］

▶ **論説委員**（ろんせついいん）

　ニュースに関する新聞社（通信社）の主張である社説をはじめ、専門的な解説を書くベテラン記者。大手紙には、政治・経済・社会・外信部などで経験を積んだ記者で作る「論説委員室（または論説室）」がある。社説で何をどう書くかは、数十人の論説委員が毎日、侃侃諤諤の議論を経て決めている。通常は毎日2本の社説が掲載されるが、大きなニュースの場合、社説1本で社論を詳述することもある。朝日新聞の「天声人語」、毎日新聞の「余録」、読売新聞の「編集手帳」等の名物コラムは、論説委員が担当することが多い。新聞社（通信社）の重要機能である「言論」の役割を主導し、ニュースの背景を分析、社会問題の原因を追及し、今後の見通しを提示する役割を担う。近年、解決の困難な問題が多発し、メディアにオピニオンリーダーの役割が高まる中、具体的な解決策提言を求める声も強まっている。(参考文献)　原寿雄『ジャーナリズムは変わる　新聞・テレビ市民革命の展望』(1994・6　晩聲社)、亘英太郎『ジャーナリズム「現」論』(2004・4　世界思想社)　　　　　　　　　　　　　　［高橋弘司］

▶ **論壇**（ろんだん）

（語義）政治や経済、社会、文化など、様々な時事問題について、研究者や評論家、作家、ジャーナリストらが主に文章で意見を戦わせる場。広義では、言論界全体を指すこともある。

（背景）1887年創刊で大正デモクラシーを先導した「中央公論」をはじめ、「改造」「文藝春秋」「世界」といった総合雑誌が長くその中心を担ってきた。特に戦後、民主化された日本の岐路となったサンフランシスコ講和条約締結や日米安全保障条約改定の際には、政治学者の丸山真男らの論考が国民的議論に大きな影響を与えた。だが、高度経済成長で生活水準が向上し、冷戦終焉によってイデオロギー対立が後景に退き、社会が複雑化する中で、かつてのような論壇は衰退する。多メディア化の進展もあり、1990年代末から雑誌の販売部数は減少、2000年代に入ると「論座」「現代」「諸君」などが相次ぎ休刊した。

他方、インターネットの普及で、メールマガジンやブログ、ソーシャルメディアなど、個人が自由に意見を表明できる場が広がり、新たな論壇として台頭した。重要な問題に関する議論が、より多くの人々の間で活性化していくことが期待される。ただしネットでは、自身の考えに近い意見ばかりに接し、反対意見を目にしないことになりがちだ。その結果、相互理解が進まず、それぞれが極端な見解に陥り、世論がばらばらになるおそれもある。貧富や年代などによるデジタルデバイド（情報格差）とは違う、こうした「もう1つのデジタルデバイド」を回避するため、多様な言論に触れやすくなるような仕組みが求められる。しかし、匿名の陰に隠れた誹謗中傷などへの対策と同様、有効な処方箋は見つかっていない。

（参考文献）原真『巨大メディアの逆説』（2004・3　リベルタ出版）、奥武則『論壇の戦後史』（2007・5　平凡社）、佐々木俊尚『ブログ論壇の誕生』（2008・9　文藝春秋）　　　　　　　　　　［原真］

わ

▶ 猥褻（わいせつ）

語義 一般には男女の性に関する事柄を健全な社会風俗に反する態度、方法で取り扱うことや、より端的にいやらしく、みだらなことなどを指すもので、現行法下の判例では、普通人の正常な性的羞恥心を害し、善良な性的道義観念に反する程度にいたずらに性欲を興奮または刺激させる物または行為の属性とされている（最判昭和26年5月10日、最大判昭和32年3月13日）。要するに人間に関する限り、性行為の非公然性は、人間性に由来する羞恥感情の当然の発露であるが故に、わいせつ文学などであるためには、羞恥心を害すること、性欲を興奮させ刺激を来たすこと、善良な性的道義観念に反すること（わいせつ3要件）が要求されている。

1995年の刑法の口語化改正により「わいせつ」と表記が改められたのであるが、刑法175条は「わいせつな文書、図画その他の物を頒布し、販売し、または公然と陳列した者」及び「販売の目的でこれらの物を所持した者」を処罰する旨定めている。

ところが現憲法は、21条1項で「一切の表現の自由」を保障している。表現の自由を制限するには、厳密な理由がなければならない。講学上、①検閲や事前規制、②表現内容規制、③表現内容中立規制と分類され、性的表現はその②として、違憲性の疑われる規制と見られてきた。

実例 わいせつ概念については裁判所の解釈に委ねられており、すでに戦前の大審院判例（大判大正7年6月10日）を基本的に踏襲し、戦後の最高裁判決（最判昭和26年5月10日）を経て、「わいせつ」文書の意義は上述の通りである。そのような文書に該当するかどうかは、法解釈の問題であり、その「基準は、一般社会において行われている良識すなわち社会通念」であり、その判断は裁判官に委ねられているとする（チャタレイ事件：最大判昭和32年3月13日）。最高裁多数意見は、最小限度の道徳としてこれを法化する必要があり、「超ゆべからざる限界として」の性行為の非公然性の原則があるとする（絶対的わいせつ概念）。

規制理由の1つとして、文書などによる性犯罪の増加、増大が挙げられるが、この点を証明する根拠がないとすれば、残るのは上記の原則を提唱して善良な性道徳を維持しようというのが規制目的となる。公然わいせつ罪によって性行為を公然と行うのを禁止できる（刑法134条）としても、その考えを文書による表現の領域に及ぼすことに「飛躍」がある。最高裁の規制容認論には常にその保護法益の妥当性が問われているが（ただし、性風俗の維持そのものを刑法上の保護法益とする団藤意見、最判昭和58年10月27日）、その後の判例でもこの点の再検討はない。わいせつ性の判断には「文書全体との関連において判断」するとの全体的考察方法や田中二郎裁判官反対意見が強調する相対的わいせつ概念（悪徳の栄え事件：最大判昭和44年10月15日）、わいせつ判断の項目のより一層の具体化（四畳半襖の下張事件：最判昭和55年11月28日）が見られ、1997年の『チャタレイ夫人の恋人』の完訳本の刊行、映画や写真でのヘアーの描写があっても必ずしもわいせつとはされていないこと、さらに最近では男性器の写真を収録した写真集についてわいせつ性を否定している（第2次メイプルソープ写真集事件：最判平成20年2月19日）。

参考文献 阪口正二郎「「悪徳の栄え」事件」高橋和之ほか編『憲法判例百選Ⅰ〔第5版〕』(2007・2　有斐閣)、佐藤幸治『日本国憲法論』(2011・4　成文堂)

［片山等］

▶ ワイドショー（わいどしょー）

語義 日本のテレビを特徴付けるジャンルで情報番組の先行的形態。ニュースや生活情報、芸能情報などを報道番組とは異なる手法、切り口で紹介し、初期より長年視聴者を惹きつけ、今日のテレビの「総バラエティー化」の形式的な核をなしている。

ワイドショーの草分けといわれているのが、「モーニングショー」（NET〜テレビ朝日：1964年4月〜94年4月、平日8時30分〜9時30分放送）である。司会は木島則夫（初代）。もともとア

メリカのニュース番組「TODAY」をモデルに、リポーターが取材した模様を物語風に編集し、スタジオトークを介して紹介する形式を確立した。

一般にワイドショーは主婦層をターゲットにした番組と考えられているが、テレビ初期には様々な時間帯に設けられた。「11PM」(日本テレビ：1965年11月〜90年3月、平日23時台〜)がその代表である。これもアメリカの夜の情報番組をヒントに、大橋巨泉や藤本義一らの文化人をMCに起用し、お色気や趣味だけではなく社会問題をジャーナリスティックな切り口で扱い人気を博した。

(影響)今日もワイドショーが生み出した形式はゴールデンや深夜帯に至るまで、あらゆる時間帯の番組に見ることができる。特にニュースは現在、時報時間帯を除くとほとんどがワイドショーの形式になっている。その先鞭をつけたのが、「ニュースステーション」(テレビ朝日：1985年10月〜2004年3月、平日22時台〜)である。これ以降プライムタイムのニュース番組は次々ワイドショー形式に切り替えられ、日本テレビ2006年10月の「きょうの出来事」の終了をもって民法のストレートニュース番組はなくなった。

確かにワイドショーは、視聴者が求める「わかりやすさ」を実現した。しかし、その演出手法は報道倫理からの逸脱のリスクを常にはらみ、取り上げられるニュース数の減少、偏りなど、テレビ報道の劣化の要因となっているという指摘もある。

(参考文献)浅田孝彦『ワイドショーの原点』(1987・6 新泉社) 〔水島久光〕

▶忘れられる権利(わすれられるけんり)

本人の意図に反して記録されるインターネット上の個人情報に関し、時間の経過や必要性に応じて削除・修正をしてもらう権利のこと。2012年にEUで提言がなされたことで注目を集めた。膨大な個人情報が蓄積されるインターネットでは、本人や他者が上げた個人情報が、本人が望むと望まぬにかかわらず機械的に拡散され、そのままとなっている。こうした個人情報の蓄積・流布は時に本人に不利益を被るものであり、また従来のプライバシー権では管理者の探索や情報の拡散への対応が困難なため、問題となっている。忘れられる権利が法制化すれば、正当な理由があれば他者が上げた情報も含めた削除・修正を検索サイトやサイト管理者に求めることが可能となる。一方忘れられる権利の行使は、表現の自由を制限する可能性もあるため、アメリカ議会で提出された「消費者プライバシー権利章典」草案では、ネット上のユーザー行動の追跡を消費者判断で拒否(オプトアウト)することで、表現の自由の制限を回避する方針となっている。(参考文献)藤原静雄「忘れられる権利と個人情報保護政策」(2012・11 Chuo Online：YOMIURI ONLINE) 〔西田善行〕

▶湾岸戦争(わんがんせんそう)

(背景)1990年8月2日、イラク軍が隣国クウェートへの侵攻を開始し、8日にはクウェート併合を発表した。これに対し、国際連合安全保障理事会はイラクへ即時撤退を求めるとともに、対イラク経済制裁措置を発表した。その6か月後、アメリカのジョージ・H・W・ブッシュ大統領は軍部隊をサウジアラビアへ展開し、同地域への派兵を他国へも呼びかける。サウジアラビア、イギリス、エジプトがまず呼びかけに応じ、結果的に34か国の多国籍軍が構成される。

イラク政府に撤退への意志なしと判断した諸国連合は、国連憲章第42条に基づき、91年1月17日にイラクへの空爆を開始した。複数国家が事態解決に向けて団結した第二次大戦後初の戦争となる。多国籍軍は圧倒的勝利をおさめ、クウェートを解放した。2月23日の陸上戦開始から100時間後、多国籍軍は戦闘行動を停止し、停戦を宣言した。

(特色)米軍、米政府にとっては、兵士の死体の映像が報道されて反戦世論を高騰させたベトナム戦争の反省に基づき、高度の報道管制が敷かれた最初の戦争となった。レーガン大統領時代に補佐官を務めた広告代理店出身のマイケル・ディーバーは、放送すれば確実に視聴率が得られるようにパッケージした映像を大量に提供することで、テレビ局の放送時

間をそれで埋め、軍にとって不都合な報道を駆逐できると考えた。湾岸戦争ではこうしたディーバーの考案した報道管制方法（ディーバーシステム）が採用される。例えば開戦時のバグダッドへの空爆には精密誘導巡航ミサイルが使われたが、軍は標的に突進し、正確に目標を破壊するミサイルの先頭部に設置したカメラから送られた映像を記者会見で報道各社に提供した。精密誘導巡航ミサイルが的中する光景が放送されるのは前代未聞であり、視聴者に驚きを持って迎えられ、高い視聴率を獲得する。結果的にテレビのニュース放送時間はミサイルの映像で占められ、軍事施設だけを正確に破壊する戦争のイメージが形成される。実際には誤爆もあったが、そのニュースは流されることはなかった。

広告代理店は他にも戦争報道に深く関わり、イラク軍がクウェートで残虐行為を行なっていることを米議会で証言した少女も演出の産物であった。フセインが油田を破壊したことにより、石油が海に流出し、油まみれになった水鳥の映像が世界中に流れ、環境テロも行うフセインの異常さを印象付けたがそれも別の場所で撮影されたものであった。

こうして西側諸国の戦争の大義が印象付けられてゆく中で唯一の例外は、バグダッドにとどまってCNN経由の中継を続けたピーター・アーネットだったが、こちらもイラン側の検閲を経ており、戦争において中立報道がいかに困難であるかを示した。

(参考文献) C・D・リュデール「巨大情報操作」『朝日ジャーナル』（浅野素女訳、1991年7月26日号）、玉木明『言語としてのニュージャーナリズム』(1992・2 学芸書林)、高木徹『ドキュメント戦争広告代理店』(2005・6 講談社)　　　　　　　　　　　　［武田徹］

判例一覧

1) 最高裁判所

最判昭和 26 年 5 月 10 日刑集 5 巻 6 号 1026 頁	わいせつ
最大判昭和 27 年 8 月 6 日刑集 6 巻 8 号 974 頁	石井記者事件　朝日新聞記者証言拒否事件
最判昭和 30 年 8 月 9 日民集 9 巻 9 号 1181 頁	選挙に関する新聞記事と選挙の効力
最大判昭和 31 年 7 月 4 日民集 10 巻 7 号 785 頁	謝罪広告強制の合憲性
最判昭和 31 年 7 月 20 日民集 10 巻 8 号 1059 頁	名誉毀損の正否基準
最大判昭和 32 年 3 月 13 日刑集 11 巻 3 号 997 頁	チャタレイ事件
最大判昭和 33 年 2 月 17 日刑集 12 巻 2 号 253 頁	北海タイムス事件
最大判昭和 35 年 7 月 20 日刑集 14 巻 9 号 1243 頁	東京都公安条例事件
最大判昭和 36 年 2 月 15 日刑集 15 巻 2 号 347 頁	広告表現
最判昭和 38 年 4 月 16 日民集 17 巻 3 号 476 頁	名誉毀損　学会誌
最判昭和 38 年 5 月 22 日刑集 17 巻 4 号 370 頁	劇団ポポロ事件
最判昭和 41 年 6 月 23 日民集 20 巻 5 号 1118 頁	署名狂やら殺人前科事件
最大判昭和 44 年 6 月 25 日刑集 23 巻 7 号 975 頁	夕刊和歌山時事事件
最大判昭和 44 年 10 月 15 日刑集 23 巻 10 号 1239 頁	悪徳の栄え事件
最大決昭和 44 年 11 月 26 日刑集 23 巻 11 号 1490 頁	博多駅テレビフィルム提出命令事件
最大判昭和 44 年 12 月 24 日刑集 23 巻 12 号 1625 頁	デモ隊写真撮影事件　京都府学連事件
最大判昭和 47 年 11 月 22 日刑集 26 巻 9 号 554 頁	川崎民商事件
最大判昭和 48 年 12 月 12 日集民 27 巻 11 号 1536 頁	三菱樹脂本採用拒否事件
最判昭和 49 年 3 月 29 日集民 111 号 493 頁	捜査当局の発表に基づいた報道
最大判昭和 49 年 11 月 6 日刑集 28 巻 9 号 393 頁	猿払事件
最判昭和 52 年 2 月 24 日刑集 31 巻 1 号 1 頁	公職選挙法の選挙運動
最決昭和 53 年 5 月 31 日刑集 32 巻 3 号 457 頁	沖縄密約事件　外務省機密漏洩事件
最判昭和 54 年 12 月 20 日刑集 33 巻 7 号 1074 頁	公職選挙法の選挙の報道・論評
最判昭和 55 年 3 月 28 日民集 34 巻 3 号 244 頁	マッドアマノ・パロディ事件
最判昭和 55 年 11 月 28 日刑集 34 巻 6 号 433 頁	四畳半襖の下張事件
最判昭和 55 年 12 月 17 日刑集 34 巻 7 号 721 頁	愛のコリーダ差押え特別抗告事件
最判昭和 56 年 4 月 14 日民集 35 巻 3 号 620 頁	京都市中京区役所事件
最判昭和 56 年 4 月 16 日刑集 35 巻 3 号 84 頁	月刊ペン事件
最大判昭和 58 年 6 月 22 日民集 37 巻 5 号 793 頁	よど号記事抹消事件
最判昭和 58 年 10 月 20 日判時 1112 号 44 頁	医療法人十全会グループの名誉毀損事件
最判昭和 58 年 10 月 27 日刑集 37 巻 8 号 1294 頁	ポルノ写真誌事件
最大判昭和 59 年 12 月 12 日民集 38 巻 12 号 1308 頁	札幌税関検査事件
最判昭和 59 年 12 月 18 日刑集 38 巻 12 号 3026 頁	吉祥寺駅構内ビラ配布事件
最判昭和 61 年 2 月 14 日刑集 40 巻 1 号 40 頁	オービス事件
最大判昭和 61 年 6 月 11 日民集 40 巻 4 号 872 頁	北方ジャーナル事件
最判昭和 62 年 3 月 3 日刑集 41 巻 2 号 15 頁	大分県屋外広告物条例事件

最判昭和 62 年 4 月 24 日民集 41 巻 3 号 490 頁	サンケイ新聞意見広告事件
最決平成元年 1 月 30 日刑集 43 巻 1 号 19 頁	日本テレビ事件
最大判平成元年 3 月 8 日民集 43 巻 2 号 89 頁	法廷メモ事件
最判平成元年 9 月 19 日刑集 43 巻 8 号 785 頁	岐阜県青少年保護育成条例事件
最判平成元年 9 月 19 日集民 157 号 601 頁	日本コーポ事件
最判平成元年 12 月 21 日民集 43 巻 12 号 2252 頁	長崎教師批判ビラ事件
最判平成 2 年 4 月 17 日民集 44 巻 3 号 547 頁	NHK 政見放送差別語事件
最決平成 2 年 7 月 9 日刑集 44 巻 5 号 421 頁	TBS 事件
最大判平成 4 年 7 月 1 日民集 46 巻 5 号 437 頁	成田新法事件
最判平成 5 年 3 月 16 日民集 47 巻 5 号 3483 頁	家永教科書裁判第一次訴訟
最判平成 7 年 3 月 7 日民集 49 巻 3 号 687 頁	泉佐野市民会館事件
最判平成 8 年 3 月 15 日民集 50 巻 3 号 549 頁	上尾市福祉会館事件
最判平成 9 年 9 月 9 日民集 51 巻 8 号 3804 頁	ロス疑惑事件報道
最判平成 11 年 2 月 4 日判例集未登載	捜査一課長事件 注記：最判は判例集未登載なので、高裁判決を追加
最大判平成 11 年 3 月 24 日民集 53 巻 3 号 514 頁	接見
最判平成 11 年 12 月 16 日刑集 53 巻 9 号 1329 頁	通信傍受
最判平成 14 年 1 月 29 日民集 56 巻 1 号 185 頁	ロス疑惑配信記事事件
最判平成 14 年 9 月 24 日判時 1802 号 60 頁	石に泳ぐ魚事件
最判平成 15 年 3 月 14 日民集 57 巻 3 号 229 頁	長良川リンチ殺人報道事件
最判平成 15 年 10 月 16 日民集 57 巻 9 号 1075 頁	所沢ダイオキシン報道事件
最判平成 16 年 11 月 25 日民集 58 巻 8 号 2326 頁	生活ほっとモーニング事件
最判平成 17 年 11 月 10 日民集 59 巻 9 号 2428 頁	和歌山カレー毒物混入事件
最決平成 18 年 10 月 3 日民集 60 巻 8 号 2647 頁	NHK 記者証言拒否事件
最判平成 19 年 2 月 27 日民集 61 巻 1 号 291 頁	君が代ピアノ伴奏拒否事件
最判平成 19 年 6 月 13 日民集 61 巻 4 号 1617 頁	候補者届け出政党所属候補者のみ政見放送可能
最判平成 19 年 9 月 18 日刑集 61 巻 6 号 601 頁	広島市暴走族追放条例事件
最判平成 20 年 2 月 19 日民集 62 巻 2 号 445 頁	第 2 次メイプルソープ写真集事件
最判平成 20 年 3 月 6 日民集 62 巻 3 号 665 頁	住基ネット違憲訴訟
最判平成 20 年 6 月 12 日民集 62 巻 6 号 1656 頁	NHK 番組改編訴訟
最決平成 21 年 1 月 15 日民集 63 巻 1 号 46 頁	情報公開訴訟におけるインカメラ審査の否定
最判平成 23 年 4 月 28 日民集 65 巻 3 号 1499 頁	名誉毀損配信記事事件
最判平成 23 年 5 月 30 日民集 65 巻 4 号 1780 頁	君が代斉唱拒否再雇用拒否事件
最判平成 24 年 1 月 16 日判時 2147 号 127 頁	君が代斉唱拒否懲戒処分取消訴訟
最決平成 24 年 2 月 13 日刑集 66 巻 4 号 405 頁	僕はパパを殺すことに決めた事件
最判平成 24 年 12 月 7 日刑集 66 巻 12 号 1337 頁	堀越事件
最判平成 24 年 12 月 7 日刑集 66 巻 12 号 1722 頁	世田谷事件

2）大審院

大判明治 43 年 11 月 2 日民録 16 輯 745 頁　　名誉回復損害賠償事件	
大判大正 7 年 6 月 10 日法律新聞 1443 号 22 頁　　わいせつ物陳列事件	

3）高等裁判所

札幌高決昭和 54 年 8 月 31 日判時 937 号 16 頁　　北海道新聞記者証言拒否事件	
東京高判昭和 54 年 3 月 14 日判時 918 号 21 頁　　落日燃ゆ事件	
東京高判昭和 60 年 7 月 25 日判夕 576 号 71 頁　　泡沫候補報道	
東京高判昭和 61 年 2 月 12 日判時 1184 号 70 頁　　泡沫候補報道	
東京高判平成 10 年 11 月 16 日判時 1664 号 63 頁　　宗教団体の内紛報道　裏付け取材	
東京高判平成 13 年 7 月 5 日判時 1760 号 93 頁　　俳優の私生活暴露週刊誌記事	
東京高判平成 13 年 9 月 5 日判時 1786 号 80 頁　　ニフティサーブ現代思想フォーラム事件	
東京高判平成 19 年 1 月 29 日判夕 1258 号 242 頁　　NHK 番組改編訴訟	
東京高判平成 22 年 11 月 25 日判夕 1341 号 146 頁　　プリンスホテル事件	
名古屋高判平成 12 年 6 月 29 日判時 1736 号 35 頁　　長良川リンチ殺人報道事件	
大阪地判平成元年 12 月 27 日判時 1341 号 53 頁　　死者の名誉毀損	
大阪高判平成 9 年 10 月 8 日判時 1631 号 80 頁　　捜査一課長事件	
大阪高判平成 12 年 2 月 29 日判時 1710 号 121 頁　　堺通り魔殺人事件報道	
広島高岡山支判昭和 43 年 5 月 31 日労民集 19 巻 3 号 755 頁　　山陽新聞不当解雇事件	

4）地方裁判所

東京地判昭和 31 年 11 月 5 日判時 95 号 3 頁　　新聞記事による名誉毀損　フェアコメント	
東京地判昭和 40 年 5 月 22 日判時 412 号 8 頁　　丸正名誉毀損事件	
東京地判昭和 47 年 7 月 12 日判夕 282 号 196 頁　　フェアコメント	
東京地判昭和 49 年 1 月 31 日判時 732 号 12 頁　　沖縄密約事件・外務省機密漏洩事件	
東京地判昭和 58 年 6 月 10 日判時 1084 号 37 頁　　月刊ペン事件	
東京地判平成 2 年 1 月 30 日判夕 730 号 140 頁　　美容整形論争事件	
東京地判平成 2 年 3 月 23 日判夕 744 号 157 頁　　裏付け取材	
東京地判平成 8 年 2 月 28 日判時 1583 号 84 頁　　富士見産婦人科病院名誉毀損事件　裏付け取材	
東京地判平成 9 年 5 月 26 日判時 1610 号 22 頁　　ニフティサーブ現代思想フォーラム事件	
東京地判平成 13 年 2 月 6 日判時 1748 号 144 頁　　N システム事件	
東京地判平成 13 年 8 月 27 日判時 1778 号 90 頁　　ニフティサーブ本と雑誌フォーラム事件	
東京地判平成 14 年 6 月 26 日判時 1810 号 78 頁　　動物病院対 2 ちゃんねる事件	
京都地判平成 6 年 4 月 5 日判夕 915 号 110 頁　　京都市記者クラブ訴訟	
大阪地判平成元年 12 月 27 日判時 1341 号 53 頁　　エイズ・プライバシー事件	
大阪地判平成 6 年 4 月 27 日判夕 861 号 160 頁　　監視用テレビカメラ撤去等請求事件	
大阪地堺支判平成 9 年 11 月 28 日判時 1640 号 148 頁　　取材拒否	

岡山地判昭和 38 年 12 月 10 日労民集 14 巻 6 号 1466 頁　　山陽新聞不当解雇事件
広島地判昭和 50 年 6 月 25 日判時 792 号 90 頁　　アドリブ放送事件
福岡地判平成 24 年 6 月 23 日判例集未登載　　暴力団関連記事掲載雑誌排除事件
長崎地判平成 3 年 2 月 25 日判例集未登載　　意見広告掲載拒否事件
福岡地判平成 24 年 6 月 13 日未登載　　コンビニ暴排条例訴訟

略称一覧

最	最高裁判所
高	高等裁判所
地	地方裁判所
支	支部
判	判決

決	決定
民集	最高裁判所民事判例集
刑集	最高裁判所刑事判例集
集民	最高裁判所裁判集民事
労民集	労働関係民事裁判例集

判時	判例時報
判タ	判例タイムズ
民録	大審院民事判決録

事項項目

- 長音は直前の母音に置き換えた五十音配列とした。
- 太字は見出し語、太数字は見出し語冒頭の掲載ページを示す。
- 本文中の主要事項を示した。

【あ】

アーカイブ ·· **001**,026,072
アーキテクチャ ··· **001**
R15+、R18+ ··· 023
RDD方式 ··· 139,329
ISOC→インターネット協会
愛国心 ··· **002**,257
ICタグ ··· **002**
ICT（情報通信技術） ·· 083
IT基本法 ·· 142
ITU→国際電気通信連合
IDカード ··· 003,046
愛のコリーダ差押え特別抗告事件 ········· 094
iモード ··· 003
アウシュビッツの嘘 ··· **003**
青い山脈 ··· 182
青森放送 ··· 229
アカウンタビリティ ··· **003**
赤狩り ··· 049,337
暁の脱走 ··· 183
アカデミックジャーナリズム ·································· **004**
赤旗（アカハタ） ······················· 062,167,328,337
アクセス（権） ·· **004**
アクタ・ディウルナ ······································ 118,314
悪徳の栄え事件 ······································ 149,341
『悪魔の詩』 ··· **005**
上尾市福祉会館事件 ··· 127
朝日新聞 ····················· 038,139,176,179,235,336
朝日新聞記者（証言拒否）事件 ·························· 133
朝日新聞のサンゴ事件 ······································ 052
朝日新聞阪神支局襲撃事件 ··································· **005**
朝日放送 ··· 230
あさま山荘 ··· 337
朝回り→夜討ち朝駆け
アジアプレス・インターナショナル ·············· 272
アジェンダセッティング→議題設定
足尾銅山鉱毒事件 ·· 063
足利事件 ··· 019,027

芦屋倶楽部 ··· 271
新しい歴史教科書をつくる会 ································ **006**
厚木署員集団暴行 ·· 102
アップル ·· **007**
圧力団体 ··· 309
アドバトリアル ··· **007**,095
アドボカシージャーナリズム ·························· 049
アドリブ放送事件 ·· 218
アバス ··· 199
アバター ··· 090
アファーマティブアクション ·································· **008**
アフガニスタン戦争 ·· 009
アフタヌーンショー ·· 323
アプリ ··· 299
安部之合戦図 ·· 041
甘い生活 ··· 244
アマゾン ··································· **008**,036,148,184
アメリカ型ジャーナリズム教育 ······················ 121
アメリカ合衆国憲法修正1条→憲法修正1条
　［アメリカ］
アメリカ世論研究所 ·· 173
アメリカ大統領選挙 ································ 084,314
アメリカ同時多発テロ ······························· 037,326
アメリカファースト ·· 300
アメリカ連邦通信委員会→FCC
アラブ社会 ·· 009
アラブの春 ·· 009
アルジャジーラ ·· **009**,037,076
あるある事件→発掘！あるある大辞典Ⅱ事件
或る夜の接吻 ·· 182
『アレオパジティカ』 ··· **009**
アンカーマン ·· 227
『暗黒日記』 ·· 119
「アンサーズ」 ·· 226
安全 ·· 262
安全・安心社会 ··· **009**,042
アンダーカバーマーケティング ····················· 158
安保会議設置法一部改正 ·································· 326
安保条約 ··· 029

【い】

e-japan構想（戦略） ······························ 200,207,271
ENG ··· **010**,294
EMA（モバイルコンテンツ審査・運用監視

機構）	262
言換え用語集	191
eガバメント	207
Eコマース	008,298
E.T.	007
家永教科書裁判	050,168
イエロージャーナリズム	**010**,119
イエローペーパー	178
『生きてゐる兵隊』	285
池田小児童殺傷事件	140
意見広告	**011**,068
意見公募手続	244
違憲判断	012
違憲立法審査権・違憲審査権	**012**
意思決定過程文書	**012**
石に泳ぐ魚事件	150,322
石巻日日新聞	120,254
石橋湛山記念早稲田ジャーナリズム大賞	120
慰謝料	185
萎縮効果	**012**,026,057,060,181,263
泉佐野市民会館事件	127,245
イスラム社会（諸国）	005,009
委託制度	**013**,092,138,215
一億総白痴化	**013**
一括指定・一般指定	**014**
一県一紙体制	**014**,057,195,328
1世帯あたり部数	155,171
一般紙	053
一般不法行為	269
一般放送	023,042
伊藤律架空会見記	235
イブニング・スタンダード	192
違法性阻却事由	**014**,321
移民新聞	024
イメージ広告	068
イラク戦争	009,**015**,129,244
11PM	342
岩田八十八の話	154
岩手日報社	038
岩波書店	036
岩波新書	151
インカメラ方式（審理）	**015**,150
印刷部数公表	242
印紙税	057

インターナショナル・プレス・サービス（IPS）	076
インターネット	**016**,143,268,342
インターネット協会	**017**
インターネット号外	063
インターネット広告	067
インターネット書店	008
インターネット新聞	245
インターネット接続サービス	003
インターネット動画	045
インタビュー	**017**
インフォマーシャル	007
インフラ	**017**
引用	**018**,197,246,264

【う】

ウィキペディア	184
ウィキリークス	016,**018**,020,184,202,222,241,332
ウィチタ・イーグル	114
ウィニー→ファイル共有ソフト（ウィニー）	
WinMX	260
ウーマンリブ運動	264
ウェブディレクトリ	323
Web2.0	016,099,184,299,302
ウォーターゲート事件	**019**,196,202
ウォールストリート・ジャーナル	277
ウォッチドッグ	**019**
有珠山噴火災害	089
埋込み（embed）取材	015,129
裏付け取材	**020**
裏取り	243
売切制	036
「噂の真相」	**020**,095,156
雲仙普賢岳火砕流取材	**021**
「運動界」	160
運動部	**021**

【え】

映画・映画会社	**021**,211,315
映画演劇労働組合連合会（映演労連）	338
映画制作［ドイツ］	176
映画倫理委員会→映倫	
映画倫理規程	023
映画倫理規程管理委員会（旧映倫）	023

エイズ薬害	124
衛星放送	**022**,327
映像倫理機構（映像倫）	085,105
HTML	274
映倫	**023**,085,105
AR（オーグメンティッドリアリティー）	090
ARPA→国防総省高等研究計画局	
AAP［オーストラリア］	200
ASP（アプリケーション・サービス・プロバイダ）	274
AFP［フランス］	200
ABC［アメリカ］	096,228
ABC協会	**023**
ABC部数	023
AP通信［アメリカ］	037,199,200
エグザミナー	167
EXTRA	063
エジプト革命	037
SNS（ソーシャル・ネットワーキング・サービス）	099,146,264
SNG	010
SMTP	208
SOPA（オンライン海賊行為防止法）	236
エスニック集団	023
エスニックマイノリティ	218
エスニックメディア	**023**
Nシステム	042
NIE	**024**
NHK→日本放送協会	
NHKアーカイブス	001
NHK記者（証言拒否）事件	133,135,296
NHK経営委員会	**024**
NHK国際放送→国際放送（NHK国際放送）	
NHK政見放送差別語事件	**025**
NHK番組改編（変）訴訟	**025**,163,218
NHK放送文化研究所	206
NAA（全米新聞協会）	034
NTTドコモ	003
NBC［アメリカ］	096,292
NPR（公共ラジオ）	066
FRC（連邦無線委員会）	026
FEC（極東委員会）	224
FCC（米国連邦通信委員会）	**026**,054,208,263,286

FPU	010
MIT（マサチューセッツ工科大学）	241
MSA秘密保護法	294
MSN	230
MLA	**026**
冤罪	**027**,090,214,295
演出→番組制作・演出	
炎上	**027**,028,099,146,199
エンベッド方式→埋込み取材	
「Emma」	126,265
【お】	
押収→差押え（押収）	
オウム真理教事件	**027**,140,240,251,295,304
OECD（欧州経済協力開発機構）	079
OA（オフィスオートメーション）	203
OSS（戦略諜報局）	177
OOH（Out of Home）広告	204
大蔵大臣アワー	168
大阪朝日新聞	021,227,268,310
大阪・池田小の児童殺傷事件	252
大阪新聞	325
大阪地検特捜部検事による証拠改竄事件	019,102,196
大阪日日新聞	325
大阪府警警察官による拾得金横領事件	102
大阪毎日新聞	036,227,310
OCI（情報調整局）	177
大新聞	**028**,080
OWI（戦時情報局）	177
大手紙	170
大手ナショナルチェーン	225
オートコール	140
オープンチャンネル	116
オープンデータ	202
オーマイニュース	**028**,184,245
大宅壮一ノンフィクション賞	237,336
オール・ロマンス事件	255
岡山県条例	165
沖縄返還協定	029
沖縄報道	**028**
沖縄密約事件	**029**,082,133,134,139,144,150,222,332
桶川ストーカー殺人事件	019,**030**

事項項目

押し紙・積み紙	**030**
おとり広告	051
オプトアウト（オプトイン）	**031**,342
オフレコ	017,018,**031**,243,297,320
オリコン事件	162
オリンピック報道	**031**
オルタナティブメディア	192
お詫びと訂正	**032**,083
オンデマンド（出版）	**033**
温度差	221,281
オンブズマン制度	107
オンラインジャーナリズム	**033**,288
オンレコ	243

【か】

海外のメディア―活字	**034**
海外のメディア―放送	**035**
買切制	013,**036**
会計責任	004
外国人登録制度	130
解雇無効	283
開示請求権	144
外資規制	**036**
改進新聞	167
外信部・外報部	**036**
解説委員	**037**
階層	337
「改造」	183,187,194,336,340
外電	**037**
ガイドライン	**037**,129,252
外務省機密漏洩事件→沖縄密約事件	
顔写真	**037**
科学技術基本法	009
学芸部	278
隠し撮り	**038**
学習指導要領	049
革新	301
学生新聞	186
学問の自由	**039**
学連事件	194
加工統計	210
過剰取材	151
過剰反応	**039**,079
ガゼット・オブ・ジ・ユナイテッド・ステーツ	167

学校教育法	049
家庭面	**040**
神奈川県警	102
可謬主義	**040**
河北新報	275
紙芝居	182
上高森遺跡	038
カムジャーナリスト	256
仮処分	**041**
河合栄治郎事件	062
川崎民商事件	094
かわら版	**041**
環境庁	123
関西テレビ放送	241
監視カメラ	**041**
監視社会	299
勧進帳	**042**
間接民主主義	308
関東大震災	194
官板バタビヤ新聞	152,310
官板六合叢談	310
官報	310
顔貌認識システム	042

【き】

議員立法	164
議会出入記者団	045
基幹統計	210
基幹放送	023,**042**,289,303,320
企業秘密	139
菊のタブー	069,191
キケロ事件	134
疑似イベント	**043**
疑似環境	**043**
記事体広告	007
期日前出口調査	203
記者	**043**,117,235,281
記者会見	**044**
記者クラブ	**044**,**045**,092,095,117,157,210,292,329
記者室	045
記者証	**046**
記者の良心	334
記者発表	243

351

事項項目

記者レク	132
気象情報	**046**
気象通報	046
議事録公開	**047**
期待権	025
議題設定	047,123,196,243,323
汚いひなぎく	234
機微（センシティブ）情報	079
岐阜県青少年保護育成条例事件	014,114,165,324,333
基本ルール	129
君が代→日の丸・君が代	
機密文書	018
客観的ジャーナリズム	101
客観報道	**047**,130,149,291,318
客観報道の原則	047,148
キャップ	**048**
CAPA事件	210
ギャラクシー賞	120
キャンペーン	**048**,084,088,103
キャンペーンジャーナリズム	226
教育基本法改正	217
業界紙	**049**,181
教科書検定	**049**,057,168
競技型	314
『狂気の歴史』	231
狂牛病問題	217
共産党宣言	311
行政機関個人情報保護法	039,079
行政事件訴訟法	320
行政指導	**050**,289
行政手続法	050,320
行政不服審査法	320
共産党	011
京大滝川事件	039
供託金（制度）	056,297
共通番号法（マイナンバー法）	**050**,080
共同規制	105
共同声明	169
共同通信	037,053,200
京都学連事件	062
きょうの出来事	342
虚偽・誇大広告	**051**,068
玉音放送	**051**

虚報	**052**,082,235
「キング」	094
「近代文学」	182
禁断の王国・ムスタン	323
キンドル（kindle）	008
【く】	
グーグル	016,031,**052**,208,230,327
「グーグル検閲」問題	052
グーグルニュース	085
グーグルブック検索（グーグル・ブックス）	031,053,207
『クールクールLSDテスト』	226
クオリティペーパー	**053**,192
草の根型のジャーナリズム	199,274
草の根メディア	192
草の実会	040
口コミ	158
熊本水俣病事件	063
クライエンテリズム	301
クライマーズ・ハイ	247
くらし面	040
GLAM	026
グリコ・森永事件	021,052,095,252,293,295,328
クレジット	**053**
『黒い卵』	058
グローバルメディアコングロマリット	315
クロスオーナーシップ	**054**,315
クロロキン薬害	124
君権学派	312
【け】	
ケアの倫理	101
経済部	**054**
刑事確定訴訟記録法	**054**
形式秘→実質秘・形式秘	
刑事収容施設法	256
刑事訴訟法	027,054,090,094,144,171,241
刑事特別法	258
掲示板	234
係争物に関する仮処分	041
芸能ニュース	**054**
景品規制	092
景品表示法	051,086,092,158,166

刑法	014,151,312
刑法175条	193,323,341
刑法230条	065,104,267
刑法230条の2	062,069,151,267
刑法231条	267
KCC（韓国放送通信委員会）	286
携帯電話	003,055,302
KDKA［アメリカ］	286,292,314
経歴放送	297
ケータイ小説	**055**,237
ゲートキーパー	**055**,247
ケーブルテレビ	098,287,327
ケーブルテレビの現状	098
劇映画	021
月刊ペン事件	**056**,062,065,070
権威主義理論	273
検閲	009,014,025,050,**056**,060,109,292
『検閲』	058
検閲局［アメリカ］	177
健康増進法	239
検索エンジン	052
県紙・県版	**057**,152,195
現実的悪意の法理	**057**,069
原子力船むつ事故	263
言説	230
現場協定	**058**
原爆報道	**058**
原発事故報道	**059**
『原発ジプシー』	097
憲法修正1条［アメリカ］	035,040,057,**059**,060,285
権力	123
権力監視	019,102,243
権力に対する番犬	243
言論・出版・表現の自由	009,012,041,058,059, 060,081,111,134,156,214,253,269,285,292,333
言論弾圧事件	**061**
言論統制法	152

【こ】

コアコンピタンス	315
公安条例	127
公安審査委員会	240
広域重要116号事件	006
合意の製造	174
公益性	**062**
公益通報者保護法	139,193,217,332
校閲部	**062**
号外	**063**,170
公害（環境）報道	**063**,123
高級紙	053
公共圏	**064**
公共性	**064**
『公共性の構造転換』	**064**,173
公共図書館	**065**
公共の福祉	**064**,**065**
公共放送［アメリカ］	**066**
広告	007,073,180,239,275
広告収入［アメリカ］	034
広告代理店（広告会社）	**067**,239,343
広告主	160
広告表現	**067**
広告倫理綱領	297
江湖新聞	310
皇室典範	068
皇室報道	**068**
公職選挙法	139,163,164,174,175,259,297
公人	**069**
公正競争規約	051,068
公正・公平な報道	318
公正取引委員会（公取委）	051,092
公正な論評の法理→フェアコメント（公正な論評）の法理	
公然性を有する通信	**070**
公然わいせつ罪	341
講談社	299
公聴会（ヒアリング）	**070**,131
公的参加に対抗する戦略的訴訟	161
公的責務（公的任務）［ドイツ］	**070**
公的統計	210
河野談話	006
硬派・軟派	**071**,154,169
合売店	155
降版	**071**,117
公文書	**071**
公文書館	**072**
公文書管理法・条例	012,071,**072**
神戸連続児童殺傷事件	252,295
広報	**073**

弘報処	073
公務員の守秘義務違反	113
公約集	305
小売希望価格	092
公立図書館	065
コーヒーハウス	**074**
コーポレートガバナンス	315
ゴールデンタイム	**074**
五箇条の御誓文	311
国益	**074**
国際家族年	232
国際ジャーナリスト連盟（IFJ）	272
国際女性メディア財団	008
国際人権規約	170
国際人権法	096
国際的なニュースの流れ	**075**
国際電気通信連合（ITU）	022,209
国際放送（NHK国際放送）	**077**,289
国粋主義	002
国勢調査	211
国定教科書制度	050
告発サイト	211
黒板協定	**077**,293
国防総省高等研究計画局（ARPA）	016
国民	311
国民運動	002
国民啓蒙宣伝省［ドイツ］	176,277
国民主義	002
国民新聞	310
国民生活時間調査	206
国民総背番号制	050
国民投票運動	078
国民投票広報協議会	078
国民投票法	**077**
国民の知る権利→知る権利	
「国民之友」	183
国民保護法	114
国立公文書館	072
国立国会図書館	**078**
国立国会図書館法	078,236
国連憲章第42条	342
国連人種差別撤廃委員会	096
ゴシップ	159,265
誤審	027
個人識別情報	078
個人情報	003,**078**,088
個人情報保護法	013,039,078,086,103,113,117,128,130,151,253,294
個人番号カード	051
小新聞	028,**080**
戸籍	080
誇大広告→虚偽・誇大広告	
こだまの会	040
国家安全保障会議	222
国会法	**080**
国家からの（による）自由	071,**081**
国家機密	317
国家公安委員会規則	141
国家公務員法守秘義務違反	029,174,332
国家主義	002
国歌斉唱	110,257
国家総動員法	014
国家の秘密	**081**,112,258
国旗・国歌の強制	217
国旗国歌法	257
子ども（児童）ポルノ	**082**,091,193
子ども（児童）ポルノ禁止法	082,193
子ども（児童）ポルノの閲覧防止	261
コピー→複製（コピー）	
コピペ（コピー・アンド・ペースト）	018,259
個別指定	165
個別的比較衡量	253,269
戸別配達	092,189
戸別配達率	153,189
誤報	032,052,**082**,235,295,328
コマーシャルメッセージ	098
コミック	305
コミュニケーション	**083**
コミュニケーションの二段の流れ	**084**
米騒動	187,268
コラム	**084**,339
コラムニスト	084
コロンビア大学	011,119,121
コングロマリット	315
懇談	243,320
コンテンツアグリゲーション	**085**
コンテンツ規制	**085**
コンテンツ取引適正化ガイドライン	249

コンテンツ・マネジメント・システム→CMS
コンビニエンスストア 085
『コンピュータ新人類の研究』 004
コンプガチャ規制 086
コンプライアンス 086

【さ】
災害時相互援助協定 251,254
災害対策基本法 088,113
災害放送 289
災害報道 088
在監者→被収容者（在監者）
『最後の日々』 226
再審請求 027,090
サイド 281
在特会 007,235
サイバースペース 090,091
サイバーテロ 171
サイバー犯罪 091,267
裁判員裁判 091,092,252
裁判記録の開示 054
裁判所 012,290
再販制度 091,189
裁判報道 092
サイモン・ウィーゼンタール・センター 101
サイレントマジョリティ 093
サウンドバイト 093
堺通り魔殺人報道事件 141
佐賀新聞社 116
坂本堤弁護士一家殺害 027
挿絵 093
挿絵画家協会 093
差押え（押収） 094
差止（請求） 186,313
ザ・スクープ 030
雑観記事 094,281
雑誌広告倫理綱領 296
雑誌ジャーナリズム 094,287
雑誌人権ボックス 106
雑誌編集倫理綱領 296,335
札幌税関事件 109
サツ回り 095,123
差別是正 008
差別表現（差別語） 025,095,105,191,255

サリドマイド 124
三・一五事件 194
参加型ジャーナリズム 028
産経新聞 011,140,176,202,280
サンケイ新聞意見広告事件 005,186,252
サンゴ落書き捏造事件 235,295
惨事ストレス 293
三大紙 014,176
三大タブー 191
三大ネットワーク 035,096
三大薬害 124
サンデー毎日 127
サンフランシスコ講和条約 221
讒謗律 056,097,266,310
山陽新聞不当解雇事件 218,283
参与観察 097
三里塚の空港反対闘争 211

【し】
GRP（総視聴率） 099
CIE（民間情報教育局） 013,182
CIA（中央情報局） 145,177
CATV 097
CS 022
CS事業者 238
CSR（企業の社会的責任） 086
CSA（フランス視聴覚高等評議会） 286
CS放送 070
GHQ→連合国軍最高司令官総司令部
CNN［アメリカ］ 037,076,174
CFR（連邦規則集） 026
CM 098
CMS（コンテンツ・マネジメント・システム） 274
CMC 027
CM枠の総量規制 161
GCN（ジェンダーコミュニケーション・ネットワーク） 101
CGM（消費者生成メディア） 099,184
CCD（民間検閲局） 182
CDA（批判的談話分析） 231
CTP 117
CP［カナダ］ 200
CBS［アメリカ］ 010,096,228,278,292

CBSイブニングニュース	228
シールド法	133
シール止め自主規制	106
JNNニュースコープ	229
JNNニュース22プライムタイム	229
自衛隊イラク派遣	129
自衛隊法	258
自衛隊法一部改正	326
ジェンダーガイドライン	100
ジェンダーとメディア	**099**,147,232
シオニズム	**101**
識別マーク	106
支局	**102**
事件記者	089,**102**
事件報道	**102**
自己検閲	013
自己情報コントロール権	**103**
自己責任論	**103**
自殺報道	**103**
自殺報道ガイドライン	104
時事新報	045,167,306
時事通信社	037,200
死者の名誉毀損	**104**
自社もの	**104**
自主規制	
	057,068,077,096,**105**,166,205,239,256,291,292
自主規制制度［出版］	**106**
自主規制制度［新聞］	**107**
自主規制制度［放送］	**107**
自粛	058,059,105,147
自主検閲［アメリカ］	177
自主放送	098
市場原理主義	**108**
市場調査	210
指針	037
自炊	**109**,207
事前差止	057,**109**,150
思想の科学研究会	111
思想の科学事件	**110**
思想・信条の自由	**110**
思想の自由市場（理論）	**111**,186,264
下請け・下請法	249
視聴者	111
視聴率	**112**

実業之日本社	013
実質秘・形式秘	**112**
執筆拒否	111
実名登録制	264
実名報道	**113**,141,213
指定公共機関	**113**
指定地方公共機関	**113**
私的複製	109,197,264
『自動車絶望工場』	097,266
児童ポルノ →子ども（児童）ポルノ	
品切れ	172
シネマコンプレックス（シネコン）	022
シネマトグラフ	022
自販機規制	**114**
シビアアクシデント（過酷事故）	059
シビックジャーナリズム	**114**,184,244
志布志事件	027
死亡記事	**115**
ジミーの世界	235
市民記者	**115**
市民ジャーナリズム	040,099,244
市民メディア	024,028,**115**,192,245,291
紙面審査	**116**
紙面制作	**116**
JASRAC→日本音楽著作権協会	
ジャーナリスト	074,**117**,257,317,334
ジャーナリズム	044,061,**118**,131,147,167,
	168,196,309,316,318,334
ジャーナリズム関連の表彰制度	**119**
ジャーナリズム教育	**120**
ジャーナリズム憲章	156
ジャーナリズムスクール	011,119,**121**
ジャーナリズムの改革	011
社会教育法	065
社会権	081
社会国家的制約原理	066
社会的責任論	**122**,273
社会の木鐸	043,**122**
社会部	**123**
弱者と報道	**123**
謝罪広告	110,186,313
写真（フォト）ジャーナリズム	**125**,303
写真週刊誌	**126**,265,339
社説	**126**

事項項目

ジャパン・タイムス	310
ジャパン・ヘラルド	310
シャボン玉ホリデー	246
JARO→日本広告審査機構	
JanJan	116,184
上海メディアグループ	316
集会の自由	**127**
「週刊朝日」	094,127,242,255,336
「週刊サンケイ」	127
週刊誌	**127**
「週刊新潮」	006,127
「週刊文春」	252,338
「週刊読売」	127
住基カード	128
住基ネット	**128**
従軍記者	**128**,310
従軍取材	**129**
自由権	081
自由国家的制約原理	066
自由主義理論	122,273
自由新聞	167
終戦詔書	051
集団訴訟	031
集団的過熱取材→メディアスクラム	
集団的自衛権	221
周波数オークション	**129**,209
醜聞	156
住民基本台帳法	080,128,130
住民票	080,**130**
住民票コード	128
主観報道	**130**
熟議民主主義	**131**
取材	**131**
取材拒否	**132**
取材源の秘匿	019,031,**133**,135,144,217,296
取材・報道の自由	**134**,139,240,245,261
首相番	**135**
受信料	**135**,286
受信料債権	135
出稿	135
出版	**136**
出版契約	**137**
出版権	137,198
出版権設定契約	137
出版社（出版産業）	**137**,315
出版ゾーニング委員会	106
『出版年鑑2013』	137
出版の自由→言論・出版・表現の自由	
出版販売倫理綱領	296,335
出版物取次倫理綱領	296,335
出版法	061
出版流通	**138**,148
出版倫理協議会（出倫協）	105,106
出版倫理綱領	106,296,335
出版労連→日本出版労働組合連合会	
シュピーゲル判決	071
守秘義務	**139**,144,258,259,332
「主婦と生活」	162
「主婦の友」	094,162
春婦伝	183
上越タイムス社	282
商業ジャーナリズム	029
商業新聞	314
商業放送	307
証言拒否	135,144
少数民族	024
情勢調査	**139**
肖像権	**140**,150,253
少年事件報道	**141**
少年法	141,213,254
常備寄託	013
消費者生成メディア	099,184
情報委員会	177
情報開示請求	004,132
情報格差	**142**,340
情報化社会	**142**
情報空白	**143**
情報源の秘匿（保護）	132,144,299
情報源の明示	048,**143**
情報公開	004,015,**144**
情報公開・個人情報保護審査会	079
情報公開条例	047,071,132,144
情報公開制度	072,080,144,299
情報公開法	132,149,258
情報コントロール権	269
情報スーパーハイウェイ	142
情報操作（スピン）	073,**145**
『情報通信白書』	287

事項項目

情報通信法	271
情報秘匿	326
情報部	176
情報倫理	**145**
情報漏洩	087
昭和天皇「崩御」報道	**146**
ジョージア大学	119
女学雑誌	147
職業倫理	087
職能団体	**147**
職務著作物	285
「諸君！」	184
女性学	100
女性雑誌	**147**
女性差別撤廃委員会	100
書店	138,**148**
処分	320
署名記事	**148**
自立演劇	182
私立図書館	065
知る権利（自由）	029,044,081,092,132,133, 134,**149**,152,156,240,266,291
人格権	140,**150**,269,313
新学習指導要領	024
新華社［中国］	037,200
新刊委託（配本）	013,215
人権	087,150,170,294,295
人権侵害	296,339
人権擁護法案・人権救済法案	**150**
震災報道	088,251
真実性・真実相当性	058,**151**,253,321
新自由主義	108
新書	**151**
信条の自由→思想・信条の自由	
新潮社	038,126,156,265
『新日本史』	050
「新日本文学」	182
人物天気図	257
新聞	**151**
新聞印刷工組合革新会	338
『新聞学』	147
新聞記者従軍規則	128
新聞広告掲載基準	335
新聞広告収入［海外］	034

新聞広告費	153
新聞広告倫理綱領	239,296,335
新聞・雑誌部数公査機構（ABC）	242
新聞雑誌用紙統制委員会	328
新聞紙印行条例	310
新聞事業令	014
新聞紙条例（法）	056,266,310
新聞紙法	061,**152**
新聞社（新聞産業）	**153**
新聞ジャーナリズム	064,119,287
新聞縮刷版	**154**
新聞出版用紙割当委員会	328
新聞小説	**154**
新聞人の良心宣言	218,297
新聞整理	**154**
新聞ゼネスト	338
新聞総発行部数	155
新聞通信記者会総聯盟	147
新聞通信調査会	155
新聞同盟会	311
新聞特殊指定	189
新聞の整理統合政策	195,275
新聞博物館	225
新聞離れ	**155**
新聞販売綱領	335
新聞販売店	030,**155**
新聞販売部数	034
新聞倫理綱領	048,103,105,107,130,**155**,196,225,296,335
新聞労連→日本新聞労働組合連合	
信用毀損→名誉毀損・信用毀損	

【す】

垂直統合モデル	022,315
推知報道	141
水平社	255
スキャンダリズム	020,**156**
スキャンダル	191,265
スクープ（合戦）	052,077,**157**
スクリューティニー学派	319
菅生事件報道	019
スタンピード現象	295
すっぱ抜き	212
ステークホルダー	**157**

ステマ→ステルスマーケティング
ステルスマーケティング 008,**158**,275
ステレオタイプ **158**
ストーカー規制法 030
ストーカー事件 080
ストック **159**,274
ストックホルム大会 031
『ストリート・コーナー・ソサエティ』 097
ストリートビュー 053
『ストリートワイズ』 004
『スノウ・クラッシュ』 090
スパイ防止法案 258
スピン→情報操作(スピン)
スピンドクター 145
スペクテーター 167
スポーツ紙 **159**
スポーツジャーナリズム 021,**159**
スポーツ部 021
スポーツ報道(番組) 160,248
スポット 098
スポンサー 098,**160**
スマートフォン(スマホ)
003,007,**161**,234,262,299
スモールフォーマット・ジャーナリズム 256
スモン病 124
SLAPP(公的参加に対抗する戦略的訴訟) **161**
スレッド 222

【せ】
生活情報 089
生活情報誌 **162**
生活ほっとモーニング事件 005,252
生活面 040
正気塾 011
正義の倫理 101
政局報道 **162**
政権公約 305
政見放送 025,**163**
政見放送削除事件 163
セイコーマート 086
制作会社 249
政治介入 **163**
政治活動 **164**
政治資金規正法 **164**

政治部 **164**
政治漫画 306
正常性バイアス 220
青少年インターネット環境整備法
085,**165**,262
青少年保護(育成)条例 014,057,**165**,255,323
青少年有害社会環境対策基本法案 165
精神的自由 **166**,218
製造物責任法(PL法) 086,103,**166**
政體書 311
政党新聞 **166**
制覇型 314
『制服少女の選択』 237
政府言論 **167**
政府高官 031
政府広報 **168**
政府首脳 **168**
声明 **169**
整理記者 **169**
整理部 071,116,135,154,**169**
「正論」 184
「世界」 184,255,340
世界ジャーナリズム教育会議 121
世界人権宣言 **170**
世界通信社 075
『世界ノンフィクション全集』 237
世界保健機関(WHO) 104
『世界を震撼させた10日間』 336
セカンドライフ 090
責任販売制 036
赤報隊 006
セキュリティ **170**
世帯視聴率調査 112
世帯普及率 **171**
接見 **171**
接見交通 171
セット紙 152,**172**
絶版 **172**
接吻映画 182
説明責任 004
ゼネスト 163
セルフレイティング方式 262
世論 073,**172**
『世論』 173

事項項目

世論操作 173
世論調査→世論（よろん）調査
世論なんてない 174
尖閣列島ビデオ流出事件 **174**,258,327
1996年電気通信法 316
全共闘運動 338
選挙運動 139,164,**174**,175,305
選挙運動規制 174
選挙運動の文書図画等の特例に関する法律 163
選挙報道（評論の自由） **175**,203,297
全国学生新聞連盟 186
全国高校野球選手権大会 104
全国広告関連労働組合協議会（広告労協） 338
全国紙 014,152,**176**
戦時下の情報統制 **176**
センセーショナリズム（煽情報道） 010,156,159,**178**,316
センセーショナルな報道 119
戦線 336
戦争と一人の女 183
戦争報道 **178**
『戦争報道の内幕』 178
戦争をつくった男 011
宣伝 073,176,**180**
宣伝中隊（PK） 128
宣伝方針及び要領 177
煽動罪 **180**
潜入取材→覆面取材・潜入取材
専売店 155
専門紙 **181**
占有移転禁止 **181**
占領期の表現活動 **181**

【そ】
創価学会 056
総合雑誌 **183**
総合情報サイト 299
総合取次 215
捜査一課長事件 322
送信防止措置 276
装丁 **184**
総バラエティー化 341

ソーシャルゲーム 086
ソーシャルメディア 003,016,041,085,089,099,**184**,205,234,254
ゾーニング委員会 105
ゾーニング規制 106
続戦争と一人の女 183
速報 247
組織ジャーナリズム 292
訴訟記録（保管記録） 054
ソビエト共産主義理論 273
ソビエト旅行記 336
ソフトバンク 028
損害賠償 025,132,141,161,**185**,186,269,276

【た】
大学新聞 **186**
戴冠型 314
大逆事件 061,311
対抗言論 111,**186**
「第五福竜丸」の事件 263
だいこん 183
第三者レイティング方式 262
第三種郵便制度 **186**
大衆運動 260
大衆紙 053,159,191
大衆社会論 **187**
大衆新聞 314
大正デモクラシー **187**
「第二芸術」論 183
大日本帝国憲法→明治憲法（大日本帝国憲法）
代表取材 **188**
大本営発表 178,243
タイム 098
「太陽」 183
帯用証 046
太陽族映画 023
第四の権力 **188**
タウンミーティング 131
ダウンロード規制 **189**
滝川事件 062
宅配 **189**
多国籍軍 342
太政官日誌 310
『黄昏のロンドンから』 237

闘う民主主義思想	**190**	朝鮮通信	037
ダダ漏れ	**190**,327	超短波放送（FM）	331
「TOUCH」	126,265	超法規的違法性阻却事由	015
田中角栄研究―その金脈と人脈	019,095	朝野新聞	310
たばこ広告	**190**	直接民主主義	308
タブー	**191**	**著作権**	194,**197**,198,265,285
WSIS（世界情報社会サミット）	076	**著作権管理団体**	**197**
タブロイド紙	**191**,324	著作権使用料	137
多様性・多元性	**192**	著作権侵害	246,259,260
垂れ込み	**193**,327	著作権等管理事業者	198
単純所持	**193**	著作権法	018,085,189,264,285
男女雇用機会均等法	100	著作財産権	197,198
団体規制法	294	著作者人格権	197
断筆宣言	021	**著作隣接権**	**198**
談話	**193**	沈黙の螺旋	173,**198**

【ち】

【つ】

治安維持法	056,062,**194**	ツイッター	016,184,**199**,208,254,326
治安警察法	061	ツイッター革命	184
地域メディア	192	通信衛星事業	238
チェーンストア形式	086	**通信社**	**199**,238
チェルノブイリ事故	059	**通信と放送の融合**	070,**200**
地下鉄サリン	027	**通信の秘密**	070,**200**,201
筑紫哲也ニュース23	229	通信法	261
地上デジタル放送	206	**通信傍受法**	**201**
知的共有資源	072	通信履歴（ログ）の保全要請	201
知的財産基本法	194	津田左右吉事件	062
知的財産権	**194**,197	椿発言事件	**202**,250,251,280
地方紙	014,057,152,**195**	積み紙→押し紙・積み紙	
チャタレイ事件	341	敦賀原発事故	263
『チャタレイ夫人の恋人』	341		
「中央公論」	183,187,194,336,340	【て】	
中央公論社	110	出会い系サイト規制法	**202**
中央紙	176	TNA［タイ］	200
中央通信［台湾］	200	DTP	271
中外新聞	310	ディーバーシステム	343
中国新聞	275	DPA［ドイツ］	037,200
中小企業	137	TBS	229
中日新聞	275	TBS事件	241
中波放送（AM）	331	TBSは死んだ	028
中立公正	**195**	ディープスロート	019,**202**
長期委託	013	定期購読率	189
調査報道	102,144,**196**,212	定義づけ衡量	253
朝鮮戦争	177,337	帝銀事件	188

抵抗勢力	093,162
「Days Japan」	272
訂正放送	032,252,289
邸報	314
デイリー・クーラント	292
データジャーナリズム	**202**
適正手続に対する権利	201
適用除外	079
出口調査	**203**
デジタルアーカイブ	001
デジタル化	061,**203**,204
デジタルコンバージェンス	**204**
デジタルサイネージ	**204**
デジタルデバイド	142,340
デジタルメディア	033
デスク	102,116,136,**204**,281
デスクトップパブリッシング	203
手抜き除染	038
デマ	199,**205**
デモ隊写真撮影事件	140
テレビ朝日	202,229,246,280
テレビショッピング	**205**
テレビ指令	076
テレビニュースに関するネットワーク協定	230
テレビ離れ	**206**
テレビ放送	**206**,230,286,314
テレビマンユニオン	249
テレビ有害論	013
『テロルの決算』	226,237,336
点火	270
電気通信サービス	097
電気通信事業法	234
天気予報	046
電子看板	204
電子行政	207
電子商取引	008,298
電子書籍	109,137,148,203,**207**
電子申請	128
電子新聞	152,153
電子政府	**207**
電子納本	236
電子フロンティア財団（EFF）	236
電子マネー	003

電子メール	**208**
電車男	223
天声人語	084,339
電通	**208**,287
天皇機関説事件	039,062,266
電脳空間	090
「天皇制ファシズム」体制	260
電波	209
電波監理	026
電波監理委員会	192,**208**,209,223,286
電波監理委員会設置法	209
電波監理審議会	208
電波3法	**209**,307
電波の有限・稀少性	**209**
電波法	036,042,129,135,**209**,238,250,280
「展望」	183

【と】

ドイツ基本法	190
ドイツの放送制度	192
登院停止	**210**
東海村JOC臨界事故	263
動画共有サイト（サービス）	220,234,326,327
同化性バイアス	221
動画投稿サイト	190
恫喝訴訟→SLAPP	
討議型世論調査	131
東京曙新聞	310
東京朝日新聞	310
東京記者連盟	147
東京新聞	275
東京スポーツ	325
東京都公安条例事件	127
東京都青少年条例改正案	106
東京日日新聞	128,306,310
東京放送	229,286
東京毎夕新聞	325
統計調査	**210**
盗撮→盗み撮り	
東芝クレーマー事件	**211**
東大安田講堂占拠	338
盗聴	201
盗聴法	201
同調性バイアス	221

東電女性社員殺害事件	102,253,295
党派新聞	166
同盟通信	200
同盟通信社	177
盗用→剽窃・盗用	
トゥルーマン・ショー	275
十勝毎日新聞	148,325
ドキュメンタリー	**211**
特落ち	052,295,329
読者	**212**
読者離れ	212
特殊指定	092
特殊不法行為	269
読書面	278
独占禁止法	051,086,091,249,315
特ダネ	052,095,157,**212**
特定電子メール	313
特定秘密保護法	222,258,294,297
特派員	036,**213**
特別高等警察課（特高）	061
匿名	018,222
匿名報道	**213**,254
匿名報道主義	113,295
独立行政法人等個人情報保護法	039
所沢ダイオキシン報道事件	**214**,263
図書館員の倫理綱領	297
「図書館雑誌」	214
図書館の権利宣言（図書館憲章）	214
図書館の自由	**214**
図書館の自由に関する宣言	214,297
図書館法	065
特許	320
トップ屋	272
都鄙新聞	310
豊田商事事件	295
トラックバック	041
ドラマ制作	248
トランスナショナルメディア企業	315
取り調べの全面可視化	027
取次	136,137,138,**215**
ドワンゴ	220
「頓智協会雑誌」	266

【な】

内閣憲法改正草案	224
内閣情報部	177
内閣府政府広報室	073
内心の強制	**217**
内部告発	018,132,165,193,**217**,332
内部的自由	282,**218**,282,334
ナイン・オクロック・ニュース	232
ナガサキ・シッピング・リスト・アンド・アドバタイザー	310
長崎新聞	011
『長崎の鐘』	058
長良川リンチ殺人報道事件	141
名古屋タイムズ	325
ナショナリズム	002,178,**218**,219
ナショナル・ガゼット	167
ナチス・ドイツ	003,176
ナチズム	**219**,260
ナップスター	189,260
成田新法事件	127
『汝の父を敬え』	226
何でもやりまショー	013
『なんとなく、クリスタル』	237
軟派→硬派・軟派	

【に】

新潟県中越地震	089
新潟日報	153
ニールセン社	112
肉体の門	183
ニコニコ動画	**220**
ニコニコ生放送	220
ニコン	**220**
錦絵	156
西日本新聞	275
21世紀フォックス	096
「二重の基準」論	060,166
ニセ電話事件	133
日常性バイアス	**220**
日米安保条約	221
日米行政協定	221
日米相互防衛援助協定	258
日米地位協定	221
日米同盟下の報道	**221**

事項項目

2ちゃんねる............146,184,**222**,260,276
日露戦争............063
日刊ゲンダイ............325
日刊新愛媛事件............133
日刊スポーツ............159
日航ジャンボ機墜落事故............126,295
日新真事誌............310
日本............310
日本放送協会（NHK）
　...135,163,211,**223**,229,240,246,282,286,308,328,331
日本放送協会番組基準............335
日本放送労働組合（日放労）............338
ニフティサーブ............241
ニフティサーブ事件............**223**
日本映画社............228
日本ABC協会............242
日本音楽著作権協会（JASRAC）............198
日本記者クラブ賞............119
日本経済新聞............176
日本経済新聞社............116
日本経済新聞電子版............152,153
日本広告審査機構（JARO）............051,068,105
日本コーポ事件............239
日本国憲法............150,166,**224**,258,326
　13条............042,064,065,140
　14条............280
　19条............110,217,313
　21条............050,057,068,070,094,096,
　　110,127,132,134,140,201,209,238,240,250,256,269,
　　280,290,313,341
　23条............039
　35条............094
　81条............012
　82条............015,289,290
　96条............077
　　改正案............078
日本国憲法の改正手続に関する法律............077
日本ジャーナリスト会議（JCJ）............120,147
日本出版労働組合連合会（出版労連）............147,338
日本書店商業組合連合会（日書連）............**224**
『日本人とユダヤ人』............237
日本新聞会............045
日本新聞会記者規程............044
日本新聞協会............031,044,048,091,103,120,

141,155,171,172,188,196,**225**,239,252,282,292,297,
329,334,335
日本新聞協会賞............049,120
日本新聞通信放送労働組合............338
日本新聞労働組合連合（新聞労連）
............147,218,297,335,338
日本生活情報紙協会（JAFNA）............271
日本全国書誌............236
日本専門新聞協会............049,181
日本テレビ............027,206,211,246,286
日本テレビ事件............241
日本図書館協会............214
日本ニュース............228
日本ニュース映画社............228
日本農業新聞............181
日本の黒い夏............304
日本の広告費............208,287,303
日本の素顔............211
日本ビジュアル・ジャーナリスト協会............272
日本ビデオ倫理協会............085
「日本評論」............183
日本弁護士連合会（日弁連）............213
日本民間放送連盟（民放連）
............032,096,120,**225**,242,293,307
日本民間放送連盟賞............120
日本民間放送連盟放送基準............225,335
日本民間放送労働組合連合会（民放労連）
............147,338
日本立憲政党新聞............167
ニュージャーナリズム............**226**
ニュース............**227**,270,281
ニュースアンカー............**227**,229,278
「ニューズウィーク」............034
ニュース映画............**228**
ニュース・オブ・ザ・ワールド............192
ニュース価値論............227
ニュースキャスター............**228**
ニュースサイト............**229**
ニュース取材用システム............010
ニュースステーション............229,246,263,342
ニュースセンター9時（NC9）............229
ニュースネットワーク............**230**
ニュースの網............**230**
ニュースの言説............**230**

事項項目

ニュースバリュー ……………………… **232**
ニュース速報 …………………………… 270
ニュースフレーム ……………………… **233**
ニュースレーダー ……………………… 229
ニューディール連合 …………………… 300
ニューメディア ………………… 143,**233**
ニューヨーク・ジャーナル …… 119,179
ニューヨーク・タイムズ … 019,034,081,196,284
ニューヨーク・タイムズ対サリバン事件
  ……………………………………… 058,069
ニューヨーク・ワールド ……………… 119
『ニューロマンサー』 ………………… 090
二六新報 ………………………… 049,310
人間宣言 ………………………………… 069
認定制度 ………………………………… 321
認定放送持株会社制度 ………………… **234**

【ぬ】
盗み撮り（盗撮） ……………………… 038

【ね】
ネオコンサバティブ …………………… 300
ネオナチ ………………………… 101,236
ネオリベラル …………………………… 300
ネガティブキャンペーン …… 145,180,**234**
捏造 ………………………… 052,082,**235**,242
ネット …………………………… 016,145
ネット右翼 ……………………… 223,**235**
ネット選挙 ……………………………… 235
ネットの自由 …………………………… **236**
ネットワークでつくる放射能汚染地図 …… 196
ネトウヨ ………………………………… 235

【の】
納本制度 ………………………… 078,**236**
ノースクリフ革命 ……………………… 226
ノーブレス・オブリージ ……………… 194
ノンフィクション ……………… **236**,336
ノンフィクション劇場 ………………… 211

【は】
パーコスト ……………………………… 099
パーソンファインダー ………………… 254
パーティシペーティング（PT） ……… 098
ハードとソフトの分離・一致
  ……………………… 036,042,**238**,250,288
配信社サービスの法理 ………………… **238**
媒体責任 ………………………………… **239**
ハイパーテキスト ……………………… **240**
ハイビジョン …………………………… **240**
バウネット ……………………………… 025
破壊活動防止法 ………… 180,214,**240**,294
博多駅テレビフィルム提出命令事件
  ……………………………… 132,134,149,**240**
ハクティビズム ………………………… 091
パソコン通信 …………………………… **241**
『はだしのゲン』閲覧制限問題 ……… 215
はたちの青春 …………………………… 182
ハッカー ………………………… 171,**241**
発掘！あるある大事典Ⅱ事件 … 115,218,**241**,250
白虹事件 ………………………… 061,268
発行部数 ………………………… 153,**242**
発生もの ………………………………… **242**
バックラッシュ運動 …………………… 007
バッドニュース ………………………… **242**
初音ミク ………………………………… 220
発表ジャーナリズム
  ……………… 046,048,088,168,188,**243**,291,329
発表報道 ………………………… 196,243
パテ・ジュルナル ……………………… 228
パノラマ ………………………………… 266
パパラッチ ……………………………… **244**
ハビタット ……………………………… 090
パブリシティ …………………………… 180
パブリックアクセス …………………… 116
パブリックコメント …………… 131,**244**
パブリックジャーナリスト …………… 115
パブリックジャーナリズム … 049,114,184,**244**
パブリックディプロマシー（広報外交）
  ………………………………… 073,**245**
パブリックドメイン（PD） …………… 197
パブリックフォーラム ………… 120,**245**
バラエティー番組 ……………… **246**,248
パロディ ………………………… **246**,264
パワーエリート ………………………… **247**
番外 ……………………………………… **247**
番記者 …………………………… 044,135,**247**
番組基準 ………………………………… 335

事項項目

番組考査	**248**
番組種別の公表義務	250
番組制作・演出	**248**,323
番組制作会社・プロダクション	**249**
番組調和原則	**249**,289
番組の自律	251
番組編集準則	209,**250**
番組編集の自由	**250**,289
番犬	019
犯罪捜査	201
『犯罪白書』	267
犯罪被害者等基本法	113
『犯罪報道の犯罪』	213
阪神・淡路大震災	089,143,**251**
反SLAPP法	161
ハンセン病	124
犯人視報道	**251**,309
反論権	005,011,**252**
反ユダヤ主義	003

【ひ】

P2P（ピアツーピア）	260
ヒアリング→公聴会（ヒアリング）	
PRO	073
PRカウンセラー	073
PR記事	007
BRC	295
PIPA（知的財産保護法案）	236
BS	022,240
PL法→製造物責任法（PL法）	
PG12	023
PJニュース	116,184
PBS	066
BPO→放送倫理・番組向上機構	
BPO放送倫理検証委員会	163
BBC［イギリス］	009,035,037,122,163,206,232,266,314
PPB	182
ピーボディ賞	119
被害者	037
被害者保護	**253**
非公開の審理手続	015
比較衡量	**253**,269
東日本大震災	038,120,143,199,**254**,296,331
光市母子殺人事件	**254**,296
被疑者・被告人	213,251,252,328
被差別部落	**255**
非実在青少年	**255**
非実在犯罪規制	255
被収容者（在監者）	**256**
ビデオジャーナリスト	**256**
ビデオリサーチ（社）	112,208
ヒト・クローン	039
人もの	**257**
1人ジャーナリズム	**257**
『ピノキオ』問題	215
日の丸・君が代	217,**257**
批判的談話分析	231
日比谷焼打事件	178,187,311
秘密指定（制度）	112,326
秘密保護法制	081,**258**
秘密漏示罪	139
秘密漏示容疑	299
ピュリツァー賞	119,125,235,277
評議の秘密	**259**
表現の自由→言論・出版・表現の自由	
美容整形論争事件	062
剽窃・盗用	018,**259**
評論の自由→選挙報道（評論の自由）	
ビラ	**259**
「開かれた新聞」委員会	107
広島市暴走族追放条例事件	127

【ふ】

ファイル共有ソフト（ウィニー）	085,189,**260**
ファシズム	**260**
ファッション雑誌	007
VOA［アメリカ］	177
VODサービス	097
Vチップ	**261**
VTR	**261**
フィリップモリス社	191
フィルタリング	085,165,**261**,302
風営法	**262**
風刺	246
風評被害	059,**262**
風流夢譚事件（嶋中事件）	110,267
プール（代表）取材方式	015,177

プール登録	188
フェアコメント（公正な論評）の法理	**263**,313,321
フェアネスドクトリン	**263**
フェアユース	**264**
フェイスブック	016,041,184,234,254,**264**
フェミニズム	100,**264**
「FOCUS」	030,038,126,156,**265**,294
フォークランド紛争	129
「フォトガゼット」	272
福岡日日新聞	311
複合・寡占企業	315
複合店	155
福島原発事故	038,059,080,120,213,243,254,263,286,291
福島中央テレビ	120
複製（コピー）	018,136,**265**
複本	**265**
覆面取材・潜入取材	**266**
不敬罪	**266**
不健全な図書類等	323
不実証広告ガイドライン	166
フジテレビ	205,304
富士見産婦人科病院報道	020
フジ・メディア・ホールディングス	316
侮辱罪	003,267
侮辱表現	**267**
婦人解放論	264
「婦人倶楽部」	162
「婦人生活」	162
「婦人世界」	013
付審判請求	240
婦人四大実用誌	162
不正アクセス禁止法	091,**267**
フッガー・ツアイティング	227
復興チャンネル	089
復興プロジェクト	089
プッシュメディア	**268**
普天間問題	029
不当競争防止法	086
不当景品類及び不当表示防止法	166
不当表示	051,068,158
船橋市西図書館図書廃棄事件	215
『不平等社会日本』	237
部分規制論	**268**
不偏不党	037,196,**268**
不法行為	267,**269**,312
「FRIDAY」	126,265
フライデー編集部襲撃事件	126
プライバシー	054,079,213,253,255
プライバシー権	140,141,150,253
プライバシー侵害	038,050,053,109,128,140,150, 151,156,185,**269**,294,299,322
プライバシーの権利→憲法13条	
プライバシー保護	200,289
プライミング	**270**
プライムタイム	074,096
ぶら下がり取材	135,**270**
ブラックジャーナリズム	**270**
ブラックプロパガンダ	177,180
ブラックリスト方式	261
「FLASH」	126,265
フラッシュ［通信社］	247,**270**
プラットフォーム	**270**
プラットフォーム事業	327
プランゲ文庫	183
ブランズバーグ事件	134
フリーペーパー	**271**
フリーマガジン	271
フリーランス（フリージャーナリスト）	117,125,**272**
不良図書追放運動	324
武力攻撃事態法	326
プリンスホテル事件	127
ブルーンバーグ［アメリカ］	200
フルッグブラット	041
プルメディア	268
フレーミング	027
プレスオンブズマン	105
プレスカウンシル	105,**272**
プレス苦情処理委員会（PCC）	273
プレスコード	058,148,283
プレスの自由に関する四理論	076,122,134,272,**273**
プレスの特権	071
フレンドリーファシズム	261
フロー	**274**
ブロードサイド	156,227

ブロードサイドバラッド	274
ブロガー	275
ブログ	041, 184, 234, **274**
プロジェクトX	246
プロダクション→番組制作会社・プロダクション	
プロダクトプレイスメント	007, **275**
ブロック紙	057, 152, **275**
ブロックブッキング制度	022
プロバイダ責任（制限）法	146, 201, 224, **275**
プロパガンダ	176, 180, **276**
プロパガンダモデル	**277**
プロパブリカ	119, 197, **277**
プロフェッショナリズム	**277**
プロ野球ニュース	160
文化部・文化面	**278**
文藝春秋	102
「文藝春秋」	183, 340
文書主義	012, 072
焚書騒動	005

【へ】

米空母の佐世保寄港阻止闘争	240
米軍普天間飛行場をめぐる報道	221
米国防総省	284
米西戦争	011
ヘイトスピーチ	095, 158
「平凡」	055, 094
平凡出版	055
平民社	311
ペーパートライアル	294
『ベスト・アンド・ブライテスト』	226
別段中外新聞	063
ベトナム戦争	015, 177, **278**, 284, 342
ベトナム戦争反対運動	337
ペニープレス	047, 167, **279**
ペルー日本大使公邸人質事件	058
ヘルシンキ宣言	076
ベルヌ条約	197
「ペル・メル・ガゼット」	226
便宜供与	046, **279**, 292
偏向報道	**280**
弁護人依頼権保障	172
編集	**280**, 294

編集委員	**281**
編集権	061, 218, 225, **282**, 283, 334
編集権声明	**282**, 297, 334
編集後記	**283**
編集綱領	282
編集指針（Editorial Guidelines）	037
編集者	117, **283**
編集者実践綱領	273
編集タイアップ	007
編集著作物	**284**
編集手帳	084, 339
編集倫理綱領	291
ペンタゴン・ペーパーズ	019, 081, 196, 279, **284**
返品	013, 036, 215
ペン部隊	**285**

【ほ】

包括指定	014, 165, 324
法規制	068
防災報道	251
法人著作物	197, **285**
放送	070, **285**
放送ガイドライン2011	280, 323
放送基準	096
放送規制機関	**286**
放送局（放送産業）	**286**
放送事業（者）	223, 250, 251, 315
放送ジャーナリズム	210, **287**
放送大学	**288**
放送大学学園法	288
放送番組基準	289
放送批評懇談会	120
放送法	005, 025, 032, 036, 042, 061, 077, 078, 085, 107, 108, 175, 205, 209, 223, 234, 238, 249, 250, 285, **288**, 297, 303, 321, 327, 328
放送法関係審査基準	321
放送メディア	314
放送ライブラリー	001
放送倫理基本綱領	032, 105, 107, 108, 225, 296, 334, 335
放送倫理検証委員会	255
放送倫理・番組向上機構（BPO）	103, 105, 107, 225, 255
報知新聞	311

法定選挙運動費用	175	ポッドキャスティング	**302**
法廷秩序維持法	290	北方ジャーナル事件	041,062,070,109,150
法廷内カメラ取材	**289**	ポポロ事件	039
法廷内撮影	188	ポリティカルコレクトネス（PC）	008
法廷侮辱	**290**	ホロコースト	003,101
法廷メモ訴訟	149,**290**	ホワイトハウス	019
報道	**290**,294	ホワイトプロパガンダ	177
報道機関	**291**,292	**ホワイトリスト**	**302**
報道協定	021,045,188,**292**	ホワイトリスト方式	261,302
報道ジャーナリズム	120	本記	281
報道写真家	331	「本の雑誌」	307
『報道写真家』	255		
報道人ストレス	**293**	**【ま】**	
報道人ストレス研究会	293	マーチ・オブ・タイム	228
報道適用除外	**294**	マールボロ・カントリー	191
報道の自由→取材・報道の自由		マイアミ・ヘラルド新聞社対トーニッロ判決	
報道被害	**294**		263
報道評議会	272	マイナンバー法→共通番号法（マイナンバー法）	
報道倫理	**296**	毎日新聞	176
報道倫理綱領	296	毎日新聞社	038,148,282
泡沫候補（扱い）	**297**	毎日新聞社編集綱領	218
法律の留保	065	毎日放送	240
暴力団追放運動推進都民センター	298	前文	332
暴力団排除条例	**298**	**マグナム**	**303**
暴力的破壊活動	240	マクブライド委員会	076
法令遵守	086	『雅子斃れず』	058
ポータルサイト	**298**,323	**マスコミ**	294,**303**
ボーンインデックス方式	**299**	マスゴミ	206,296,303
ボーン・上田賞	120	マスコミの報道機能	287
ボカシ	321	マスコミュニケーション	277,303
僕パパ事件	144,**299**	マスメディア	143,188,198,199,233,285,290,294
『僕はパパを殺すことに決めた』	299	**マスメディア集中排除原則**	054,289,**303**
ポジティブアクション	008	マスメディア宣言	076
保守	301	**街ダネ**	095,**304**
保守とリベラル	**300**	『マッカーサーの二千日』	004
POSシステム	086	マッカーシズム	228,337
ボストン・ニューズレター	292	マッドアマノ・パロディ事件	247
ボスニア紛争	145	**松本サリン事件**	027,113,252,**304**
北海タイムス事件	134,289	松本美須々ヶ丘高校	304
北海道警裏金事件	019,102,196	**マニフェスト**	**305**
北海道新聞	089,275	マルクス主義	187,194
北海道新聞記者（証言拒否）事件	133	「マルコポーロ」	102
ポツダム宣言	224	**マルチメディア放送**	204,**305**
ボット	171,323	**マルチユース**	**305**

漫画　305
マンガ文化　306

【み】
ミクシィ　184
見出し　136,154,169,306
三田新聞　186
光子の窓　246
三菱樹脂本採用拒否事件　333
密約　029
三矢研究　326
ミドリ十字疑惑報道　196
水俣病　124,211
ミニコミ（誌）　115,307
ミネアポリススター＆トリビューン事件　333
三鷹事件　188
「明星」　055,094
ミラー記者事件　134
民間放送（民放）　287,307
民事執行法　094
民事訴訟法　090,144,241
民衆煽動罪　003
民主主義　308
民撰議院設立建白書　310
民族主義　002
民族浄化　145,180
民法　015
民法723条　005,110,313
民放連→日本民間放送連盟（民放連）
民放連放送基準　108

【む】
『麦と兵隊』　285
無罪推定の原則　188,309
『無人警察』　021
娘への手紙　179
無線電信法　135,238
村山談話　006
無料放送　286

【め】
明治期の新聞　309
明治憲法（大日本帝国憲法）　061,065,311

メイプルソープ写真集事件　341
命名権　160
名誉毀損・信用毀損　013,038,057,062,097,109,150,151,156,185,190,239,263,269,270,294,312,321,322
名誉毀損罪　056,186,267,312
名誉毀損訴訟　020,161,214,252,306,339
名誉毀損的表現　069
名誉権　150,253
命令放送→要請放送・命令放送
明六雑誌　094
明六社　094
迷惑メール防止法　146,313
メガメディア　315
メディア　313
メディアアクセス権　252
メディアイベント　032,043,314
メディアウォッチ　315
メディア規制3法　106,107,151
メディア教育　319
メディアコープ　316
メディアコングロマリット　108,315
メディアコントロール　177
メディアスクラム　045,058,088,103,105,157,178,188,293,296
メディアと権力　317
メディアによる名誉毀損　151
メディア買収　096
メディアバロン　316
メディア評議会　272
メディア報道　279
メディアリテラシー　184,261,304,318,331
メモ合わせ　320
免許　036,209,210,238,289,320
免責要件　321

【も】
モアスピーチ　186
モアナ　211
亡者記事　115
モータースポーツフォーラム　241
モーニングショー　341
モザイク　321
もしほ草　310
モデル小説　322

事項項目

物言わぬ多数派 093
モラルパニック **322**
モンペリエの王令 236

【や】

「野球界」 160
薬害 124
薬害エイズ 124,252
「谷根千」 307
ヤフー 298,**323**
ヤフージャパン 230,323
ヤフーニュース 323
山口県立図書館図書隠匿事件 215
やまと 311
やらせ 235,**323**
やらせ投稿 158

【ゆ】

USIA（情報庁） 177
優越的地位の濫用 030,249
有害情報（図書） 014,057,106,114,165,**323**,333
誘拐報道協定 107,292
夕刊紙 **324**
夕刊デイリー 325
夕刊フジ 325
夕刊三重 325
遊軍 123,**325**
遊軍記者 089
UGC（ユーザー生成コンテンツ） 184
有識者 **325**
有事3法 326
有事法制 **325**
ユーストリーム 184,190,**326**
郵政改革 093
有線ケーブル 097
有線テレビジョン放送法 098
ユーチューブ 174,184,220,**327**
郵便不正事件 027
郵便報知新聞 310
有料放送 286,**327**
雪印食品の牛肉偽装事件 193,217
ユダヤ教徒 101
夢で逢いましょう 246

【よ】

容疑者 037,252
容疑者呼称 106,113,295,**327**
用紙統制 **328**
幼女連続誘拐殺人事件 252
要請放送・命令放送 077,289,**328**
夜討ち朝駆け 102,123,165,320
ヨーロッパ独立プレスカウンシル連合
　（AIPCE） 273
横並び 169,**329**
横浜事件 062,183,194
横浜新聞 292
横浜毎日新聞 028,310
四畳半襖の下張事件 341
予定稿 **329**
よど号記事抹消事件 149,256
呼捨て 106,113,252,295,328
夜回り→夜討ち朝駆け
読売新聞 028,057,080,176,268,310
読売新聞記者事件 133
余禄 084,339
萬朝報 049,310
世論→世論（せろん）
世論操作→世論（せろん）操作
世論調査 139,173,210,**329**
四大公害病 123
四大ネットワーク 096

【ら】

ライカ **331**
「LIFE」 125
ライプチガー・ツァイトゥング 152,292
ライフラインの復旧 089
LINE 208
落日燃ゆ事件 104,322
楽天 215
ラジオコード 058,182
ラジオ・テレビ面 **332**
ラジオ東京 230
ラヂオプレス 315
ラジオ放送 230,286,287,314,**331**
拉致被害者家族連絡会 188

事項項目

【り】

リーク ... 309,**332**
リード ... **332**
利益集団 ... 309
利益誘導 ... 073
陸山会事件 ... 164
リクルート事件報道 ... 019,102,196
立憲学派 ... 312
立憲政体の詔書 ... 311
リビング4 ... 205
リベラル ... 300
リポーター ... 117
琉球新報 ... 029
流通規制 ... **333**
リュート判決 ... 071
留保 ... **333**
良心条項 ... 282,**334**
両論併記 ... **334**
倫理綱領 ... 037,**334**

【る】

ルーダー・フィン社 ... 145
ルーティン ... **335**
ルポライター ... 272
ルポルタージュ ... 097,237,285,**336**
ル・モンド ... 282

【れ】

黎明会 ... 187
レイヤー ... **337**
歴史認識 ... 007
レクチャー ... 132
レコード倫理協議会 ... 105
レッドパージ ... 062,**337**
レッド・ライオン放送対FCC判決 ... 263
連合国軍最高司令官総司令部（GHQ/SCAP）
　　　　　　　　　　 048,057,058,073,148,156,
　168,182,224,225,228,283,328,337
連合赤軍事件 ... **337**
連鎖自殺 ... 104
連続誘拐殺人事件アジト発見 ... 295
連邦憲法裁判所［ドイツ］ ... 071
連邦最高裁判所判決［アメリカ］ ... 069
連邦取引委員会［アメリカ］（FTC） ... 158

【ろ】

ロイター［イギリス］ ... 037,199,200
労働基準法 ... 086
労働組合・労働争議 ... **338**
労働争議 ... 232
60年安保闘争 ... 126
ロス疑惑事件報道 ... 113,126,252,295,306,**338**
ロッキード事件裁判法廷隠し撮り ... 126
ロビイスト ... **339**
ロボット型検索エンジン ... 323
「ロングテール」の法則 ... 008
『論語』 ... 123
論説委員 ... **339**
論壇 ... **340**
ロンドン・イブニング・スタンダード ... 325
ロンドン・タイムズ ... 128

【わ】

ワールド・プレス・トレンド ... 034,152
猥褻 ... **341**
わいせつ3要件 ... 341
わいせつ文書 ... 094
ワイドショー ... 294,**341**
ワイマール共和国 ... 219
ワイマール体制 ... 260
WOWOW ... 022
『わが闘争』 ... 219
和歌山カレー事件 ... 038,140,252,290,295
ワシントン・ポスト ... 019,034,196,202,235
忘れられる権利 ... 103,**342**
早稲田大学商学部入試問題漏洩事件 ... 102
「我等」 ... 187
湾岸戦争 ... 037,129,177,179,188,**342**
ワンフレーズ・ポリティクス ... 093

人名項目

・長音は直前の母音に置き換えた五十音配列とした。
・本文中の主要人名を示した。

【あ】

アーネット，P	343
アーノルド，M	226
アイエンガー，S	270
青島幸男	246
秋山定輔	049,310
浅野健一	048,213
麻原彰晃	027
アサンジ，J	018
足立倫行	237
アディスン，J	167
安倍晋三	222,258,328
天野貞祐	301
新井直之	118,147
荒正人	182
有吉佐和子	154
アレント，H	002
アンダーソン，E	004
アンダーソン，B	136,218

【い】

家永三郎	050
イェン・アン	111
五十嵐一	005
池田大作	056
イザヤ・ベンダサン（山本七平）	237
石井鶴三	093
石川達三	285
石坂洋次郎	182
石田雅子	058
石破茂	129
磯村尚徳	229
一色正春	174
伊藤博文	311
伊藤正己	324
伊東巳代治	311
伊藤律	235
犬養毅	128
井上毅	097,311

井上靖	154
猪瀬直樹	237
今泉一瓢	306
今泉浩美	129
今井正	182
岩倉具視	311
岩田専太郎	093
インボデン，D	283

【う】

ウィリアムス，R	274
上田碩三	120
上原専禄	002
ウォルターズ，B	228
牛山純一	211
内村鑑三	311
ウッドワード，B	019,202,226
梅崎春生	182
ウルフ，T	226

【え】

永六輔	246
江副浩正	006
江藤淳	237
江藤隆美	031
エルズバーグ，D	284
エンゲルバート，D	240

【お】

扇谷正造	127,336
大内兵衛	255
大岡昇平	182
大下英治	272
大庭柯公	147
大橋巨泉	342
大宅壮一	013,094,336
大山郁夫	187
岡田有希子	104,126
緒方竹虎	177
岡留安則	020
小川紳介	211
尾崎紅葉	154
尾崎士郎	285
尾崎行雄	310

小沢一郎	103,164	【く】	
小田切秀雄	182	クーデルカ, J	303
オックス, A	011	グーテンベルグ, J	314
オバマ, B	015	陸羯南	310
呉連鎬（オ・ヨンホ）	028	草柳大蔵	094,272
オライリー, T	099,184	熊井啓	304
オルポート, G, W	205	久米宏	229
恩地孝四郎	184	公文俊平	274
		グラハム, K	019
【か】		蔵原惟人	182
カエサル	314	グラント, U, S	339
梶山季之	094,272	グリアスン, J	211
カッツ, E	314	栗原貞子	058
桂太郎	187	グレゴリウス15世	276
加藤高明	187,194	黒岩涙香（周六）	049,310
金子勇	260	グロス, B	261
金子堅太郎	311	クロンカイト, W	228,278
金丸信	102	桑原史成	255
カペラ, J, N	233	桑原武夫	183,237
鎌田慧	097,266,272		
ガルトゥング, J	227,233	【け】	
菅直人	270	ゲッベルス, J	176,180,277
		ケネディ, J, F	179,228
【き】		ケネディ, R	284
木々高太郎	183	ゲルナー, E	218
菊池寛	183,285	ゲルブ, L, H	284
菊地信義	184		
岸田吟香	128,310	【こ】	
岸田國士	285	ゴア, A	016,142
岸信介	093,126	小泉純一郎	093,150,162,270
木島則夫	341	幸徳秋水	311
北川正恭	305	河野義行	027,304
ギブスン, W	090	コーエン, S	322
ギブニー, F	028	ゴールドウォーター, B	234
木村荘八	093	小尻知博	005
木村治美	237	近衛文麿	224
キャパ, R	125,303		
ギャラップ, G	173	【さ】	
清浦奎吾	187	酒井淑夫	125
清沢洌	119	堺利彦	311
ギリガン, C	101	坂口安吾	183
キンダー, R	270	坂口弘	337
		坂本九	246
		阪本博志	055

人名項目

佐々木基一	182,336
佐々木康	182
サッチャー, M	108,305
佐藤栄作	029
佐藤俊樹	237
佐野眞一	237
サルガド, S	331
ザロモン, E	125
沢木耕太郎	226,237,336
沢田教一	125

【し】

シーザー, J	118
ジイド, A	336
椎名誠	307
椎名麟三	182
シーバート, F, S	122,273
シーハン, N	284
シーモア, D	303
ジェイミソン, K, H	233
シブタニ, T	205
島尾敏雄	182
嶋中鵬二	110
島本慈子	089
清水幾太郎	118,205
清水潔	030
志村立美	093
下村宏（海南）	177
昭和天皇	051
ジョセフ・ヒコ（浜田彦蔵）	310
ジョブズ, S	007
ジョンソン, H	178
ジョンソン, L	177,228,234,278
シラー, H	174
シライジッチ, H	145
神保哲生	257

【す】

末広鉄腸	310
すがやみつる	241
菅義偉	328
杉浦康平	184
スタイガー, P	277
スタッド, W, T	226
スチール, R	167
スティーブンスン, N	090
スピルバーグ, S	007
スミス, E	303

【せ】

関川夏央	237

【そ】

ソクラテス	040
袖井林二郎	004

【た】

ターケル, S	017
ダーヤン, D	314
ダール, R	308
ダイアナ（元英国皇太子妃）	244
高橋是清	194
高橋太一郎	014
高畠華宵	093
竹下登	196
竹中労	272
太宰治	183
立花隆	019,095
田中角栄	095,126,168,328
田中義一	194
田中耕太郎	301
田中二郎	341
田中康夫	237
谷口千吉	183
田村泰次郎	183
タリーズ, G	226
ダンカン, D	220

【ち】

筑紫哲也	028,229
千葉泰樹	182
千葉雄次郎	119
Chaco（チャコ）	055
チャールズ2世	074
チョムスキー, N	277

【つ】

司修	184

375

津田左右吉 301
土本典昭 211
筒井康隆 020
椿貞良 202, 280
鶴見俊輔 118

【て】
ディーバー, M 342
デューイ, J 040, 114
デュマ, A 154
寺内正毅 187, 268
田英夫 229

【と】
徳富蘇峰 183, 310
ドノバン, W 177
富山太佳夫 236
ドライデン, J 074
鳥居素川 268
鳥越俊太郎 028, 030

【な】
ナイトリー, P 178
永井隆 058
中江兆民 310
永田洋子 337
中野重治 182, 237, 336
中野好夫 237
夏目漱石 154
名取洋之助 125
成島柳北 097

【に】
ニクソン, R 019, 093, 196, 202, 226, 278, 284
西島芳二 147
西村博之 222
西村隆次 304
西山太吉 029, 332

【ね】
ネグロポンテ, N 204
ネルソン, T 240

【の】
ノエル＝ノイマン, E 173
野田正彰 004
野間宏 182
盧武鉉（ノ・ムヒョン） 028
則定衛 019

【は】
バーガー, J 274
パーク, R, E 024
ハース, E 303
バース, A, Z 056
パース, C, S 040
ハースト, W, R 010, 179
ハートレー, J 232
バーナーズ＝リー, T 240
バーネーズ, E 145
ハーバーマス, J 064, 131, 173
ハーマン, E, S 277
ハームスワース, A 226
バーンスタイン, C 019, 226
パイル, E 129
萩元晴彦 212
橋下徹 255
長谷川如是閑 268
長谷川万次郎 187
鳩山由紀夫 301
花田清輝 182
埴谷雄高 182
林芙美子 179, 285, 336
原敬 187, 194
原寿雄 130
バルザック 154
バルナック, O 331
ハルバースタム, D 179, 226
バンベニスト, É 231
ハンサード, A, W 310
坂東国男 337

【ひ】
ビートたけし 126
ピーボディ, G, F 119
久生十蘭 183
ヒトラー, A 176, 219, 260, 277

火野葦平	285	ホワイト, D, M	055
ピュリツァー, J	010,119	本多勝一	004,130
平野謙	182	本多秋五	182
ヒンデンブルク, P, V	176		

【ま】

		マードック, R	096,109

【ふ】

フィシュキン, J	173	前田武彦	246
ブーアスティン, D	043	マクガヴァン	310
フーコー, M	001,231	マクネリー, J, T	056
フェリーニ, F	244	マクノートン, J, T	284
フェルト, M	019,202	マクルーハン, M,	314,319
福田徳三	187	松井豊	293
福地桜痴	167	松浦総三	336
福地源一郎	128,310	マッカーシー, J	049,228
藤竹暁	043	マックネア, B	047
藤田茂吉	097	松下圭一	187
藤本義一	342	松本君平	147
フセイン, S	343	松本烝治	224
ブッシュ, G, H, W	342	マリノフスキー, B	097
ブッシュ, V	240	マルクス, K	311
プライス, B	177	マルコーニ, G	285,314
ブラウ, M	058	丸山幹治	128
ブラックストーン, W	060	丸山真男	002,340
プラトン	040	マロー, E	129,228,286
フラハティ, R	211		
フリーダン, B	100		
ブルデュー, P	174		
ブレッソン, C	303,331		

【み】

		三浦和義	126,252,338
		三嘉	055

【へ】

ヘイグ, A	202	三島通庸	097
ベッカー, H, S	322	三島由紀夫	338
		三井明	091
		美濃部達吉	266

【ほ】

ホームズ, O, W	111	宮澤喜一	301
ボーン, M	120	宮台真司	237
星亨	310	宮武外骨	266
細川護熙	202,301	宮本百合子	182
堀田善衛	182	ミル, J, S	111
ポパー, K	040	ミルズ, C, W	247
ホメイニ師	005	ミルトン, J	009,111
堀江邦夫	097		

【む】

ボリンジャー, L	121,268	ムッソリーニ, B	260
ホワイト, W, F	097	ムハンマド	005
		村井啓太郎	311

人名項目

村木良彦 ... 212
村山龍平 ... 268

【め】
目黒考二 ... 307
メリット, D ... 114

【も】
本山彦一 ... 311
森恒夫 ... 337
森まゆみ ... 307
森本毅郎 ... 229
森喜朗 ... 045

【や】
柳河春三 ... 310
柳田邦男 ... 130
矢野文雄 ... 310
山岡荘八 ... 154
山田風太郎 ... 183
山本実彦 ... 187

【よ】
横溝正史 ... 183
横山源之助 ... 291
吉川英治 ... 154,285
吉川幸次郎 ... 237
吉田茂 ... 208,301
吉田敏浩 ... 272
吉野源三郎 ... 147
吉野作造 ... 187

【ら】
ラザースフェルド, P ... 084
ラシュディ, S ... 005
ラッセル, W, H ... 128
ラングス, J ... 179

【り】
リード, J ... 336
リップマン, W ... 043,158,173,227
リュミエール兄弟 ... 022

【る】
ルーゲ, M ... 227,233
ルーズベルト, F ... 173,177,284
ルナン, E ... 002

【れ】
レーガン, R ... 093,108,342
レーニン, I ... 276
レストン, J ... 284
レッシグ, L ... 001
レビー, S ... 241
レビン, K ... 055
レペタ, L ... 001

【ろ】
ロェスラー, H ... 311
ローゼン, J ... 114
ローゼンブラム, M ... 257
ロジャー, G ... 303
ロビンソン, H, C ... 128

【わ】
和田信賢 ... 051
和辻哲郎 ... 301

［監修者］
武田徹（たけだ　とおる）
藤田真文（ふじた　まふみ）
山田健太（やまだ　けんた）

［編集委員］
小黒純（おぐろ　じゅん）
川岸令和（かわぎし　のりかず）
土屋礼子（つちや　れいこ）
林香里（はやし　かおり）
水島久光（みずしま　ひさみつ）

本文組版　（株）エディット

現代ジャーナリズム事典

2014年6月20日　第1刷発行

監　　修：武田徹／藤田真文／山田健太
発 行 者：株式会社　三省堂　代表者　北口克彦
印 刷 者：三省堂印刷株式会社
発 行 所：株式会社　三省堂
〒101-8371
東京都千代田区三崎町二丁目22番14号
電話　編集　(03)3230-9411　営業　(03)3230-9412
振替口座　00160-5-54300
http://www.sanseido.co.jp/

落丁本・乱丁本はお取り替えいたします。
©Kenta YAMADA 2014
Printed in Japan
ISBN978-4-385-15108-3
〈ジャーナリズム事典・384pp.〉

Ⓡ本書を無断で複写複製することは、著作権法上の例外を除き、禁じられています。本書をコピーされる場合は、事前に日本複製権センター（03-3401-2382）の許諾を受けてください。また、本書を請負業者等の第三者に依頼してスキャン等によってデジタル化することは、たとえ個人や家庭内での利用であっても一切認められておりません。